CHINA COPYRIGHT YEARBOOK

中国版权年鉴

2023

中国版权年鉴编委会 编

中国人民大学出版社
·北京·

2022年1月20日，北京2022年冬奥会"版权保护集中行动"暨"版权守护计划"发布会在京召开。（国家版权局供图）

2022年1月，国家版权局会同国家网信办联合启动"区块链＋版权"创新应用试点工作，并公布国家区块链创新应用试点名单，12家单位入选"区块链＋版权"特色领域国家区块链创新应用试点。（国家版权局供图）

2022 年 2 月 14 日，2022 北京新闻中心举行全面加强冬奥知识产权保护专场新闻发布会，国家知识产权局、国家版权局、国家市场监管总局、北京市知识产权局相关负责人介绍情况并答记者问。（国家版权局供图）

2022 年 4 月 24 日，国务院新闻办公室在京举行 2021 年中国知识产权发展状况新闻发布会。国家知识产权局、国家版权局相关负责人出席发布会并答记者问。（国家版权局供图）

　　2022 年 8 月 5 日，以"互联网环境下版权面临的新挑战"为主题的 2022 年中韩版权研讨会在北京、首尔通过两地现场和视频连线的方式举行，中韩及相关国际版权协会、组织和业界代表参加会议。其间中韩双方进行了中韩版权政府间工作会谈。（国家版权局供图）

　　2022 年 8 月 12 日，2022 年软件使用情况年度核查工作动员部署会在京召开。（国家版权局供图）

2022 年 9 月 16 日，由中宣部（国家版权局）和中国残联主办的《马拉喀什条约》落地实施推进会在京举行。会上相关机构签署了推动条约实施的合作协议。（国家版权局供图）

2022 年 11 月 8 日至 10 日，中国国家版权局和世界知识产权组织联合主办的 2022 年版权产业国际风险防控培训班在江西省景德镇市举办。（国家版权局供图）

　　2022 年 11 月 10 日至 11 日，由中国国家版权局与世界知识产权组织主办的 2022 国际版权论坛在江西省景德镇市举行。论坛就版权推动创意产业发展、民间文艺版权保护与发展等主题展开讨论。（国家版权局供图）

　　2022 年 11 月 10 日，中国国家版权局、世界知识产权组织、江西省委宣传部（江西省版权局）、景德镇市共同启动了世界知识产权组织版权保护优秀案例示范点调研项目"IP 与创意产业：景德镇故事"。（江西省版权局供图）

2022 年 11 月 10 日，在 2022 国际版权论坛开幕式上，中宣部和八个试点城市共同启动了民间文艺版权保护与促进试点工作。（江西省版权局供图）

2022 年 12 月 28 日，第十八届中国（深圳）国际文化产业博览交易会开幕，国家版权局首次作为主办单位之一专题举办"版权让文化生活更美好"主题展示。（国家版权局供图）

2022 年 4 月 9 日，2022 远集坊数字内容高峰论坛在京举行。（中国版权协会供图）

2022 年 4 月 23 日，中国版权保护中心在北京举办 2021 年度十大著作权人发布会，揭晓"2021 年度十大著作权人"。（中国版权保护中心供图）

2022 年 4 月 24 日，"艺术版权的新生——加强民间文学艺术保护，推动《视听表演北京条约》落地实施"主题活动在京举办，为 2020 年度全国版权示范单位、示范园区（基地）授牌。（北京市版权局供图）

2022 年 4 月 24 日，天津市召开 2022 年版权宣传主题发布会，为 2021 年度全国大学生版权征文活动获奖者颁奖，为天津市版权示范单位授牌。（天津市版权局供图）

2022年4月24日，河北省版权局、河北省版权保护中心举办"版权保护工作及版权全链条保护"专题座谈会，探讨如何全面开启版权强国新征程的河北篇章。（河北省版权局供图）

2022年4月26日，2022年广东省知识产权宣传周版权宣传活动启动仪式在广州举行。活动发布了2021年度广东省版权十大案件，并宣读了2020年、2021年全国版权示范单位和示范园区（基地）名单。（广东省版权局供图）

  2022年4月26日，广东省版权局、广东省版权保护联合会举办的第四届广东省大学生版权知识演讲大赛决赛在广州举行，主办方为演讲大赛二等奖以上的狄奖者颁奖。（广东省版权局供图）

  2022年4月26日，2022年知识产权宣传周系列活动暨首届"陕西年度十大新锐IP"评选活动在西安举办。（陕西省版权局供图）

2022年6月28日，广西壮族自治区版权业务骨干培训班在南宁举行，全区各地市版权、公安、网信、文化执法等部门120多人参加培训。（广西壮族自治区版权局供图）

2022年7月7日，重庆市版权局召开2022年推进使用正版软件工作联席会议。会议通报了2021年以来全市软件正版化工作情况，审议通过2022年工作计划。（重庆市版权局供图）

2022 年 7 月 21 日，湖南省版权局组织召开全省软件正版化工作培训会，全省各市州及省直单位 150 余人参加培训。（湖南省版权局供图）

2022 年 7 月 22 日，第三届江苏（南京）版权贸易博览会在南京开幕。开幕式上举行了版权示范单位授牌仪式和第三届江苏省优秀版权作品产业转化重点培育项目授牌仪式。（江苏省版权局供图）

2022年7月22日，第五届青岛国际版权交易博览会在青岛国际会展中心开幕。开幕式上，"中国（青岛）音乐版权交易暨音乐数字藏品运营平台""半岛智媒链版权保护平台""体淘淘数字体育智慧平台"三大版权交易平台启动。（山东省版权局供图）

2022年8月5日，2022年安徽省软件正版化工作联席会议全体会议在合肥召开。（安徽省版权局供图）

2022 年 8 月 11 日，陕西省推进使用正版软件工作联席会议第四次全体（扩大）电视电话会议在西安召开，省委常委、省委宣传部部长蒿慧杰出席会议并讲话。（陕西省版权局供图）

2022 年 8 月 19 日，黑龙江省推进使用正版软件工作联席会议在哈尔滨召开，省委常委、宣传部部长、省推进使用正版软件工作联席会议总召集人何良军主持会议并讲话。（黑龙江省版权局供图）

2022 年 8 月 28 日，景德镇国家陶瓷版权交易中心正式上线运营，启动仪式上进行了国家陶瓷版权交易中心上线运营信息发布，介绍了交易界面、交易规则及交易进度等情况。（江西省版权局供图）

2022 年 8 月，贵州省版权局组织工作队赴黔东南州上门指导民间艺人开展民间文学艺术作品版权保护工作。（贵州省版权局供图）

2022年9月20日，2022年浙江省软件正版化工作培训班在杭州开班，全省11个地市和省直机关200余人参加此次培训。（浙江省版权局供图）

2022年9月21日，中宣部版权管理局组织推进使用正版软件工作部际联席会议联合督查组反馈核查督查山西省级政府机关的正版软件使用情况。（国家版权局供图）

2023年9月24日，由中国人民大学知识产权学院、最高人民法院知识产权司法保护理论研究基地、最高人民检察院知识产权检察研究基地与中国人民大学国家版权贸易基地主办的2022知识产权刑事保护论坛在京举办。（中国人民大学国家版权贸易基地供图）

2022年9月，甘肃省使用正版软件工作领导小组办公室组织核查组，对宁县软件正版化工作情况进行核查，并赴有关单位进行实地核查。（甘肃省版权局供图）

2022 年 11 月 5 日至 10 日，第五届中国国际进口博览会在上海举办，上海市版权局、中国音乐著作权协会、上海市版权协会派员进驻进博会服务点开展版权服务。（上海市版权局供图）

2022 年 11 月 17 日，2022 卡塔尔世界杯版权保护工作协商会在北京召开，中央广播电视总台发布《关于 2022 年卡塔尔国际足联世界杯版权保护的声明》。（中国版权协会供图）

中国版权年鉴

2023

（总第十五卷）

中国版权年鉴编委会　编

中国人民大学出版社
·北京·

图书在版编目（CIP）数据

中国版权年鉴 . 2023 / 中国版权年鉴编委会编 . --
北京：中国人民大学出版社，2024.9
　ISBN 978-7-300-32642-9

　Ⅰ. ①中… Ⅱ. ①中… Ⅲ. ①版权-中国-2023-年
鉴 Ⅳ. ①D923.41-54

　中国国家版本馆 CIP 数据核字（2024）第 055096 号

中国版权年鉴 2023

（总第十五卷）

中国版权年鉴编委会　编

Zhongguo Banquan Nianjian 2023

出版发行	中国人民大学出版社				
社　　址	北京中关村大街 31 号		**邮政编码**	100080	
电　　话	010 - 62511242（总编室）		010 - 62511770（质管部）		
	010 - 82501766（邮购部）		010 - 62514148（门市部）		
	010 - 62515195（发行公司）		010 - 62515275（盗版举报）		
网　　址	http://www.crup.com.cn				
经　　销	新华书店				
印　　刷	涿州市星河印刷有限公司				
开　　本	890 mm×1240 mm　1/16		**版　　次**	2024 年 9 月第 1 版	
印　　张	27 插页 37		**印　　次**	2024 年 9 月第 1 次印刷	
字　　数	796 000		**定　　价**	350.00 元	
广告经营许可证	京海工商广字第 0086 号				

《中国版权年鉴 2023》编纂委员会

邵志刚　甘肃省委宣传部副部长、省新闻出版局（版权局）局长

周亚平　中国音像著作权集体管理协会总干事

孟　华　四川省委宣传部副部长

耿　杰　贵州省委宣传部副部长、省文明办主任、
　　　　省新闻出版局（版权局）局长

贾宏宇　河南省委宣传部副部长、一级巡视员

倪　谦　广东省委宣传部副部长、省新闻出版局（版权局）局长

卿立新　湖南省委宣传部分管日常工作的副部长、
　　　　省新闻出版局（版权局）局长

栾国栋　吉林省委宣传部副部长、省新闻出版局（版权局）局长

梁　勇　江苏省委宣传部分管日常工作的副部长、
　　　　省新闻出版局（版权局）局长

程守田　山东省委宣传部副部长、省电影局局长

虞汉胤　浙江省委宣传部副部长、省政府新闻办主任、
　　　　省新闻出版局（版权局）局长

蔡静峰　湖北省委宣传部副部长

翟德罡　北京市委宣传部副部长、市新闻出版局（版权局）局长

黎隆武　江西省委宣传部副部长、省新闻出版局（版权局）局长

《中国版权年鉴 2023》特约编辑

（以姓氏笔画为序）

王　成　云南省委宣传部版权管理处副处长

王大树　广东省委宣传部版权和印刷管理处处长

王金根　海南省委宣传部出版印刷发行处（版权处）三级调研员

史文霞　中国电影著作权协会副秘书长

付成久　青海省委宣传部印刷发行版权管理处副处长、三级调研员

包　硕　最高人民法院知识产权审判庭正处级法官助理

朱严政　中国音乐著作权协会副总干事

许　炜　中央宣传部版权管理局社会服务处处长、二级巡视员

刘先基　内蒙古自治区党委宣传部版权管理处处长

严庆荣　浙江省委宣传部版权处处长、二级巡视员

杜中伟　河北省委宣传部版权管理处二级调研员

李　青　山东省委宣传部版权管理处二级调研员

李文卫　天津市委宣传部版权管理处处长

杨旭年　宁夏回族自治区党委宣传部版权管理处处长

杨学斌　甘肃省委宣传部版权管理处副处长

吴进科　重庆市委宣传部版权管理处处长

吴晓军　四川省委宣传部版权管理处处长

邹国平　黑龙江省委宣传部版权管理处处长
张卜元　河南省委宣传部版权管理处副处长
张志远　吉林省委宣传部版权管理处处长
张松柳　陕西省委宣传部二级巡视员
陈　妤　广西壮族自治区党委宣传部版权管理处副处长、三级调研员
陈　晔　江苏省委宣传部版权管理处处长、二级巡视员
陈奇亮　湖南省委宣传部版权管理处处长
金开安　北京市委宣传部版权管理处处长
周笑如　中国摄影著作权协会办公室副主任
郑良斌　中央宣传部版权管理局办公室主任
赵　枫　湖北省委宣传部版权管理处四级调研员
赵　杰　中央宣传部版权管理局执法监管处处长、二级巡视员
郝子谋　山西省委宣传部印刷发行和版权管理处副处长
胡　萍　中央宣传部版权管理局国际事务处处长
侯庆凯　辽宁省委宣传部版权管理处处长
徐　梅　贵州省委宣传部版权管理与印刷发行处一级调研员
常　夷　中国版权保护中心办公室（党委办公室）副主任
康　薇　新疆维吾尔自治区党委宣传部版权管理处副处长
梁　飞　中国文字著作权协会常务副总干事
曾　晋　中国版权协会副秘书长
谢振芳　福建省委宣传部版权管理处处长
阙米秋　江西省委宣传部版权管理处处长
赫英欣　安徽省委宣传部版权管理处处长
德　吉　西藏自治区党委宣传部出版处二级调研员
戴　怡　上海市委宣传部版权管理处处长

《中国版权年鉴 2023》编辑部

主　　　编：王志成
副 主 编：汤兆志　白连永　于　波
编辑部主任：李方丽
策 划 编 辑：王宏霞
责 任 编 辑：王　喆　曾默之　方　慧　訾璐颖
执 行 编 辑：董子旖　肖　力
装 帧 设 计：迟海玉

编 纂 说 明

一、《中国版权年鉴》由国家版权局组织编纂，中国人民大学国家版权贸易基地与中国人民大学出版社编辑出版，是我国唯一一部全面系统反映全国版权创造、运用、保护、管理和服务基本概貌的大型专业性工具书。本年鉴于2009年创刊，逐年编纂，连续出版，每年一卷，2023年卷为第十五卷。

二、本卷年鉴主要汇辑2022年全国版权保护与版权产业发展的综合概况、动态信息、文献资料、统计数据和港澳台版权信息。

三、本卷年鉴采用分类编辑法。根据2022年我国版权创造、运用、保护、管理和服务的基本情况与主要特点，采用类目、分目和条目三个层次的结构，以文章、条目、条文和图表的形式表述。全书共设11个类目，分列21个分目或次分目。

四、本卷年鉴在延续前十四卷编纂总体框架的前提下，为保持年鉴的整体性和在有限篇幅里高度密集地呈现有效信息，对年鉴内容进行了必要的补充及调整，使之方便读者查阅。

1. 特载：刊登《知识产权强国建设纲要和"十四五"规划实施年度推进计划》、《中共中央 国务院关于加快建设全国统一大市场的意见》和《关于推进实施国家文化数字化战略的意见》。

2. 版权工作概览：全面记录2022年我国各级版权行政管理部门、版权司法审判机构及版权管理与社会服务组织开展的版权工作概况。

3. 版权要闻：刊载由国家版权局公布的2022年中国版权十件大事，翔实记载2022年全国版权相关立法、司法、行政管理、宣传教育、交流研讨、社会管理与服务、国际交流与合作、产业发展等方面的动态信息及港澳台版权信息。

4. 年度报告：刊载《2021年中国版权产业的经济贡献》。

5. 典型案例：刊载2022年全国著作权司法保护典型案件、2022年度全国打击侵权盗版十大案件、"剑网2022"专项行动十大案件和2022年地方著作权司法保护典型案件。

6. 法律法规及工作文件：汇辑《最高人民法院关于第一审知识产权民事、行政案件管辖的若干规定》《最高人民法院关于适用〈中华人民共和国反不正当竞争法〉若干问题的解释》《最高人民法院关于加强中医药知识产权司法保护的意见》等司法解释，《国家版权局关于印发〈以无障碍方式向阅读障碍者提供作品暂行规定〉的通知》《国家版权局关于开展2022年全国版权示范创建评选工作的通知》《国家版权局关于2021年全国著作权登记情况的通报》等工作文件，以及《广东省版权条例》《北京市知识产权保护条例》等地方性法规。

7. 示范表彰：刊登2022年度全国版权示范单位、示范单位（软件正版化）、示范园区（基地）和2022年"中国版权金奖"获奖名单。

8. 理论研究：集中展示2022年全国版权领域的理论研究成果。对2022年中国著作权法理论研究现状进行了梳理和回顾；刊载2022年度著作权热点问题研究十佳论文导览及2022年度著作权学术论文摘要；对2022年出版的著作权相关图书进行了简要介绍。

9. 统计资料：收集 2022 年全国作品登记情况统计表、2022 年全国版权合同登记情况统计表、2022 年全国版权执法情况统计表、2022 年全国引进出版物版权汇总表、2022 年全国输出出版物版权汇总表。

10. 名录：刊登版权主管部门、版权公共服务机构、版权协会、著作权集体管理组织、版权代理公司及国家级版权交易机构最新的通信联络信息。

11. 索引：采用内容分析和主题词检索的方式，按汉语拼音字母顺序编制本卷内容的主题索引。

五、本卷年鉴中所载内容除特别说明外，均按时间先后顺序排列；涉及各省（自治区、直辖市）的内容，均以全国行政区划为序。因组稿条件有限，本卷年鉴未包含香港、澳门特别行政区和台湾省的版权工作概况及相关统计数据。

六、本卷年鉴配备双重检索系统：书前刊有详细目录，书后备有内容索引。

七、本卷年鉴在组稿和编辑过程中，得到了中央宣传部版权管理局、最高人民法院民三庭、中国新闻出版研究院、地方版权局版权管理处及其他版权相关单位的大力支持和帮助，在此一并谨致谢意。

八、受编辑部人员的水平和能力所限，本卷年鉴中如有疏漏与错误之处，诚请版权界同仁和广大读者给予批评、指正。

目　录

特　载

知识产权强国建设纲要和"十四五"规划实施年度推进计划 3
中共中央 国务院关于加快建设全国统一大市场的意见 9
关于推进实施国家文化数字化战略的意见 14

版权工作概览

2022 年全国版权工作 19
　2022 年全国版权行政管理工作 中央宣传部版权管理局 19
　2022 年全国版权司法保护工作 最高人民法院知识产权审判庭 23
　2022 年版权工作大事记 中央宣传部版权管理局 25

2022 年地方版权工作 27
　北京市 李盼盼 27
　天津市 单震宇 29
　河北省 杜中伟 31
　山西省 郝子谋 32
　内蒙古自治区 马达 35
　辽宁省 李卉 35
　吉林省 李冰锐 37
　黑龙江省 李剑莹 38
　上海市 戴怡 39
　江苏省 霍耀东 41
　浙江省 严庆荣 43
　安徽省 胡子 45
　福建省 郑开辟 45
　江西省 刘兆峰 47
　山东省 骆永顺 50
　河南省 张卜元 50

湖北省 .... 赵 枫 52

湖南省 .... 李 琳 53

广东省 .... 郭 烨 55

广西壮族自治区 .... 陈 妤 56

海南省 .... 王金根 57

重庆市 .... 张 娜 58

四川省 .... 李晓曦 60

贵州省 .... 徐 梅 61

云南省 .... 王 成 62

西藏自治区 .... 德 吉 63

陕西省 .... 张 亮 64

甘肃省 .... 杨学斌 67

青海省 .... 付成久 68

宁夏回族自治区 .... 张宁学 69

新疆维吾尔自治区 .... 康 薇 71

2022 年版权公共服务机构与社会服务组织工作 73

中国版权保护中心 .... 常 夷 73

中国版权协会 .... 曾 晋 75

中国音乐著作权协会 .... 张 群 78

中国音像著作权集体管理协会 .... 简 巍 81

中国文字著作权协会 .... 邱学佳 82

中国摄影著作权协会 .... 周笑如 86

中国电影著作权协会 .... 史文霞 87

版权要闻

十大事件 91

　　2022 年中国版权十件大事 91

动态百条 93

　立　法 93

　　《马拉喀什条约》5 月 5 日对中国生效 93

　　最高法发布《关于规范和加强人工智能司法应用的意见》 93

　　国家版权局印发《以无障碍方式向阅读障碍者提供作品暂行规定》 94

　　市场监管总局就《禁止滥用知识产权排除、限制竞争行为规定》公开征求意见 94

　　《江苏省知识产权促进和保护条例》出台 95

　　《广东省知识产权保护条例》2022 年 5 月 1 日起施行 95

　　山东省人大常委会审议通过《山东省知识产权保护和促进条例》 95

　　北京出台《北京市知识产权保护条例》 96

　　《广东省版权条例》表决通过 96

　　《浙江省知识产权保护和促进条例》2023 年起实施 97

司　法 97

最高法发布《最高人民法院知识产权法庭年度报告（2021）》 97

最高检发布《关于全面加强新时代知识产权检察工作的意见》 98

最高法就六家 KTV 诉音集协垄断纠纷案作出终审判决 98

最高法举行知识产权宣传周新闻发布会 99

最高法发布 2021 年中国法院 10 大知识产权案件和 50 件典型知识产权案例 99

最高法发布《中国知识产权司法保护状况（2021 年）》白皮书 99

最高法：2013 年以来审结一审知识产权案件量年均增长 24.5％ 100

重庆发布 2021 年知识产权检察白皮书 100

广东高院首次发布知识产权惩罚性赔偿典型案例 101

知名话剧《窝头会馆》著作权侵权纠纷二审宣判 101

斗鱼因主播直播西甲侵权终审被判赔偿 PPTV10 万元 101

天津法院对《电视家》盗播冬奥会赛事节目发布诉前禁令 102

擅自使用他人短视频用于商业推广被判侵权 102

《重返狼群》"一书多投"侵犯专有出版权 103

2021 年检察机关起诉侵犯知识产权犯罪 1.4 万人 103

爱奇艺起诉虎牙直播侵权《琅琊榜》获赔 23 万元 103

《好看视频》未经授权直播 2020 年央视春晚被判赔 50 万元 103

腾讯未删 782 条侵权视频被判赔偿 40 万元 104

《胖虎打疫苗》NFT 侵权案结果公布 104

北京互联网法院发布涉短视频著作权案件审理情况报告 104

"借"号直播《梦幻西游》被判赔 54 万元 105

2021 年四川省查处侵权盗版十大典型案件公布 105

北京高院发布知识产权民事案件适用惩罚性赔偿审理指南 106

河北省新增 14 个具有知识产权民事案件管辖权的基层法院 106

人人体育非法转播 NBA 赛事被判赔 800 万元 106

北京互联网法院判定整合营销传播公司网站页面构成汇编作品 107

广东法院 4 年审结知识产权案 66.9 万件 107

法院认定《谭谈交通》版权归属成都市广播电视台 108

上海高院发布 23 条意见服务保障知识产权强市建设 108

非法获取《新斗罗大陆》源代码架设私服构成犯罪 109

PPTV 侵犯央视信息网络传播权被判赔偿 400 万元 109

知网未经许可收录作品并提供下载侵权被判赔 19.6 万元 109

B 站放任 UP 主传播侵权视频被认定教唆及帮助侵权 110

杨丽萍诉云海肴公司侵犯著作权及不正当竞争案终审宣判 110

重庆启动惩治知识产权恶意诉讼专项监督 111

短视频平台算法推送侵权视频被判赔百万元 111

音集协诉贝斯特恶意侵权获惩罚性赔偿 111

侠之谷公司游戏"换皮"侵犯著作权被判赔 500 万元 112

上海闵行检法签署加强惩治涉知识产权恶意诉讼工作合作备忘录 113

计算机软件著作权民事案件当事人举证手册发布 113

腾讯诉《荔枝》App 侵权《三体》二审宣判 114

《英雄血战》游戏地图抄袭案终审宣判 114

网络非法大肆贩卖图书被判 9 年 114

浙江新昌判决一起售卖含侵权音乐 U 盘侵权案 115

架设《天龙八部》私服获利 341 万被判刑 … 115

山寨版《大话西游》网络游戏侵犯著作权案宣判 … 115

抖音因用户发布《云南虫谷》剪辑片段赔偿腾讯超 3 200 万元 … 116

爱奇艺诉快手侵权播放《琅琊榜》《老九门》获赔 218 万元 … 116

经营《韩剧 TV》非法获利 221 万元被判刑 … 117

广仲裁决元宇宙财产纠纷仲裁首案 … 117

广西"4·2"跨省制售盗版教材教辅系列案一审宣判 … 117

京津冀三家法院合力打造区域知识产权协同发展示范区 … 118

网络文学产业首个诉前禁令获批 … 118

广东高院终审判决迷你玩赔偿网易 5 000 万元 … 119

上海浦东法院作出首例世界杯诉前禁令 … 120

河南省进一步完善知识产权刑事案件管辖机制 … 120

河南省检法联合出台知识产权司法保护 20 项措施 … 121

架设游戏私服获利 400 万元获刑 … 121

全国首例微信小程序侵犯著作权案审结 … 121

河南南阳非法印制盗版书籍案宣判 … 122

北京互联网法院及时裁定停止盗播世界杯赛事 … 122

行政管理 … 122

李克强对 2022 年全国打击侵权假冒工作电视电话会议作出重要批示 … 122

国务院印发《知识产权强国建设纲要和"十四五"规划实施年度推进计划》 … 123

《2022 年知识产权强国建设纲要和"十四五"规划实施地方工作要点》印发 … 123

2021 年中国知识产权发展状况新闻发布会在京举行 … 124

《中国知识产权保护与营商环境新进展报告（2021）》新闻发布会在京举办 … 124

知识产权强国建设第一批典型案例公布 … 124

国家版权局约谈数字音乐相关企业 … 125

2022 年全国出版（版权）工作会议在京召开 … 125

国家版权局等六部门联合开展冬奥版权保护集中行动 … 126

国家版权局等部门：保持对院线电影盗录传播的高压态势 … 126

冬奥版权保护快速反应机制全面启动 … 126

全国首例制售盗版"冰墩墩""雪容融"案宣判 … 126

中宣部版权管理局等六部门联合部署开展青少年版权保护季行动 … 127

2022 年全国版权示范创建评选工作启动 … 127

公安部公布打击侵犯知识产权犯罪十起典型案例 … 128

推进使用正版软件工作部际联席会议第十一次全体会议在京召开 … 128

国家版权局等四部门启动"剑网 2022"专项行动 … 128

《马拉喀什条约》落地实施推进会在京举行 … 129

民间文艺版权保护与促进试点工作正式启动 … 129

市场监管总局依法对知网滥用市场支配地位行为作出行政处罚并责令整改 … 129

青海省查处首例涉冬奥"冰墩墩"侵权盗版案 … 130

北京召开 2022 年首次行政司法协同机制工作会 … 130

北京全面启动 2022 年软件正版化工作 … 130

陕西发布 2021 年度侵犯版权典型案件 … 131

广州南沙自贸片区签署知识产权全链条协同保护机制框架协议 … 131

北京印发《北京市知识产权强国示范城市建设纲要（2021—2035 年）》 … 131

云南省印发知识产权强省建设工作推进计划 132
北京市软件正版化检查服务系统启动 132
武汉警方破获一起重大侵犯著作权案 133
浙江温州创建全国版权示范城市吹响"冲锋号" 133
安徽省召开 2022 年软件正版化工作联席会议全体会议 133
浙江警方捣毁一非法制售盗版少儿图书团伙 134
天津市召开推进使用正版软件工作联席会议工作会 134
上海警方侦破侵犯大型游戏著作权案 135
山东聊城侦破制售盗版教材案 135
2021 年度上海版权十大典型案件发布 135
江西开展打击网络侵权盗版专项行动 136
湖南省版权局等四部门启动"剑网 2022"专项行动 136
湖南娄底公安局成功破获一起特大侵犯著作权案 137
上海警方侦破全国首例侵犯剧本杀著作权案 137

宣传教育 137
2022 年世界知识产权日主题发布 137
国家版权局下发《关于做好 2022 年知识产权宣传周版权宣传活动的通知》 138
2022 年中国版权金奖评选表彰活动启动 138
2022 年版权产业国际风险防控培训班在江西举办 138
佛山开展青少年儿童"领略版权魅力"活动 139
《中国版权年鉴 2021》正式出版 139
知识产权与青年创业者沙龙在京启动 139
《2022 年中国沉浸式剧本娱乐行业版权保护现状报告》发布 140
北京举办 2022 年软件正版化工作培训会 140
广东省举办 2022 年政府机关和企业软件正版化工作培训班 141
抖音电商举办图书版权保护开放日 141
首届山东省潍坊市版权博览会举办 141
中国新设知识产权专业学位类别 142

交流研讨 142
中国作家协会 2022 年"著作权保护与开发主题月"启动 142
2022 年第三届文创企业海外知识产权保护研讨会成功举办 142
直播领域录音制品获酬权相关法律问题研讨会在京召开 143
NFT 数字藏品著作权问题研讨会在京召开 143
音集协举办网络直播中使用音乐版权保护专题研讨会 144
第三届长三角版权产业高质量发展论坛在南京举办 145
数字藏品发展趋势研讨会在京举办 145
"IP·创未来" 2022 重庆艺术版权季座谈会召开 146
文旅部：持续推进文化和旅游领域知识产权保护工作 146
2022 知识产权刑事保护论坛在京举办 147
上海举办首届"汉服创意与汉服版权"论坛 147
版权资产评估体系专家研讨会在京举办 148
体育赛事版权保护专家研讨会举办 148
民间文艺版权保护与运用研讨会线上举办 149

"2022 网络游戏行业版权前沿问题研讨会"顺利举行   149
2022 马栏山版权保护与创新论坛举行   150
2022 数字版权保护与发展论坛顺利举办   150

社会管理与服务   151
中国版权协会等倡议规范北京冬奥会版权保护   151
中国作协权益保护办公室与上海文化产权交易所达成战略合作   151
国家版权局发布 2021 年全国著作权登记情况   152
中国互联网金融协会等联合发布坚决遏制 NFT 金融化证券化倾向的倡议   153
网络直播使用音乐录音制品版权费标准草案公开   153
全国著作权质权登记信息实现统一查询   153
浙江嘉兴成立版权服务工作站   154
湖北省区块链数字版权平台上线运行   154
湖北省版权保护中心推进中国知链项目落地   154
甘肃首家媒体版权服务平台上线运行   154
北京实现版权质押权利担保登记信息统一查询   155
浙江省温州市版权协会成立   155
贵州首批版权服务工作站授牌   155
多家单位联合发布呵护剧本杀行业新生态倡议书   156
广东省版权保护联合会筹建互联网产业版权工作委员会   156
华中版权综合服务平台上线运行   156
浙江省成立版权鉴定委员会   157
中国版权链版权服务平台亮相服贸会   157
北京大力推进版权调解工作   157
中国版权保护中心实现作品版权登记全面线上办理   158
山东升级版权保护与服务平台   158
天津成立无障碍阅读版权服务站   159

国际交流与合作   159
李克强会见世界知识产权组织总干事邓鸿森   159
李克强向世界知识产权组织《2022 年全球创新指数报告》发布会致贺信   160
2022 年 1 月 1 日 RCEP 生效   160
外交部：2022 年中国将继续深度参与知识产权全球治理   160
中国加入 WIPO《海牙协定》和《马拉喀什条约》两部重要条约   161
音著协举办中日音乐著作权研讨会   161
2022 年知识产权南湖论坛国际研讨会在武汉开幕   162
中蒙签署经典著作互译出版备忘录   162
首届世界知识产权组织全球奖揭晓   162
2022 年中韩版权研讨会举办   163
2022 年全球创新指数中国排名升至第 11 位   163
中也签署经典著作互译出版备忘录   163
2022 国际版权论坛在景德镇举行   164

产业发展   164
《三体》英文版权续约金高达 125 万美元   164

《2021 年度掌阅数字阅读报告》发布 164

2021 年全国规模以上文化及相关产业企业营业收入增长 16% 165

全国首家图书类版权交易中心落户山东 165

2022 年春节档电影票房位列春节档影史第二 165

快手拿下欧冠直播和短视频二创版权 165

第 49 次《中国互联网络发展状况统计报告》发布 166

迪士尼买下电视剧《人世间》海外发行权 166

广州黄埔区出台大湾区首个元宇宙专项扶持政策 166

中国社科院发布《2021 中国网络文学发展研究报告》 167

"区块链＋图书"项目"数字藏书"上线 167

国家广电总局发布《2021 年全国广播电视行业统计公报》 168

山东省数字融合版权交易中心揭牌 168

2021 年中国演出市场总体经济规模 335.85 亿元 168

优酷获得羽毛球国际大赛五年直播版权 169

爱奇艺体育获意甲联赛转播权 169

抖音集团与中央广播电视总台就 2022 年世界杯转播达成合作 169

乐视视频与快手达成合作 170

首都数字版权交易中心在京成立 170

北京舞台剧版权交易服务平台成立 170

《中国沉浸式剧本娱乐行业研究报告（2021—2022）》发布 170

江苏（南京）版权贸易博览会实现版权交易签约 1.65 亿元 171

北京市发布数字人产业创新发展行动计划 171

景德镇国家陶瓷版权交易中心上线运营启动仪式举行 171

《深圳经济特区数字经济产业促进条例》11 月起实施 172

全国文化大数据交易中心上线试运行 172

中国版权保护中心与蚂蚁链共建数字版权链 173

安徽首个数字版权品交易业务在安徽文交所正式启动 173

2022 中国元宇宙发展蓝皮书发布 174

2022 年前三季度全国规模以上文化及相关产业企业营业收入增长 1.4% 174

《上海版权产业报告（2020—2021)》发布 174

第六届中国国际动漫创意产业交易会在芜湖举办 175

华为音乐与环球音乐中国达成空间音频合作 175

可信数字资产区块链服务设施"新华链"发布 175

港澳台版权信息 177

2022 年内地与港澳特区知识产权研讨会举行 177

澳门文化企业首次收购内地音乐企业股权 177

2022—2023 年度粤港知识产权合作计划正式签署 177

香港特区行政长官李家超与世界知识产权组织总干事邓鸿森会面 178

香港举办亚洲知识产权营商论坛，探索发展商机 178

第四届知识产权澳门论坛举办 178

香港立法会通过版权条例草案 179

2022 闽台知识产权圆桌会议在厦门举行 179

北京举办第二十五届京港洽谈会知识产权合作专题活动 180

年度报告

2021 年中国版权产业的经济贡献　　　　　　　　　　中国新闻出版研究院　183

典型案件

2022 年全国著作权司法保护典型案件　　　　　　　　　　　203

2022 年度全国打击侵权盗版十大案件　　　　　　　　　　　210

"剑网 2022" 专项行动十大案件　　　　　　　　　　　213

2022 年地方著作权司法保护典型案件　　　　　　　　　　　215
　北京市　　　　　　　　　　　　　　　　　　　　　　　215
　天津市　　　　　　　　　　　　　　　　　　　　　　　216
　河北省　　　　　　　　　　　　　　　　　　　　　　　219
　内蒙古自治区　　　　　　　　　　　　　　　　　　　　221
　辽宁省　　　　　　　　　　　　　　　　　　　　　　　221
　吉林省　　　　　　　　　　　　　　　　　　　　　　　223
　黑龙江省　　　　　　　　　　　　　　　　　　　　　　223
　上海市　　　　　　　　　　　　　　　　　　　　　　　225
　江苏省　　　　　　　　　　　　　　　　　　　　　　　225
　浙江省　　　　　　　　　　　　　　　　　　　　　　　227
　安徽省　　　　　　　　　　　　　　　　　　　　　　　228
　福建省　　　　　　　　　　　　　　　　　　　　　　　230
　江西省　　　　　　　　　　　　　　　　　　　　　　　231
　山东省　　　　　　　　　　　　　　　　　　　　　　　234
　河南省　　　　　　　　　　　　　　　　　　　　　　　234
　湖北省　　　　　　　　　　　　　　　　　　　　　　　235
　广东省　　　　　　　　　　　　　　　　　　　　　　　236
　广西壮族自治区　　　　　　　　　　　　　　　　　　　237
　海南省　　　　　　　　　　　　　　　　　　　　　　　237
　重庆市　　　　　　　　　　　　　　　　　　　　　　　238
　四川省　　　　　　　　　　　　　　　　　　　　　　　240
　贵州省　　　　　　　　　　　　　　　　　　　　　　　241
　陕西省　　　　　　　　　　　　　　　　　　　　　　　243
　甘肃省　　　　　　　　　　　　　　　　　　　　　　　244
　青海省　　　　　　　　　　　　　　　　　　　　　　　246
　新疆维吾尔自治区　　　　　　　　　　　　　　　　　　247

法律法规及工作文件

司法解释　　　　　　　　　　　　　　　　　　　　　　251
　最高人民法院关于第一审知识产权民事、行政案件管辖的若干规定　　251

最高人民法院关于适用《中华人民共和国反不正当竞争法》若干问题的解释　251
最高人民法院关于加强中医药知识产权司法保护的意见　254

工作文件　256

国家版权局关于印发《以无障碍方式向阅读障碍者提供作品暂行规定》的通知　256
国家版权局关于公布 2021 年度全国版权示范单位、示范单位（软件正版化）
　　和示范园区（基地）名单的通知　257
国家版权局关于开展 2022 年全国版权示范创建评选工作的通知　258
国家版权局关于 2021 年全国著作权登记情况的通报　259
国家版权局关于做好 2022 年全国知识产权宣传周版权宣传活动的通知　260
国家版权局关于开展 2022 年中国版权金奖评选表彰工作的通知　261
2022 年度第一批重点作品版权保护预警名单　262
2022 年度第二批重点作品版权保护预警名单　263
2022 年度第三批重点作品版权保护预警名单　263
2022 年度第四批重点作品版权保护预警名单　264
2022 年度第五批重点作品版权保护预警名单　265
2022 年度第六批重点作品版权保护预警名单　265
2022 年度第七批重点作品版权保护预警名单　266
2022 年度第八批重点作品版权保护预警名单　267
2022 年度第九批重点作品版权保护预警名单　267
2022 年度第十批重点作品版权保护预警名单　268

地方性法规　269

广东省版权条例　269
江苏省知识产权促进和保护条例　272
广东省知识产权保护条例　278
山东省知识产权保护和促进条例　283
北京市知识产权保护条例　287
汕头经济特区知识产权保护条例　292
湖南省知识产权保护和促进条例　296
浙江省知识产权保护和促进条例　300

示范表彰

2022 年度全国版权示范单位、示范单位（软件正版化）、示范园区（基地）　309
2022 年"中国版权金奖"获奖名单　311

理论研究

夯实基础，聚焦前沿，实现知识产权中国式现代化建设新目标
　　——2022 年中国著作权法研究综述　　　孙　山　李　研　315
2022 年著作权学术论文导览　329
2022 年度著作权图书简介　377

统计资料

2022 年中国版权统计资料   391

2022 年全国作品登记情况统计表   391

2022 年全国版权合同登记情况统计表   392

2022 年全国版权执法情况统计表   393

2022 年全国引进出版物版权汇总表   393

2022 年全国输出出版物版权汇总表   394

名　录

版权主管部门   397

版权公共服务机构   399

版权协会   400

著作权集体管理组织   402

版权代理公司   403

国家级版权交易机构   404

索　引

索　引   409

特　载

TE ZAI

知识产权强国建设纲要和"十四五"规划实施年度推进计划

国务院知识产权战略实施工作部际联席会议办公室

国知战联办〔2021〕16 号

（2022 年 1 月 5 日）

为贯彻落实《知识产权强国建设纲要（2021—2035 年)》和《"十四五"国家知识产权保护和运用规划》，深入实施知识产权强国战略，加快建设知识产权强国，明确 2021—2022 年度重点任务和工作措施，制定本计划。

一、完善知识产权制度

（一）完善知识产权法律法规规章

1. 推进修订《中华人民共和国反垄断法》《中华人民共和国专利法实施细则》《关于规范专利申请行为的若干规定》《商业秘密保护规定》，推进制定《商标代理管理办法》。推进知识产权基础性法律研究论证。做好《中华人民共和国商标法》进一步修改研究论证。做好地理标志专门立法论证。（市场监管总局、农业农村部、知识产权局负责）

2. 推进修改《中华人民共和国著作权法实施条例》《著作权集体管理条例》《作品自愿登记试行办法》《计算机软件著作权登记办法》《著作权行政处罚实施办法》，推进《民间文学艺术作品著作权保护条例》立法进程。（中央宣传部负责）

3. 推进修改《中华人民共和国植物新品种保护条例》。（农业农村部、林草局、知识产权局负责）

4. 推进《生物遗传资源获取和惠益分享管理条例》立法进程。（生态环境部负责）

5. 推进《中医药传统知识保护条例》立法进程。（中医药局、卫生健康委、知识产权局负责）

6. 推进修改《国防专利条例》。（中央军委装备发展部、国防科工局、知识产权局负责）

7. 研究建立健全符合知识产权审判规律的特别程序法律制度。（最高人民法院负责）

8. 推进修改《农业植物品种命名规定》，完善《农业植物新品种保护审查指南》。（农业农村部负责）

9. 推进修改《展会知识产权保护办法》。（商务部、中央宣传部、市场监管总局、知识产权局负责）

（二）改革完善知识产权重大政策

10. 研究制定知识产权领域中央与地方财政事权和支出责任划分改革方案。（财政部、知识产权局负责）

11. 制定出台知识产权有关分项规划。（知识产权局负责）

12. 制定版权工作"十四五"规划。（中央宣传部负责）

13. 制定《人民法院知识产权司法保护规划（2021—2025 年)》。（最高人民法院负责）

14. 制定出台《关于加强知识产权纠纷调解工作的意见》，并组织实施。（知识产权局、中央宣传部、司法部负责）

15. 扎实开展专利密集型产业增加值核算和发布工作。（统计局、知识产权局负责）

16. 制定出台关于推动科研组织知识产权高质量发展的指导意见。（知识产权局、中科院、中国科协负责）

17. 深化知识产权强省强市建设，优化央地合作会商机制，面向省、市、县、园区及企业、高校、科研组织开展知识产权强国建设示范工作，促进区域知识产权协调发展。（知识产权局负责）

18. 探索推进外观设计制度改革。（知识产权局负责）

19. 推动出台《关于加强新形势下国防知识产权工作的措施》《军用计算机软件著作权登记工作暂行规则》。（中央军委装备发展部、中央宣传部、财政部、国防科工局、知识产权局负责）

（三）完善新兴领域和特定领域知识产权规则

20. 研究制定大数据、人工智能、区块链、基

因技术等新领域新业态知识产权保护规则。（中央宣传部、知识产权局按职责分工负责）

21. 研究制定信息技术开源知识产权合规标准、开源社区代码贡献规则标准等，开展行业开源知识产权风险及合规问题研究，加强行业开源知识产权合规评估与培训。（工业和信息化部负责）

22. 研究完善国有文艺院团、民营文艺表演团体优秀舞台艺术作品的版权保护措施。加强数字文化新产品新业态新模式知识产权保护，完善评价、权益分配和维护机制。（文化和旅游部、中央宣传部负责）

23. 加强人工智能、区块链等新技术与广播电视和网络视听领域数字版权保护的融合创新研究。（广电总局负责）

二、强化知识产权保护

（一）加强知识产权司法保护

24. 全面总结最高人民法院知识产权法庭三年试点工作成效和问题，加强对知识产权法院和知识产权法庭的指导，研究完善知识产权上诉机制。持续推进知识产权审判"三合一"改革工作，探索建立涉知识产权民刑交叉、民行交叉案件协调办理机制，持续推进知识产权民事诉讼程序繁简分流改革试点。（最高人民法院负责）

25. 制定《关于知识产权民事侵权惩罚性赔偿适用法律若干问题的解释》《关于审理药品专利链接纠纷案件适用法律若干问题的规定》。（最高人民法院负责）

26. 加强反垄断和反不正当竞争司法，制定《最高人民法院关于审理垄断民事纠纷案件应用法律若干问题的规定》以及《关于适用中华人民共和国反不正当竞争法若干问题的解释》，维护公平竞争市场法治秩序。（最高人民法院负责）

27. 制定《关于加强中医药知识产权司法保护的意见》，促进中医药传承创新发展。（最高人民法院负责）

28. 推广侵犯知识产权刑事案件权利人诉讼权利义务告知制度，深入推进知识产权检察职能集中统一履行试点。（最高人民检察院负责）

29. 制定关于办理侵犯知识产权刑事案件的司法解释和立案追诉标准，制定《侵犯知识产权犯罪案件公诉工作证据审查指引》。适时发布知识产权司法保护典型案例。（最高人民法院、最高人民检察院、公安部按职责分工负责）

30. 严厉打击各类侵犯知识产权犯罪，开展

"昆仑"专项行动。（公安部负责）

（二）强化知识产权行政保护

31. 加大对重点领域和区域的专利、商标、版权执法力度，加强网络交易知识产权保护。（中央宣传部、市场监管总局按职责分工负责）

32. 依法办理重大专利侵权纠纷行政裁决和药品专利纠纷早期解决机制行政裁决请求。有序推进专利侵权纠纷行政裁决工作。健全跨部门知识产权行政保护协作机制。强化驰名商标全链条保护，加大对知名品牌合法权益的保护。（知识产权局负责）

33. 加强知识产权领域反垄断执法。深入开展重点领域反不正当竞争执法专项整治，严厉打击仿冒混淆、侵犯商业秘密等行为。（市场监管总局负责）

34. 指导各地持续推进商业秘密保护基地（园区、企业、指导站）建设，推动建立国家商业秘密保护基地。（市场监管总局负责）

35. 制定落实《关于进一步加强地理标志保护的指导意见》，深化地理标志专用标志使用核准改革。加强特殊标志、官方标志和奥林匹克标志保护。（知识产权局、市场监管总局负责）

36. 加强著作权登记、集体管理等服务监管，深化对大型网站版权的重点监管。（中央宣传部负责）

37. 开展打击网络侵权盗版"剑网"专项行动和冬奥会版权专项整治。（中央宣传部、中央网信办、工业和信息化部、公安部负责）

38. 深化文化市场综合执法改革，加强"互联网＋旅游"领域知识产权保护，健全线上线下维权机制，配合开展网络表演、网络音乐、网络动漫市场知识产权执法行动。（文化和旅游部负责）

39. 强化知识产权海关保护，加大重点渠道、关键环节侵权打击力度，开展全面加强知识产权保护"龙腾行动"、寄递渠道知识产权保护"蓝网行动"、出口转运货物知识产权保护"净网行动"。加大奥林匹克标志专有权海关保护力度。发布中国海关知识产权保护状况年度报告和典型案例。（海关总署负责）

40. 研究出台保护种业知识产权、打击套牌侵权的指导意见，严厉打击种业领域侵权行为。（农业农村部、最高人民法院、最高人民检察院、公安部、市场监管总局、知识产权局负责）

41. 修订《林草植物新品种保护行政执法办法》，发布2021中国林草知识产权和林草植物新品种保护年度报告。（林草局负责）

42. 督促寄递企业严格落实主体责任，持续打击违法寄递侵犯知识产权物品的行为。（邮政局负责）

（三）加强保护长效机制建设

43. 研究制定 2022—2023 年度《关于强化知识产权保护的意见》推进计划。（知识产权局负责）

44. 加快知识产权保护中心和快速维权中心布局，2021 年新建 20 家左右知识产权保护中心和快速维权中心，2022 年优化知识产权保护中心和快速维权中心区域产业布局。（知识产权局负责）

45. 启动国家知识产权保护示范区建设。（知识产权局负责）

46. 加强知识产权保护规范化市场建设，推广实施电商平台知识产权保护管理标准。（知识产权局、市场监管总局负责）

47. 推进以信用为基础的分级分类监管试点，细化知识产权领域公共信用信息具体条目。（知识产权局负责）

48. 加强知识产权行政执法指导制度建设。评选发布知识产权行政保护指导案例、典型案例和优秀案例。制定出台商标一般违法判断标准。建立完善知识产权行政保护技术调查官制度。推动知识产权鉴定标准的制定工作。进一步构建完善支撑强化知识产权保护的人才队伍体系，建立知识产权行政保护培训师资队伍。（知识产权局负责）

49. 开展知识产权保护社会满意度调查和知识产权保护水平评估。（知识产权局、中央宣传部、中央政法委负责）

50. 大力培育知识产权纠纷调解组织和仲裁机构。畅通知识产权诉讼与仲裁、调解对接渠道，健全知识产权纠纷在线诉调对接机制。（知识产权局、中央宣传部、最高人民法院、司法部、贸促会负责）

51. 健全知识产权行政确权、行政执法与司法保护的衔接，促进审查授权标准、行政执法标准和司法裁判标准有机统一。（最高人民法院、中央宣传部、知识产权局负责）

52. 持续推进软件正版化工作，开展软件使用情况年度核查。重点开展教育、医疗等特定行业和民营企业软件正版化工作。逐步扩大软件正版化核查内容与范围，进一步完善软件正版化考核机制，探索实施软件正版化激励举措，开展行业培训，提升企业软件正版化意识。（中央宣传部、工业和信息化部、国管局按职责分工负责）

53. 完善部门间联合挂牌督办、督导检查、线索通报等机制，建立健全信息共享、案情通报、案件移送制度，强化对侵权假冒的追踪溯源和链条式治理。（中央宣传部、公安部、海关总署、市场监管总局按职责分工负责）

54. 健全知识产权对外转让审查制度，加强对涉及国家安全的知识产权对外转让行为的管理。（中央宣传部、科技部、农业农村部、商务部、林草局、知识产权局按职责分工负责）

55. 开展生物遗传资源调查、评估和保护工作，推进生物多样性相关传统知识调查和编目。（生态环境部、农业农村部按职责分工负责）

56. 依托中国非遗传承人研修培训计划、中国传统工艺振兴计划等，加强对非物质文化遗产传承人群的知识产权保护培训。研究与非物质文化遗产相关的知识产权保护制度。（文化和旅游部负责）

57. 加快推进中国国际知识产权仲裁委员会建设。（贸促会负责）

58. 推进中医药传统知识保护研究中心建设，开展中医药传统知识保护体系构建研究。（中医药局负责）

三、完善知识产权市场运行机制

（一）提高知识产权创造质量

59. 优化"十四五"知识产权发展指标，强化质量导向，制定推动知识产权高质量发展年度工作指引，加强知识产权质量统计监测和反馈，推动地方全面取消对专利商标申请阶段的资助。严厉打击不以保护创新为目的的非正常专利申请和不以使用为目的的商标恶意注册行为。（知识产权局负责）

60. 持续提升知识产权审查质量和效率，加强智能化审查技术应用，完善审查绿色通道，建立和完善专利、商标全流程审查质量管控机制。贯彻实施《商标审查审理指南》，全面实施商标注册审签机制改革。（知识产权局负责）

61. 深入落实《关于推进中央企业知识产权工作高质量发展的指导意见》，指导中央企业加强高价值专利创造、保护和运用。（国资委、知识产权局负责）

62. 推进林草植物新品种测试体系建设，加快测试指南制定进度，完善林草植物新品种现场审查专家库建设。（林草局负责）

（二）加强知识产权综合运用

63. 印发《关于加强专利导航工作的通知》，推进专利导航服务基地建设，推广实施专利导航指南系列国家标准，围绕重点领域实施一批专利导航项目。（知识产权局负责）

64. 推动企业、高校、科研机构健全知识产权管理体系，推广国际标准化组织创新与知识产权管理体系。（知识产权局、市场监管总局负责）

65. 加强知识产权管理标准化体系建设，加快推进专利评估指引、企业知识产权管理规范、商品交易市场知识产权保护规范等国家标准制修订。（市场监管总局、知识产权局负责）

66. 持续强化知识产权服务业监管，推进知识产权服务业分级分类评价工作，全面推行专利代理机构执业许可审批告知承诺改革。（知识产权局负责）

67. 深入实施商标品牌战略，推动产业集群品牌和区域品牌商标化，印发《关于进一步加强商标品牌指导站建设的通知》，推动开展商标品牌指导站建设。（知识产权局负责）

68. 启动实施地理标志助力乡村振兴行动。（知识产权局、农业农村部负责）

69. 深入实施地理标志农产品保护工程。（农业农村部、知识产权局按职责分工负责）

70. 深入实施中小企业知识产权战略推进工程。（工业和信息化部、知识产权局负责）

71. 推动建立财政资助科研项目形成知识产权的声明制度和监管机制。（知识产权局、科技部负责）

72. 深入推进高校和科研机构知识产权工作，贯彻落实高校、科研组织知识产权高质量发展政策文件，加强知识产权全流程管理，建立完善职务科技成果披露制度和专利申请前评估制度。开展高校专业化国家技术转移机构建设试点。指导开展赋予科研人员职务科技成果所有权或长期使用权试点工作。（教育部、科技部、财政部、知识产权局、中科院、中国科协按职责分工负责）

73. 加强国家科技计划项目全周期的知识产权管理与服务，探索开展科技计划专利预警和导航服务，建设国家科技成果库。推进科技成果转化年度报告制度，完善技术合同认定和科技成果登记办法。（科技部负责）

74. 推动林草专利和优良植物新品种转化运用，加强林草知识产权基础数据库和信息共享平台建设。（林草局负责）

75. 推进中科院院属单位开展贯标工作，建立以知识产权全过程管理为核心的科技成果管理体系，实施知识产权规范管理的内审制度和外审制度。继续开展知识产权全流程服务与市场化运营工作。（中科院负责）

76. 完成知识产权军民融合试点工作，总结可复制、可推广的经验。（知识产权局、中央军委装备发展部负责）

77. 推进落实《促进国防工业科技成果民用转化的实施意见》，出台《国防科技工业知识产权转化目录（第七批）》。完善军贸出口、国际合作中的知识产权审查机制。（国防科工局、财政部、知识产权局负责）

（三）促进知识产权市场化运营

78. 加快知识产权运营服务体系重点城市建设，在重点产业领域和产业集聚区布局建设一批产业知识产权运营中心。制定完善知识产权市场化运营机制政策，健全运营交易规则，加强运营平台监管，对财政资金支持的重点城市实行全过程绩效管理。（财政部、知识产权局按职责分工负责）

79. 推进全国版权示范城市、示范园区（基地）、示范单位创建和国家版权创新发展基地试点工作。完善版权展会授权交易体系，建设专业性、专门化国家版权交易中心（贸易基地）。（中央宣传部负责）

80. 推进知识产权质押信息平台建设。（发展改革委、银保监会、知识产权局负责）

81. 规范探索知识产权融资模式创新，鼓励企业投保知识产权相关保险，鼓励融资担保机构开发适合知识产权的担保产品，探索知识产权质押融资风险分担新模式。在营商环境创新试点城市开展相关担保信息与人民银行征信中心动产融资统一登记公示系统共享互通，推进动产和权利担保登记信息统一查询。（中央宣传部、财政部、人民银行、银保监会、知识产权局按职责分工负责）

82. 完善知识产权质押登记和转让许可备案管理制度，加强数据采集分析和披露利用。（知识产权局负责）

83. 健全知识产权评估体系，修订完善知识产权资产评估准则。落实专利开放许可制度，实施专利转化专项计划。（财政部、知识产权局按职责分工负责）

84. 引导企业做好知识产权会计信息披露工作。督促上市公司严格执行知识产权信息披露相关规定。规范探索知识产权证券化。（中央宣传部、财政部、证监会、知识产权局按职责分工负责）

85. 建设知识产权服务出口基地，推动知识产权服务业和服务贸易高质量发展。（商务部、知识产权局负责）

四、提高知识产权公共服务水平

86. 落实《关于深化知识产权领域"放管服"

改革 营造良好营商环境的实施意见》，持续配合做好中国营商环境评价体系知识产权评价工作，做好评价结果运用。（知识产权局负责）

87. 推动知识产权保护信息平台、商标注册管理平台等信息化项目立项建设。分层分类指导省级、地市级综合性知识产权公共服务机构建设。完成100家世界知识产权组织技术与创新支持中心（TISC）首期建设目标，推动开展第二期在华TISC建设。开展国家知识产权信息公共服务网点备案工作，实现全国31个省（自治区、直辖市）全覆盖。（知识产权局负责）

88. 继续整合优化各类服务窗口，实现"一站式"服务。优化国家知识产权公共服务网和新一代地方专利检索及分析系统，做好宣传推广，持续推进业务服务、政务服务和信息服务"一网通办"。充分发挥知识产权受理大厅和受理窗口公共服务协调机制的作用，推进窗口规范化标准化建设。（知识产权局负责）

89. 提高公共服务的规范化、均等性水平，发布《国家知识产权局公共服务事项清单》（第一版），进一步统筹发布公共服务事项办事指南，健全清单管理制度。推动全面实施知识产权业务办理证明事项告知承诺制，加强与政务信息资源共享、信用体系建设等工作的协同推进力度，开展承诺事项事中事后抽查。推广应用《知识产权基础信息数据规范》。（知识产权局、人民银行负责）

90. 加快建设高校国家知识产权信息服务中心，修订并发布《高校知识产权信息服务中心建设实施办法》，完成高校国家知识产权信息服务中心达到100家的目标。（知识产权局、教育部负责）

91. 加大知识产权数据开放共享，扩大知识产权基础数据开放范围，优化相关服务系统，提升用户体验。推广应用《知识产权基础数据利用指引》。（知识产权局负责）

92. 推广应用国防科技工业知识产权信息平台，在重点技术领域开展专利技术导航。（国防科工局负责）

五、营造良好的知识产权人文社会环境

（一）大力倡导知识产权文化理念

93. 组织办好世界知识产权日、全国知识产权宣传周、中国国际专利技术与产品交易会、中国（无锡）国际设计博览会、中国国际版权博览会、中国网络版权保护与发展大会、国际版权论坛等大型活动。（中央宣传部、知识产权局按职责分工负责）

94. 加强知识产权宣传教育普及和普法，深化中小学知识产权教育工作。继续开展全国大学生版权征文活动。（中央宣传部、教育部、司法部、知识产权局按职责分工负责）

95. 依托全国科普日、全国科技活动周等重点科普活动，开展知识产权科普工作，积极推动知识产权科普资源建设。（科技部、中国科协负责）

（二）夯实知识产权事业发展基础

96. 推动论证设置知识产权专业学位相关工作。（教育部、知识产权局负责）

97. 制定全国知识产权专业能力提升培训计划。开发一批精品课程，利用中国知识产权远程教育平台，扎实推进知识产权网络培训。开展地方知识产权行政管理人员轮训。（知识产权局负责）

98. 深入开展知识产权领域专业技术人才培养培训，做好知识产权专业职称评价工作。（知识产权局、人力资源社会保障部负责）

99. 加大知识产权人才引进培养支持力度。在中央管理的领导班子和领导干部考核中，注意了解知识产权等相关工作的成效。继续指导有关部门加强干部知识产权培训工作。（中央组织部、知识产权局负责）

100. 支持高校设置知识产权相关专业，实施一流专业和一流课程建设"双万计划"，打造一批知识产权"金专""金课"，支持高校实施知识产权相关新文科研究与改革实践项目。通过"长江学者奖励计划"岗位设置等引导鼓励知识产权理论创新。（教育部负责）

六、深度参与全球知识产权治理

101. 积极参与世界知识产权组织、世界贸易组织等多边框架下的全球治理，深化与重点国家和地区的务实合作，推动完善知识产权及相关国际贸易、国际投资等国际规则和标准。加强对外宣传，讲好中国知识产权故事，开展面向发展中国家的知识产权培训。（中央宣传部、最高人民法院、外交部、商务部、市场监管总局、知识产权局、贸促会按职责分工负责）

102. 继续推进《保护广播组织条约》《保护传统文化表现形式条约》等谈判进程，推动《马拉喀什条约》国内落实工作，加快推进我国加入《工业品外观设计国际注册海牙协定》工作。（中央宣传部、外交部、司法部、商务部、广电总局、知识产权局按职责分工负责）

103. 推动落实《区域全面经济伙伴关系协定》

（RCEP）知识产权章节和中欧地理标志保护与合作协定。继续推进中日韩、中国—挪威、中国—以色列等在谈自贸协定中知识产权议题谈判，积极推动加入《全面与进步跨太平洋伙伴关系协定》（CPTPP）进程。（中央宣传部、外交部、农业农村部、商务部、林草局、知识产权局按职责分工负责）

104. 加强国家海外知识产权纠纷应对指导中心建设，强化海外知识产权信息供给服务，加大企业海外知识产权纠纷应对指导工作力度。（知识产权局、贸促会负责）

105. 强化企业海外知识产权风险预警和维权援助，探索建设知识产权涉外风险防控体系。（中央宣传部、商务部、知识产权局、贸促会按职责分工负责）

106. 重点针对共建"一带一路"国家和地区，开展我国企业海外知识产权保护状况调查，研究建立针对相关国家的保护状况评估机制。持续推动重点国家和地区知识产权风险评价项目并定期发布报告，编制重点国家和地区知识产权保护国别指南，发布重点国家年度知识产权相关诉讼调查报告及典型案例等。（知识产权局、商务部、贸促会负责）

107. 深化与共建"一带一路"国家和地区知识产权务实合作，向共建"一带一路"国家和地区提供专利检索、审查和培训等多样化服务，推进信息和数据资源领域合作。视情召开"一带一路"知识产权高级别会议。（知识产权局、中央宣传部、外交部、商务部负责）

108. 深度参与金砖国家、亚太经合组织、中美欧日韩、中日韩、中蒙俄、中国—东盟等小多边知识产权合作，加强与各方政策和业务规则交流，支持产业界积极参与相关合作机制，主办好金砖国家知识产权局局长会和金砖国家知识产权合作机制会

议。加强与欧盟、日本、俄罗斯等主要贸易伙伴的双边知识产权合作磋商。强化知识产权审查业务合作，优化"专利审查高速路"国际合作网络。（商务部、知识产权局按职责分工负责）

109. 深入推进与各国执法部门、国际刑警组织、世界海关组织等的多双边知识产权执法合作和交流。建立海关跨境合作机制，加强知识产权海关执法信息情报交换共享。（公安部、海关总署按职责分工负责）

110. 实施我国自主数字版权保护与应急广播技术标准海外推广与应用项目，开展面向"一带一路"国家的技术标准宣传推广。（广电总局负责）

七、加强组织保障

111. 制定《知识产权强国建设纲要（2021—2035年）》重点任务分工方案，研究建立知识产权强国战略实施动态调整机制，开展年度监测，对工作任务落实情况开展督促检查，纳入相关工作评价。（联席会议办公室、联席会议成员单位负责）

112. 制定工业和信息化领域知识产权实施方案。（工业和信息化部负责）

113. 制定加快建设知识产权强国林业和草原年度推进计划。（林草局负责）

114. 编制发布中国知识产权发展状况年度评价报告。（联席会议办公室负责）

115. 强化国家知识产权战略实施研究基地建设，加强对知识产权强国战略实施的研究支撑。（联席会议办公室负责）

上述各项任务分工中，由多个部门负责的，列第一位的部门为牵头部门，其他为参与部门。

中共中央 国务院关于加快建设全国统一大市场的意见

《中华人民共和国国务院公报》2022年第12号
（2022年3月25日）

建设全国统一大市场是构建新发展格局的基础支撑和内在要求。为从全局和战略高度加快建设全国统一大市场，现提出如下意见。

一、总体要求

（一）指导思想

以习近平新时代中国特色社会主义思想为指导，全面贯彻党的十九大和十九届历次全会精神，弘扬伟大建党精神，坚持稳中求进工作总基调，完整、准确、全面贯彻新发展理念，加快构建新发展格局，全面深化改革开放，坚持创新驱动发展，推动高质量发展，坚持以供给侧结构性改革为主线，以满足人民日益增长的美好生活需要为根本目的，统筹发展和安全，充分发挥法治的引领、规范、保障作用，加快建立全国统一的市场制度规则，打破地方保护和市场分割，打通制约经济循环的关键堵点，促进商品要素资源在更大范围内畅通流动，加快建设高效规范、公平竞争、充分开放的全国统一大市场，全面推动我国市场由大到强转变，为建设高标准市场体系、构建高水平社会主义市场经济体制提供坚强支撑。

（二）工作原则

——立足内需，畅通循环。以高质量供给创造和引领需求，使生产、分配、流通、消费各环节更加畅通，提高市场运行效率，进一步巩固和扩展市场资源优势，使建设超大规模的国内市场成为一个可持续的历史过程。

——立破并举，完善制度。从制度建设着眼，明确阶段性目标要求，压茬推进统一市场建设，同时坚持问题导向，着力解决突出矛盾和问题，加快清理废除妨碍统一市场和公平竞争的各种规定和做法，破除各种封闭小市场、自我小循环。

——有效市场，有为政府。坚持市场化、法治化原则，充分发挥市场在资源配置中的决定性作用，更好发挥政府作用，强化竞争政策基础地位，加快

转变政府职能，用足用好超大规模市场优势，让需求更好地引领优化供给，让供给更好地服务扩大需求，以统一大市场集聚资源、推动增长、激励创新、优化分工、促进竞争。

——系统协同，稳妥推进。不断提高政策的统一性、规则的一致性、执行的协同性，科学把握市场规模、结构、组织、空间、环境和机制建设的步骤与进度，坚持放管结合、放管并重，提升政府监管效能，增强在开放环境中动态维护市场稳定、经济安全的能力，有序扩大统一大市场的影响力和辐射力。

（三）主要目标

——持续推动国内市场高效畅通和规模拓展。发挥市场促进竞争、深化分工等优势，进一步打通市场效率提升、劳动生产率提高、居民收入增加、市场主体壮大、供给质量提升、需求优化升级之间的通道，努力形成供需互促、产销并进、畅通高效的国内大循环，扩大市场规模容量，不断培育发展强大国内市场，保持和增强对全球企业、资源的强大吸引力。

——加快营造稳定公平透明可预期的营商环境。以市场主体需求为导向，力行简政之道，坚持依法行政，公平公正监管，持续优化服务，加快打造市场化法治化国际化营商环境。充分发挥各地区比较优势，因地制宜为各类市场主体投资兴业营造良好生态。

——进一步降低市场交易成本。发挥市场的规模效应和集聚效应，加强和改进反垄断反不正当竞争执法司法，破除妨碍各种生产要素市场化配置和商品服务流通的体制机制障碍，降低制度性交易成本。促进现代流通体系建设，降低全社会流通成本。

——促进科技创新和产业升级。发挥超大规模市场具有丰富应用场景和放大创新收益的优势，通过市场需求引导创新资源有效配置，促进创新要素有序流动和合理配置，完善促进自主创新成果市

化应用的体制机制,支撑科技创新和新兴产业发展。

——培育参与国际竞争合作新优势。以国内大循环和统一大市场为支撑,有效利用全球要素和市场资源,使国内市场与国际市场更好联通。推动制度型开放,增强在全球产业链供应链创新链中的影响力,提升在国际经济治理中的话语权。

二、强化市场基础制度规则统一

(四)完善统一的产权保护制度

完善依法平等保护各种所有制经济产权的制度体系。健全统一规范的涉产权纠纷案件执法司法体系,强化执法司法部门协同,进一步规范执法领域涉产权强制措施规则和程序,进一步明确和统一行政执法、司法裁判标准,健全行政执法与刑事司法双向衔接机制,依法保护企业产权及企业家人身财产安全。推动知识产权诉讼制度创新,完善知识产权法院跨区域管辖制度,畅通知识产权诉讼与仲裁、调解的对接机制。

(五)实行统一的市场准入制度

严格落实"全国一张清单"管理模式,严禁各地区各部门自行发布具有市场准入性质的负面清单,维护市场准入负面清单制度的统一性、严肃性、权威性。研究完善市场准入效能评估指标,稳步开展市场准入效能评估。依法开展市场主体登记注册工作,建立全国统一的登记注册数据标准和企业名称自主申报行业字词库,逐步实现经营范围登记的统一表述。制定全国通用性资格清单,统一规范评价程序及管理办法,提升全国互通互认互用效力。

(六)维护统一的公平竞争制度

坚持对各类市场主体一视同仁、平等对待。健全公平竞争制度框架和政策实施机制,建立公平竞争政策与产业政策协调保障机制,优化完善产业政策实施方式。健全反垄断法律规则体系,加快推动修改反垄断法、反不正当竞争法,完善公平竞争审查制度,研究重点领域和行业性审查规则,健全审查机制,统一审查标准,规范审查程序,提高审查效能。

(七)健全统一的社会信用制度

编制出台全国公共信用信息基础目录,完善信用信息标准,建立公共信用信息同金融信息共享整合机制,形成覆盖全部信用主体、所有信用信息类别、全国所有区域的信用信息网络。建立健全以信用为基础的新型监管机制,全面推广信用承诺制度,建立企业信用状况综合评价体系,以信用风险为导向优化配置监管资源,依法依规编制出台全国失信惩戒措施基础清单。健全守信激励和失信惩戒机制,将失信惩戒和惩治腐败相结合。完善信用修复机制。加快推进社会信用立法。

三、推进市场设施高标准联通

(八)建设现代流通网络

优化商贸流通基础设施布局,加快数字化建设,推动线上线下融合发展,形成更多商贸流通新平台新业态新模式。推动国家物流枢纽网络建设,大力发展多式联运,推广标准化托盘带板运输模式。大力发展第三方物流,支持数字化第三方物流交付平台建设,推动第三方物流产业科技和商业模式创新,培育一批有全球影响力的数字化平台企业和供应链企业,促进全社会物流降本增效。加强应急物流体系建设,提升灾害高风险区域交通运输设施、物流站点等设防水平和承灾能力,积极防范粮食、能源等重要产品供应短缺风险。完善国家综合立体交通网,推进多层次一体化综合交通枢纽建设,推动交通运输设施跨区域一体化发展。建立健全城乡融合、区域联通、安全高效的电信、能源等基础设施网络。

(九)完善市场信息交互渠道

统一产权交易信息发布机制,实现全国产权交易市场联通。优化行业公告公示等重要信息发布渠道,推动各领域市场公共信息互通共享。优化市场主体信息公示,便利市场主体信息互联互通。推进同类型及同目的信息认证平台统一接口建设,完善接口标准,促进市场信息流动和高效使用。依法公开市场主体、投资项目、产量、产能等信息,引导供需动态平衡。

(十)推动交易平台优化升级

深化公共资源交易平台整合共享,研究明确各类公共资源交易纳入统一平台体系的标准和方式。坚持应进必进的原则要求,落实和完善"管办分离"制度,将公共资源交易平台覆盖范围扩大到适合以市场化方式配置的各类公共资源,加快推进公共资源交易全流程电子化,积极破除公共资源交易领域的区域壁垒。加快推动商品市场数字化改造和智能化升级,鼓励打造综合性商品交易平台。加快推进大宗商品期现货市场建设,不断完善交易规则。鼓励交易平台与金融机构、中介机构合作,依法发展涵盖产权界定、价格评估、担保、保险等业务的综合服务体系。

四、打造统一的要素和资源市场

(十一)健全城乡统一的土地和劳动力市场

统筹增量建设用地与存量建设用地,实行统一规划，强化统一管理。完善城乡建设用地增减挂钩节余指标、补充耕地指标跨区域交易机制。完善全国统一的建设用地使用权转让、出租、抵押二级市场。健全统一规范的人力资源市场体系，促进劳动力、人才跨地区顺畅流动。完善财政转移支付和城镇新增建设用地规模与农业转移人口市民化挂钩政策。

（十二）加快发展统一的资本市场

统一动产和权利担保登记，依法发展动产融资。强化重要金融基础设施建设与统筹监管，统一监管标准，健全准入管理。选择运行安全规范、风险管理能力较强的区域性股权市场，开展制度和业务创新试点，加强区域性股权市场和全国性证券市场板块间的合作衔接。推动债券市场基础设施互联互通，实现债券市场要素自由流动。发展供应链金融，提供直达各流通环节经营主体的金融产品。加大对资本市场的监督力度，健全权责清晰、分工明确、运行顺畅的监管体系，筑牢防范系统性金融风险安全底线。坚持金融服务实体经济，防止脱实向虚。为资本设置"红绿灯"，防止资本无序扩张。

（十三）加快培育统一的技术和数据市场

建立健全全国性技术交易市场，完善知识产权评估与交易机制，推动各地技术交易市场互联互通。完善科技资源共享服务体系，鼓励不同区域之间科技信息交流互动，推动重大科研基础设施和仪器设备开放共享，加大科技领域国际合作力度。加快培育数据要素市场，建立健全数据安全、权利保护、跨境传输管理、交易流通、开放共享、安全认证等基础制度和标准规范，深入开展数据资源调查，推动数据资源开发利用。

（十四）建设全国统一的能源市场

在有效保障能源安全供应的前提下，结合实现碳达峰碳中和目标任务，有序推进全国能源市场建设。在统筹规划、优化布局基础上，健全油气期货产品体系，规范油气交易中心建设，优化交易场所、交割库等重点基础设施布局。推动油气管网设施互联互通并向各类市场主体公平开放。稳妥推进天然气市场化改革，加快建立统一的天然气能量计量计价体系。健全多层次统一电力市场体系，研究推动适时组建全国电力交易中心。进一步发挥全国煤炭交易中心作用，推动完善全国统一的煤炭交易市场。

（十五）培育发展全国统一的生态环境市场

依托公共资源交易平台，建设全国统一的碳排放权、用水权交易市场，实行统一规范的行业标准、交易监管机制。推进排污权、用能权市场化交易，探索建立初始分配、有偿使用、市场交易、纠纷解决、配套服务等制度。推动绿色产品认证与标识体系建设，促进绿色生产和绿色消费。

五、推进商品和服务市场高水平统一

（十六）健全商品质量体系

建立健全质量分级制度，广泛开展质量管理体系升级行动，加强全供应链、全产业链、产品全生命周期管理。深化质量认证制度改革，支持社会力量开展检验检测业务，探索推进计量区域中心、国家产品质量检验检测中心建设，推动认证结果跨行业跨区域互通互认。推动重点领域主要消费品质量标准与国际接轨，深化质量认证国际合作互认，实施产品伤害监测和预防干预，完善质量统计监测体系。推进内外贸产品同线同标同质。进一步巩固拓展中国品牌日活动等品牌发展交流平台，提高中国品牌影响力和认知度。

（十七）完善标准和计量体系

优化政府颁布标准与市场自主制定标准结构，对国家标准和行业标准进行整合精简。强化标准验证、实施、监督，健全现代流通、大数据、人工智能、区块链、第五代移动通信（5G）、物联网、储能等领域标准体系。深入开展人工智能社会实验，推动制定智能社会治理相关标准。推动统一智能家居、安防等领域标准，探索建立智能设备标识制度。加快制定面部识别、指静脉、虹膜等智能化识别系统的全国统一标准和安全规范。紧贴战略性新兴产业、高新技术产业、先进制造业等重点领域需求，突破一批关键测量技术，研制一批新型标准物质，不断完善国家计量体系。促进内外资企业公平参与我国标准化工作，提高标准制定修订的透明度和开放度。开展标准、计量等国际交流合作。加强标准必要专利国际化建设，积极参与并推动国际知识产权规则形成。

（十八）全面提升消费服务质量

改善消费环境，强化消费者权益保护。加快完善并严格执行缺陷产品召回制度，推动跨国跨地区经营的市场主体为消费者提供统一便捷的售后服务，进一步畅通商品异地、异店退换货通道，提升消费者售后体验。畅通消费者投诉举报渠道，优化消费纠纷解决流程与反馈机制，探索推进消费者权益保护工作部门间衔接联动机制。建立完善消费投诉信息公示制度，促进消费纠纷源头治理。完善服务市场预付式消费管理办法。围绕住房、教育培训、医疗卫生、养老托育等重点民生领域，推动形成公开的消费者权益保护事项清单，完善纠纷协商处理办法。

六、推进市场监管公平统一

（十九）健全统一市场监管规则

加强市场监管行政立法工作，完善市场监管程序，加强市场监管标准化规范化建设，依法公开监管标准和规则，增强市场监管制度和政策的稳定性、可预期性。对食品药品安全等直接关系群众健康和生命安全的重点领域，落实最严谨标准、最严格监管、最严厉处罚、最严肃问责。对互联网医疗、线上教育培训、在线娱乐等新业态，推进线上线下一体化监管。加强对工程建设领域统一公正监管，依纪依法严厉查处违纪违法行为。强化重要工业产品风险监测和监督抽查，督促企业落实质量安全主体责任。充分发挥行业协会商会作用，建立有效的政企沟通机制，形成政府监管、平台自律、行业自治、社会监督的多元治理新模式。

（二十）强化统一市场监管执法

推进维护统一市场综合执法能力建设，加强知识产权保护、反垄断、反不正当竞争执法力量。强化部门联动，建立综合监管部门和行业监管部门联动的工作机制，统筹执法资源，减少执法层级，统一执法标准和程序，规范执法行为，减少自由裁量权，促进公平公正执法，提高综合执法效能，探索在有关行业领域依法建立授权委托监管执法方式。鼓励跨行政区域按规定联合发布统一监管政策法规及标准规范，积极开展联动执法，创新联合监管模式，加强调查取证和案件处置合作。

（二十一）全面提升市场监管能力

深化简政放权、放管结合、优化服务改革，完善“双随机、一公开”监管、信用监管、“互联网＋监管”、跨部门协同监管等方式，加强各类监管的衔接配合。充分利用大数据等技术手段，加快推进智慧监管，提升市场监管政务服务、网络交易监管、消费者权益保护、重点产品追溯等方面跨省通办、共享协作的信息化水平。建立健全跨行政区域网络监管协作机制，鼓励行业协会商会、新闻媒体、消费者和公众共同开展监督评议。对新业态新模式坚持监管规范和促进发展并重，及时补齐法规和标准空缺。

七、进一步规范不当市场竞争 和市场干预行为

（二十二）着力强化反垄断

完善垄断行为认定法律规则，健全经营者集中分类分级反垄断审查制度。破除平台企业数据垄断等问题，防止利用数据、算法、技术手段等方式排除、限制竞争。加强对金融、传媒、科技、民生等领域和涉及初创企业、新业态、劳动密集型行业的经营者集中审查，提高审查质量和效率，强化垄断风险识别、预警、防范。稳步推进自然垄断行业改革，加强对电网、油气管网等网络型自然垄断环节的监管。加强对创新型中小企业原始创新和知识产权的保护。

（二十三）依法查处不正当竞争行为

对市场主体、消费者反映强烈的重点行业和领域，加强全链条竞争监管执法，以公正监管保障公平竞争。加强对平台经济、共享经济等新业态领域不正当竞争行为的规制，整治网络黑灰产业链条，治理新型网络不正当竞争行为。健全跨部门跨行政区域的反不正当竞争执法信息共享、协作联动机制，提高执法的统一性、权威性、协调性。构建跨行政区域的反不正当竞争案件移送、执法协助、联合执法机制，针对新型、疑难、典型案件畅通会商渠道、互通裁量标准。

（二十四）破除地方保护和区域壁垒

指导各地区综合比较优势、资源环境承载能力、产业基础、防灾避险能力等因素，找准自身功能定位，力戒贪大求洋、低层次重复建设和过度同质竞争，不搞“小而全”的自我小循环，更不能以“内循环”的名义搞地区封锁。建立涉企优惠政策目录清单并及时向社会公开，及时清理废除各地区含有地方保护、市场分割、指定交易等妨碍统一市场和公平竞争的政策，全面清理歧视外资企业和外地企业、实行地方保护的各类优惠政策，对新出台政策严格开展公平竞争审查。加强地区间产业转移项目协调合作，建立重大问题协调解决机制，推动产业合理布局、分工进一步优化。鼓励各地区持续优化营商环境，依法开展招商引资活动，防止招商引资恶性竞争行为，以优质的制度供给和制度创新吸引更多优质企业投资。

（二十五）清理废除妨碍依法平等准入和退出的规定做法

除法律法规明确规定外，不得要求企业必须在某地登记注册，不得为企业跨区域经营或迁移设置障碍。不得设置不合理和歧视性的准入、退出条件以限制商品服务、要素资源自由流动。不得以备案、注册、年检、认定、认证、指定、要求设立分公司等形式设定或者变相设定准入障碍。不得在资质认定、业务许可等方面，对外地企业设定明显高于本

地经营者的资质要求、技术要求、检验标准或评审标准。清理规范行政审批、许可、备案等政务服务事项的前置条件和审批标准，不得将政务服务事项转为中介服务事项，没有法律法规依据不得在政务服务前要求企业自行检测、检验、认证、鉴定、公证以及提供证明等，不得搞变相审批、有偿服务。未经公平竞争不得授予经营者特许经营权，不得限定经营、购买、使用特定经营者提供的商品和服务。

（二十六）持续清理招标采购领域违反统一市场建设的规定和做法

制定招标投标和政府采购制度规则要严格按照国家有关规定进行公平竞争审查、合法性审核。招标投标和政府采购中严禁违法限定或者指定特定的专利、商标、品牌、零部件、原产地、供应商，不得违法设定与招标采购项目具体特点和实际需要不相适应的资格、技术、商务条件等。不得违法限定投标人所在地、所有制形式、组织形式，或者设定其他不合理的条件以排斥、限制经营者参与投标采购活动。深入推进招标投标全流程电子化，加快完善电子招标投标制度规则、技术标准，推动优质评标专家等资源跨地区跨行业共享。

八、组织实施保障

（二十七）加强党的领导

各地区各部门要充分认识建设全国统一大市场对于构建新发展格局的重要意义，切实把思想和行动统一到党中央决策部署上来，做到全国一盘棋，统一大市场，畅通大循环，确保各项重点任务落到实处。

（二十八）完善激励约束机制

探索研究全国统一大市场建设标准指南，对积极推动落实全国统一大市场建设、取得突出成效的地区可按国家有关规定予以奖励。动态发布不当干预全国统一大市场建设问题清单，建立典型案例通报约谈和问题整改制度，着力解决妨碍全国统一大市场建设的不当市场干预和不当竞争行为问题。

（二十九）优先推进区域协作

结合区域重大战略、区域协调发展战略实施，鼓励京津冀、长三角、粤港澳大湾区以及成渝地区双城经济圈、长江中游城市群等区域，在维护全国统一大市场前提下，优先开展区域市场一体化建设工作，建立健全区域合作机制，积极总结并复制推广典型经验和做法。

（三十）形成工作合力

各地区各部门要根据职责分工，不折不扣落实本意见要求，对本地区本部门是否存在妨碍全国统一大市场建设的规定和实际情况开展自查清理。国家发展改革委、市场监管总局会同有关部门建立健全促进全国统一大市场建设的部门协调机制，加大统筹协调力度，强化跟踪评估，及时督促检查，推动各方抓好贯彻落实。加强宣传引导和舆论监督，为全国统一大市场建设营造良好社会氛围。重大事项及时向党中央、国务院请示报告。

关于推进实施国家文化数字化战略的意见

中共中央办公厅　国务院办公厅

　　为贯彻落实党中央关于推动公共文化数字化建设、实施文化产业数字化战略的决策部署，积极应对互联网快速发展给文化建设带来的机遇和挑战，满足人民日益增长的精神文化需要，建设社会主义文化强国，现就推进实施国家文化数字化战略提出如下意见。

一、总体要求

（一）指导思想

以习近平新时代中国特色社会主义思想为指导，深入贯彻落实党的十九大和十九届历次全会精神，坚持马克思主义在意识形态领域的指导地位，坚定文化自信，以培育和践行社会主义核心价值观为引领，以国家文化大数据体系建设为抓手，推动中华民族最基本的文化基因与当代文化相适应、与现代社会相协调，发展中国特色社会主义文化，凝魂聚气、强基固本，建设中华民族共有精神家园，提升国家文化软实力，维护国家文化安全和意识形态安全，推进社会主义文化强国建设。

（二）工作原则

——以人为本，全民共享。坚持以人民为中心，坚持把社会效益放在首位，文化数字化为了人民，文化数字化成果由人民共享。

——供给发力，激活资源。深化供给侧结构性改革，推动文化存量资源转化为生产要素，加快发展新型文化企业、文化业态、文化消费模式。

——科技支撑，创新驱动。促进文化和科技深度融合，集成运用先进适用技术，增强文化的传播力、吸引力、感染力。

——统筹规划，分步实施。加强顶层设计和统筹指导，制定实施方案，分解年度重点任务，以重点工程为牵引，稳步推进。

——中央主导，地方主责。正确处理中央和地方的关系，中央层面统一规划、领导，地方分级实施。尊重基层首创精神，调动各方面积极性。

（三）主要目标

到"十四五"时期末，基本建成文化数字化基础设施和服务平台，基本贯通各类文化机构的数据中心，基本完成文化产业数字化布局，公共文化数字化建设跃上新台阶，形成线上线下融合互动、立体覆盖的文化服务供给体系。

到2035年，建成物理分布、逻辑关联、快速链接、高效搜索、全面共享、重点集成的国家文化大数据体系，文化数字化生产力快速发展，中华文化全景呈现，中华文化数字化成果全民共享、优秀创新成果享誉海内外。

二、重点任务

（一）关联形成中华文化数据库

统筹利用文化领域已建或在建数字化工程和数据库所形成的成果，全面梳理中华文化资源，推动文化资源科学分类和规范标识，按照统一标准关联零散的文化资源数据，关联思想理论、文化旅游、文物、新闻出版、电影、广播电视、网络文化文艺等不同领域的文化资源数据，关联文字、音频、视频等不同形态的文化资源数据，关联文化数据源和文化实体，形成中华文化数据库。

依托信息与文献相关国际标准，在文化机构数据中心部署底层关联服务引擎和应用软件，按照物理分布、逻辑关联原则，汇集文物、古籍、美术、地方戏曲剧种、民族民间文艺、农耕文明遗址等数据资源。开展红色基因库建设。贯通已建或在建文化专题数据库，聚焦社会主义先进文化、革命文化、中华优秀传统文化，提取具有历史传承价值的中华文化元素、符号和标识，丰富中华民族文化基因的当代表达，增强对伟大祖国、中华民族、中华文化、中国共产党、中国特色社会主义的认同。

（二）夯实文化数字化基础设施

依托现有有线电视网络设施、广电5G网络和互联互通平台，部署提供标识编码注册登记和解析服务的技术系统，完善结算支付功能，形成国家文化专网以及国家文化大数据体系的省域中心和区域中心，服务文化资源数据的存储、传输、交易和文化数字内容分发。规划建设国家文化大数据体系全国中心。

建设具备云计算能力和超算能力的文化计算体系，布局具有模式识别、机器学习、情感计算等功能的区域性集群式智能计算中心，构建一体化算力服务体系，为文化数字化建设提供低成本、广覆盖、可靠安全的算力服务。

（三）搭建文化数据服务平台

鼓励多元主体依托国家文化专网，共同搭建文化数据服务平台，汇聚文化数据信息，集成同文化生产适配的各类应用工具和软件，提供文化资源数据和文化数字内容的标识解析、搜索查询、匹配交易、结算支付等服务，实现跨层级、跨地域、跨系统、跨业态的数据流通和协同治理，并与互联网消费平台衔接，为文化数字内容提供多网多终端分发服务，对平台消费数据进行分析加工，提供精准数据分析服务。支持法人机构和公民个人在文化数据服务平台开设"数据超市"，依法合规开展数据交易。

文化产权交易机构要充分发挥在场、在线交易平台优势，推动标识解析与区块链、大数据等技术融合创新，为文化资源数据和文化数字内容的确权、评估、匹配、交易、分发等提供专业服务。公共文化资源数据要依法向公众开放，公共文化资源数据开发后的交易要把社会效益放在首位。

（四）促进文化机构数字化转型升级

鼓励和支持文化旅游、文物、新闻出版、电影、广播电视、网络文化文艺等领域的各类文化机构接入国家文化专网，利用文化数据服务平台，探索数字化转型升级的有效途径，改造提升传统动能，培育发展新动能。

推动文化机构将文化资源数据采集、加工、挖掘与数据服务纳入经常性工作，将凝结文化工作者智慧和知识的关联数据转化为可溯源、可量化、可交易的资产，分享文化素材，延展文化数据供应链，推动不同层级、不同平台、不同主体之间文化数据分享，促进关联数据评估和交易的专业化、公开化、市场化，以及文化数据解构、重构和呈现的社会化、专业化、产业化。

鼓励和支持文化机构拓宽文化数字内容分发渠道，加强供需调配和精准对接，培育新用户群体，扩大经营业务规模。加强对文化数字内容需求的实时感知、分析和预测，探索发展平台化、集成化、场景化增值服务。

（五）发展数字化文化消费新场景

集成全息呈现、数字孪生、多语言交互、高逼真、跨时空等新型体验技术，大力发展线上线下一体化、在线在场相结合的数字化文化新体验。

创新数字电视、数字投影等"大屏"运用方式，提升高新视听文化数字内容的供给能力，增强用户视听体验，促进"客厅消费"、亲子消费等新型文化消费发展。为移动终端等"小屏"量身定制个性化多样性的文化数字内容，促进网络消费、定制消费等新型文化消费发展。推动"大屏""小屏"跨屏互动、融合发展。

利用现有公共文化设施，推进数字化文化体验，巩固和扩大中华文化数字化创新成果的展示空间。充分利用新时代文明实践中心、学校、公共图书馆、文化馆、博物馆、美术馆、影剧院、新华书店、农家书屋等文化教育设施，以及旅游服务场所、社区、购物中心、城市广场、商业街区、机场车站等公共场所，搭建数字化文化体验的线下场景。

（六）提升公共文化服务数字化水平

推动公共图书馆、文化馆、博物馆、美术馆、非遗馆等加强公共数字文化资源建设，统筹推进国家文化大数据体系、全国智慧图书馆体系和公共文化云建设，增强公共文化数字内容的供给能力。

依托文化数据服务平台，优化基层公共数字文化服务网络，扩大服务覆盖面，推动服务普惠应用，提升公共文化服务的到达率、及时性，增强人民群众获得感。

通过数字化手段促进城乡公共文化服务一体化发展。创新公共阅读和艺术空间，实施智慧广电固边工程，推进广播电视直播卫星公共服务升级，升级完善电影数字节目管理平台，探索公益电影多样化供给方式，加快农家书屋数字化建设，加强面向困难群体的公共数字文化服务。

（七）加快文化产业数字化布局

创新文化表达方式，推动图书、报刊、电影、广播电视、演艺等传统业态升级，调整优化文化业态和产品结构。鼓励各种艺术样式运用数字化手段创新表现形态、丰富数字内容。培育以文化体验为主要特征的文化新业态，创新呈现方式，推动中华文化瑰宝活起来。

在文化数据采集、加工、交易、分发、呈现等领域，培育一批新型文化企业，引领文化产业数字化建设方向。以企业为主体、市场为导向，推动文化产业与新型农业、制造业、现代服务业以及战略性新兴产业融合发展，培育新型文化业态，加快文化产业结构调整。发展乡村文化新产业，延续乡村文化根脉，助力乡村全面振兴。

（八）构建文化数字化治理体系

构建与文化数字化建设相适应的市场准入、市场秩序、技术创新、知识产权、安全保障等政策法规体系。提高文化数字化政务服务效能，全面推进政府运行方式、业务流程和服务模式数字化，实现文化数字化治理。

完善文化市场综合执法体制，强化文化数据要素市场交易监管。深化文化行业协会、商会和中介机构改革，充分发挥行业协会等社会组织的行业协调、自律作用，做好文化数字化信用评价，营造良好市场发展环境。健全文化数字化统计监测体系。

三、保障措施

（一）加强文化数据安全保障

依照国家有关数据安全的法律法规，在数据采集加工、交易分发、传输存储及数据治理等环节，制定文化数据安全标准。建立健全全流程文化数据安全管理制度，确定重要文化数据目录，明确重要文化数据出境安全管理举措，切实加强文化数据安全保护。

（二）加强文化数字化全链条监管

强化中华文化数据库数据入库标准，构建完善的文化数据安全监管体系，发挥好国家文化专网网关物理隔离作用，对数据共享、关联、重构等主体实行准入管理。完善文化资源数据和文化数字内容的产权保护措施。加强文化消费新场景一体化监管，确保进入传播或消费渠道的内容可管可控。

（三）建立文化数字化标准体系

加强标识解析体系建设，推广信息与文献相关国际标准。加快文化数字化建设标准研究制定，加大对相关机构和人员培训力度。加强国际合作，积极参与、主导文化数字化国际标准研究制定。

（四）健全文化资源数据分享动力机制

建立文化资源数据授权体系，引导法人机构和公民个人有偿授权。将文化资源数据分享纳入国有文化企事业单位绩效考核范围，鼓励公益性文化机构积极探索将文化资源数据分享和开发取得的收入用于事业发展的办法，合理确定绩效工资水平。

（五）调整优化政府投入

研究制定扶持文化数字化建设的产业政策，落实和完善财政支持政策，统筹现有资金渠道，调整支出结构，优化投入机制，重点支持本意见明确的任务。充分调动市场力量，发挥中国文化产业投资基金作用，引导社会资本积极、有序参与文化数字化建设。

（六）提升科技支撑水平

将文化数字化共性关键技术纳入国家重点研发计划和地方科技计划的重点支持范围。在文化数字化建设领域布局国家技术创新中心、全国重点实验室等国家科技创新基地，鼓励相关部门、地方结合需求布局文化数字化科技创新平台。发挥国家文化和科技融合示范基地引领作用。推动文化数字化装备的规模化生产和应用。

（七）加大金融支持力度

鼓励金融机构开发适应文化数字化建设特点和需求的信贷产品，引导文化企业合理运用各类债务融资工具优化融资结构。支持符合科创属性的数字化文化企业在科创板上市融资。探索建立文化资源数据价值评估体系，健全与资金需求和期限相匹配的筹资渠道。

（八）激活智力智库资源

加大文化数字化人才在文化名家暨"四个一批"人才培养选拔中的比重，加快培育一批领军人才。推进文化数字化相关学科专业建设，建设一批高端智库，加强文化数字化理论和实践研究。用好产教融合平台。

四、组织实施

（一）加强组织领导

成立由中央宣传部牵头，中央网信办、国家发展改革委、教育部、科技部、财政部、人力资源社会保障部、文化和旅游部、中国人民银行、广电总局、国家文物局等部门参加的推进实施国家文化数字化战略工作领导小组，在中央文化体制改革和发展工作领导小组的指导下开展工作。推进实施国家文化数字化战略工作领导小组具体工作由中央宣传部承担。中央网信办、文化和旅游部、广电总局、国家文物局等部门和各省、自治区、直辖市以及各文化机构建立健全相应的领导体制和工作机制。

（二）推动政策实施

各地要把推进实施国家文化数字化战略列入重要议事日程，根据本意见因地制宜制定具体实施方案，相关部门要细化政策措施，确保各项任务落到实处。实施方案和重大举措要按规定程序报批。各地区各有关部门要加强对本意见实施情况的跟踪分析和协调指导，注重效果评估。推进实施国家文化数字化战略工作领导小组适时对工作进展及任务落实情况进行督查。严格工作纪律要求，重大问题要及时请示报告，积极稳妥推进文化数字化建设各项工作。

版权工作概览

BAN QUAN GONG ZUO GAI LAN

2022年全国版权行政管理工作

中央宣传部版权管理局

2022年，版权工作紧紧围绕迎接宣传贯彻党的二十大主线，以习近平新时代中国特色社会主义思想为指导，全面贯彻党中央决策部署，坚持稳中求进、守正创新，扎实推进版权强国建设，为服务宣传思想工作大局、维护意识形态安全、促进文化繁荣发展做好版权支撑。

一、加强顶层设计，完善版权法律制度体系

（一）推进版权法规和政策制度建设

国家版权局充分发挥立法在促进版权社会治理中的重要作用，积极推进《中华人民共和国著作权法实施条例》《著作权集体管理条例》等行政法规和部门规章修订工作。会同有关部门研究制定《军用计算机软件著作权登记暂行规则》。开展民间文艺版权保护与促进试点，推动民间文学艺术作品著作权保护暂行条例研究制定工作。加强对地方版权立法工作的支持，指导广东省出台《广东省版权条例》，目前共9省出台了版权地方性法规、规章。

（二）推动版权国际条约生效及落地实施

推动《关于为盲人、视力障碍者或其他印刷品阅读障碍者获得已出版作品提供便利的马拉喀什条约》于2022年5月5日对中国生效。该条约对中国的生效，将极大丰富我国阅读障碍者的精神文化生活，展现我国大力发展残疾人事业、充分尊重人权的国际形象。为推动条约更好落地实施，保障阅读障碍者的文化权益，研究制定了《以无障碍方式向阅读障碍者提供作品暂行规定》，组织召开了条约落地实施专题推进会。

二、强化专项整治，营造良好版权环境

（一）开展冬奥版权保护集中行动

国家版权局会同中央网信办、工信部、公安部、文旅部、广电总局等部门联合开展冬奥版权保护集中行动，重点整治通过广播电视、网站（App）、IPTV、互联网电视等平台非法传播冬奥赛事节目的行为。集中行动期间，全国各级版权执法部门共出动执法人员18.5万人次，检查实体市场相关单位8.9万家，推动各视频、社交、直播、电商及搜索引擎平台删除涉冬奥侵权链接11.07万个，处置侵权账号10 072个，得到国际奥委会来信致谢。

（二）开展青少年版权保护季行动

国家版权局会同公安部、教育部、文旅部等部门联合开展青少年版权保护季行动，重点整治寒暑假期间权利人和广大家长反映强烈的危害青少年权益的侵权盗版问题。集中行动期间，地方版权执法部门出动执法人员36万人次，检查出版物市场、印刷企业及校园周边书店、报刊摊点、文具店、打字复印店等场所23万余家次。加大对电商平台传播、销售侵权盗版教材教辅和少儿图书的查办力度，查办侵权盗版教材教辅、儿童图书案件601件，移送司法机关75件。加强对电商平台的版权监管，强化电商平台的主体责任，持续规范整治电商平台证照核验，推动权利人与电商平台构建侵权处置"绿色通道"机制，注销违法网上书店2 158家。

（三）开展打击院线电影盗录传播专项工作

国家版权局会同公安部、文旅部等部门联合开展院线电影版权保护专项工作，严厉打击春节档、国庆档等院线电影盗录传播违法犯罪行为，规范电影市场版权秩序。专项工作开展以来，公布10批62部重点档期的院线电影预警保护名单，共监测发现33个涉院线电影盗录源头，涉及23部重点院线电影，向15个省区市移转院线电影案件线索，有关地方迅速查办，有效遏制了院线电影盗录传播势头。

（四）开展"剑网2022"专项行动

国家版权局会同公安部、工信部、中央网信办

联合开展打击网络侵权盗版"剑网2022"专项行动，严厉打击文献数据库、短视频和网络文学等重点领域的侵权盗版行为，强化NFT数字藏品、剧本杀等网络新业态版权监管，持续巩固院线电影、网络直播、体育赛事、在线教育、新闻作品、网络音乐、游戏动漫、有声读物、网盘等领域专项治理成果，压实短视频、直播、电商等网络平台主体责任，不断提升网络版权执法效能。查办各类涉网侵犯著作权案件1 180件，移送司法机关87件，删除侵权盗版链接84.62万条，处置侵权账号1.54万个，网络版权环境进一步净化。

（五）加强版权日常监管

2022年，全国各级版权执法部门共检查实体市场相关单位50.7万家次，查办侵权盗版案件3 378起，移送司法机关174起，涉案金额12.58亿元。不断加大对侵权盗版大案要案的协调督办力度，与全国双打办等部门联合挂牌督办5批110起版权重点案件。加强与中央网信办等相关部门协同，指导12家单位开展"区块链＋版权"创新应用试点工作，充分利用新技术创新版权监管手段。

（六）推进软件正版化工作

国家版权局加强对各地区各部门软件正版化工作指导，巩固党政机关、国有企业和金融机构软件正版化成果，积极推进教育、医疗等特定行业软件正版化工作。继续加强软件正版化工作督促检查，组织9个部际联席会议联合督查组，对20家中央和国家机关、10家中央企业、15家金融机构，以及7个省（自治区、直辖市）软件正版化工作进行督查，并聘用第三方机构对各单位软件使用情况进行年度核查，共核查单位199家、计算机近5万台，核查结果在网上公布。

三、加强服务监管，提升版权社会服务水平

（一）优化版权登记服务

进一步完善著作权登记制度，提升著作权登记工作效能。启动《作品自愿登记试行办法》《计算机软件著作权登记办法》修订工作。实现全国著作权质权信息与人民银行征信中心共享、计算机软件著作权登记信息与国家发展改革委全国融资信息服务平台信息共享，进一步优化版权营商环境，为版权融资业务提供便利。2022年，全国著作权登记总量达635.3万件，其中作品登记451.8万件，计算机软件著作权登记183.5万件。

（二）加强著作权集体管理组织监管

依法加强著作权集体管理组织监管，指导中国文字著作权协会、中国音乐著作权协会、中国电影著作权协会、中国摄影著作权协会、中国音像著作权集体管理协会有序推进换届工作；督促指导中国音像著作权集体管理协会推进有关大数据系统的开发与应用。

（三）加强境外著作权认证机构监管

完成对7家境外著作权认证机构驻华代表处的年检备案工作。指导境外著作权认证机构依法开展各类活动，不断巩固和发挥其在中外著作权交流中的桥梁和纽带作用。

四、激发创新活力，推动版权产业高质量发展

（一）深化全国版权示范创建工作

充分发挥版权示范典型在提升创新能力、推动经济发展等方面的重要作用，深化全国版权示范创建工作。授予15家园区（基地）"全国版权示范园区（基地）"称号、57家单位"全国版权示范单位"称号、24家单位"全国版权示范单位（软件正版化）"称号。推动佛山、潍坊、南通、长沙、温州等地深入开展版权示范城市创建。启动修改《全国版权示范城市、示范单位和示范园区（基地）管理办法》，指导各地区积极开展本区域内的示范创建工作，积极探索版权创造、运用、保护、管理、服务新机制和新举措。

（二）完善全国版权展会授权交易体系建设

指导和支持山东青岛、江苏南京举办第五届青岛国际版权交易博览会、第三届江苏（南京）版权贸易博览会，为开展版权交流、版权交易提供重要平台。指导景德镇国家陶瓷版权交易中心和山东泰山国家图书版权交易中心建设。推动各级版权交易中心优化机制、规范管理，促进版权转化和运用，推进版权产业高质量发展。2021年我国版权产业行业增加值达到8.48万亿元，占GDP的比重为7.41％。核心版权产业发展稳中向好，占全部版权产业的比重达到63.1％，对版权产业发展的支持引领作用更加明显，对我国经济结构优化升级和高质量发展发挥了重要的作用。

（三）开展中国版权金奖评选

国家版权局与世界知识产权组织合作开展2022年中国版权金奖评选表彰工作，对在版权创造、推广运用、保护、管理等方面作出突出贡献的单位和个人等进行表彰，激励全社会尊重版权、重视版权。

五、强化国际合作，提高版权国际影响力

（一）加强版权国际话语体系建设

持续巩固与世界知识产权组织、世界贸易组织等国际组织在版权方面的交流合作，积极参加相关成员国大会及地区会议，以及《保护广播组织条约》《保护传统文化表现形式条约》《全面与进步跨太平洋伙伴关系协定》和中日韩自由贸易协定等谈判进程。在世界知识产权组织知识产权与遗传资源、传统知识和民间文学艺术政府间委员会相关会议上提供中国方案、中国标准。积极开展版权产业海外风险问题研究，举办版权产业国际风险防控培训班，加大对我国企业海外版权维权援助力度，建设版权涉外风险防控体系，形成高效的国际版权风险预警和应急机制。

（二）加强多双边版权交流合作

积极维护和发展版权多边合作体系，加强在世界知识产权组织、世界贸易组织等国际多边机制中的合作，举办国际版权论坛、开展高层次对话，推进《马拉喀什条约》实施过程中的无障碍格式版跨境交换。深化与共建"一带一路"国家和地区，以及同我国有双边版权合作协议的重点国家的交流合作。举办中日、中英、中韩、中欧版权会谈和研讨会，增进政府间交流，为业界拓宽国际版权交易渠道。指导中国版权协会等非政府组织在版权国际交流合作中积极发挥作用。

（三）建立健全版权国际应对联动机制

指导国际版权研究基地等机构开展多双边谈判和就普遍关注的版权重点、热点议题进行专项研究。加强与立法机关、司法机关及外交、商务、市场监管等行政机关的联系沟通，不断提高海外版权保护能力。

六、广泛宣传培训，建设良好人文环境

（一）加强版权主题宣传

围绕全面加强冬奥知识产权保护、中国知识产权发展状况、中国知识产权保护与营商环境新进展等，举行新闻发布会、吹风会。举办《马拉喀什条约》落地实施推进会、2022 国际版权论坛，举办"喜迎二十大，奋进新征程——著作权法实施三十周年成就展"以及世界知识产权组织版权保护优秀案例示范点、民间文艺版权保护、《马拉喀什条约》落地实施系列主题展览，编辑出版《中国版权年鉴2021》《软件正版化在中国 2021》，评选发布中国版权十件大事、打击侵权盗版十大案件，组织制作国

家版权局官网《2022 版权宣传周》专栏，集中宣传版权保护成果，持续提升社会公众版权意识。

（二）做好版权对外宣传

用好国家版权局英文网平台和会议、会谈、会见场合，对外通报国内动态，发出权威声音，赢得外方对我国版权工作的认同。以批准实施《马拉喀什条约》、民间文艺版权保护项目调研、版权优秀案例示范点为突破口，打造一批内容新颖、形式多样的中国版权故事。运用传统媒体和新兴媒体传播渠道，擦亮国际版权论坛等会议品牌，用好世界知识产权组织网站平台，让中国版权故事、中国版权声音全媒体传播。

（三）深入开展调查研究

围绕版权工作重点任务，深入开展中国版权产业经济贡献、著作权法定许可、中国网络版权保护状况、新技术在版权领域的应用、版权国际应对、民间文艺作品版权保护等调研，深入分析新形势、新任务，研究新思路、新举措，不断提升版权治理能力和治理水平。

七、加强党建引领，为版权工作保驾护航

（一）加强学习，推进支部标准化规范化建设

全体党员干部把学习领会习近平新时代中国特色社会主义思想作为必修课和常修课，坚持学原文、读原著、悟原理，原原本本、逐字逐句学习党的二十大报告和党章。将旗帜鲜明讲政治贯穿版权工作全过程，坚持党建和业务同谋划、同部署、同落实、同检查，促进党建和业务深度融合，教育引导党员干部不断提高做好版权工作所需的政治判断力、政治领悟力、政治执行力，切实增强"四个意识"，坚定"四个自信"，做到"两个维护"，自觉在思想上政治上行动上同以习近平同志为核心的党中央保持高度一致。

（二）严格落实全面从严治党各项要求

践行好党的优良传统，增强厉行约、反对浪费特别是坚决制止餐饮浪费的思想自觉和行动自觉。同时加强管理，严格执行会议、培训、出差等用餐标准，把厉行节约、反对浪费落细落实。加强对党员干部的革命传统教育和廉洁教育，确保党员干部坚守底线、守住红线。加强对党员干部八小时外的监督，丰富提醒教育方式，紧盯重要时间节点和关键岗位，使遵规守纪成为党员干部的日常习惯和行为自觉，不断提升队伍的凝聚力战斗力，营造风清气正、团结干事的良好氛围。

（三）加强版权人才培养

坚持严管与厚爱相结合。健全完善激励约束机

制，加强对局内同志工作、生活上的关心，积极提供学习、培训、交流机会，充分调动和保护党员干部干事创业的积极性。完善局青年理论学习小组建设，加强对年轻干部的关心和培养，推动年轻干部下基层接地气。加强版权工作业务培训，与最高检联合举办"知识产权案件办理同堂培训"，邀请 23 个地区的版权执法骨干参训，对安徽等 9 省（自治区、直辖市）版权执法监管和软件正版化工作相关责任人进行线上培训，切实提升基层版权工作人员的业务水平。举办版权社会服务、版权国际风险防控培训班，提升相关从业人员业务素质和相关企业的海外风险防控能力。

2022年全国版权司法保护工作

最高人民法院知识产权审判庭

2022年，人民法院坚持以习近平新时代中国特色社会主义思想为指导，深入贯彻习近平法治思想，全面贯彻落实党的二十大精神，心怀"国之大者"，以强烈的责任感和使命感做好新时代版权审判工作，充分发挥版权审判对优秀文化的引领和导向功能，促进文化和科学事业发展繁荣，为社会主义文化强国建设提供坚实的法治保障。

一、依法妥善审理著作权案件，促进社会主义文化繁荣发展

2022年，人民法院充分发挥著作权审判职能作用，新收一审、二审、申请再审等各类知识产权案件526 165件，审结543 379件，其中新收民事一审著作权案件255 693件，占全部知识产权民事一审案件的58.31%，著作权案件在知识产权案件中占比最高。新收著作权行政一审案件12件，比2021年减少7件；新收著作权刑事一审案件304件，同比下降8.71%，占全部知识产权刑事一审案件的5.69%。

2022年，人民法院审结了一批具有较大社会影响的著作权案件，促进了社会主义文化繁荣发展。最高人民法院依法提审并改判"大头儿子"美术作品著作权侵权案，厘清著作权归属认定规则，取得良好社会效果。审理灿星公司诉KTV经营者侵害著作权纠纷系列案，明确了符合作品认定条件的视听作品片段应当给予著作权保护。办理侵害作品信息网络传播权管辖请示案，明确了侵害信息网络传播权民事案件管辖问题及司法解释适用标准，有效指导了著作权审判实践。北京互联网法院审理了我国加入《关于为盲人、视力障碍者或其他印刷品阅读障碍者获得已出版作品提供便利的马拉喀什条约》后全国首例涉阅读障碍者合理使用条款著作权纠纷案件，对提供电影《我不是潘金莲》无障碍版的行为是否构成合理使用作出了认定。在知识产权宣传周期间，最高人民法院发布了2022年中国法院十大知识产权案件和50件典型知识产权案例，共有11件著作权案件入选。

二、深化改革创新，推动著作权审判体系现代化

大力推进知识产权专业化审判体系建设，以最高人民法院知识产权审判部门为牵引、4个知识产权法院为示范、27个地方中级人民法院知识产权法庭为重点、地方各级人民法院知识产权审判庭为支撑的专业化审判格局进一步完善。最高人民法院制定《关于第一审知识产权民事、行政案件管辖的若干规定》，配套发布《关于印发基层人民法院管辖第一审知识产权民事、行政案件标准的通知》，健全管辖科学的司法保护体制，优化审判资源配置，全国具有知识产权民事案件管辖权的基层法院包括互联网法院已经达到558家。地方各级人民法院完善调配审判资源、依法适用案件提级管辖等机制，推动高效审理著作权案件和充分保障当事人权益。

最高人民法院加大指导力度，推进全国25个高级法院、236个中级法院和275个基层法院开展知识产权民事、行政和刑事案件"三合一"审判机制改革，十地法院已实现辖区内知识产权案件"三合一"审理机制全覆盖。积极推动相关规范性文件研究制定，会同最高人民检察院起草《关于办理侵犯知识产权刑事案件适用法律若干问题的解释（征求意见稿）》并向社会公开征求意见，其中多条内容与著作权犯罪相关。针对知识产权诉讼特点，推动知识产权诉讼特别程序法研究制定。开展知识产权恶意诉讼规制、惩罚性赔偿精准适用等领域的专项调研，着力遏制滥用权利，加强权利人保护。

三、充分发挥著作权审判引领作用，大力弘扬社会主义核心价值观

人民法院立足著作权审判职能，以社会主义核心价值观为引领，坚持弘扬社会主义先进文化，促进中华优秀传统文化创造性转化、创新性发展。依法审理涉及红色经典传承和英烈合法权益保护案件，

大力弘扬社会主义核心价值观。加强传统文化、传统知识、民间文艺等著作权保护,促进非物质文化遗产的整理和利用。高度重视网络直播、短视频、动漫游戏、文化创意等新领域著作权保护,打击盗版、抄袭行为,繁荣发展文化事业和文化产业。

北京、天津、上海法院对盗播北京冬奥会、卡塔尔世界杯等行为及时发出禁令,促进优化数字文化市场环境。江苏宿迁中院分析研判当地图书盗版案件特点,向行政主管机关提出司法建议,有效遏制图书侵权盗版行为。广西钦州中院审结跨省制售盗版教材教辅著作权犯罪案,该案获评 2022 年全国青少年版权保护十大典型案件。北京互联网法院和首都版权协会建立"涉网络图片市场权利使用费协同调研机制",北京市高级人民法院形成《关于北京互联网法院涉图片网络侵权案件和涉肖像权网络侵权案件审理中相关问题请示的答复》,确定图片侵权案件许可使用费标准,对图片侵权商业维权乱象的治理初见成效。

四、加强数字经济领域著作权保护,服务数字经济高质量发展

随着数字经济高速发展,人民法院受理涉互联网核心技术、人工智能、平台经济等方面新类型案件日益增多,新领域新业态著作权保护的权利边界、责任认定对著作权审判提出了更高要求。人民法院积极探索加强数字经济领域著作权司法保护,加大调研指导力度,为充分发挥数据要素作用、提高数据要素治理效能提供有力司法服务和保障,促进数字经济实现高质量发展。

最高人民法院不断总结审判经验,组织地方法院共同开展调研,起草著作权司法解释,着力解决著作权审判领域法律适用疑难问题。2022 年,天津高院研究制定《关于审理网络著作权纠纷案件相关问题的解答》,不断完善数字产业知识产权司法保护规则,推动数字产业知识产权合理流动、有效保护、充分利用。浙江高院成立专班研发"法护知产"集成应用,全面构建以智能化审判为纵向技术创新、以协同保护为横向制度创新的知识产权数字化治理体系,其中"版权 AI 智审"已推广至全省,上传作品即可在海量图片库中进行图片查重、同领域设计参考和相似性比对,至今已图片查重 367 件,整体有效查重率达 59.29%,大大减少了作品抢注和权利滥用现象。江西高院制定知识产权审判服务保障数字经济发展的意见,提出 13 项服务与保障举措。广东深圳中院出台加强数字经济知识产权司法保护

的实施意见,助力深圳数字经济高质量发展。北京互联网法院发布版权链-天平链协同治理平台 2.0 版本,实现数字版权确权、授权、交易、维权各环节全覆盖,推动版权要素市场健康有序发展。

五、加强协同配合,共同构建版权大保护工作格局

持续加强司法审判与行政执法衔接协作,促进行政执法标准与司法裁判标准统一。最高人民法院加强与国家版权局、中国作家协会、中国文联等单位的沟通,推动建立版权保护领域"总对总"在线诉调对接机制。陕西高院牵头与 13 家省级机关及院校单位成立秦创原知识产权司法保护中心,建立联席会议制度,搭建合作平台。北京互联网法院联合北京市版权局、首都版权协会深化"e 版权"诉非"云联"机制,以版权非诉调解平台为支撑,开展"云对接""云指导""云化解"等非诉调解工作,全年引导高频涉诉企业通过该平台调解案件 10 264 件,同比增加 154%,调解成功 2 525 件,调解成功率 24.6%。

推动构建区域知识产权保护机制。北京知识产权法院与天津市三中院、雄安新区中院签署《关于加强知识产权司法保护合作框架协议》,推动人才培养、协同审判、经验分享等方面合作。湖南、湖北、江西高院推动"长江中游城市群"审判工作协作机制,指导岳阳、咸宁、九江等地中院和有关市场监管部门签订跨域知识产权保护协议,探索解决跨区域、规模化、群体性著作权等知识产权侵权新问题。

六、加强队伍建设,提升著作权审判服务保障能力

全面学习、全面把握、全面落实党的二十大精神,坚持不懈用习近平新时代中国特色社会主义思想凝心铸魂,坚持用习近平法治思想指导新时代著作权司法,深入开展"两个确立"主题教育,巩固深化党史学习教育和政法队伍教育整顿成果,不断增强著作权审判队伍服务大局意识和能力。严格执行防止干预司法"三个规定"、新时代政法干警"十个严禁"等铁规禁令,全面准确落实司法责任制、规范司法权力运行、完善知识产权领域审判权力运行和制约监督机制,锻造忠诚干净担当的知识产权审判队伍。召开专业研讨会议、组织业务培训、完善司法数据库、出版业务指导书籍、开展干部交流,大力提升著作权审判队伍能力素质,为做好新时代著作权审判提供坚实组织保障和人才保障。

2022年版权工作大事记

中央宣传部版权管理局

2022年1月6日,国家版权局在京约谈主要唱片公司、词曲版权公司和数字音乐平台。

2022年1月20日,国家版权局联合中央广播电视总台召开北京2022年冬奥会"版权保护集中行动"暨"版权守护计划"发布会。

2022年1月25日,国家版权局发布2021年中国版权十件大事。

2022年1月28日,中国版权协会、中国版权保护中心、中国文字著作权协会、中国音乐著作权协会、中国音像著作权集体管理协会、中国摄影著作权协会联合发出倡议,规范北京冬奥会版权保护有关工作。

2022年1月29日,国家版权局、国家电影局、文化和旅游部、公安部相关部门就进一步做好院线电影版权保护工作作出部署。

2022年1月至3月,国家版权局与工业和信息化部、公安部、文化和旅游部、国家广播电视总局、国家互联网信息办公室联合开展冬奥版权保护集中行动。

2022年2月5日,中方完成向世界知识产权组织递交《关于为盲人、视力障碍者或其他印刷品阅读障碍者获得已出版作品提供便利的马拉喀什条约》批准书。

2022年2月14日,2022北京新闻中心举行全面加强冬奥知识产权保护专场新闻发布会,中宣部版权管理局相关负责人介绍情况并回答记者提问。

2022年2月14日,《马拉喀什条约》特别节目《向光而行》在CCTV-4中文国际频道晚黄金时段播出。

2022年2月14日,中宣部版权管理局、中宣部印刷发行局、中宣部反非法反违禁局、公安部食品药品犯罪侦查局、教育部教材局、文化和旅游部文化市场综合执法监督局联合启动青少年版权保护季行动。

2022年2月24日,中宣部版权管理局等部门公布一批侵权盗版教材教辅、少儿图书典型案例。

2022年3月21日,国家版权局发布2021年全国著作权登记情况通报。

2022年4月20日,博鳌亚洲论坛2022年年会"亚洲知识产权:趋势与机遇"分论坛在海南博鳌举行。

2022年4月20日至26日,国家版权局组织全国集中开展2022年全国知识产权宣传周版权宣传活动。

2022年4月24日,国务院新闻办公室在京举行2021年中国知识产权发展状况新闻发布会。中宣部版权管理局局长王志成出席发布会并答记者问。

2022年4月26日下午,国务院新闻办公室在京举办《中国知识产权保护与营商环境新进展报告(2021)》新闻发布会。中宣部版权管理局局长王志成出席发布会并答记者问。

2022年5月5日,《关于为盲人、视力障碍者或其他印刷品阅读障碍者获得已出版作品提供便利的马拉喀什条约》对中国生效。

2022年6月21日,推进使用正版软件工作部际联席会议第十一次全体会议在京召开。

2022年7月1日,国家版权局启动2022年中国版权金奖评选表彰工作。

2022年8月1日,国家版权局印发《以无障碍方式向阅读障碍者提供作品暂行规定》。

2022年8月5日,以"互联网环境下版权面临的新挑战"为主题的2022年中韩版权研讨会在北京、首尔通过两地现场和视频连线的方式举行。

2022年9月8日,国家版权局、工业和信息化部、公安部、国家互联网信息办公室四部门联合启动打击网络侵权盗版"剑网2022"专项行动。

2022年9月16日,中宣部(国家版权局)和中国残联主办的《马拉喀什条约》落地实施推进会在京举行。

2022年9月26日,国家版权局联合中国人民银行,指导中国版权保护中心与中国人民银行征信中心顺利实现著作权质权登记信息通过动产融资统一登记公示系统统一查询。

2022年9月29日，世界知识产权组织（WIPO）在日内瓦发布了《2022年全球创新指数报告》。中国在世界132个经济体中排名第11位，比2021年上升一位。

2022年11月8日至10日，中国国家版权局和世界知识产权组织联合主办的2022年版权产业国际风险防控培训班在江西景德镇举办。

2022年11月10日，中国国家版权局、世界知识产权组织、江西省委宣传部（江西省版权局）、景德镇市人民政府共同启动了世界知识产权组织版权保护优秀案例示范点调研项目"IP与创意产业：景德镇故事"。

2022年11月10日，中宣部启动八个地区开展民间文艺版权保护与促进试点工作。

2022年11月10日至11日，2022国际版权论坛在江西景德镇举行。世界知识产权组织副总干事西尔维·福尔班出席论坛并致辞。

2022年12月28日，中宣部版权管理局指导、中国版权保护中心主办的元宇宙版权保护与未来文化产业发展论坛以线上方式成功举办。

2022年12月28日，第十八届中国（深圳）国际文化产业博览交易会开幕，国家版权局首次作为主办单位之一专题举办"版权让文化生活更美好"主题展示。

2022年12月29日，中宣部出版局、版权管理局指导，中国新闻出版研究院、深圳出版集团有限公司主办的2022数字出版高端论坛在深圳举办。

2022年地方版权工作

北 京 市

2022年，北京市版权局以习近平新时代中国特色社会主义思想为指导，认真学习贯彻习近平总书记关于知识产权保护工作的重要论述，紧紧围绕迎接宣传贯彻党的二十大这条主线，聚焦版权领域重点难点问题、广大创新主体急难愁盼问题，抓住规范引导与打击惩治两个关键，通过建机制、搭平台、严保护、强服务等举措，推动版权工作取得新实效。

一、版权执法监管工作

（一）聚焦重点领域重要节点，开展专项整治

北京市版权局围绕党的二十大、北京冬奥会、冬残奥会等党和国家大事要事，部署开展版权领域专项整治活动，全力做好服务保障工作。

1. 开展北京冬奥版权保护集中行动。北京冬奥会、冬残奥会期间，北京市版权局监测涉及冬奥会开闭幕式和581场冬奥赛事节目，发现侵权链接8.4万余条，下线/断链率约97%；及时运用"通知—移除"规则督促53家网络平台移除外部投诉侵权链接约8.57万条。北京市有关部门通力合作，查办的全国首例侵犯冬奥吉祥物形象著作权案仅一个多月就依法判决，及时有效震慑违法犯罪行为。国家版权局对北京市冬奥专项版权保护工作予以通报表扬。

2. 开展打击网络侵权盗版"剑网2022"专项行动。北京市版权局落实国家版权局等四部门工作部署，会同市公安局、市通信管理局、市委网信办启动专项行动，开展文献数据库、短视频、网络文学等重点领域专项整治，加强对网络平台版权监管、压实网络平台主体责任，强化NFT数字藏品、剧本杀等网络新业态版权监管，持续加强对院线电影、网络直播、体育赛事、在线教育、新闻作品版权保护，严厉打击权利人反映强烈的网络侵权行为。

3. 全力服务保障党的二十大胜利召开。北京市版权局运用提前吹风、点对点沟通等形式，要求在京网络平台切实提高认识、综合施策，对《1921》《领航》等近70部重点影片、电视剧、专题片进行重点监测，及时发现处置相关侵权盗版链接，确保版权领域平稳有序。

4. 开展青少年版权保护季行动。北京市版权局落实中宣部版权管理局等六部门印发的《关于进一步加强青少年版权保护工作的通知》，积极实施网络版权监测和维权，大力开展执法检查和案件查处，开展暑假校园周边教材教辅出版物专项联合执法检查和打击盗版教材教辅专项行动、夏季治安打击整治"百日行动"等，文化执法部门查处侵犯北京2022年冬奥会吉祥物"冰墩墩"美术作品著作权等涉青少年版权侵权案件7起。2022年8月31日，北京市多部门对王四营图书批发市场及周边地区开展了联动打击整治行动，抓获涉嫌侵权盗版的非法经营者34名，扣押侵权盗版图书4.6万余册（含青少年读物近百种2.6万余册），有力震慑侵权盗版行为。

（二）围绕"诉源治理"，完善行政司法协同机制

北京市版权局深入贯彻落实习近平总书记关于"把非诉讼纠纷解决机制挺在前面"的重要指示，建立北京版权保护市域治理专班，印发《关于加强版权保护共建行政司法协同机制工作任务清单》，每季度召开全链条保护暨行政司法协同机制工作专题会，约谈10家在京互联网企业，指导平台企业充分利用"e版权"诉非"云联"机制，将版权纠纷化解于诉前，减少普通案件的重复起诉、司法资源挤占和低效使用，诉前版权纠纷调解数量显著增长。著作权侵权申请立案同比下降39.5%。首都版权协会调解业务累计收案5 938件（其中涉外案件764件），目前已调解完结5 371件，调解完结率为90.5%，在已经完结的案件中，调解成功2 804件，调解成功率为52.2%，和解金额约为1.4亿元。

（三）加强版权执法监管，有力打击侵权盗版

北京市版权局委托第三方机构对图片、网络文学、新闻评论、重点自媒体平台、热门影视作品、游戏、音乐、体育赛事等网络版权侵权重点领域进行监测，发现侵权总量超465万条，运用"通知—移除"规则，发起维权约440.2万条，通知下线总量约402万条，总下线率约91.32%。会同公安、文化执法等部门查办一批侵权盗版典型案

件，推动落实严、快、大、同的版权保护格局。2022 年北京市共有 9 个集体、16 名个人获国家版权局举报、查处重大侵权盗版案件奖励。与北京互联网法院等部门联合推出版权链-天平链协同治理平台、版权线上公证电子证据保全业务系统等，利用新技术助力司法机关、权利人开展维权工作。

二、版权社会服务工作

（一）率先落地版权质押权利担保登记信息统一查询

根据北京市营商环境创新试点工作任务要求，北京市坚持多部门协同推进，与相关职责部门对标对表，确保按照国务院统一部署，将版权质押权利担保登记信息数据接入中国人民银行征信中心动产融资统一登记公示系统。2022 年 5 月 30 日，登记公示系统正式对外提供北京市版权担保登记信息统一查询服务，北京在全国率先落地版权质押权利担保登记信息统一查询。

（二）以"两区"建设为引领打造一流版权营商环境

北京市版权局积极推动北京文化创意版权保护服务中心建设，利用区块链等多种技术，对文化创意作品方案进行版权登记，优化版权登记和质押登记流程，解决查询时限长、质押登记效率低等问题。充分利用中央在京单位的资源优势，推动优化版权登记和质押登记流程，为北京市文化科技型中小微企业提供综合性服务。利用中国国际服务贸易交易会、北京国际电影节、中国"网络文学＋"大会等平台，推动完善版权展会授权交易体系，助力数字经济发展，不断推介优质版权项目、促进版权项目交流转化。

（三）探索推动"国家区块链可信数字版权生态创新应用"试点

2022 年 1 月，北京市版权局入选中央网信办等 16 部委国家"区块链＋版权"创新应用试点名单，正式启动数字确权、正版产品、数字交易、版权金融、"e 版权"维权、版权链网等 6 大工程，率先向国家版权局上报了"国家区块链可信数字版权生态创新应用"试点工作任务书，推出全球首个基于数字版权证书的可信数字版权链平台，数字版权登记证书签发实现上链管理，实现政企数据融合，并与长江经济带、粤港澳大湾区、长三角等区域省市建立数字版权合作关系，成功推出小熊读书会、星际鱼、喜羊羊等数字版权示范项目。数字版权证书上链近 300 万件，版权链在全国的节点数量已达到 42 个，示范项目超过 50 个。

（四）充分运用数字技术服务提升版权管理、保护工作水平

按照"互联网＋政务服务"的工作要求，北京地区著作权登记管理平台已实现"一网通办"，全方位提供在线申报、在线受理、在线审批等服务，实现了著作权登记业务的全流程网上办理。2022 年，北京市作品著作权登记量为 1 047 270 件，占全国登记总量的 23.18％，连续 15 年保持增长趋势。北京版权调解中心实现线上调解，为当事人提供远程立案、线上调解等一系列便民法律服务，实现了权利人足不出户就能化解版权纠纷。

（五）2022 年中国国际服务贸易交易会首都版权展区精彩亮相

在市委宣传部领导的指导支持下，在执委会的引导协助下，北京市版权局积极着手策划，科学制定方案，多次召开推进会，协调对接各单位，不断完善方案和打磨细节，力图呈现首都版权最佳面貌。最终，以"版权助力数字经济发展"为主题的"版权让文物活起来"展区和"国家区块链数字版权创新应用成果"展区精彩亮相首钢园 1 号馆，集中展示了北京市版权保护新成果和版权服务新手段，为推介优质版权项目、促进项目交流转化创造了良好平台，获得了巡馆领导的高度认可、各大媒体的广泛宣传以及参展观众的积极关注，彰显了文创企业的核心竞争力和首都版权的行业影响力，推动完善了版权展会授权交易体系。

三、版权宣传与外事工作

（一）版权系列宣传活动亮点频出

北京市版权局结合著作权法律法规修改、"4·26"版权主题宣传、"剑网 2022"专项行动、打击侵权盗版重大案件等重点工作，策划组织网上网下多层次、多角度、多形式宣传活动，用受众更喜闻乐见的方式，促进版权理念更加深入人心。

1. 举办"4·26"版权主题宣传活动。围绕著作权法普法宣传，助力首都优秀文化艺术的传承、创新和运用，北京市版权局联合东城区委宣传部，于 2022 年 4 月 24 日举办了"艺术版权的新生——加强民间文学艺术保护，推动《视听表演北京条约》落地实施"主题宣传活动，中宣部版权管理局主要领导出席并致辞，中央和市属媒体、新媒体平台等进行了全面报道，受到社会广泛关注。

2. 各区和重点文化园区、企业同步开展主题宣传。北京市版权局组织全市 16 区和经济开发区的 20 多家版权园区和重点文化企业，以"全面开启版权强国建设新征程"为主题，集中开展版权专业培

训、举办专题论坛、进行各种形式的宣传活动，配合制作、投放主题宣传海报，扩大版权宣传活动的社会影响力。东城、朝阳、丰台、大兴、通州、门头沟等区，组织区属各单位、街道（乡镇）、园区企业等开展版权宣传活动，社会反响热烈。

3. 启动 2022 版权课堂。北京市版权局以著作权普法宣传为主，组织市级文化园区和科技文化企业参加北京市企业版权管理十百千人才公益培训。面向 97 家产业园区及园区内企业发放问卷 221 份，回收有效问卷信息 218 条。重点从版权的基本概念、政策与法律法规、版权申报实操、版权侵权与维权、侵权风险管控 5 个方面展开培训，举办版权宣导培训 15 场。利用 H5、微信公众号等形式，联合版权协会、园区、企业的媒体渠道，对 2022 年版权课堂项目进行宣传推广，累计制作 H5 传播内容 10 余份、微信公众号文章 10 余篇。

（二）全市版权示范体系建设有力推进

北京市召开 2022 年全市版权示范体系建设和版权工作站建设动员部署会，向全市 16＋1 区和有关单位印发了《关于开展 2022 年全市版权示范创建评选和版权工作站建设工作方案》，明确在示范园区实现版权工作站全覆盖，推动园区版权保护服务中心建设，规范版权示范园区（基地）、版权示范单位的评定和管理。2022 年，北京市实现 24 家市级示范园区版权工作站和版权保护服务中心全覆盖，其中 5 家单位、1 家园区获"全国版权示范单位"、"全国版权示范园区（基地）"称号，新增 14 家企业和 7 家园区为市级版权示范单位、园区（基地）。

（三）版权保护领域国际交流合作不断深入

根据"两区"建设版权全环节改革任务要求，北京市版权局组织版权调解员参与世界知识产权组织线上版权培训课程，邀请世界知识产权组织中国办事处参加版权调解员培训并授课，向世界知识产权组织中国办事处推荐版权领域 9 名专家及资深调解员纳入专家库。完善调解案件移交机制，已有 3 起案件移交世界知识产权组织中国办事处。通过世界知识产权组织官方网站宣传北京市版权发展成就，讲好中国版权故事。

（四）出版业国际传播能力建设持续提升

北京市持续加强出版业国际传播能力建设，紧紧抓住内容、渠道、翻译等出版"走出去"关键环节，聚焦重点企业、重点项目、重点平台，突出数字出版新兴业态，奖励和资助在北京地区注册企业所从事的面向国外的版权输出、实物出口、翻译、交流推介、渠道建设等业务与项目，2022 年共有 14

个项目获得奖励扶持，涵盖优秀出版物成果、优秀出版物翻译和对外数字出版等类别。

四、软件正版化工作

（一）强化工作统筹部署

北京市版权局组织召开北京市 2022 年软件正版化工作动员部署会议，市委宣传部分管日常工作的副部长赵卫东出席并讲话，会议以加密视频会议形式召开，开设 248 个会场，各区联席会议成员单位，各市级党政机关，各市属国有企业集团总部，市卫生健康委直属单位、市属医院、市教委直属单位、市属高校软件正版化工作主管领导及牵头部门负责人，共计 688 人参会。制定《北京市 2022 年软件正版化工作方案》，将市属高校、区教委直属单位、区属国有企业纳入考核范围，增加数据库监管，并新增远程在线督查，进一步压实责任，完善软件正版化工作机制。

（二）启用软件正版化检查服务系统

2022 年 6 月 29 日，北京市软件正版化检查服务系统启动仪式举行，中央宣传部版权管理局、中国版权协会，北京市使用正版软件工作联席会议成员单位、各区软件正版化联席会议成员单位负责同志参加启动仪式。系统上线后，将成为支撑主管部门对各类受检主体使用正版软件情况进行分级分类监管的全国首个软件正版化检查服务系统，实现国家软件正版化检查常态化管理、软件资产精细化管理、软件侵权预警事前提示、决策分析辅助支持等功能，形成"即时自查、远程检查"的工作模式，提升软件正版化服务管理效率。

（三）分类开展正版化日常服务管理工作

北京市版权局深入分析研究全市 2021 年正版化工作考核各项数据，印发《北京市 2021 年软件正版化工作考核情况通报》，全面总结工作成效、突出问题，重点研究下一步工作方向。印发《北京市 2022 年度软件正版化工作考核标准》，通过对 2022 年全面开启考核工作的党政机关、事业单位、国有企业等相关单位进行调研，分门别类制定软件正版化工作考核标准，使标准内容更细致、权重更合理、标准更量化、针对性更强，充分发挥考核工作的引领督促作用。积极开展咨询服务与全面督查，对存在实际困难的单位，通过日常走访、实地督导等模式予以有效解决。

（李盼盼）

天 津 市

2022 年，天津市版权局以习近平总书记关于

"保护知识产权就是保护创新"等重要讲话为指导，认真落实天津市委及市委宣传部部署要求，以迎接宣传贯彻党的二十大为主线，加大保护力度、优化服务质量、严查重点案件、加强宣传引导，推动天津版权工作高质量发展。

一、坚持日常监管与专项行动相结合，提升版权保护水平

（一）开展"剑网2022"专项行动，对侵权盗版形成高压态势

"剑网2022"专项行动期间，天津市文化执法部门共出动联合执法人员3 848人次，实地检查巡查1 861家次。开展网络巡查3 156家，对211家问题网站进行约谈、警告，注销网站163家。查办侵权案件21起，行政罚款35.59万元。其间，天津市公安机关会同有关行政主管部门开展联合执法行动20余次，检查重点领域110余处，并成功发起跨省市集群战役2起，侦办中文在线数字出版集团股份有限公司刊登连载的电子书被电子书软件《小书阁》《小说亭》等App侵犯著作权刑事案件，涉案金额达900余万元，对侵权盗版犯罪分子形成了强力震慑，工作成绩获得公安部贺电1次。

（二）压实网络平台责任，强化网络新业态版权监管

天津市版权局不断推进网站平台实现规范化自我管理，督促网站平台健全完善信息发布审核机制，从源头堵塞漏洞。督促未来电视有限公司自查旗下数字藏品App《未来数藏》，重点检查是否存在未经授权使用他人美术、音乐、动漫、游戏和影视等作品铸造NFT、制作数字藏品等侵权盗版行为。《三佳购物》小程序与App所有推送文案一律先审后发；《津云新媒体》定期对采编人员进行培训，对重点页面、重要位置加大版权审核力度；《洪恩识字》《掌上天津》等均采取相应措施，对违法不良信息严格抵制或封禁处理。天津市文化执法部门在专项行动期间还办理8起地毯行业网络侵权案件，为天津地毯行业营造了公平竞争、鼓励创新的良好环境，起到了"查办一案，警示一片"的作用。

（三）召开查处重大侵权盗版案件有功单位和有功个人工作座谈会和经验交流会、培训会

天津市6组14个单位、14组39名个人，被国家版权局评为2021年查处重大侵权盗版案件有功单位和有功个人。天津市版权局组织召开经验座谈会，请相关同志介绍查办案件先进经验、交流办案体会，进一步发挥版权相关执法部门查处侵权盗版案件的积极性和主动性，充分彰显查处侵权盗版案件先进

典型的引导和示范作用。

天津市"剑网2022"专项行动协调小组联合举办了网络版权保护与执法培训会。邀请天津市文化市场行政执法总队副总队长杨明围绕"著作权法学习要点及版权执法实务"对各区区委宣传部版权及执法负责同志做线上辅导。

（四）开展冬奥版权保护、青少年版权保护和院线电影版权保护等集中整治行动

2022年，天津市各级版权部门坚持网上网下保护相统筹，牵头组织开展了冬奥版权保护、院线电影版权保护、青少年版权保护等专项行动，组织拍摄制作公益宣传广告、深入查找案件线索，对群众反映强烈、社会舆论关注、侵权盗版多发的重点领域和区域，重拳出击、整治到底、震慑到位。天津市版权局组织举办了网络版权保护培训会，对市重点网站开展上门服务及宣传工作，深入园区召开版权企业座谈会，听取意见建议，受到企业欢迎。2022年天津市委宣传部（天津市版权局）版权处被国家版权局评为2021年查处重大侵权盗版案件有功单位，被天津市评为市知识产权工作先进集体。

二、发挥示范引领作用，加强版权服务

2022年，天津市评选出曙光信息产业股份有限公司等5家单位为市级版权示范单位。推荐天津教育出版社有限公司等3家单位参加国家版权局组织的全国版权示范单位评选。在天津市文联、市软件协会等4家单位设立版权服务工作站。截至2022年，天津市有市级版权示范单位61家，13家单位、园区获得"全国版权示范单位"或"全国版权示范园区（基地）"称号。为发挥其示范引领作用，天津市版权局为示范单位拍摄宣传片，在《津云新媒体》等媒体宣传其先进版权管理方法，并积极向《中国新闻出版广电报》推荐。

2022年，天津市共办理作品登记92 181件，由于版权宣传力度加大，2022年度作品登记量同比上年有增长，作品质量有明显提升。文字作品数量增长接近一倍，视听作品由497件增长到近8万件，保证了意识形态安全，有效激发了全市创新创造热情。

三、不断扩大范围、巩固成果，持续推进软件正版化工作

天津市版权局按照国家推进使用正版软件工作部际联席会议的工作要求，结合工作实际，制定《天津市2022年推进使用正版软件工作计划》，并印发全市。同时，指导市级机关和各区版权局制定本单位、本系统和本地区的软件正版化工作计划，有

序开展相关工作。

天津市版权局加强对重点领域软件正版化工作的关注，提出指导意见与建议，切实解决实际问题，以点带面，持续推进软件正版化工作。印发《关于对部分重要行业软件正版化工作开展督查的通知》，组织力量对全市医疗卫生、教育、交通和能源等部分重要行业软件正版化工作开展督查，把推进使用正版软件审计工作列入党政机关常规审计项目，取得显著成效。组织全市推进使用正版软件工作人员培训，市版权局在南开区、宁河区和环境保护、规划资源等系统，开展现场授课，实地讲解案例，切实解决问题。

天津市版权局辅导各单位从正版软件检查工具安装情况、正版软件安装使用情况、使用正版软件责任落实、软件资产管理情况和现场检查计算机情况入手，进一步做好自查自检工作。抽查了10家市级政府机关和4个区的软件正版化工作情况，进行考核评定。从检查情况看，各单位正版软件安装使用率稳中有升。

四、创新版权宣传，持续加大宣传引导力度

一是创新宣传引导，激发社会关注。天津市版权局组织安排在地铁移动LED屏等新兴阵地播映天津市2022年版权主题宣传片。二是举办天津市2022年版权宣传主题发布会。天津市版权局在津云中央厨房以版权交易中心版权社会化服务体系建设成就发布为主，组织开展2022年版权宣传主题发布会，对2021年天津市版权工作突出成绩进行总结展示，对2022年版权领域重点工作进行发布，并配合国家版权局做好重点宣传内容《马拉喀什条约》的宣传推广工作。三是举办天津市作品著作权登记工作成果展。天津市版权局全面总结本市作品著作权免费登记以来，作品登记工作在确权保护、版权转化、文化交流以及国际传播等方面取得的突出成绩，进一步鼓励和引导全社会提升版权意识、激发创新创作热情。四是开展著作权管理培训，全面提升全市作品登记机构的专业化服务能力水平。

天津市版权局结合《马拉喀什条约》（于2022年5月5日对中国生效），策划拍摄了2022年版权宣传主题宣传片，并组织传统媒体和新媒体进行全面宣传，在地铁移动LED屏、户外大屏等播放次数超过200万次，受到国家版权局的关注。天津市邀请视障人士录制"音乐朗读者"版权公益宣传节目，开展为全市阅读障碍者提供"光明影院无障碍电影项目"、捐赠喜马拉雅阅读障碍者专用VIP账户等活动，《天津新闻》对此进行了采访报道。2022年

知识产权宣传周期间，《中国新闻出版广电报》共计刊发了三篇主要版面文章，《天津日报》共计刊发了两篇，中宣部《每日要情》对天津版权宣传活动进行了报道。

（单震宇）

河　北　省

2022年，河北省版权局认真贯彻《知识产权强国建设纲要（2021—2035年）》《"十四五"国家知识产权保护和运用规划》，积极推动本省《知识产权强省建设纲要（2021—2035年）》和《河北省"十四五"知识产权保护和运用规划》《河北省版权工作"十四五"规划》的深入实施，在版权管理、保护、运用方面都取得了积极成效。

一、制发《河北省版权工作"十四五"规划》

依据《知识产权强国建设纲要（2021—2035年）》《"十四五"国家知识产权保护和运用规划》《版权工作"十四五"规划》，结合河北省版权工作实际，河北省版权局制定了《河北省版权工作"十四五"规划》并印发全省。

二、组织开展冬奥版权保护集中行动

河北省版权局会同省公安厅等五部门于2022年1—3月联合开展北京冬奥会、冬残奥会版权保护集中行动。集中行动期间，共计巡查各类网站（App）、网络平台及自媒体等21 540家（个），处置侵权信息420条，清理各类侵权链接120余条，清理各类涉北京冬奥会、冬残奥会有害信息4 296条。

三、做好版权执法协调指导工作

河北省版权局重点督办国家六部门联合挂牌督办的邢台市南宫"9·14"涉嫌侵犯著作权案和石家庄市"李某涉嫌侵犯著作权案"。部署开展"剑网"专项行动，专项行动期间，全省各级版权执法部门共计查办各类侵权盗版案件51件，移送公安机关12件。全部案件涉案金额共计7 247.16万元。

四、切实做好软件正版化工作培训和部署

组织省推进使用正版软件工作联席会议各成员单位相关人员开展软件正版化年度考核前业务培训。2022年5月至10月，河北省委宣传部（省版权局）派员通过网络课堂和线下培训等方式，先后为教育厅、石家庄市国资委、省总工会、省旅投集团、省农信联社等单位和衡水市市县党政机关进行了软件正版化工作业务培训9次，党政机关和企事业单位参训人员达2 900余人。8月，参加河北省干部网络学院《知识产权保护》栏目有关课程的授课，学习

量超过 1.1 万人次。10 月，应邀参加省工商联组织的"法律政策微课堂"授课活动，为民营企业做好版权保护工作、规避侵权盗版风险提供法律和政策服务。进一步修订完善《河北省推进使用正版软件工作考核办法（试行）》，印发《河北省 2022 年推进使用正版软件工作计划》，为开展全年工作提供依据和遵循。截至 2022 年底，全省已有 178 个市、县级政府在完成本级党政机关软件正版化的基础上，延伸完成了本级事业单位国产办公软件全覆盖。各级党政机关共采购操作系统、办公和杀毒软件 52 万余套，采购金额 5 668 余万元。企业共采购操作系统、办公、杀毒和其他软件 10 万余套，采购金额 1.1 亿余元。

五、持续开展版权示范创建

河北省精英动漫文化传播股份有限公司、明尚德玻璃科技股份有限公司被评为 2021 年度"全国版权示范单位"，河北人民出版社有限责任公司被评为"全国版权示范单位（软件正版化）"，华斯裘皮产业园被评为"全国版权示范园区（基地）"。继续对沧州市申请全国版权示范城市创建资格加强指导，持续不断推动全国版权示范城市申创工作。2022 年 10 月，向国家版权局推荐中信戴卡、方圆电子出版社、磁州窑文化产业创业园区等七家单位申报全国版权示范单位（软件正版化）和示范园区（基地）。

六、不断完善版权管理体制机制建设

成立河北省版权保护中心人民调解委员会，进一步完善了河北省版权保护工作机制。积极推动版权服务站建设工作，印发了《河北省版权局关于 2022 年推进县级版权服务站建设的通知》，在市级版权服务站全覆盖的基础上，持续开展全省县级版权服务站建设。截至 2022 年底，全省共建设县级版权服务站 188 个，实现了版权服务站县级全覆盖。全年共完成作品登记 131 522 件，同比增长超过 100%。

七、认真开展无障碍格式版服务机构备案工作

按照《国家版权局关于印发〈以无障碍方式向阅读障碍者提供作品暂行规定〉的通知》要求，结合河北实际，明确备案对象范围，梳理审核流程，组织指导全省各地开展无障碍格式版服务机构备案工作，重点对省内提供无障碍阅读服务的各级图书馆和特教学校等开展备案。2022 年 10 月，将全省 39 家无障碍格式版服务机构备案材料提交国家版权局审核备案。

八、认真组织开展版权宣传周系列活动

版权宣传周期间，公布了 2021 年度河北省"扫黄打非"十大案件，通报了河北省 2021 年获评全国打击侵权盗版有功单位和有功个人名单与荣获"全国版权示范单位"称号单位名单，并向全社会发布版权保护倡议书；举办了"版权保护工作及版权全链条保护"专题座谈会，通过沙龙座谈方式，宣传河北省版权保护工作成绩，并就版权全链条服务进行了研讨；发布 2021 年度河北省作品著作权登记情况分析报告；向全省手机用户推送版权保护公益短信，推送量达 1.6 亿条。全网涉河北省版权宣传周相关信息 1 232 条，90 余家媒体和商业媒体平台转发推送，全网信息传播总量突破 5 100 万次，起到了很好的社会宣传效果，达到了预期目标。

九、其他工作

向国家版权局推荐了 2021 年度查处重大侵权盗版案件的有功单位和有功个人，河北省共有 4 家（个）单位（专案组）获评有功单位，9 名（个）个人（专案组）获评有功个人；按时向省知识产权保护联席会议办公室报送了 2022 年知识产权保护工作报告，迎接国家对河北省知识产权保护工作的检查；对河北省近 20 年软件正版化工作进行了梳理总结，以图文并茂的方式撰写稿件《在探索中推进 在巩固中提高——河北省 20 年软件正版化工作综述》，及时报送国家版权局，为其编辑出版的《腾飞廿年——软件正版化在中国》专辑供稿；向国家版权局上报了中国版权金奖推荐名单。

（杜中伟）

山 西 省

2022 年，山西省版权工作深入学习贯彻党的二十大精神，以习近平总书记关于知识产权的重要论述为指导，全面落实《关于强化知识产权保护的意见》的工作要求，立足新发展阶段，贯彻新发展理念，融入新发展格局，以保障和推动高质量发展为主题，深刻把握新时代版权工作的新使命、新方向、新任务，认真开展打击侵权盗版、软件正版化、版权宣传、公共服务等工作，找准重点靶向发力、针对短板主动破局、坚持实干力求实效，勇蹚新路开创新局，努力为全省全方位推动高质量发展在版权方面提供有力支撑，奋力开创山西省版权工作的新气象新格局。

一、加强版权执法监管，维护版权市场秩序

（一）落实责任，做好版权领域"双打"牵头工作

山西省版权局制定了 2022 年度版权领域"双

打"工作年度计划,将其纳入全省2022年打击侵权假冒工作要点,通过省知识产权工作考核和打击侵权假冒考核途径从六方面对各市进行考核,有效落实组织领导责任。积极加强执法巡查、线索搜集、行刑衔接,不断加大版权执法力度,组织开展各类专项行动。

(二)聚焦难点,开展院线电影版权保护

山西省版权局联合省公安厅、省电影局等部门,于2022年春节期间组织开展了院线电影版权保护工作。牵头组省电影局、省公安厅食药监总队共同召开了院线电影版权保护工作协调会,畅通协作机制、强化组织部署、互通工作情况。积极与中宣部电影质检所沟通,请求协助搜集案源线索,畅通了线索移转渠道。行动期间,全省共下发重点作品预警3批次,重点查办了1起院线电影盗录案件。全省多地融媒体中心、微信公众号、抖音、快手等各类新媒体组成网络宣传矩阵,转载转发盗录传播院线电影典型案例和相关法律法规。

(三)围绕热点,加强冬奥版权保护

为深入贯彻落实习近平总书记关于全力做好北京冬奥会、冬残奥会筹办工作的重要指示精神,山西省版权局于2022年1月28日下发了《关于切实做好冬奥版权保护工作的通知》(晋宣发电〔2022〕5号),加强与公安、工信、文旅、广电、网信等部门的沟通协调,围绕非法传播冬奥赛事节目、涉冬奥作品侵权盗版行为两个重点关注对象,针对广播电视、网站(App)、互联网电视、短视频平台、公众账号、电商平台等线上传播平台,以及图书音像软件市场、服装鞋帽市场、小商品市场等线下重点部位,组织开展侵权监测、市场检查、信息互通、联合办案等工作,严厉打击各类涉冬奥视听、文字、美术、音乐等作品的侵权盗版行为。选择重点部位开展冬奥版权宣传教育,对市场检查中发现的相关情节轻微的侵权问题进行批评教育、责令整改,积极开展相关网络侵权案件的调查取证、查办处置工作,全省共查处涉冬奥版权行政案件8起。

(四)突出重点,做好青少年版权保护工作

山西省版权局全面加强青少年版权保护工作,严厉整治教材教辅、少儿图书等领域的侵权盗版问题,下发了《关于做好青少年版权保护工作的通知》(晋新出发〔2022〕6号),并于2022年2月至3月、7月至9月联合开展青少年版权保护季行动。组织各市对各类出版物市场、印刷企业、物流市场开展检查,对电商平台、社交平台、知识分享平台等各类网络平台开展巡查,发现侵权盗版问题,深入开展整顿治理,积极查办侵权盗版案件,规范青少年市场版权秩序。

(五)持之以恒,开展打击网络侵权盗版"剑网2022"专项行动

山西省版权局下发了《关于开展山西省打击网络侵权盗版"剑网2022"专项行动的通知》,狠抓网络环境下的打击侵权盗版工作,联合公安、网信、通信管理等部门,加强网络版权全链条保护,针对文学、影视、音乐、软件、新闻等重点作品类型,严厉打击违规网站、短视频、网络直播、体育赛事、在线教育等领域的侵权盗版行为。重点查办网络侵犯著作权案件5件,其中"12·12"剧本杀侵犯著作权案为全国首例剧本杀案件,被中宣部版权管理局等六部门联合督办。为及时推动全年案件进展,山西省版权局积极联动、亲自作战,联系中国曲艺家协会、国际唱片业协会、美国电影协会、韩国著作权委员会、德云社等组织和权利人核实案件情况、提供涉案作品权属证明,并具体指导办案人员的案件查办工作,及时处理案件进展过程中的难题,有效推动了重点案件查办工作。

二、重视版权宣传教育,推动版权意识深入人心

围绕迎接宣传贯彻党的二十大这条主线,以"全面开启版权强国建设新征程"为主题,山西省自2022年4月20日起,在全省范围内集中组织开展"4·26""线上、网上、云上、屏上"版权宣传周活动。省版权局发布版权宣传主题海报4个、版权宣传公益视频2个。

省版权保护中心制作了作品版权登记工作宣传素材。全省各级版权部门利用广播电视、门户网站、融媒体中心、客户端、公众号、短视频平台、短信平台、公交移动电视、户外LED屏、LED宣传车、出租车宣传屏等宣传平台,采用播放公益视频、刊登主题海报、设置专题专栏、开设版权讲座、发送宣传短信等形式,围绕版权创造、运用、保护、管理、服务各个环节,积极开展宣传。

各市在各级主流媒体播放宣传公益视频,在各类网站宣传版权知识,仅晋城市的网络宣传点击量就达到了16万余次;太原市制作版权主题宣传漫画,用通俗易懂的方式宣传版权知识;晋中市结合民间文艺版权保护工作,通过农村广播让版权宣传深入农村;太原、长治、晋城、临汾、运城、阳泉等市利用酒店、公园、广场、社区、机关、商户、出租车电子屏滚动播放宣传标语,仅临汾市就有1 600块各类固定显示屏、800余块出租车显示屏参

与宣传；吕梁市组织 30 余个自媒体宣传版权知识，1.5 万余人开展版权在线承诺活动。此外，部分市根据实际情况，主动开展线下宣传活动。晋城市举办了知识产权宣传周启动仪式；临汾市组织 200 余家学校开展版权宣传活动，学生受众达 10 万余人；长治市、运城市在街道、社区、书店、景区、影院等部位开展现场版权宣传，现场发放资料 2 万余份。

为深入做好新修订实施的《中华人民共和国著作权法》的学习、宣传、贯彻工作，切实提升基层版权管理、执法人员业务素质，结合疫情防控的突发状况临时改变培训方案，山西省版权局举办全省线上版权工作培训班，培训主要包括版权执法工作概要与软件正版化工作形势和任务两个方面的内容。本次培训虽然参训人员较往年较少，课程简易，但较好解决了目前山西省版权工作中存在的问题，达到了统一思想、提高认识、提升素质的目的。全省各级政府机关组织软件正版化工作培训 44 次，参训单位达到 1 646 家次，参训人数达到 5 221 人次。全省各级政府机关举办企业软件正版化工作培训 186 次，参训人数达到 21 186 人次。

三、强化长效机制建设，认真开展软件正版化工作

始终坚持紧跟国家部署、狠抓机制建设、注重使用管理的工作原则，聚焦责任落实、采购安装、建章立制、自查整改、检查督查等重点环节，继续组织开展政府机关、省属国有企业、金融机构使用正版软件工作。

（一）有序组织推进

山西省版权局积极落实推进使用正版软件工作部际联席会议的工作部署，下发了《山西省 2022 年推进使用正版软件工作计划》，强调正版化工作要与信息化工作一体谋划、统筹推进，继续巩固省、市、县三级政府机关软件正版化工作成果，继续推动省属国有企业软件正版化工作，加强推动能源、交通、金融等行业软件正版化工作，积极协调推动教育、医疗行业使用正版软件，逐步推动民营企业软件正版化工作。全省 201 家金融行业企业开展推进使用正版软件工作，采购操作系统软件许可数（不含预装软件）887 个，采购办公软件许可数 1 419 个，采购杀毒软件许可数 22 277 个，采购其他软件许可数 971 个，采购金额合计 1 969 万元。以山西交控集团、航产集团为代表的交通行业企业和以山西焦煤集团、华新燃气为代表的能源行业企业软件正版化工作成效突出，二级企业软件正版化工作也取得积极成效。2022 年在 28 家民营企业推进使用正版软

件工作，并把民营企业使用正版软件工作纳入社会诚信目标建设体系。全年采购各类软件许可数 1 169 个，采购金额合计 61 万元。此外，积极加强医疗、教育行业软件正版化工作调研等工作。

（二）加强督促检查

2022 年，推进使用正版软件工作部际联席会议督查组对山西省 35 个省直机关软件正版化工作情况进行了全覆盖检查，针对检查情况组织了专项整改。在此基础上，继续组织各级单位开展推进使用正版软件自查整改和督促检查工作，对制度建设和责任落实情况、软件安装使用管理情况进行全面自查和二次整改，按时开展年度报告工作。企业软件正版化工作方面，由版权局、国资委、银保监局、证监局、工商联等单位分别牵头，对目标企业软件正版化工作机制建设、软件采购安装、软件使用管理等方面的情况进行督促检查，向各企业下发整改报告，认真组织完成整改工作。省版权局结合督促检查、平时工作和打击侵权假冒工作考核等情况，对各市软件正版化工作进行了考核评议，切实落实软件正版化工作责任，传导软件正版化工作压力。

四、加强服务能力建设，做好版权公共服务工作

（一）主动服务预防侵权

充分发挥作品版权登记在预防纠纷、厘清权属等方面的有效作用，全面加强作品版权登记工作，2022 年完成版权贸易合同备案 7 件，山西省版权保护中心完成作品登记 913 件。

（二）开展民间文艺版权保护与促进工作

根据中宣部工作安排，山西省版权局向各市下发了《中共山西省委宣传部关于大力开展民间文艺版权保护与促进试点工作的通知》（晋宣通字〔2022〕12 号），将民间文艺版权保护与促进试点工作作为保护利用本省丰富的历史文化遗产、推动乡村振兴和资源型经济转型的有效举措和抓手，以激活民间文艺领域版权价值、促进优秀传统文化创造性转化和创新性发展为主线，调研、梳理民间文艺版权保护、发展的现状和需求。山西省晋城市成功入选全国 8 个市级版权保护与促进工作试点城市。

（三）加强版权示范创建工作

山西省版权局积极落实习近平总书记考察调研山西重要指示精神，下发了《关于开展 2022 年山西省版权示范创建评选工作的通知》（晋版发〔2022〕2 号），组织开展省级版权示范单位、示范园区（基地）申报工作。2022 年，成功创建全国版权示范单位 4 个，成功创建全省版权示范单位 15 个，数量均

为历年之最。

此外，山西省版权局大力开展著作权法律咨询和纠纷调解服务，在节约行政和司法资源的同时，有效实现了定分止争，保护了重点作品权利。与省市场监管局共同落实鼓励知识产权质押融资的相关政策，对版权质押融资相关机构和单位给予补贴，助推版权产业发展。

（郝子谋）

内蒙古自治区

2022年内蒙古自治区版权工作坚持以习近平新时代中国特色社会主义思想为指导，深入贯彻落实习近平总书记关于知识产权工作重要指示论述和党中央、国务院，自治区党委、政府决策部署，牢固树立新发展理念，坚持稳中求进、守正创新，扎实做好版权执法、版权宣传、社会服务和软件正版化等各项工作，为新时代知识产权强国建设提供有力支撑。

一、坚持全面保护，提升版权工作法治化水平

一是突出专项整治。自治区版权局开展"冬奥会版权保护""青少年版权保护""剑网打击网络侵权盗版"三大专项行动，查处41起涉冬奥著作权案件、7起教材教辅案件、2起网络侵权盗版案件，严厉整治各领域侵权盗版乱象，维护出版物市场版权秩序。

二是加大办案力度。自治区版权局巩固传统领域版权监管成效，以严格保护为版权工作主基调，强化保护力度、讲求保护实效。发挥版权行政组织、部署、协调、监督检查职责，提高案件办理的数量和质量。2022年自治区依据《中华人民共和国著作权法》查处案件50起，较2021年增长700%。

三是完善执法机制。自治区版权局会同相关部门制定完善行政执法运行机制，联合印发《加强知识产权协同保护合作框架协议》《网络市场监管专项行动方案》，会同自治区文旅厅出台完善文化市场综合行政执法运行机制的规范性文件。

二、坚持统筹协调，提升软件正版化工作质量

一是加强机制建设。针对部分成员单位负责人和联络员发生变动的实际情况，第六次调整完善成员单位及工作职责，保持了工作机制的完整性和连续性，形成了以联席会议为主导，相关管理部门密切协作，自治区、盟市、旗县层级推进的工作格局。

二是开展督导检查。第五次修订《推进使用正版软件工作职责》，对全区207家单位进行正版化工作督查，推动区直单位实现正版软件全覆盖。

三是拓展工作领域。自治区版权局指导自治区

国资委、卫生健康委等行业主管部门推动正版化工作继续向国有企业、金融机构延伸。截至2022年底，内蒙古自治区已有15家国有企业完成软件正版化覆盖。

三、坚持质量优先，提升版权社会服务能力

一是完善服务体系。建立全区统一的著作权登记服务体系，推广公益著作权登记服务，实现著作权登记全流程网上办理。2022年全区共登记作品6110件，为社会各界和产业发展提供更加优质、便捷的服务。

二是提升服务水平。在内蒙古文联、音像出版社设立版权服务工作站，引导其在版权资产管理、版权运营、宣传培训、纠纷调处等方面发挥专业性优势。

三是加强普法宣传。形成了以"4·26"知识产权宣传周为重要平台，以版权事件为契机，以新闻媒体为主要渠道的宣传方式，通过开展培训、制作播出公益广告等多种形式全面开展版权保护知识的宣传、普及活动。

四、坚持示范引领，促进版权产业发展

一是聚焦示范创建。指导各盟市各单位开展全国版权示范创建评选推荐工作，2022年成功申报全国版权示范单位2个、示范园区1个。

二是推进试点工作。成功申报全国民间文艺试点省区，依托全区丰富的民间文艺资源，探索民间文艺版权保护地方性立法，健全民间文艺版权保护体系，以立法和实践经验为基础，深度参与全国民间文艺版权保护工作，贡献内蒙古经验。

三是强化顶层设计。推进《内蒙古自治区著作权法实施条例》《内蒙古自治区民间文学艺术作品保护与促进条例》的起草工作，为版权工作高质量发展提供制度支持。

（马达）

辽　宁　省

2022年，辽宁省版权局强化版权执法和行业监管，开展专项整治行动，深入推进软件正版化，全社会尊重和保护版权意识显著提升，版权工作取得新成效、实现新突破。

一、版权执法监管实现新突破

（一）开展涉重大体育赛事版权保护专项行动

辽宁省版权局印发《关于开展北京冬奥会版权专项保护工作的通知》，联合文化执法、公安、市场监管等部门组成督察组，集中整治各类非法传播冬

奥会和冬残奥会赛事节目和未经北京冬奥组委许可擅自使用、经营冬奥会和冬残奥会会徽、吉祥物等行为。协调沈阳市文化综合执法总队等部门，及时处置2022年卡塔尔世界杯赛事转播侵权案件，对涉嫌侵权的企业负责人进行约谈，通报侵权事实，责令停止侵权行为，立即对运营网站整改，并责成沈阳市版权局组成专门力量，对网站运营情况进行实时监控。

（二）开展打击院线电影盗录传播专项整治行动

辽宁省版权管理部门会同电影主管部门、文化执法队等组成联合检查组，在全省范围内持续开展严厉打击院线电影盗录传播等违法犯罪行为专项行动，及时向社会发布重点影视作品版权保护预警名单，严格落实版权保护责任，加强片源使用管理、巡场检查、员工教育和管理，规范电影市场版权秩序。

（三）深入开展"剑网2022"专项行动

辽宁省版权局聚焦解决群众反映强烈的违法违规问题，加强督查和案件查办，重拳整治各类侵权盗版活动，极大震慑违法犯罪活动。全省备案网站主体6.6万个，备案互联网信息服务8.7万个，网站备案率100%，备案准确率99.71%，清理空壳类网站2.2万个，查处各类违法违规网站574个，有力打击了网络违法违规行为，进一步净化了网络生态。

（四）注重案件查办质量

辽宁省版权局组织开展全国2021年度举报、查处侵权盗版案件奖励推荐申报工作，辽宁省共有6个单位获评2021年度查处重大侵权盗版案件有功单位（专案组）、17人获评有功个人（专案组个人），均创近年来新高。充分落实省级版权主管部门的组织、部署、协调、指导和监督检查职责，加强与公安、市场监管、网信等部门的执法协作，《敦煌壁画全集》网络侵权案、卢长河等人侵犯著作权案、华梦（大连）科技有限公司涉嫌侵犯著作权案已申请列入国家版权局挂牌督办案件。

（五）创新纠纷调解机制

辽宁省坚持将网络领域作为版权保护主阵地，加强大数据、人工智能、区块链等新技术开发运用，深入开展对新型传播平台的版权重点监管工作。辽宁省版权局指导北方国家版权交易中心建设完善超级维权系统，通过大数据检索，及时发现著作权侵权行为，协助相关权利人依法开展维权活动。截至2022年11月，通过北方国家版权交易中心监测检索涉及著作权与知识产权侵权线索约22 000条，近1 500件案件通过快速纠纷调解机制达成和解。

二、版权社会服务实现新跨越

（一）版权登记作品数量翻番

辽宁省版权局积极探索版权登记服务数字化改革，2022年全年登记各类版权作品32 000件，比2021年增长超过100%，实现登记作品数量翻番。

（二）版权保护数字化升级

辽宁省创新推出数字化版权管理服务系统，依托区块链、数字证书技术，着力解决作品版权"登记难、存证难"问题，提高了辽宁省作品登记数字化、便民化水平，实现了版权保护数字化升级。

（三）设立版权服务工作站

辽宁省版权局选取版权工作基础好、积极性较高、人员素质过硬的单位试点设立版权服务工作站，2022年完成辽宁日报社、辽宁广播电视台等5家版权工作站试点工作，提高版权行政监管效能和专业化服务水平，建立长效机制，为广大权利人和使用者提供顺畅高效的版权服务。

（四）激发行业协会新活力

辽宁省版权局加强对省版权保护协会的管理，指导协会完成年检、换届等重要工作，推进协会管理规范化，促进协会健康发展。指导省版权保护协会立足自身优势，发挥积极作用，参与省软件使用情况督导检查、版权保护提升计划等工作，激发省版权保护协会新活力。

三、软件正版化工作取得新进展

（一）持续完善工作机制

辽宁省充分发挥省推进使用正版软件工作联席会议机制在决策指导和综合协调方面的职能作用，统筹推进全省软件正版化工作。省委常委、宣传部部长刘慧晏主持召开辽宁省推进使用正版软件工作联席会议全体会议，增补省卫生健康委作为辽宁省推进使用正版软件工作联席会议成员单位，扎实推进全省重要行业软件正版化工作制度化、规范化。

（二）持续强化督导检查

辽宁省版权局以省推进使用正版软件工作联席会议办公室名义，制定印发了《关于开展2022年度软件使用情况督导检查工作的通知》，以自检自查和实地抽查核验相结合的方式，对政府机关、国有企业、金融机构、教育机构等相关单位的软件使用情况进行检查。重点检查制度建设和责任落实情况、正版软件管理情况、计算机软件安装情况，发现问题及时整改，确保规范使用正版软件。

（三）持续推进队伍建设

辽宁省举办2022年全省推进软件正版化业务培训班（线上），省直党政机关负责软件正版化工作人员，各市（县、区）委宣传部分管软件正版化工作的副部长、版权管理处（科）长，相关市直单位负责同志共计275人参加本次培训。举办2022年全省"扫黄打非"及版权执法业务培训班，省"扫黄打非"工作领导小组相关成员单位联络员，各市"扫黄打非"工作领导小组办公室主任、负责"扫黄打非"业务科（处）室的科（处）长，各市文化市场综合执法部门分管"扫黄打非"和版权执法工作的负责同志及县区执法骨干等共约100人参加培训。通过培训加强了版权工作队伍建设，全面提升了管理人员的政策水平和业务能力，为辽宁省全面振兴、全方位振兴贡献版权力量。

四、版权科普宣传取得新成效

（一）创新推出辽宁版权宣传主题形象"版宝"

辽宁省版权局设计推出辽宁版权宣传主题形象"版宝"，并以"版宝"为主人公，围绕《中华人民共和国著作权法》及群众关注热点，制作10期科普动画《版宝开讲》，同步制作"版宝"系列表情包，提高版权知识宣传普及水平，营造尊重创作、抵制盗版的良好社会氛围。

（二）开展版权集中宣传

辽宁省版权局在全国知识产权宣传周期间开展丰富多彩的版权宣传活动。举办以"加强版权保护、创造运用版权、优化营商环境、促进创新发展"为主题的版权保护宣传海报设计大赛。征集来自全国25个省（区、市）、96所院校、20余个社会单位及个人的作品共计870件。筹建版权海报"云展馆"项目，探索常态化版权宣传新路径。开展"版权十日谈"——版权知识普及在线打卡活动，围绕大众关心的版权问题，紧扣版权热点事件，策划推出10期版权知识普及公益节目《版权十日谈》。组织开展"版权知识百问百答"系列活动，推出"北北的版权小课堂——您关心的著作权法'热'知识"线上小课堂。充分利用新华书店、北方图书城、图书馆、楼宇电子屏等开展形式多样、内容新颖的版权宣传活动，制作推出一批短视频、公益广告、版权宣传海报，24小时滚动播放。强化互联网宣传思维，充分发挥新媒体宣传传播范围广、速度快、互动性强、受众关注度高的优势，通过抖音、快手、西瓜等商业平台及时推送各地各单位开展版权普法宣传的特色做法，使版权保护理念融入生活、深入人心，在全社会形成尊重版权、崇尚创新的浓厚氛围。

五、版权产业发展探索新模式

（一）组织开展版权示范创建推荐评选工作

辽宁省版权局深入挖掘版权资源，完善培育、选树、管理工作机制，推荐大连市水务集团水资源有限公司等6家单位参与全国版权示范创建评选。不断发挥版权示范单位、示范园区（基地）的带动和辐射作用，实现数量与质量"双提升"。

（二）积极推动辽宁版权"走出去"

辽宁省版权局支持北方国家版权交易中心推动辽宁原创IP"走出去"活动，推动版权成果转化和运用，促进版权工作与相关产业深度融合发展，提升其行业知名度和影响力，打造辽宁版权品牌企业。

（李　卉）

吉　林　省

2022年，吉林省版权局积极加大版权服务力度，持续加强对重点领域的版权监管，全面查处侵权盗版案件，努力推动软件正版化工作，扎实开展版权示范园区（基地）、单位创建工作，全面提升管理服务效能。全省共有4个单位（9个专案组）、10名个人获评国家版权局2021年度查处重大侵权盗版案件有功单位和有功个人，2家单位被评为全国版权示范单位。

一、版权执法监管体系不断完善，执法力度不断提升

在版权执法工作中，吉林省版权局持续开展侵权盗版专项整治，不断加强网络版权监管、加大重大案件督查督办力度，积极开展版权执法协作，健全和完善版权执法监管体系。在开展好版权日常监管工作的基础上，吉林省版权局抓住重点领域、重大节日、重要活动、重点人群四个维度进行重点部署。

一是抓住互联网这一重点领域，会同省网信办、省通信管理局、省公安厅等单位连续开展打击网络侵权盗版"剑网2022"专项行动，面向各类互联网侵权行为有针对性地进行重点治理。

二是抓住元旦、春节、五一国际劳动节、国庆节等重大节日对全省电影放映机构进行教育和监督，严厉打击院线电影盗录和传播行为，规范电影市场版权秩序。

三是抓住冬奥会、冬残奥会等重要国内外活动契机，组织执法力量进行市场监控和检查，针对奥林匹克标志、体育赛事转播、吉祥物规范运用等开展版权监督教育。

四是抓住需要保护的重点人群——青少年，开展有针对性的版权保护活动。吉林省版权局、新闻出版局、"扫黄打非"工作领导小组办公室会同省公安厅、省教育厅、省文化和旅游厅联合印发《关于

加强青少年版权保护工作的通知》，组织开展全省保护青少年合法权益版权保护专项行动。

2022 年，全省有两起侵权案件被中宣部版权管理局列为挂牌督办案件。

二、软件正版化工作持续推进

作为吉林省推进使用正版软件工作联席会议的牵头部门，吉林省版权局积极发挥组织协调和业务指导作用，与各成员单位密切配合，加强督导检查，狠抓整改落实，建立长效工作机制，全面推动软件正版化工作。

2022 年，吉林省版权局调整了省推进使用正版软件工作联席会议工作机构。由省委常委、宣传部部长阿东担任联席会议总召集人，省委宣传部副部长、省新闻出版局（省版权局）局长栾国栋担任召集人。调整结束后，省推进使用正版软件工作联席会议办公室（省版权局）组织召开了全省推进使用正版软件工作联席会议。会上通过了《吉林省 2022 年推进使用正版软件工作计划》，调整了联席会议成员和联络员，对吉林省持续推进使用正版软件工作进行了全面部署。省卫生健康委、省教育厅、省工商联、省国资委等行业主管部门在会上进行了交流发言。会后，联席会议办公室聘请第三方公司对部分地区的党政机关、省级党政机关、省国资委监管企业及重点行业共计 67 家单位开展了软件正版化工作检查。2022 年，全省共采购正版操作系统软件 1 562 套，采购金额 133.8 万元；采购正版办公软件 1 534 套，采购金额 141.5 万元；采购正版杀毒软件 1 411 套，采购金额 54.4 万元。采购正版软件总数 4 507 套，采购金额总计 329.7 万元。

三、版权示范创建在政策引领作用下全面展开

培育全省版权保护示范单位和示范园区（基地）一直是吉林省版权社会服务工作的重点。全省各级版权管理部门积极推动、加强政策引导，深入调研、拓宽版权示范领域，分层培训、不断提升基层版权服务能力，广泛宣传和突出版权示范效果，取得了较好的成绩。2022 年，全省创建全国版权示范单位 2 个，省级版权示范单位 5 个。

吉林省版权局围绕乡村振兴战略，主动寻找版权保护服务"三农"的发力点，为农民作品版权的运用和推广探索崭新路径，依托新时代文明实践中心，分批次设立农村版权保护服务工作站，开展农村版权保护服务试点工作。在设立的农村版权服务工作站中，涌现出了许多农民作品版权创新亮点。全省各地积极推动将农村版权服务工作站与版权示范创建工作进行有机衔接，为全省各个区域内企业的版权创造、运用、保护和管理提供了有针对性的服务。目前全省已设立 19 家农村版权服务工作站。

四、版权宣传工作效能全面提升

全省版权管理部门通过开展"4·26"世界知识产权日主题宣传活动、制作播放版权公益宣传片、配合"剑网"行动和其他执法监管行动，开展重点专题宣传，建立案件公开发布制度，积极拓宽版权宣传渠道，提升工作效能。

在完成好抗击疫情重要任务的同时，吉林省版权局组织全省版权管理部门积极联动，开展了形式丰富的线上版权保护宣传教育活动，制作的版权保护公益广告在《中国新闻出版广电报》上整版刊发，取得了良好效果。吉林省公众的版权认知度逐年上升，尊重知识、尊重创作、尊重版权的良好社会氛围逐步形成。

（李冰锐）

黑 龙 江 省

2022 年，黑龙江省版权工作以习近平新时代中国特色社会主义思想为指导，紧紧围绕学习贯彻党的二十大精神、省第十三次党代会及省委全会精神，认真落实《知识产权强国建设纲要（2021—2035 年）》《版权工作"十四五"规划》，扎实推进版权执法监管、软件正版化、版权社会服务和宣传培训等工作，为服务宣传思想工作大局、维护意识形态安全、促进文化繁荣发展做好版权支撑。

一、加大版权执法力度，维护版权保护秩序

按照国家部署，围绕重点治理领域和重要时间节点，黑龙江省版权局组织开展北京冬奥会版权保护专项整治、打击院线电影盗录传播专项行动、青少年版权保护专项行动、打击网络侵权盗版"剑网2022"专项行动，有力震慑了侵权盗版违法者，有效维护了著作权人合法权益。全省出动执法人员 15 930 人次，检查经营单位 9 566 家次，查处的侵权盗版行政案件较 2021 年增长 30%。黑龙江省版权局与省委网信办、省公安厅等九部门联合制定关于在打击侵犯著作权违法犯罪工作中进一步加强衔接配合的机制。与省公安厅对哈尔滨"6·22"、鸡西"5·5""4·14"等三起侵犯著作权案件联合进行省级挂牌督办。其中哈尔滨"6·22"和鸡西"5·5"两起侵犯著作权案，涉案人员多、侵权范围广、涉案金额巨大、办案难度高，已被国家版权局、公安部食药环局等六部门联合挂牌督办。黑龙江省 1 家单位和 3 名执法人员分获国家版权局"2021 年

度查处重大侵权盗版有功单位"和"2021年度查处重大侵权盗版有功个人"荣誉称号。

二、推进软件正版化工作，巩固版权工作成果

黑龙江省充分发挥联席会议制度优势，及时调整联席会议成员单位的成员和联络员，由省委常委、宣传部部长担任总召集人，为黑龙江省软件正版化工作的深入开展提供了组织保障。制定印发《黑龙江省2022年软件正版化工作计划》，组织召开2022年黑龙江省推进使用正版软件工作联席会议。组织联席会议成员单位聘用第三方机构对97家省级和市级政府机构和省国资委出资企业开展软件正版化检查。国家推进使用正版软件工作部际联席会议联合督察组对黑龙江省软件正版化工作进行了督查，并通报核查的所有计算机使用的均为正版软件。

三、提升版权社会服务能力，优化版权保护环境

为加强对民间文艺作品版权的保护，黑龙江省版权局按照《关于开展民间文艺版权保护与促进试点工作的通知》要求，组织省内具有开展民间文艺版权保护与促进试点工作意愿的地市进行申报，佳木斯市入选全国首批民间文艺版权保护与促进试点城市。为充分发挥版权示范单位示范引领作用，佳木斯哲艺堂赫哲鱼皮文化传播有限公司等3家单位被评为全国版权示范单位，哈尔滨市龙江半亩堂书店等7家单位被认定为省级版权示范单位。与省文联、省作协联合开展"我与版权"主题作品征集活动，共评选出版权理论探索奖、最佳视觉冲击奖、优秀内容贡献奖、新媒体表现奖、最佳版权故事奖等11个奖项54件作品。充分发挥省版权协会的作用，优化登记流程，规范审查标准，全年完成作品登记7 132件，较2021年增长150％，攻坚克难，完成对1995年以来1.4万件作品登记档案的抢救性整理。

四、加强版权宣传培训，营造版权保护氛围

黑龙江省版权局围绕"全面开启版权强国建设新征程"主题，组织开展黑龙江省"4·26"知识产权宣传周版权系列宣传活动。在极光新闻、龙头新闻、学习强国等多个平台联动发布版权公益宣传海报、宣传短片，累计点击量达5万余次，强化版权宣传，提高公众版权保护意识。联合团省委、省教育厅组织开展第三届黑龙江省大学生版权征文活动，征文总数量较2021年增长83％。通过龙江讲坛组织开展著作权法公益讲座，与省文联联合举办文艺维权培训班，举办2022年全省推进软件正版化工作业务线上培训班。各市（地）版权相关工作人员、文联系统权保干部、广大文艺工作者、省推进使用正版软件工作联席会议各成员单位、省直各有关单位、省国资委出资企业等3 400余人参加培训。

（李剑莹）

上 海 市

2022年，上海市版权局坚持以习近平新时代中国特色社会主义思想为指导，遵循国家知识产权战略规划，以提升上海城市经济创新力、产业竞争力和文化软实力为目标，持续推动版权产业发展创新、提升版权工作效能、加大版权保护力度，克服疫情不利影响，工作不断不乱，为"十四五"开局打下了坚实的基础。

一、聚焦高质量发展，激发版权赋能增效

（一）版权产业关键指标接近世界发达国家水平

2022年，上海市版权局发布《上海版权产业报告（2020—2021）》。报告指出，按照世界知识产权组织统计方法计算，2020—2021年，上海版权产业增加值达3 723.13亿元人民币，占当年上海地区生产总值的9.56％，实际增长速度为2.47％，对地区生产总值的经济贡献率达13.87％，在带动全市经济发展的同时，吸纳了更多的从业人员，更实现了对外贸易的逆势增长，成为上海经济发展的重要引擎和城市文化软实力的重要载体。

（二）版权登记工作增量同时提质

2022年，上海市作品登记总量达382 000件，同比增长10.5％。登记方式从线下转移到线上，登记受理地点从全市单一窗口扩展到全域通办，登记材料实现全部无纸化。疫情期间，全市作品登记数量与往年持平，未受影响。登记的作品中涌现出了大量以人民为中心进行创作的，富含审美价值、艺术价值、转化价值的优秀作品，为上海创新建设的高质量发展积累了重要要素资源。

（三）讲好中国故事，以版权点亮中华文化复兴创新

为助力上海建设世界一流"设计之都"，探索版权繁荣文化、推动原创设计的创新之路，上海市版权局在东华大学设立了全国首个中华传统服饰版权综合服务平台——上海汉服版权中心，针对汉服原创设计维权痛点，提供版权登记、确权、维权等专业化服务，形成从创意设计到内容产品、从版权认证到维护，最终实现交易化的全流程承载平台。通过举办"汉服创意与汉服版权"主题论坛、发布《中国汉服产业发展报告（2022版）》、启动"中国高校原创时尚汉服设计群英会"等，构建具有国际

影响力的中华传统服饰设计高地、流行趋势与新品发布高地。

（四）版权国际贸易实现引进与输出并重，有力彰显文化自信

与全国版权产业对外贸易受全球疫情影响增速回落形成鲜明对比，上海版权产业在贸易总额、占比以及增速等指标上均表现较好，对外贸易的进出口指标均保持两位数的增速，对上海建设国际文化大都市和国际贸易中心来说是非常积极的信号。其中，主题出版"走出去"成为一大亮点，学术科技类图书输出成效显著。统计数据显示，2022年上海共引进各类版权 1 324 种，其中图书版权 1 251 种、录音制品 20 种、录像制品 3 种、软件 3 种、电影 4 种、电视节目 43 种；共输出各类版权 1 978 种，其中图书版权 1 141 种、电子出版物 5 种、电视节目 832 种。与 2021 年相比，图书版权引进增加 29 种，同比上升 2.2%；图书版权输出增加 493 种，同比上升 76.1%。

二、聚焦国家战略大局，构建创新发展优势

上海市版权局持续支持国家版权创新发展基地（上海浦东）建设，支持浦东开展版权领域先导式创新，探索以"著作权行为发生地"为原则开展作品跨地域登记。如浦东图书馆展出的外省市儿童画展作品、浦东新区科幻协会举办的科幻小说接龙大赛中外省市作者投稿的作品，按照"著作权行为发生地"原则，享受在上海办理作品登记的"市民待遇"，帮助活动方明确作品权利归属，有力促进了作品的传播和有效运用。在中国（上海）自由贸易试验区内开展作品快速登记服务，涉及文化艺术、互联网音频、互联网直播、图片运营、短视频、元宇宙等多个领域的 2 万余件作品，为版权交易与保护提供了良好政策支撑。指导国家版权创新发展基地（上海浦东）紧贴区域产业布局和企业实务需求，细分"基础知识""案例解读""热点问题""企业实务"四大模块，开展系列性、针对性的公益培训，服务区域企业数千家次，在线播放量逾 32 000 人次。

三、聚焦版权法治保障，护航一流营商环境

（一）突出长效机制，实现版权保护综合治理

充分发挥版权综合治理机制作用，上海市版权局主动联合上海市"扫黄打非"工作办公室、市公安局、市检察院等部门有效推进案件集中查处，积极配合做好作品版权认证、案件协调等工作。配合公安部门成功破获"6·9"特大侵权著作权案、"7·18"系列侵犯剧本杀著作权案等大要案，并向国家版权局申请挂牌督办。

（二）部署实施"剑网 2022"专项行动

上海市版权局联合市公安局、市通信管理局、市委网信办、市文旅局、市文旅局执法总队等单位，制定"剑网 2022"专项行动上海实施方案。以查办大案要案为重要抓手，深入开展重点领域网络版权专项整治，不断强化网络新业态版权监管，压紧压实网络平台主体责任，持续巩固历次专项行动治理成果，取得了阶段性成果。

（三）聚焦重点，有效开展网络版权主动监管

为从源头防控影视剧作品被侵权盗版的风险，上海市版权局以国家版权局公布的重点影视剧作品名单为监测重点，加大线索搜集力度，及时向执法部门移送侵权线索。累计监测网络传播链接 57.73 万条，对重点作品侵权链接总体通知下线率超过 90%，有效净化了上海地区网络版权环境。

（四）落实主体责任，持续深入推进软件正版化工作

上海市版权局充分发挥制度引领作用，巩固使用正版软件工作联席会议制度。加强软件采购监管，推动各级党政机关和企事业单位规范软件使用管理。开展市区两级党政机关和部分国有企事业单位软件正版化工作年度核查工作。严厉打击软件侵权盗版行为。发挥技术在软件正版化工作信息报送、使用管理、督促检查等方面的优势，推动"终端正版软件服务平台"建设。

四、聚焦市场主体需求，优化版权特色服务

（一）优化政策供给

修订《上海市著作权合同备案办法》，确保法律法规之间协调与统一，发挥好备案制度在版权资产产权变更中的作用。协助推进著作权质权登记信息的统一查询服务，落实国家在上海开展"知识产权融资担保"营商环境创新试点工作的要求。

（二）缩短办理时限

"一网通办"办事指南中，境外图书出版和复制境外音像制品著作权等授权合同登记备案项目的法定办结时限是 15 个工作日。其中除境外电子出版物授权合同登记需提交国家版权局认证之外，其余行政确认项目的办理时限皆为 7 个工作日。2022 年上海市共办理境外图书出版合同登记 1 074 件。

（三）开展版权示范建设

不断强化企业版权工作能力的过程跟踪和宏观指导，逐步在全市建立起以区版权示范推荐为基础、市级版权示范企业为核心、国家级版权示范企业为引领的版权示范梯度培育工作体系。2022 年，蓝天经济城等 2 家单位被授予"全国版权示范单位"和

"全国版权示范园区（基地）"称号，读客文化等 10 家单位被认定为上海版权示范单位和示范园区（基地）。

（四）凸显版权进基层"最后一公里"效能

截至 2022 年底，上海市共有版权工作站 21 个。其中，特色版权工作站 1 个，为上海汉服版权中心；浦东新区 2 个，即浦东新区版权工作站、中国（上海）自由贸易试验区版权工作站；徐汇区 2 个，即徐汇区版权工作站、徐汇区（上海西岸）版权工作站。版权工作站覆盖全市各区，深化特色服务，促进价值转化，版权进基层"最后一公里"效能凸显。

（五）创新工作模式，版权工作站携手检察院形成版权保护合力

在上海市版权局和上海市检察院的共同指导下，长宁区、杨浦区和嘉定区试点地区区委宣传部主管的版权工作站与区检察院知识产权检察办公室签署备忘录。面向辖区内版权相关企业共同组织专业化服务与专题性活动，帮助企业解决版权保护中的问题，推动版权纠纷化解等。通过开展对版权行业的综合治理工作、对版权企业的刑事合规工作，共同保护企业合法权益，促进企业合规守法经营。

（六）年度版权服务优质项目推荐

上海市版权局充分发挥上海版权工作站在创新驱动发展、营造国际一流营商环境中的积极作用，组织开展年度版权服务优秀项目推荐活动。项目涉及优秀服务、推广运用、促进创新和宣传保护四个方面，嘉定区版权服务进园区、进社区、进校园等项目入选。

（七）"4·26"全国知识产权宣传周期间上海版权宣传活动形式多样

宣传周期间，上海版权工作站开展了各种形式的宣传活动。嘉定区开展版权主题系列活动，通过发布"漫说版权"系列漫画，开设版权知识微课，举办"我嘉"版权沙龙，制作版权宣传折页等，营造宣传版权知识、尊重版权的浓厚氛围。杨浦区版权工作站开展了"当虚拟偶像遇上著作权""知观 TALK | 文创版权如何'小满'"等活动，探讨版权保护热点问题。金山区版权工作站围绕"全面开启版权强国建设新征程"主题，将版权与中华传统文化、金山特色文化相结合，通过"画"说版权的方式，用画笔描绘版权保护场景，并通过线上线下的方式，宣传版权保护的重要意义，助力版权宣传。

（戴　怡）

江 苏 省

一、积极推动版权产业发展

（一）成功举办第三届江苏（南京）版权贸易博览会

第三届江苏（南京）版权贸易博览会于 2022 年 7 月 22 日至 24 日在南京国际展览中心成功举办。展会深入学习宣传贯彻习近平新时代中国特色社会主义思想，特别是习近平总书记关于知识产权工作的重要论述及重要指示精神，以"激活版权资源、激发创新活力"为主题，继续打造展示交流、成果转化、专业研讨和普法宣传四个平台，设置版权成果展、版权交易展、版权服务展和地域特色展等 4 个板块共 23 个展区，展陈面积 14 800 平方米，200 多家单位参展，展示展销各类版权产品近万种，成功举办"中国版权产业集聚区发展国际论坛（世界知识产权组织版权保护优秀案例示范点建设）"等专业论坛和授权路演活动 7 场，促成版权交易签约 1.65 亿元，版权产品销售签约 451.88 万元。共有 86 万网友通过直播进行观展，120 万网友在"壮见版博会 Vlog"中领略各展区展品，超 1 400 万人次参与版博会微博话题讨论，网络专题推出的稿件总点击量超 6 000 万次。

（二）持续推动优秀版权作品产业转化

江苏省委宣传部、省版权局、省文旅厅、省文物局联合开展第三届优秀版权作品产业转化重点培育项目遴选推荐。活动共收到申报项目 123 个，经过资格审查、项目初审、专家评审、技术性复审和评审委员会终审，29 个项目入选重点培育项目。

江苏省加大江苏国家版权贸易基地建设力度。基地全年实现版权贸易总额 18.7 亿元。面向版权细分领域，进一步提高了基地服务的专业化、精准化、标准化水平。平台注册用户增加 44.7%，总用户超过 1.9 万个，存证作品数量增加 27.4%，总量超 18 万件。南京正版数字内容服务平台上线，与 110 多家单位达成合作，累计授权素材数量达 2 万多件。对接司法区块链，降低权利人举证成本，提高维权效率。累计发现 10 万多条侵权线索，有效固定侵权证据 5.9 万多条。优化版权调解的案件申请、材料审查和案件沟通等流程，实现实时案件统计、进度查询等功能。2022 年成功调解案件 346 起，结案标的 291.8 万元。

（三）扎实推进版权示范创建

江苏省版权局持续开展全国版权示范城市、示

范单位、示范园区（基地）的创建工作，印发《关于做好 2022 年度版权示范城市、示范单位和示范园区（基地）创建管理有关工作的通知》，大力推广版权保护促进产业发展"南通经验""吴江模式"，指导各地结合自身优势资源，发展地方特色版权产业，指导南通市创建全国版权示范城市，并取得阶段性成果。"版权赋能——吴江丝绸产业高质量发展"入选知识产权强国建设典型案例。举办全省版权示范创建工作现场交流会，总结交流版权示范创建经验，培训版权业务知识。新增全国版权示范单位 5 家。组织对 11 个设区市的 31 家单位和 2 个园区进行实地验收，授予江苏现代快报传媒有限公司等 23 个单位江苏省版权示范单位、示范单位（软件正版化）、示范园区称号。

（四）发布 2020 年度版权产业经济贡献率调查报告

2020 年，江苏省版权产业增加值为 8 861.75 亿元，占 2020 年全省地区生产总值的 8.63%，同比提升 0.02 个百分点，比 2020 年中国版权产业增加值占全国 GDP 的比重高出 1.24 个百分点，对全省地区生产总值的经济贡献率达 9.20%。版权产业从业人数为 342.58 万人，平均薪酬为 9.78 万元，货物贸易进口额为 71.19 亿美元，货物贸易出口额为 243.65 亿美元。

（五）启动民间文艺版权保护与促进试点工作

按照《版权工作"十四五"规划》部署，中宣部开展民间文艺版权保护与促进试点工作，扬州市入选试点地区。省、市两级版权主管部门分别牵头成立扬州市全国民间文艺版权保护与促进试点工作指导小组和领导小组，全面调研扬州市民间文艺的现状和保护诉求，广泛听取各方意见建议，细化试点工作方案，进入项目具体实施阶段。

二、持续加强版权执法监管

2022 年江苏省共查办侵权盗版案件 633 起，其中行政案件 207 起，刑事案件 62 起，调解案件 364 起，涉案金额 2 亿余元。宿迁"6·22"涉嫌销售侵权复制品案、徐州罗某某等人涉嫌侵犯著作权案等两起案件被列为国家六部门挂牌督办案件，扬州"2·10"涉嫌侵犯著作权案被列为国家五部门挂牌督办案件，常州某视频网站涉嫌侵犯著作权案被列为国家四部门挂牌督办案件。上海国芯集成电路设计有限公司等侵犯软件著作权案、常州"好看动漫"网站侵犯动漫作品著作权案入选 2021 年度全国打击侵权盗版十大案件。31 个单位和 60 名个人被国家版权局表彰为 2021 年度查处重大侵权盗版案件有功单

位和有功个人，获奖数量位居各省（区、市）第一。

江苏省版权局连续 5 年组织开展江苏省打击网络侵权盗版集中办案周行动，取得练兵、办案双成效。会同省公安厅、省文旅厅、省广电局、省网信办、省通信管理局联合开展江苏省冬奥版权保护集中行动，严厉打击各类涉冬奥作品的侵权盗版行为。会同省新闻出版局、省"扫黄打非"工作领导小组办公室、省公安厅、省教育厅、省文旅厅联合开展全省青少年版权保护季行动，严厉打击复制发行、网络传播侵权盗版教材教辅、少儿图书等违法犯罪活动。会同省公安厅、省网信办、省通信管理局联合开展"剑网 2022"专项行动，强化网络平台治理，加强网络版权全链条保护。

三、巩固扩大正版化推进成果

江苏省召开省推进使用正版软件工作领导小组（扩大）会议，审议通过《2022 年江苏省推进使用正版软件工作计划》，研究部署本年度重点工作任务，培训软件正版化工作相关业务。

江苏省版权局会同省机关事务管理局、财政厅开展省级机关国有资产管理绩效评价工作，对 29 家省级机关软件正版化工作进行现场检查。将版权示范创建与软件正版化工作有机结合，在申报全国版权示范和验收省级版权示范过程中，严格审核申报单位的软件正版化完成情况，对未完成软件正版化工作的单位实施"一票否决"。在版权示范创建工作导向的引领下，软件正版化工作从党政机关、国有企业向各种所有制企业延伸和覆盖。南京地铁集团有限公司荣获"2021 年度全国版权示范单位（软件正版化）"称号。

根据《国家版权局关于开展 2022 年软件使用情况年度核查工作的通知》部署，推进使用正版软件工作部际联席会议对江苏省部分省级机关、国有企业和民营企业的软件正版化工作进行年度督查。省委常委、宣传部部长张爱军作出批示，要求以此次国家专项督查为契机，全面梳理汇总江苏省使用正版软件工作情况，加强统筹协调，多措并举做好迎检工作。江苏省版权局组织力量对 42 家省级政府机关、27 家国有企业、2 家民营企业进行拉网式检查，核查计算机 22 677 台。部际联席会议聘用的第三方机构于 2022 年 9 月 5 日至 9 日进行现场检查。部际联席会议联合督查组于 2022 年 9 月 26 日至 28 日进行现场核查，并召开江苏省软件正版化工作检查情况反馈会。受检单位的 4 834 台计算机中，操作系统、办公软件、杀毒软件的正版率均为 100%。督查组从组织领导、制度落实、督查力度、宣传引导

等四个方面给予江苏省推进使用正版软件工作高度评价。

四、着力提升公共服务水平

2022年江苏省新建20家基层版权工作站，调整关闭3家，目前总数为198家，专兼职工作人员400余人。线上线下同步组织全省作品登记培训班，2 600余人参加培训。全年共接收用户注册申请18 495个，通过16 962个，其中个人用户13 072个，单位用户3 890个。现累计注册用户达95 638个。收到作品登记申请材料536 810件，登记通过334 896件，通过率为62.39%，为满足权利人维权、交易等需求，接受查档申请254批次，涉及作品515件。

五、不断创新版权宣传方式

（一）精心策划，周密部署宣传活动

紧紧围绕迎接学习宣传贯彻党的二十大精神这条主线，宣传江苏省认真贯彻习近平总书记关于加强知识产权工作的重要指示和党中央、国务院关于强化知识产权保护的决策部署；围绕贯彻落实国家知识产权系列纲要规划，宣传省委、省政府和各级党委、政府在"十四五"期间版权工作的思路、目标、任务和举措，全面呈现版权在建设社会主义文化强国先行区方面的重要支撑作用。

（二）上下联动，积极营造舆论声势

江苏省版权局在南京市举办"全面开启版权强省建设新征程"2022江苏省暨南京市版权宣传周现场活动，启动全省版权知识系列培训"百堂苏版课"活动，为2021年优秀版权作品产业转化重点培育项目、省版权示范单位和省打击侵权盗版十大典型案件相关获奖代表颁奖，上线南京正版数字内容服务平台，并举行南京版权落地转化、服务合作签约仪式。国家、省、市及有关行业媒体聚焦活动内容进行了重点宣传报道，《现代快报》整版专题介绍了江苏省版权工作成效和版权宣传活动开展情况。

（三）统筹资源，重点展示工作成效

江苏省版权局在全省各地电视台、网络、户外大屏等平台投播了版权保护视频公益广告，在全省收听率较高的电台播放音频公益广告，在公交地铁站点、公共阅报栏、学校、社区等公共场所投放版权保护公益海报，在微博、网易、凤凰、央视频、"现代快报＋"等客户端连续推出《我与版权的故事》10个系列宣传片。据统计，"4·26"全国知识产权宣传周期间省级版权宣传活动线上累计点击量超3 670万次。各地版权主管部门分别组织版权宣传进校园、进社区等活动，举办版权知识讲座、举办图片展览、发放宣传手册等活动，普及版权保护知

识，积极营造打击侵权盗版、保护版权的良好氛围。

（霍耀东）

浙 江 省

2022年，浙江省版权战线坚持以习近平总书记关于知识产权保护工作的重要论述为指导，认真贯彻落实全省知识产权保护和发展大会精神，扎实推进版权保护、服务、宣传等工作，为党的二十大胜利召开营造了良好的版权环境。

一、严厉打击侵权盗版行为

（一）全力查办侵权盗版案件

浙江省版权局加强对各地版权执法部门的指导，强化与公安、法院等部门的沟通联系，深化案件线索核查，加大案件查办力度，依法严厉查处群众意见强烈、社会危害大的侵权盗版分子。全省版权执法共检查单位4 298家次，出动执法人员10 985人次，查办侵权盗版案件79起，罚款超33万元。温州徐某某等人涉嫌侵犯著作权案、金华冯某某等人涉嫌侵犯著作权案、嘉兴"7·14"涉嫌销售侵权复制品案等7起案件被列为全国挂牌督办案件，为案件查办争取到了必要支持，浙江省成为全国挂牌督办案件较多的省（区、市）之一。

（二）开展"剑网2022"专项行动

浙江省版权局联合网信、公安、通信管理部门制定印发《浙江省打击网络侵权盗版"剑网2022"专项行动实施方案》，突出抓好文献、网络视频、网络文学等重点领域和NFT数字藏品、剧本杀等网络新业态版权监管，持续巩固游戏动漫、有声读物、网盘等领域历年成果，进一步压紧压实短视频、直播、电商等平台主体责任。全省共删除侵权盗版链接3 340条，查办网络侵权盗版案件32起。

（三）开展冬奥版权保护集中行动

浙江省版权局第一时间转发《国家版权局等关于开展冬奥版权保护集中行动的通知》，并于2022年1—3月联合省公安、文旅、广电、网信等部门开展冬奥版权保护集中行动。全力打击涉冬奥侵权盗版行为，如平阳县文化市场综合行政执法队对某企业通过网站销售印有未取得授权的"冰墩墩"图案纪念币收藏册的行为予以查处，该案系浙江省查办的首例侵犯冬奥吉祥物"冰墩墩"著作权案。

（四）开展青少年版权保护季行动

浙江省版权局联合省公安、教育、文旅部门制定印发《浙江省青少年版权保护季行动实施方案》，分别于2022年2—3月、7—9月开展青少年版权保

护季行动，严厉整治教材教辅、少儿图书的侵权盗版乱象，推动形成青少年版权保护共治格局。全力打击涉青少年出版物侵权盗版行为，如杭州市公安局西湖分局成功破获咪咕数字传媒有限公司著作权被侵犯案，对 11 人采取刑事强制措施，该案涉及复制发行侵权电子小说 20 余万部（次），销售金额 100 余万元。

二、稳步推进使用正版软件

（一）召开浙江省推进使用正版软件工作联席会议第四次全体会议

传达学习推进使用正版软件工作部际联席会议第十一次全体会议精神，通报 2021 年浙江省软件正版化工作情况，部署 2022 年工作重点。印发《浙江省推进使用正版软件工作联席会议第四次全体会议纪要》《2022 年浙江省推进使用正版软件工作计划》。

（二）稳步推进重点领域软件正版化工作

继续采取"场地授权"方式为省级预算单位提供国产正版办公软件，从源头上解决办公软件正版化问题，大幅节省省财政资金。扎实推进省属国有企业软件正版化工作，继续将软件正版化工作纳入省属国企等级考核重要内容，直接与领导层薪酬挂钩，省属国企本级及下属二、三级企业已按计划完成。重点推进金融、医疗、教育、交通等特定行业和重点领域软件正版化工作。

（三）组织开展软件正版化工作年度考核

充分发挥考核的"指挥棒"作用，继续将软件正版化工作纳入对各市党委（党组）意识形态工作责任制落实情况考核内容，压紧压实主体责任。印发《关于做好 2022 年软件正版化考核有关工作的通知》，2022 年 12 月底前完成省直有关部门和各设区市年度考核工作。2022 年 11 月 22—25 日，赴杭州开展实地督查，检查市级政府机关及国有企业、学校、医院等重点行业 7 000 余台计算机通用软件安装使用情况。2022 年 12 月上旬对嘉兴市软件正版化工作开展实地督查。

（四）加强软件正版化审计监督

继续将软件正版化工作情况纳入党政机关、事业单位和国有企业审计内容，将软件采购资金管理使用、软件资产管理情况作为主要审计内容，着力规范软件采购资金管理和使用，推动完善软件资产管理制度。

三、持续提升版权服务质效

（一）迭代完善"版权桥"应用

深化版权全周期管理服务机制改革，全面推进"版权桥"应用试运行，加快推动省市县三级贯通。

迭代完善服务端，新增电子签章、溯源批量存证等功能，上线文化数字资产发行模块，加强与宣传大脑数据互通。完成在线监测 25 433 次，登记溯源 2 811 件，达成交易 29 172 笔，收藏藏品 32 424 个，帮助丁墨、沧月等知名网络作家达成版权交易，多地文化上市企业提出深度合作需求。上线治理端 3.0 版，新增侵权投诉举报与案件办理、软件正版化、版权示范创建三大模块，全省版权业务基本实现全覆盖。

（二）不断优化版权服务水平

指导成立浙江省版权协会版权鉴定委员会，推动纳入浙江法院网鉴定机构名录并入驻人民法院诉讼资产网，面向司法及行政机关开展版权鉴定业务。新增嘉兴市、丽水市版权服务工作站，做好辖区作品登记受理、版权纠纷调解、版权保护宣传等工作，推动版权服务触角向基层延伸，实现版权服务工作站 11 市全覆盖。

（三）积极开展版权示范创建

指导温州开展全国版权示范城市创建。温州市版权协会正式成立。温州版权馆作为全国首家一站式版权服务综合平台经优化提升后重新开馆，版权领域标志性成果日益凸显。大力推进全国和省级版权示范创建，各地申报省级版权示范单位 29 家、版权示范园区（基地）9 家，推荐浙江艾叶文化艺术品股份有限公司等 6 家单位申报全国版权示范单位，浙江瑞安市林川镇溪坦工艺礼品文创街区等 3 个园区申报全国版权示范园区（基地）。

四、广泛开展版权宣传教育

（一）组织开展知识产权宣传周版权宣传活动

以"全面开启知识产权强国建设先行省新征程"为主题，组织开展浙江省版权宣传活动。加快推动版权宣传进社区、进园区、进校园，联合嘉兴市委宣传部、嘉兴市教育局、嘉兴学院举办浙江省第十届"知识产权杯"创意设计大赛，嘉兴学院等 20 多所院校千余名大学生参与，收到创意设计作品 1 400 余件，评选出获奖作品 120 件。各地通过集中销毁侵权盗版出版物、普法宣传、联合执法等形式，广泛开展系列宣传活动，形成省市县三级联动、政企学民各方参与的浓厚氛围。

（二）组织开展版权业务培训

召开全省软件正版化工作培训会，各市县宣传、教育、卫健、审计、国资等部门 140 余人参加，邀请浙江省教育厅、浙江省卫生健康委、温州市国资委等同志讲解或交流。举办全省版权执法监管工作培训班，各市县版权行政主管部门、行政执法部门

110余人参加，邀请知识产权领域法律专家授课，宁波、嘉兴基层执法办案人员交流办案经验。

（严庆荣）

安 徽 省

2022年，安徽省认真学习贯彻习近平总书记关于全面加强知识产权保护的重要论述指示精神，深入贯彻落实党的二十大精神，全面加强版权工作，取得较好成效。黄山市入选中宣部首届民间文艺版权保护与促进试点地区，5家单位入选全国版权示范单位、示范园区（基地），64个单位和个人荣获全国查处重大侵权盗版案件有功奖励。

一、加大执法监管力度，版权市场秩序日益规范

聚焦权利人和人民群众反映强烈的重点领域，加大打击侵权盗版力度。

一是强化日常巡查巡检。认真执行日监测、月通报、季抽查、年总结的监管制度，全年出动版权执法人员10.79万人次，检查单位4.04万家次，同比分别增长12％、6％。

二是强化大案要案查办。开展打击网络侵权盗版"剑网2022"、打击院线电影盗录传播、冬奥版权保护、青少年版权保护季等专项行动。2022年查处侵权盗版案件305起，办结260起，同比分别增长98％、117％。7起案件获国家版权局等部门挂牌督办，1起案件入选全国打击侵权盗版教材教辅、少儿图书典型案例，1起案件入选全国"剑网2022"专项行动十大案件。

三是强化部门协同联动。安徽省版权局与省公安厅共建版权执法监管协作机制，与省高院、省市场监管局联合发布年度知识产权行政保护和司法保护情况及典型案例，印发《关于开展知识产权纠纷行政调解协议司法确认程序工作的实施办法》。

四是强化技防体系建设。引入区块链等技术，优化提升版权存证确权、授权交易、监测维权服务水平。"区块链＋版权"创新应用试点工作扎实推进，皖文创链初步建成，安徽版权在线数字服务平台部分子系统上线投用，实现区块链存证确权7.5万件。

二、扎实推进软件正版化，数字经济发展环境更加优化

将正版化与信息化、信息安全相结合，持续巩固拓展软件正版化成果。

一是统筹协调凝聚合力。制定印发《安徽省软件正版化工作联席会议制度》，召开安徽省软件正版化工作联席会议全体会议，印发《安徽省2022年软件正版化工作实施方案》。制定实施省市县国有企业软件正版化三年行动计划，扎实推进县级以上公立医院使用正版软件工作。

二是督促检查促进落实。采取随机抽查、实地督导、考核评议、约谈通报等方式督促推进软件正版化工作。全省各级党政机关和企事业单位2022年新购正版软件8万余套，采购资金1.06亿元。省市县三级党政机关实现软件正版化，省市两级党政机关实现国产正版软件全覆盖，累计推进1000多家企事业单位实现软件正版化。推进使用正版软件工作部际联席会议联合督查组对安徽推进软件正版化工作成效给予充分肯定。

三、促进版权转化运用，创新创造活力竞相迸发

围绕激活版权资源、激发创新活力，健全完善版权社会服务体系。

一是优化服务，便利作品登记。采取升级服务系统、印发宣传折页、开展宣讲培训、设立版权服务站等方式，推动作品登记便民惠民、提质增效。全年登记作品26.5万多件，是前两年登记量的总和，发布精选登记作品及版权重点保护名单4期39件。

二是培树典型，促进转化运用。评选认定省级版权示范单位、示范园区（基地）51家，组织参加国际版权论坛、第三届江苏（南京）版权贸易博览会、第六届中国国际动漫创意产业交易会、安徽省第九届工业设计大赛等。

三是广泛宣传，营造浓厚氛围。组织开展"4·26"系列版权宣传活动，制作发布版权保护主题音视频和H5集锦，组织张贴宣传海报、播放公益宣传片，评选公布安徽省打击侵权盗版典型案例。举办"版权保护与文化创新"专题讲座。《中国新闻出版广电报》、国家版权局官网等宣传报道安徽版权工作成效做法20多次。安徽省版权局官网"安徽版权网"发稿近千篇，浏览量超2000万人次。

（胡 子）

福 建 省

2022年，福建省版权工作以习近平新时代中国特色社会主义思想为指导，深入学习贯彻党的二十大报告精神，贯彻落实习近平总书记关于加强知识产权保护工作重要指示精神，围绕《知识产权强国建设纲要（2021—2035年）》决策部署，按照中宣部版权管理局《版权工作"十四五"规划》和

《2022 年版权工作方案》的要求，坚持守正创新，加强版权文化建设，强化著作权行政执法监管，提高社会公共服务水平，完善版权保护机制，健全共建共治治理体系，营造良好的营商环境，促进福建省优势文化产业快速发展。

一、加强全省版权文化建设

一是开展"4·26"世界知识产权日版权宣传活动。根据《国家版权局关于做好 2022 年全国知识产权宣传周版权宣传活动的通知》（国版发函〔2022〕7 号）的要求，围绕"全面开启版权强国建设新征程"的宣传主题，福建省版权局印发《2022 年全省知识产权宣传周版权宣传活动方案》，组织各地广泛开展版权宣传活动。省版权局依托党委部门优势，积极协调电视、广播、报刊等传统媒体开展版权宣传活动。省版权局拍摄《福见版权，一起向未来》宣传片，制作《版权保护，让创作更自信，让文化更繁荣》《福见版权，源远流长》《福见版权，一起向未来》《有版权，才算 COOL》等 4 幅版权宣传海报，在"福建版权"抖音号、头条号和学习强国福建平台、福建版权协会公众号上播放发送，较好地宣传普及版权法律知识，全面展示福建省版权事业和版权产业发展态势。福建省广播影视集团安排《帮帮团》栏目联合福州市中级人民法院，在"海博 TV"、微信号等新媒体平台推出 3 集短视频《1 分钟普及知识产权》。强化保护知识产权、保护创新的宣传舆论引导。省通信管理局向全省干部群众手机端发送版权宣传短信 4 700 多万条次。各地市版权部门网上网下、传统媒体和新媒体一起发力，形成版权宣传的强大态势。

二是大力开展版权宣传"五进"（进企业、进机关、进校园、进园区、进网络）活动，不断提高全社会版权保护意识。福建省版权局指导省版权协会举办"版权保护进企业 福昕软件在行动"宣传活动，倡导全社会关注软件版权，引领使用正版软件新风尚；开展版权知识进校园活动，在福建少儿出版社《小火炬》杂志上连载版权系列漫画，培养少年儿童从小建立版权观念。推动省版权协会与省开发区协会开展交流合作，引导企业尊重版权，健全版权保护制度，保障企业健康发展。

二、强化版权监管规范版权秩序

（一）开展专项整治，规范各类主体版权秩序

2022 年以来，福建省版权局会同省电影局、省文旅厅开展 2022 年春节档院线电影版权保护专项工作，会同省公安厅、省文旅厅、省广电局、省通信管理局、省委网信办等部门开展冬奥会版权保护专

项行动，会同新闻出版、"扫黄打非"、公安、教育等部门开展青少年版权保护季行动，会同省公安厅、省网信办、省通信管理局开展打击网络侵权盗版"剑网 2022"专项行动。

据统计，院线电影版权保护专项行动期间，全省版权执法部门共发放宣传单 5 000 多份，制作展板 300 多面（含电子屏），出动执法人员 917 人次，巡查院线 339 家，有力保障了节日期间电影市场版权秩序。冬奥会版权保护专项行动期间，全省开展各类冬奥版权市场巡查 6 475 人次，检查相关单位 3 314 家，巡查相关网站 5 813 家次，发现案件线索 25 条，删除涉嫌侵权链接 657 条，查处微信公众号 17 个，行政立案查办 7 起，有力规范了冬奥赛事传播秩序，维护了奥运版权及相关权利，营造了冬奥版权保护的良好氛围。

青少年版权保护季行动期间，全省共检查校园周边出版物经营场所约 6 300 家次，查处 3 起侵犯青少年读物著作权案件。协调拼多多等商业平台，为福建省青少年假期读书活动删除各类违规购书链接 2 600 多条，下架 155 种图书。开展青少年版权保护宣传工作，共吸引中小学生约 12 万人次参与。

"剑网 2022"专项行动期间，清理福建省无相关行业资质网站接入 1 713 个，处置违规 IP 地址 118 个，备案不实信息 8 914 条、违规域名 7 461 个，约谈企业 4 家。全省版权执法部门共立案各类侵权盗版案件 50 起，其中涉网络案件 15 起。通过专项行动，有力保护了各类版权作品权利人的合法权益，打击了侵权盗版分子的嚣张气焰，维护了版权市场秩序，促进了版权产业健康发展。

（二）强化督促检查，全面推进软件正版化工作

2022 年初福建省推进使用正版软件工作厅际联席会议组织召开第九次全体会议，传达了厅际联席会议总召集人、省委常委、宣传部部长张彦对软件正版化工作的专门批示，研究并制定了《福建省 2022 年推进使用正版软件工作实施方案》，从巩固长效工作机制、聚焦重点工作任务、规范软件采购使用、深化优化督促核查、维护市场公平秩序等五方面对全省工作进行动员部署。省教育厅、省卫生健康委、福建证监局、省工商联等行业主管部门按照统一部署，积极推进本系统本行业企事业单位开展软件正版化工作，进一步提升重点领域行业软件正版化工作成效。厅际联席会议办公室牵头启动"福建省 2022 年度软件正版化工作第三方核查项目"，委托第三方机构于 2022 年 11 月至 2023 年 2 月对省、市、县三级共计 300 家机关、企事业单位

开展软件正版化核查，压实各单位软件正版化工作职责，提高工作自觉性、主动性，持之以恒推进福建省软件正版化工作。2022年全省共开展软件正版化工作检查2 251次，组织2 216家单位、5 801人次参加软件正版化工作培训；截至2022年底，全省党政机关累计采购操作系统、办公和杀毒三类正版软件授权69.27万个，累计推进1 237家国有企业完成软件正版化整改任务。

三、推进版权相关产业发展

福建省版权局总结推广"德化经验"，进一步发挥版权促进文化产业高质量发展的推进器作用，组织德化陶瓷产业参加第三届江苏（南京）版权贸易博览会，版权创意陶瓷作品受到江苏市民高度喜爱。指导海峡出版发行集团开展"区块链＋版权"试点工作，推进版权作品登记与"区块链"技术融合，实现出版领域数字版权与"数字藏品"转化路径，探索在区块链技术体系下的全流程版权保护、管理、开发利用，服务国家文化大数据体系建设，实现版权整体价值提升。指导福州、宁德两市申报"国家版权局民间文艺版权保护与促进试点工作"，积极推动福建省开展民间文艺版权保护工作。开展全省版权示范创建工作，组织各地市积极推荐本地区版权企业、园区参评全国版权示范单位、示范园区。推荐5家企业参评全国版权示范单位，1家园区参评全国版权示范园区。认真开展中国版权金奖推荐活动，推荐福建省2件作品和2家单位参评。

四、认真做好版权公共服务

福建省版权局进一步规范作品登记审核标准，制定《作品登记审查标准（征求意见稿）》和《作品登记审核需要注意的事项》，建立作品登记每月例会制度和通报制度；加强版权信息化、智能化基础设施建设，不断升级改造作品自愿登记系统，实现作品登记全程网上办理，完善作品登记入驻全省网上办事大厅项目，做好相关数据汇集、电子证照获取、数据共享等服务，极大方便社会公众使用作品登记系统，最大限度方便作品登记申请人。开通"福"文化作品版权登记绿色通道，为"福"文化产品版权保护提供支持。对在闽台港澳作品和因有急用申请加急登记的权利人，直接开通绿色通道，不断提升版权公共服务水平。配合省发展改革委，把作品登记正式列入各市营商环境考核指标，指导各市做好作品登记宣传和登记工作，进一步激发各市作品登记的主动性和积极性，推动作品登记工作上新台阶。2022年全省著作权登记作品数量大幅增长，截至2022年11月30日，登记数量达236 986件，比

2021年同期（153 472件）增长54.4%，保持全国前列位置。

（郑开辟）

江 西 省

2022年，江西省版权工作坚持以习近平新时代中国特色社会主义思想为指导，深入贯彻习近平总书记关于知识产权工作重要指示精神，深入学习宣传贯彻党的二十大精神，按照中宣部、国家版权局工作要求，扎实做好版权执法、宣传、社会服务等各项工作，着力推动江西版权工作高质量发展。

一、进一步加大版权执法力度

（一）赋能基层破解难题

2022年10月，"江西省赋能基层破解版权执法难题"案例成功入选国务院知识产权战略实施工作部际联席会议办公室第一批知识产权强国建设典型案例，为全国版权管理部门入选的两起案例之一。江西省委常委、省委宣传部部长庄兆林在《我省版权执法工作经验入选知识产权强国建设典型案例的情况报告》中作出肯定性批示。

（二）紧盯办案数量质量

2022年，江西省共办结版权案件133起，其中网络版权案件71起。办结国家版权局等四部委挂牌督办案件2起，2022年由国家版权局等六部委挂牌督办案件4起。

（三）争创先进激励作为

2022年10月，根据《国家版权局关于奖励2021年度查处重大侵权盗版案件的决定》，江西省12家单位（含专案组）和45名个人（含专案组）获得表彰。江西省委宣传部版权管理处连续6年获有功单位第一批次奖励。

（四）国家检查加分添彩

2022年11月22日，国家知识产权局对江西开展2022知识产权保护实地检查考核，并到江西省版权局实地检查考核，江西省版权工作亮点成效获得国家知识产权局肯定。

（五）部门协同增强动力

江西省版权局联合江西省知识产权学院，定期对全省版权执法工作进行分析研判，专业化指导基层执法，并选定"江西省2021年度打击侵权盗版十大案件"，于2022年"4·26"世界知识产权日版权宣传周期间向社会发布，推进版权执法警钟长鸣。2022年3月，江西省版权局与省法院、省市监局联合下发《建立健全知识产权司法保护与行政保护衔

接协作机制的若干意见》，进一步推动知识产权保护"两法"衔接，构建协调保护格局。2022年5月，江西省版权局与省公安厅、省检察院、省法院等部门联合召开江西省打击侵权盗版工作联席会议，加强了版权与司法部门工作联动。2022年8月，省、市检察部门联合江西省版权局，在二十一世纪出版社设立知识产权保护联系点，助推企业知识产权保护创新发展。

（六）"剑网"行动紧跟形势

2022年9月，江西省版权局与通信管理、公安、网信等部门联合开展打击网络侵权盗版"剑网2022"专项行动，全省各级版权执法部门主动适应新形势、新要求，围绕重点领域网络版权专项整治、压实网络平台主体责任、强化网络新业态版权监管、开展本省特色的版权治理、巩固历年专项行动成果等五方面开展，于11月底结束并向国家版权局报送工作总结。在2022年打击网络侵权盗版"剑网2022"专项行动中，江西省进一步加大网络版权案件查办力度，全年共办结网络版权案件71起，专项行动期间，国家版权局等部委联合挂牌督办的2起网络案件成功判决。

二、持续扩大版权宣传影响力

（一）主题宣传贯穿始终

2022年"4·26"版权宣传周期间，江西省版权局紧紧围绕"全面开启版权强国建设新征程"宣传主题，以"版权创作让世界更美好，版权保护让创作更安心"为口号，指导全省各地开展形式多样的"线上＋线下"宣传活动。江西省、南昌市和东湖区版权三级版权部门在东湖意库文化创意产业园联合开展版权宣传月活动，主要活动包括启幕仪式、版权讲座、成果展览、版权集市、电影放映等。在江西新闻客户端开设"全国版权示范单位版权工作巡礼"专栏，向社会公众宣传推介江西省全国版权示范单位，充分发挥版权先进单位的积极示范作用。省版权局制作原创版权保护宣传片在全省各级电视台、网站播放，江西省各地累计印制超2万张海报、近5万份折页宣传册向广大公众宣传版权知识。

（二）联合宣传汇聚合力

2022年"4·26"版权宣传周期间，江西省版权局与江西省知识产权局等部门联合开展知识产权新闻发布会、在线访谈等宣传活动，活动内容在江西省多家主流媒体宣传报道，有效扩大了版权宣传影响力，形成了知识产权宣传的工作合力。

（三）社会宣传持续开展

2022年8月起，江西省委宣传部、江西省版权局、江西省教育厅、江西日报社联合开展"版权保护赣鄱行"活动，深入全省各设区市、部分高等院校举行版权保护知识宣讲，在全社会持续营造良好的版权氛围。

（四）热点宣传亮点突出

2022年"4·26"版权宣传周期间，《中国新闻出版广电报》刊发资讯《强化部门联动 提升宣传合力》对江西"4·26"宣传活动进行报道。2022年7月，江西省版权局到井冈山革命博物馆调研红色文化版权保护工作，《中国新闻出版广电报》记者高度关注，对相关负责人进行采访并刊发通讯《版权释放长动力，红色文化润人心》，对红色文化版权保护工作进行宣传报道。2022年8月，景德镇国家陶瓷版权交易中心正式上线运营启动后，《中国新闻出版广电报》持续关注景德镇国家陶瓷版权交易中心，连续刊发消息《景德镇国家陶瓷版权交易中心上线运营》和专题报道《版权"添把柴"，让瓷都窑火越烧越旺》，详细报道宣传交易中心工作。2022年11月17日，《中国新闻出版广电报》刊发《版权服务站守护原创权益》，专题报道景德镇瓷博会期间景德镇国家陶瓷版权交易中心版权服务站用创新方式守护原创权益的做法和成效。

三、不断优化版权社会服务

（一）国际版权论坛成功举行

2022年11月10日，由中国国家版权局、世界知识产权组织主办，江西省委宣传部（省版权局）承办的"2022国际版权论坛"在江西景德镇举行，世界知识产权组织副总干事西尔维·福尔班，江西省委常委、省委宣传部部长庄兆林出席论坛并致辞。论坛由国家版权局、世界知识产权组织主办，江西省委宣传部（江西省版权局）承办，来自世界知识产权组织、相关国家版权主管部门、境外著作权认证机构和国内相关部委、部分省（区、市）版权局、著作权集体管理组织以及业界、学界的200多名代表线上线下参会，取得了圆满成功。

（二）版权保护优秀案例正式启动

2022国际版权论坛上，中国国家版权局、世界知识产权组织、江西省委宣传部（江西省版权局）、景德镇市人民政府共同启动了世界知识产权组织版权保护优秀案例示范点调研项目"IP与创意产业：景德镇故事"。这是我国第四个优秀案例示范点调研项目，将通过世界知识产权组织向全球推广。

（三）国际风险防控培训班顺利举办

2022年11月8日至10日，版权产业国际风险防控培训班在景德镇举办。培训班由国家版权局、世界知识产权组织主办，江西省委宣传部（江西省版权局）承办，中国版权协会、中国版权保护中心、著作权集体管理组织涉外维权部门负责人，部分重点省（区、市）版权局相关同志等近百人参加。

（四）版权示范积极培育

2022年3月，国家版权局下文授予江西省2家企业"全国版权示范单位"称号，授予1家园区"全国版权示范园区（基地）"称号。截至2022年，江西省共创建1个全国版权示范城市、13家全国版权示范单位、2家全国版权示范园区（基地）。2022年10月，江西省版权局授予12家单位、2家园区"江西省版权示范单位""江西省版权示范园区（基地）"称号。截至2022年，全省共有4家省级版权示范园区（基地）、58家省级版权示范单位。

（五）民间文艺获批试点

2022年11月，抚州市获批成为全国首批8家民间文艺版权保护与促进试点地区之一，进一步推动解决江西省民间文艺传承、利用、保护和弘扬的版权问题，增进江西民间文艺版权对话交流，助力优秀传统文化"走出去"。

（六）版权登记效率提升

2022年，江西省版权公共服务平台正式上线，版权作品登记量大幅增长，全年共完成一般作品登记64 808件，增长83.47%。新的作品登记平台服务功能优化升级，版权登记效率进一步提高。

（七）展会版权服务常态推行

江西省版权局指导并联合相关单位，在每年一度的中国景德镇国际陶瓷博览会上设立版权服务站，为参展的各类陶瓷企业提供版权产业链全方位的服务。

四、切实巩固软件正版化工作成果

（一）加强组织领导，理顺工作机制

2022年5月，江西省使用正版软件工作领导小组办公室下文对省使用正版软件工作领导小组及成员进行调整，由江西省委常委、省委宣传部部长庄兆林担任组长，为江西使用正版软件工作提供了坚实的组织基础和机制保障。

（二）召开专题会议，贯彻上级精神

2022年7月，江西省使用正版软件工作领导小组办公室组织召开了江西省使用正版软件工作领导小组会议，传达了国家部际联席会议精神，对做好2022年软件正版化工作提出了具体工作要求。

（三）举办业务培训，加强政策指导

2022年7月，江西省使用正版软件工作领导小组办公室举办了2022年全省软件正版化工作线上培训班，省直各有关单位、省出资监管企业的软件正版化工作负责同志，各设区市、省直管试点县（市）版权局有关同志等近400人参加培训。

（四）制定工作计划，推进工作落实

2022年8月，江西省使用正版软件工作领导小组办公室制定并下发《2022年江西省推进使用正版软件工作计划》，在全省部署推进2022年江西省推进使用正版软件工作。

（五）开展全面核查，切实巩固成效

自2021年以来，江西在全国率先组织对省直党政机关每年开展常态化全覆盖核查。2022年9月，江西省版权局牵头组织，聘请第三方专业机构协助，对省直党政机关11 907台电脑进行全覆盖核查；2022年10月，组织对抚州、宜春两个设区市进行抽查，并对相关核查情况进行通报。

（六）督促自查整改，做好总结提升

2022年11月，江西省使用正版软件工作领导小组办公室发文要求省直单位和设区市版权局对2022年本单位和辖区软件正版化工作开展情况进行全面自查总结并报送年度工作总结，进一步压实部门责任，督促指导地市，共同营造使用正版软件的良好氛围。

五、积极助力文化产业发展

（一）景德镇国家陶瓷版权交易中心上线运营推进建设

2021年7月，国家版权局正式批复同意设立景德镇国家陶瓷版权交易中心，这是全国第一家面向特定行业的国家级版权交易中心。江西省委常委、省委宣传部部长庄兆林对交易中心的建设非常关切，多次调研调度，并批示指出："要高质量建好用好陶瓷版权交易中心，为景德镇发展版权产业作贡献。"2022年7月，江西省委省政府印发的《关于加强知识产权强省建设的行动方案（2022—2035年）》提出："推进景德镇国家陶瓷版权交易中心发展，服务景德镇国家陶瓷文化传承创新试验区建设。"交易中心成为整个方案中提及的唯一一个产业项目。2022年8月28日，景德镇国家陶瓷版权交易中心正式上线运营启动，当天线上成交额超50万元。

（二）"江西版权云"完善功能拓展业务

2022年"4·26"版权宣传周期间，由江西省版权局指导，江西日报社、江西报业传媒集团主办运营的"江西版权云"正式上线，这是全国第一家由省级党报自主研发，融合区块链、人工智能等先进技术的版权综合服务云平台，为数字版权提供版权确权、版权登记、版权监测、版权维权、版权交易、版权推广、版权研究等全链条一体化版权服务。

江西省委常委、省委宣传部部长庄兆林对此高度关心，作出批示："用好创新成果'江西版权云'，同时，要持续创新提升水平，积极争取国家项目政策支持。"

（刘兆峰）

山 东 省

2022年，山东省版权工作坚持以习近平新时代中国特色社会主义思想为指导，紧紧围绕党的二十大这一主线，认真贯彻落实党中央、国务院关于知识产权的重大决策和部署，服务宣传思想工作大局，扎实做好版权保护、社会服务、产业发展等工作，取得明显成效。

一、持续提升版权保护工作质效

（一）开展"剑网2022"等专项行动

开展打击网络侵权盗版"剑网2022"专项行动，查处网络侵权盗版案件183起，刑事移交5起，涉案金额1 241.5余万元，出动执法人员10 000余人次，检查单位5 440余家次，捣毁窝点3个，关闭侵权网站4家，删除盗版链接11条。

扎实开展冬奥版权保护、青少年版权保护季、春节档电影保护等专项行动，行动期间全省共出动执法人员3 523人次，检查场所335家，张贴宣传海报690余张，查处侵权盗版案件23起，有力打击了涉冬奥作品、青少年读物、院线电影侵权行为。

（二）加大大案要案查办力度

2022年山东省共查处侵权盗版案件418起，刑事移交9起。积极申报中宣部版权管理局等6部门联合挂牌督办案件，3起案件列入中宣部版权管理局等6部门联合挂牌督办案件，获批案件经费补贴13万元。在国家版权局查处侵权盗版案件通报表彰中，山东省获得有功单位称号的有32家、获得有功个人称号的有103名。

（三）扩大软件正版化成果

分别与省卫生健康委、省教育厅联合下文，推进医疗、教育行业软件正版化工作，取得良好进展。

二、持续提升版权社会服务水平

完成山东省版权保护与服务平台升级改造工作，实现软件架构优化开发、硬件扩容配置及数据安全防控，提升了作品审核效率和安全运营能力。全省著作权作品全年登记量达25万件。进一步健全著作权作品登记服务体系，新增8家省级版权工作站，推动作品登记数量、质量稳步提升。加强图书出版、影视剧等涉外版权合同的登记备案工作，全年办理引进输出图书版权合同172份，有效推进了作品的对外传播和保护。

三、持续发挥版权示范引领作用

通过"以服务促创建、以创建促发展"的工作模式，深化版权示范城市、示范单位、示范园区（基地）培育创建工作，成功创建2021年度全国版权示范单位、园区（基地）6家，培育公布山东省版权示范单位、园区（基地）40家。截至2022年底，山东省共有全国版权示范城市2个，获批正在创建的全国版权示范城市1个。版权示范城市、示范单位、示范园区的创建成功为激活版权资源，培育版权精品，提升产品文化内涵和附加值，实现版权作品价值转化提供了案例参考。

四、持续促进版权产业高质量发展

推动泰山国家图书版权交易中心建设，运用"版权＋服务＋维权＋评估＋科技"的模式，通过开展版权确权、登记、评估、推广、交易、质押融资等服务，搭建图书版权交易桥梁。推动潍坊市成功申报国家民间文艺版权保护与促进试点，探索、开辟民间文艺版权创新、发展新路径。以展会促交易，成功举办第五届青岛国际版权交易博览会，实现重大版权项目交易6项，达成意向签约交易额30.1亿元，向世界展示了山东尊重知识、崇尚创新的形象。

五、持续创新版权宣传模式

山东省版权局围绕"全面开启版权强国建设新征程"主题，开展系列版权宣传活动。在学习强国平台专项答题栏目推出"《著作权法》相关知识专项答题"。联合省高院发布2021年度版权保护十大案件。《大众日报》推出版权工作综述，整版刊登版权公益广告，山东广播电视台《新闻联播》《晚间新闻》栏目播发版权工作新闻，创新宣传模式，在《闪电会客厅》组织两场大型版权主题直播访谈，普及宣传《著作权法》，扩大版权社会影响力，受到社会公众广泛关注。

六、持续组织协调行政审批制度改革

全面实行行政许可事项清单管理，开展违背市场准入负面清单问题自查自纠工作、妨碍全国统一大市场建设规定和实际情况自查清理工作，补充市场准入隐形壁垒反映投诉渠道，不断提高行政审批效率和监管效能。

（骆永顺）

河 南 省

2022年，河南省各级版权主管部门深入贯彻落实习近平新时代中国特色社会主义思想，坚持"守正创新"，扛牢"使命任务"，主动融入经济社会中心工作、宣传思想工作大局，积极助力"兴文化工程"、文化强省建设，全省版权事业取得基础性、突破性进展，为版权促进文化繁荣、赋能河南高质量发展打下了良好基础。

一、严格执法监管，营造迎接学习贯彻二十大精神的良好氛围

认真落实党中央和省委关于加强知识产权保护的安排部署，坚持以严格执法为主基调，切实加强日常监管，开展二十大学习用书、冬奥、院线电影、青少年版权保护季、"剑网2022"等五项版权保护集中行动，不断加大对侵权盗版的惩治力度。

（一）开展打击二十大学习用书侵权盗版专项行动

聚焦习近平总书记重要著作和党的二十大文件文献等重点出版物，通过对实体书店的突击检查、对网上书店的日常巡查等方式，严厉打击侵权盗版行为，为学习贯彻党的二十大精神营造良好学习氛围。

（二）开展冬奥版权保护集中行动

河南省版权局会同省公安厅等六部门组成河南省反盗版工作组，协商制定方案，开展冬奥版权保护集中行动。河南省委宣传部副部长谭福森带队，深入"纸的时代书店"和部分文化市场对涉冬奥的文创产品、商品、书籍等进行暗访。春节期间，省版权局和各市、县版权主管部门实行三级联络员7×24小时巡查，全省持续保持打击涉冬奥侵权盗版的高压态势。

（三）开展院线电影版权保护集中行动

春节档电影受到广大影视爱好者和权利人的关注。2022年春节期间，河南省版权局联合省电影局、省文旅厅开展院线电影版权保护集中行动，严格查处打击各种电影盗录、盗播等违法行为。在此期间发现3起电影盗录案件，并进行了严肃查处。其中，邓州市"3·1"系列影院侵犯著作权案的主犯被判刑一年六个月，对版权违法犯罪行为起到了震慑作用。在全省版权、电影部门的共同努力下，2022年春节期间，河南未发现重大院线电影侵权盗版案件。

（四）开展青少年版权保护季集中行动

2022年2—3月和7—9月，河南省委宣传部（省版权局）在寒暑假和开学季分别对出版物市场、印刷企业、校园周边书店、报刊摊点、文具店、打字复印店等重点场所，及校园周边复印企业等源头

企业进行摸排检查；对相关网站、电商平台、微信公众号等进行线上巡查，集中打击复制销售、网络传播侵权盗版教材教辅、少儿图书等违法犯罪行为，严肃查办了开封"2·21"涉嫌制售侵权盗版教辅案等一批典型案件，有力维护了出版物市场版权秩序，保护青少年身心健康。

（五）开展打击网络侵权盗版"剑网2022"专项行动

河南省委宣传部（省版权局）联合省网信办、省公安厅、省文旅厅等五部门，在2022年9—11月开展第18次打击网络侵权盗版专项治理"剑网"行动，重点针对文献数据库、短视频、网络文学及NFT数字藏品、剧本杀等新领域的侵权问题开展集中整治，网络巡查6374次，排查网站账号54199个，处置违法违规App和网站649个，有力打击了网络侵权盗版犯罪行为，维护了清朗的网络空间秩序。

二、完善版权工作新体系，积极服务推进"兴文化工程"

"兴文化工程"是河南省宣传思想战线深入学习贯彻习近平总书记重要讲话重要指示的重要举措。河南省各级版权主管部门深入贯彻全国、全省宣传部长会议和出版（版权）工作会议精神，主动融入经济社会发展大局，紧紧围绕"兴文化工程"，推动发挥版权工作对激励保护创新、推动科技进步、促进文化繁荣、助推经济社会发展的职能作用。

（一）筹建河南省著作权登记管理平台，助力实施数字化转型战略

按照省第十一次党代会"要把加快数字化转型作为引领性、战略性工程，构建新型数字基础设施体系，全方位打造数字强省"的要求，加紧筹建基于区块链的版权公共服务平台，实现作品登记"网上办""便民化"的历史性跨越，并以数字赋能、以技术提质。同时，创新数字版权服务机制，优化版权认证、转让、溯源、防伪、侵权检测操作流程，打造全链条的数字版权保护生态体系。

（二）探索建立河南省出版业版权工作机制，发挥版权赋能作用

保护作者和传播者的合法权益，激励出版单位、创作者创新创造，形成"创作—保护—再创作"的良性循环，推动出版产业持续聚焦宣传阐释习近平新时代中国特色社会主义思想、弘扬社会主义核心价值观、传播中华优秀传统文化、传承红色基因、用好河南特色资源，按照"今""古""人""事""物""书"等分类，把河南最为丰富的文化资源、具有潜在价值的版权资源挖掘出来，把优秀的作品

依靠市场最大限度地传播出去，出版更多思想精深、艺术精湛、制作精良的精品力作，满足群众文化需求、促进人民精神生活共同富裕。

（三）开展特色鲜明的版权主题宣传，着力提升人民群众的版权意识

精心策划线上线下宣传，在学习强国平台开设"加强版权保护 促进创新发展"专栏，在百姓文化云平台开设"河南省知识产权周版权宣传活动"专题，组织省直单位和省辖市联动，制作推出《正版河南》等宣传片，组织拍摄21个视频集中展示全省精品版权产品，全省各级各类媒体同步开展版权宣传报道，主动设置话题同群众互动。同步在城市地标建筑组织"灯光秀"，在车站广场、公园、公交车、超市等人员流动大的场所以LED大屏幕为载体进行版权宣传，在省委南北院通道设置展板，联合郑州市在惠济区集中开展"版权服务进企业"活动。

（四）组织出版口袋书，推动新《著作权法》的宣传普及

推动出版口袋书《著作权法咨询台》，以寓学于案的方式，把侵权盗版案例和日常生活紧密结合起来，简明清晰地向群众宣传普及新《著作权法》，通俗易懂地为读者答疑解惑，河南省相关版权企业和群众给予好评。

（五）推进版权示范创建，发挥带动引领作用

积极申创全国版权示范单位、示范园区（基地），深入推进河南省版权示范城市、示范单位、示范园区创建工作，指导各地开展地方版权示范创建评选工作，引导版权企业集聚，促进版权运用和转化，实现版权示范工作向纵深发展。2022年河南省有4家单位荣获"全国版权示范单位"称号，填补了河南省在全国版权示范园区（基地）、全国版权示范单位（软件正版化）两项全国性荣誉方面的空白。

三、持续巩固软件正版化成果，维护网络安全

河南省在巩固党政机关、国有企业软件正版化工作成果的基础上，全面推进教育、医疗等重点行业领域的软件正版化工作，积极为维护国家网络安全贡献河南力量。

（一）强化组织领导，凝聚部门合力

河南省发挥联席会议制度优势，强化对全省软件正版化工作的统一领导。按照国家版权局要求，结合河南实际，召开河南省推进使用正版软件工作联席会议，总结2021年工作、印发2022年工作计划，省审计厅、省工商联等作典型发言，交流工作经验。将省教育厅、省卫生健康委、省交通厅等补充纳入联席会议，凝聚部门合力，加快推进教育、

医疗、交通等重点行业软件正版化工作。

（二）推动软件正版化与国产化有机结合

河南省委宣传部（省版权局）指导省教育厅、省卫生健康委分别印发《关于印发〈河南省教育系统软件正版化工作方案〉（2022—2025年）的通知》《河南省卫生健康系统软件正版化工作方案（2022—2027年）的通知》，督促行业主管部门加强对本行业软件正版化工作的领导监管。

（三）组织教育培训，提升能力素质

2022年7月21日，河南省委宣传部（省版权局）以主会场、分会场和线上、线下相结合的方式召开全省软件正版化工作培训会。省市县三级推进使用正版软件工作联席会议成员单位、党政机关和部分学校、医院，金融证券、新闻出版、交通运输等重点行业以及国有、民营重点企业共计3 000余人参加培训，进一步提升了各地各单位软件正版化工作能力，增强了推进使用正版软件的责任感、使命感。

（四）突出重点领域，狠抓整改落实

持续巩固政府机关、国有企业软件正版化成果，突出对教育、医疗等重点领域的现场核查。推动立查立改，巩固提升河南省政府机关、国有企业软件正版化水平，逐步推进教育、医疗等重点行业开展软件正版化工作。

（张卜元）

湖 北 省

2022年，湖北省版权局深入学习贯彻习近平总书记关于加强知识产权保护的重要论述精神，认真落实《知识产权强国建设纲要（2021—2035年）》和《版权工作"十四五"规划》有关工作要求，创新版权保护思路，完善版权管理机制，积极开展版权宣传，版权执法、软件正版化、制度建设和社会服务等各项工作取得良好成效。

一、积极开展版权宣传，打造良好版权生态

贯彻落实习近平总书记关于知识产权保护重要论述和《版权工作"十四五"规划》要求，创新开展版权宣传及版权普法工作。"4·26"知识产权宣传周期间，《中国新闻出版广电报》发表《湖北：加快版权强省建设 构建版权工作新格局》整版文章，宣传推广湖北省"十四五"版权工作的目标、方法、路径、举措，"版人版语"微信公众号进行全文转发。"荆楚网""湖北版权"等发布《尊重创造，保护版权》宣传视频和海报。湖北省版权官微发布

"2021年湖北版权工作十件大事"。湖北省版权局与武汉市委宣传部共同主办华中高校大学生版权辩论赛，邀请省内高校、北京大学和河南、四川、湖南、陕西等省高校法学院参加，扩大了比赛影响力，普及了版权法律知识。与抖音短视频平台合作，开展"我是版权守护者"短视频创作大赛活动，专题作品累计播放8 908万次，作品点赞165万次，提高和扩大了版权保护的话题度和辐射面。组织开展省域版权宣传，《湖北日报》《长江日报》等发布打击侵权盗版案件，报道知识产权周湖北宣传活动情况，荆州、仙桃、恩施、神农架林区等举办"4·26"版权宣传周启动仪式暨集中销毁活动，武汉、十堰、襄阳、黄石等利用多媒体平台开展版权宣传教育活动。

二、组织开展版权培训，加强版权队伍建设

湖北省建立省市两级定期培训和组织参加国家版权局轮训相结合、线上培训和线下培训相结合的培训机制，举办全省版权行政执法管理工作培训班，组织市县（区）两级500余名基层版权行政执法队员参训。举办全省软件正版化工作培训班，组织省直政府机关（含省国资委），省属国有企业相关单位，省属证券期货业、银行业、保险业相关单位，省新闻出版广电行业相关单位，各市州县软件正版化工作领导小组办公室负责人共260人参训。一年来，全省各级版权行政管理部门共举办版权培训215期，参训单位3 082家次，参训人员9 910人次，极大提高了基层队伍执法水平，提升了版权执法队伍综合素质。

三、深入推进软件正版化工作，巩固软件正版化工作成果

湖北省版权局强化组织领导，研究制定《湖北省2022年推进使用正版软件工作计划》和《督查考核实施方案》。巩固软件正版化工作成果，省级政府机关及部分所属事业单位、部分市州政府机关、省级国有企业总部全面实现软件正版化。2022年，各级政府机关采购各种通用和专业软件104 950套，企业采购各种通用软件62 338套，累计有94家企业通过软件正版化检查验收。加大督查问责力度，建立联席会议督查和聘用第三方核查相结合的软件正版化督查机制，开展软件正版化督查2 662家次，检查计算机97 934台。湖北省软件正版化工作在全国双打办组织的年度目标责任制考核中连续10年取得满分成绩，在全国知识产权战略实施工作考核中连续3年取得满分成绩。

四、加强版权制度建设，完善落实体制机制

针对新《著作权法》颁布实施，湖北省提请将《湖北省著作权条例》列入2023—2027年立法计划，并报请省人大备案。推进完善"两法"衔接机制建设，组织武汉市江岸区人民法院、武汉市律师协会等召开版权行政执法及行政纠纷实质化解工作座谈会，联合湖北省知识产权局、省公安厅、省法院、省检察院等部门印发《关于加强知识产权行政执法和刑事司法衔接工作的意见》，明确了联络会商、信息共享、案件移送和法律监督等工作内容。

五、开展专项执法行动，严厉打击侵权行为

湖北省版权局组织开展冬奥版权保护、院线电影版权保护、青少年版权保护季和"剑网2022"四大专项行动，积极参与湖北省"双打"专项行动和"网剑"专项行动，先后组织查处蕲春"4·29"侵犯网络游戏著作权案和黄冈"4·23"侵犯网络游戏著作权案等一批典型案件。其中，十堰某私人影院未经著作权人许可向公众放映电影作品案被央视电影频道《中国电影报道》"热点扫描"栏目予以专题报道，襄阳"1·25"侵犯著作权案、武汉刘某侵犯著作权案等4起侵权刑事案件提请国家版权局挂牌督办。2022年1月至2022年12月，湖北省各级版权执法部门共检查单位22 403家次，出动执法人员38 669人次，网络巡查删除侵权盗版链接41条，关闭侵权盗版网站（App）77个，立案查处各类侵权盗版行政案件66件，其中刑事案9件。在国家版权局组织的2021年度查处重大侵权盗版案件有功单位和有功个人评选中，湖北省共有18家单位、11名个人入选，省局版权管理处连续10年获评全国打击侵权盗版有功单位，连续两年获得全省"双打"工作先进单位。

六、创新版权保护模式，助力版权产业发展

湖北省版权局组织国家民间文艺版权保护与促进试点申报工作。组织2022年中国版权金奖申报对象提名推荐活动，推荐3家版权企业（个人、作品）参评。开展版权示范创建活动，推荐3家版权企业申报国家版权示范单位。"区块链＋版权"服务平台建设取得长足进步，湖北数字版权交易平台（"一幕影链"）正式运营并签订元宇宙湖北艺术家版权生态联盟战略合作协议，不断探索数字版权工作新领域；华中版权服务平台上线，并发出首批150万元文创版权贷，版权融资工作实现破冰；武汉大学"中国知链"取得阶段性进展。

（赵　枫）

湖　南　省

2022年，湖南省深入贯彻习近平总书记关于全面加强知识产权保护工作的重要指示精神，落实《知识产权强国建设纲要（2021—2035 年）》《关于强化知识产权保护的意见》等重要文件要求，立足湖南实际，着力构建全省版权领域"严保护、大保护、快保护、同保护"工作格局，取得明显成效。

一、高效组织版权执法

湖南省版权局指导全省各级版权执法部门加大执法力度，有效部署打击网络侵权盗版"剑网"、冬奥版权保护、青少年版权保护季等专项执法行动。结合省委省政府重大工作部署，开展首届湖南旅游发展大会版权保护专项工作。全年查办侵权盗版案件 155 起，其中刑事案件 28 起，涉案金额 29 007.4 万元。

（一）加强重点领域、重点案件指导

岳阳、常德、益阳、张家界等地查办侵犯网络游戏著作权案，形成可复制、可推广的经验。永州查办"无忧无损音乐网"侵犯音乐作品著作权案，《中国知识产权报》对此进行了专题报道。湖南岳阳"2·9"涉嫌侵犯著作权案等三起案件被国家版权局等六部委列为挂牌督办案件。岳阳汨罗市"20210421"侵犯网络游戏著作权案入选湖南省2022 年度"双打"典型案例。

（二）加强执法队伍能力建设

湖南省版权局举办全省版权执法专题培训班，邀请国家版权局执法监管处有关负责同志开展执法监管政策与实务操作授课，组织长沙、邵阳、岳阳等地一线执法人员"以案说法"交流办案经验。召开全省版权工作座谈会，听取市州工作汇报，分析落实过程中的难点、堵点及应对举措，切实提高执法人员专业素质。

（三）不断提升执法影响力

湖南省 20 家执法单位、36 名个人获评国家版权局 2021 年度查处重大侵权盗版案件有功单位及有功个人，获奖数量、获奖金额均居全国第三。其中，湖南省版权局获评有功单位一等奖。

二、稳步推进软件正版化

（一）推动专项工作规范化实施

发挥推进使用正版软件工作联席会议机制作用，印发年度工作方案，组织省市县党政机关开展年度自查。强化正版软件使用管理，按期组织开展全省软件正版化年度报告工作。各成员单位持续推进重点领域软件正版化工作进程，省国资委完成省属国有企业办公软件集采续期工作，金融行业正版化工作规范化、常态化措施不断加强，民营企业试点范围不断扩大。

（二）做好宣传培训

举办全省软件正版化工作培训班，邀请中宣部版权管理局专家授课，培训政府机关工作人员、重点国企民企信息化主管、高校与园区代表等 120 余人，集中宣讲软件正版化工作的重要性及操作要点。

（三）加强督促检查

加强技术推广运用，督促各单位安装使用正版软件检查工具。聘请第三方机构开展专项检查，强化督促检查实效。2022 年 11 月，省版权局对省市县 25 家政府机关进行全覆盖检查，共检查计算机 2 971 台。

三、做优版权社会服务

聚焦版权创造、运用、保护、管理全链条，持续优化版权服务，提升版权主管部门与社会公众的版权意识。

（一）专题宣传出新出彩

2022 年 6 月 2 日，在新修订的《著作权法》实施一周年之际，省版权局在全网推出公益宣传片《保护版权就是保护创新》。《中国新闻出版广电报》刊发专稿《"湘味"版权知识飞入寻常百姓家》，光明网、红网时刻等媒体全文转载，两周内点击量超 752.3 万次，湖南版权故事的声量不断放大。

（二）重点宣传成效显著

2022 年"4·26"知识产权宣传周期间，省市场监管局、省版权局召开新闻发布会，发布全省知识产权保护状况白皮书；联合省文联在马栏山版权服务中心设立文艺作品版权服务基地，向文艺工作者赠送《文艺维权知识手册》；在新湖南、红网等平台发布打击侵权盗版典型案例，发挥案件查办对侵权盗版行为的警示作用。

（三）版权登记数量持续攀升

继续落实作品著作权免费登记政策，夯实版权公共服务基础。全年登记作品 13.89 万件，同比增长 131.65%。湖南省版权登记服务平台启动信创云部署与适配工作，加快建设进程。湖南省文联在马栏山成立文艺作品版权服务基地。涉外业务高效办理，全年登记外国图书出版合同 247 件，境外委托印刷著作权人授权书备案 74 件，办理时限压缩一半。

（四）版权示范创建捷报频传

越来越多的单位树立起"以创建促管理，以示范促发展"的理念。长沙着力实施"全国版权示范城市"创建"六大工程"，做好考核验收工作。中南出版传媒集团、湖南梦洁家纺股份公司、长沙城市发展集团等 3 家企业获评全国版权示范单位。

四、构建版权共治格局

湖南省版权局推动全省形成以法律法规为指引、以行政执法和司法保护为基础、以技术创新为支撑、以社会共治为重要组成的版权保护新格局。

（一）推动版权行政保护与刑事司法有效衔接

指导市县两级文化市场综合行政执法队伍高效办案，在行政执法过程中发现涉嫌触犯刑法的，积极与公安、检察等机关沟通协调，明确证据标准、统一法律适用，对情节严重的及时移送司法机关。

（二）指导省版权协会开展工作。

湖南省版权协会多次赴重点版权单位调研，宣传著作权法律法规，聚焦热点领域组织版权业务培训，启动实施会员单位系列专题培训，在政府、企业、高校间搭建沟通桥梁，推动化解版权纠纷。2022年8月，省版权协会微信公众号正式开通，定期发布"版权知识小课堂"，为权利人答疑解惑。

（三）鼓励版权社会力量蓬勃发展

"优版权""淘剧淘""中国V链""芒起来"等平台版权交易活跃。"优版权"平台全年交易额突破12亿元。2022年6月上线的"中国V链"，运用区块链与大数据算法，为数字版权的生产、交易、保护全流程赋能，助力数字经济健康发展。

（李　琳）

广　东　省

2022年，广东省版权局坚持以习近平新时代中国特色社会主义思想为指导，认真贯彻落实党的二十大精神和省第十三次党代会精神，根据中宣部版权管理局工作部署和省委省政府工作安排，按照"讲政治、强理论、精业务、提质效、保安全"的工作思路，守正创新、真抓实干，有效推动了全省版权工作高质量发展。

一、地方版权立法开先河

广东省版权局充分发挥协调作用，推动广东省十三届人大常委会于2022年9月29日审议通过了《广东省版权条例》，并于2023年1月1日起施行。《广东省版权条例》是全国第一部以版权命名的地方性法规，也是全国第一部以推动版权事业和产业高质量发展为立法目的的地方性法规。《广东省版权条例》立意高远、体系完整、结构合理、内容充实、重点突出、特色鲜明，政治站位高、设计维度多、保障力度大、立法速度快，充分体现了广东先行先试、勇立潮头的雄心和紧扣难点、解决问题的务实精神。

二、版权保护工作不断强化

以开展冬奥版权保护集中行动、打击网络侵权盗版和青少年版权保护季等专项行动为依托，进一步强化案件查处，严厉打击侵权盗版违法行为，依法维护意识形态领域安全。2022年，全省版权行政执法监管机构共出动执法人员15 863人次，检查单位18 620家次，立案查处侵权盗版案件144宗，版权保护环境进一步优化。

三、软件正版化工作有序开展

广东省版权局按照广东省推进使用正版软件工作联席会议工作部署，会同广东省委网信办、广东省卫生健康委对广州、东莞2市市直机关145家单位进行全覆盖检查。检查组共现场检查43 032台计算机的软件安装使用情况，进一步提高了软件使用单位的规范化水平。广东省版权局会同省卫生健康委印发《关于推进全省卫生健康系统使用正版软件工作的通知》，对全省卫生健康系统软件正版化工作路径进行规划；会同省教育厅、省人力资源和社会保障厅印发《广东省教育系统推进使用正版软件工作实施方案》，对全省教育系统软件正版化工作进行部署。

四、版权宣传展示有声有色

广东省版权局借助"4·26"知识产权宣传周版权宣传活动、版权执法及软件正版化培训、版权保护工作考评、广东省大学生版权知识演讲大赛等契机，在全省范围内广泛开展版权保护普法宣传。通过制作播放《马拉喀什条约——拓展阅读障碍者视野》《广东省版权条例》等公益宣传片、设计印制主题宣传海报、编制《图解中华人民共和国著作权法》《版权基础知识读本》等宣传读本，深入进行版权宣传，推进版权宣传进社区、进机关、进学校、进企业、进农村、进家庭。将新媒体与传统媒体相结合，综合利用报刊、广播电视和网络等，开展形式多样、接地气、易接受的宣传活动，不断扩大宣传活动的覆盖面，在全社会形成"尊重版权、保护版权"的良好氛围。评选2021年度广东省版权十大案件，以案说法，震慑侵权盗版违法行为。

五、版权示范创建卓有成效

认真做好佛山市创建全国版权示范城市验收准备工作，指导深圳前海国家版权创新发展基地开展创新实践。组织申报全国版权示范单位、园区（基地），组织开展2022年中国版权金奖评选推荐工作，开展广东省版权兴业示范基地认定评选工作。广东省目前有全国版权示范城市2个，全国版权示范单位、园区（基地）21个，国家版权创新发展基地1个，国家版权贸易基地1个，广东省版权兴业示范基地135个，广东省最具价值版权作品86件，以示范创建推动版权事业高质量发展。广州中望龙腾软件股份有限公司《中望3D软件》、广州市朗声图书有限公司分别荣获2022年中国版权金奖的作品奖、推广运用奖。

六、版权社会服务持续优化

积极提供展会版权服务，在中国进出口商品交易会、中国（深圳）国际文化产业博览交易会、中国国际影视动漫版权保护和贸易博览会、南国书香节暨羊城书展等展会上设立版权服务工作站，做好展会版权宣传服务，营造保护版权的良好舆论氛围。严把作品著作权登记审核，对禁止出版传播、登记内容涉及敏感信息的作品不予登记，牢牢守好作品登记意识形态阵地，作品登记质量进一步提升。2022年，广东省著作权登记总量为29.44万件，其中，一般作品登记5.57万件；计算机软件著作权登记量23.87万件，占全国登记总量的13.01%，位列全国第一。

（郭　烨）

广西壮族自治区

一、持续做好版权宣传工作

2022年4月，广西壮族自治区版权局组织全区开展"开启版权强国建设新征程"主题宣传活动。自治区版权局联合学习强国广西平台、广西云平台开展为期30日的"版权知识大家答"活动，共360万人次参与，获点赞量超过20万。此外，配合自治区知识产权局举办知识产权新闻发布会，通过网络媒体向社会发出《版权保护倡议书》，联合广西广播电视台制作《让知识产权保护更加有力》等节目，动员社会各界参与广西版权公益海报设计大赛，深入开展"版权进校园"活动，在南宁市中心区域进行知识产权灯光秀，大大提升了版权的社会关注度和认知度。据不完全统计，全区14个市及相关单位在宣传周版权宣传活动中，举办超过660场活动，运用公益广告牌、LED显示屏、楼宇电视等载体播放有关版权内容的广告超过55万分钟，设置、张挂版权知识宣传栏、版权标语超过19 000条次，各类报刊台网微端报道推送有关版权宣传报道1 960条次，制作版权宣传片3部，群众参与量超过260万人次。

二、广泛开展版权执法行动

2022年5月，自治区版权局举办全区版权业务骨干培训班，组织全区各市版权管理部门、文化市场综合执法支队、公安局、网信办等相关部门以"剑网2022"专项行动为抓手，围绕版权执法工作重点，大力查办案件，不断加大版权执法监管力度，加大视听作品、网络直播、体育赛事转播、在线教育、社交平台等重点领域版权治理力度，规范了线上线下版权秩序，巩固了重点领域治理成果。

自治区版权局组建院线电影反盗版联盟，配合国家版权局处理了有关网络侵权盗版线索5条。牵头联合区公安厅、教育厅、文旅厅联合转发国家版权局等六部门文件，在全区部署开展青少年版权保护季行动。

截至2022年11月底，全区共出动执法人员超过5.8万人次，检查各类市场主体超过2.9万家次，立案查处各类侵权盗版案件102起。2022年，广西壮族自治区党委宣传部版权管理处被国家版权局评为2021年度查处重大侵权盗版案件有功单位。

三、深入推进软件正版化工作

2022年6月，自治区版权局组织召开自治区推进使用正版软件厅际联席会议，对全年工作进行部署。编制《软件正版化工作制度汇编》面向全区印发。印发《自治区版权局2022年使用正版软件工作方案》，从11月初开始，自治区版权局组织了4个考核组，分头对全区14个设区市开展软件正版化工作2022年度考核，共现场抽查市级机关300多家。按照"双随机一公开"的要求，实行检查结果通报机制，推动后进单位进一步加强整改，以确保年度目标实现。

四、主动提供版权社会服务

自治区版权局积极作为，主动提高服务质量，大力宣传线上办理和免费登记等作品版权登记工作，作品登记数量大幅提高，2022年作品登记数量增长率超过100%。截至2022年11月底，共完成线上线下作品登记3 000件，其中线上登记作品2 850件，线下登记作品150件。在作品版权登记工作中加强意识形态管理，不予办理作品登记269件。认真做好出版外国图书合同备案工作，全年共办理合同备案275份。2022年，由自治区版权局推荐的广西文化产业集团、广西师范大学出版社集团有限公司两家单位获得国家版权局授予的"全国版权示范单位"称号，成为广西壮族自治区第二批入选的全国版权示范单位。

五、进一步完善版权制度建设

2022年3月17日，以自治区版权局名义印发了《广西壮族自治区版权示范城市、示范单位和示范园区（基地）管理办法》，广泛动员各市、县、区和有关单位、园区参与自治区版权示范单位、示范园区（基地）的创建评比活动，推出一批自治区版权示范单位、示范园区（基地）。7月，组织开展《广西壮族自治区著作权管理条例》调研工作。3月，制定出台了《广西贯彻落实国家版权局〈版权工作"十四五"规划〉若干措施》。

（陈　妤）

海　南　省

2022年，海南省版权工作以习近平新时代中国特色社会主义思想为指导，以党的二十大精神以及习近平总书记关于知识产权保护的重要论述为根本遵循，坚定不移贯彻新发展理念，严格版权保护，稳步推进软件正版化工作，严厉打击侵权盗版，积极探索版权公共服务便利化，大力发展版权产业，为海南打造知识产权强省、推动海南自由贸易港高质量发展、营造良好营商环境和创新创造环境提供支撑支持。

一、稳步推进软件正版化工作

（一）取得的工作成效

1. 党政机关软件正版化工作成果得到拓展延伸

海南省版权局指导全省各级党政机关加强软件正版化制度建设，修订充实《计算机软硬件采购制度》等各项管理制度，明确工作规范和标准，把制度建设作为巩固工作成效的重要举措。持续加强正版软件采购和使用管理，各级党政机关正版软件实现全覆盖，国产化程度持续提升。

2. 国有企业软件正版化工作加快推进

2022年，省属国有企业采购操作系统413套、办公软件822套、工业设计软件8套，实现通用正版软件全覆盖、工业设计软件逐步正版化。市县国有企业软件正版化工作有序开展，海口、澄迈等市县国有企业软件正版化工作进展较快。

3. 金融机构软件正版化工作进展顺利

一是银行业保险业法人机构软件正版化工作全面完成。海南银保监局加强工作部署，及时转发落实国家和省里会议、文件精神，强化督导检查。二是证券期货机构软件正版化工作进展顺利。海南证监局通知要求辖区内证券期货机构重视软件正版化工作，强化制度建设，督促机构编制年度预算，保障经费投入，要求将正版软件使用及管理纳入公司考核机制，定期开展自查整改工作，不断提升软件正版化率，多措并举确保机构软件正版化工作取得实效。

4. 全行业软件正版化工作正式启动

2022年，海南省印发《海南省使用正版软件三年行动计划（2022—2024年）》，部署开展全行业软件正版化工作，聚焦推进各级工商联会员企业和18个重点行业（领域、系统）使用正版软件。省教育厅、省卫生健康委员会、省财政厅、省地方金融监管局、省邮政管理局、省通信管理局、省知识产权局、省工商联等省级主管部门制定印发了本行业（领域、系统）使用正版软件三年行动计划（2022—2024年）。

（二）采取的工作措施

1. 发挥体制机制优势，做好部署统筹

2022年3月，由海南省使用正版软件工作厅际联席会议总召集人、省委常委、宣传部部长、省政协副主席肖莺子主持召开省使用正版软件工作厅际联席会议第七次全体会议，研究审议《海南省使用正版软件三年行动计划（2022—2024年）》，确定基本原则和工作思路。

2. 广泛开展宣传培训，营造良好氛围

海南省版权局召开2022年海南省党政机关使用正版软件工作线上培训，进一步提高工作人员工作意识和业务能力，共约200人参训。举办2022年海南省新闻出版、印刷、发行企事业单位软件正版化线上培训，对新闻出版、印刷、发行行业软件正版化工作进行动员部署和业务培训，约200人参加培训。组织开展"4·26"知识产权宣传周版权宣传活动，提高公众的版权保护意识。

3. 进一步加强审查指导，规范采购安装

海南省版权局与省公共资源中心加强沟通合作，对海南省政府采购网上商城上架软件的版权状况和各单位采购软硬件情况予以掌握了解，同时加强日常工作指导，提醒督促个别市县、单位对违规采购的软硬件进行整改，对不符合正版要求的网上商城软件予以下架和处理。部分市县、单位就采购软硬件设立前置审查，阻断不合规软硬件进入机关和企事业单位的渠道。通过一系列措施，对各市县、各单位采购安装使用计算机软件进行规范化管理。

4. 推进集中联合采购，加快工作进度

海南省国资委根据省属企业需求，继续以信投公司作为牵头单位，组织企业采取集中谈判、集中签约和分别付款的方式采购操作系统、办公软件、工业设计软件，为省属企业提供账务分期、延迟付款、软件租赁等多种灵活的采购方式，有效缓解企业软件采购的资金压力。保亭县、乐东县为辖区内所有机关事业单位集中采购国产操作系统软件和办公软件，节约了大量财政资金。省公积金管理局为省局和市县局集中采购国产操作系统软件，大大加快了软件正版化工作的进度。

二、严厉打击侵权盗版行为

（一）取得的工作成效

2022年，海南省进一步加强版权执法工作，各级著作权主管部门积极协调、指导文化市场综合行政执法部门开展出版物市场和网络版权治理工作，持续开展"剑网2022"、院线电影版权保护、冬奥版权保护、青少年版权保护季等专项行动，加大对侵权盗版行为的打击力度。在执法队伍力量未能增强的情况下，办理著作权案件数量迅猛增长，成效显著。2022年全省著作权立案35件，行政处罚结案34件，分别同比增长250%和386%。查办了琼海嘉积嘟嘟柒休闲放映工作室未经著作权人许可，复制、放映其作品案，KTV企业未经许可放映他人音像作品系列侵权案件，侵犯北京冬奥会和冬残奥会吉祥物著作权系列案件等一批有影响力的案件。

（二）开展的工作

1. 组织开展海南省打击网络侵权盗版"剑网2022"专项行动

海南省版权局召开工作协调会，印发实施方案，组织各市县拉网式巡查，指导各级版权执法部门查处网络侵犯著作权案件。专项行动期间，共巡查互联网企业422家次、影院192家次、电商平台213家次、社交平台公众号（个人账号）1 430个次、剧本杀娱乐经营场所255家次、网吧676家次、教育（在线教育）机构88家次、网上书店89家次，共出动执法人员2 930人次，处置关停中宣部版权管理局移送的1家侵权网站，查处琼海嘉积嘟嘟柒休闲放映工作室未经著作权人许可，复制、放映其作品案，成功调解三亚微信公众号利用"雷公马"IP形象进行促销系列纠纷。

2. 开展海南省冬奥版权保护集中行动

海南省版权局第一时间印发通知，部署安排冬奥版权保护集中行动。行动期间，全省共出动执法人员1 480人次，车辆303台次，检查各种场所1 275家次，巡查网站及App共计165余家次，平台账号共计83余家次，下发《责令整改通知书》33份，查办案件11宗，扣压"冰墩墩"形象的公仔、钥匙扣等侵权物品共1 230个，罚款6 000元。

3. 开展海南省青少年版权保护季专项行动

海南省版权局联合相关单位印发《关于开展海南省青少年版权保护季行动的通知》，要求各成员单位和各市县扎实开展排查清理，做好保护季专项整治工作。专项行动期间，对辖区内校园周边书店、报刊亭、印刷企业、打字复印店、文具店、杂货店、网上书店等场所（网络）进行巡查摸排，累计检查出版物经营单位约2 500家次，检查印刷复制企业和图文印刷单位约700家次，巡查网络文化经营单位（网站）约1 000家次。查办昌江倪尔星培训学校未经许可发行作品案等7起涉教材教辅、少儿图书案件。

三、广泛开展版权宣传

按照国家版权局和海南省知识产权局的部署安排，海南省版权局组织开展知识产权宣传周版权宣传活动，效果较好。一是组织举办海南省知识产权知识竞赛活动。与省知识产权局、省教育厅、团省委、省妇联联合举办海南知识产权知识竞赛活动。通过知识竞赛活动，增强广大青年群体尊重和保护知识产权的意识，引导青年主动担当社会责任。据统计，自2022年4月18日至26日，全省总参与量为41 145人次，有效答题28 945人，获奖人数为5 203人。二是联合举办2022年海南省知识产权行政保护典型案例新闻发布会，会上通报2021年度全省版权保护工作情况，发布版权保护六大典型案例。三是指导市县版权局开展知识产权宣传周版权宣传活动，转发《国家版权局关于做好2022年全国知识产权宣传周版权宣传活动的通知》，指导市县结合本地实际，配合知识产权部门做好知识产权宣传周版权宣传活动。

四、积极做好版权社会服务工作

一是依法开展著作权登记。2022年，海南省共登记各类作品438件，审核备案涉外版权贸易合同110个，当年实际引进图书版权92种，实际输出图书版权1种。二是筹备建设中国版权保护中心海南分中心。三是授权海南国际知识产权交易所开展作品自愿登记信息采集业务，积极探索版权公共服务便利化。四是组队参加第二届中国国际消费品博览会知识产权专项保护版权服务保障工作。

（王金根）

重 庆 市

2022年，重庆市版权局深入学习贯彻党的二十大精神，坚持稳中求进、守正创新，统筹做好版权执法监管、软件正版化、版权宣传普及、版权产业发展等各项工作，为服务宣传思想大局、维护意识形态安全、促进文化繁荣发展提供有效版权支撑。

一、抓专项、强督办，版权执法工作有力有效

（一）突出执法重点，开展专项整治工作

重庆市版权局开展打击网络侵权盗版"剑网

2022"专项行动、冬奥版权保护集中行动、打击院线电影盗录传播集中行动、青少年版权保护季行动，核查互联网平台 500 余个，出动执法人员约 7 800 人，检查单位约 3 200 家。召开版权执法工作推进会，推动版权执法工作走深走实。

（二）加强部门联动，重点案件挂牌督办

2022 年，重庆市版权局不断加强与公安、文化执法、网信等部门联动，成效明显。全年共查处侵权盗版案件 135 件，案件查办数量位居全国前列。大渡口"4·21"幼儿教辅读物侵权盗版案、渝中区音乐网站侵权盗版案、北碚区工业软件侵权盗版案、云阳童某某涉嫌侵犯著作权案等 4 起案件被国家版权局等单位挂牌督办。

（三）发挥典型示范作用，强化激励机制

重庆市加强统筹协调，成功查办了一批大案要案，数质并举。其中，重庆市委宣传部版权管理处等 6 个单位和重庆市"7·31"沈某侵犯著作权案专案组等 8 名个人，被国家版权局评为 2021 年度查处重大侵权盗版案件有功单位和有功个人。重庆市童某某高清盗录传播春节档院线电影案成功入选国家版权局等四部门发布的打击网络侵权盗版"剑网2022"专项行动十大案件。

二、抓核查、强考核，软件正版化工作规范有序

（一）通报核查情况，促进问题整改

为推动各区县各部门落实软件正版化工作主体责任，重庆市版权局按照国务院办公厅相关工作要求，于 2022 年初印发上一年度全市软件正版化工作核查情况通报，对核查中发现部分区县和市级部门存在的认识不到位、制度不落实、日常管理缺位、网络信息安全重视不够等问题予以提醒，并要求有关区县和部门限期整改。

（二）强化结果运用，传导责任压力

重庆市版权局将软件正版化核查结果持续纳入全面从严治党考核、"双打"考核指标，与意识形态专项督查统筹推进，有效传导责任压力，以查促改，确保软件正版化工作规范有序开展。

（三）发挥平台优势，优化日常服务

重庆市版权局指导重庆市软件正版化服务中心（以下简称"服务中心"），不断强化运营管理，加强对软件正版化政策解读，服务中心线上服务平台制作的《软件正版化科普指南》《加大数字传播版权保护》等获广泛关注。市版权局指导服务中心摸排国产操作系统、办公软件等与部分业务系统兼容性等问题，服务 30 余家政府企事业单位，搭建起用户与厂商单位沟通对接桥梁。

三、重登记、强宣传，版权社会化服务深入人心

（一）严把著作权登记质量关

重庆市版权局紧紧围绕迎接宣传贯彻党的二十大这条主线推进工作，严格落实意识形态工作责任制，把牢著作权登记政治方向、舆论导向、价值取向和作品质量关口。2022 年全年登记作品 17 万余件。严格执行作品登记制度和《重庆市版权服务工作站管理办法（试行）》，通过"内容＋程序"双重审查、三级审核、作品登记承诺、编制案例库等举措，进一步优化审查流程，规范审查尺度。驳回登记作品 1 600 余件，登记驳回率 1.08%，有效防止因认识不同、标准不一而引发的重复登记等情况。

（二）精心组织版权宣传活动

重庆市版权局组织 2022 重庆版权宣传周活动，活动期间设计并投放版权宣传纸质海报近 4 万张、电子海报 1 246 处，制作 10 期版权宣传视频，发起"川渝版权说"抖音话题，相关视频点击量达 3 009.1 万次。全市 213 个市级党政机关、41 所高等院校、83 家国有企业、81 家金融机构、41 个区县直接参与其中。举办"IP·创未来"2022 重庆艺术版权季活动，组织市内外专业设计机构以及全市各高校、中小学按照给定选题进行艺术版权创作。40 余个专业设计机构、1 600 人参与其中，创作平面设计类、动画视频类等类型作品 2 000 余件。

（三）深入开展版权普及活动

重庆市版权局组织部分法律专家、重点版权企业、版权登记工作人员走进区块链数字经济产业园、金山意库文化产业园等市级版权示范园区，宣讲新修《著作权法》，提供免费版权登记、法律咨询援助服务。面向基层发放《黄丝玛玛说版权常识篇》《黄丝玛玛说版权案例篇》宣传手册 5 000 余份。

四、抓创建、重创新，版权产业发展可圈可点

（一）版权示范创建数质并举

重庆市持续推进版权示范创建工作，不断培育版权优势示范企业、园区。新增重庆出版集团有限公司、视觉图库（重庆）传媒科技有限公司和重庆仙桃国际大数据谷为全国版权示范单位、园区（基地）。截至 2022 年，重庆市已成功培育 8 家全国版权示范单位、3 家全国版权示范园区。

（二）版权创新驱动成效明显

重庆市版权局积极培育数字版权区块链服务中心，为数字版权登记、展示、存证、保护、评估、交易、衍生品开发等提供全方位服务。"政府＋平台＋企业＋司法机关"数字经济版权保护新模式入选中国（重庆）自贸试验区最佳实践案例。

（三）版权理论研究持续深入

重庆市版权局会同重庆师范大学版权研究基地，开展新一年度的重庆市版权产业经济贡献调研，从版权产业经济贡献度总体情况、版权产业经济贡献数据分析等九个方面进行系统梳理，有序推进。指导重庆邮电大学版权研究基地开展版权司法案例专题调研，分析版权司法案例数据，形成《重庆市版权司法大数据分析报告》。

五、抓示范、强基层，版权业务培训扎实开展

（一）积极开展市级示范培训

重庆市版权局举办版权执法和软件正版化专题培训，各区县宣传部分管副部长、文化市场综合执法支队主要负责人、执法骨干以及市卫生健康委及其直属（代管）单位、市教委及其直属事业单位、各高校、宣传文化系统有关单位软件正版化工作负责同志等共163人参训。

（二）广泛推动区县业务培训

为服务好区县版权业务培训，重庆市版权局积极为区县提供师资支持，多次应邀派员到部分区县开展点对点讲座培训。全年指导开州区、合川区、江津区、忠县、巫山县等21个区县，对乡镇街道宣传委员、文化服务中心主任、区级部门分管负责人等3 300余人开展版权执法和软件正版化工作专题培训。

（张　娜）

四　川　省

2022年，四川省版权局深入学习贯彻党的二十大精神，按照省第十二次党代会和省委十二届二次全会部署，聚焦建设文化强省目标任务，坚持"一手抓保护、一手抓发展"总体思路，打通版权发展保护全链条，推动版权创造、运用、保护，促进四川版权高质量发展。

一、着眼前端保护，扎实做好版权确权和示范引领

（一）加强版权行政服务工作

四川省版权局加强版权行政确权和服务管理工作，深入开展版权登记和合同备案工作，全年登记数量22.9万件，同比增长25%。完成版权贸易合同备案登记949件，其中输出493件、引进456件，输出数量首次超过引进数量，实现历史性突破。

（二）扎实开展版权示范创建工作

四川省版权局通过积极培育、申报创建，帮助成都许燎源现代设计艺术博物馆、四川非意欧国际

皮革制品有限公司、自贡市龙腾文化艺术有限公司等三家单位获得"全国版权示范单位"称号，帮助四川省港航投资集团有限责任公司获得"全国版权示范单位（软件正版化）"称号，帮助芦山县根雕文化产业园获得"全国版权示范园区（基地）"称号。组织开展省级版权示范创建工作，将新华文轩出版传媒股份有限公司等15家单位评为省级版权示范单位，将荥经县黑砂文化产业基地评为省级版权示范园区（基地）。

二、加大执法力度，严厉打击侵权盗版，巩固深化软件正版化工作

（一）加大案件查处和惩罚力度，强化权利人版权保护

四川省版权局按照中宣部集中部署，积极开展各项版权保护行动。

加强院线电影版权保护。严格做好对院线电影特别是2022年春节档院线电影的版权保护工作，及时处置《长津湖之水门桥》等院线电影盗录传播等侵权盗版行为。

开展冬奥版权保护集中行动。严厉打击涉冬奥作品侵权盗版行为，规范冬奥赛事传播秩序，及时查处"冰墩墩"等产品侵权盗版案件，有力维护了冬奥版权秩序。

实施教材教辅版权保护专项行动，启动青少年版权保护季行动。在开学季及假期针对校园周边区域，重点打击擅自征订发行教材教辅、销售侵权盗版和非法出版教材教辅、非法印刷销售教辅资料行为。出动检查人员6 525人次，检查经营单位2 279家次，收缴盗版教材教辅5 000余册。

深化"剑网2022"专项行动。落实电商平台主体责任，对注册网站、微信公众号、微博、抖音号、快手号等进行全面梳理，确定了主动监管网站平台的名单，运用技术手段对网站平台内容进行在线巡查，共开展网上巡查1 500余次，开展专项督导检查300余次。

狠抓大案要案查办。四川省版权局联合省公安、文化执法部门重拳出击，快速查办了一批大案要案，案件数量和质量显著提升。2022年累计查办侵权盗版案件111件，同比增长105%，其中刑事案件20件、行政案件71件、调解案件20件。泸州"2·24"涉嫌侵犯著作权案、绵阳"11·11"侵犯著作权案、达州"8·17"涉嫌侵权著作权案由国家版权局等部门挂牌督办。

（二）深入推进软件正版化工作

四川省版权局完善省推进使用正版软件工作联

席会议工作制度，将四川省教育厅、交通厅、能源局、大数据中心等行业主管部门纳入省级联席会议，制定全省软件正版化年度工作计划。抽调省级联席会议成员单位组建5个检查组，扩大抽查范围，在巩固党政机关、国有企业正版化工作成效的基础上，重点向教育、医疗、能源、交通等行业倾斜检查了35家省级单位、183家市、县（市、区）单位，检查总体数量和基层单位覆盖面居于全国前列。

三、推动产业发展，高标准建设国家版权创新发展基地（四川天府新区）

以天府新区国家版权创新发展基地为关键抓手，引领带动全省版权产业高质量发展。指导基地在版权经济全领域探索创新、先行先试，聚焦数字版权产业生态创新发展"一核引领"，推进产业链、创新链、价值链、生态链"四链融合"，实现版权创造、运用、保护、管理和服务"五维创新"。聚焦版权登记、授权交易、金融质押等关键环节，积极争取相关支持政策，加快建设版权综合服务平台、版权资产交易平台，目前已完成基地综合服务中心海创园过渡厅建设。吸引版权运营、交易平台、传播发行、金融服务企业机构入驻，打造创新发展产业集群。目前已引进阿里数字版权交易中心、区块链版权创新发展产业中心、华录集团西部总部、虎牙直播西南中心等29个项目，总投资400.8亿元，并形成蚂蚁链版权授权交易平台、金树版权交易中心等一批储备项目。

四、抓好先行先试，加强民间文艺版权保护和转化运用

四川省被中宣部确定为全国四个民间文艺版权保护与促进试点省（区、市）之一，积极开展对民间文学艺术作品版权保护大调研，在成都市和宜宾市分别召开座谈会，梳理民间文艺版权保护现状和存在的问题，并形成高质量调研报告，为民间文艺作品版权保护立法提供重要支撑，受到中宣部高度肯定。

（李晓曦）

贵 州 省

2023年，贵州省版权局坚持把版权保护工作与地方社会、经济、文化发展紧密结合，常态化部署、高位推进版权社会服务、版权行政执法和软件正版化工作，取得一定成效。

一、深化推进版权社会服务工作

2022年是"十四五"规划实施的关键之年，是深入贯彻《国务院关于支持贵州在新时代西部大开发上闯新路的意见》精神的开局之年。为助推贵州高质量发展，贵州省版权局积极推进各项版权社会服务工作：

一是持续做好作品版权登记工作。2022年贵州省作品登记平台登记作品共计超22万件。作品版权登记工作主要呈现三大特点：首先是提速。在保证审核质量的前提下，作品登记实现全流程无纸化线上操作，增加摄影作品、美术作品等类型作品的批量登记。其次是增效。升级平台在操作方面为用户提供了详细的提示、注释、解读和规范，可以系统支持登记查询、证书补办、版权变更、版权转让、版权撤销、版权公示等功能。平台新设数据库检索、查询、比对等功能，只需要扫码即可查询该版权的关键信息。再次是扩容。升级平台实现了软件架构优化开发、硬件扩容配置及数据安全防控，完成了对旧平台历史数据的承接，每年可支撑百万件以上的作品登记和样本存档。这些功能将极大方便权利人处置作品版权，促进贵州省版权交易活跃和版权产业发展。

二是推进全省版权服务站工作。经部务会同意，贵州省版权局颁布了《贵州省版权工作服务站管理办法（试行）》，并在基层版权要素密集的行业和单位设立版权服务站。

三是组织参加中宣部版权管理局与世界知识产权组织合作举办的2022国际版权论坛，贵州省版权局在论坛上进行了民族民间文化版权保护相关主题发言。

四是加快推进贵州省民族民间文化版权保护工作。以国家民族民间文化版权贸易基地（西南）建设和毕节市成功申报"民间文艺版权保护与促进试点地区"为切入点，突出重点，深入版权创意生产企业，开展点对点咨询，为全省民族民间文化版权产品生产提供版权保护服务。

五是先后完成贵州省内出版单位出版外国图书合同审核登记120余件。

六是完成版权统计报表填报工作。

二、持续加大版权行政执法力度

贵州省版权局把按月进行的版权行政执法案件信息统计工作作为推进版权案件办理的抓手，将案件办理情况纳入年度市州考核，督促各地加强版权案件办理，每月及时统计案件完成情况并上报。加强对各市州办理案件的指导，全年全省共完成版权案件47件，比2021年增加13件。

2022年初，贵州省开展冬奥会版权保护行动，建立快速联动机制，开展从节目转播到冬奥会周边衍生产品全版权要素的保护，保持打击冬奥会版权侵权高压态势。2022年9月，省版权局联合省公安厅等相关部门下发贵州省2022年"剑网"专项行动通知，启动实施"剑网2022"专项行动，加大对网络侵权盗版的打击和整治力度。举办全省版权行政执法培训班，全省版权行政执法人员120余人参加培训，科学配置课程、师资，确保培训实效，学员反映培训内容结合实际、可操作性强，培训班达到预期效果。开展执法表彰活动，经推荐，2022年度贵州省1单位、2人获中宣部版权管理局查处重大侵权盗版案件有功单位、有功个人表彰。

三、大力推进软件正版化工作

贵州省版权局根据省政府领导分工变化，及时调整贵州省推进使用正版软件工作领导小组成员。结合贵州省软件正版化工作实际，制定下发贵州省2022年软件正版化工作计划，对全年软件正版化工作进行安排部署，并将该项工作列入2022年版权工作要点，进一步强化对该项工作的统筹指导。2022年7月，省版权局组织召开省推进使用正版软件工作领导小组会议，省委宣传部部长卢雍政出席会议并作重要讲话，为做好下阶段软件正版化工作指明了方向。11月，开始组织开展软件正版化检查督查，对部分市州和20个省直单位软件正版化情况进行督查，进一步扩大软件正版化工作成果。

（徐　梅）

云　南　省

2022年，云南省各级版权主管部门深入学习贯彻习近平总书记关于加强知识产权保护的重要论述，认真贯彻落实国家版权战略和著作权保护管理的政策措施，制定印发《云南省版权工作"十四五"规划》，不断提高全省著作权作品登记工作服务水平，深度推进全省软件正版化工作，提升查办侵犯著作权案件效能，版权产业建设与发展稳步推进。全省版权工作不断取得新突破新进展，在推动云南高质量跨越式发展进程中发挥积极作用。

一、版权执法监管情况

（一）不断完善版权行政执法机制

云南省版权局联合省文化和旅游厅、省广电局、省文物局印发《云南省关于进一步完善文化市场综合行政执法运行机制的实施方案》（云文旅联发〔2022〕9号），构建包括版权在内的文旅市场行政执法运行机制；经省政府同意，省文化和旅游厅印

发《云南省文化市场综合行政执法事项指导目录（2022年版）》，明确版权行政执法事项由全省各级文化综合行政执法机构负责，划清版权主管部门和行政执法机构主体责任和权责边界，保障版权行政执法的有效性、合法性。

（二）持续开展版权行政执法工作

云南省版权局按照国家版权局等的统一部署，联合省互联网信息办公室、省教育厅、省公安厅、省文化和旅游厅、省通信管理局等单位，在全省范围内组织开展"剑网2022"、青少年版权保护季、冬奥版权保护行动、院线电影版权保护等专项行动。抽调全省版权执法骨干28人，组织开展"2022年云南省打击网络侵权盗版暨文化和旅游市场网络执法集中办案行动"，巡查辖区内5 700余个网站、1 800余个微信公众号、2 500余个短视频用户账号、100余家电商平台，共排查出网络侵权盗版案件线索39条。其中，4条涉嫌犯罪线索移送公安机关，35条按属地原则与省文化和旅游厅联合督办。截至2022年12月31日，全省共出动行政执法人员6.2万余人次，检查经营场所3.9万余家次，查办侵权盗版行政案件80件，办结案件74件，涉案金额15.03万元，移送公安机关侦办案件6件，年内行政立案74件，各级版权主管部门和文化市场综合行政执法机构参与、协助公安机关立案侦办侵权盗版刑事案件4件，对侵权盗版行为始终保持高压态势。

二、推进使用正版软件工作情况

云南省召开2022年省推进使用正版软件工作联席会议全体会议，明确了"巩固党政机关成果，推动重点行业开展"的任务目标，审议通过了《云南省2022年推进使用正版软件工作计划》和《云南省2022年软件正版化工作检查方案》，在巩固党政机关软件正版化成果的基础上，逐步推进教育、卫生健康行业单位和国有企业的全覆盖检查。2022年，省联席会议组成联合检查组完成曲靖、玉溪、西双版纳、德宏4个州（市）21家省级部门软件正版化检查，全年共检查党政机关82家、国有企业22家、卫生健康行业单位30家、教育行业单位39家，调研（督导）省工商联重点联系企业（商会）5家。由推进使用正版软件工作部际联席会议办公室编辑、《中国出版》杂志社出版的《腾飞20年·软件正版化在中国》刊登云南省版权局署名文章《夯实基础 抓落实 形成合力促成效》、云南铜业（集团）公司署名文章《有序推进 务求实效》2篇。

三、版权社会服务情况

2022年，云南省各级版权主管部门围绕构建版

权"严保护、大保护、快保护、同保护"体系，着眼新时代云南经济社会发展需要和著作权人需求，以新视野实施新举措，进一步加强社会共治机制建设、提高版权社会服务效能、扩大宣传培训范围，全省版权社会共治建设成效明显。

（一）作品登记情况

2022年，云南省版权局加强作品登记信息服务平台建设，开展作品登记综合调研，加强宣传教育培训，及时调节矛盾纠纷。对云南省作品登记系统进行全面升级改造，进一步完善系统功能，为著作权人提供更安全便捷的服务。全年全省作品登记量达到51 538件，同比增长120.55%，数量超过前三年之和。

（二）云南省版权服务工作站建设情况

云南省版权局重新修订《云南省版权服务工作站管理办法》，严格建站标准和年度考核，进一步规范管理。2022年，在全省新设16家版权服务工作站（以下简称"工作站"），撤销考核不达标工作站4家，截至2022年底，全省共设有工作站40家，覆盖全省16个州（市）。全年工作站共计登记作品25 802件，占年登记总量的50%。设有软件正版化类工作站2个，为年度检查提供技术力量，参与软件正版化工作培训授课26场次。

（三）版权示范创建情况

在各级版权主管部门的宣传引导下，各州（市）和相关企业、机构对版权示范创建工作更加重视。2022年，云南省版权局认定全省版权示范单位8家，向国家版权局推荐申报候选全国版权示范单位5家、全国版权示范园区（基地）1家，其中获评全国版权示范单位2家、全国版权示范园区（基地）1家；修订印发《云南省"全省版权示范城市、示范单位、示范园区（基地）创建"管理办法》，完善顶层制度设计，规范全省版权示范创建活动。组织全省8件（个）作品、单位（个人）参评中国版权金奖的优秀版权作品、版权运用推广、管理和保护各个奖项，发挥先进典型的示范作用。

（四）涉外作品引进备案情况

2022年，云南省版权局共收到221种图书合同登记申请，对符合规定的158种图书合同进行了登记，对不符合规定的63种图书的合同退回出版社并要求其补全授权文书。

（五）版权宣传培训情况

2022年，云南省版权局运维"云南版权"微信公众号、云南版权网，在云南网开设"版权工作在云南"专栏，全年共在省内主流媒体平台推送稿件400余篇，阅读量194.5万余次。以"4·26"知识产权宣传周版权宣传活动为抓手，在昆明市四城区同时开展以"最美蓝花楹，版权伴你行"为主题的集中宣传推广活动，各州（市）也相应开展分会场宣传活动。围绕《计算机软件保护条例》颁布实施20周年和青少年版权保护季的主题，举办"保护版权 拒绝盗版"宣传活动。组织开展云南省大学生版权征文活动，共收集投稿论文250篇，评出研究生组、本专科组一等奖各1名，二等奖各2名，三等奖各3名，优秀奖若干名，评出优秀组织单位奖8个，优秀指导教师奖15名。举行为期一个月的全省优秀版权作品线上展活动，共展出优秀作品50余件，联合省"扫黄打非"办开展"'护苗联盟·绿书签'·版权保护"进校园活动，评出"版权小卫士"16名，构建了多层级、多部门、多领域版权大宣传格局。

云南省版权局在丽江市举办2022年云南省软件正版化暨版权工作培训班，共培训相关从业人员221人。

（王　成）

西藏自治区

2022年，西藏自治区版权局深入贯彻落实国家知识产权强国战略和国家《版权工作"十四五"规划》，贯彻落实党的二十大报告精神，加强版权执法监管与宣传培训，巩固软件正版化工作成果，优化版权社会服务体系，各项工作取得良好成效。

一、加强版权执法监管

一是协同自治区文化厅等相关单位，对中国音像著作权集体管理协会西藏联络处开展规范卡拉OK版权许可工作进行了检查和指导，对歌舞娱乐行业负责人加强法制宣传，明确行业义务；督办并指导拉萨市文化市场综合行政执法队成功办理"抓典糠噗梅朵"作品侵权案件，对侵权人进行了行政处罚，有效净化了文化市场环境。

二是组织开展院线电影版权保护、冬奥版权保护集中行动、青少年版权保护季等专项行动。

组织拉萨市版权局等相关单位开展了院线电影版权保护工作，对8家电影院进行巡查。开展了冬奥版权保护集中行动，对10家书店、2家商品批发市场、2家超市开展了版权执法巡查，并对山南市冬奥会标志著作权侵权案件的调查工作进行指导和帮助。联合拉萨市版权局、文化市场综合行政执法队开展了出版物版权保护市场巡查工作，检查书店25家，严厉整治教材教辅、少儿图书的侵权盗版乱象，有效净化了出版物市场环境。

二、巩固软件正版化成果

一是进一步调整充实了西藏自治区推进使用正版软件工作厅际联席会议成员及各地市推进使用正版软件工作领导小组成员单位及成员。二是对自治区市场监督局、自治区商务厅等10家单位开展了软件正版化工作核查和指导，形成了核查工作报告。

三、优化版权社会服务

一是起草并向各地市印发了《西藏自治区版权局2022年工作方案》，要求各地市结合实际开展2022年版权工作。二是开展了自治区版权示范单位创建评选工作，对申报单位相关材料进行认真审核，指导申报单位进一步完善机制。三是开展了民间文艺版权保护与促进试点工作。组织各地市开展民间文艺版权保护与促进试点工作的申报推荐工作，向中宣部办公厅推荐了昌都市江达县文化和旅游局、那曲市巴青县文化和旅游局为民间文艺版权保护与促进试点单位。

四、开展版权宣传培训工作

一是开展了"4·26"世界知识产权日宣传活动。联合自治区市场监管局开展知识产权与服务工作座谈会，围绕版权宣传主题向拉萨经济技术开发区19家企业代表进行了版权保护知识宣讲，并为参会企业答疑解惑，发放版权宣传品及宣传资料，营造了"尊重版权、崇尚知识、诚信守法"的良好舆论环境，进一步推动版权保护理念深入人心。

二是开展了2022年全国知识产权宣传周版权宣传相关活动。版权宣传周期间在书店、电影院等场所张贴主题宣传海报300张，向社区居民、便民警务站等发放版权主题宣传布袋、笔记本、宣传资料等200份；解答群众疑问，对群众关心的版权热点问题，以案说法，讲述百姓身边的版权事例，有效引导公众尊重创作、支持正版，共同维护版权创新环境。

三是举办了版权执法工作培训班。联合相关部门组织基层新闻出版、版权执法人员，开展2022年全区出版物质量管理业务暨版权执法培训班，对各地市基层版权执法人员开展了版权执法监管工作相关知识培训，不断提高基层新闻出版、版权执法工作人员的业务能力和工作水平。

（德 吉）

陕 西 省

2022年，陕西省版权局以习近平总书记关于知识产权工作的重要论述为遵循，贯彻落实党中央、国务院知识产权工作决策部署，按照省委、省政府和省委宣传部的工作要求，解放思想、创新举措，全面加强版权保护，加快构建版权新发展格局，推动全省版权创造、运用、保护、管理和服务水平迈上新水平。

一、严格保护，强化版权行政执法监管

（一）强化版权专项治理

扎实做好"打击侵犯知识产权和制售假冒伪劣商品行为专项整治行动"工作和"剑网2022"、冬奥版权保护等专项行动。

陕西省版权局根据国家版权局等六部门关于开展冬奥版权保护工作的要求，成立陕西省冬奥版权保护工作组，印发《关于开展冬奥版权保护集中行动的通知》，积极开展冬奥版权保护工作。联合省公安厅、省教育厅等部门印发《陕西省关于进一步加强青少年版权保护工作的通知》，严厉打击危害青少年权益的行为。2022年9月23日，陕西省版权局召开全省打击网络侵权盗版"剑网2022"专项行动协调会，与省通信管理局、省公安厅、省互联网信息办公室联合印发《关于开展打击网络侵权盗版"剑网2022"专项行动的通知》，严厉打击短视频、网络直播等领域的侵权盗版行为，提升版权管网治网能力，维护清朗的网络空间秩序。联合省电影局开展院线电影保护专项行动，出动执法人员600余人次，巡查影院300余场，检查私人点播影院50余家，查处2起盗录电影作品案。

（二）加大案件查办力度

陕西省版权局印发《关于进一步做好2022年全省版权执法工作的通知》，指导各市（区）深入开展版权案件查办工作。其中西安"2·23"涉嫌销售侵权盗版冬奥会吉祥物"冰墩墩"案，在省市版权部门的指导配合下，公安部门进行了跨省市全链条打击，逮捕犯罪嫌疑人20余名，13名涉案人员被判处有期徒刑1～3年不等。捣毁生产销售窝点6个，涉案物品10万余件，涉案金额300余万元，被国家版权局等五部门列为联合挂牌督办案件，并给予办案经费补贴8万元。全年累计查办各类版权案件32件。

（三）发挥典型案件警示作用

2022年4月26日，陕西省版权局发布2021年度打击侵犯版权典型案件，并通过省内主流媒体转载报道，有效震慑了版权侵权行为，营造了尊重版权、保护版权的社会氛围。积极开展版权保护预警工作，通过陕西版权微信公众号定期发布重点作品保护预警名单，进一步提升了全社会版权保护意识。

（四）用好正向激励机制

陕西省版权局积极做好2021年度查处重大侵权盗版案件有功单位及有功个人推荐工作，按时向国家版权局报送《关于推荐2021年度查处重大侵权盗版案件有功单位及有功个人的报告》。陕西省在评选中共获得11个奖项，其中1家单位获有功单位二等奖，2家单位获有功单位三等奖，12人获有功个人三等奖。

（五）加强版权行政执法协作

为推进甘肃、陕西两省版权领域落实《陕甘两省经济社会发展合作框架协议》，加强两省版权保护合作，严厉打击侵犯著作权违法行为，陕西省版权局与甘肃省版权局签署《甘肃省版权局 陕西省版权局版权保护合作框架协议》，成立版权保护合作协调小组，由两省分管领导担任组长，每年召开一次例会，双方协调小组组长轮值主持，围绕案件移送、委托送达、协助调查、协助执行、联合执法、部门协作、资源共享等方面，开展交流协作，共同提升版权保护工作质效。

（六）开展版权行政执法培训工作

2022年6月29日，陕西省版权局举办全省版权行政执法线上培训会，全省各级版权行政管理和执法人员434人参加了培训。会议对2022年陕西省版权行政执法重点工作进行了安排部署，邀请省检察院第十一检察部相关负责人及省内版权行政执法一线办案人员，结合工作实际，进行专题授课，分享办案经验。各市区县版权行政管理和执法人员踊跃参训，取得了良好效果。

二、多措并举，巩固提升软件正版化成果

（一）完善正版化工作机制

陕西省版权局充分发挥省推进使用正版软件工作联席会议制度优势，及时调整联席会议成员。2022年8月11日，陕西省召开了省推进使用正版软件工作联席会议第四次全体（扩大）电视电话会议，贯彻落实推进使用正版软件工作部际联席会议第十一次全体会议精神，省委常委、省委宣传部部长蒿慧杰出席会议并讲话，审议通过了《陕西省2022年使用正版软件工作实施方案》。开发建成陕西省软件资产管理系统，加强对全省软件正版化工作的规范化、常态化、长效化管理。

（二）开展正版化督查和考核工作

2022年8月，陕西省推进使用正版软件联席会议办公室主任、省委宣传部一级巡视员沙庆超亲自带队，对8家省级政府机关、8家省属国有企业共16家单位开展了现场督促检查，对标对表逐一核

查，对每个单位存在的问题现场指出并限期整改到位。根据检查结果，对部分单位下发整改意见书，并与个别单位负责同志沟通，督促整改工作落实。通过反复查、查反复，促进各单位软件正版化工作进一步规范完善。同时，创新督查检查方法，通过陕西省软件资产管理系统进行线上督查检查300余次，探索出线上检查和远程非接触检查的新模式。积极发挥考核指挥棒的作用，继续把软件正版化工作纳入意识形态工作责任制、打击侵权假冒工作和知识产权保护工作考核范畴，不断优化考核内容和方式方法。利用软件资产管理系统开展年度考核考评工作，强化考核评议管理，优化考核评议细则，扩大考核评议覆盖面，软件正版化工作考核评议的有效性得到极大提升。

（三）开展软件正版化培训工作

2022年5月26日，陕西省版权局举办了省直机关软件正版化核查整改动员暨培训会，省委宣传部副部长武勇超出席会议并讲话。会议传达了国家核查情况反馈意见，安排了部署整改工作，邀请了省财政厅资产采购处相关负责同志就软件采购政策进行讲解，省公安厅、省生态环境厅两家软件正版化工作成绩突出的单位进行了交流发言，来自省直机关40家单位的软件正版化工作相关负责同志参加了培训。8月9日，举办了陕西省软件资产管理系统线上培训会，详细讲解软件资产管理系统功能，对如何使用系统开展软件正版化工作提出了要求，会议还进行了经验交流和在线答疑。来自全省各级党政机关、事业单位和省属国有企业1 000余家单位的软件正版化工作相关负责同志1 800余人参加了培训。

三、创新举措，推动版权产业高质量发展

（一）推进陕西版权贸易与保护平台建设

陕西省版权局加快推进陕西版权贸易与保护平台二期项目开发工作，指导西部国家版权交易中心扎实开展版权资源梳理、统计和登记工作，推动"丝路版权网"技术改进和效能升级，建成"西部国家版权链"，实现版权数字确权登记、区块链存证取证、数字版权交易等功能，推进平台版权数字化建设，筑牢版权保护防线。

2022年12月15日，"西部国家版权链"发布仪式举行，省委宣传部副部长武勇超出席活动并致辞。西部国家版权交易中心积极开展版权交易，依托平台整合资源，促进版权增值和价值变现，2022年，共实现版权交易及服务收入累计约2.38亿元，其中影视类收入15 932.96万元、图文类收入1 533.81

万元、其他版权及授权服务收入 6 381.81 万元。11月 21 日，举办第二届"致未来文学节"线上元宇宙盛典，广受社会关注。扎实开展作家及编剧经纪业务，累计合作作家及编剧 300 余人，完成多部剧本创作，推动图书出版、影视改编、衍生品授权等多渠道助力版权价值变现。

（二）开展版权示范创建工作

根据陕西省委宣传部 2022 年度版权示范创建工作安排，陕西省版权局印发《关于做好 2022 年陕西省版权示范单位和示范园区申报工作的通知》，指导各市（区）、各单位深入开展示范创建工作。严格按照《陕西省版权示范单位和示范园区（基地）管理办法》相关规定，经单位申报、各市（区）版权主管部门推荐、省版权局审核、专家评审会评议、实地考核、省委宣传部部务会会议审议等程序，陕西省版权局评定陕西三秦出版社有限责任公司等 6 家单位为陕西省版权示范单位，秦创原（延安）创新促进中心等两家园区为陕西省版权示范园区（基地）。

陕西省版权局积极做好全国版权示范单位和示范园区（基地）申报推荐工作，推荐陕西三秦出版社有限责任公司等 5 家单位、秦创原（延安）创新促进中心分别参评 2022 年全国版权示范单位、示范园区（基地）。2022 年 3 月 9 日，根据《国家版权局关于公布 2021 年度全国版权示范单位、示范单位（软件正版化）和示范园区（基地）名单的通知》，陕西人民出版社有限责任公司、陕西华清宫文化旅游有限公司、西安易俗社有限公司 3 家企业获评 2021 年度全国版权示范单位，老钢厂设计创意产业园获评 2021 年度全国版权示范园区（基地），填补了省内全国版权示范园区（基地）空白。

（三）完成中国版权金奖申报工作

根据《国家版权局关于开展 2022 年中国版权金奖评选表彰工作的通知》要求，结合陕西实际，印发《陕西省版权局关于开展 2022 年中国版权金奖评选表彰推荐工作的通知》，经各单位申报、主管部门推荐、省版权局研究，分别推荐西部电影集团有限公司、荣信教育文化产业发展股份有限公司、陕西太白文艺出版社有限责任公司 3 家单位参评推广运用奖，陕西省高级人民法院民事审判第三法庭、西安市文化市场综合执法支队 2 家单位参评保护奖，西部国家版权交易中心 1 家单位参评管理奖。

（四）做好国家区块链创新应用试点工作

根据中央网信办等 16 部门《关于印发国家区块链创新应用试点名单的通知》要求，陕西省版权局在大唐西市文化产业发展有限公司成功申报国家"区块链＋版权"应用创新试点基础上，协调省委网信办做好任务书的审核工作，按时向上级主管部门报送《国家区块链创新应用试点（特色）任务书》，指导试点单位按要求做好试点项目的组织管理和推进落实工作。

四、强化宣传力度，不断提升版权社会服务水平

（一）举办版权宣传周活动

陕西省版权局印发《关于开展 2022 年知识产权宣传周版权宣传活动的通知》，主管部领导三次听取活动情况汇报，督导推动活动开展，版权管理处积极对接各市（区）、各部门，充分调动版权示范单位、版权工作服务站、行业协会等社会力量，积极行动，密切配合，确保宣传周活动顺利开展。2022年 4 月 26 日，陕西省委宣传部（陕西省版权局）、陕西日报社、陕文投集团、陕西省版权协会在西安曲江创新创业园举行 2022 年世界知识产权日版权宣传主题活动，省委宣传部副部长武勇超出席活动并致辞。活动围绕迎接宣传党的二十大这条主线，结合 2022 年世界知识产权日和国家版权局版权宣传周主题，播放版权主题宣传片，举行 2021 年度版权示范单位和示范园区授牌、首届"陕西年度十大新锐IP"颁奖、陕西省版权协会维权服务中心揭牌，并开展了陕西优秀 IP 作品现场展示、陕西版权贸易与保护平台数字藏品预售、"知识产权与青年——IP 发展之路"论坛等系列活动。其中，首届"陕西年度十大新锐 IP"评选活动通过网络投票和专家评审，评选出"长安未知局""来字碑林"等陕西版权领域十大新锐 IP，有效激发了全社会的创新热情，活动累计访问 3 480 余万人次，投票 1 400 余万票，将整个宣传周活动推向高潮，取得了良好的社会反响。

（二）做好版权工作服务站建设

陕西省版权局依据《陕西省版权工作服务站管理办法》，完成 2021 年度陕西省版权工作服务站目标任务考核工作，评选出西部国家版权交易中心和中图西安公司 2 家优秀版权工作服务站。指导各市（区）、各单位加快版权服务站建设，分别在延安、榆林、安康、西安新设立 6 家陕西省版权工作服务站，进一步优化服务站布局，推动全省版权社会服务水平均衡发展。各服务站全年共开展各类版权宣传活动 81 次，提供维权服务 33 次、法律咨询 1 800余人次，有效地提升了全省版权社会服务质效。指导陕西省动漫游戏行业协会版权工作服务站编制的《平行实境剧本游戏编创内容审核标准细则》通过国家标准化管理委员会审查并正式发布实施，成为目前国内剧本游戏行业唯一团体标准。

（三）开展常态化精准化版权宣传

陕西省版权局通过《中国新闻出版广电报》、《陕西日报》、陕西宣传网等主流媒体开展常态化宣传，依托"陕西版权"微信公众号对国内外版权热点问题和版权法律法规知识开展精准化宣传。指导西部国家版权交易中心深入西安交通大学出版社、西部电影集团有限公司等10余家单位开展"版权普法进企业""版权普法园区行"专项普法宣传活动，通过实地走访、专题讲座等方式"送法上门"，极大地提升了省内文化企业版权保护意识，有效解决了企业版权工作中的实际问题，受到了企业广泛欢迎和一致认可。

（四）做好版权作品登记工作

陕西省充分发挥线上登记系统功能，不断提升作品登记质效和便民服务水平，2022年全年共完成版权作品登记37 082万余件，同比增长25.2%。其中，美术作品21 144件，占比57%；摄影作品9 417件，占比25.4%；文字作品3 449件，占比9.3%；视听作品2 128件，占比5.7%；录像制品711件，占比1.9%；其余音乐、戏剧、曲艺、模型、图形等作品共233件，占比0.6%。

（张　亮）

甘 肃 省

2022年，甘肃省版权局认真贯彻落实党中央、国务院决策部署和甘肃省委、省政府工作要求，坚持守正创新，积极担当作为，推动全省版权工作取得显著成效。

一、版权工作谋划开创新局面

甘肃省版权局印发《2022年全省版权工作方案》，对2022年版权各项工作作出安排部署。坚持高站位认识、高起点谋划，制定印发《甘肃省版权工作"十四五"规划》，明确重点任务和主要措施。大力实施"五大提升行动"，即实施版权执法监管提升行动、使用正版软件提升行动、版权社会服务提升行动、版权产业发展提升行动、队伍能力素质提升行动；精心打造"十项基础工程"，即健全全省版权监管体系、完善甘肃版权调解机制、完善软件正版化工作考核评价机制、完善甘肃版权登记大数据信息服务平台、成立甘肃省版权协会、建立版权综合服务站、创建版权示范单位、搭建敦煌文博会版权展览交易平台、成立甘肃版权交易中心、组建甘肃版权专家库。

二、软件正版化工作迈上新台阶

甘肃省版权局将软件正版化作为版权工作的重中之重，加强统筹协调、督促检查和培训指导，完善软件正版化工作制度体系，深入推进软件正版化工作向纵深发展。制定印发《2022年全省推进使用正版软件工作计划》，指导督促省教育厅、省卫生健康委、省交通运输厅等重点行业领域主管部门制定印发了本系统推进使用正版软件工作三年行动计划（2023—2025年）或实施方案。完善2022年全省软件正版化工作核查内容及评分标准，组织各地各单位对标对表开展自查、推进任务落实。组织召开核查部署培训专题会议，组成5个核查组对8个市（州）、14家省级党政机关、8家省属企事业单位进行了实地核查，并对2021年核查的4个市和7家省直单位进行了"回头看"，共核查单位180家、核查计算机9 120台。举办了2022年全省软件正版化工作培训班，邀请中宣部版权管理局有关负责同志授课，省委宣传部分管领导部署工作，指导各地各部门扎实有效推进使用正版软件工作。广泛查阅资料，认真总结梳理，起草并向中宣部报送了甘肃省软件正版化二十年的稿件，提炼出"一盘棋"格局、"一张网"体系、"一股劲"合力、"一条心"共识的工作经验。

三、版权执法工作取得新成效

甘肃省版权局进一步完善版权行政执法监管体系，健全部门间重大案件联合查办和移交机制，突出大案要案查处和重点行业专项治理，不断提升版权联合执法监管效能。积极协调配合省文旅厅在全省文化市场执法培训班中开展了版权执法相关培训，着力提升版权执法能力和水平。制定全省版权保护工作机制及流程图，推进版权执法制度化规范化。认真落实国家版权局督办要求，协调查办酒泉市谢某某涉嫌侵犯著作权人复制权损害公共利益案。积极做好版权保护指导服务工作，协助省博物馆、窑街煤电集团进行版权维权。联合省公安厅、省教育厅等开展了"剑网2022"、青少年版权保护季专项行动。2022年，全省出动版权执法人员28 236人次，检查实体市场10 132家次，查办版权案件31件。在国家版权局公布的2021年度查处重大侵权盗版案件奖励名单中，甘肃省平凉市、武威市、镇原县、肃北县文化市场综合行政执法队和省委宣传部版权管理处被评为有功单位，省委宣传部版权管理处及酒泉市文化市场综合行政执法队3名同志被评为有功个人。

四、版权宣传引导开拓新视野

甘肃省版权局坚持日常宣传和集中宣传相结合，充分利用各级各类媒体平台开展版权宣传，努力营造尊重版权的社会环境和舆论氛围。

先后印发通知、制定方案、召开协调会议，认真组织开展了2022年知识产权宣传周版权宣传活动。在此期间，知识产权港公司在"甘肃版权综合服务"微信公众号发布宣传海报、标语、H5，开展4期版权相关知识线上培训；读者出版集团举办版权专题讲座，集团网站、微信公众号等网络平台发布版权知识音画，举办手机线上"版权知识答题"活动；甘肃媒体版权保护中心举办甘肃媒体版权服务平台上线仪式，召开媒体版权保护座谈会，开展"媒体版权保护与侵权防范"专题培训；在兰州西北书城小广场集中开展版权宣传活动，发放《著作权法》、作品登记及国产正版软件介绍等相关资料，现场解答群众关于版权事务的咨询；组织全省各地结合实际开展版权宣传活动，共制作宣传展板1 400余个、悬挂宣传标语横幅2 000余条、发放宣传资料9.6万余份；组织全省各级新闻媒体开展版权宣传、刊播相关稿件，其中《甘肃日报》刊发稿件13篇，"每日甘肃网"刊载19篇（件），"新甘肃"客户端刊载37篇（件），省广电总台广播《全省新闻联播》播发4篇，电视《甘肃新闻》播出2条，其他频率频道播出5篇（条），"丝路明珠网"刊载4篇，各地播发相关新闻稿件150篇（条）。

五、版权社会服务搭建新平台

甘肃省依托知识产权港公司、甘肃媒体版权保护中心，不断优化完善甘肃版权综合服务平台、甘肃媒体版权服务平台，探索运用大数据、人工智能、区块链等新技术，广泛开展作品版权确权、侵权监测、存证固证、运营交易和维权援助等多项业务，为构建版权创造、运用、保护、管理、服务全链条提供重要支撑。2022年，甘肃版权综合服务平台共完成作品登记50 321件，其中文字作品4 394件、美术作品40 571件、摄影作品3 695件、口述作品382件、视听作品684件、音乐作品147件、设计图作品213件、其他作品235件。甘肃媒体版权服务平台2022年正式上线运行以来，不断优化升级平台各项功能，对媒体实时发布的原创稿件自动采集，并引入白名单管理模式，为媒体单位上链确权文字、摄影、视听等各类作品3 757件。甘肃省版权局对北京、四川、陕西等9省（市）作品登记工作进行了书面学习调研，提出了进一步加强改进甘肃省作品登记及版权相关服务工作的意见建议。

六、版权产业发展取得新进展

甘肃省版权局认真学习省外版权工作先进经验，促进版权创造和转化运用，助力全省经济发展、文化强省和知识产权强省建设。组织甘肃省有关单位通过线上平台参加了国家版权局举办的2022年版权产业国际风险防控培训班及版权国际论坛。先后多次赴省文博会执委会办公室，协调争取将版权交流交易纳入敦煌文博会，拟在敦煌文博会期间举办"一带一路"国际知识产权高峰论坛版权相关活动，加强与国内外版权行业交流合作，但因疫情影响，敦煌文博会未举办。探索开展民间文艺版权保护与促进试点工作，持续激活民间文艺领域的版权价值。组织开展2022年全省版权示范创建评选工作，选出2家全省版权示范单位，推荐1家省属国有企业获评全国版权示范单位，充分发挥典型示范引领作用，带动全省版权产业高质量发展。

（杨学斌）

青 海 省

2022年，青海省版权局按照国家版权局、青海省委省政府的工作部署和要求，切实履行工作职责，围绕年度目标任务，把握重点，认真谋划，精心实施，较好地完成了各项工作任务。

一、加强宣传，提升公众版权意识

2022年初，青海省版权局对做好2022年全省知识产权宣传周版权宣传活动进行了安排部署，要求各市州结合本地实际及疫情防控要求，以广场、公园、商超等人流密集场所和报刊栏等为主阵地，通过悬挂横幅、摆放展板、现场咨询等形式开展版权宣传活动。宣传活动期间，海东市、黄南州、果洛州分别组织开展了知识产权宣传周版权集中宣传活动，在现场组织了"尊重知识、保护版权、从我做起"签名活动，摆放展板100余块，悬挂条幅50余条，发放各类宣传资料10 000余份，集中展示宣传了开展打击侵犯知识产权和制售假冒伪劣商品专项行动、推进全省政府机关软件正版化及版权保护工作取得的成果。同时，充分利用网络媒体进行宣传。西宁市在"夏都西宁"客户端，果洛州在"今日果洛""果洛在线"客户端，海东市、海西州在电视、门户网站等分别进行了版权法律法规宣传。全省利用线上线下全媒体资源，多角度多渠道共同推进，积极营造了"尊重知识、崇尚创新、诚信守法、保护版权"的良好社会氛围，增强了公众的版权保护意识。

二、积极开展冬奥版权保护集中行动

2022年1月至3月，青海省版权局按国家版权局关于开展冬奥版权保护集中行动的要求，开展了青海省冬奥版权保护集中行动。

（一）广泛宣传动员

集中行动期间，青海省版权局借助广播电台、报纸、网站等多种媒体，对全省开展冬奥版权保护集中行动工作进行了广泛宣传。3月8日，全省"青绣"创作能力提升培训班举办，针对《著作权法》进行了专题培训。

（二）设立举报电话

为方便广大群众参与和监督，青海省版权局设立了涉冬奥作品侵权盗版行为举报投诉电话 0971－8484165，投诉举报电子邮箱 qhsbqc@163.com，并在《青海日报》、青海新闻网等媒体进行了公告，鼓励公众和相关权利人对侵权盗版行为进行投诉举报。

（三）查处违法案件

2月14日，青海省版权局接举报称位于西宁市城东区的某唐卡工作室涉嫌未经著作权人许可，制作并在网络销售掐丝唐卡"冰墩墩"工艺美术品。西宁市文化市场综合行政执法人员对案件信息进行综合分析研判，通过现场检查和网络巡查调查取证，确定当事人侵犯了权利人"冰墩墩"作品的复制权和发行权，损害了社会公共利益，扰乱了版权市场的行政管理秩序，对某唐卡工作室制作并在网络销售掐丝唐卡"冰墩墩"侵权盗版案予以立案查处，责令停止侵权行为并给予当事人没收违法所得1432元、罚款15000元的行政处罚。

三、组织开展青少年版权保护季行动和打击网络侵权盗版"剑网"专项行动

为维护良好的出版物市场版权秩序，保护青少年身心健康，青海省版权局会同省公安厅、省教育厅、省文化和旅游厅联合开展青少年版权保护季行动。明确各部门工作任务，专项行动以严厉整治教材教辅、少儿图书的侵权盗版乱象，规范电商平台销售出版物的版权秩序为重点，有力打击盗版盗印、非法销售、网络传播侵权盗版思想政治理论课教材教辅、畅销儿童绘本等违法犯罪行为，为青少年健康成长营造良好的版权环境。

青海省版权局联合省委网信办、省公安厅、省通信管理局、省文化和旅游厅开展打击网络侵权盗版"剑网2022"专项行动，在巩固历年专项行动成果基础上，为网络创新发展保驾护航。

四、扎实推进软件正版化工作

（一）加强组织领导，狠抓工作落实

青海省版权局制定印发《青海省2022年推进使用正版软件工作实施方案》，从加强制度建设，强化督促检查，完善长效机制，巩固扩大工作成果，全面推进青海省软件正版化工作规范化、常态化、制度化和信息化方面，进行了安排部署。

（二）加强源头管理，规范软件采购

青海省版权局对省地质环境监测总站等5家单位拟采购的3台电脑、242套正版软件，采购金额141.1万元的采购计划进行了审核把关。加强督促检查，巩固工作成果。于2022年10月至11月对全省各市州软件正版化工作进行督查，对各地各单位存在的问题进行全省通报，并要求限期整改。

（三）开展宣传培训，提升监管能力

2022年4月2日，会同海北州组织举办软件正版化工作培训班，海北州州直机关、州属各县负责软件正版化工作人员共计100余人参加培训。

五、认真开展版权日常监管工作

（一）明确版权工作要求

青海省版权局印发了《2022年版权工作要点》，对加强院线电影版权保护工作进行了安排部署，加大院线电影版权保护力度，严厉打击院线电影盗录传播违法犯罪活动。

（二）组织开展民间文艺版权保护与促进试点工作

通过广泛推荐、认真筛选，青海省版权局确定海东市（河湟文化地区）和黄南州（热贡文化生态保护区）为民间文艺版权保护与促进试点地区并向中宣部进行了申报。

（三）开展版权示范创建工作

青海省版权局制定印发了《青海省版权示范单位和示范园区（基地）管理办法》。

（四）认真开展版权咨询服务

2022年，青海省版权局接待来人（来电）版权咨询500余人次，进行著作权作品登记33件。

（五）组织开展文化市场执法检查

截至2022年底，青海省共出动执法检查人员9500余人次，检查出版物市场经营单位3000余家次，查缴各类侵权盗版出版物1万余件，查处侵权盗版案件1起，没收违法所得1432元，罚款15000元，有效净化了全省出版物市场。

（付成久）

宁夏回族自治区

2022年宁夏版权局认真贯彻落实党的二十大和自治区第十三次党代会精神，全面落实《知识产权强国建设纲要（2021—2035年）》《版权工作"十四五"规划》《宁夏回族自治区知识产权保护和运用"十四五"规划》等文件要求，不断强化版权保护意识，加大版权执法力度，深入开展专项行动，持续推进软件正版化工作，严厉打击侵权盗版行为，为文化强区建设提供了版权力量。

一、加强顶层设计，强化组织领导

宁夏回族自治区党委、政府高度重视版权工作，全面贯彻落实《关于强化知识产权保护的实施意见》和《2022年知识产权强国建设纲要和"十四五"规划实施地方工作要点》，深入实施知识产权强国战略，加快知识产权强区建设，将版权工作作为知识产权保护和运用的重要内容。自治区党委常委、宣传部部长李金科先后4次对知识产权工作作出批示，要求自治区版权局认真贯彻落实中央和自治区有关文件精神，切实提高版权管理工作的能力水平，加强执法监管和版权保护运用，为全区经济社会发展作出版权贡献。

自治区党委宣传部部务会多次就知识产权保护立法、宣传周活动开展、版权金奖评选、版权示范单位（园区）创建等工作进行研究，将版权工作纳入全区宣传思想工作要点和"十大工程"项目予以推进，同时将版权保护和软件正版化工作纳入年度工作责任目标绩效考核并赋予一定的分值。

自治区版权局不断强化顶层设计和统筹协调，制定下发《2022年版权工作要点》和《2022年推进使用正版软件工作安排》，对全区版权工作和软件正版化工作作出安排。多次召开版权工作和推进使用正版软件工作联席会议，研究部署版权保护和软件正版化工作。同时根据工作任务特点，及时调整自治区推进使用软件正版化联席会议成员及成员单位职责，明确了工作任务，落实了职责分工。联合市场监管厅、检察院、公安厅、司法厅、文化和旅游厅印发《加强知识产权行政政法和刑事司法衔接的意见》，联合公安厅、文化和旅游厅、"扫黄打非"办公室制定《关于加强文化市场综合行政执法与刑事司法衔接工作意见》，牵头制定《西北五省版权执法检查协议机制》等制度文件，进一步健全知识产权保护机制。

二、加大版权保护力度，着力促进版权事业发展

始终把严格版权保护作为贯彻新发展理念、构建新发展格局、推动高质量发展的有力举措，不断完善版权保护制度机制建设，以查办案件为抓手，以日常监管为手段，以专项行动为契机，严厉打击各类侵权盗版行为。

（一）严厉打击侵权盗版行为

自治区版权局按照"保护版权就是保护创新"的要求，重拳出击，区市县联动，收缴侵权盗版书籍3.5万余册，查处了被国家版权局挂牌督办的宁夏石嘴山市平罗县"5·16"侵犯著作权案等17起案件，开展了冬奥版权保护集中行动和青少年版权保护季行动，对广播电视台、IPTV、视听网站等传播平台进行全面排查，发现侵权线索22条，下发转办单6个，对发现的非法传播冬奥赛事节目行为立即责令停止侵权、停止接入，依法查处了2起非法经营涉少儿出版物案。

（二）深入开展"剑网2022""秋风"专项行动

自治区版权局按照国家版权局等四部门和自治区打击侵犯知识产权和制售假冒伪劣商品工作领导小组的统一部署，制定下发了《关于开展"剑网行动"的专项通知》和《2022年全区打击新闻敲诈和假新闻专项行动工作方案》，加大"双打""剑网2022""秋风"等专项行动的精准打击力度，对专项行动的目标、重点任务、行动步骤进行了明确。在对影视、音乐、新闻、动漫等领域专项治理的基础上，加强了对媒体版权、院线电影网络版权、图片市场版权、流媒体软硬件版权等四项工作的专项整治，落实了发动群众投诉举报、加大案件查办力度、健全快速处理机制和完善长效工作机制等四项工作措施，为专项行动取得良好效果提供了保障。宁夏石嘴山市平罗县"5·16"侵犯著作权案被国家版权局、国家互联网信息办公室、工业和信息化部、公安部评选为"剑网2022"专项行动十大案件。

（三）严格进行网络监管

随着网络侵权盗版现象日益突出，自治区版权局及时建立完善有关制度，加强对大型网站的版权重点监管，扩大监管范围和监管对象。组织对宁夏日报报业集团、银川新闻网媒体融合过程中的版权保护问题进行调研，听取一线媒体人意见。充分发挥成员单位作用，将宁夏回族自治区备案的1.3万多家网站、2700多个政务类自媒体、200多个移动应用程序详细备案信息全部纳入技术监测平台，利用人机结合的方式，加强对属地网站内容的巡查监管，对所辖区域互联网企业传播盗版影视节目等行为进行查处。重点对通过网盘分享、聚合盗链、微博微信、论坛社区等渠道传播盗版影视作品的行为进行打击。

三、创新版权工作方式方法，不断提高版权服务质量

版权作品凝结着创作者的心血，也丰富着大众的精神文化生活。随着人民群众生活质量和科技水平的提高，群众对版权服务的需求越来越多，自治区版权局不断加强版权合作，提高版权服务质量，促进知识产权转化运用。

（一）扎实推进软件正版化工作

充分发挥软件正版化工作联席会议机制作用，召开自治区推进使用正版软件工作联席会议，明确工作任务，落实职责分工。以"三查一推进"为主要方式，对3个县30个（局、委、办）政府机关使用正版软件情况和长效机制建设情况进行实地督查，检查计算机898台，对2021年度本级预算执行审计项目中发现的7家单位存在的问题限时进行整改。积极推进区属国有企业集团二、三级企业加快推进重点行业软件正版化工作，先后对8家国有企业推进使用正版软件工作进行检查，对不符合软件正版化要求的限期进行整改，对推动不力进行通报批评。宁夏交通投资集团有限公司荣获"全国版权示范单位（软件正版化）"称号。

（二）不断提升版权社会服务水平

进一步完善版权社会服务体系，创新工作方式方法，升级版权作品登记服务平台，提升版权服务与管理能力。鼓励有条件的市县、企业设立版权服务工作站，开展作品登记业务，先后在5市和2家企业挂牌设立版权工作服务站，2022年优秀版权作品登记数量达1 365件，同比增加125%。在银川市和中卫市开展民间文艺版权保护与促进试点工作，推荐《诗在远方——"闽宁经验"纪事》和《苦下到哪达哪达亲》两部作品、宁夏智慧宫文化产业集体有限公司等两家企业参评中国版权金奖评选。宁夏盛天彩数字科技股份有限公司、宁夏回族自治区测绘地理信息院两家单位荣获"全国版权示范单位"称号，宁夏艺盟礼仪益文化艺术作品有限公司荣获"2022年度十大著作权人（美术类）"称号，这是宁夏回族自治区版权系统首次获得此殊荣。

（三）广泛开展版权工作宣传

充分发挥"4·26"知识产权宣传周作用，将主题宣传与常态宣传相衔接，集中组织媒体对冬奥版权保护集中行动、青少年版权保护季行动和"剑网2022"专项行动进行宣传，联合市场监管厅公布2021年查处的十起侵犯知识产权（版权）案件，制作一部宣传片《保护版权就是保护我们的创造力》和两部公益广告片在各媒体平台播放。联合教育厅在全区中小学中开展网上版权知识有奖问答活动，参与学生23.3万人。在新《著作权法》颁布一周年时，联合自治区高级人民法院、宁夏大学等单位召开著作权保护及案件工作交流座谈会。

（四）不断加强国际版权合作

不断提升版权合作水平，多渠道多方式进行版权输出输入。黄河出版传媒集团充分发挥国家新闻出版署项目牵头引领作用，大力拓展海外市场，向海外输出《诗在远方——"闽宁经验"纪事》韩文版和英文版；同时针对领导人著作，用英语、俄语、法语等多语种向海外主题输出第三卷和第四卷《习近平谈治国理政》1 765册。宁夏广播电视台引进区外电视剧13部，涉及版权经费800万元左右。宁夏智慧宫文化产业集团有限公司面向阿拉伯国家输出图书版权119种11.9万册，创造版权价值达1 785万元。宁夏艺乐升辉网络科技有限公司开发的艺乐升辉乐谱授权第三方交易平台完成乐谱交易200余首，填补了宁夏回族自治区在音乐版权领域的空白。

下一步，宁夏回族自治区版权局将继续认真贯彻落实国家关于知识产权强国建设安排部署及有关文件精神，加大版权保护、加强执法监管、深化版权合作服务，持续推进软件正版化工作，全力推动版权建设重点任务落地见效，为知识产权建设作出更多版权贡献。

（张宁学）

新疆维吾尔自治区

2022年，新疆维吾尔自治区版权局贯彻落实习近平总书记关于宣传思想工作的重要思想、关于加强知识产权保护工作的重要指示精神，贯彻落实中办、国办《关于强化知识产权保护的意见》《知识产权强国建设纲要（2021—2035年）》，贯彻落实国家版权局印发的《版权工作"十四五"规划》和自治区"两办"实施意见，贯彻实施新修改的《著作权法》，围绕学习宣传贯彻党的二十大精神这条主线，聚焦新疆工作总目标，落实部务会工作部署，扎实推进版权管理各项工作，取得了积极成效。

一、加强版权执法，打击侵权盗版取得新成果

（一）强化日常监管

明确全区各地版权管理和执法工作责任、范围和要求，加强版权工作指导。组织各地常态化开展执法检查，全年组织开展执法行动280次，出动执法人员2万余人次，检查各类文化市场3万余家次，立案查处侵权盗版案件28件，收缴侵权盗版图书光碟10 400余册（张），罚款5万元。调解处理《中考冲刺真题卷·物理》《中考提升训练·英语》等著作权纠纷3起，督办各地查办侵权案件4件。维护了意识形态领域安全，为大庆之年营造了良好文化氛围。

（二）开展专项整治

自治区版权局组织开展冬奥版权保护集中行动、青少年版权保护季等专项整治。组织开展北京冬奥会版权保护集中行动，查处侵犯北京冬奥会标志、标识案件9件，收缴侵权盗版制品300件，切实保护冬奥版权。组织开展青少年版权保护季行动，严厉打击侵权盗版教材教辅行为，查处案件16件，守护青少年健康成长。落实国家版权局等四部委部署，会同自治区党委网信办、公安厅、通信管理局共同开展打击网络侵权盗版"剑网2022"专项行动，严厉打击短视频、网络直播、体育赛事、在线教育等领域的侵权盗版行为，持续巩固新闻作品、网络音乐、网络文学、电商平台等领域专项治理成果。各地共检查网站3 200家，巡查微信、微博、自媒体账号3.4万个，巡查监测网上信息500万条，累计清理网上相关违法违规信息100余条，受理举报信息6条，处置仿冒、假冒网站2家，查处网络案件1件，有力打击了网络侵权行为，净化了网络版权环境，维护了清朗网络空间。

2022年，新疆维吾尔自治区内2家单位获评2021年度全国查处重大侵权盗版案件有功单位，1人获评全国查处重大侵权盗版案件有功个人。

二、软件正版化工作取得新进展

（一）巩固拓展软件正版化工作成果

自治区版权局落实国家版权局和推进使用正版软件工作部际联席会议第十一次全体会议部署，印发《2022年自治区推进使用正版软件工作计划》，分解工作任务，加强对各地（州、市）教育、医疗、新闻出版等重点行业进行国有企业软件正版化工作指导，推动全区党政机关、企事业单位共投入3 605.81万元开展软件正版化工作。

（二）持续加强软件正版化工作监管

自治区版权局对自治区工信厅、新疆师范大学等自治区20家党政机关、事业单位，16户自治区国资委监管企业软件正版化工作进行核查，指导各地（州、市）对属地党政机关、事业单位及国有企业软件正版化工作进行核查，共核查计算机15万台，有力促进了工作落实。创新管理方式，注重信息技术应用，使用"正版软件管理系统"，通过平台管理在线统计、分析、检查，加强对全区软件正版化工作动态监管。加快推进国有企业软件正版化工作。协调自治区审计部门对全区858个部门软件正版化工作中的采购资金使用、采购实施、软件资产管理情况进行审计、督促和规范工作落实。对全区14个地（州、市）、169家自治区党政机关、企事业单位落实软件正版化工作情况开展年度考核评议，推动工作落实。

落实国家和自治区知识产权考核工作要求，积极配合开展2022年国家知识产权保护工作检查考核和国家打击侵权假冒工作考核，取得较好成效。

三、版权宣传培训取得新成效

（一）开展版权宣传活动

自治区版权局大力宣传普及新修改的《著作权法》，组织全区版权部门开展"全面开启版权强国建设新征程"主题宣传活动。制作发放宣传册13万余份，公益海报2万余份，宣传展板、横幅2 500块，通过各级电台、电视台以及网站、微博、微信、移动客户端推送版权保护公益宣传片，播发版权保护案例、著作权法知识、知识产权保护助力高质量发展等消息800余篇，总阅读量20万人次。组织网上和现场宣传200余场次，参与者10 000余人次。结合版权宣传活动，通过组织开展大学生征文、开设版权讲座、现场答复公众咨询等方式，增强公众尊重和保护版权的意识。

（二）加强版权培训工作

自治区版权局根据疫情防控工作要求，做好版权培训工作，向14个地（州、市）版权部门印发《自治区版权执法监管工作培训手册》和《自治区软件正版化工作培训手册》1 000余册。指导昌吉州、伊犁州等地州开展版权执法和软件正版化工作培训，培训2 000余人次，提升了版权工作素质。

四、版权社会服务进一步优化

（一）开展作品登记工作

严格审核申请登记作品的内容导向，确保登记作品导向正确。规范审核程序，压缩审核时限，办理各类作品登记700件。其中，美术作品190件，文字作品280件，音乐作品50件，工程设计图、产品设计图作品160件，录像制品20件。接待咨询群众2 000余人次。

（二）做好涉外版权工作

引导出版单位与周边国家、"一带一路"沿线国家开展版权合作，实施"丝路书香工程"，"睦邻固边"项目，对外版权输出、合作出版项目，传播中华文化，展示真实新疆。严格审核备案引进出版外国图书12种。

（康 薇）

2022年版权公共服务机构与社会服务组织工作

中国版权保护中心

2022年，中国版权保护中心（以下简称"中心"）坚持以习近平新时代中国特色社会主义思想为指引，深入学习贯彻党的二十大精神，完整准确全面贯彻新发展理念，坚持围绕中心服务大局，坚持以政治建设统领业务工作开展，从"版权是文化的内核，版权是创意的化身""坚持数字人文治理之道"出发，以学术引领、技术支撑和服务赋能为己任，践行版权保护和服务的责任使命，坚持聚焦主责主业，推进版权保护和服务事业发展迈上新台阶。

一、贯彻新发展理念，版权公益性基础性业务取得新成效

（一）统筹防疫与生产，全力保障核心登记业务

面对新冠疫情造成的不利影响，中心统筹疫情防控与安全生产，以线上远程审查等方式保障版权登记工作有序开展。同时，第一时间推进复工复产，妥善应对版权登记高峰，保障登记申请人的利益。2022年全年，共完成版权登记232.6万件，其中软件著作权登记183.5万件，作品著作权登记49.1万件。根据国家版权局要求，继续做好全国作品登记信息统计工作，2022年全国31个省（区、市）和中心共完成作品登记451.7万件，同比增长13.39%。

（二）贯彻新发展理念，完成作品版权登记无纸化改造

适应数字时代和绿色低碳发展要求，实施版权登记无纸化改造。2022年5月10日，中心作品版权登记实现全部线上办理，登记申请程序更加便捷，材料补正效率极大提高，存档调档工作实现线上部署，为申请人和受理审查制证等工作带来了诸多便利。无纸化改造后，每件申请材料平均节省5～8天的邮寄消杀时间，每年节约用纸近300万张，每件申请材料节省成本25～40元。软件版权登记也将于2023年实现线上办理。

（三）严格审查标准，推动版权登记提质增效

提高政治站位，强化政治担当。中心修订完善《中国版权保护中心作品登记审查规范》和《中国版权保护中心作品登记审查考评办法》，进一步严格审查，根据有关要求完善敏感词库，通过"人机结合"的方式做好版权登记意识形态审查把关工作，防范风险。

（四）持续优化提升社会服务能力

优化服务能力，提升服务质量。中心将雍和版权登记大厅并入天桥版权登记大厅，京内外版权登记大厅共接待登记申请人8万余人次。版权呼叫服务中心建立首问负责制，根据登记工作流程调整变化实时更新全流程解答，强化问题解决后的跟踪回访，全年接听咨询电话21.6万余通。邮件处理中心运行平稳有序，2022年接收邮件23.5万余包（个）。档案管理中心新增入库版权档案182.6万余件，版权档案累积达1 255.3万件，努力推动从档案存储保管向数据收集挖掘转变。

（五）坚持社会效益优先，全面取消所属公司软件版权登记代理加急业务

中心指导中华版权代理有限公司从2022年7月20日起，全面取消软件登记代理加急业务，加强软件版权登记社会代理机构人员培训，业界反响积极。

（六）版权宣传活动、分析报告等影响力持续提升

中心以"阅读传播知识，版权激励创新"为主题成功举办"2021年度十大著作权人"发布活动，引导社会公众积极参与创新，促进优秀作品创作传播，提升版权保护意识。编制《2021年中国作品登记发展情况报告》，软件著作权登记情况分析报告在覆盖北京、深圳、上海、成都等11个国家重点软件研发城市区域外，延伸到贵州等西部地区，为区域产业发展提供创新数据支撑和政策制定参考。

（七）系统设计，开展版权领域人才职业培训工作

中心根据版权领域从业人员职业分工结构，探索研究"版权专业人员"职业调整的必要性、可行性，编写了《职业分类大典》"版权专业人员"职业申请修订工作方案，为开展相关工作做好支撑。探索筹备博士后工作站及版权领域专业化高端智库建设。根据防疫要求，中心以线上线下形式举办5期面向行业的继续教育培训班，累计1 700余人参加

培训。

二、服务版权治理体系，强化互联网版权全链条保护

（一）提升版权法律服务能力水平

中心扎实开展版权鉴定工作，2022年出具鉴定报告34件，为打击侵权盗版、维护著作权人合法权益提供专业支撑。大力发展网络版权监测、取证和维权服务，网络版权监测平台范围扩大至1 712个，同比增加1 600个；累计监测侵权链接60.5万条，应权利人要求发函处理侵权链接32.1万条，删除侵权链接30.6万条，删除率达到95.35％。特别是海外监测维权首创互联网版权保护新举措，为中国作品"走出去"、中国文化"走出去"保驾护航。

（二）主动参与互联网版权治理

建设共建共治共享数字版权服务体系，推动数字版权链广泛应用。中心牵头的"基于数字版权链（DCI体系3.0）的互联网版权服务基础设施建设与试点应用"项目获得中宣部、中央网信办等16部门联合批准，成为国家"区块链＋版权"12家特色应用试点之一。

三、坚持围绕中心服务大局，版权保护和服务创新工作实现新进展

（一）推进以科技助力版权保护与服务模式的创新实践

在基于数字版权链（DCI体系3.0）的版权服务基础设施建设、版权权属确认服务关键核心技术能力研发集成、版权权属确认服务关键技术标准和业务规范的研制与应用等多个方面取得重要突破，中心确定了与保利文化集团、华为公司、蚂蚁科技等的试点合作；面向区块链版权生态场景，对内容索引查重、人工智能标签等版权权属确认的支撑能力进行系统化优化升级；建立健全内容安全审查能力，探索构建版权合规审查样本库，持续监测舆论热点及业务人工审查中发现的敏感内容，形成持续更新的敏感内容词库、内容特征库等，为未来启动数字版权登记新业务提供有力支撑。聚焦与新技术相融合的版权相关标准建设与应用，稳步推进版权标准化工作有序开展。2022年中心累计为280万余件作品分配了数字版权链编码。

（二）持续建设版权资产管理咨询服务示范性项目

中心致力于打造版权资产管理咨询服务品牌，推介版权资产管理咨询服务，拓展服务领域，在为业界提供相关服务实践中，拓展服务以国家大剧院为代表的公益性文化艺术机构。推进版权资产管理标准化工作，起草并推动《版权资产管理体系要求》

国家标准制订。

（三）推进版权金融服务业务，服务文创企业版权资产抵（质）押融资需求

中心协同推进版权质权信息公开查询工作，服务央行征信系统上线"知识产权等动产和权利担保登记信息统一查询功能"。完善版权金融服务业务体系，破解版权密集型企业融资难题。协调北京市委宣传部搭建版权金融服务中心对接北京文资管理中心的业务渠道，建立通畅、高效的版权质押融资内部工作机制，为文创企业提供版权专业服务，助力其享受金融优惠政策，达成版权资产抵（质）押融资目标。

（四）探索版权服务元宇宙未来文化产业发展之路

中心以线上直播方式主办了第十八届中国（深圳）国际文化博览会"元宇宙版权保护与未来文化产业发展论坛"。该论坛汇聚了国内高校科研院所元宇宙前沿研究专家，聚焦元宇宙版权保护和版权规则，抓住数据确权底层逻辑，展望数字文明社会数字经济和未来文化产业发展前景，前瞻性地为元宇宙健康良性发展谋划数字人文治理之道。专家学者的发言观点，明晰了元宇宙文化产业发展方向，厘清了数字版权（数据）确权的支撑作用，在业内外引起较大反响。

四、坚定文化自信，版权文化建设和国际交流开创新局面

（一）版权研究取得新成果

中心主动开展版权历史文化研究，以大历史观对我国版权制度起源进行探究。加强版权领域基本问题研究，聚焦版权重点难点热点问题。2022年，中心向社会公开征集并评审立项26个外部课题，并已取得阶段性研究成果。

（二）版权文化建设取得新进展

中心筹备设立版权历史文化展厅，力争通过系统、全面、立体、生动的展示，讲好中国版权故事。启动编写《版权典型案例》、《版权知识百问》、《版权问答》（校园版）等版权文化系列丛书，设计版权宣传符号，增强版权文化大众传播力度，提升宣传效果。

（三）开展国际版权研讨交流

中心与世界知识产权组织、泰国驻华大使馆、澳大利亚驻华大使馆知识产权事务处、韩国著作权委员会北京办事处等相关机构加强沟通联系。受中宣部版权管理局委托，与韩国著作权委员会共同承办以"互联网环境下版权面临的新挑战"为主题的2022年中韩版权研讨会。参加2022国际版权

论坛。

五、指导所属企业开展工作

中心指导中华版权代理有限公司进一步提升管理能力和水平，坚持社会效益优先，面向竞争性市场转型。聚焦版权服务主业规范合法经营，围绕版权代理、版权贸易、版权文化"新三版"业务布局，推进多元版权服务。发挥版权贸易助力中华文化"走出去"的积极作用，实现了将《习近平用典》和《边城》等多部优秀中国作品版权输出国外，努力在版权保护和版权服务工作中发挥积极作用。

中心积极落实主办单位责任，指导《中国版权》杂志社办好《中国版权》和《创意中国》两种期刊，对《中国版权》进行了内容改版和栏目优化，切实提升刊物的专业性、权威性和前瞻性。2022 年，中心指导《中国版权》杂志社开展了"第四届新时代版权强国青年征文活动"，收到原创作品 1 000 余篇，覆盖高校、科研单位、司法界、产业界、律所等版权专业青年群体；举办了 8 期中国版权共享课堂直播课，累计听课人数超过 3 万人次。

（常　夷）

中国版权协会

2022 年，中国版权协会（以下简称"协会"）深入学习贯彻党的二十大精神，坚持以习近平新时代中国特色社会主义思想为根本遵循，坚持正确导向，围绕党和国家版权工作大局，结合协会工作实际，克服新冠疫情带来的不便和困难，不断改进工作方法，努力提高为会员服务的能力，充分发挥联系政府和产业界的桥梁和纽带作用，积极助力版权强国建设，促进释放版权激发创新创造的更大活力，努力提升版权推动高质量发展的更大动力，在行业服务、行业自律、行业交流、行业维权等方面开展了一系列工作。

一、围绕版权工作大局，积极开展各项工作

（一）免费培训广大会员

培训是协会为会员单位提供的一项重要服务内容，每年举办两至三期，邀请版权相关领域的领导和专家，围绕版权产业的热点、难点问题进行解读。受新冠疫情影响，2022 年协会未开展线下培训工作，经报中宣部干部局、版权管理局批准，协会于2022 年 7 月在线举办了版权资产管理培训班，共400 余家会员单位 1 900 余名学员参加了此次培训。部分会员单位还根据自身需要，组织员工进行了集体学习，取得了良好的培训效果。

（二）做好杂志出版与发行

《版权理论与实务》自 2021 年 1 月创刊以来，围绕党和国家中心工作，遵循把握新时代版权的创造、运用、管理和保护的原则，关注国际国内版权研究前沿，全面反映版权理论与实践研究成果，重视新技术在版权领域的应用，特别是新业态、新媒体在发展中产生的新型版权问题，刊发了一批在理论高度、学术水平和应用领域方面达到较高水平的精品文章，政府领导、专家学者等在杂志上刊发了文章。杂志文章已被《新华文摘》全文转载 4 篇、论点摘编 1 篇，得到了版权业界普遍好评。

为全面反映我国版权行业成就，进一步提升办刊质量，协会于 2022 年 5 月 24 日举办了杂志线上组稿会，30 余家单位的近 50 名专家学者参加了会议，并取得了较好的成果。

在纸媒发行状况普遍不佳的情况下，《版权理论与实务》以各种方式努力做好征订发行工作，2022年杂志共订阅 2 750 份。

（三）进一步建强中国版权链

中国版权链版权服务平台于 2021 年正式上线，通过区块链、大数据、人工智能等新技术为版权确权、版权保护和版权交易等工作提供强有力的支撑。该平台现已建成集区块链版权存证、版权认证、版权鉴定、版权资产管理、侵权监测、侵权固证、诉讼维权、纠纷调解、版权授权等于一体的覆盖版权全生命周期的综合性版权服务体系。平台已与中央广播电视总台、国家版权创新基地、腾讯音乐、快手、日本内容产品海外流通促进机构（CODA）等数十家国内外权利人及权利人组织达成了战略合作。

在国家版权局的指导与支持下，该平台成功入选了国家区块链创新应用试点项目——"版权＋区块链"特色领域的创新应用试点。试点内容包含区块链在版权确权、版权保护和版权授权交易等全版权生命周期中的应用。

在协会指导下，中国版权链主动配合中央广播电视总台重大播出活动的版权监测工作，顺利完成了东京奥运会、北京冬奥会、央视春晚、央视元宵晚会、卡塔尔世界杯等体育赛事与大型晚会的监测维权工作，得到了总台的肯定与好评。

（四）发布行业研究报告

2022 年 5 月 26 日，协会举办线上发布会，发布了《2021 年中国网络文学版权保护与发展报告》（精简版）。报告显示，网络文学产业在版权保护的推动下实现了高速发展，也面临着复杂的盗版侵权形势，进一步加强版权保护已成为网络文学全行业的共识。

受国家版权局委托，协会继续组织编写了《新技术在版权领域的应用》课题研究报告。该报告延续了 2021 年报告的研究方向，主要聚焦于新技术在版权领域的实际运用情况，反映了我国近年来版权行业在新技术领域的发展情况、产业特点、存在的问题，利用版权行业头部企业的调查问卷数据，分析了国内大型企业在版权创造、运用、保护、管理方面实际运用新技术的情况，并对版权行业运用新技术提出了建议。

（五）组织召开版权研讨会

国家版权局高度重视数字音乐版权保护工作。2022 年 1 月 6 日，中宣部版权管理局在京约谈了主要唱片公司、词曲版权公司和数字音乐平台等企业，要求数字音乐产业各方协力维护数字音乐版权秩序，构建数字音乐版权良好生态。为认真落实约谈有关要求，协会分别于 1 月 17 日、3 月 28 日、3 月 31 日，邀请中国音乐著作权协会、中国音像著作权集体管理协会、主要唱片公司、词曲版权公司、数字音乐平台、法律界行业专家等，围绕规范数字音乐行业版权秩序问题，组织召开座谈会，综合参会各方意见起草了《数字音乐版权行业自律宣言（征求意见稿）》，并报中宣部版权管理局。

2022 年 7 月 5 日，协会举办 NFT 数字藏品著作权问题研讨会，聚焦当前版权热点，回应社会各界对 NFT 数字藏品版权问题的关切，起到了很好的解疑答惑作用。

2022 年 7 月 15 日，协会在黑龙江举办数字出版版权保护问题研讨会，探讨了新时代数字出版中面临的版权问题、机遇和挑战。

2022 年 11 月 2 日，协会举办 2022 网络游戏版权问题研讨会，围绕网络游戏外挂的刑法规制、作为非典型作品的游戏规则、网络游戏案件停止侵权的司法裁判方法等主题进行分享交流。

2022 年 11 月 17 日，协会举办 2022 卡塔尔世界杯版权保护工作协商会，中宣部版权管理局、中央广播电视总台、网络运营商代表、互联网平台和视频平台代表等出席会议，介绍各单位针对本届世界杯赛事节目版权保护工作的开展情况。

（六）召开中国版权年会

在国家版权局指导下，协会每年定期举办中国版权年会，已连续举办十三届。2022 年，根据疫情防控的要求，不举办线下大型活动，以线下小范围、线上全覆盖的方式，化整为零，开展活动。

2022 年 11 月 19 日，2022 年中国版权年会的首场活动暨主论坛——"新时代优秀作品的创作与传播"远集坊高峰论坛在京举行。165.7 万人通过搜狐、抖音、快手等新媒体平台观看了同步直播。

（七）加强新媒体宣传

自 2020 年起，协会在每年的全国知识产权宣传周期间，邀请版权相关领域专家学者、文化名人等，以录制宣传视频的形式，在短视频新媒体平台进行版权保护公益宣传。在 2022 年宣传周期间，协会邀请到 30 余位知名人士，为宣传活动录制短视频，同步在抖音、快手、微信视频号、哔哩哔哩、百家号上共发布 130 余条，累计播放量近 300 万次，吸引了网友的广泛参与和关注，达到了较好的宣传效果。

为进一步拓宽会员服务渠道，"中国版权协会"公众号开辟会员风采专栏和社会热点分享两大板块，会员风采专栏专门用于展示各会员单位发展历程、品牌形象和产品成果等内容；社会热点分享板块专门用于分享社会热点动态及最新案例分析，受到广大会员单位和读者的好评。

（八）加大对外交流合作

经国家版权局批准，并报经世界知识产权组织（WIPO）批准，2021 年协会正式成为世界知识产权组织观察员。2022 年 5 月 9 日至 13 日，协会首次以观察员身份，线上参加了世界知识产权组织版权及相关权常设委员会（SCCR）第 42 届会议；6 月，协会与日本内容产品海外流通促进机构签订协议，协助其在中国大陆地区开展著作权维权及相关研讨活动；7 月，协会领导会见了韩国著作权委员会北京代表处首席代表张星焕、主任郑现镇，韩国文化产业振兴院首席代表尹镐辰等，就中韩文化交流中遇到的版权问题进行了探讨并提出合作意向。

二、继续举办"远集坊"主题讲座，提升协会文化品牌

远集坊自开办以来已举办了 60 余期主题讲座，7 期书画作品展览以及 10 余期新书发布会、文化沙龙等小型活动。

2022 年，中国文物保护基金会理事长、国家文物局原局长刘玉珠，中国环球飞行第一人、美国通用航空公司董事长张博，北京出版集团党委书记、董事长康伟，著名音乐学家、非物质文化遗产保护专家田青，中国博物馆协会理事长、《中国博物馆》杂志主编刘曙光，原文化部副部长、故宫博物院原院长郑欣淼，北京人民艺术剧院国家一级演员濮存昕，中国戏曲学院院长尹晓东等嘉宾，先后做客远集坊，发表了精彩纷呈的主题演讲。

2022 年 4 月 9 日，协会举办 2022 远集坊数字内容高峰论坛。全国政协委员、网易公司董事局主席兼首席执行官丁磊等嘉宾分享了关于数字内容的真知灼见，106.5万人在线观看了该期活动。

为迎接党的二十大召开，协会举办"一枝一叶总关情——远集坊书法邀请展"，邀请邵华泽、阎崇年、方祖岐、滕文生等46位嘉宾，以"一枝一叶总关情"为主题进行创作，用笔墨丹青书写对党对祖国和人民的热爱与忠诚。2022年9月1日，协会举办了"远集坊五周年座谈会暨'一枝一叶总关情'书法邀请展开幕式"。

三、配合中宣部版权管理局，积极推进各项版权工作

2022年，受中宣部版权管理局委托，协会继续承办软件正版化工作培训班、版权行政执法监管培训班，对全国各省（自治区、直辖市）政府部门的工作人员开展培训。协助中宣部版权管理局，对山西、海南省级政府机关及部分国有企业软件正版化工作进行全覆盖现场核查，对江苏、安徽、山东、广东、陕西部分省级政府机关及国有企业软件正版化工作进行抽查，对审计署、人民日报社、经济日报社等20家中央国家机关和事业单位，江南造船（集团）有限责任公司、一汽解放集团股份有限公司、中粮可口可乐饮料有限公司等5家中央企业，河北省农村信用社联合社、宁波银行、青岛银行等15家金融机构，以及红豆集团红豆居家服饰有限公司、沙钢集团、奇安信集团等5家民营企业软件正版化进行现场核查。

受中宣部版权管理局委托，协会承办"2021年中国版权十件大事"评选工作，协会广泛收集公开资料，并向全社会广泛征集资料，在此基础上邀请立法、司法、行政、学术、行业知名专家进行评选。评选结果由国家版权局于2022年1月25日正式发布，并在各大媒体上进行宣传。

经中宣部版权管理局批准，协会可向会员单位征集有关项目，经局领导审核后纳入国家版权局"重点作品版权保护预警名单"。由协会会员单位中央广播电视总台代理的"2022年卡塔尔世界杯相关节目"已由协会申请并被纳入预警名单。同时，为切实做好世界杯相关赛事节目版权保护工作，受协会会员单位咪咕、抖音（世界杯赛事相关节目版权持权方）委托，由协会向中宣部版权管理局申请，对世界杯赛事期间的侵权网站进行封堵，共处置3批次共计1 255个境外非法侵权网站。

四、二级委员会工作开展情况

根据产业发展需求和会员单位需求，协会共设立了四个二级委员会：艺术品版权工作委员会、软件工作委员会、网络游戏版权工作委员会、文字版权工作委员会。在协会理事会的领导下，二级委员会发挥各自专长和优势，积极开展专项工作。

（一）艺术品版权工作委员会

2022年，中国版权协会艺术品版权工作委员会继续开展"中国艺术品鉴证备案服务"，通过物联网高新技术和行业资源推出为艺术品建立"身份证"的服务。2022年共为70位艺术家的7 865件作品进行了鉴证备案，总计5 000余位知名艺术家加入鉴证备案行列，超17万件作品进入鉴证备案数据库，充分保障了艺术家及艺术爱好者权益。另外，还为艺术家、艺术机构提供版权确权登记服务，共登记原创版权作品800余件；为会员提供全方位的版权维权、交易服务，与多家艺术机构、知识产权服务机构达成版权交易、维权合作，打通了国家版权局、北京市版权局、贵州省版权局、甘肃省版权局等的版权登记业务，为我国艺术品构建跨地区多维度的版权保护和交易平台。2022年，艺术品版权工作委员会与雅昌艺术网结合鉴证备案业务共同开展100余场线上"鉴证备案保真专场拍卖"活动。

艺术品版权工作委员会积极参加由协会牵头组织申请的"版权＋区块链"创新应用试点项目，按照工作要求配备专门技术人员，确保各项试点保障措施落实到位。同时，与工业和信息化部开展合作，使用其"星火·链网"，针对部分已进入版权公有领域的美术作品，进行数字藏品开发的尝试。与艺术家和企业开展合作，共建文化艺术领域的元宇宙，探索元宇宙里的艺术创作形态、艺术生态、文化艺术数字藏品发展及其数字版权保护。

（二）软件工作委员会

2022年，中国版权协会软件工作委员会继续发挥行业组织在维护会员权益、促进产业发展、协助推进使用正版软件等方面的协调和组织作用。2022北京冬奥会和冬残奥会期间，软件工作委员会结合赛会实际，定制专属协同办公服务，为赛事提供助力。

2022年2月，软件工作委员会组织会员单位学习《版权工作"十四五"规划》，征集2022年推进使用正版软件工作相关建议，并汇总形成《软件正版化工作建议（参考稿）》，经协会审定后报送推进使用正版软件工作部际联席会议办公室。4月，软件工作委员会参加由协会牵头组织申请的"版权＋区块链"创新应用试点项目，对"区块链＋软件标识认证和软件确权服务"场景做内容补充，共同并入"版权＋区块链"创新应用试点申报任务书中，并根据计划部署，开始组织需求调研，为场景落地做准备。6月起，软件工作委员会召开多次会员单位联络员工作会议，传达国家版权工作精神，讨论软件版权业务。8月起，软件工作委员会建立了工作简报制度，定期总结工作、制定计划，报送协会，加强了软件工作委员会与协会的沟通联络。9月，软件工作委员会健全完善了会员单位发展程序，制定了《软件工作委员会会员单位信息登记表》，明确要求各单位加入软件工作委员会前，应已加入中国版权协会。同时，软件工作委员会作为二级委员会也积极向协会推荐在软件版权工作中表现突出的单位成为会员。

（三）网络游戏版权工作委员会

为提升会员单位对游戏行业发展现状、未来趋势以及版权保护问题的认识，网络游戏版权工作委员会于 2022 年初印发《游戏版权年度白皮书2020》。该书作为我国游戏版权领域首部白皮书，全面呈现了我国游戏行业版权保护与发展的状况。

2022年，网络游戏版权工作委员会继续加大宣传力度，"游戏版权委员会"微信公众号围绕游戏版权行业热点问题发布 30 余篇原创内容，推动网络游戏版权理论研究和学术交流，受到各界的广泛关注。"游戏版权行业热点解读周动态"栏目已推送 95 期，为会员单位提供了游戏行业每周政策趋势、监管动向、司法动态、行业热点等前沿内容，旨在从法律政策和产业发展角度，为会员单位关心的时事热点问题提供专业解读。

2022年4月，由网络游戏版权工作委员会组织的"知识产权补偿性赔偿研讨会"在京举行，与会专家就网络版权领域补偿性赔偿存在的问题及应对策略提出了意见和建议。同月，在线举办"2022知识产权南湖论坛·新《著作权法》下惩罚性赔偿制度的适用探讨"研讨会，与会专家围绕网络版权侵权损害赔偿面临的新挑战，惩罚性赔偿制度对于遏制网络版权领域日益严峻的侵权形势的特殊价值，网络版权侵权纠纷中惩罚性赔偿的适用条件和计算标准等具体问题进行了深入探讨。

（四）文字版权工作委员会

2022年，文字版权工作委员会积极参与协会组织的各项活动，包括组织会员单位学习《版权工作"十四五"规划》；参与协会发起的《保护网络文学版权联合倡议书》活动；组织会员单位线上观看学习协会举办的远集坊高峰论坛，参与版权资产管理培训班等活动；组织会员单位线上观看学习"WIPO 版权及相关权常设委员会第 42 届会议"和"2022 国际版权论坛"等。同时，还积极参与了由协会牵头组织申请的"版权＋区块链"创新应用试点项目，与其他试点单位通力合作完成试点项目任务书的修改完善工作，全力支持和配合试点项目的开展，认真做好相关工作落实。

（曾　晋）

中国音乐著作权协会

一、会员发展

2022年中国音乐著作权协会（以下简称"音著协"）发展新会员 723 人（家），其中曲作者 494 人、词作者 186 人、继承人 17 人、其他 1 人、出版公司 25 家，会员总数达到 12 709 人（家）（见图1、图2）。

在新发展的会员中，较有影响力的会员有北京看见文娱文化有限公司、北京果然乐动文化有限公司、北京太格印象文化传播有限公司、北京无限星空版权代理有限公司、成都曼歌文化传媒有限公司、包胡尔查、胡适之、刘炽炎、张亦江、付垚、李维福、石梅、樊凯杰、孙伟、赵鹏、庞龙、姜胜楠、陈鹏杰、许明、张伊卉、王晓倩、王锦麟等。

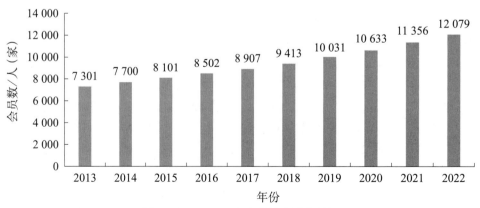

图1　2013—2022 年音著协会员增长图

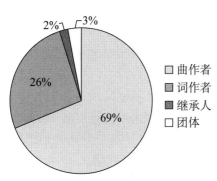

图 2　2022 年音著协会员构成图

二、音乐作品版权信息管理

音著协应用音乐著作权大集成服务系统（Integrated System of Music Copyright，iSMC）对音乐作品版权信息进行数字化管理。iSMC 由音著协开发，于 2021 年 8 月正式上线运行，是音乐作品信息数据和著作权服务一体化的大集成平台。该系统依托音著协覆盖全球的音乐作品著作权信息管理大数据系统（Documentation Innovation Visionary Art，DIVA）和横贯各主要行业的音乐使用监测大数据系统，可以为音乐著作权人、音乐使用者等产业主体提供高效便捷的著作权服务，一站式解决作者入会、作品登记、权利查询、许可管理、使用费分配等问题，在促进音乐产业繁荣的同时，该系统还可以为维护国家和社会的文化安全贡献力量。音著协目前管理范围覆盖全球 300 多万词曲著作权人、超过 1 600 万首音乐作品。

三、音乐作品使用许可

2022 年，音著协许可总收入财务到账金额约为人民币 4.17 亿元，受疫情影响同比略有下降，降幅为 5.6%。截至 2022 年底，音著协历年许可收入总额达到人民币 34.5 亿元（见图 3、图 4）。

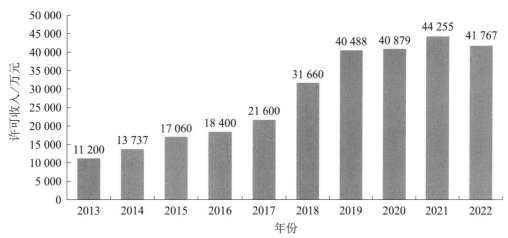

图 3　2013—2022 年音著协许可收入图

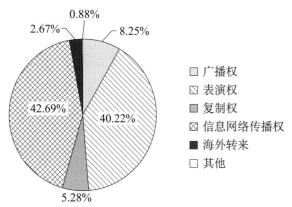

图 4　2022 年音著协许可收入构成图

（一）表演权许可工作

2022 年，音著协表演权许可收入约人民币 1.68 亿元，较 2021 年增长约 35%。

其中，机械表演（背景音乐）许可收入金额约 1.62 亿元；现场表演方面，许可收入金额约为 657 万元，其中常规演唱会、音乐会约 300 万元，新兴活动类演出（如虚拟人物演唱会等）的许可收入金额约 357 万元。

（二）广播权许可工作

2022 年，音著协广播权许可总收入约 3 456.9 万元。其中，广播电台缴纳许可使用费约 508.4 万元，电视台缴纳许可使用费约 2 948.4 万元。受新冠疫情持续影响，广播电视行业广告收入较往年有所下降。此外，中国广播电视社会组织联合会广播版权委员和电视版权委员会与音著协的续约商谈进程也受到疫情影响，导致广播权许可收入总额有所下滑。

截至 2022 年底，已同音著协达成许可付酬协议的电视台有 56 家，广播电台有 77 家，共计 133 家。

（三）复制权许可工作

2022 年，音著协复制权许可收入约人民币 2 206.8 万元。整体略有下降，主要由于在影视广告类音乐许可使用授权中,部分影视公司因疫情原因在使用音乐方面的预算有所缩减,导致音乐使用量有所减少。但整体而言,主流影视公司仍保持着同音著协相对稳定的许可合作关系。

(四)信息网络传播权许可工作

2022年,音著协信息网络业务许可收入总额约人民币1.78亿元。在此方面,音著协始终坚持"音乐著作权主渠道合作模式",对纷乱的数字音乐版权市场进行有效梳理,并逐步拓展网络直播和网络视频的音乐许可业务。

实践中,尽管有些网络音乐平台已与音著协签订音乐著作权许可使用协议,但仍有部分主流网络音乐平台坚持侵权使用音乐作品,对国家市场监督管理总局反垄断处罚提出的"不得支付高额预付金"断章取义,将其作为对抗音乐著作权人合理诉求的挡箭牌,无视其自身使用规模和体量的成倍增长,无理拒绝音乐著作权人要求其承担与其使用增长规模相匹配、体现音乐作品实际贡献价值的合理诉求,利用其市场优势故意压低音乐作品的价值。对此,音著协正在逐步加大维权力度。

四、音乐作品许可收入分配

2022年共完成四期13次分配,涉及许可收入金额约4.28亿元(税前),音著协管理费比例约占15.7%(见表1)。

表1 2022年音著协音乐作品著作权许可收入分配表 单位:万元

期数	分配号	许可金额(扣增值税后)
2022第一期	M212 (2021年复制权许可收入第二次分配)	1 295
	B201+202 (2020年互联网许可收入第一次分配)	2 846
	P201 (2020年表演权许可收入第一次分配)	784
2022第二期	P202 (2020年表演权许可收入第二次分配)	3 846
	2020机械表演许可收入分配	279
	K201+K202 (2020年卡拉OK许可收入分配)	5 777
	B203+B204 (2020年互联网许可收入第二次分配)	12 056
2022第三期	P203 (2020年广播权许可收入第一次分配)	271
	M221 (2022年复制权许可收入第一次分配)	952
	B205+B206 (2020年互联网许可收入第三次分配)	4 275
2022第四期	P204 (2020年表演权许可收入第四次分配,包括原分配计划中的2020年广播权许可收入第一次分配)	3 411
	O211 (2021年海外转来许可收入分配)	797
	B207+208 (2020年互联网许可收入第四次分配)	3 719
总计		40 308

五、诉讼维权

2022年,音著协共向侵犯音乐著作权的使用者发函(律师函、法务部函)85封,对侵权行为取证9件,启动诉讼程序112件。采取以上维权行动后,经谈判、和解、调解或者判决,音著协为音乐著作权人索赔和追回的著作权使用费达人民币806万余元、待执行款127万余元,共计933万余元。相关数据见表2。

表2　2022 年音著协维权数据统计

	证据保全（件）	启动诉讼程序（件）
复制权	0	4
表演权（现场表演）	5	17
表演权（机械表演）	4	22
广播权	0	32
信息网络传播权	0	37
合同违约	0	0
合计	9	112

注：发函数量以函号计算，同一函号可能涉及多家单位。

六、国际事务

2022 年，在国际作者和作曲者协会联合会（CISAC）的国际版权保护体系下，音著协已与近 80 家海外同类组织签订了著作权相互代表协议。

七、信息公开及宣传

2022 年，音著协继续通过网站、微信公众号、"理事工作简报"、《会讯》、《年报》等形式，向会员、使用者、政府、社会公众通报具体工作，主动做到公开透明。

音著协官方 App 应用程序《音著协》于 2020 年 5 月 29 日正式上线，该 App 是我国集体管理领域内的第一个手机 App 应用程序。2022 年初，音著协对会员"使用费分配"功能进行了全新升级，新设"分配报告"功能，会员可随时查询当年、三年内、五年内的各项使用费分配情况，并获得一定的数据分析。

（张　群）

中国音像著作权集体管理协会

2022 年，中国音像著作权集体管理协会（以下简称"音集协"）努力克服新冠疫情带来的种种困难，与行业各方凝心聚力，奋力开拓著作权集体管理业务，全年实现财务收入 45 465 万元，同比增长 19.1%，其中著作权使用费收入 44 696 万元，同比增长 19.4%，再创历史新高，同时向权利人分配著作权使用费 25 110 万元，为行业交出一份亮丽的成绩单。

一、克服疫情影响，卡拉 OK "二合一" 版权许可工作再获佳绩

2022 年，新冠疫情形势依然严峻，音集协坚决贯彻落实国家版权局、文化和旅游部《关于规范卡拉 OK 领域版权市场秩序的通知》精神，联动全国及地方娱乐行业协会、行政管理部门、司法部门等有关方面，以集体签约方式为抓手，深入推进卡拉 OK "二合一" 版权许可工作，与全国各地 139 家娱乐行业协会建立或延续合作关系，与全国 8 293 家卡拉 OK 场所签订许可使用协议，场所续约率为 67%，签约总额 27 009 万元，卡拉 OK 版权许可业务在艰难的市场环境中仍然积极稳步拓展。音集协还根据疫情影响程度相应减免卡拉 OK 场所 2021 年著作权使用费 4 233 万元，再次获得民政部"我为企业减负担"专项行动通报表扬。

二、积极探索创新，开拓新领域版权收费工作

2022 年，音集协通过与线下 6 300 多家营业场所进行背景音乐使用的谈判沟通，使得该领域收费工作在上海、湖南、江苏、北京、重庆等 10 个省市取得进展，涉及餐饮、商场、酒吧、时尚品牌、会展、音乐节、展览等不同行业和场景，并在部分行业实现了签约，还与 3 家地方娱乐行业协会建立了合作关系。此外，音集协还针对使用背景音乐的线下经营场所推出了《音乐通》客户端，在满足客户多样化需求的同时也有效规范了版权使用秩序，促进了市场健康有序发展。

音集协通过对大量市场调研数据的周密分析，制定了互联网直播中使用录音制品的费率标准，并与中国音像与数字出版协会联合，两次组织 30 余家互联网直播平台和 20 余家权利人进行协商，充分听取权利人、使用者和相关行业协会等各方意见，对费率标准进行优化，并与部分使用者签署了支付录音制品使用费协议。2022 年，音集协与腾讯云、声网、即构、火山引擎四大 RTC 服务商建立了合作关系，共覆盖 110 家语音直播平台；还与东方甄选、万科物业、肯德基、戴森等品牌的直播间达成合作，实现电商直播业务零的突破，音集协提出的互联网直播中使用录音制品的费率标准在实践中逐步得到了行业认可。

2022 年，音集协经过长达两年的维权和协商，最终与快手平台成功签约，同期还与字节跳动、彩视等平台完成续约合作，互联网著作权使用费收入达 2 726 万元，同比增长 422%。

音集协在充分调研行业和广泛收集使用者建议的基础上，与全国和地方的广播电视机构沟通协商，参考国务院颁布的《广播电台电视台播放录音制品支付报酬暂行办法》，起草了《关于广播电视机构使用录音制品支付录音制品使用报酬标准（草案）》。音集协还对各广播电视机构进行了监测和存证，为下一步协商工作提供支持。

三、通过高质量的会员服务和内容管理提升代表性

2022年，音集协全年新发展会员87家，会员总数达553家，相比2021年增长17.9%，共涉及1 511家权利人；会员授权音集协管理音乐类视听作品351 333首，同比增长37.7%；会员登记涉录音制作者广播和表演获酬权录音制品158.6万首；会员授权音集协管理涉信息网络传播权录音制品15.1万首。众多不同风格的唱片公司入会，极大丰富了音集协管理的录音制品/音乐视听作品曲库，使音集协具有更广泛的代表性，能更有力地集中行使权利，更好地为权利人和使用者服务。音集协还开展了与境外同类组织签署相互代表协议的工作，委托人民网信息技术有限公司对会员提报的歌曲进行歌曲内容安全审查，为会员提供法律咨询、卡拉OK版视听作品制作、线下KTV宣传、VOD商新歌首发、自媒体会员风采展示、卡拉OK歌曲金麦榜发布等多元化的会员服务，维护了会员与音集协的友好关系，加强了双方之间的业务合作，促进了音集协新业务的发展。

四、积极应对司法诉讼，推动著作权集体管理理论发展和制度完善

2022年，音集协在其与天合集团及其子公司委托合同纠纷案、与天语同声/中音传播公司合同纠纷案、与广东6家KTV垄断纠纷二审案、与浙江联娱大数据科技有限公司反不正当竞争案等重大诉讼案件中取得终审胜诉。上述案件的胜诉，有利于维护著作权集体管理制度原则。

在卡拉OK领域，音集协继续坚持在全国范围内推行以国家版权局2006年公告的《卡拉OK经营行业版权使用费标准》为基础、以包房为单位计算的使用费标准，将其作为侵权损害判赔的"新思路"。该标准平衡了权利人和使用者双边利益，在卡拉OK经营市场被广泛接受。"新思路"获得了山东、广东、四川、重庆、河北、新疆等20个省（自治区、直辖市）法院的支持，对卡拉OK行业各类不同的版权纠纷统一裁判标准、综合诉源治理、减少诉讼纠纷、建立安定和谐的卡拉OK版权秩序具有重要意义。

2022年，音集协诉侵权卡拉OK场所案件中，法院参照"新思路"标准判决侵权卡拉OK场所赔偿著作权使用费，大大震慑了侵权场所的侵权行为，有力地促进了音集协的版权许可工作。音集协始终将协商沟通贯穿诉讼全过程，全年通过诉前和解促成场所签约1 173家。

2022年，音集协代签约卡拉OK场所处理非会员权利人诉讼6 064起，为签约场所排忧解难，解决了场所的后顾之忧。越来越多法院根据"新思路"原则，参照集体管理组织收费标准来计算侵权判赔额，使得协会签约卡拉OK场所判赔额大大降低。此类案件全国平均单曲判赔额仅为33.76元，部分省份降至10元以下，较之前动辄单曲千元的判赔额显著降低，极大减轻了签约卡拉OK场所的负担，同时维护了著作权集体管理制度的稳定。

五、加大技术投入，建设著作权集体管理业务的数字化智能系统

2022年，音集协通过技术手段赋能集体管理事业发展，用技术创新引导卡拉OK领域建立版权许可新秩序，以著作权大数据管理平台为引擎逐步推动著作权集体管理业务数字化的优化和升级，实现作品的授权、传播、付费信息的全量、实时、精准、动态的完全透明化，使产业各端主体得以实现信息共享。截至2022年末，著作权大数据管理平台在全国23个省（自治区、直辖市）的96个城市完成落地试点工作，接入卡拉OK场所475家，涉及近1.2万间包房，通过扫码付费模式收取著作权使用费244万元。音集协还针对使用背景音乐的线下经营场所推出了《音乐通》客户端，启动了对权利信息与资料管理系统的升级优化工作，通过内控管理技术系统，建立数字化工作申报流程，全面推进数字化智能化办公，加速提升协会数字化管理水平。

（简 巍）

中国文字著作权协会

2022年，中国文字著作权协会（以下简称"文著协"）深刻学习贯彻党的二十大精神，继续践行"人民至上"的工作思想，坚持党建业务两手抓，稳步推进各项工作有序开展。

一、著作权使用费整体收转分配情况

文著协是向著作权人转付报刊转载和教科书等法定许可使用文字作品著作权使用费的法定机构，法定许可稿酬收取和分配工作是协会的法定职责，是协会工作的重中之重。协会保证每个月进行一次较大范围稿酬转付工作，同时随时处理个别作者的稿酬申领要求。

（一）著作权使用费收取情况

2022年，文著协共收取著作权使用费2 067万元，其中，信息网络传播权、汇编权、公开表演权等集体管理业务收入占75%，突显了协会在文字著

作权集体管理方面发挥的作用；报刊转载和教科书法定许可稿酬收转业务收入占19%；其他业务收入占6%。

（二）著作权使用费分配情况

2022年，文著协完成著作权使用费分配共计44次，向会员和其他权利人分配著作权使用费近964万元，惠及作者3 000余人，涉及文章10 700篇次，发放样书990册。

（三）走访权利人，上门送稿费

2022年，文著协利用春节和"4·26"世界知识产权日等时间节点拜访会员及权利人，并送上稿酬和样书，汇报协会工作，耐心解答权利人的问题，倾听权利人的版权需求，以及对协会工作的意见和建议。

（四）提供著作权使用费清单

文著协非常重视在稿酬分配过程中向权利人提供准确翔实的著作权使用费清单，主动做好与权利人的对账工作。协会通过信件、邮箱、微信等方式向权利人提供著作权使用费明细清单，让权利人对自己的版权收入一目了然，增强了与作者的互动，提高了作者的满意度，受到了权利人的肯定。

（五）帮助权利人进行个税汇算清缴

2022年，按照税务机关的要求，文著协向20余位会员发出按时办理"个税汇算清缴"的提示通知，通过发送具体操作流程链接、电话指导等方式，协助会员及时完成个税汇算清缴工作，很多作者因此享受到了汇算清缴后的退税红利。

二、会员发展工作

2022年，文著协新增权利人224人，会员总数已达10 520人。

新入会的知名作家有韦其麟（第六届全国政协委员，中国作协第五、第六届副主席，广西文联、广西作协原主席，著名壮族诗人、作家）、陈长吟（中国散文学会副会长、中国散文研究所所长、陕西省散文学会主席）、杨晓升（中国作协报告文学委员会副主任、中国报告文学学会副会长、《北京文学》原社长兼执行主编）。

新增信息的知名作家有周建新（辽宁省作家协会副主席）、丁利（吉林省白城市作家协会主席）、田洪波（黑龙江省鸡西市委宣传部副部长、鸡西市新闻出版局局长）、孙建勇（湖北省黄冈市黄州区文联副主席）、刘学刚（安徽法制报社总编辑）、杨闻宇（著名军旅作家）等。

三、法定许可稿酬收转业务

2022年，文著协继续与人民教育出版社、外语教学与研究出版社等机构合作，履行法定职能，收转法定许可稿酬。

2022年，文著协新签报刊转载法定许可稿酬收转协议9份，涉及13种期刊。签约的使用单位有中共山西省委党校、江苏教育报刊总社、江西美术出版社、江西师范大学《读写月报》杂志社、《社会与公益》杂志社、《古典文学知识》编辑部等。新签教科书法定许可稿酬收转协议5份，签约的使用单位有高等教育出版社、语文出版社、河北大学出版社、江苏海洋大学出版社。

四、著作权集体管理业务

（一）信息网络传播权

2022年，文著协继续与北京世纪卓越信息技术有限公司（亚马逊中国）、学而思、东方网、现代快报以及部分微信公众号等合作，通过数字新媒体平台授权推广会员作品，收取著作权使用费，为会员创造更多收益。

2022年，文著协继续为中宣部学习强国平台提供专业的著作权服务，向学习强国平台提交674篇作品清单，经过平台审核后，发放72篇作品的稿酬。文著协为学习强国平台的正常运营作出了贡献，理顺了平台与众多作者的关系，同时作者也表达了希望通过协会授权作品给平台的意向。

2022年，文著协与北京师范大学出版社签署协议，授权其将相关阅读系列图书中使用的文字作品制作成电子课件及音频并收取稿酬；与四川沫若艺术院签署协议，一揽子授权其将郭沫若作品制作成音频在网站及郭沫若艺术馆内播放。

文著协与中国期刊协会、钛学术、中国知网、万方数据等单位就知识资源平台的版权授权和作者稿酬发放等问题进行了多次洽谈、调研，取得了较大进展。

（二）汇编权

多年来，文著协获得众多经典作家、翻译家的独家授权，并通过集体谈判、"一揽子"授权以及为出版单位主动组稿等形式，减少了会员单篇单部作品授权工作，促进了会员优秀作品的广泛传播，提高了会员的版权收益，同时也减少了出版单位的版权法律风险。经过多年实践，将会员作品汇编权纳入集体管理范畴，是文著协集体管理工作的一大创新，获得了广大会员和出版单位的普遍认可和一致好评，丰富了中国著作权集体管理实践。

2022年，文著协与商务印书馆、人民文学出版社、果麦文化等上百家出版社和民营文化公司签订了300余份协议，"一揽子"解决近600种图书选用文章汇编权的授权和稿酬提存转付问题，涉及巴金、茅盾、郭沫若、叶圣陶、冰心等著名作家作品，共计5 000多篇次，收取著作权使用费1 089万余元。

2022年向文著协缴纳著作权使用费最多的十大使用者是人民教育出版社有限公司、河北大学出版社有限公司、北教小雨文化传媒（北京）有限公司、智慧熊（北京）教育科技有限公司、北京天润世纪文化发展有限公司、北京国图博雅文化发展有限责任公司、北京人民艺术剧院、北京学而思教育科技有限公司、联合读创（北京）文化传媒有限公司、纸上生花（北京）文化科技有限公司等。2022年，上述十家使用者支付的著作权使用费近800万元。

2022年经文著协授权的最受欢迎的十大作品为《小马过河》（彭文席）、《雪地里的小画家》（程宏明）、《梅花魂》（陈慧瑛）、《小小的船》（叶圣陶）、《海上日出》（巴金）、《乡下人家》（陈醉云）、《比尾巴》（程宏明）、《白鹅》（丰子恺）、《雪孩子》（嵇鸿）、《开满鲜花的小路》（林颂英）。

2022年文著协最受欢迎的十大作家为陈伯吹、贾兰坡、曹靖华、冰波、朱光潜、沈从文、管桦、李四光、孙幼军、王愿坚。他们是2022年度著作权使用费收入最高的十位作者，著作权使用费总额超过300万元。

（三）戏剧公开表演权

2022年，文著协主动为国内多个院团引进多部外国戏剧并进行公演，多部话剧连续多年演出，同时积极向海外推荐我国优秀剧目。

（1）为北京人民艺术剧院（以下简称"北京人艺"）引进的俄罗斯经典话剧《我可怜的马拉特》于2022年6月下旬至7月上旬再登北京人艺实验剧场舞台。

（2）为北京人艺引进的俄罗斯经典话剧《老式喜剧》于2022年7月下旬至8月上旬在国内开启了新一轮演出。

（3）为北京丰硕果实文化传媒有限公司引进的俄罗斯当代话剧《高级病房》于2022年8月在顺义大剧院成功公益首演后，开启全国十几个城市二十多场巡演。

（4）2022年9月，为上海意幕文化传播有限公司引进俄罗斯戏剧新浪潮代表人物之一柳德米拉·拉祖莫夫斯卡娅的代表作《青春禁忌游戏》（原名：《亲爱的叶莲娜·谢尔盖耶夫娜》），排演成音乐剧，由上海美琪大戏院连演14场，这是该剧作家作品的第一部音乐剧。2023年，该剧将进行全国巡演。

2022年8月末，为锦娱文化传媒（天津）有限公司、天津北方对外演艺交流有限公司和马路工作室引进《青春禁忌游戏》，排演成话剧，在天津中国大戏院公演。

（5）为北京人艺引进俄罗斯剧作家盖利曼的名作《长椅》，分别于2022年9月19日至10月30日和11月13日至28日进行两轮演出，参加"2022年'北京故事'优秀小剧场剧目展演"。

（6）为上海蝶魄文化传媒有限公司引进比利时象征主义戏剧大师莫里斯·梅特林克的法语话剧《丹达吉勒之死》，于2022年11月在上海公演。

2022年下半年，文著协与俄罗斯国家话剧院分院——俄罗斯普斯科夫普希金模范话剧院就将莫言的作品《蛙》排演为俄语话剧达成合作意向，这将是30年来当代俄罗斯大剧场首次上演中国当代剧目，该剧将于2023年上半年在俄罗斯公演。2022年，文著协为北京人艺引进美国百老汇经典话剧《晚安，妈妈！》，该剧计划于2023年上半年公演。

文著协还与北京演艺集团、中国演出行业协会等机构接洽，推荐海外优秀剧目和国内优秀剧目。同时，协会也为多家出版单位解决多部图书的表演权和信息网络传播权，推动会员作品广泛传播，为会员争取应得的版权收益。

五、版权代理工作

（一）为海外中文教材解决版权授权和使用费收转问题

（1）为香港教育出版社解决小学中国语文课本《我爱学语文》（1—6年级 第二版）纸质图书和网络教材选用华文作家作品授权和稿酬收转问题，该套教材覆盖香港澳门两地小学3万名注册师生。

（2）为香港时信出版有限公司解决教材《高中中国语文（卷一）文言白话精练》选用相关作品授权和稿酬收转问题。

（3）为台湾南一书局企业股份有限公司解决教材《南一版国中国文第三册教科书》及配套讲义读物中的文学作品授权和稿酬收转问题。

（4）为日本公文教育研究会解决公文式学习教材长期选用相关中文作品授权和稿酬收转问题。

（5）为新加坡名创教育出版集团解决《小学华文欢乐伙伴课本三年级上册》《小学高级华文欢乐伙伴活动本三年级上册》纸质教材和数码教材选用相关作品授权和稿酬收转问题。

（6）为牛津大学出版社（中国）有限公司解决《启思中国语文第五版教材套》《启思新高中中国语文（第三版）》《启思生活中国语文第五版教材套》纸质及电子教材选用相关作品授权和稿酬收转问题。

（二）版权引进和输出

（1）由文著协代理引进版权的俄罗斯当代童话《剧院老鼠的船长梦》由接力出版社出版，入选德国国际青少年图书白乌鸦书目和2020年国际儿童读物联盟荣誉榜单，收入接力出版社"俄罗斯金质童书"系列。

（2）为新蕾出版社引进的俄罗斯谢尔盖·米哈尔科夫国际儿童文学奖获奖作品《琴键上的小矮人》出版中文版。

（3）为外语教学与研究出版社成功解决"中阿经典图书互译出版项目"中《边城》与《城南旧事》两部作品的阿尔巴尼亚语版权授权问题。

（4）为长江少年儿童出版社代理引进了《车轮上的奇迹》《人类怎么发现地球的形状》《望远镜里看星空》等五部优秀俄罗斯科普作品版权。

（5）为广西师范大学出版社代理引进了《塔尔科夫斯基诗集（第一卷）》三张照片的版权。

（6）2018年曾为译林出版社引进德国记者的图书《普京：权力的逻辑》，于2022年到期后续约。

（三）影视文创版权代理业务

（1）文著协与电影《妈妈！》制片方签署授权协议，为该影片朗诵会员叶圣陶的诗歌《小小的船》和兴万生翻译的诗歌《你爱的是春天》解决版权授权问题。

（2）文著协接受著名音乐人李宇春的委托，解决诗人穆旦翻译的诗歌《无常》的歌词谱曲改编权授权问题，该诗歌被谱曲后，收入她的新专辑《周末愉快》。

六、履行社会责任

2022年，文著协深入开展版权相关课题研究，并通过多种方式履行社会责任。

一是完成中宣部版权管理局委托的"提高教科书法定许可稿酬标准"调研项目和"文学出海版权风险防控"课题研究项目。

二是向中宣部版权管理局提交《对〈著作权法实施条例（修订草案征求意见稿）〉的修改建议》；针对两个征求意见稿，两次提交《对〈著作权集体管理条例（修订草案征求意见稿）〉的修改建议》，为版权立法工作建言献策。

三是在中国知网被市场监管总局立案查处后，多次接受市场监管总局专案组的咨询，接待专案组专题调研，提交《关于知网利用市场支配地位侵害著作权人合法权益，严重影响知识资源合法有序传播的调研报告及解决建议》和相关资料。

四是联合中国版权协会、中国版权保护中心、中国音乐著作权协会、中国音像著作权集体管理协会、中国摄影著作权协会联合发出《北京2022年冬季奥林匹克运动会版权保护倡议书》，规范北京冬奥会版权保护有关工作。

五是积极参加"《马拉喀什条约》落地实施推进会""中韩著作权研讨会""版权产业国际风险防控培训"等国家版权局组织的版权活动。

七、积极维护会员权益

（一）针对知识资源平台维权

2022年，"九旬教授赵德馨状告知网维权获赔70余万元"的新闻报道在社会上持续发酵，"知网事件"引发各界广泛关注。

文著协密切关注社会动态，及时撰写相关文章发声，与浙江大学、中国政法大学等机构联合举办两次线上研讨会，并形成调研报告提交有关部门。

知网、万方数据和多家重点学术期刊表示，愿意在文著协主持指导下，推动建立"知识资源平台版权合规建设与规范发展共同体"，发出公开倡议，规范版权授权文件和授权流程，调研制定作者稿酬标准和支付方法，维护广大作者和期刊合法权益，推动平台健康规范发展。

（二）针对教科书法定许可维权

2022年，文著协就会员投诉教科书法定许可使用文字作品未支付报酬一事，多次与数家教科书出版单位沟通，与河北大学出版社签订了教科书法定许可稿酬收转协议。针对会员投诉多、拒不支付稿酬的教科书教辅出版单位，协会也采取法律手段维护会员合法权益。

（三）关注电商平台盗版图书售卖问题

2022年8月，由文著协和中国作协共同指导，译林出版社承办的"保护创作者权益，共建良好出版生态——刘亮程作品独家典藏版权维权座谈会"在北京中国现代文学馆举行。对于电商平台上盗版图书肆意售卖的问题，文著协建议，应当高度重视著作权主管部门的行政处罚，整理证据，向著作权主管部门或文化市场综合执法部门举报，追究电商平台和商户的行政责任。同时可以向国家版权局建议，发挥重点作品预警机制，申请将畅销作品列入国家版权局重点作品预警名单，向社会公布，督促平台方配合做好版权保护工作。

（四）日常维权

2022年，文著协处理了4家出版单位违规使用18位作者作品的侵权行为，确定赔偿金额，签订了和解协议，涉案金额超过15万元。

在日常工作中，文著协通过电话、电邮、微信等多种方式免费为权利人和使用者提供版权法律咨询服务，义务审查版权合同，出具维权意见书，宣传《著作权法》和协会工作。

八、对外宣传与交流

2022年，文著协积极加强对外宣传与交流，举办"2021年度最受欢迎的十大作家排行榜暨2021年度年报发布会"，公布2021年度最受欢迎的十大作家、十大使用者和最受欢迎的十大作品排行榜；举办"合作单位接待日"活动，共同探讨最优版权服务方案；举办"会员开放日"活动，开展版权维权相关主题研讨；应邀在《版权理论与实务》《出版广角》《中国知识产权报》等报刊杂志发表多篇文章；通过微信公众号、微博等新媒体平台发布版权信息，加强版权宣传。

（邸学佳）

中国摄影著作权协会

2022年，中国摄影著作权协会（以下简称"摄著协"）在中宣部版权管理局的领导下，深入学习贯彻习近平新时代中国特色社会主义思想和党的二十大精神，积极配合修订《著作权法实施条例》《著作权集体管理条例》，致力于推动健全著作权法律保护体系；推进教科书法定许可收费工作，探索分配模式创新；积极参与国际行业会议及相关交流活动，表达中国声音；努力开展社区普法宣传活动，加强版权意识社会引导；坚持有序扩大会员规模，坚定有力维护会员合法权益。

一、积极参与相关法规的修订工作

2022年，中宣部版权管理局先后启动了《著作权法实施条例》《著作权集体管理条例》的修订工作，在著作权集体管理组织范围内组织召开了一系列工作会议，向著作权集体管理组织征求意见。摄著协以维护广大摄影作品权利人及其相关权利人的合法权益，促进摄影作品的创作、传播和使用为宗旨，积极参与两项条例的修订工作，积极配合递交对两项条例修订草案的意见和建议，表达广大摄影作品权利人的心声与诉求。

二、教科书法定许可业务

（一）推进教科书法定许可收费工作

摄著协长期致力于落实好教科书法定许可收费工作，调查教科书出版机构使用摄影作品的付酬情况，经过多年的不懈努力和经验总结，初步整理出一套规范化的收费工作方案。2022年，摄著协与人民教育出版社签订《教科书"法定许可"使用摄影

作品报酬转付协议》，集中解决了化学、地理、美术三个科目的教科书使用摄影作品的付酬问题，涵盖摄影作品的数量和收费数额均创历史新高。

（二）探索分配模式创新

摄影作品具有创作者广泛、艺术普及性高的特点，因此准确查找摄影作品权利人、落实教科书法定许可稿酬分配工作是一直以来的工作难点。为此，摄著协创造性地探索了分配模式的新可能：由于教科书中使用了大量反映重大事件和特定历史时刻的摄影作品，职务作品的属性极强，通过发展新华社等具有独特地位的著作权人成为会员，定期向其核实作品使用情况，可以有效地解决这部分摄影作品稿酬归属的问题。在分配创新模式下，2022年分配和转付教科书法定许可稿酬数额亦实现历史新高。

三、国际交往

摄著协作为国际作者和作曲者协会联合会（CISAC）会员，与多国相关组织建立了合作关系；中国摄影著作权保护现状也通过摄著协这一交往窗口，受到国际同业组织的广泛关注并得以展现。

（一）参加 CISAC 亚太地区视觉艺术集体管理组织工作会议

2022年7月，CISAC首次成立亚太地区视觉艺术集体管理组织工作小组并召开会议，重点关注本地区内视觉艺术版权集体管理的发展方向。摄著协派员参加，并就协会成立和发展的主要情况、近年我国《著作权法》及相关法规的立法成就和在教科书法定许可收费工作上的探索与困难等话题发表演讲。

（二）参加 CISAC 亚太地区年会

2022年11月，CISAC亚太地区年会在韩国首尔举行，摄著协派员通过线上方式参加并发表演讲。CISAC亚太区总裁吴铭枢（Benjamin Ng）盛赞摄著协为提升国际交往参与度所付出的努力。

四、版权普法宣传

为响应国家版权局关于增强社会尊重和保护版权意识的号召，积极推进版权强国建设，摄著协结合自身工作内容和业务特色，于2022年4月举办了主题为"摄影版权在身边 人人都是摄影家"的版权普法宣传活动，通过制作宣传展板、派发宣传物料、讲解摄影版权保护知识等方式增进社区居民对著作权集体管理组织和版权保护的了解，受到社区居民的广泛好评。

五、会员发展与会员服务

2022年，摄著协持续有序扩大会员规模，扩大权利的代表性，通过用活全国300多个地市级城市

和 30 个全国性行业摄影协会的首席代表工作机制，把发展会员的工作触角延伸到基层。截至 2022 年 12 月，摄著协拥有会员 2.2 万余人，居国内五家著作权集体管理组织会员之首。

随着会员规模不断扩大，摄著协进一步优化会员服务工作，对会员的咨询诉求予以及时反馈。协助会员寻求专业的法律服务、对侵犯会员著作权的行为提起诉讼也是摄著协工作的重点之一。2022 年，摄著协持续稳步推进协助会员起诉网络侵权案件，赢得胜诉赔偿的案件数量达数十起，累计赔偿金额数十万元。

（周笑如）

中国电影著作权协会

2022 年，中国电影著作权协会（以下简称"影著协"）以习近平新时代中国特色社会主义思想为指导，深入贯彻党的二十大精神，全面贯彻新发展理念，在国家版权局的指导下，在会员单位的支持下，围绕视听作品著作权保护和管理等重点任务，开展了一系列工作。

一、宣传与交流工作

（一）参与立法、司法和行政管理机关相关活动

1. 参加相关法律法规的制定

影著协就《著作权法实施条例》《著作权集体管理条例》《以无障碍方式向阅读障碍者提供作品暂行规定》等法律法规和规章文件的征求意见稿，综合会员单位的意见后，向有关部门反馈意见和建议。

2. 按要求开展著作权集体管理组织收费自查工作

2022 年 7 月，按照民政部下发的《关于组织开展 2022 年度全国行业协会商会收费自查自纠工作的通知》（民发〔2022〕53 号）要求，认真开展自查工作，如实填写《全国性行业协会商会收费自查自纠情况表》并上报。

3. 参加管理部门主办的相关会议和活动

2022 年 3 月，影著协综合会员单位意见后，就《关于征求"剑网 2022"专项行动重点工作意见的函》反馈意见，积极为 2022 年"剑网"行动重点工作建言献策。同时，为便利各地版权管理和执法部门工作，确定专人对接。8 月，参加国家版权局与韩国文化体育观光部在北京举办的 2022 年中韩版权研讨会。9 月，参加国家版权局和中国残联主办的《马拉喀什条约》落地实施推进会。10 月，参与国家版权局与世界知识产权组织合作开展的 2022 年中

国版权金奖相关奖项的推荐活动，并从会员单位报送材料中择优推荐。11 月，按照国家版权局下发的《关于书面调研版权相关工作的通知》要求，反馈书面意见。

（二）加强与权利人、使用者及相关机构的交流与调研

1. 加强会员服务

为扩大协会影响，影著协积极宣传协会工作，吸收新会员近 20 家，其中包括正午阳光、华策、联瑞、华录等多家影视剧头部机构，会员总数达到 104 家。2022 年 5 月，为更好地沟通和服务会员，影著协建立会员单位工作群，向会员报告协会工作进展，如协会换届工作进展；了解会员需求，如就《以无障碍方式向阅读障碍者提供作品暂行规定》（征求意见稿）听取会员意见；定期发布《影著协视听产业周报》。

2. 为行政执法提供支持

为山东潍坊、济南，四川南充、绵阳等地相关部门提供影视版权相关咨询。为四川绵阳公安部门多起有关私人影院的案件提供部分涉案影片的版权核实，涉及影片近百部、会员单位 20 余家。

3. 协助使用者联系相关权利人，撮合版权交易

将有意向采购影视综短视频剪辑和分发权的制作机构、获取相关影视作品图片的授权以出版学术著作的大学教师等的使用需求，及时发送给会员群及特定会员，撮合双方版权交易。

4. 关注行业焦点，发起交流讨论

影著协以线上会议的形式分别召开"视频行业热点问题专项研讨会"和"区块链＋版权保护与发展论坛"。2022 年 3 月，影著协以内部研讨的形式召开"视频行业热点问题专项研讨会"，就部分会员和使用者反映的行业机构囤积视听作品版权、影响市场交易秩序的问题，听取短视频制作和传播机构、在先视听作品权利人、专家学者等的意见，寻求共识。4 月，影著协联合上海市文化创意产业促进会等多家机构举办"区块链＋版权保护与发展"线上论坛，直播观看人数超过 1.3 万人。

二、版权保护相关工作

（一）建立院线电影版权监测机制

为落实国家版权局、中央宣传部电影局、文化和旅游部文化市场综合执法监督局下发的《关于进一步做好院线电影版权保护工作的通知》，影著协建立院线电影版权监测机制。2022 年 2 月至 12 月期间，影著协共编写并上报《院线电影监测报告》12 期，涉及院线电影 54 部。累计监测有关该 54 部影

片的疑似侵权链接 14.21 万条；影片疑似侵权链接主要集中于小网站和社交网站。其中，小网站侵权总量为 9.28 万条，占比 65.3%；社交网站侵权总量为 3.19 万条，占比 22.4%。小网站成为电影作品盗版传播的重灾区。

（二）支持权利人维权

在电影《人生大事》遭遇盗版时，受权利人委托，影著协在协会官网作版权声明。同时，接受 CCTV6 电影频道《今日影评》节目采访，为影片提供维权建议。为电影《漫长的告白》权利人提供维权咨询，支持其就巴厘岛国际电影节期间遭遇的侵权现象进行维权。

三、版权管理相关工作

（一）为学习强国平台提供版权服务

为学习强国平台提供版权咨询、协调、内容推荐、侵权盗版线索搜集整理、公版片目更新等服务。

（二）推动短视频正版化

为解决短视频侵权盗版问题，影著协首先在官网推出已经过版权保护期的公版影片目录，供短视频创作者选择素材使用。同时，影著协通过与字节跳动合作推出"夏日好剧安利计划"中的经典影片版块，推动公版影片短视频创作，在宣传正版创作的同时，弘扬经典影片精神。

（史文霞）

版权要闻

2022 年中国版权十件大事

[编者按]　2023 年 2 月 28 日，国家版权局在成都发布其评选产生的"2022 年中国版权十件大事"。

一、北京冬奥会版权保护工作取得显著成效

2022 年北京冬奥会、冬残奥会期间，国家版权局会同工信部、公安部等六部门联合开展了冬奥版权保护集中行动，重点整治通过广播电视、网站、互联网电视等非法传播冬奥赛事节目，重点打击短视频平台未经授权提供冬奥赛事节目盗播链接。冬奥会期间，全国各级版权执法部门共出动执法人员 18.5 万人次，检查实体市场相关单位 8.9 万家次，删除涉冬奥侵权链接 11.07 万条，处置侵权账号 1.01 万个，有效维护了冬奥版权保护秩序，展现了我国政府切实履行国际承诺的良好形象。

二、《马拉喀什条约》在中国落地实施

2022 年 2 月 5 日，中国向世界知识产权组织交存了《关于为盲人、视力障碍者或其他印刷品阅读障碍者获得已出版作品提供便利的马拉喀什条约》批准书。5 月 5 日，《马拉喀什条约》对中国生效。国家版权局 8 月 1 日印发了《以无障碍方式向阅读障碍者提供作品暂行规定》，推动条约有效实施。作为世界上迄今为止唯一一部版权领域的人权条约，《马拉喀什条约》在中国落地实施更好地保障了我国广大阅读障碍者的文化权益。同时，也为我国向海外阅读障碍者提供无障碍格式版创造了条件，对推动我国优秀作品海外传播具有重要意义。

三、加强对知识分享平台版权监管

2022 年，针对群众反映强烈的知识分享平台侵权使用作品、强制独家授权等问题，国家版权局在联合多部门开展的"剑网"行动中对文献数据库未经授权、超授权使用传播他人作品等侵权行为开展集中整治，推进知识资源平台版权合规建设与社会共治，加强对知识服务全链条版权监管与行政执法，推进行业自律和版权信用体系建设，推动知识服务

行业规范健康发展。2022 年 12 月 26 日，市场监管总局对知网垄断行为依法作出行政处罚决定，责令知网停止违法行为，并处罚款 8 760 万元。

四、版权专项整治行动成效显著

2022 年，全国各级版权执法部门不断加大版权执法力度，相继组织开展了冬奥版权保护集中行动、青少年版权保护季行动、打击院线电影盗录传播专项工作、"剑网 2022"专项行动，重点整治非法传播冬奥赛事节目行为、权利人和广大家长反映强烈的危害青少年权益的侵权盗版行为、电影盗录传播违法犯罪行为，以及文献数据库、短视频和网络文学、NFT 数字藏品、剧本杀等重点领域侵权盗版行为。全国各级版权执法部门共检查实体市场相关单位 65.35 万家次，查办侵权盗版案件 3 378 件（网络案件 1 180 件），删除侵权盗版链接 84.62 万条，关闭侵权盗版网站（App）1 692 个，处置侵权账号 1.54 万个，版权环境进一步净化。

五、国家版权局参与主办第十八届中国（深圳）国际文化产业博览交易会

2022 年 12 月，国家版权局首次作为主办单位之一参与第十八届中国（深圳）国际文化产业博览交易会，并举办"版权让文化生活更美好"主题展览，展示了党的十八大以来版权立法、版权保护、版权服务、版权国际交流合作和版权宣传教育在提升文化产业发展等方面取得的成就，体现了版权对优化文化产业生态、推动文化科技融合、促进文化成果转化、推动文化产业高质量发展的重要作用。

六、全国著作权质权登记信息实现统一查询

2022 年 9 月，按照《国务院关于开展营商环境创新试点工作的意见》（国发〔2021〕24 号）关于在北京、上海、重庆、杭州、广州、深圳等 6 个城

市试点"便利开展机动车、船舶、知识产权等动产和权利担保融资"的要求，国家版权局联合中国人民银行，指导中国版权保护中心与中国人民银行征信中心实现全国著作权质权登记信息统一查询，有力促进版权运营和价值转化，缓解中小微企业的融资困难，进一步优化市场营商环境。

七、国家"区块链＋版权"创新应用试点工作启动

2022年1月，中央网信办、中央宣传部等十六部门联合公布国家区块链创新应用试点名单，12家单位入选"区块链＋版权"特色领域国家区块链创新应用试点。该工作是为了落实国家关于推动产业数字化转型的重要部署，指导试点单位依托区块链技术，为版权登记、授权管理、版权交易、版权运营及版权保护等版权产业链相关业务提供解决方案。

八、中国音像著作权集体管理协会诉天合文化集团有限公司等合同纠纷案终审宣判

2022年11月20日，北京市高级人民法院就中国音像著作权集体管理协会（以下简称"音集协"）诉天合文化集团有限公司等（以下简称"天合公司"）合同纠纷案作出终审判决（（2021）京民终929号）。法院认为，天合公司在与音集协合作期间存在截留版权使用费、延迟履行支付、私下收取现金等行为，构成根本性违约，音集协有权解除合作，判决驳回天合公司上诉，维持原判。音集协与天合公司之间历时四年的合同纠纷案以著作权集体管理组织的胜诉终结。该判决有效落实了著作权法律法规相关规定，有力支持了国家版权局关于商业机构不得介入著作权集体管理事务的监管要求，为我国著作权集体管理事业健康发展提供了坚实的司法保障。

九、民间文艺版权保护与促进试点工作推进实施

2022年11月10日，中央宣传部在内蒙古、江苏、四川、贵州4个省级试点地区的基础上，启动了山西晋城、黑龙江佳木斯、江苏扬州、安徽黄山、江西抚州、山东潍坊、广东潮州、贵州毕节等8个市级试点地区的民间文艺版权保护与促进试点工作，进一步发挥当地民间文艺资源的独特优势，探索创新民间文艺领域版权工作业态、模式、机制，提升全社会民间文艺版权保护意识，加强民间文艺版权创造、运用、保护、管理和服务，推动民间文艺版权资源流动，开拓版权助力中华优秀传统文化创造性转化、创新性发展的新思路、新格局。

十、长短视频协同合作成业界共识

《中国互联网络发展状况统计报告》数据显示，截至2022年6月，我国短视频用户规模增至9.62亿，占网民整体的91.5%。短视频行业成为数字版权领域发展最为迅猛的行业，而长短视频平台因为版权问题冲突不断。2022年，长短视频平台通过尝试开展版权合作，积极解决版权侵权问题。3月17日，抖音与搜狐视频达成合作；6月30日，快手宣布与乐视视频达成合作；7月19日，抖音宣布与爱奇艺达成合作。短视频平台作为数字版权领域的新兴产业，加强与长视频平台的版权合作，获得更多长视频版权授权，将成为解决短视频平台版权侵权问题的重要方式，对行业版权治理和共赢发展具有积极意义。

动态百条

◆ 立 法

【《马拉喀什条约》5月5日对中国生效】 2022年5月5日，《关于为盲人、视力障碍者或其他印刷品阅读障碍者获得已出版作品提供便利的马拉喀什条约》对中国生效，中国成为该条约的第85个缔约方。

《马拉喀什条约》于2013年6月27日在摩洛哥马拉喀什通过，由联合国专门机构——世界知识产权组织管理。该条约要求各缔约方规定版权限制与例外，以保障阅读障碍者平等欣赏作品和接受教育的权利，是世界上迄今为止唯一一部版权领域的人权条约。

在版权领域，中国一直高度重视保障视力残疾人等阅读障碍者平等欣赏作品和接受教育的权利。1991年6月1日施行的《著作权法》规定，将已经发表的作品改成盲文出版，可以不经著作权人许可，不向其支付报酬。2013年6月28日，中国签署了《马拉喀什条约》，成为首批签署方之一。2020年11月11日，《著作权法》完成第三次修正，并于2021年6月1日施行，其中将合理使用情形由原来的"将已经发表的作品改成盲文出版"扩展到"以阅读障碍者能够感知的无障碍方式向其提供已经发表的作品"，体现了《马拉喀什条约》的核心内容。2021年10月23日，十三届全国人大常委会第三十一次会议决定批准《马拉喀什条约》。2022年2月5日，中国向世界知识产权组织交存了《马拉喀什条约》批准书。

《马拉喀什条约》对中国生效后，将极大丰富我国阅读障碍者的精神文化生活，提高其受教育程度，加深海外华人阅读障碍者与国内的联系，推动我国优秀作品海外传播，进一步提升我国在国际版权领域的话语权和影响力，展现我国大力发展残疾人事业、充分尊重人权的国际形象。

（资料来源：国家版权局）

【最高法发布《关于规范和加强人工智能司法应用的意见》】 2022年12月9日，最高人民法院发布《关于规范和加强人工智能司法应用的意见》（以下简称《意见》），进一步推动人工智能同司法工作深度融合，全面深化智慧法院建设，创造更高水平的数字正义，推动智慧法治建设迈向更高层次。

《意见》共包括六个部分20条内容。《意见》提出分两个阶段建成具有规则引领和应用示范效应的司法人工智能技术应用和理论体系。到2025年，基本建成较为完备的司法人工智能技术应用体系，为司法为民、公正司法提供全方位智能辅助支持。到2030年，建成具有规则引领和应用示范效应的司法人工智能技术应用和理论体系，为司法为民、公正司法提供全流程高水平智能辅助支持，应用效能充分彰显。

《意见》明确了人工智能司法应用需要遵循的五项基本原则，分别为安全合法原则、公平公正原则、辅助审判原则、透明可信原则、公序良俗原则；同时明确了人工智能司法的主要应用范围，着重从人工智能为司法工作提供全方位智能辅助支持、显著减轻法官事务性工作负担、有效保障廉洁司法、提高司法管理水平、创新服务社会治理等角度，明确了人工智能司法应用的主要场景。

为确保人工智能司法应用得到更好的技术支持，《意见》提出了五方面的系统建设要求：要求加强人工智能应用顶层设计，明确人工智能司法应用需按照人民法院信息化建设发展规划部署，设计完善智慧法院人工智能相关信息系统体系架构和技术标准体系；要求加强司法数据中台和智慧法院大脑建设，通过打造实体化司法数据中台和智慧法院大脑，为面向各类业务的人工智能司法应用提供核心驱动；要求加强司法人工智能应用系统建设，以提升智能化水平为主线，建设符合先进技术发展方向的司法人工智能产品和服务；要求加强司法人工智能关键核心技术攻关，依托国家重点工程、科研项目和科技创新平台，组织产学研优势力量，开展关键核心技术集智攻关，为司法人工智能系统建设提供牵引和支撑；同时，还要求加强基础设施建设和安全运维保障，强化网络安全、数据安全和个人信息保护能力，完善人工智能运行维护机制。《意见》的最后部分，对人工智能司法应用过程中的组织领导、知识产权保护、安全保障等相关工作要求也一并进行了明确。

（资料来源：《法治日报》 作者：张晨）

【国家版权局印发《以无障碍方式向阅读障碍者提供作品暂行规定》】 2022 年 8 月 1 日，国家版权局印发了《以无障碍方式向阅读障碍者提供作品暂行规定》（以下简称《暂行规定》），对以无障碍方式向阅读障碍者提供作品的版权秩序加以规范，以进一步推动《著作权法》和《马拉喀什条约》有效实施，保障阅读障碍者的文化权益。

2022 年 5 月 5 日，《关于为盲人、视力障碍者或其他印刷品阅读障碍者获得已出版作品提供便利的马拉喀什条约》对中国生效。该条约要求各缔约方规定版权限制与例外，以保障阅读障碍者平等欣赏作品和接受教育的权利，是世界上迄今为止唯一一部版权领域的人权条约。

《暂行规定》明确阅读障碍者包括视力残疾人以及由于视觉缺陷、知觉障碍、肢体残疾等原因无法正常阅读的人；明确无障碍格式版指采用替代方式或形式，让阅读障碍者能够感知并有效使用的作品版本；明确将已经发表的作品制作成无障碍格式版并向阅读障碍者提供，可以不经著作权人许可，不向其支付报酬，但应当遵守相关要求。

《暂行规定》规定，制作、提供无障碍格式版应当遵守指明作者姓名或名称、作品名称，使用有合法来源的作品，尊重作品完整性，仅限通过特定渠道向可以提供相关证明的阅读障碍者或无障碍格式版服务机构提供，不以营利为目的，告知著作权人并记录相关事项等要求。此外，还应当遵守出版、电影、广播电视、网络视听等相关行业管理规定和标准。

《暂行规定》鼓励通过无障碍格式版服务机构制作、提供无障碍格式版，鼓励通过无障碍格式版跨境交换机构跨境交换无障碍格式版。规定了以上两类机构的范围以及应当符合的条件，要求其向国家版权局进行告知性备案，以便各级著作权主管部门对其进行引导支持和加强监管。此外，还明确了违反《暂行规定》导致影响作品正常使用或不合理地损害著作权人合法权益，应当承担相应的民事、行政或刑事责任。

《暂行规定》自 2022 年 8 月 1 日起施行，无障碍格式版服务机构（含跨境交换机构）备案指南随《暂行规定》一同在国家版权局网站上公布。

（资料来源：中国经济网 作者：成琪）

【市场监管总局就《禁止滥用知识产权排除、限制竞争行为规定》公开征求意见】 2022 年 6 月 27 日，市场监管总局发布《禁止滥用知识产权排除、限制竞争行为规定（征求意见稿）》（以下简称《规定》）。《规定》细化了知识产权领域滥用市场支配地位行为制度规则，完善了限定交易、搭售、附加不合理限制条件等行为认定规则。

修订后的《规定》共二十八条，从健全知识产权领域反垄断制度规则、完善标准必要专利等重点领域反垄断规则等四方面做出了调整。

结合知识产权领域反垄断实际，《规定》将"激励创新"修改为"鼓励创新"。明确规定，在涉及知识产权许可等反垄断执法工作中，相关商品市场除了可以是技术市场和含有特定知识产权的产品市场之外，还可能涉及创新（研发）市场。同时，增加"经营者不得利用行使知识产权的方式，组织其他经营者达成垄断协议或者为其他经营者达成垄断协议提供实质性帮助"的规定。

在强化法律责任、修改法律责任条款方面，《规定》指出，经营者滥用知识产权排除、限制竞争的行为构成垄断协议的，由反垄断执法机构责令停止违法行为，没收违法所得，并处罚款。

在健全知识产权领域反垄断制度规则方面，《规定》明确滥用知识产权排除、限制竞争行为，包括达成垄断协议，滥用市场支配地位和具有或者可能具有排除、限制竞争效果的经营者集中等垄断行为。同时，细化知识产权领域滥用市场支配地位行为制度规则，增加认定市场支配地位的考量因素，完善限定交易、搭售、附加不合理限制条件等行为认定规则。

《规定》增加了涉及知识产权的经营者集中申报、审查和附加限制性条件的具体规定。其中，涉及知识产权的经营者集中限制性条件包括剥离知识产权或者知识产权所涉业务，保持知识产权相关业务的独立运营，以合理条件许可知识产权等。

在完善标准必要专利等重点领域反垄断规则方面，《规定》完善了有关利用专利联营达成垄断协议、滥用市场支配地位行为的规定。明确具有市场支配地位的专利联营实体不得利用专利联营实施滥用市场支配地位的行为，排除、限制竞争，包括：以不公平的高价许可联营专利；没有正当理由，限制联营成员在联营之外作为独立许可人许可专利；没有正当理由，禁止被许可人质疑联营专利的有效性；等等。

此外，《规定》还明确了标准制定和实施过程中达成垄断协议的情形，完善了关于标准必要专利许可过程中的滥用市场支配地位行为的规定，增加了对著作权集体管理组织垄断行为的规定。

（资料来源：《证券时报》 作者：郭博昊）

【《江苏省知识产权促进和保护条例》出台】
2022年1月14日，江苏省十三届人大常委会第二十八次会议审议通过《江苏省知识产权促进和保护条例》（以下简称《条例》）。这是全国首部有关知识产权促进和保护的省级地方性法规，于2022年世界知识产权日当天即4月26日起施行。

《条例》共六章六十八条，对强化组织领导和系统推进、促进知识产权高质量创造运用、强化知识产权高标准保护、实现知识产权高水平管理与服务等方面进行了规定。《条例》要求，由政府领导、负有知识产权管理职责的部门负责、有关部门配合共同做好知识产权促进和保护工作，推动知识产权强省建设。

《条例》创新制度设计，在打通知识产权创造、运用、保护、管理、服务全链条，切实解决江苏知识产权促进和保护中的突出问题等方面有新举措。针对高校院所知识产权有效转化率不高的情况，《条例》规定：高等学校、科研院所对利用财政资金取得的知识产权，可以按照国家有关规定赋予完成人所有权或者长期使用权；鼓励高等学校、科研院所建立专业化知识产权转移转化机构，实施开放许可。针对知识产权保护的难题，《条例》提出，专利代理违法行为和专利重复侵权行为由省、设区的市知识产权部门依法予以行政处罚。《条例》还规定了电子商务、展会、商业秘密等重点领域知识产权保护措施，提出建立与数据相关的知识产权保护机制、知识产权侵权纠纷检验鉴定工作体系和知识产权技术调查员制度等。

（资料来源：《中国知识产权报》 作者：吴珂）

【《广东省知识产权保护条例》2022年5月1日起施行】 2022年3月29日，广东省十三届人大常委会举行第四十一次会议，表决通过《广东省知识产权保护条例》（以下简称《条例》），《条例》于2022年5月1日起施行。《条例》以知识产权"严保护、大保护、快保护、同保护"为原则，将为广东省统筹推进知识产权的各项工作提供法律依据和制度保障，对推进广东省打造知识产权保护新高地、推动构建广东新发展格局具有重要意义。

《条例》明确要求对知识产权侵权行为从重处罚。为强化知识产权全链条保护，牢固树立保护知识产权就是保护创新的理念，省人大常委会在立法过程中组织省市场监管局、省司法厅等相关部门和专家、学者进行专题论证，结合广东省知识产权保护工作实际，围绕知识产权保护工作的重点难点，构建了严格的知识产权保护体系，做到既严格保护知识产权，又确保公共利益和激励创新兼得。《条例》加大了对知识产权侵权行为的惩处力度，提高了对侵权者或违反知识产权保护义务者的威慑力。

《条例》推动完善失信惩戒机制并督促开展行政保护专项行动。加快推进知识产权领域信用体系建设，建立健全失信惩戒机制，加大对违反行政禁令进行重复侵权、恶意侵权、群体侵权的行政处罚力度。

《条例》从行政执法、司法审判、仲裁调解、行业自律等多领域多角度对知识产权予以全面保护，加强知识产权保护协同配合，健全知识产权"大保护"工作格局。加强知识产权行政执法保护，知识产权领域重大案件执法需要多个部门协作，且侵犯知识产权和制假售假案件呈现出跨领域、跨区域等特点。

《条例》加强司法保护与行政执法衔接。为进一步发挥知识产权行政保护和司法保护的优势作用，《条例》规定建立和完善知识产权保护行政执法和司法衔接机制，推动知识产权领域行政执法标准和司法立案追诉、裁判标准协调衔接。同时，鼓励知识产权保护领域的数字化改革，充分运用云计算、大数据、区块链等新一代信息技术，探索建立智慧、高效、协同的数字化知识产权保护体系。

强化知识产权保护，一个很重要的维度就是"快保护"。为此，《条例》结合知识产权保护工作实际，设立了快速确权、维权、纠纷处理机制，并与行政执法相衔接，持续强化我省知识产权保护的"风火轮"。

从建立专利申请确权快速通道、建立快速维权机制、建立专利侵权纠纷等快速处理机制、强化知识产权纠纷调解解决等四方面持续强化广东省知识产权"快保护"的"风火轮"。

（资料来源：《广州日报》 作者：魏丽娜）

【山东省人大常委会审议通过《山东省知识产权保护和促进条例》】 2022年3月30日，山东省十三届人大常委会第三十四次会议表决通过《山东省知识产权保护和促进条例》（以下简称《条例》）。《条例》共六章四十九条，对知识产权创造、运用、保护、管理和服务作出全链条规范。

《条例》明确要求大力促进知识产权创造和运用。鼓励相关单位加强知识产权创造和储备，支持自主知识产权产业化；完善以知识价值为导向的知识产权权益分配机制；明确职务知识产权的产权激励和奖励制度；推动知识产权与标准融合发展；鼓励知识产权金融服务创新。

《条例》强调全面强化知识产权保护。建立行政保护与司法保护、政府监管与行业自律、企业自治与社会监督相结合的知识产权保护体系；规定知识产权重点保护名录和侵权预警机制；引入技术调查官制度；加强对重点领域知识产权的保护；建立和完善知识产权纠纷多元化解机制，为全省知识产权保护提供制度保障。

《条例》提出进一步完善知识产权工作机制。明确了市场监督管理部门的统筹协调职责和各部门的具体工作职责；鼓励自贸区、新旧动能转换起步区等先行先试；突出优化服务理念，要求县级以上人民政府综合运用财政、税收、投资、产业、科技、人才等政策，提供指导和服务；建立海外预警、信息公共服务、快速审查等制度；设计"尽职免责"条款，鼓励推动在知识产权工作中大胆创新，担当作为。

《条例》于 2022 年 5 月 1 日起施行。山东省市场监管部门将立足职能作用，抓好《条例》学习宣传，推动《条例》实施到位，进一步提高山东省知识产权保护和促进工作的法治化水平，为建设创新型省份提供法治保障。

（资料来源：《中国市场监管报》 作者：郝建艇）

【北京出台《北京市知识产权保护条例》】 2022年 3 月 31 日，北京市十五届人大常委会第三十八次会议表决通过了《北京市知识产权保护条例》（以下简称《条例》），《条例》自 2022 年 7 月 1 日起施行。

《条例》的出台是北京市深入贯彻党的十九大、十九届历次全会精神和习近平总书记关于知识产权工作系列重要指示精神，落实中共中央、国务院《知识产权强国建设纲要（2021—2035 年）》和国务院《"十四五"国家知识产权保护和运用规划》，立足首都城市战略定位，建设知识产权强国示范城市，加快打造知识产权首善之区的重要举措，为推动构建新发展格局、服务首都经济社会高质量发展提供有效知识产权法治保障。

《条例》共七章五十七条，主要规定了知识产权行政保护和司法保护、重点领域和新兴领域保护、

公共服务以及纠纷多元调处四个方面内容，着力构建行政监管、司法保护、行业自律、社会监督、公共服务、纠纷多元调处的知识产权保护格局，健全制度完善、运行高效、管理科学、服务优化的知识产权保护体系。

《条例》颁布实施后，北京市将认真抓好贯彻实施工作，及时制定配套政策，丰富完善法规政策体系；大力推动普法宣讲，积极营造良好知识产权法治环境；适时开展实施评估，持续深化《条例》有效执行。

（资料来源：北京市知识产权办公会议办公室
作者：陈军）

【《广东省版权条例》表决通过】 2022 年 9 月29 日，广东省十三届人大常委会第四十六次会议审议通过《广东省版权条例》（以下简称《条例》）。《条例》围绕完善版权创造、运用、保护、管理和服务的全链条作出规定，于 2023 年 1 月 1 日起正式施行。

《条例》首次把"激励创作"写入条文，明确规定省和地级以上市版权主管部门应当采取措施激励作品创作，实施优秀作品扶持计划，组织开展优秀版权作品评选，重点推动科技创新、数字经济、文化传承与发展等领域作品的创作和转化。

《条例》注重版权创新成果的有效转化运用，规定省和地级以上市政府应当建立以权利人为主体、以市场为导向、产学研用相结合的版权创造体系；应当通过规划引导、政策支持、市场主体培育等方式，促进区域优质版权资源汇聚，为版权产业集群建设发展创造条件和提供便利。此外，《条例》还规定省版权主管部门应当健全版权交易机制，在版权确权、价值评估、许可转让和交易服务等方面对市场主体进行引导和规范，促进版权依法流转。

为推动版权"走出去"，《条例》倡导粤港澳大湾区在版权产业方面进行协同发展，鼓励广东与香港、澳门在影视、音乐、动漫、游戏、创意设计、计算机软件等重点行业进行版权合作。同时要求优化版权国际贸易服务，拓宽对外交流合作渠道，在版权贸易、产业对接、学术研究、人才培养、海外维权等方面推动交流合作，提升版权产业国际运营能力。

《条例》在《广东省知识产权保护条例》基础上，聚焦版权保护重点领域和突出问题，从制度上进一步落实落细。

《条例》明确要求加强新业态版权保护。一方

面，指出省版权主管部门应当推动新业态版权保护，加强对版权治理新问题的研究与监管，完善体育赛事、综艺节目、网络视听、电商平台等领域的新业态版权保护制度；另一方面，规定省和地级以上市版权主管部门应当加强源头追溯、实时监测、在线识别等数字版权保护技术的研发运用，建立打击网络侵权行为的快速反应机制。

在重点作品版权保护方面，《条例》明确省版权主管部门应当建立健全重点作品版权保护预警制度，建立重点关注市场名录，加强对电商平台、展会、专业市场、进出口等重点领域的监测管理，及时组织查处版权侵权行为。

在权利人自我保护意识方面，《条例》明确鼓励企业、高等学校、科研机构加强风险防范机制建设，建立健全版权保护制度，提高自我保护能力，强化版权源头保护，同时鼓励权利人采用时间戳、区块链等电子存证技术获取、固定版权保护相关证据。

《条例》重点对重复侵权行为进行明确，针对性维护权利人的合法权益，规定对版权侵权行为作出的行政处罚决定、司法判决生效后，自然人、法人和非法人组织再次侵犯同一作品版权的，版权主管部门应当从重给予处罚。

（资料来源：《南方日报》 作者：姚瑶 余慧琪）

【《浙江省知识产权保护和促进条例》2023 年起实施】 2022 年 9 月 29 日，浙江省十三届人大常委会第三十八次会议审议通过《浙江省知识产权保护和促进条例》（以下简称《条例》），《条例》于 2023 年 1 月 1 日起正式实施。

《条例》共七章五十五条，紧扣浙江实际，以加强知识产权保护、激发全社会创新活力、建设知识产权强国先行省、促进经济社会高质量发展为目标宗旨，形成了 15 个具有鲜明浙江辨识度的制度安排。

例如，为强化知识产权创新激励，规定省政府设立知识产权奖，对在知识产权保护和促进工作中做出突出贡献的单位与个人予以表彰奖励。这是全国首个涵盖全门类、贯通全链条的知识产权政府奖。

《条例》还建立了知识产权技术调查官制度。调查官可以为知识产权案件技术事实与专业问题的调查、分析、判断提供技术协助，以解决行政执法过程中执法人员专业能力欠缺的问题。

《条例》的出台，为整体谋划和统筹协调知识产权工作，解决知识产权门类多、管理和执法职能分散等问题提供了制度依据。《条例》对提升知识产权创造质量、完善知识产权转化机制、建立数据相关

知识产权保护规则、奖励知识产权创造等相关内容作了刚性规定，提出建立知识产权重点保护、行政裁决、简案快办等制度，以问题、需求为导向，破解知识产权保护举证难、周期长等问题，有助于打通知识产权全链条，以制度创新突破现实瓶颈。

（资料来源：《中国消费者报》 作者：郑铁锋）

◆ 司 法

【最高法发布《最高人民法院知识产权法庭年度报告（2021）》】 2022 年 2 月 28 日，最高人民法院发布《最高人民法院知识产权法庭年度报告（2021）》（以下简称《报告》）。

《报告》指出了知识产权案件数量持续增长，法官人均结案数量和平均审理周期有所增长，垄断协议纠纷民事案件占比有所上升等情况。

知识产权案件数量持续增长。据统计，2021 年，法庭共受理技术类知识产权和垄断案件 5 238 件（新收 4 335 件），审结 3 460 件，结收比为 79.8%。法庭受理案件占全院的 17.8%，新收占 16.4%，审结占 13.5%。与 2020 年同期相比，新收案件数量增加 1 158 件，增长率为 36.4%；结案数量增加 673 件，增长率为 24.1%。

人案矛盾加剧，疑难案件增多，平均审理周期有所增长。2021 年，法官人均结案 83.5 件，同比增长 1.2%。各类案件结案平均审理周期为 134 个自然日，民事二审实体案件平均审理周期为 129.4 个自然日，行政二审案件平均审理周期为 143.6 个自然日。

《报告》提到，垄断协议纠纷民事案件，特别是横向垄断协议案件占比上升。横向垄断协议涉及的行业包括信息通信技术、驾驶培训服务、消防检测服务等，部分垄断协议有行业协会参与。反垄断问题与知识产权问题交织情形增多，案件既涉及滥用与专利权有关的市场支配地位行为问题，又涉及药品专利反向支付协议、划分市场、限制销售等横向垄断协议问题。

《报告》强调，加强对平台经济、核心技术、医药通信等重点领域垄断和不正当竞争案件的审判指导力度，切实强化技术秘密司法保护，审结一批司法导向鲜明的有利于科技创新和公平竞争的典型案件。

（资料来源：《21 世纪经济报道》 作者：徐世祯）

【最高检发布《关于全面加强新时代知识产权检察工作的意见》】 2022年3月1日，最高人民检察院召开主题为"加强新时代知识产权检察 服务保障创新驱动发展"的新闻发布会，发布《最高人民检察院关于全面加强新时代知识产权检察工作的意见》（以下简称《意见》）。

数据显示，2021年，全国检察机关共批准逮捕侵犯知识产权犯罪4 590件7 835人，同比分别上升16.8%和9.2%；共起诉侵犯知识产权犯罪6 565件14 020人，同比分别上升12.3%和15.4%；监督公安机关立案299件，同比上升65.2%；共受理涉知识产权民事生效裁判、调解书监督案件538件，同比上升3倍。

履职能力和效果稳步提升的同时，最高检也在不断强化对知识产权检察工作的前瞻性思考和战略性布局。《意见》全面贯彻习近平总书记关于加强知识产权司法保护的重要指示精神和中央决策部署，以习近平法治思想为指引，聚焦知识产权司法保护痛点难点堵点，深入推进知识产权检察领域改革、持续健全知识产权检察体制机制，从四个方面提出21条务实举措，为当前和今后一段时期知识产权检察工作提供了根本遵循。

《意见》指出，新时代知识产权检察工作应坚持党的领导，坚持服务大局，坚持激励、保护创新等七项基本原则；要依托"四大检察"业务格局，全面提升知识产权检察综合保护质效；要聚焦重点领域重点环节，积极参与知识产权法律法规修改完善，尤其是健全大数据、人工智能、基因技术等新业态新领域知识产权保护制度，探索完善互联网领域知识产权保护制度，促进规范市场秩序，保护公平竞争。

《意见》强调，检察机关要结合当前正在进行的知识产权领域体制机制改革，协同推进，融入大保护格局；要加大知识产权专门化机构建设力度，因地制宜推动知识产权检察业务机构和办案组织建设，科学组建专业化办案团队；建立健全知识产权检察专家咨询、技术调查官等制度，充分借助专家学者、技术人才的智慧和专业技能；要强化宣传引导，传递知识产权保护检察声音。

（资料来源：《检察日报》 作者：徐日丹 常璐倩）

【最高法就六家KTV诉音集协垄断纠纷案作出终审判决】 2022年3月28日，最高人民法院对广东地区六家KTV经营企业诉中国音像著作权集体管理协会（以下简称"音集协"）垄断纠纷案作出终审判决：驳回六家KTV经营企业的上诉请求，维持原判。音集协不构成滥用市场支配地位的垄断行为。

2020年6月4日，广东地区八家KTV经营企业诉音集协垄断纠纷案经北京知识产权法院一审判决认定：音集协在中国大陆类电影作品或音像制品在KTV经营中的许可使用市场具有市场支配地位，但是在案证据不足以证明音集协实施了《反垄断法》第十七条第一款第（四）项、第（五）项规制的限定交易、附加不合理的交易条件等滥用市场支配地位的垄断行为，故音集协不构成滥用市场支配地位的垄断行为。据此，一审判决驳回原告的全部诉讼请求。

一审宣判后，原告潮州市潮安区凯乐迪酒店有限公司、惠州市欢唱壹佰娱乐有限公司未提起上诉，一审判决生效。其余六家原告对一审判决表示不服，向最高人民法院提起上诉。

2022年3月28日，最高人民法院经过细致、审慎的审理，对上诉系列垄断纠纷六案作出终审判决：驳回原告上诉，维持原判。

判决首先确认了音集协在中国大陆类电影作品或音像制品在KTV经营中的许可使用市场具有市场支配地位，而后对音集协是否实施了被诉滥用市场支配地位的行为一一作出分析。

对于上诉方主张音集协违反《反垄断法》第十七条第一款第（三）项实施"没有正当理由，拒绝与交易相对人进行交易"的行为，最高人民法院认为：

案涉KTV经营者要求与音集协签订著作权许可使用合同，但音集协从未明确表示拒绝签约，亦明确表示愿意签约；案涉KTV经营者主张音集协未提供收费标准且未按照精准计次合理收费，但音集协的收费行为符合国家版权局2006年1号公告标准要求，且提供了向社会公告KTV著作权使用费收取标准的证据；案涉KTV经营者主张音集协未提供著作权人及作品等相关信息权利，但音集协在其官网公布了协会管理的作品库、权利人名录、作品表演者名录等权利公示信息，公众可以随时查询；案涉KTV经营者要求音集协许可其复制权、信息网络传播权等著作财产权不符合行业惯例，也不利于有效维护著作权人和与著作权有关的权利人的利益；案涉KTV经营者以要求音集协提供音像节目载体作为签约条件亦不具有合理性。

因此，音集协未实施《反垄断法》第十七条第一款第（三）项所禁止的拒绝交易行为。

对于上诉方主张音集协违反《反垄断法》第十

七条第一款第（五）项所规定的"没有正当理由搭售商品，或者在交易时附加其他不合理的交易条件"的行为，最高人民法院认为：

音集协管理的作品数量较大，KTV 经营者为了满足日常经营必然会使用音集协管理的作品，故音集协以要求 KTV 经营者补交前两年许可使用费作为签约条件具有合理性，不仅是音集协依法履行集体管理组织职责的正当表现，而且可以节省诉讼资源，对其他经营者起到良好警示作用；并未有证据证明音集协实施了要求 KTV 经营者补交签约前的管理费和签约费等附加不合理条件的行为。

因此，音集协未实施《反垄断法》第十七条第一款第（五）项所禁止的附加不合理交易条件行为。

综上，在案证据不能证明音集协实施了《反垄断法》第十七条第一款第（三）项、第（五）项拒绝交易和附加不合理条件的行为，案涉 KTV 经营者要求音集协赔偿损失的主张缺乏事实和法律依据，最高人民法院依法判决：驳回上诉，维持原判。

（资料来源：中国音像著作权集体管理协会）

【最高法举行知识产权宣传周新闻发布会】
2022 年 4 月 21 日，最高人民法院举办知识产权宣传周新闻发布会，通报全国法院 2021 年知识产权司法保护的总体情况，发布《最高人民法院关于第一审知识产权民事、行政案件管辖的若干规定》以及 2021 年中国法院 10 大知识产权案件和 50 件典型知识产权案例。

2021 年知识产权司法保护力度进一步加大，人民法院新收一审、二审、申请再审等各类知识产权案件 642 968 件，审结 601 544 件（含旧存），比 2020 年分别上升 22.33% 和 14.71%。人民法院审理了一批具有重大影响和典型意义的案件，如"双飞人"商标侵权案、"香兰素"技术秘密侵权案等，重点惩治假冒防疫物资注册商标、互联网电影盗版、侵犯关键技术领域商业秘密、种子制假售假等犯罪，有力维护了社会公共利益、保护了权利人利益。

针对"举证难、赔偿低、成本高、周期长"等问题，人民法院通过依法积极适用证据妨碍排除、证据保全等，减轻权利人举证负担；通过适用惩罚性赔偿等不断提高赔偿数额，2021 年在 895 件案件中对侵权人判处惩罚性赔偿；通过适用小额诉讼程序、普通程序独任制、二审独任制等制度和"先行判决＋临时禁令"等裁判方式，缩短审理周期。

最高人民法院知识产权法庭运行三年来成效显著，国家层面知识产权案件上诉审理机制进一步完善。目前，以最高人民法院知识产权审判部门为牵引、知识产权法院为示范、地方法院知识产权法庭为重点、地方法院知识产权审判部门为支撑的专业化审判格局基本建成，知识产权专业化审判能力显著提高。多元化技术事实查明机制不断完善，"全国法院技术调查人才库"已收录 450 余名技术专家，覆盖 30 多个技术领域。

（资料来源：《光明日报》 作者：王金虎）

【最高法发布 2021 年中国法院 10 大知识产权案件和 50 件典型知识产权案例】 2022 年 4 月 21 日，最高人民法院发布 2021 年中国法院 10 大知识产权案件和 50 件典型知识产权案例。本次 10 大知识产权案件为：涉"双飞人"商标侵权及不正当竞争纠纷案、"香兰素"侵害技术秘密案、"驾校联营"横向垄断协议案、涉"金粳 818"植物新品种侵权案、侵害"排水板成型机"发明专利权及司法惩戒案、涉"惠氏"商标惩罚性赔偿案、"空竹"杂技作品著作权权属及侵权案、涉开源软件侵害计算机软件著作权案、"刷单炒信"不正当竞争纠纷案、"人人影视字幕组"侵犯著作权罪案。50 件典型知识产权案例中著作权案件有：汉华易美（天津）图像技术有限公司与河南草庐蜂业有限公司侵害作品信息网络传播权纠纷案，苏梦与荆门秀锦娱乐有限公司侵害著作权纠纷案，长沙米拓信息技术有限公司与河南省工程建设协会侵害计算机软件著作权纠纷案，刘迅与李文涵、朱毅侵害作品发表权纠纷案，深圳市脸萌科技有限公司、北京微播视界科技有限公司与杭州看影科技有限公司、杭州小影创新科技股份有限公司侵害著作权纠纷案，深圳国瓷永丰源股份有限公司与景德镇智宇贸易有限公司、景德镇市亿翔陶瓷厂著作权权属及侵害著作权纠纷案，广州市立峰音乐传播有限公司与波密县时空隧道休闲吧侵害作品放映权纠纷案，吴妍与钟志燕著作权权属及侵害著作权纠纷案，上海国芯集成电路设计有限公司等侵犯著作权罪案。

（资料来源：最高人民法院）

【最高法发布《中国知识产权司法保护状况（2021 年）》白皮书】 2022 年 4 月 21 日，最高人民法院发布《中国知识产权司法保护状况（2021 年）》白皮书。白皮书显示，2021 年，中国知识产权保护制度建设、审批登记、文化建设、国际合作等方面均取得积极进展。

保护成效方面，2021 年中国知识产权保护成效得到各国创新主体和国际社会广泛认可。知识产权保护社会满意度持续提高，达到 80.61 分（百分制），较上年上升 0.56 分。世界知识产权组织发布的《2021 年全球创新指数报告》显示，中国排名第 12 位，较上年上升 2 位，连续 9 年保持创新引领积极态势。

制度建设方面，各相关部门依法履行职责，不断健全完善知识产权法律法规体系，知识产权保护法治化工作水平进一步提高。2021 年，中国修改出台知识产权相关法律法规 2 部；发布知识产权保护相关司法解释 4 个；出台实施知识产权保护相关政策文件 20 余个。

审批登记方面，各类知识产权审批登记数量持续增长，审查质量与效率显著提高。2021 年，中国发明专利授权 69.6 万件，同比增长 31.3%。商标注册量 773.9 万件，同比增长 34.3%，国内申请人提交马德里商标国际注册申请 5 928 件，在马德里联盟中排名第三。著作权登记总量为 626.44 万件，同比增长 24.30%。农业植物新品种权申请 9 721 件，同比增长 22.85%。

文化建设方面，全力做好学习贯彻习近平总书记关于全面加强知识产权保护工作重要指示论述和党中央、国务院决策部署的宣传报道，把握新形势新任务，多角度讲好中国知识产权故事，展示文明大国、负责任大国形象。2021 年，针对知识产权保护重大专题宣传报道总量超 10 万篇次，新媒体平台相关话题参与人次近 40 亿。

国际合作方面，继续深化与世界知识产权组织等国际组织以及各国各地区知识产权机构的交流合作，主动参与国际规则制定，推动全球知识产权治理体制向着更加公正合理的方向发展。正式提出申请加入《全面与进步跨太平洋伙伴关系协定》等。

自 1998 年起，中国已连续 20 多年编制发布知识产权保护状况白皮书，向国内外各界介绍中国知识产权保护状况。

（资料来源：最高人民法院）

【最高法：2013 年以来审结一审知识产权案件量年均增长 24.5%】 2022 年 10 月 19 日，在党的二十大新闻中心第三场记者招待会上，最高人民法院党组副书记、分管日常工作的副院长、一级大法官贺荣指出，新时代的 10 年，人民法院坚持严格依法保护知识产权，有力服务创新驱动发展和科技强国建设。

"2013 年以来审结一审知识产权案件 273.8 万件，年均增长 24.5%。"贺荣表示，司法保护的范围和力度不断加大。目前，知识产权审判范围已经涵盖专利、商标、著作权、商业秘密、集成电路布图设计、植物新品种、地理标志等权利保护以及不正当竞争、垄断行为规制等相关案件，纠纷类型越来越多样。

中国激励创新创造的能力和效果更加彰显。植物新品种权、商业秘密保护、惩罚性赔偿等相关司法解释出台，依法保护发明创造和创新主体合法权益，服务高水平科技自立自强；严厉打击假冒伪劣、套牌侵权等违法犯罪行为，促进种业自主创新；出台意见服务建设全国统一大市场，加强反垄断和反不正当竞争司法，维护公平竞争的市场秩序；依法审理电商平台"二选一"、大数据杀熟等案件，不断加强对新就业形态劳动者和消费者合法权益的保护，促进数字经济、平台经济规范健康发展。

同时，专业化审判体系和保护机制进一步完善。充分发挥最高人民法院知识产权法庭和北京、上海、广州、海南自由贸易港 4 个知识产权法院，以及各地知识产权法庭职能作用，推进知识产权民事、行政、刑事审判"三合一"改革，适用惩罚性赔偿显著提高侵权代价，强化行政执法和司法衔接机制，提高全链条保护水平。

此外，司法保护的国际影响力持续提升。依法平等保护中外权利人合法权益，履行国际条约义务，与世界知识产权组织等深化交流合作，向世界传递我国严格保护知识产权的鲜明立场，已经有越来越多的外国企业选择到中国法院解决知识产权纠纷。

"下一步，我们将按照党的二十大决策部署，充分发挥审判职能作用，服务科教兴国战略实施。我们将继续加大知识产权司法保护力度，为实现高水平科技自立自强提供有力司法服务。"贺荣表示。

（资料来源：光明网 作者：李汶键）

【重庆发布 2021 年知识产权检察白皮书】 2022 年 1 月 12 日，重庆市检察院召开新闻发布会，发布《2021 年重庆市知识产权检察白皮书》。白皮书显示，2021 年重庆市检察机关受理侵犯知识产权刑事案件 152 件 357 人。其中，受理审查逮捕案件 53 件 104 人，批准逮捕 33 件 66 人；受理审查起诉案件 99 件 253 人，提起公诉 65 件 155 人。立案监督 2 件，追捕 3 人，追诉 14 人；捕诉环节促成退赔案件 23 件，追赃挽损共计 2 460 万余元；制发检察建议 11 份；办理知识产权民事行政诉讼监督案件 3 件。

（资料来源：重庆市人民检察院）

【广东高院首次发布知识产权惩罚性赔偿典型案例】 2022 年 1 月 14 日，广东省高级人民法院首次发布六个知识产权惩罚性赔偿典型案例，涉及知名品牌、金融产品、电子商务等多领域侵害商标权纠纷。

数据统计，近三年来，广东法院共审结适用惩罚性赔偿知识产权案件 148 件，其中，2021 年审结 67 件，最高判赔数额达 3 000 万元。

本次发布的六个案例包括侵权的认定、惩罚性赔偿适用中主观恶意和情节严重的判断标准、赔偿数额中基数与倍数的确定、刑事罚金与惩罚性赔偿的关系、惩罚性赔偿在刑民交叉案件中的应用等多个司法范畴。

其中，广东高院审理的"欧普公司诉华升公司侵害商标权纠纷案"入选最高院发布的全国首批六个惩罚性赔偿典型案例，该案明确了惩罚性赔偿适用的标准和赔偿数额的精细化计算路径；深圳中院审理的"小米科技公司诉深圳小米公司等侵害商标权及不正当竞争纠纷案"，通过准确查明认定电子商务中的侵权获利，判决全额支持原告诉请，展现了对惩罚性赔偿法律适用的积极、审慎、严谨态度；广州知识产权法院审理的"阿尔塞拉公司诉柯派公司侵害商标权纠纷案"，在原审判决基础上提高近八倍的赔偿数额，明确刑事罚金的执行不能减免惩罚性赔偿，传递了加大知识产权司法保护力度的强烈信号。

（资料来源：中国新闻网

作者：方伟彬　黄慧辰　王雪）

【知名话剧《窝头会馆》著作权侵权纠纷二审宣判】 2022 年 1 月 19 日，北京知识产权法院审结了北京人民艺术剧院（以下简称"北京人艺"）诉上海聚力传媒技术有限公司（以下简称"聚力公司"）著作权侵权纠纷二审案件，判决聚力公司消除影响并赔偿北京人艺经济损失 50 万元及维权合理开支 61 360 元。

《窝头会馆》是北京人艺庆祝中华人民共和国成立 60 周年的献礼剧目。作为话剧《窝头会馆》的演出单位，在演出过程中，北京人艺曾将话剧《窝头会馆》录制为录像制品。北京人艺诉称，据北京人艺事后发现，早在 2010 年 6 月之前，聚力公司运营的 PPTV，就开始未经许可提供《窝头会馆》完整话剧演出录像视频，并同时删除北京人艺表演者、录像制作者身份及版权声明。

北京人艺主张，聚力公司侵犯了北京人艺表演者权，同时侵害了其录像制品制作者权，请求法院判令聚力公司消除影响并赔偿经济损失及维权合理开支。

针对删除前三屏内容的行为，一审判决认为，北京人艺作为演出单位，虽然享有表演者权中的财产权利，但不享有作为人身权的表明表演者身份的权利，并据此认定聚力公司删除前三屏内容的行为不侵害北京人艺表明表演者身份的权利，未支持北京人艺要求聚力公司承担消除影响民事责任的诉讼请求。

一审法院最终判决聚力公司赔偿原告北京人艺经济损失 60 000 元及公证费 11 360 元，驳回北京人艺的其他诉讼请求。对于一审结果，原被告双方均向北京知识产权法院提起上诉。

北京知识产权法院审理后认为，根据北京人艺在一审提出的诉讼主张，本案涉及的被诉侵权行为不仅包括聚力公司未经许可提供《窝头会馆》话剧演出的录像视频行为，还包括其删除录像制品开头部分北京人艺版权侵权警告以及"话剧窝头会馆北京人民艺术剧院演出"字样，即删除前三屏内容的行为。

据此，北京知识产权法院将二审审理的焦点问题集中在北京人艺作为演出单位是否享有表演者权中的表明身份的权利，对删除前三屏内容的行为应当如何定性及被告应承担怎样的民事责任，其中包括赔偿数额的确定等几个方面。

二审中，法院认定聚力公司侵害了北京人艺作为表演者享有的"许可他人通过信息网络向公众传播其表演，并获得报酬"的权利，侵害了北京人艺作为录像制作者享有的"许可他人复制、发行、出租、通过信息网络向公众传播并获得报酬"的权利，依法应当承担相应的侵权责任。同时，由于该话剧创作排演成本较高，具有较高知名度，侵权视频完整呈现了《窝头会馆》表演的全部内容，视频播放量达到 195 769 次，获得了较大的流量关注，因此二审法院提高了聚力公司的赔偿数额。

最终，北京知识产权法院对北京人艺的上诉请求予以支持，改判聚力公司赔偿经济损失 50 万元及律师费 50 000 元、公证费 11 360 元，并在 PPTV 显著位置连续七日刊载声明消除影响。

（资料来源：《广州日报》　作者：李若凡）

【斗鱼因主播直播西甲侵权终审被判赔偿 PPTV10 万元】 2022 年 1 月 30 日，上海知识产权法院对上海聚力传媒技术有限公司（即 PPTV，以下简称"聚力公司"）与武汉斗鱼网络科技有限公司（以下简称"斗鱼公司"）著作权侵权纠纷及不正当竞争纠纷案作出二审判决，斗鱼公司被判赔偿聚力公司经济损失及为制止侵权所支付的合理开支共计

10 万元，并负担案件受理费 1 万元。

经审理，聚力公司拥有西甲足球赛事节目中国地区独家全媒体版权，包括电视、网络、新媒体及公共播映权等媒体的播出及版权分销权益。斗鱼直播网站涉案主播"达达陪你看球"直播涉案西甲足球赛事节目长达 4.6 个小时。聚力公司向一审法院请求判令斗鱼公司立即停止向公众播送西班牙足球甲级联赛第 35 轮马德里竞技 VS 马拉加比赛节目的著作权侵权行为及不正当竞争行为，判令斗鱼公司赔偿其经济损失 100 万元及合理开支 1 万元，共计 101 万元。

一审法院认为，涉案足球赛事节目作为著作权法意义上的类电影作品，应当加以保护。斗鱼公司作为网络服务提供者，其在提供服务的过程中未尽到相应的审核义务，存在过错，应承担相应的帮助侵权责任。一审法院判决斗鱼公司于判决生效之日起十日内赔偿聚力公司经济损失及为制止侵权所支付的合理开支共计人民币 10 万元。

对于一审判决，聚力公司与斗鱼公司均表示不服，并提起上诉。

聚力公司认为，斗鱼公司在其经营的斗鱼直播网站设置直播、体育等频道，用户浏览这些频道可直接找到涉案体育赛事直播，故其利用体育赛事节目获取用户的意图明显，在未获得体育赛事节目播出权的情况下，放任侵权行为出现在其经营的网站上，具有严重侵权恶意，且在直播涉案西甲联赛过程中开设收取礼物功能，直接获取经济利益。而聚力公司为取得涉案体育赛事的播出权利，付出了每季 5 000 万欧元（约人民币 4 亿元）的极大财力，故一审法院判赔金额过低。

斗鱼公司认为，斗鱼公司系网络服务提供者，涉案主播也并非签约主播，人气和关注度极低，涉案行为也并非发生在斗鱼公司主营业务内，本案根据斗鱼公司所承担的一般注意义务，斗鱼公司不知道也不应知道涉案侵权行为的发生，鉴于斗鱼公司主观上无过错，故不应承担侵权民事责任。即使认定侵权，聚力公司未提交相应的合理费用票据，一审法院酌情裁量的判赔金额过高。

上海知识产权法院经二审审理后，最终驳回双方上诉请求，维持了一审判决结果。

（资料来源：中国网科技　作者：解绚）

【天津法院对《电视家》盗播冬奥会赛事节目发布诉前禁令】　2022 年 2 月 9 日，天津市自由贸易试验区人民法院受理一起腾讯公司对北京某公司等未经授权传播冬奥赛事节目提起的诉前行为保全案件。受理后，法院 24 小时内即作出民事裁定，判令被申请人立即停止在涉案的《电视家》App 提供第 24 届冬奥会赛事节目相关内容。

法院经审查认为，北京冬奥会的比赛日程只有 19 天，赛事活动具有极强的时效性。申请人腾讯公司经合法授权传播冬奥赛事节目，被申请人未经授权，通过其运营的《电视家》App 提供冬奥赛事节目的直播、回看、短视频，其行为减损了申请人可能获得的关注度和用户流量，攫取了不当的商业利益，对腾讯视频造成了现实的、可预见的损害，且该行为违反了体育赛事转播应当获得合法授权的商业惯例和法律要求，明显具有不正当性。2022 年 2 月 10 日，法院裁定被申请人立即停止在《电视家》App 提供第 24 届冬季奥林匹克运动会赛事节目相关内容；如被申请人不停止侵权，法院将通知相关网络服务提供者在冬奥会期间停止为《电视家》App 提供网络服务，以确保申请人的合法权益得到有效保护。

（资料来源：天津市滨海新区人民法院
作者：白海戎）

【擅自使用他人短视频用于商业推广被判侵权】
2022 年 2 月 11 日，浙江省瑞安市人民法院审结一起"淘宝客平台"使用他人短视频用于商业推广的新类型著作权侵权纠纷案件。

2020 年 4 月，傅某作为水木公司的主编，按照公司要求拍摄了内容为"装修经典元素、过气元素"的短视频，在某视频平台上首次发表。2020 年 9 月，水木公司发现刘某在某网购平台上擅自发布该视频，获 9 人点赞、1 人转发，该视频中还添加了中某公司在该网购平台经营的旗舰店中的门把手商品链接，点击商品链接可以进入商品详情页面，在浏览该商品详情页面时，上述视频仍在页面右下角播放。

水木公司认为刘某擅自在自己的视频作品中植入中某公司网店的商品链接并通过其他平台公开发布，侵害了其视频作品的著作权。中某公司委托刘某对其商品进行推广，二者属于委托代理关系，构成共同侵权。网购平台作为运营商未对侵权视频进行审核，构成帮助侵权。故水木公司诉至法院要求刘某、中某公司共同赔偿经济损失及维权合理费用 105 000 元，网购平台对此承担连带责任。

法院审理后认为，刘某未经许可，从网络上转载涉案视频后发布于自己的网购平台账号，并在视频中添加商品链接用以推广赚取佣金，构成对涉案作品信息网络传播权的侵害。

虽然中某公司与刘某就涉案商品链接建立了推广合同关系，但中某公司并不知道刘某将其商品链接添加至侵权视频进行推广，与侵权人刘某没有意思联络；发布侵权视频未经过中某公司同意或协助，水木公司亦未提供证据证明中某公司参与或帮助刘某实施被诉侵权行为。因此中某公司主观上不具有过错，客观上没有参与或帮助刘某实施侵权行为，不构成共同侵权，不应承担侵权责任。

网购平台在用户注册账号及商户入驻之前已经尽到了事前的提醒义务，并且在收到起诉材料后及时采取了必要措施，经核查确认被诉侵权视频已不存在，故网购平台不应承担连带责任。

综上，法院综合考虑涉案作品的类型、独创性及知名度、主观过错程度、维权合理开支等因素，判决被告刘某赔偿水木公司经济损失及合理费用 3 000 元。

（资料来源：《人民法院报》 作者：余建华 芮萱）

【《重返狼群》"一书多投"侵犯专有出版权】
2022 年 3 月 5 日，北京知识产权法院发布安徽少年儿童出版社等与长江文艺出版社著作权权属、侵权纠纷二审民事判决书。二审法院驳回上诉，维持原判。

长江文艺出版社与龚某（笔名李微漪）签订涉案合同获得图书《重返狼群》的专有出版权，期限为自图书出版之日起 5 年。

长江文艺出版社正式出版《重返狼群》期间，发现市面上有一本安徽少年儿童出版社出版的图书《让我陪你重返狼群》，与其出版的《重返狼群》内容基本相同。长江文艺出版社认为龚某授权安徽少年儿童出版社出版的《让我陪你重返狼群》，侵犯其专有出版权，故诉至法院请求停止侵权、消除影响、赔偿损失等。

一审判决认定《让我陪你重返狼群》书系改编作品，其出版发行时间位于长江文艺出版社对《重返狼群》享有的专有出版权有效期内，认定龚某委托安徽少年儿童出版社出版《让我陪你重返狼群》构成侵权，故判决龚某、安徽少年儿童出版社赔偿长江文艺出版社经济损失 5 万元。龚某、安徽少年儿童出版社不服一审判决提起上诉。北京知识产权法院经审理后判决驳回上诉，维持原判。

（资料来源：知产北京 作者：杨振）

【2021 年检察机关起诉侵犯知识产权犯罪 1.4 万人】 2022 年 3 月 8 日，最高人民检察院检察长

张军在十三届全国人大五次会议上作最高检工作报告。报告说，2021 年，检察机关倾力服务创新发展，持续加大惩治侵犯知识产权犯罪力度，起诉 1.4 万人，同比上升 15.4%。

报告指出，2021 年，跟进最高检组建知识产权检察办公室，北京、海南、陕西等 20 个省级检察院深化知识产权刑事、民事、行政检察一体履职，强化综合保护。起诉侵犯商业秘密犯罪 121 人，是 2020 年的 2.4 倍。会同国家版权局等督办 60 起重大侵权盗版案件。办理知识产权民事行政诉讼监督案件 544 件，是 2020 年的 4.1 倍。

（资料来源：《检察日报》 作者：徐日丹）

【爱奇艺起诉虎牙直播侵权《琅琊榜》获赔 23 万元】 2022 年 3 月 22 日，北京知识产权法院公布广州虎牙信息科技有限公司（以下简称"虎牙公司"）与北京爱奇艺科技有限公司（以下简称"爱奇艺公司"）不正当竞争纠纷二审民事判决书。爱奇艺公司因虎牙公司未经授权播放电视剧《琅琊榜》，将其诉至法庭。

一审原告爱奇艺公司诉称，虎牙公司未经许可，通过其开发运营的虎牙直播平台擅自以直播的形式向公众提供涉案作品《琅琊榜》，侵害了爱奇艺公司享有的著作权，构成不正当竞争。

一审法院审理认为，虎牙公司在应当知晓涉案主播直播涉案作品的行为存在的情况下，未采取合理有效措施制止，主观上具有过错，构成帮助侵权，应承担相应的法律责任，最终判决虎牙公司赔偿爱奇艺公司共计 23 万元。

虎牙公司提起上诉。二审法院审理认为，虎牙公司对涉案网络用户利用涉案直播间侵害爱奇艺公司著作权的行为构成应知，应承担帮助侵权责任；一审法院确定的赔偿数额亦属合理。故此，二审法院驳回虎牙公司的上诉请求，维持原判。

（资料来源：《北京青年报》 作者：温婧）

【《好看视频》未经授权直播 2020 年央视春晚被判赔 50 万元】 2022 年 4 月 4 日，北京法院审判信息网公开了央视国际网络有限公司（以下简称"央视公司"）与北京百度网讯科技有限公司（以下简称"百度公司"）著作权权属、侵权纠纷一审民事判决书。

判决书显示，原告央视公司诉称，被告百度公司未经授权许可，擅自在其经营的软件《好看视频》中向公众提供《中央广播电视总台 2020 春节联欢晚

会》电视节目直播服务。被告百度公司辩称，涉案节目的著作权人为中央广播电视总台，中央电视台无权处分属于中央广播电视总台的权利；本案被诉侵权行为是百度公司与涉案作品的权利人之一央视频进行的商业合作，为央视频对涉案作品进行上线推广、引流，不存在侵权问题。

北京互联网法院审理认为，央视公司经中央电视台的合法授权获得了涉案作品的独家信息网络传播权、广播权及其他提供的权利；涉案作品播放的过程均在《好看视频》App 内进行，并未跳转到第三方平台，不能仅依据播放界面显示"央视频"字样等证据证明涉案节目内容系第三方提供。百度公司在明知涉案作品禁止未经授权进行网络传播的情况下仍提供网络实时转播，构成侵权。最终，北京互联网法院判决被告百度公司赔偿原告央视公司经济损失 50 万元及公证费 2 840 元。

（资料来源：界面新闻）

【腾讯未删 782 条侵权视频被判赔偿 40 万元】
2022 年 4 月 18 日，杭州互联网法院公布腾讯视频侵犯电视剧《战魂》网络版权案一审判决。法院认为，腾讯视频上的 782 条电视剧《战魂》相关短视频构成侵权，责令腾讯公司立即停止侵权，采取必要措施制止侵权行为，并赔偿原告北京字节跳动网络技术有限公司、浙江今日头条科技有限公司经济损失及合理费用 40 万元。

杭州互联网法院官方微信公众号发文表示，该案对于短视频合理使用、平台事前注意义务等长短视频纷争的焦点问题作出明确认定，具有一定借鉴指导意义。

判决书显示，原告北京字节跳动网络技术公司、浙江今日头条科技公司拥有电视剧《战魂》的独家网络版权，为期约 5 年（2020 年 2 月 3 日至 2025 年 2 月 1 日）。但在腾讯视频平台上，长期存在大量未经授权的《战魂》相关视频内容，包括直接搬运类和切条类。

2020 年 2 月至 2021 年 7 月 5 日，原告委托北京网络版权监测中心向腾讯公司发函投诉 300 余次，要求其全面删除腾讯视频平台上侵犯《战魂》版权的视频，但相关侵权内容依然持续、反复出现。

原告遂将腾讯公司诉至杭州互联网法院，要求其删除相关侵权视频、采取有效措施过滤和拦截用户上传相关侵权视频，并赔偿经济损失 300 万元。案件于 2021 年 8 月 9 日获得正式受理。

法院认为，涉案的 782 条《战魂》相关视频侵犯了原告的合法权益。在原告多次、持续投诉的情况下，腾讯公司对其平台上高频次发生的侵权行为，加以注意即可知晓。但腾讯公司没有采取必要措施来阻止侵权行为继续发生。

其中有两个侵权账号，在原告分别投诉了 77 次和 65 次之后，腾讯视频仍未对其予以封禁，也没有采取限制上传等必要措施，导致了涉案侵权行为持续、反复发生。

基于上述事实和理由，法院认定腾讯公司构成帮助侵权，责令其立即删除侵权视频、采取必要措施有效制止侵权行为，并赔偿原告经济损失 40 万元。

（资料来源：《钱江晚报》 作者：楼纯）

【《胖虎打疫苗》NFT 侵权案结果公布】 2022 年 4 月 20 日，杭州互联网法院依法公开开庭审理原告奇策公司与被告某科技公司侵害作品信息网络传播权纠纷一案，并当庭宣判，判决被告立即删除涉案平台上发布的《胖虎打疫苗》NFT 作品，同时赔偿奇策公司经济损失及合理费用合计 4 000 元。

原告诉称，漫画家马千里创造的《我不是胖虎》动漫形象近年来成为广受用户欢迎的爆款 IP。某知名平台也曾发布《我不是胖虎》系列 NFT，引起关注。原告经授权，享有《我不是胖虎》系列作品在全球范围内独占的著作权财产性权利及维权权利。后发现，被告经营的"元宇宙"平台上，有用户铸造并发布《胖虎打疫苗》NFT。该 NFT 数字作品与马千里在微博发布的插图作品完全一致，甚至在右下角依然带有作者微博水印。原告认为，被告行为构成信息网络传播权帮助侵权，故诉至法院。被告辩称，其系第三方平台，涉案作品系平台用户自行上传，无须承担责任，已经将涉案作品打入地址黑洞，尽到"通知—删除"义务，也没有披露涉案作品对应 NFT 所在的具体区块链及节点位置以及涉案作品 NFT 所适用的智能合约内容的义务，这一点法律无明文规定。法院经审理认为，被告某科技公司经营的"元宇宙"平台作为 NFT 数字作品交易服务平台，未尽到审查注意义务，存在主观过错，其行为已构成帮助侵权。

（资料来源：杭州互联网法院）

【北京互联网法院发布涉短视频著作权案件审理情况报告】 2022 年 4 月 20 日，北京互联网法院召开涉短视频著作权案件审理情况新闻通报会，向社会通报自建院以来涉短视频著作权案件审理情况并发布典型案例。

报告显示，北京互联网法院涉短视频著作权案件收案数量逐年增加，增幅明显，2019 年至 2021 年收案量分别为 540 件、729 件、1 284 件。北京互联网法院表示，涉短视频著作权案件审理中存在疑难问题，包括新型创作成果的客体属性认定存在争议，新著作权法背景下短视频的权属认定规则有待明确，重塑短视频平台注意义务引发较大争议，著作权与其他民事权利的冲突更加凸显等。

报告提到，2021 年以来，长短视频之争日渐激烈，相关案件数量也有较大增长。此外，据统计，仅 12426 版权监测中心监测的涉短视频侵权通知发送量已有上千万。涉诉主体范围广泛，以长短视频平台为主。被诉侵权形式复杂多样，切条、搬运类侵权居多。

报告提出，法院在案件审理过程中，应当注意规则的树立，为妥善化解纠纷、规范短视频行业发展提供指引，也为相关法律规则的修订和完善提供依据。北京互联网法院充分利用北京市长短视频公司、大型互联网公司聚集的优势，倡导平台共治共建，建立多元纠纷解决机制。

报告建议，短视频平台应当成为连接作品权利人与使用人的纽带，有效整合音乐、图片、视频等资源，构建先授权、后使用、再付费的著作权授权分发体系，有效减少侵权行为发生。著作权集体管理组织应当探索网络著作权交易新路径，一方面可与短视频平台、MCN 机构广泛开展合作，以向短视频平台事先集中授权代替向短视频创作者事后分散维权；另一方面充分利用区块链、智能合约等技术降低交易成本、提高交易效率，进而增加作品利用效能和权利人收益。

（资料来源：《民主与法制时报》 作者：任文岱）

【"借"号直播《梦幻西游》被判赔 54 万元】
2022 年 4 月中旬，广州互联网法院审结了一起因游戏主播未获游戏权利人许可擅自直播游戏画面引发纠纷的案件。

网易公司诉称，其是《梦幻西游》游戏权利人。王某未经许可，在抖音平台上直播、录播《梦幻西游》画面，并在直播过程中为竞品游戏持续宣传导量，侵害网易公司复制权、信息网络传播权及其他权利。李某不仅为王某提供抖音账号用以直播，还提供了多个游戏账号，并协助王某转移游戏角色以逃避网易公司处罚，构成帮助侵权。网易公司多次对王某、李某做出游戏账号封号处罚，并书面通知其直播违规，但二人仍变更账号持续侵权，情节极

为恶劣。遂向法院提起诉讼。

王某辩称，游戏直播画面没有独创性，不是著作权法意义上的作品；且被诉行为不构成著作权侵权，其所推广的第三方游戏不构成对案涉游戏的侵权，故推广行为为本身亦不构成侵权；游戏直播已获网易公司许可，属于对原游戏作品的转换性使用，且客观上对网易公司游戏起到了正向的推广、宣传作用；游戏录播属于合理使用。再者，王某收到网易公司起诉材料前已经停止直播和上传案涉游戏短视频。李某则辩称，游戏直播画面没有独创性，不是著作权法意义上的作品；而且，案涉抖音号系王某借用李某手机号进行注册，李某未参与或实施任何侵权行为，不应承担相关法律责任。

法院审理后认为，王某构成对网易公司信息网络传播权及其他权利的侵犯。网易公司对《梦幻西游》游戏享有著作权，其合法权益应受法律保护。案涉游戏的《最终用户使用许可协议》及《玩家守则》均明确，未经网易公司事先书面允许，玩家不得通过第三方软件直播《梦幻西游》游戏画面。最终判决被告王某、李某于判决发生法律效力之日起十日内向原告网易公司支付经济损失及维权合理开支合计 541 648.6 元；驳回原告网易公司的其他诉讼请求。据悉，目前，上述判决已发生法律效力并已执行完毕。

（资料来源：《广州日报》
作者：章程 陈斯杰 刘畅）

【2021 年四川省查处侵权盗版十大典型案件公布】 2022 年 4 月 22 日，2021 年度四川省查处侵权盗版十大典型案件公布，涉及盗录销售影视音乐作品、销售非法出版物、销售侵权破解版游戏机等违法违规行为。

2021 年，在各级公安、版权、文化和旅游行政部门指导下，四川省公安机关食药环侦部门和文化市场综合执法机构加大侵权盗版案件查办力度，查处了一批有影响、有典型性、有示范性的大案要案，查处了一批涉嫌侵犯著作权罪的刑事案件，形成版权保护的良好环境。

作为四川省 2022 年知识产权宣传周版权宣传活动系列活动之一，四川省版权局联合省公安厅、省文旅厅综合考虑执法重点、违法情节、社会影响等因素，评选出十大典型案例并对外公布，充分发挥典型案例的警示教育作用，进一步提高公众版权保护意识。

2021 年度四川省查处侵权盗版十大典型案件是：自贡"3·1"侵犯著作权案，何某侵犯著作权

案件，泸州赵某等人侵犯著作权案，宜宾"2·5"侵犯著作权案，成都市锦江区某书店发行侵权图书案，巴中市钱某发行侵犯他人著作权或者专有出版权的出版物案，腾讯举报其为保护软件著作权而采取的技术措施被故意破坏系列案，泸州某影业有限公司未经著作权人许可放映其作品案，内江市某歌城侵犯著作权案，德阳市某水吧涉嫌未经著作权人许可，擅自复制、放映其作品案。

（资料来源：川观新闻　作者：吴梦琳）

【北京高院发布知识产权民事案件适用惩罚性赔偿审理指南】 2022 年 4 月 25 日，北京市高级人民法院发布了《关于侵害知识产权民事案件适用惩罚性赔偿审理指南》（以下简称《审理指南》）。《审理指南》对惩罚性赔偿的适用原则、侵权故意和情节严重的认定、赔偿的基数倍数的确定以及对网络服务提供者的适用情形等作出了具体规定，自下发之日起施行。

《审理指南》依照《民法典》及各知识产权专门法，以及《知识产权惩罚性赔偿司法解释》的相关规定，在充分调研、总结审判经验、广泛征求各界意见的基础上，以解决司法实践中的突出问题为导向，规范惩罚性赔偿适用情形，旨在回应人民群众对充分尊重和体现知识产权市场价值、加大知识产权保护力度、惩治故意严重侵权行为、提高侵权成本的社会需求。

《审理指南》全文共 51 条，分 6 个部分。明确应坚持依法适用、积极审慎原则，并有多项创新规定，如：创设性规定属于侵权故意且情节严重的情形；针对技术类侵权案件适用惩罚性赔偿确定倍数时，强调需要考量创新因素的影响；对适用惩罚性赔偿的赔偿总额明确规定计算方式，为惩罚性赔偿的适用提供明确计算方法；专门针对网络服务提供者适用惩罚性赔偿作出了规定；等等。

《审理指南》结合审判实际，规定了属于侵权故意且情节严重的情形。如侵权人在电影、电视剧、综艺节目等首播前或者热播期盗播的，同一侵权人重复侵权的，拒不停止侵权行为继续实施同样的侵权行为的，都属于故意严重侵权行为。

《审理指南》中针对技术类侵权案件适用惩罚性赔偿确定倍数时，强调了需要考量创新因素的影响。惩罚性赔偿的计算包括两部分，惩罚性赔偿的基数以及基数乘以倍数的惩罚性赔偿部分。惩罚程度的高低主要体现在倍数的确定上。《审理指南》还规定了惩罚性赔偿的约定适用，当事人约定的惩罚性赔

偿倍数不受法定 1~5 倍范围的限制。

此外，为规范网络直播带货和代购领域的健康发展，《审理指南》第四部分通过 8 个条文对网络服务提供者适用惩罚性赔偿做出了具体规定，网络服务提供者明知直播带货人、代购人利用其网络服务故意严重侵害知识产权，无正当理由不采取合理有效措施予以制止的，依法与直播带货人、代购人共同承担惩罚性赔偿责任。

（资料来源：中国法院网　作者：史梓敬）

【河北省新增 14 个具有知识产权民事案件管辖权的基层法院】 2022 年 5 月 1 日起，河北省知识产权案件管辖格局发生重大变化，新增石家庄高新技术产业开发区人民法院、石家庄铁路运输法院等 14 家具有知识产权民事案件管辖权的基层人民法院，绝大部分第一审知识产权民事案件将从以前的中院下沉至基层法院。

此前，河北省仅省法院及各市、雄安新区中级人民法院具有知识产权民事案件管辖权。2022 年 5 月 1 日后，新增的 14 个基层人民法院获得知识产权民事案件管辖权。除特殊类型知识产权民事案件外，绝大部分第一审知识产权民事案件由上述 14 个基层人民法院跨行政区域集中管辖。管辖层级由两级变为三级，使得全省知识产权案件管辖布局更加科学，三级法院审判职能定位更加合理。

14 家基层人民法院跨行政区域集中管辖的知识产权案件类型具体包括：诉讼标的额 100 万元以下（不包含本数），涉及发明专利、实用新型专利、外观设计专利、植物新品种、集成电路布图设计、技术秘密、计算机软件的合同纠纷第一审民事案件；诉讼标的额 100 万元以下（不包含本数）的其他类第一审知识产权民事案件和不涉及国务院部门、县级以上地方人民政府或者海关行为的第一审知识产权行政案件，具体案件类型主要包括涉著作权、商标权、商业秘密（经营秘密）、特许经营、企业名称（商号）、特殊标志、网络域名、知识产权质押、不正当竞争等的知识产权纠纷。

（资料来源：河北新闻网　作者：崔丛丛）

【人人体育非法转播 NBA 赛事被判赔 800 万元】 2022 年 5 月 12 日，天津市第三中级人民法院对人人体育被诉盗播 NBA 赛事一案作出一审判决，认定人人体育网站及 App 运营方广州菲柔网络科技有限公司（以下简称"菲柔公司"）通过非法手段盗取 NBA 比赛画面、遮挡腾讯视频标识等行为，违反诚

实信用原则和公认的商业道德，构成对腾讯视频的不正当竞争，须立即停止侵权并赔偿腾讯视频经济损失 800 万元。

腾讯视频诉称，其自 2015 年开始获得 NBA 官方独家授权，有权在中国大陆地区独家在线直播、点播 NBA 比赛。经调查，人人体育网站及 App 通过非法手段盗取 NBA 比赛转播画面内容，使网络用户无须登录腾讯视频即可观看相关 NBA 比赛的直播。此外，在直播过程中，涉案网站及 App 遮挡了"腾讯视频"等标识，并屏蔽了腾讯视频在直播 NBA 比赛时画面上显示的广告。菲柔公司在涉案网站及 App 中实施的上述行为涉嫌构成不正当竞争。

法院经审理认为，菲柔公司通过其经营的人人体育网站及 App 未经授权向公众免费提供腾讯视频中的 NBA 比赛直播画面，原本需要付费观看的比赛无须付费即可观看，亦未对 NBA 比赛直播投入任何成本即可实质性替代原告提供的 NBA 比赛直播。这一行为本质上是攫取原告投入巨额成本而获得的比赛直播内容和围绕比赛直播内容打造的特色直播方式等核心经营资源，来从事自身"主播直播"的商业经营活动。上述行为必然导致腾讯视频用户的减少和流量的降低。因此，菲柔公司实施的被诉行为构成不正当竞争。另外，人人体育网站及 App 利用 NBA 比赛直播，放任主播或用户发布大量的不良广告信息，使用户误以为该低俗广告系原告提供，对原告的名誉造成了不良影响，也损害了网络用户的合法权益和社会公共利益。

法院在综合考量腾讯视频投入成本、人人体育网站及 App 侵权方式、侵权主观故意、侵权持续时间、侵权行为性质等因素后，作出上述判决。

（资料来源：《中国知识产权报》 作者：姜旭）

【北京互联网法院判定整合营销传播公司网站页面构成汇编作品】 2022 年 5 月 13 日，北京互联网法院发布一起网站页面抄袭侵权案件判决，认定原告北京某整合营销传播公司网站页面构成汇编作品，被告构成侵权。目前，该判决已生效。

北京某整合营销传播公司系具有一定知名度的整合营销传播公司，该公司偶然发现，深圳某科技公司经营的网站抄袭、盗用了其门户网站的绝大部分页面编排设计。北京某整合营销传播公司认为，深圳某科技公司的行为已经造成客户认知混淆，故而其以侵犯著作权及不正当竞争为由将深圳某科技公司诉至法院。

深圳某科技公司辩称，涉案网站为原项目负责

人超越授权私下自费委托第三人制作，系原项目负责人的个人行为，其对此并不知情也不认可，且涉案网站目前已关停，其不应承担相应责任。

法院经审理认为，北京某整合营销传播公司网页构成汇编作品，享有著作权。其网页中包含的单个元素可能是常用设计元素，但网页设计者通过智力劳动进行了独特的选材和编排，该网页的版面设计、图案色彩的选择与组合、栏目设置等方面均体现了设计者独特的审美观和创造力，具有一定的独创性，且在互联网上以数字的形式固定。这一创作方式，符合汇编作品的基本特征，属于我国著作权法保护的汇编作品，故其对涉案网站首页等多个页面构成的汇编作品享有著作权。

法院对比发现，深圳某科技公司网站与原告网站的 6 个页面中的文字、图片的摆放位置、比例、标题内容等高度一致，构成实质性相似，且经过比对双方网站源代码发现，深圳某科技公司多次高度引用了北京某整合营销传播公司的网页源代码，故应认定深圳某科技公司网页已经实质性侵犯了北京某整合营销传播公司网页具有独创性的部分，并将与其网站首页实质性相似的页面置于互联网中，已构成对该作品信息网络传播权的侵犯。法院一审判决被告赔偿北京某整合营销传播公司经济损失及合理开支共 20.6 万元。

（资料来源：《中国知识产权报》 作者：侯伟）

【广东法院 4 年审结知识产权案 66.9 万件】
2022 年 5 月 31 日至 6 月 1 日，广东省十三届人大常委会第四十三次会议听取了广东省高级人民法院关于知识产权审判工作情况的报告。

报告显示，2018 年至 2022 年 4 月，广东全省法院共受理各类知识产权案件 69.8 万件，审结 66.9 万件，约占全国三分之一。其中，审结知识产权民事案件 66 万件、刑事案件 9 386 件、行政案件 235 件。

报告称，2018 年至 2022 年 4 月，广东全省法院审结专利等技术类知识产权案件 3.7 万件，审理了天源诉国芯集成电路布图设计案、"粤禾丝苗"植物新品种案等一系列高新技术案件，激励和保障了科技创新，促进了技术和产业升级。妥善审理涉及 5G 通信、生物医药、芯片设计、自动驾驶、新能源新材料等战略性新兴产业案件，助力科技自立自强。

同时，广东全省法院审结著作权案件 53.7 万件，依法保护创作者权益，兼顾传播者和社会公共利益。注重保护传统文化和红色文化，大力弘扬社会主义核心价值观。审理大量涉软件开发、视频创

作、网络直播、游戏动漫、短视频等案件，引导网络环境下文化业态、文化消费模式健康发展。审结涉"小黄鸭"美术形象、《喜剧之王》电影名称等案件，促进粤港澳文化创意交流。严惩虚构图片版权牟利等"碰瓷"行为，妥善审理涉 KTV 经营者侵权系列案件，规范版权市场维权秩序。

此外，广东全省法院审结涉外知识产权案件 4 869 件，平等保护中外权利人合法权益。强化标准必要专利纠纷法律问题研究，出台该领域全国首个工作指引，编撰该领域首部司法研究专著。成功调解华为诉三星案，促成中外高科技企业全球相关纠纷一揽子解决，展示中国法院保护创新、开放包容的自信和决心。苹果、高通等跨国企业主动选择在广东省高级人民法院解决知识产权纠纷。

（资料来源：中国新闻网　作者：程景伟）

【法院认定《谭谈交通》版权归属成都市广播电视台】 2022 年 7 月 10 日，"网红"交通普法节目《谭谈交通》主持人谭乔发微博称自己发布的该节目相关视频被成都游术文化传播有限公司（以下简称"游术公司"）投诉全面下线，其担心面临巨额赔偿。同时，该公司已对数十家公司发起侵权诉讼。

7 月 13 日晚，福建一家被起诉的文化传媒公司收到四川天府新区成都片区人民法院的一审判决书。游术公司以对方严重侵犯作品信息网络传播权为由，索赔 10 000 元，法院一审判决赔偿 1 500 元。游术公司于 2022 年 3 月 29 日发现该文化传媒公司未经授权，在其运营的微信公众号上传了一段时长为 7 分 46 秒的视频"《谭谈交通》超全名场面合集"，游术公司对其进行了存证。

游术公司表示，成都市广播电视台将《谭谈交通》的著作财产权授权给该公司，并授权其以自己的名义对涉案作品授权前后的著作财产权侵权行为提起诉讼，以追究侵权人的法律责任并有权获得由此产生的赔偿或补偿。其认为，该文化传媒公司违法转载涉案作品的行为，已经严重侵犯了自己的作品信息网络传播权以及获得报酬等合法权益，并因维权行为给其造成直接的经济损失，故诉至四川天府新区成都片区人民法院。

游术公司诉请法院判令被告停止侵权行为，删除侵权视频；判令被告赔偿经济损失和其为制止侵权行为所产生的合理开支费用共计 10 000 元。其中，包括侵权赔偿金 7 800 元，律师费 2 000 元，存证费及技术服务费 200 元。

前述文化传媒公司在答辩状中表示，该公司微信公众号中被诉视频系混剪类的二次创作作品，没有侵犯著作权；被诉视频不是该公司制作上传，系从其他公众号转发。

法院根据《著作权法》（2020 年修正）第三条认定，《谭谈交通》板块视频系具有独创性的智力成果，属于视听作品的范畴；根据《最高人民法院关于审理著作权民事纠纷案件适用法律若干问题的解释》第七条规定认定，成都市广播电视台系案涉视听作品的作者。游术公司经成都市广播电视台授权，在无相反证据的情况下，法院认定游术公司在授权区域及授权期间内享有涉案作品的包含信息网络传播权在内的财产著作权及维权权利，有权提起诉讼。

法院认为，涉案侵权视频系将长视频剪辑成短视频使用或传播，其截取的片段与权利作品相同，侵害了游术公司享有的信息网络传播权。

据此，法院作出一审判决，被告公司立即停止侵权行为，删除侵权视频；赔偿原告游术公司经济损失及维权合理开支合计 1 500 元。

2022 年 8 月 7 日，《谭谈交通》节目主持人谭乔在社交平台发出声明表示，已与成都市广播电视台达成和解，此前因版权问题在视频平台被大量下架的《谭谈交通》节目重新上线。

（资料来源：《扬子晚报》　作者：万承源）

【上海高院发布 23 条意见服务保障知识产权强市建设】 2022 年 7 月 13 日，上海市高级人民法院（以下简称"上海高院"）召开新闻发布会，发布《关于加强新时代知识产权审判工作为知识产权强市建设提供有力司法服务和保障的意见》（以下简称《意见》）。《意见》围绕上海强化"四大功能"、深化"五个中心"建设的战略规划，主动回应新时代知识产权司法保护需求和社会关切。

发布会上，上海高院就《意见》的四部分内容 23 条措施进行了深入解读。据介绍，《意见》第二部分共 9 条，从公正司法的维度，提出了加强知识产权司法保护、服务保障上海"五个中心"建设的具体措施。其中第 4 条至第 9 条分别围绕科技创新成果、文化创作成果、商业标识、商业秘密等传统领域，以及知识产权新兴领域、竞争秩序等特殊领域，明确了具体要求，如：严格科技创新成果保护，服务和保障新时代上海科技创新中心建设；加强新兴领域知识产权保护，服务保障城市数字化转型；加强反垄断和反不正当竞争司法，维护公平竞争的法治化营商环境；等等。第 10 条至第 12 条分别围绕对外贸易、互联网经济、展会经济等上海重点产业领域提出了针对性的司法保护政策，即：加强对外贸易领域知识产权审判，服务保障自贸试验区建设；加强涉平台知识产权审判，服务保障互联网经济发展；加强涉展会知识产权审判，服务保障展会经济发展。第三部分共 7 条，从优化机制的维度，提出了加强审判体系和审判能力建设、提升知识产权司法保护水平等 7 个方面的工作举措，即切实发挥知识产权"三合一"审判机制优势、完善有利于权利保护的司法机制、加强知识产权诉讼诚信建设、健全知识产权多元化纠纷解决机制、强化长三角区域知识产权保护合作、加强涉外知识产权审判工作等。

此外，《意见》第四部分还从加强保障的维度，确立了完善知识产权案件管辖布局、建设高素质专业化审判队伍、加快知识产权审判数字化转型、加强知识产权保护宣传等 4 项组织协调与保障举措。

（资料来源：央视新闻 作者：白廷俊）

【非法获取《新斗罗大陆》源代码架设私服构成犯罪】 2022 年 8 月 3 日，据上海市第三中级人民法院（以下简称"上海三中院"）消息，上海三中院对非法获取《新斗罗大陆》源代码架设私服发展玩家一案作出终审裁定，维持一审法院判决。

2020 年 12 月，被告人朱某恩未经权利人许可，以营利为目的，向被告人郑某钦出售《新斗罗大陆》游戏源代码，并收取钱款共计 17.5 万元。2021 年 1 月起，被告人郑某钦未经权利人许可，以营利为目的，利用从被告人朱某恩处购买的《新斗罗大陆》游戏源代码，租用服务器并聘请技术人员架设《新斗罗大陆》游戏私服，并通过网络推广，发展私服代理收取玩家充值款。同年 4 月起，被告人吴某威负责涉案游戏私服的维护、更新等技术工作。

2021 年 3 月起，被告人郑某龙成为被告人郑某钦的《新斗罗大陆》游戏私服代理。同年 5 月起，被告人郑某钦开始经营新的《新斗罗大陆》私服游戏，其负责联系技术、维护游戏、后台充值，被告人郑某龙负责对新私服游戏进行宣传、参与活动策划、维护代理等。经审计，至案发，共发展私服注册玩家 15 000 余人。

一审法院经审理，以侵犯著作权罪判处被告人郑某钦、郑某龙、吴某威有期徒刑一年九个月至三年不等，以销售侵权复制品罪判处被告人朱某恩有期徒刑八个月，均并处罚金。一审判决后，郑某龙不服，向上海三中院提出上诉。郑某龙及其辩护人均对原判主从犯的认定及量刑提出异议，请求二审法院依法对郑某龙减轻处罚。

上海三中院审理后认为，原判结合郑某龙的犯罪事实、法定酌定情节，在综合考量同案犯郑某钦的犯罪事实、法定酌定从宽情节的基础上，所作出的量刑并无明显不当，故上诉人郑某龙及其辩护人的上诉理由及辩护意见，不予采纳。综上，一审法院认定的犯罪事实清楚，证据确实充分，适用法律正确，量刑适当，审判程序合法，上海三中院遂作出驳回上诉、维持原判的终审裁定。

（资料来源：《北京青年报》 作者：匡小颖）

【PPTV 侵犯央视信息网络传播权被判赔偿 400 万元】 2022 年 8 月 4 日，北京互联网法院公开央视国际网络有限公司（以下简称"央视"）与上海聚力传媒技术有限公司（以下简称"聚力公司"）一审民事判决书。法院判决，被告聚力公司构成侵犯原告央视对涉案赛事的信息网络传播权，且被告未能证明使用涉案赛事内容构成用于新闻报道合理使用，赔偿原告央视经济损失 400 万元。

原告央视诉被告聚力公司在其运营的"PPTV 视频"网站设置"世界杯"专题页面，截录原告享有专有权利的 2018 年世界杯电视节目，制作 800 余段 GIF 格式视频，故意遮挡原告台标和比分数据，同时被告网站用户擅自通过直播间实时转播比赛电视节目，构成侵权。

法院审理认为，被告构成侵犯原告对涉案赛事的信息网络传播权，且被告未能证明使用涉案赛事内容属于不可避免的情形；被告作为网络服务提供者，对三名主播直播涉案赛事的行为不承担侵权责任。最终，法院判决被告聚力公司赔偿原告央视经济损失 400 万元。

（资料来源：中国网 作者：叶小源）

【知网未经许可收录作品并提供下载侵权被判赔 19.6 万元】 2022 年 8 月 4 日，北京法院公开北京世纪超星信息技术发展有限责任公司（以下简称"世纪超星"）与《中国学术期刊（光盘版）》电子杂志社有限公司（以下简称"学术期刊公司"）著作权权属、侵权纠纷的一系列案件判决书。世纪超星诉称，其对涉案文章享有专有使用权，被告学术期刊公司未经许可，擅自提供上述涉案文章的付费在线阅读、下载服务，侵害了原告权利。法院审理认为，被告将涉案文章收录并提供下载服务，不属于期刊与期刊之间的转载或摘编行为，被告行为构成侵权。相关诉讼一共 13 起，世纪超星共获赔 19.6 万元。

涉案文章的著作权要追溯到 2011 年 9 月，当时，世纪超星与涉案文章的作者签订《个人作品授权书》，对涉案文章享有信息网络传播权，性质为专有使用权，授权书有效期为 10 年，期满后 3 个月内双方无异议，授权将自动延续。但世纪超星在授权书期满前的 2021 年 8 月，登录被告学术期刊公司经营网站"www.cnki.net"（即知网），发现其未经许可，擅自提供上述涉案文章的付费在线阅读、付费下载服务。世纪超星委托代理人办理保全证据公证，记录了这一过程。由此，世纪超星要求法院判令被告学术期刊公司赔偿 4.25 万元并支付世纪超星的律师费 3 000 元。庭审中，世纪超星及知网均确认涉案文章已经删除。

法院审理认为，被告将涉案文章收录并提供下载服务，不属于期刊与期刊之间的转载或摘编行为，被告行为构成侵权。法院判决被告赔偿原告数千至上万元不等的经济损失及维权支出费用。

（资料来源：澎湃新闻）

【B 站放任 UP 主传播侵权视频被认定教唆及帮助侵权】 2022 年 8 月 4 日，北京法院审判信息网公开了多则北京慕华信息科技有限公司（以下简称"北京慕华公司"）与 B 站关联公司上海宽娱数码科技有限公司的纠纷文书，涉侵害作品信息网络传播权。判决书指出，B 站对涉案用户发布的视频未尽合理注意义务，放任相关视频传播，并进行推荐，构成教唆及帮助侵权，侵害了原告对涉案视频享有的信息网络传播权，需赔偿原告经济损失及合理开支 49.86 万元。

多份裁判文书显示，原告北京慕华公司诉称，其享有清华大学肖星教授主讲的"财务分析与决策"课程的独家网络传播权，B 站长时间持续提供侵权视频的播放服务，并未删除或屏蔽侵权视频，构成教唆侵权行为、帮助侵权行为。

B 站辩称，其作为网络服务提供者，为注册用户提供信息存储空间服务，并没有事先审查的法律义务，在收到案件相关诉讼材料后，已及时进行核实，并对涉案视频采取"锁定"措施，其他用户均无法在 B 站上查看涉案视频，涉案视频已删除。

北京互联网法院审理确认，涉案视频系多位涉案 UP 主上传，B 站为其提供信息存储空间服务。另外，涉案 UP 主未经北京慕华公司许可，擅自在 B 站发布涉案视频，使不特定公众可以在个人选定的时间和地点获得涉案影片，落入了对涉案视频享有的信息网络传播权的控制范畴，构成侵权。

法院认定，B 站对涉案用户发布的视频未尽合

理注意义务，放任相关视频传播，并进行推荐，构成教唆及帮助侵权，侵害了北京慕华公司对涉案视频享有的信息网络传播权。

具体表现为，在 B 站"财务分析与决策"课程搜索页面，对相关视频以"综合排序""全部时长""全部分区"进行分类，便于用户选择。另外，B 站还通过创作激励计划、充电计划等激励用户进行作品上传，同时有整套的积分奖励、贝壳积分现金的兑换、会员权益兑换规则，使得积分、贝壳、现金之间能够转化，激励用户进行上传。

在判赔方面，法院表示，将在考虑涉案视频的知名度、B 站的侵权情节等因素，并考虑北京慕华公司针对相同视频被不同 UP 主上传的情况起诉 B 站多起案件这一事实的基础上，酌情确定经济损失额。此外，法院亦考虑到本案系批量案件，酌情确定维权合理费用。《南方都市报》记者统计 6 则裁判文书发现，B 站需赔偿北京慕华公司经济损失及合理开支共计 49.86 万元。

（资料来源：《南方都市报》 作者：肖遥 方诗琪）

【杨丽萍诉云海肴公司侵犯著作权及不正当竞争案终审宣判】 2022 年 8 月 5 日，北京知识产权法院就杨丽萍诉云海肴公司侵犯著作权及不正当竞争案作出终审判决，云海肴公司就其侵犯《月光》舞蹈作品复制权的行为赔偿杨丽萍公司 15 万元，以及维权合理支出 2.18 万元。

杨丽萍诉称，云海肴公司北京天通苑店在店内装饰物上使用了她的舞蹈作品《月光》，将其作品形象做成壁画、墙画和隔断。这些装饰作为餐厅主体装潢的一部分，被放置在餐厅显眼位置展览。不仅如此，云海肴公司还在餐厅的官方网站及微博中，使用了涉案作品进行网络传播。杨丽萍认为，舞蹈《月光》中特有的妆容造型、月光背景与舞蹈动作紧密结合，共同用于表达思想感情，体现作者的选择、设计，其中的造型、动作具有独创性，应当获得保护。而云海肴公司的装饰图案与杨丽萍《月光》舞蹈中的造型极为相近。因此，杨丽萍向法院提出诉讼请求，请求判令云海肴公司构成侵权，并赔偿经济损失和合理费用共计 100 万元。

云海肴公司对于《月光》舞蹈构成舞蹈作品没有异议，但认为被诉侵权的装饰图案与杨丽萍在《月光》舞蹈中的造型不构成实质性相似。杨丽萍在《月光》舞蹈中的造型是立体、动态的，被诉侵权装饰图案为平面使用，公众也不会认为是对舞蹈的使用，二者不具有进行实质性相似比较的前提。另外，

被诉侵权装饰图案是人物剪影，未显示任何面部特征，其形体动作和服饰亦属于傣族舞蹈中的常见形式，未使用杨丽萍舞蹈动作中的独创性表达，不应当认定构成实质性相似。被诉装饰图案源于云南孔雀舞的代表动作"三道弯"，云南傣族舞个别动作剪影被广泛用于表示云南风情特点，选取公有领域的相关动作图案用于餐厅装饰物并不侵权。

法院经审理认为，该案中虽然杨丽萍呈现的单独舞蹈动作，结合灯光、服饰，其自身身体曲线呈现出极具美感的艺术效果，但是从舞蹈作品保护客体的角度看，单人的单一舞蹈动作并不足以达到舞蹈作品的独创性要求，不能作为舞蹈作品获得保护。因此，云海肴公司的行为并不构成侵犯杨丽萍公司的舞蹈作品著作权。法院同时认为，云海肴公司在经营场所突出位置使用的装饰图案，与杨丽萍《月光》舞蹈中的具有云南少数民族特色的典型表演形象高度近似，这一行为侵犯了杨丽萍对其主张的美术作品、舞蹈作品和视听作品享有的复制权，容易使消费者误以为杨丽萍与云海肴之间具有许可使用关系或者建立了广告代言关系。因此，法院认定云海肴公司构成不正当竞争，应当承担相应民事责任，遂作出上述判决。

（资料来源：《中国知识产权报》 作者：侯伟）

【重庆启动惩治知识产权恶意诉讼专项监督】
2022年8月上旬，根据最高检统一部署和有关要求，重庆市检察院制发《重庆市检察机关开展依法惩治知识产权恶意诉讼专项监督工作实施方案》，在全市检察机关启动为期一年半的惩治知识产权恶意诉讼专项监督工作。

在专项监督工作中，重庆市检察机关将持续推进一体化综合履职，统筹运用知识产权刑事、民事、行政和公益诉讼四大检察监督职能，加大对知识产权恶意诉讼、虚假诉讼等行为的规制力度，切实保护广大人民群众和各类市场主体合法权益，维护经济社会秩序稳定。

此次专项监督将重点围绕知识产权批量维权、恶意诉讼中的权利滥用和涉嫌犯罪线索移送、虚假诉讼、参与行业突出问题治理四个方面展开。其中，针对行为人明知其知识产权的权利基础存在瑕疵或者以限制竞争对手经营为目的，恶意对他人提起知识产权侵权诉讼的行为，检察机关将通过抗诉、检察建议等方式开展精准监督。同时，对当事人以捏造的事实提起民事诉讼，妨害司法秩序或者严重侵害他人合法权益的，涉嫌虚假诉讼犯罪或者其他犯罪的，及时移送犯罪线索，加大惩治力度。

此外，重庆市检察机关还将结合司法办案，进一步加强与知识产权行政机关的沟通协作，推动严格规范商标、专利、著作权等知识产权申请注册、登记的程序和标准，从源头上规制诉权的滥用，遏制恶意诉讼行为的发生。

（资料来源：正义网 作者：满宁 李大盟）

【短视频平台算法推送侵权视频被判赔百万元】
2022年8月18日，江苏省无锡市中级人民法院（以下简称"无锡中院"）对北京爱奇艺科技有限公司（以下简称"爱奇艺公司"）与北京快手科技有限公司（以下简称"快手公司"）等著作权权属、侵权纠纷案作出终审判决，维持一审判决，认定快手公司短视频平台构成侵权并由经营公司赔偿爱奇艺公司经济损失等共计114万余元。

该案中，爱奇艺公司诉称：其是知名新媒体平台"爱奇艺"的经营者，享有电视剧《老九门》在境内的独占信息网络传播权。经调查发现，快手公司短视频平台App中存在大量关于电视剧《老九门》的侵权视频片段，该公司明知、应知涉案侵权内容，仍通过各类推荐行为向用户提供涉案侵权视频的在线播放及下载服务。爱奇艺公司提出判令涉事被告公司删除侵权视频、赔偿195万元等诉求。

快手公司称：其未实施侵权行为，被诉侵权视频系用户自行上传，其未对视频内容进行编辑。快手公司短视频平台日均活跃用户上亿，其作为视频分享平台难以审核海量视频中是否包含作品侵权内容。

法院审理认为，快手公司短视频平台App中出现的《老九门》短视频，是对该剧具体情节的浓缩讲解，已超出合理使用范畴，系侵权视频。无锡某通信公司、某信息技术公司为该短视频平台App中的视频内容提供基础网络接入、自动传输、自动存储服务，其对被诉侵权行为无主观过错，不应承担共同侵权责任。快手公司对其侵权行为构成"应知"且"明知"，因此存在主观过错，应当承担侵权责任。法院最后酌情确定快手公司赔偿爱奇艺公司经济损失100万元，合理费用14.42万元。

原被告均不服一审判决，后上诉至无锡中院，无锡中院审理后判决驳回双方上诉请求，维持了滨湖法院所作一审判决。

（资料来源：《中国知识产权报》 作者：赵振廷）

【音集协诉贝斯特恶意侵权获惩罚性赔偿】
2022年8月18日，山东省高级人民法院对中国音像著作权集体管理协会（以下简称"音集协"）诉滕州市龙泉贝斯特休闲会所（以下简称"贝斯特"）著作权纠纷案作出终审判决：依法撤销一审判决，改判自贝斯特开始营业之日起计算侵权时间，按照音集协行业使用费标准计算赔偿金额，同时增加自被告场所收到停止侵权通知之日起计算的惩罚性赔偿金共计240 815元，并要求贝斯特删除音集协管理的全部作品。

在音集协诉贝斯特著作权侵权纠纷案中，山东省枣庄市中级人民法院在一审判决中认定贝斯特侵权成立，并认定自法院立案之日起计算侵权时间，判决赔偿经济损失的同时增加惩罚性赔偿金共计104 080元，删除案涉155首音乐电视作品。音集协对此认定不服，上诉至山东省高级人民法院。

二审法院认为，贝斯特自成立之日起就未向音集协支付著作权许可使用费，并持续经营。一审法院以贝斯特被起诉之日起确定侵权时间，实际上是剥夺了该日期之前音集协对贝斯特侵害音集协管理的全部作品的侵权行为请求赔偿的权利，二审法院对此予以纠正，认定贝斯特的侵权时间为2019年1月1日至2021年12月31日，考虑到2020年新冠疫情影响，酌定扣减180天，确定侵权赔偿期共计916天，按照音集协的收费标准计算赔偿金额。

二审法院认为，2019年音集协就对贝斯特提起诉讼，贝斯特在明知未支付许可使用费、未经音集协许可的情况下，仍持续实施相同的侵权行为，已表明其具有侵权的故意。而在2020年8月，贝斯特再次收到音集协要求获得著作权许可使用费的通知书后仍不纠正侵权行为，应认定情节严重。故二审法院对音集协主张自贝斯特接到通知之日的2020年8月28日起计算惩罚性赔偿的诉求予以支持，判决贝斯特承担的赔偿金共计240 815元（经济损失147 715元＋惩罚性赔偿金93 100元）。

本案从司法层面对卡拉OK行业版权秩序作出正向引导，是适用集体管理组织的收费标准合理裁决著作权侵权赔偿金额、惩治卡拉OK场所恶意侵权的典型案例。对从未获得音集协许可且多次被诉侵权的场所，判决其删除音集协管理的全部作品，从其成立之日起计算侵权时间并处以惩罚性赔偿，该判决弥补了权利人因侵权行为所遭受的损失，也提高了恶意侵权人的侵权成本，对使用者持续侵权、恶意侵权行为起到了很好的威慑作用，对构建良好的版权许可市场环境产生了积极影响。

（资料来源：《中国新闻出版广电报》
作者：中国音像著作权集体管理协会）

【侠之谷公司游戏"换皮"侵犯著作权被判赔500万元】 2022年8月19日，广州知识产权法院公开了上海菲狐网络科技有限公司、霍尔果斯侠之谷信息科技有限公司等著作权权属、侵权纠纷二审民事判决书。判决书显示，法院责令侵权方停止侵权，并认定其构成举证妨碍，将一审法院作出的150万元判赔额提高至500万元。

上海菲狐网络科技有限公司（以下简称"菲狐公司"）是一家成立于2013年12月的网络游戏运营商，并于2017年2月经授权获得游戏《昆仑墟》的运营权。该游戏所设定的故事背景是北宋年间，金兵南下，主角为寻找自己的身世而展开的冒险旅程。该游戏一经推出就受到热捧，在2017年8月至2018年5月间，该游戏的月总下载、月总收入及日均下载、日均收入基本排名均位于腾讯应用宝每月统计前十名。

深圳侠之谷科技有限公司及其子公司霍尔果斯侠之谷信息科技有限公司（以下统称"侠之谷公司"）分别成立于2014年及2017年。2017年，侠之谷公司开发了游戏《醉美人》。随后，侠之谷公司与广州柏际网络科技有限公司（以下简称"柏际公司"）签订合作协议，约定将《醉美人》的代理运营权授权给柏际公司，侠之谷公司负责研发、改进及不同版本的移植开发等。此外，为方便不同渠道推广，侠之谷公司还允许柏际公司将《醉美人》改名为《永恒仙尊——经典梦幻修仙游戏》等五款游戏。

2018年，菲狐公司认为柏际公司运营的上述五款游戏涉嫌抄袭其享有著作权的《昆仑墟》，五款游戏在角色及技能、场景画面等多方面与《昆仑墟》基本一致。于是，菲狐公司以涉嫌侵犯作品复制权和信息网络传播权为由将侠之谷公司及柏际公司诉至广州互联网法院。

2019年3月，广州互联网法院作出一审判决，认定菲狐公司主张的游戏《昆仑墟》前81级整体画面构成类电影作品。侠之谷公司、柏际公司在开发游戏《醉美人》过程中存在接触《昆仑墟》的可能性，而且与《昆仑墟》构成整体观感上的实质性相似。但由于菲狐公司在该案中主张被告侵犯其作品复制权和信息网络传播权，而侠之谷公司、柏际公司并没有侵犯这两项权利，法院在驳回菲狐公司诉讼请求的同时写明"菲狐公司若认为构成对其作品其他权利的侵犯，可另行主张"。

2019年6月，菲狐公司调整诉请，以涉嫌侵犯其作品改编权、署名权为由，再次将侠之谷公司及柏际公司诉至广州互联网法院，并索赔500万元。

广州互联网法院随后对该案作出判决，责令侠之谷公司停止侵权并赔偿菲狐公司 150 万元。该判决作出后，双方均向广州知识产权法院提起了上诉。

广州知识产权法院经审理认为，该案的焦点问题在于侠之谷公司涉案行为是否构成对菲狐公司改编权的侵犯以及应承担何种责任。

被诉侵权游戏通过"换皮"式抄袭游戏《昆仑墟》，并将改编作品大肆在互联网上宣传、推广和运营，分割权利游戏市场，抢占商业机会，篡夺权利游戏所应当获取的经济利益。若对改编作品的后续使用行为不加以制止，则会导致对权利游戏改编权的保护难以实现，最终导致作品的财产性权利不能通过保护改编权来实现。因此，侠之谷公司的行为构成对菲狐公司改编权的侵犯。

在侠之谷公司该如何承担侵权责任的问题上，蒋华胜表示，在诉讼中，一、二审法院均要求侠之谷公司提交运营相关平台的证据材料，但侠之谷公司向法院提交的其声称通过非正式渠道获取的部分证据材料，仅披露部分无法看清的内容，无法证明其在运营相关平台中的侵权获利，构成证据妨碍。法院依据证据妨碍规则推定菲狐公司主张的赔偿金额 500 万元成立。

据此，广州知识产权法院最终判决侠之谷公司停止对菲狐公司改编权及署名权的侵犯，并赔偿菲狐公司经济损失 500 万元。至此，这起涉及游戏《昆仑墟》的著作权侵权纠纷尘埃落定。

（资料来源：《中国知识产权报》 作者：赵瑞科）

【上海闵行检法签署加强惩治涉知识产权恶意诉讼工作合作备忘录】 2022 年 8 月 19 日，在上海市闵行区知识产权保护工作推进会上，闵行区检察院与该区法院共同签署《关于加强惩治涉知识产权恶意诉讼工作合作备忘录》（下称《合作备忘录》），在惩治涉知识产权恶意诉讼行为、开展知识产权恶意诉讼领域综合治理等方面达成共识，旨在以"1＋1＞2"的合力共同提升涉知识产权恶意诉讼打击防范成效，推进知识产权全方位司法保护。

据悉，这是最高人民检察院在全国检察机关开展依法惩治知识产权恶意诉讼专项监督工作以来，全国首个由检法两家共同会签的惩治涉知识产权恶意诉讼合作机制。

《合作备忘录》明确，将建立涉知识产权恶意诉讼数据共享研判制度，加强日常沟通协调和大数据分析治理，对疑难复杂案件进行研究会商；建立涉知识产权恶意诉讼专项协作配合机制，积极开展集

中公诉、专项例会、同堂培训等专项工作和普法进企业等防范宣传活动；建立涉知识产权恶意诉讼线索通报制度，设立侵犯知识产权违法犯罪举报通道，针对在办案和工作中发现的涉知识产权恶意诉讼线索向有关单位进行通报和移送，及时进行信息对接。

下一步，闵行区检察院将在《合作备忘录》的基础上充分发挥知识产权检察综合履职优势，进一步加大与区法院、区知识产权行政管理及行政执法部门的沟通协作力度，建立健全司法机关内部及司法机关与行政机关的工作衔接机制，通过制发检察建议、发布白皮书等方式，协同相关部门共同推进行业治理，从源头遏制涉知识产权恶意诉讼行为的发生，切实保护广大人民群众和创新主体的合法权益。

（资料来源：《检察日报》
作者：江苏烨　潘志凡　李颖）

【计算机软件著作权民事案件当事人举证手册发布】 2022 年 8 月 25 日，北京知识产权法院发布《计算机软件著作权民事案件当事人举证手册》（以下简称《手册》），进一步促进计算机软件民事案件审理流程简化、举证充分、裁判精准、尺度统一。

计算机软件著作权民事案件主要包括计算机软件权属纠纷案件、计算机软件侵权纠纷案件和计算机软件合同案件三类。北京知识产权法院建院近 8 年来，共受理计算机软件著作权民事案件近 5 000 件，审结近 4 000 件。

《手册》共四部分内容，分别涉及计算机软件著作权民事案件的权属纠纷、著作权侵权纠纷、合同纠纷案件以及程序事项。在计算机软件著作权权属、侵权纠纷案件中，法院审查范围一般包括权属审查、被诉行为或软件是否构成侵权、损害后果以及侵权责任的承担等。《手册》还对当事人的举证责任、如何举证等作出了明确、具体的规定和建议，如"合同纠纷案件"部分涵盖合同内容、效力、履行和解除四方面；"程序事项"部分涉及电子证据举证质证以及证据保全两方面。

自 2022 年 5 月 1 日起，《最高人民法院第一审知识产权民事、行政案件管辖的若干规定》施行，计算机软件合同案件将由基层人民法院管辖，此类案件的上诉法院调整为北京知识产权法院。《手册》正是北京知识产权法院着力破解举证难问题在计算机软件著作权民事案件中的成果，为服务计算机软件产业发展贡献了司法智慧。

（资料来源：《民主与法制时报》 作者：任文岱）

【腾讯诉《荔枝》App 侵权《三体》二审宣判】
2022 年 8 月 31 日，上海知识产权法院对深圳市腾讯计算机系统有限公司（以下简称"腾讯公司"）起诉广州荔支网络技术有限公司（以下简称"荔支公司"）侵犯《三体》著作权案作出二审判决。

《三体》是近年来国内科幻领域畅销的长篇小说之一。2019 年，因发现《荔枝》App 中存在大量主播上传的《三体》音频内容，腾讯公司将荔支公司起诉至上海市浦东新区人民法院。经法院审理认定，《三体》具有很高的商业价值，《荔枝》App 上有大量《三体》音频，有些音频的标题中有"三体""刘慈欣"等字样，且有连续多集，荔支公司容易识别出此类音频是侵权音频。对于独家主播等有影响力的主播，荔支公司对其播出的内容有更高的注意义务。荔支公司明知或者应知其平台主播传播侵权音频，未采取制止侵权的必要措施，构成帮助侵权，应承担相应的民事责任。

一审法院综合考虑涉案作品知名度高、荔支公司规模大、主观过错程度较大、侵权主播数量及主播粉丝数量大、侵权音频数量较大、播放量较大、侵权时间段为作品热度较高时间段等因素，酌情确定赔偿金 500 万元。二审法院认为，一审法院确定的赔偿金额在合理范围内，维持原判。

（资料来源：南方网　作者：杨智明）

【《英雄血战》游戏地图抄袭案终审宣判】 2022 年 9 月 20 日，广州知识产权法院发布对《英雄血战》与《王者荣耀》著作权侵权案的二审判决。法院判决认定，《英雄联盟》游戏缩略图、场景地图具有独创性，《英雄血战》的游戏缩略图及场景地图与《英雄联盟》构成实质性相似，构成侵权。

《英雄血战》（又名 Heroes Arena）是敬游公司参与开发的一款以 5V5 模式为主的 MOBA 类（多人在线战术竞技）手游，魔伴公司负责宣传推广《英雄血战》，爱九游公司提供下载安装服务。2017 年，因《英雄血战》涉嫌侵犯《英雄联盟》的游戏缩略图、游戏场景地图的著作权，腾讯公司将三公司起诉至广州市天河区人民法院。

法院一审认定，《英雄联盟》游戏缩略图具备独创性、构成示意图作品，其游戏场景地图亦具有独创性、构成美术作品，上述三公司构成著作权侵权，并判定三被告停止侵权，敬游公司、魔伴公司赔偿腾讯公司经济损失及合理开支 200 万元，爱九游公司就其中 50 万元承担连带责任。三被告向广州知识产权法院提起上诉。2022 年 9 月，广州知识产权法院作出上述终审判决。

广州知识产权法院经审理认为，《英雄联盟》游戏缩略图与游戏场景地图的作品类型认定构成示意图作品，涉案 36 幅游戏场景地图构成美术作品；《英雄血战》对《英雄联盟》的游戏缩略图和场景地图构成实质性相似。

二审法院认为，因敬游公司提供的证据证明其系接受《英雄血战》的著作权人 HUWA 的委托代工《英雄血战》游戏源代码，并非被诉侵权游戏的著作权人，一审法院认定敬游公司实施侵害涉案作品复制权、信息网络传播权的行为，事实依据不足，予以纠正。

此外，二审法院还指出，在充分考虑《英雄联盟》游戏的知名度、市场影响力、运营收益，被诉侵权行为的规模、情节，涉案游戏缩略图、场景地图在游戏中的作用等情节的基础上，一审法院酌情确定魔伴公司赔偿经济损失（包含合理费用）200 万元，爱九游公司在 50 万元范围内承担连带责任并无不当，并责令游戏运营方魔伴公司于判决发生法律效力之日，立即停止侵害涉案作品享有的复制权、信息网络传播权的行为。

该案系《英雄联盟》在国内首例游戏地图维权获终审胜诉判决的案例。此前针对其他 MOBA 手游的抄袭行为，《英雄联盟》也曾在泰国法院获得过胜诉判决。

（资料来源：法治网　作者：章宁旦）

【网络非法大肆贩卖图书被判 9 年】 2022 年 9 月中旬，湖北省仙桃市人民法院开庭审理肖某某"1·15"非法经营图书案。仙桃市人民法院以非法经营罪、侵犯著作权罪判处被告人肖某某有期徒刑 9 年，并处罚金人民币 230 万元，追缴违法所得 1 050 162.2 元。

经审理查明，2020 年 5 月至 2020 年 12 月，被告人肖某某通过网络找人办理了虚假的《出版物经营许可证》，随后在电商交易平台开设了 6 家店铺，售卖不同种类的网络热门小说。

截至 2020 年 12 月 18 日，其交易记录达 1.17 万笔，销售图书 3 万余册，销售金额达 100 余万元。2020 年 12 月 18 日，执法人员在肖某某的仓库查扣相关出版物 54 种共计 125 633 册，涉案金额 780 余万元。

经鉴定，扣押的 11.16 万册图书中，有 25 种 172 个出版物共 52 376 册被鉴定为非法出版物；有 16 种 53 个出版物共 59 266 册被认定为侵权复制品。查扣图书涉案总金额达 780 万元。

2021 年 5 月，肖某某"1·15"非法经营图书案被全国"扫黄打非"办公室挂牌督办。

法院审理认为，在本案中，被告人肖某某严重扰乱市场秩序，情节特别严重，且以营利为目的，未经著作权人及享有专有出版权的出版方许可，复制发行其文字作品和享有专有出版权的图书，公诉机关指控其犯非法经营罪、侵犯著作权罪罪名成立。

（资料来源：中国扫黄打非网）

【浙江新昌判决一起售卖含侵权音乐 U 盘侵权案】 2022 年 9 月中旬，浙江省绍兴市新昌县人民法院判决一起售卖含侵权音乐 U 盘侵犯著作权案件，判处被告人王某有期徒刑 3 年，缓刑 4 年，并处罚金 6 万元；判处裘某有期徒刑 1 年，缓刑 2 年，并处罚金 2 万元。

2021 年 4 月，新昌县公安局羽林派出所接群众举报，称在某网店购买到若干含有大量侵权音乐的 U 盘。民警随即开展侦查，确定王某为最终的资金收款人，具有重大作案嫌疑。

经过大量侦查工作，2022 年 4 月 19 日，民警赴义乌成功抓获嫌疑人王某，并扣押作案所用工具电脑 1 台、拷贝机 2 台、含有侵权音乐作品的 U 盘和 SD 卡 500 余个。

民警对王某的资金流及社会关系进行深入调查，发现线索、关系等最终指向南方某地，王某也承认并交代出了供应商裘某和尧某。在刑事犯罪侦查大队的支持下，民警赴外地成功抓获犯罪嫌疑人裘某、尧某，并查获拷贝机、含有音乐数据的母盘等作案工具。

至此，新昌县警方成功抓获犯罪嫌疑人王某、裘某、尧某等 3 人。

经查，犯罪嫌疑人王某 2019 年开始在义乌经营网店，2020 年时认识了在南方某电子市场经营电子产品的裘某。经商议，裘某向王某售卖侵权音乐资源，侵权音乐由裘某雇用的尧某进行制作，王某拿到侵权音乐资源后，利用购买的拷贝机复制、制作大量含有侵权音乐资源的 U 盘、SD 卡，并在网络店铺上售卖。

2022 年 5 月，经国际唱片业协会鉴定，嫌疑人王某售出的 U 盘中含有 540 首侵权音乐作品。2019 年至 2021 年 4 月，王某累计销售含有侵权音乐作品的 U 盘和 SD 卡 4 000 余个，销售金额达 21 万余元。

（资料来源：浙江省"扫黄打非"办公室）

【架设《天龙八部》私服获利 341 万被判刑】
2022 年 10 月上旬，湖南省岳阳县人民法院审结了一起侵犯著作权案件，6 名被告人犯侵犯著作权罪，被依法判处有期徒刑一年至三年十个月不等，并处 5 万元至 100 万元不等的罚金，部分被告人适用缓刑；没收各被告人违法所得，上缴国库。

法院经审理查明，2020 年 2 月前后，欧阳某与郑某甲合谋在网络上架设《天龙八部》私服游戏牟利。在未经北京畅游公司许可的情况下，郑某甲在网络论坛中下载该公司拥有著作权的《天龙八部》游戏源代码并开始架设私服游戏。同年 5 月，2 人在网络上推广并运营该私服游戏。在游戏运营过程中，贾某、陈某、郑某乙、刘某先后加入该私服游戏运营团队。郑某甲负责服务器的架设及保证游戏稳定运行，郑某乙负责游戏玩家的充值通道，欧阳某、贾某等人负责游戏推广和统计获利等事宜。

从 2020 年 5 月至 2021 年 6 月，6 名被告人在未经北京畅游公司许可的情况下，先后运营了《东方神龙》《真天龙》《新天龙》《御天记》等《天龙八部》的 4 个私服游戏，违法所得共计人民币 341 万余元。经鉴定，涉案游戏服务端与《天龙八部》游戏服务端存在实质性相似。法院审理后认为，6 名被告人以营利为目的，未经著作权人许可，合伙复制发行他人享有著作权的计算机软件作品，其行为已触犯刑法，构成了侵犯著作权罪，依法应予惩处。综合各被告人犯罪情节、悔罪表现和社会危害性等因素，法院遂依法作出上述判决。

（资料来源：红网
作者：肖依诺 郭薇灿 陶琛 黄湘宜）

【山寨版《大话西游》网络游戏侵犯著作权案宣判】 2022 年 10 月 14 日，江苏省宿迁市宿城区人民法院采取远程视频和现场相结合的方式，公开宣判了一起非法运营私服游戏侵犯著作权案。

网络游戏《大话西游》红极一时，受到不少玩家追捧，甚至有玩家为其一掷千金。2015 年 4 月 1 日，网易（杭州）网络有限公司取得《大话西游》计算机软件著作权。2018 年底，被告人段某等 6 人以营利为目的，商量合作开发《大话西游》网络游戏私服，并联系被告人陈某提供技术支持，双方约定被告人陈某分得游戏利润的 30%，被告人段某等 6 人分得游戏利润的 70%（后将利润的 60% 分给游戏代理）。后被告人段某等 6 人共同出资从网上购买《大话西游》的人物、地图、宠物等素材资源，发送给被告人陈某，被告人陈某安排被告人宋某等 3 人负责私服游戏的开发与维护、升级，并将其命名为《遮天西游》，被告人段某等 6 人负责游戏的日常运营。2019年2月，上述被告人在未取得网易公司授权的情况下，开始运营《大话西游》游戏私服《遮天西游》，并通过玩家充值获利，运营期间，被告人段某、王某、黄某、郝某负责服务器租赁、利润结算、帮助玩家反馈解决技术问题等，被告人黄某、吴某参与分成，未负责具体事务。经鉴定，自2019年2月至2020年6月间，该游戏累计非法经营数额为1 574.9万余元。

2019年4月，被告人刘某为谋取非法利益，明知系侵权的游戏仍缴纳代理费9万元，担任该游戏的总代理，全面负责推广、传播该游戏私服。为推广这款山寨版游戏，刘某还通过快手、微信、QQ联系发展了李某等9人为游戏二级代理。截至案发，刘某发展的所有下线代理获利最多的有23.6万余元，少的也有6.3万余元。

公诉机关认为，被告人陈某等20人以营利为目的，未经著作权人许可，复制发行他人作品，通过信息网络向社会公众传播并运营私服游戏，情节特别严重，均触犯了《中华人民共和国刑法》第二百一十七条第一项，犯罪事实清楚，证据确实充分，应当以侵犯著作权罪追究其刑事责任。其中陈某、段某等6人在共同犯罪中起重要作用，是主犯；其余被告人在共同犯罪中起辅助作用，是从犯。各被告人均有坦白情节、自愿认罪认罚、部分或全部退缴违法所得，可依法从轻处罚。

法院审理后认为，被告人陈某等人以营利为目的，未经著作权人许可，复制发行他人作品，通过信息网络向社会公众传播并运营私服游戏，其行为均已构成侵犯著作权罪。各被告人均承认指控的犯罪事实，愿意接受处罚，可以依法从宽处理。综合各被告人的犯罪事实、情节、认罪悔罪态度等因素，判处被告人陈某有期徒刑四年四个月，并处罚金650万元；判处其余被告人七个月至三年九个月不等的有期徒刑，并处罚金。对其中14名犯罪情节较轻的被告人判处缓刑。

（资料来源：中国法院网　作者：朱来宽）

【抖音因用户发布《云南虫谷》剪辑片段赔偿腾讯超3 200万元】 2022年10月26日，西安市中级人民法院就《云南虫谷》案作出一审判决。法院认为，抖音平台上有大量用户对涉案作品实施了侵权行为，虽然抖音采取措施减少了侵权作品的数量，但侵权行为仍未得到有效遏制。抖音因此属于帮助侵权，应立即采取有效措施删除、过滤、拦截相关视频，并赔偿腾讯经济损失及合理费用3 240余万元。

该案中，西安中级人民法院以每集200万元、总额超过3 200万元的标准，打破了全国同类案件的判赔纪录，是上年最高纪录的16倍、部分同类案件的上百倍。逾3 200万元的金额，也是腾讯获得的影视版权类案件最高赔偿，不仅超过了本案腾讯最初索赔金额的3倍，而且刷新了全国法院网络影视版权案件赔偿纪录。

原告腾讯发现，2021年8月30日《云南虫谷》在腾讯视频独播之后，抖音上存在大量用户上传的该剧剪辑片段。于是在2021年9月22日，腾讯向西安市中级人民法院起诉，要求抖音立即采取有效措施删除、过滤、拦截相关视频，并赔偿经济损失及合理费用1 000万元。

抖音抗辩称，相关视频为用户自行上传，平台用户数量众多，抖音不可能对海量信息进行实质审查；且根据法律规定，抖音平台仅提供信息网络存储服务，没有内容审查义务。平台已经提醒用户上传内容不得侵犯他人知识产权，并履行了"通知—删除"义务，故不构成侵权。

2022年10月26日，西安市中级人民法院作出一审判决。法院认为，抖音应对平台内侵权内容承担相应的管理义务，虽然其采取措施减少了侵权作品的数量，但侵权行为仍未得到有效遏制。故法院认定抖音构成帮助侵权，要求其立即采取有效措施删除、过滤、拦截相关视频。

综合考虑涉案作品类型、制作成本、知名程度、被告侵权行为性质、可能获益等因素，法院酌定腾讯因侵权行为遭受的经济利益损失为平均每集200万元、总计3 200万元，并要求抖音支付腾讯42万余元的合理维权费用。法院还在判决中指出，本案不适用于惩罚性赔偿。

本案所涉作品《云南虫谷》为腾讯公司旗下企鹅影视出品的悬疑冒险网络剧，改编自天下霸唱小说《鬼吹灯之云南虫谷》。全剧共16集，豆瓣评分6.1，有超过15万用户标记"看过"此剧。

（资料来源：《潇湘晨报》　作者：曹伟）

【爱奇艺诉快手侵权播放《琅琊榜》《老九门》获赔218万元】 2022年10月27日，北京爱奇艺科技有限公司（以下简称"爱奇艺公司"）与北京快手科技有限公司（以下简称"快手公司"）、北京达佳互联信息技术有限公司（以下简称"达佳公司"）侵害作品信息网络传播权纠纷判决文书公开。江苏省无锡市中级人民法院判决快手公司赔偿爱奇艺公司经济损失及合理费用合计218万余元。

判决书显示，原告爱奇艺公司诉称，原告享有电视剧《琅琊榜》《老九门》在中华人民共和国境内的独占信息网络传播权，并且有权以自身名义向侵权第三人主张权利。经调查发现，快手公司、达佳公司开发运营的《快手》App 中存在大量关于电视剧的侵权视频片段。快手公司、达佳公司作为专业的短视频平台，明知、应知涉案侵权内容的存在，仍然为用户提供涉案侵权视频的在线播放及下载服务。经查，《快手》App 中的涉案侵权视频储存于联通无锡公司的网络服务器中。快手公司、达佳公司的上述行为分流了《爱奇艺》平台的观看用户，严重侵害其合法权益。

被告快手则表示：（1）被诉侵权视频系用户自行上传，其未对视频内容进行编辑，未实施侵权行为；（2）其对被诉侵权行为不具有明知或应知，无主观过错，不构成侵权；（3）爱奇艺公司主张的赔偿金额过高；（4）快手公司日均活跃用户上亿，其作为视频分享平台难以审核海量视频中是否包含作品侵权内容。

法院审理认为，《快手》App 中案涉短视频可能产生的民事侵权责任，仅由经营者快手公司承担；快手公司存在主观过错，对被诉侵权视频的信息网络传播起到帮助作用；爱奇艺公司在证据保全公证前已多次通知快手公司删除涉案侵权作品，并提供了初步权属证据与侵权作品明细，快手公司仍未予以删除，根据《信息网络传播权若干问题规定》第十三条的规定，可认定快手公司构成"明知"。综上，快手公司存在主观过错，对被诉侵权视频的信息网络传播起到帮助作用，应当承担帮助侵权责任。侵权视频已被删除，快手公司仍需承担民事赔偿责任。

最终，法院判决快手公司赔偿爱奇艺公司经济损失及合理费用合计 218 万余元。

（资料来源：观察者网）

【经营《韩剧 TV》非法获利 221 万元被判刑】
据 2022 年 11 月 9 日江苏高院公众号消息，近日，江阴法院公布一起案件。2020 年 5 月初，被告人熊某认为案外人所有的《韩剧 TV》品牌效益较好，故经商量后说服其将该 App 转让给自己经营。随即，被告人熊某联系被告人李某、黄某，三人合谋在手机应用市场上线该 App，在线投放海量侵权韩剧、韩国综艺等影视剧作品，通过在 App 及影视剧作品中植入广告收取广告费获利。作品有耳熟能详的《爱的迫降》《蓝色大海的传说》《国王》《德鲁纳酒店》等韩剧 795 集，*Running Man*、《拜托了冰箱》、《韩国好声音》、《蒙面歌王》等韩国综艺节目

2 127 集，这些作品中的一部分已将网络播放权出让给国内的视频经营者如腾讯视频、爱奇艺、优酷等，也有一部分尚未被国内相关经营者引进。在各自分工的同时，熊某、李某、黄某还招录了张某、张某某对原先的 App 进行改进和维护。

2019 年 7 月至 2020 年 8 月，案涉《韩剧 TV》App 在华为、OPPO、小米、VIVO 等手机应用市场上线，非法复制韩剧 795 集、韩国综艺节目 2 127 集供人观看，从中收取广告费，共计非法经营数额为人民币 221 万余元。

目前，江阴法院对熊某等 5 人犯侵犯著作权罪一案宣判，熊某、李某、黄某、张某、张某某以营利为目的，未经著作权人许可，共同通过信息网络向公众传播影视作品，情节特别严重，其行为均已构成侵犯著作权罪，依法判处熊某等 5 人一年三个月至三年不等的有期徒刑，适用缓刑，并处 13 万元至 119 万元不等的罚金，没收全部违法所得。一审判决已发生法律效力。

（资料来源：江苏省高级人民法院　作者：徐芝若）

【广仲裁决元宇宙财产纠纷仲裁首案】 2022 年 11 月 10 日，广州仲裁委员会（以下简称"广仲"）创设的元宇宙仲裁院裁决了一宗发生在元宇宙的财产纠纷案件，5 天内高效办结，成为虚拟世界的仲裁第一案。

该案中，一家港资从事 NFT 的公司认为数字化藏品使用者侵权，要求赔偿损失。依据双方合意达成的仲裁协议，当事人通过广仲的网上元宇宙立案通道将纠纷交由广仲元邦 Meta City 元宇宙仲裁解决。

"数字经济时代，交易双方都受到流量思维的影响。短时间内基于供应和需求产生的大额资金占用和金融获利，让此类纠纷往往具有紧迫性，不及时得到解决，会让经济损失迅速以数倍乃至数十倍的速度滚雪球式增长。"本案仲裁员、数字纠纷领域专家黄民欣介绍道，"交易主体在元宇宙的虚拟形象一方面是现实世界的投影和映射，另一方面会随着现实世界的增值而增值。本案一方当事人在取得数字化形象后，将其应用于线下服装印制并计划发售，背后反映的是数字化藏品和虚拟形象在转入线下时的版权收益问题，此类纠纷因为缺少新型法律指导而频发易发。"

（资料来源：广州仲裁委员会）

【广西"4·2"跨省制售盗版教材教辅系列案一审宣判】 2022 年 11 月 11 日，广西侦破的"4·2"

跨省制售盗版教材教辅案在广西钦州市灵山县人民法院宣判。

2020 年 12 月，灵山县"扫黄打非"办公室在广西壮族自治区版权局和钦州市新闻出版局指导下，联合公安、文化、市场监管局等多部门开展执法检查，发现邓某经营的书店及其仓库内存有大量疑似盗版出版物。经有关部门认定，其中的《新华字典》（第 11 版）单色本、《红星照耀中国》等 56 种图书共 26 809 册为侵权盗版出版物；此外，《学前测试一本通（拼音 1）》等 50 种图书 11 425 册为非法出版物。经警方调查发现，自 2020 年开始，涉案主犯之一邓某为牟取利益，在未获得著作权人许可的情况下，从涉案人刘某、李某清等人处低价购进侵权盗版的相关书籍，并与其他正版书籍一起在其经营的灵山县灵城街道丰江路 28 号新源书店处售卖。而新源书店销售的盗版出版物的进货渠道大多来自山东聊城、湖南长沙等地。"4·2 专案组"远赴湖南、山东等 4 省 12 市进行案情线索排查，行程超过 10 万公里。经过长达 5 个多月的周密侦察，于 2021 年 9 月 29 日对聚集在山东聊城市东昌府区、阳谷县等地的制售盗版工具书、教材教辅及非法出版物的团伙进行了收网打击，成功将其"产供销"盗版出版物的犯罪链条全部斩断，抓获曾某、樊某、布某等数名犯罪嫌疑人，缴获涉嫌侵权盗版非法出版物 30 万册，包括盗版《新华字典》《现代汉语词典》及小学英语教材等，总码洋近 650 万元，其他非法出版物 1 万余册，总码洋近 25 万元，及各类纸制品、半成品、光盘、加工机械等。

法院经审理查明，涉案人曾某曾因犯侵犯著作权罪于 2019 年被判处有期徒刑三年，缓刑五年，并被处罚金 13.5 万元；樊某曾因犯侵犯著作权罪于 2021 年被判处有期徒刑二年，缓刑三年，并被处罚金 4 万元；布某曾因犯走私国家禁止进出口的货物罪，于 2018 年被判处有期徒刑一年一个月。法院认为，被告人邓某、曾某、刘某、布某、樊某、邹某、李某清、李某、贾某以营利为目的，未经著作权人许可，发行其文字作品，有其他特别严重情节，均构成侵犯著作权罪。法院一审判决：被告人邓某违反国家规定，发行严重危害社会秩序和扰乱市场秩序的非法出版物，情节特别严重，构成非法经营罪，公诉机关的指控均成立，邓某一人犯数罪，应数罪并罚。对曾某以侵犯著作权罪判处有期徒刑六年六个月，并处罚金 133.5 万元；对刘某以侵犯著作权罪判处有期徒刑五年，并处罚金 200 万元；其余邹某等 6 名被告人以侵犯著作权罪分别判处有期徒刑

一年六个月至四年六个月不等，并处罚金 3 万元至 40 万元不等，对收缴的作案工具、侵权盗版出版物、非法出版物等物品予以没收。

（资料来源：《中国新闻出版广电报》
作者：赖名芳　梁桃静）

【京津冀三家法院合力打造区域知识产权协同发展示范区】 2022 年 11 月 11 日，河北雄安新区中级人民法院（以下简称"雄安中院"）与北京知识产权法院、天津市第三中级人民法院共同签署《加强知识产权司法保护合作框架协议》。作为深化司法协作的重要举措，协议的签署将推动三地法院携手解决司法难题，合力打造区域知识产权协同发展示范区，为京津冀协同发展构建优质高效的司法供给体系。

根据协议，三家法院将充分发挥各自区位和资源优势，建立健全多方参与、有机衔接、协调联动、高效便捷的知识产权司法保护合作机制。同时，协议约定三家法院要推动人才联合培养、协同审判、分享审判经验、开展联合调研、开展联合培训、建立沟通平台等全方位合作事宜，共同致力全面优化区域创新环境和营商环境，确保法院工作与京津冀协同大局同频共振、深度融合。

雄安中院相关负责人表示，此次协议签署，是深入贯彻落实党的二十大作出的"推进京津冀协同发展""高标准、高质量建设雄安新区"的重要部署的具体举措，将有力开拓京津冀知识产权协同保护事业新渠道新路径，对京津冀协同发展和雄安新区建设重大国家战略实施具有重要的司法保障作用。

雄安中院高度重视知识产权审判工作在服务保障雄安新区建设发展大局中的重要作用，在上级法院和有关部门的大力支持下，不断推动知识产权司法保护体制机制创新，已实现设立知识产权审判庭集中管辖冀北六市及雄安新区辖区范围内的专利等技术类知识产权案件，建立"一中院三中心"（雄安中院与京津冀三家省级知识产权保护中心）京津冀协同发展合作会商机制等重要举措落地落实。

（资料来源：人民网　作者：刘师豪）

【网络文学产业首个诉前禁令获批】 2022 年 11 月 16 日，据中国版权协会消息，阅文旗下"起点中文网"运营方上海玄霆娱乐信息科技有限公司（以下简称"阅文公司"）针对"UC 浏览器"和"神马搜索"中存在大量侵犯《夜的命名术》信息网络传播权的盗版链接的事实，及向用户推荐、诱导用户阅读盗版的行为，向海南自由贸易港知识产权法院

申请诉前行为保全，获得法院支持。这是网络文学领域公开的首个诉前禁令。

据海南自由贸易港知识产权法院民事裁定书（（2022）琼73行保1号），阅文公司诉称，涉案作品《夜的命名术》在全球范围内的著作财产权由阅文公司独家享有，该书作者"会说话的肘子"极具知名度和影响力。《夜的命名术》于2021年4月18日在《起点读书》App、《QQ阅读》App等阅文公司运营或授权的App和相应网站上架并持续更新连载。上架后其网络热度非常高，作品粉丝数超200万人。截至2022年5月11日，涉案作品名列"起点中文网"月票榜第一位、畅销榜第二名。

动景公司系"UC浏览器"的运营者，神马公司为"UC浏览器"内嵌及默认搜索引擎"神马搜索"的运营方。阅文公司诉称，动景公司、神马公司在其运营的"UC浏览器"及"神马搜索"中实施了侵犯阅文公司权利作品信息网络传播权并构成不正当竞争的行为。比如，在"UC浏览器"及"神马搜索"中优先展示盗版链接，诱导用户阅读涉案作品的盗版链接；优化盗版阅读功能和社区功能，对盗版作品和链接进行推荐；等等。因涉案作品正处于连载中，情况紧急，且正在持续受到侵害，阅文公司向法院申请诉前行为保全措施，要求动景公司、神马公司立即对相关站点采取删除、屏蔽、断链等必要措施。

法院经审查后认为，阅文公司对涉案作品享有信息网络传播权，权利基础具有稳定性；涉案作品系正在持续更新的作品，具有较强的时效性，属于情况紧急的情形；涉案作品能为阅文公司带来较高的广告流量和会员费、打赏费等收入，动景公司和神马公司涉嫌侵害阅文公司对涉案作品享有的信息网络传播权，如不及时制止，将给阅文公司造成流量降低、收入减少等难以弥补的损害；对涉案作品采取屏蔽、断链、删除等措施，并不会影响动景公司、神马公司的正常生产经营和合法权益，也不会对社会公共利益造成损失。

法院认为，阅文公司所提的诉前行为保全申请符合法律规定，应予以支持。裁定动景公司、神马公司自收到裁定书之日起对其搜索引擎中涉嫌侵犯《夜的命名术》信息网络传播权的链接采取删除、屏蔽、断开链接等必要措施。

（资料来源：《21世纪经济报道》 作者：钟雨欣）

【广东高院终审判决迷你玩赔偿网易5 000万元】 2022年11月30日，广东省高级人民法院对广州网易公司、上海网之易公司诉深圳迷你玩公司著作权侵权及不正当竞争纠纷案作出终审判决，认定深圳迷你玩公司构成不正当竞争，判令其删除游戏中230个侵权元素，并赔偿网易公司5 000万元。

Minecraft（中文名：《我的世界》）是一款由瑞典Mojang公司于2009年开发的风靡全球的沙盒类游戏。2016年5月，网易公司宣布获得该游戏在中国区域的独家运营权，有权针对任何知识产权侵权行为和不正当竞争行为进行维权。同月，深圳迷你玩公司在手机安卓端上线《迷你世界》，其后又陆续上线手机IOS版及电脑版。2019年，网易公司向深圳市中级人民法院提起诉讼，指控《迷你世界》多个游戏核心基本元素抄袭《我的世界》，两款游戏整体画面高度相似，构成著作权侵权及不正当竞争，诉请法院判令迷你玩公司停止侵权、消除影响、赔偿5 000万元等。深圳中院一审认定《迷你世界》构成著作权侵权，判令迷你玩公司删除侵权游戏元素及赔偿网易公司2 113万余元。随后，双方均不服，向广东高院提起上诉。

广东高院审理查明，涉案两款游戏属于沙盒类游戏，这类游戏中只设定有基本的游戏目标和规则，并提供给玩家基础的木材、食物、生物等游戏资源或元素，让玩家在虚拟世界中自由探索、交互。玩家可利用游戏预设的基础游戏资源，通过破坏、合成、搭建等方式创造出虚拟的物件、建筑、景观乃至游戏世界。《迷你世界》主要通过用户充值获利，各渠道下载数量累计超过33.6亿次，上线运营至今获得超过4亿注册用户。

在赔偿数额的确定上，法院认为迷你玩公司作为侵权方，理应掌握经营所得相关数据，却无正当理由拒绝向法院提供。广东高院审理认为，两款游戏整体画面构成类电作品，即新《著作权法》规定的"视听作品"，但两者的相似之处在于游戏元素设计而非游戏画面，因此驳回网易公司关于著作权侵权的诉请。同时法院认为，《迷你世界》与《我的世界》在玩法规则上高度相似，在游戏元素细节上存在诸多重合，已经超出合理借鉴的界限。迷你玩公司通过抄袭游戏元素设计的方式，直接攫取了他人智力成果中关键、核心的个性化商业价值，以不当获取他人经营利益为手段来抢夺商业机会，构成不正当竞争。法院根据第三方平台显示的《迷你世界》下载量、收入数据等优势证据，综合多种方法计算均显示迷你玩公司侵权获利远超网易公司诉请赔偿数额，遂全额支持其赔偿诉请。

（资料来源：广东省高级人民法院）

【上海浦东法院作出首例世界杯诉前禁令】

2022 年 12 月 7 日，上海市浦东新区人民法院（以下简称"浦东法院"）收到卡塔尔世界杯赛事的授权方央视国际网络有限公司（以下简称"央视国际公司"）提出的行为保全申请。法院在接受申请的 24 小时内即作出裁定，责令被申请人沈阳盘球科技有限公司（以下简称"沈阳盘球公司"）立即停止并不得在其运营的"盘球吧"网站提供 2022 年卡塔尔世界杯赛事节目，被申请人上海悦保信息科技有限公司（以下简称"上海悦保公司"）立即停止并不得在其运营的"足球直播网"上设置链接跳转至"盘球吧"网站的卡塔尔世界杯赛事观看页面。裁定书送达后立即执行。

申请人央视国际公司称，其经国际足联和中央广播电视总台授权，有权通过信息网络以直播、延播和点播形式转播 2022 年卡塔尔世界杯赛事节目，并进行维权。

卡塔尔世界杯开幕以来，申请人持续发现被申请人上海悦保公司经营的"足球直播网"专门在首页设置热门直播，点击"观看直播"即可跳转到被申请人沈阳盘球公司经营的盗版网站"盘球吧"观看世界杯赛事的直播。两被申请人均为世界杯赛事设置了专门页面，构成著作权的共同侵权，且侵权恶意明显。故请求法院裁定被申请人上海悦保公司立即停止并不再通过"足球直播网"提供 2022 年卡塔尔世界杯"观看直播"之服务，停止提供跳转至第三方侵权网站观看上述赛事之服务；被申请人沈阳盘球公司立即停止并不再通过网站"盘球吧"提供侵害 2022 年卡塔尔世界杯足球赛事著作权之直播服务。

根据法律规定，浦东法院从申请是否具有事实基础和法律依据、是否会造成难以弥补的损害、是否会导致利益显著失衡、是否损害社会公共利益四方面进行了重点审查。

法院经审查认为，2022 年卡塔尔世界杯赛事节目是具有独创性的视听作品。申请人央视国际公司经合法授权，享有通过互联网以直播、延播和点播等形式传播 2022 年卡塔尔世界杯赛事节目的权利及转授权的权利，并有权进行维权，其请求保护的知识产权效力稳定。

被申请人上海悦保公司在其运营的"足球直播网"上为世界杯赛事设置"观看直播"的跳转链接，链接到被申请人沈阳盘球公司运营的"盘球吧"网站上的世界杯比赛直播页面，实时或延时向公众提供 2022 年卡塔尔世界杯赛事节目的在线观看服务。

两被申请人具有较大的侵权可能性，申请人的行为保全请求具有事实基础和法律依据。

2022 年卡塔尔世界杯具有极大的社会关注度和影响力，相关赛事节目属于时效性极强的热播节目，具有极高的经济价值，能够给申请人带来较大的经济利益。两被申请人的被诉行为发生在 2022 年卡塔尔世界杯举办期间，结合被诉行为模式判断，两被申请人未来仍可能通过相同的方式进行世界杯赛事在线直播。若不及时制止该行为，则可能对申请人的竞争优势、经济利益等带来难以弥补的损害。申请人的行为保全申请不仅针对已经和正在发生的侵权行为，同时还针对即发侵权行为，其指向明确、范围适当，且提供了相应担保，故采取行为保全措施不会造成当事人间利益的显著失衡，也不会损害社会公共利益。

据此，浦东法院作出了上述裁定。

（资料来源：澎湃新闻

作者：李菁　胡琛罡　陈安悦）

【河南省进一步完善知识产权刑事案件管辖机制】 2022 年 12 月 7 日，河南省高级法院、省检察院、省公安厅联合出台《关于进一步完善我省知识产权"三合一"审判机制中刑事案件管辖若干问题的意见》（以下简称《意见》），对完善知识产权刑事案件管辖机制作出安排，以实际行动贯彻落实党的二十大加快实施创新驱动发展战略的新部署。

根据《意见》，自 2022 年 12 月 7 日起，河南各省辖市第一审知识产权刑事案件分别由指定的基层法院、基层检察院管辖，实现了第一审刑事案件管辖的集中化，这意味着该省全面实现第一审知识产权民事、行政、刑事案件的集中管辖。

《意见》确定了集中管辖的知识产权刑事案件类型、集中管辖刑事案件的司法机关以及对应的管辖区域，一方面实现了知识产权案件办理的专业化、集中化，另一方面有利于侦查、起诉、审判各环节的对接与协作，将大大提高办案效率。

据介绍，今后，河南省检察机关办理知识产权"三合一"刑事案件实行"捕诉一体"办案机制，对公安机关移送的辖区知识产权刑事案件，由有集中管辖权的检察院直接受理，无须逐级报请指定管辖。各县（区）公安机关分别向指定的检察院提请批准逮捕和移送审查起诉。

《意见》还明确，河南省高级法院、省检察院、省公安厅要建立知识产权刑事司法保护联席会议机制，定期研究解决"三合一"审判机制贯彻落实过程中遇到的问题，提升知识产权司法保护质效。

（资料来源：《检察日报》 作者：刘立新）

【河南省检法联合出台知识产权司法保护 20 项措施】 2022 年 12 月上旬，河南省高级法院、省检察院联合出台《关于加强知识产权司法保护服务保障创新驱动发展的若干意见》（以下简称《若干意见》），围绕凝聚知识产权司法保护共识、强化重点领域成果协同保护、统一司法办案尺度、完善知识产权案件管辖布局等 8 个方面推出 20 项措施，用实际行动贯彻落实党的二十大作出的"加强知识产权法治保障"的安排部署。

《若干意见》强调，要加大对人工智能、生物医药、智能装备、5G 等新兴产业关键核心技术和植物新品种、地理标志的司法保护力度；加强对驰名商标、老字号的保护，推动自主品牌形成和企业品牌做大做强；严打食药领域知识产权犯罪。加强对平台企业垄断的司法规制，依法严惩强制"二选一"、大数据杀熟、低价倾销、强制搭售等破坏公平竞争、扰乱市场秩序的行为；依法严厉打击自媒体运营者借助舆论影响力对企业进行敲诈勒索的行为，以及恶意诋毁商家商业信誉、商品声誉等不正当竞争行为。

《若干意见》指出，要准确把握知识产权领域刑事犯罪与违法侵权之间的界限，妥善处理打击侵犯知识产权犯罪与保护产权、维护企业家合法权益的关系；对科研领域犯罪案件，慎用强制措施、慎重起诉、慎重入罪。要坚持权利保护与防止权利滥用并重。要加大对批量维权案件事实证据和法律适用的审查力度，对当事人以获取非法或者不正当利益为目的提起事实上和法律上无根据的恶意诉讼的行为，依法予以惩戒。

《若干意见》明确，2022 年底之前，在每个地级市确定 1 个至 2 个县（区）法院、检察院集中管辖知识产权一审案件，并推行专业化办案模式。法检双方将建立定期会商和重点工作相互通报制度，推动知识产权司法与行政执法程序相衔接、司法裁判与行政执法标准相统一。

（资料来源：《检察日报》 作者：刘立新）

【架设游戏私服获利 400 万元获刑】 2022 年 12 月上旬，上海市徐汇区人民法院以侵犯著作权罪，依法判处被告人冉某有期徒刑三年七个月，并处罚金人民币 100 万元；判处被告人邓某有期徒刑四年二个月，并处罚金人民币 100 万元；两名被告人的违法所得责令退赔被害单位。

经查，2019 年 3 月至 2022 年 2 月期间，被告人冉某、邓某二人以游戏私服的方式，通过网络向公众传播网络游戏《攻城XX》，共获利人民币 400 余万元。

徐汇区人民法院审理认为，被告人冉某、邓某未经著作权人许可，以营利为目的，共同通过信息网络向公众传播他人网络游戏软件，情节特别严重，其行为已构成侵犯著作权罪，遂依法作出上述判决。

（资料来源：上海市"扫黄打非"办公室）

【全国首例微信小程序侵犯著作权案审结】 2022 年 12 月上旬，福州鼓楼法院审结一起侵犯宝宝巴士公司计算机软件著作权的刑事案件。该案系全国首例微信小程序侵犯著作权案。

2019 年初，被告昆山某信息科技有限公司开始研发微信小程序。该公司总经理刘某指使公司技术总监提取福州市智永信息科技有限公司（后更名为宝宝巴士股份有限公司）开发的宝宝系列小程序源代码，并交给该公司产品经理王某、袁某，由二人率领其所在的移动项目小组技术员添加广告后修改制作出六款微信小程序。之后，被告昆山某信息科技有限公司以其关联公司的名义与深圳市腾讯计算机系统有限公司签订协议，将上述微信小程序上架到微信平台公开发行，获取利益。经福建中证司法鉴定中心鉴定，上述六款微信小程序与权利人拥有著作权的计算机软件程序的核心文件代码构成实质性相似。经福建省版权局认定，上述六款微信小程序为"未经著作权人许可"复制发行的计算机程序。

福州鼓楼法院经审理认为，被告单位昆山某信息科技有限公司未经著作权人许可，复制发行其计算机软件，非法经营获利，该公司总经理作为直接负责的主管人员，参与非法经营获利，公司产品经理、移动项目小组技术员作为其他直接责任人员，参与非法获利，均属情节严重，其行为均构成了侵犯著作权罪，故判处被告单位罚金人民币 10 万元，被告刘某等人有期徒刑八个月至一年六个月不等刑罚，分别适用缓刑，各并处罚金。

承办法官表示，《中华人民共和国刑法》第二百一十七条中侵犯著作权罪的"复制发行"与《著作权法》中的"复制"和"发行"，包括复制作品、发行作品、既复制又发行作品，也包括利用信息网络传播作品的行为，还包括了破坏计算机软件技术措施的行为，涵盖的范围广。而本案被告人以营利为目的，擅自"复制"他人微信小程序的源代码并植入广告，再将其上架到微信平台公开进行信息网络传播，系属未经著作权人许可，通过信息网络向公众传播他人计算机软件的行为，符合本罪的构成要件，应承担相应的刑事责任。市场主体应当正确认识剽窃他人作品的法律风险，杜绝侥幸心理，自觉维护版权市场秩序。

（资料来源：《福建日报》）

【河南南阳非法印制盗版书籍案宣判】 2022年12月上旬，南阳市高新区审结杨某、陈某侵犯著作权案。

2018年以来，被告人杨某以营利为目的，在未经著作权人许可的情况下，在南阳市淅川县上集镇其经营的印刷厂大量印制建设类、消防类、税务师类、考研类等盗版书籍，并销售给郭某梁、郭某（另案处理）等人。经对被告人杨某相关银行账户、支付宝、微信交易记录进行统计，2018年至2021年9月，杨某共收取郭某梁、郭某书款金额3 443 730元。2019年以来，被告人陈某在明知杨某印刷盗版书籍的情况下，为其提供刻板帮助，并获利1万元。案发后，公安机关在杨某经营的印刷厂及仓库内查获印刷书籍26 086本、书籍半成品146捆、印刷设备18套，以及铜版纸、印刷纸、叉车等作案工具。经河南省新闻出版局鉴定，所扣押书籍均为图书类非法出版物。

一审法院认定被告人杨某犯侵犯著作权罪，判处有期徒刑六年，并处罚金人民币200万元；陈某犯侵犯著作权罪，判处有期徒刑三年，并处罚金人民币2万元；陈某违法所得1万元，予以追缴，依法上交国库；扣押在案的非法出版物等物品，由扣押机关依法处置。一审宣判后，杨某、陈某不服提起上诉，二审经审理驳回上诉，维持原判。

（资料来源：《河南经济报》

作者：赵显志　王宪　薛怡）

【北京互联网法院及时裁定停止盗播世界杯赛事】 2022年12月16日，央视国际网络有限公司（以下简称"央视国际公司"）向北京互联网法院提出行为保全申请，主张其作为2022年卡塔尔世界杯赛事节目的授权方，发现北京某公司通过其经营的手机App向公众提供卡塔尔世界杯足球赛事直播观看服务，请求法院裁定该公司停止被诉侵权行为。

考虑到决赛在即，北京互联网法院迅速组成合议庭对央视国际公司提出的申请及证据材料进行审查。经审查认定，央视国际公司提交的证据已经初步证明，北京某公司未经权利人许可，在2022年卡塔尔世界杯举办期间通过其运营的手机App向公众提供2022年卡塔尔世界杯赛事节目的直播服务。该行为具有较大的侵权可能性，故央视国际公司在本案中具有胜诉可能性。若不及时制止该行为，则可能给央视国际公司带来难以弥补的损害。同时，综合分析能够确定北京某公司不停止被诉侵权行为对央视国际公司造成的损害大于该公司停止被诉侵权行为对其造成的损害，且不会损害社会公共利益。因此，北京互联网法院裁定北京某公司立即停止通过其运营的手机App提供2022年卡塔尔世界杯足球赛事的直播服务。

为了及时向被申请人北京某公司送达该裁定，法官团队直接前往该公司的工商注册地址进行送达，并当场要求该公司员工电话联系该公司负责人，向其宣读了裁定书主要内容。该公司负责人表示会服从裁定，停止在其运营的App上提供2022年卡塔尔世界杯赛事节目的直播服务。

（资料来源：北京互联网法院）

◆ 行政管理

【李克强对2022年全国打击侵权假冒工作电视电话会议作出重要批示】 2022年7月5日，2022年全国打击侵权假冒工作电视电话会议在京召开。中共中央政治局常委、国务院总理李克强作出重要批示。批示指出：保护知识产权就是保护创业创新，打击侵权假冒事关人民群众健康安全。近年来，各地区各有关部门不断强化知识产权保护，坚决打击侵权假冒违法犯罪行为，有力维护了市场公平竞争和群众利益，但仍有大量工作要做。要以习近平新时代中国特色社会主义思想为指导，认真贯彻党中央、国务院决策部署，坚持法规建设与打击惩治并举，强化统筹协作，层层压实责任，加强知识产权全链条保护，深入开展重点领域专项整治。进一步推进跨部门、跨领域、跨区域执法联动，积极运用"双随机、一公开"监管、信用监管等有效方式，深化国际合作，加快打造市场化法治化国际化营商环境，更大激发市场活力和社会创造力，为促进创业创新、推动经济持续健康发展、保障和改善民生作出更大贡献。

国务委员、全国打击侵权假冒工作领导小组组长王勇出席会议并讲话。他强调，要深入贯彻习近平总书记关于加强知识产权保护、打击侵权假冒的重要指示精神，落实李克强总理批示要求，进一步压紧压实责任措施，扎实深入做好打击侵权假冒各项工作，切实维护公平公正市场秩序和消费者合法权益，以实际行动迎接党的二十大胜利召开。

王勇强调，保护知识产权、打击侵权假冒工作关系高质量发展，各地区各有关部门要按照党中央、国务院决策部署，坚持重拳出击，依法严查重处，持续加强防疫物资、食品、农资、工程材料等重点产品和农村市场、电商平台等重点领域监管，坚决打击各类侵权假冒违法犯罪行为，守牢质量安全底线。进一步健全跨部门跨领域跨区域和线上线下协同联动监管机制，强化监管协作和联合执法，加强质量技术和知识产权公共服务，有力支持市场主体公平竞争创新发展，更好保障人民群众健康安全和服务经济社会高质量发展。

（资料来源：新华社）

【国务院印发《知识产权强国建设纲要和"十四五"规划实施年度推进计划》】 2022年1月5日，经国务院知识产权战略实施工作部际联席会议同意，联席会议办公室印发《知识产权强国建设纲要和"十四五"规划实施年度推进计划》（以下简称《推进计划》），明确2021年至2022年度贯彻落实《知识产权强国建设纲要（2021—2035年）》和《"十四五"国家知识产权保护和运用规划》，推进知识产权强国建设的7方面115项重点任务和工作措施。

在完善知识产权制度方面，《推进计划》提出，完善知识产权法律法规规章，改革完善知识产权重大政策，完善新兴领域和特定领域知识产权规则。具体措施包括推进相关法律法规的制修订，研究制定知识产权领域财政事权改革方案，制定出台知识产权相关规划，研究制定新领域新业态知识产权保护规则，研究制定信息技术开源知识产权合规标准等。

在强化知识产权保护方面，《推进计划》提出，加强知识产权司法保护，强化知识产权行政保护，加强保护长效机制建设。具体措施包括研究完善知识产权上诉机制，制定知识产权相关司法解释，加大对重点领域和区域的执法力度，加强知识产权领域反垄断执法，开展知识产权保护专项行动，加强知识产权行政执法指导制度建设，持续推进软件正版化等。

在完善知识产权市场运行机制方面，《推进计划》提出，提高知识产权创造质量，加强知识产权综合运用，促进知识产权市场化运营。具体措施包

括优化"十四五"知识产权发展指标，持续提升知识产权审查质量和效率，实施专利导航项目，实施商标品牌战略，推进高校和科研机构知识产权工作，加快知识产权运营服务体系重点城市建设，完善版权展会授权交易体系等。

在提高知识产权公共服务水平方面，《推进计划》明确了包括深化知识产权领域"放管服"改革，推动知识产权相关信息化项目立项建设，推进世界知识产权组织技术与创新支持中心（TISC）建设，继续整合优化各类服务窗口，提高知识产权公共服务的规范化、均等性水平，加大知识产权数据开放共享等具体措施。

《推进计划》还就营造良好的知识产权人文社会环境、深度参与全球知识产权治理、加强组织保障等方面明确了具体措施。

（资料来源：《中国知识产权报》 作者：晏如）

【《2022年知识产权强国建设纲要和"十四五"规划实施地方工作要点》印发】 2022年3月17日，国务院知识产权战略实施工作部际联席会议办公室印发《2022年知识产权强国建设纲要和"十四五"规划实施地方工作要点》（以下简称《地方工作要点》）。《地方工作要点》涉及31个省（自治区、直辖市）和新疆生产建设兵团，从加强顶层设计、加强知识产权保护、促进知识产权转移转化、优化知识产权服务、推进知识产权国际合作、推进知识产权人才和文化建设等六个方面明确了各地方的主要任务举措。

《地方工作要点》各项任务举措围绕全面贯彻落实《知识产权强国建设纲要（2021—2035年）》（以下简称《纲要》）和《"十四五"国家知识产权保护和运用规划》（以下简称《规划》），在加强司法保护、行政保护、协同保护、源头保护等方面突出了全面加强知识产权保护的工作重点，强调在完善知识产权转移转化机制、提升知识产权转移转化效益、提升知识产权国际合作水平和加强知识产权保护国际合作等方面要充分体现地方产业发展特色、发挥地方区位优势，同时，针对《纲要》和《规划》实施过程中的痛点难点问题要积极探索创新工作思路，组织开展先行先试。

《地方工作要点》还从加强组织协调、加强条件保障及加强考核评估等方面提出了组织实施和保障机制，确保2022年度各项具体任务措施落到实处。

（资料来源：《中国知识产权报》 作者：王瑞阳）

【2021年中国知识产权发展状况新闻发布会在京举行】 2022年4月24日，国务院新闻办公室在京举行2021年中国知识产权发展状况新闻发布会。中宣部版权管理局局长王志成出席发布会并答记者问。

王志成介绍，2022年2月5日，中国政府向世界知识产权组织交存了习近平主席签署的《马拉喀什条约》批准书，条约将于2022年5月5日对中国生效。王志成表示，国家版权局正在制定符合我国实际的实施办法，加强对被授权者的指导和监管，规范作品无障碍格式版的制作和提供，同时与相关国际组织加强合作，推动无障碍格式版跨境交换，全面有效实施《马拉喀什条约》。

针对2022年的冬奥版权保护问题，王志成强调，国家版权局等六部门主要从两个方面联合开展冬奥版权保护集中行动：一是打击各类媒体和平台非法传播冬奥赛事节目的行为，规范冬奥赛事节目传播秩序；二是加强对重点网站（App）、重点区域、商品生产集中地和销售集散地等重点市场的版权巡查，打击各类涉冬奥作品的侵权盗版行为。王志成表示，截至3月15日，各类媒体和平台共删除涉冬奥侵权链接110 770条，处置侵权账号10 072个。目前，国家版权局等六部门正在联合挂牌督办一批涉冬奥侵权盗版重点案件，相关进展将适时公布。

（资料来源：国家版权局）

【《中国知识产权保护与营商环境新进展报告（2021）》新闻发布会在京举办】 2022年4月26日，国务院新闻办公室在京举办《中国知识产权保护与营商环境新进展报告（2021）》新闻发布会。全国打击侵权假冒工作领导小组办公室主任、国家市场监管总局副局长甘霖，及中宣部版权管理局局长王志成、国家知识产权局知识产权保护司司长张志成、最高人民法院民三庭负责人李剑出席发布会并答记者问。

《报告》分析了2021年国际国内形势，呈现了各地、各部门在统筹协调、法治建设、重点整治、司法保护、监管创新、宣传教育、国际合作等方面的新进展，阐述了提升投资贸易便利度、扩大市场准入开放度、增强市场竞争公平度、提高政务服务满意度方面的新成效。《报告》指出，中国保护知识产权、打击侵权假冒工作的不懈努力，为建设创新型国家、推动高质量发展、促进世界科技进步、助力全球经济复苏发挥了积极作用，获得了国际社会

的肯定与赞誉。世界知识产权组织发布的《2021年全球创新指数报告》显示，中国排名第12位，较2020年上升2位，位居中等收入经济体之首，持续保持创新引领积极态势。

版权管理局负责人在回答记者提问时表示，2021年以来国家版权局会同相关部门重点强化短视频、网络直播、体育赛事和在线教育领域版权监管，重点打击未经授权对视听作品删减切条、集中批量上传大型体育赛事节目、盗版电子教材和课件视频、院线电影盗录传播、盗版教材教辅和儿童绘本等侵权行为，着力规范重点领域版权秩序，取得了积极成效。"剑网2021"专项行动删除侵权盗版链接119.7万条，关闭侵权盗版网站（App）1 066个，查办网络侵权盗版案件1 031件，网络版权环境得到有效净化。冬奥版权保护集中行动出动执法人员18.5万人次，检查实体市场相关单位8.9万余家，推动网络平台删除涉冬奥侵权链接11.07万条，处置侵权账号10 072个，有效保证了冬奥版权保护秩序，得到国际奥委会赞誉。打击院线电影盗录传播集中行动已连续开展两年，推动各网络平台删除涉院线电影侵权链接近4万条，查办涉院线电影侵权重点案件51件，有效遏制了院线电影盗录传播势头。

版权管理局负责人介绍，推进使用正版软件工作部际联席会议不断加强软件正版化源头监管和督促核查，强化软件市场监管和宣传引导，推进软件正版化工作取得显著成效。中央单位软件使用情况总体较好，党政机关的软件正版化工作机构、考核评议、年度报告等长效机制持续得到巩固。全国累计推进6.19万家企业完成软件正版化工作，企业软件正版化工作持续拓展。国产关键软件整体水平显著提升，软件企业的创新创造活力显著增强，全年软件著作权登记量达228万件，同比增长32.34%，国家软件产业持续高质量发展。

（资料来源：国家版权局）

【知识产权强国建设第一批典型案例公布】 2022年10月19日，国务院知识产权战略实施工作部际联席会议办公室公布了知识产权强国建设第一批典型案例。为深入贯彻落实中共中央、国务院印发的《知识产权强国建设纲要（2021—2035年）》和国务院印发的《"十四五"国家知识产权保护和运用规划》，按照国务院知识产权战略实施工作部际联席会议第五次全体会议部署，国务院知识产权战略实施工作部际联席会议办公室从全国范围内选取了

25 个成效较为突出的案例，作为知识产权强国建设第一批典型案例。

此次发布的典型案例集中展示了各地区在推进知识产权强国建设实践中形成的创新举措，涵盖专利、商标、版权、地理标志、植物新品种和商业秘密等各类知识产权，涉及知识产权创造、运用、保护、管理和服务等知识产权制度运行全链条，具有较强的创新性和复制推广价值。

知识产权强国建设第一批典型案例分别是：1. 中国科学院理化技术研究所知识产权立项管理机制，撑起转化"保护伞"；2. 北京市建立企业"白名单"双向推送机制，力促知识产权质押融资；3. 河北省开展"知识产权信息进企业促创新"活动；4. 辽宁省丹东市实施地理标志富农新战略，全面激发地方农业新活力；5. 上海、江苏、浙江、安徽先行先试创新突破，推动知识产权保护一体化；6. 上海市开展国际贸易知识产权海外维权援助服务；7. 上海市推进知识产权纠纷行政调解协议司法确认制度；8. 江苏省苏州市吴江区版权赋能丝绸纺织产业高质量发展；9. 江苏省南京市加大知识产权保护，强化种业振兴司法保障；10. 江苏省南京市坚持"七个一"整体推进，强化商业秘密保护；11. 浙江省以数字化改革引领推动知识产权治理重塑性变革；12. 浙江省探索"沉睡专利"免费开放许可，撬动高校院所专利成果转化制度改革；13. 安徽省合肥市打造地理标志展示推广中心；14. 福建省高标准建设"知创福建"知识产权公共服务平台；15. 江西省赋能基层破解版权执法难题；16. 青岛海关开展知识产权状况预确认，便利合法货物通关；17. 河南博物院重视知识产权保护，推动文创产业发展；18. 广东省完善技术事实查明，护航科技强国建设；19. 深圳海关创新专利权联动保护机制，打造助企维权新路径；20. 粤港澳联合举办粤港澳大湾区高价值专利培育布局大赛；21. 广东省知识产权证券化助推创新成果市场价值提升；22. 广西壮族自治区统筹多部门资源，提升知识产权纠纷化解效能；23. 海南省打造跨境电商联合执法新模式，构筑知识产权保护新屏障；24. 重庆市强化专利信息分析，助推高质量发展；25. 四川省成都市检察机关推出知识产权刑事案件"双报制"。

（资料来源：国家知识产权局）

【国家版权局约谈数字音乐相关企业】 2022 年 1 月 6 日，国家版权局在京约谈主要唱片公司、词曲版权公司和数字音乐平台等，要求数字音乐产业各方协力维护数字音乐版权秩序，构建数字音乐版权良好生态。

国家版权局高度重视数字音乐版权保护工作，2015 年将数字音乐版权专项整治纳入"剑网"行动重点任务，制定了数字音乐正版化"三步走"工作思路，即打击侵权盗版、规范授权模式和完善商业模式，有力推动了我国数字音乐产业发展。但由于音乐作品版权问题较为复杂、作品应用场景多样，以及历史形成的授权模式不够完善等多种因素，数字音乐产业各方版权关系需进一步规范理顺。

国家版权局在约谈中要求数字音乐产业各方遵守著作权法律法规，依法行使和维护权利，抵制各类侵犯音乐著作权行为，配合国家版权局对数字音乐的版权重点监管工作，落实相关部门维护数字音乐版权秩序的措施，支持相关著作权集体管理组织依法开展数字音乐授权工作，促进数字音乐广泛有序传播。

约谈强调，各唱片公司、词曲版权公司、数字音乐平台应采取符合音乐传播规律、公平合理原则和国际惯例规则的授权模式，应通过保底金加实际使用量分成模式结算，除特殊情况外不得签署独家版权协议；完善内部版权管理制度，授权音乐作品应当曲库目录明确、版权权属清晰，维护音乐作品著作权人和相关权利人合法权益；优先通过协商、调解等方式解决数字音乐产业各方之间的版权纠纷；积极探索新场景、新业态音乐作品授权使用机制；建立符合市场需求的数字音乐版权运营模式。

与会单位表示，将严格贯彻落实国家版权局约谈要求，进一步完善数字音乐授权模式和商业模式，共同推动构建数字音乐版权良好生态，促进中国数字音乐市场繁荣健康发展。

（资料来源：国家版权局）

【2022 年全国出版（版权）工作会议在京召开】 2022 年 1 月 19 日，中宣部在京召开 2022 全国出版（版权）工作会议，以习近平新时代中国特色社会主义思想为指导，深入贯彻落实党的十九大和十九届历次全会精神，学习贯彻全国宣传部长会议精神，研究部署 2022 年出版工作重点任务，推动出版工作守正创新、锐意进取，以实际行动迎接党的二十大胜利召开。

会议强调，要高举思想旗帜，把习近平新时代中国特色社会主义思想出版宣传作为出版战线的首要政治任务，突出"两个确立"的决定性意义，精心打造重点作品矩阵，推动党的创新理论更加深入人心、更好走向世界。要紧紧围绕迎接宣传贯彻党的二十大这条主线，聚力打造主题出版精品，倾心打造重大出版文化工程，促进全社会精神力量极大凝聚。要锚定文化强国、出版强国建设目标，坚持把社会效益放在首位，坚定走高质量发展之路，打造出版印刷发行优势企业，推进出版深度融合发展和版权产业繁荣发展，大力建设书香社会，加快从出版大国向出版强国迈进。要坚持和加强党对出版工作的全面领导，严格出版内容质量管理，净化网络出版生态，建强守好出版阵地，巩固筑牢意识形态安全屏障。要着眼长远发展，创新出版人才培养机制，大力培养新时代出版英才，努力打造用习近平新时代中国特色社会主义思想武装起来的出版"铁军"。

（资料来源：《光明日报》　作者：韩寒）

【国家版权局等六部门联合开展冬奥版权保护集中行动】 2022 年 1 月 20 日，国家版权局联合中央广播电视总台召开北京 2022 年冬奥会"版权保护集中行动"暨"版权守护计划"发布会。为做好北京 2022 年冬奥会和冬残奥会筹办工作，确保各项赛事安全顺利进行，严格保护冬奥会和冬残奥会相关版权，国家版权局与工业和信息化部、公安部、文化和旅游部、国家广播电视总局、国家互联网信息办公室定于 2022 年 1 月至 3 月联合开展冬奥版权保护集中行动。

中宣部副部长、中央广播电视总台台长兼总编辑慎海雄，全国政协文化文史和学习委员会副主任、中国版权协会理事长阎晓宏出席发布会并致辞。世界知识产权组织副总干事希尔维·福尔班、国际奥委会法律部主任玛利亚姆·马达维作视频致辞。

慎海雄在致辞中强调，切实保护好奥运版权，不仅是对奥运五环所代表的奥林匹克运动会的尊重，而且是中国作为一个负责任大国应当承担的国际义务，事关中国知识产权保护的良好国际形象。

（资料来源：《中国新闻出版广电报》
作者：赖名芳）

【国家版权局等部门：保持对院线电影盗录传播的高压态势】 2022 年 1 月 30 日，为贯彻落实中办、国办印发的《关于强化知识产权保护的意见》工作部署，国家版权局、国家电影局、文化和旅游部、公安部等相关部门就进一步做好院线电影版权保护工作作出部署，要求各地保持对院线电影盗录传播的高压态势，巩固近年来院线电影版权保护工作成果，营造健康有序的春节观影环境。

2019 年以来，国家版权局会同有关部门不断加大院线电影版权保护力度，严厉打击影院盗录和非法传播盗录电影等各类侵权盗版违法犯罪活动，查处了一批侵犯院线电影著作权大案要案，取得了积极成效。2022 年春节临近，多部电影作品将集中在院线放映。国家版权局等部门要求各地区把打击院线电影盗录传播工作列入年度重点工作，持续开展预警保护，不断加强监管排查，切实强化工作合力，提前防范、及时处理院线电影盗录传播行为，依法依规查办院线电影盗录传播大案要案，并在信息互通、线索通报、协同响应和专业支持等方面密切配合、协调联动，切实强化工作合力，维护良好电影市场版权秩序。

（资料来源：国家版权局）

【冬奥版权保护快速反应机制全面启动】 2022 年 2 月 4 日，冬奥版权保护快速反应机制全面启动，通过赛时反盗版工作专班 7×24 小时集中办公形式，实时收集分析侵权线索，及时快速处置冬奥侵权传播行为，严厉查办各类涉冬奥侵权案件。

北京 2022 年冬奥会反盗版工作已全面展开。1 月 27 日，国家版权局、工业和信息化部、公安部、文化和旅游部、国家广播电视总局、国家互联网信息办公室联合印发《关于开展冬奥版权保护集中行动的通知》，明确 2022 年 1 月至 3 月间，着力整治未经授权传播冬奥赛事节目的行为，并将严厉打击各类涉冬奥视听、文字、美术、音乐等作品的侵权盗版行为，综合运用行政、刑事等多种手段，有力规范冬奥会和冬残奥会赛事传播秩序。1 月 29 日，国家版权局公布《2022 年度第一批重点作品版权保护预警名单》，将北京 2022 年冬奥会、冬残奥会相关节目纳入版权预警保护，要求相关网络服务商对涉冬奥相关节目采取重点保护措施。1 月 30 日，冬奥会反盗版工作组向各网络平台提出明确要求，涵盖加强预警保护、落实注意义务、完善投诉渠道、强化联控机制、严格用户管理、配合查办案件、畅通赛事对接等多方面。

（资料来源：新华社　作者：史竞男）

【全国首例制售盗版"冰墩墩""雪容融"案宣判】 2022 年 2 月 14 日，中宣部版权管理局副局长汤兆志在全面加强冬奥知识产权保护专场发布会上介绍，近期，北京快侦、快诉、快判一起制售盗版冬奥吉祥物"冰墩墩""雪容融"玩偶案，犯罪嫌疑人任某被判处有期徒刑一年，并处罚金 4 万元。该案成为全国首例侵犯北京冬奥吉祥物形象著作权刑事案件。

汤兆志表示，国家版权局严格按照我国《著作权法》规定和国际奥委会相关版权规则开展冬奥版权保护工作，更加注重关口前移，在冬奥会开幕前通过开展宣传活动、公示预警名单、发布平台公告、制定自律公约等多种形式，防患于未然。

他指出，现在冬奥赛事已经过半，从网络监测数据上看，保护工作基本达到了预期效果。截至 2022 年 2 月 12 日零时，优酷、爱奇艺、腾讯视频、新浪微博、B 站、抖音、百度等 27 个主要视频、社交、直播及搜索引擎平台，接到各类权利人通知后共删除涉冬奥侵权链接 32 376 条；按照国家版权局等 6 部门组成的冬奥会反盗版工作组的要求，通过自查主动删除涉冬奥侵权链接 227 452 条；各平台因传播涉冬奥侵权内容等情况，处置各类账号 3 363 个。在此基础上，关闭了 39 个境外非法网站，依法处置了 52 个涉嫌非法传播涉冬奥内容的境内网站（App）。

与此同时，国家版权局也加强了对传统侵权盗版问题的查处。近期，北京快侦、快诉、快判一起制售盗版冬奥吉祥物"冰墩墩""雪容融"玩偶案，判处犯罪嫌疑人任某有期徒刑一年，并处罚金 4 万元。该案成为全国首例侵犯北京冬奥吉祥物形象著作权刑事案件。

汤兆志指出，从版权角度而言，除法律特别规定，如《著作权法》规定的合理使用情形外，其他未经许可的著作权意义上的使用行为，都可能构成著作权侵权，如商家未经权利人许可擅自生产销售周边衍生产品等，均有可能构成侵权，损害公共利益的，会依法追究其民事、行政以及刑事责任。

（资料来源：中国新闻网　作者：郎佳慧）

【中宣部版权管理局等六部门联合部署开展青少年版权保护季行动】　2022 年 2 月 24 日，中宣部版权管理局发布六部门联合部署开展青少年版权保护季行动启动信息。

近年来，复制发行、网络传播侵权盗版教材教辅、少儿图书等违法犯罪活动持续多发，严重损害权利人的合法权益，破坏出版物市场版权秩序，危害青少年身心健康。特别是开学季期间，相关教材教辅、少儿图书市场销售传播量大，侵权盗版易发高发，权利人和家长对此广泛关注。

为贯彻落实中办、国办《关于强化知识产权保护的意见》、国务院未成年人保护工作领导小组《关于加强未成年人保护工作的意见》工作部署，维护良好的出版物市场版权秩序，保护青少年身心健康，中央宣传部版权管理局、中央宣传部印刷发行局、中央宣传部反非法反违禁局、公安部食品药品犯罪侦查局、教育部教材局、文化和旅游部文化市场综合执法监督局联合启动青少年版权保护季行动，严厉整治教材教辅、少儿图书等领域侵权盗版乱象，重点打击盗版盗印、非法销售、网络传播侵权盗版思想政治理论课教材教辅、畅销儿童绘本等违法犯罪行为，为青少年健康成长营造良好的版权环境。

青少年版权保护季行动重点加强开学季及假期出版物市场、印刷企业及校园周边书店、报刊摊点、文具店、打字复印店等场所的清查摸排，加大对电商平台传播、销售侵权盗版教材教辅、少儿图书的版权监管力度，对权利人和广大家长意见强烈、社会危害大的案件依法从严从快查办，对涉嫌构成犯罪的案件及时依法移送公安机关追究刑事责任。同时，集中行动将加强对电商平台的监管，落实电商平台主体责任，强化对青少年版权保护的教育引导，共同构建青少年版权保护社会共治体系。

（资料来源：国家版权局）

【2022 年全国版权示范创建评选工作启动】
2022 年 3 月 4 日，国家版权局启动 2022 年全国版权示范创建评选工作。

为贯彻落实党中央、国务院关于加强知识产权保护的决策部署，推进版权强国建设，全面提升版权创造、运用、保护、管理、服务水平，充分发挥版权示范城市、示范单位和示范园区（基地）的示范引领作用，国家版权局根据《全国版权示范城市、示范单位和示范园区（基地）管理办法》等相关规定和工作安排，下发了《关于开展 2022 年全国版权示范创建评选工作的通知》（以下简称《通知》）。

《通知》对参评申报数量提出了具体要求。根据全国版权示范创建评选工作进一步控制总量、提质增效的要求，各省、自治区、直辖市版权局组织申报全国版权示范城市不超过 1 个，全国版权示范单位不超过 5 个，全国版权示范单位（软件正版化）不超过 3 个，全国版权示范园区（基地）不超过 2 个。申报截止日期为 10 月 31 日。

《通知》要求各省、自治区、直辖市版权局认真落实属地管理责任，在申报工作中坚持书面审查与实地考察相结合，坚持推荐和监管相结合，层层把关、逐级审核，切实履行推荐责任，坚持把新发展理念贯穿版权示范创建工作全过程，创新工作思路和举措，不断提高服务意识、增强服务能力，推动版权示范创建工作高质量发展。

国家版权局将依据相关规定，对各省、自治区、直辖市版权局报送的材料开展评审，于2023年第一季度公布评选结果。

（资料来源：《中国新闻出版广电报》
作者：赖名芳）

【公安部公布打击侵犯知识产权犯罪十起典型案例】 2022年4月23日，公安部公布打击侵犯知识产权犯罪十起典型案例。2022年全国公安机关按照公安部统一部署，深入推进"昆仑"专项行动，依法严打各类侵犯知识产权犯罪，破获了一大批侵权假冒犯罪案件，有力打击震慑了此类违法犯罪活动。

十大案例：一、打击侵犯北京冬奥会知识产权犯罪典型案例；二、打击危害公共安全假冒伪劣犯罪典型案例；三、打击危害民生安全侵权假冒犯罪典型案例；四、打击侵犯商业秘密犯罪典型案例；五、打击利用直播带货售假犯罪典型案例；六、打击侵犯影视作品著作权犯罪典型案例；七、打击侵犯民营企业知识产权犯罪典型案例；八、打击侵犯外商投资企业知识产权犯罪典型案例；九、打击危害粮食安全假冒伪劣犯罪典型案例；十、打击化妆品领域侵权假冒典型案例。

（资料来源：央视新闻 作者：武兵）

【推进使用正版软件工作部际联席会议第十一次全体会议在京召开】 2022年6月21日，推进使用正版软件工作部际联席会议第十一次全体会议在京召开。

会议指出，持续深入推进软件正版化工作，是学习贯彻习近平总书记关于知识产权保护重要论述精神的题中之义，是立足新发展阶段、贯彻新发展理念、构建新发展格局、推动高质量发展的必然选择。2021年，联席会议各成员单位认真贯彻落实习近平新时代中国特色社会主义思想，贯彻落实习近平总书记重要指示批示精神，按照党中央、国务院部署要求，克服疫情影响，在推进使用正版软件方面加强工作部署、完善长效机制、创新方式方法、强化督查考核，推动软件正版化工作取得显著成效，有效激发了软件企业的创新活力，有力促进了软件产业的健康发展，为数字经济高质量发展注入了新动能，为信息化建设和信息安全提供了重要支撑。

会议强调，2022年是进入全面建设社会主义现代化国家、向第二个百年奋斗目标进军新征程的重要一年，我们党将召开二十大，这是党和国家政治生活中的一件大事，也是贯穿全年、统领各项工作的主线。推进使用正版软件工作，要提高思想认识，巩固长效机制，强化联席会议成员单位之间的协调配合，持续增强工作合力，共同妥善处理新情况、新问题，切实防范侵权盗版问题；要聚焦重点行业，扩大工作成果，在深入开展国有企业、银行保险、证券期货行业机构软件正版化工作的同时，加大教育、卫生健康等重要行业以及民营重点龙头企业的软件正版化工作力度；要强化督促检查，聘用第三方审计机构对各级各类单位的软件正版化工作进行现场检查，持续推进工业设计软件正版化工作，加大研发生产企业检查力度；要服务产业发展，发挥集中采购优势，推广联合采购和场地授权模式，规范软件配置，加强资产管理，做好技术培训和服务保障；要做好宣传培训，以《计算机软件保护条例》实施20周年为契机，开展软件正版化系列宣传活动，营造"自觉使用正版，坚决抵制盗版"的良好社会氛围，不断推进软件正版化工作迈上新台阶。

推进使用正版软件工作部际联席会议成员单位和有关部门负责同志出席会议。会议审议通过了联席会议2021年工作总结和2022年工作计划。

（资料来源：《中国新闻出版广电报》
作者：赖名芳）

【国家版权局等四部门启动"剑网2022"专项行动】 2022年9月上旬，国家版权局、工业和信息化部、公安部、国家互联网信息办公室四部门联合启动打击网络侵权盗版"剑网2022"专项行动，这是全国连续开展的第18次打击网络侵权盗版专项行动。自2005年起，国家版权局等部门针对网络侵权盗版的热点难点问题，聚焦网络视频、网络音乐、网络文学、网络新闻、网络直播等领域开展版权专项整治，查处了一批侵权盗版大案要案，有效打击了网络侵权盗版行为，得到了国内外权利人的充分肯定。

本次专项行动于9月至11月开展，聚焦广大创新主体版权领域急难愁盼问题，推动规范发展与打击惩治并举，开展4个方面的重点整治：一是开展文献数据库、短视频和网络文学等重点领域专项整治，对文献数据库未经授权、超授权使用传播他人作品，未经授权对视听作品删减切条、改编合辑短视频，未经授权通过网站、社交平台、浏览器、搜索引擎传播网络文学作品等侵权行为进行集中整治。

二是加强对网络平台版权监管，依法查处通过短视频平台、直播平台、电商平台销售侵权制品行为，坚决整治滥用"避风港规则"的侵权行为，压实网络平台主体责任，及时处置侵权内容和反复侵权账号，便利权利人依法维权。三是强化 NFT 数字藏品、剧本杀等网络新业态版权监管，严厉打击未经授权使用他人美术、音乐、动漫、游戏、影视等作品铸造 NFT、制作数字藏品，通过网络售卖盗版剧本脚本，未经授权衍生开发剧本形象道具等侵权行为。四是持续加强对院线电影、网络直播、体育赛事、在线教育、新闻作品的版权保护，巩固网络音乐、游戏动漫、有声读物、网盘等领域工作成果，不断提升网络版权执法效能。

国家版权局有关部门负责人表示，专项行动将紧紧围绕迎接宣传贯彻党的二十大这条主线，坚持稳中求进、守正创新，通过推动规范发展与打击惩治并举，加强网络版权全链条保护，加快打造市场化、法治化、国际化营商环境，为促进创业创新、推动平台经济规范健康持续发展、保障和改善民生提供版权工作支撑。

（资料来源：国家版权局）

【《马拉喀什条约》落地实施推进会在京举行】

2022 年 9 月 16 日，由中宣部（国家版权局）和中国残联主办的《马拉喀什条约》落地实施推进会在京举行。中国残联党组书记、理事长周长奎出席并致辞。

周长奎指出，《马拉喀什条约》在中国落地实施充分体现了党和国家对残疾人和残疾人事业的关心关爱，是我国 1 700 多万视力残疾人的福音。中国残联将以条约实施为契机，加大残疾人文化产品供给力度，不断满足残疾人精神文化需求，持续提升残疾人的获得感、幸福感、安全感。

世界知识产权组织总干事邓鸿森专门致信祝贺活动举办，副总干事西尔维·福尔班视频致辞，表示欢迎中国成为《马拉喀什条约》的重要成员，赞赏中国在推动视障人士平等参与文化生活方面作出的努力，期待与中国合作推动条约实施，造福中国和全世界的阅读障碍者。

中国残联理事、中国盲协主席李庆忠，中国盲文出版社党委书记、社长黄金山，八一电影制片厂原厂长柳建伟分别代表阅读障碍者、出版社、权利人发言。世界知识产权组织中国办事处、外交部、教育部、司法部、文化和旅游部、国家广播电视总局、国家知识产权局、中国残联等部门以及视障者、

权利人、出版社、图书馆、版权相关组织代表参加活动。活动还见证了相关机构签署推动条约实施的合作协议，宣读了倡议书《一起向光而行》，呼吁全社会关注支持条约实施工作。中宣部版权管理局局长王志成主持活动。

（资料来源：《中国新闻出版广电报》
作者：赖名芳）

【民间文艺版权保护与促进试点工作正式启动】

2022 年 11 月 10 日，在江西景德镇举办的 2022 国际版权论坛开幕式上，中央宣传部和八个试点地区共同启动了民间文艺版权保护与促进试点工作，开启了版权助力中华优秀传统文化传承发展新篇章。

为进一步推动中华优秀传统文化传承发展，中央宣传部在内蒙古、江苏、四川、贵州四个省级试点地区的基础上，又选定了山西晋城、黑龙江佳木斯、江苏扬州、安徽黄山、江西抚州、山东潍坊、广东潮州、贵州毕节 8 个市为试点地区，开展民间文艺版权保护与促进试点工作。

试点地区将充分发挥当地民间文艺资源的独特优势，厘清我国民间文艺的现状和保护诉求，探索创新民间文艺领域版权工作业态、模式、机制，不断提升全社会民间文艺版权保护意识，强化民间文艺版权创造、运用、保护、管理和服务，推动民间文艺版权资源流动和版权产业高质量发展，努力开拓中华优秀传统文化创造性转化、创新性发展新思路、新格局。

我国《著作权法》第六条规定，民间文学艺术作品的著作权保护办法由国务院另行规定。世界知识产权组织正在研究制定知识产权领域保护民间文艺（又称"传统文化表现形式"）的国际条约。我国版权工作坚持推动民间文艺版权保护国内立法实践和国际推广联动。此次，民间文艺版权保护与促进试点工作，一方面有利于解决我国民间文艺传承、利用、保护和弘扬的版权问题，为民间文艺版权保护国内立法和国际条约制定提供实践支撑和依据，另一方面将进一步推动国际民间文艺版权对话交流，助力中华优秀传统文化"走出去"，提升国家文化软实力和中华文化影响力。

（资料来源：国家版权局）

【市场监管总局依法对知网滥用市场支配地位行为作出行政处罚并责令整改】

2022 年 12 月 26 日，市场监管总局依法对知网滥用市场支配地位行为作出行政处罚并责令其全面整改。

2022年5月，市场监管总局依据《反垄断法》对知网涉嫌实施垄断行为立案调查。调查期间，市场监管总局成立专案组，依法扎实高效、稳妥有序推进案件查办，对知网进行现场检查，获取大量证据材料；对其他竞争性平台和大量用户广泛开展调查取证；对本案证据材料进行深入核查和大数据分析；组织专家反复深入开展研究论证；多次听取知网陈述意见，保障其合法权利。

经查，知网在中国境内中文学术文献网络数据库服务市场具有支配地位。2014年以来，知网滥用该支配地位实施垄断行为。一是通过连续大幅提高服务价格、拆分数据库变相涨价等方式，实施了以不公平的高价销售其数据库服务的行为；二是通过签订独家合作协议等方式，限定学术期刊出版单位、高校不得向任何第三方授权使用学术期刊、博硕士学位论文等学术文献数据，并采取多种奖惩措施保障独家合作实施。调查表明，知网实施不公平高价、限定交易行为排除、限制了中文学术文献网络数据库服务市场竞争，侵害了用户合法权益，影响了相关市场创新发展和学术交流传播，构成《反垄断法》第二十二条第一款第（一）项、第（四）项禁止的"以不公平的高价销售商品"和"没有正当理由，限定交易相对人只能与其进行交易"的滥用市场支配地位行为。

根据《反垄断法》第五十七条、第五十九条规定，综合考虑知网违法行为的性质、程度、持续时间和消除违法行为后果的情况等因素，2022年12月26日，市场监管总局依法作出行政处罚决定，责令知网停止违法行为，并处以其2021年中国境内销售额17.52亿元5%的罚款，计8 760万元。同时，坚持依法规范和促进发展并重，监督知网全面落实整改措施、消除违法行为后果，要求知网围绕解除独家合作、减轻用户负担、加强内部合规管理等方面进行全面整改，促进行业规范健康创新发展。

（资料来源：中国新闻网）

【青海省查处首例涉冬奥"冰墩墩"侵权盗版案】 2022年2月14日，青海省版权局接举报称，位于青海省西宁市城东区的"某唐卡工作室"涉嫌未经著作权人许可，制作并在网络销售掐丝唐卡"冰墩墩"工艺美术品。

青海省版权局随即将案件线索移送青海省文化市场综合行政执法监督局，要求其调查核实相关情况，符合立案标准的，及时立案查处，涉嫌犯罪的，及时移送司法机关追究刑事责任。青海省文化市场

综合行政执法监督局接到线索后，会同西宁市文化市场综合行政执法局执法人员通过远程检查、取证，查明了公众号"某唐卡工作室"的基本信息及其通过微信小程序售卖"冰墩墩"复制品的侵权行为。

同时，通过现场调查询问当事人并依据其提交的销售情况及收款记录等证明材料，认定当事人侵犯了权利人"冰墩墩"美术作品的复制权和发行权，损害了公共利益，依法追究当事人的行政法律责任。

最终，相关部门作出责令停止侵权行为并给予当事人没收违法所得1 432元、罚款15 000元的行政处罚。

（资料来源：中国新闻网　作者：祁增蓓）

【北京召开2022年首次行政司法协同机制工作会】 2022年3月1日，为提升首都营商环境，推动北京"两区"建设，更加高效地解决著作权纠纷，北京市委宣传部（北京市版权局）会同北京市文化市场综合执法总队、北京市高级人民法院、北京知识产权法院、北京互联网法院以及首都版权协会召开"2022年第一次行政司法协同机制工作会"。

北京市委宣传部一级巡视员、北京市版权局局长王野霏出席工作会并发言。王野霏表示，在建设知识产权首善之区的背景下，建立行政司法协同机制，是落实中央和市委要求的重要举措。目前该机制已初步形成，并在解决版权纠纷问题上初见成效，一定要坚持机制的平稳运行，实现北京全市、全环节的知识产权保护。他同时对协同机制的规范和健全提出了做好形势研判、形成统一认识，各部门及时协同会商、形成合力、主动出击，对于突出问题制定清单、明确分工，切实采取措施、落实各部门责任，以及加强工作成效的监督检查等五点要求。

王野霏表示，希望通过这次会议，可以让企业了解司法和行政部门的想法，便于进一步规范行业发展；希望平台企业遵守法律、运用法律，成为法律促进企业健康发展的模范，为行业作贡献、做榜样。

（资料来源：《中国新闻出版广电报》
作者：李婧璇）

【北京全面启动2022年软件正版化工作】 2022年4月15日，北京市2022年软件正版化工作动员部署会议召开，全市软件正版化工作全面启动。

会议通报了北京2021年的软件正版化工作情况，在年终检查考核的计算机中，操作系统软件正版率达到99.78%，办公软件正版率达到99.64%，杀毒软件正版率为99.99%，工业设计软件正版率

为 100%。首农集团荣获"2021 年度全国版权示范单位（软件正版化）"称号。

会议部署了 2022 年的软件正版化重点任务，按筹备、部署、启动、清查、整改、推进、督导、检查、考核、评分、考核结果运用、总结等 4 个阶段推进，新增市属高校、区教委直属单位、区属国有企业为考核对象，新增数据库软件为监管内容，新增远程在线督查方式。

会议要求，深入贯彻习近平总书记关于保护知识产权的系列重要讲话精神，认清形势任务，增强做好软件正版化工作的思想自觉和行动自觉，建设软件版权保护首善之区；把握特点挑战，在工作领域上，因地制宜开展工作，在工作内容上，推动更多软件纳入监管范畴，在工作体系上，着力打造系统闭环，实现软件正版化工作提质增效，构建与新经济相适应的软件版权保护生态；坚持问题导向，加强组织领导、完善服务管理、做好宣传培训、强化督导考核，提高软件国产化率，全面推动软件正版化工作任务落深落细落实。

（资料来源：《中国新闻出版广电报》

作者：李婧璇　洪华中）

【陕西发布 2021 年度侵犯版权典型案件】 2022 年 4 月 26 日，为充分发挥典型案件查办的示范引导和普法宣传作用，陕西省版权局公布了"2021 年度陕西省打击侵犯版权典型案件"。相关案件分别是李某某抖音平台传播视听作品著作权侵权案、雷某盗录及网上传播电影作品著作权侵权案、西安高某某网络传播音乐作品著作权侵权案、西安某教育科技公司软件著作权侵权案、西安市三所职业培训学校销售盗版培训教材著作权侵权案、咸阳市某足浴店视听作品著作权侵权案。

（资料来源：山西省版权局）

【广州南沙自贸片区签署知识产权全链条协同保护机制框架协议】 2022 年 5 月 10 日，《中国（广东）自由贸易试验区南沙新区片区知识产权全链条协同保护机制框架协议》（以下简称《协议》）在广州南沙粤港澳大湾区暨"一带一路"法律服务集聚区签署。

近 3 年来，广州市南沙区人民法院（广东自由贸易区南沙片区人民法院）（以下简称"南沙法院"）共审结各类知识产权案件近两万件。其中，涉及商标权、著作权侵权纠纷案件占比超过 90%。

南沙法院联合南沙区检察院、南沙区科技局、广州市公安局南沙分局、南沙区司法局、南沙区市场监督管理局（知识产权局）、南沙区综合行政执法局、南沙区政策研究和创新办公室、南沙海关等 8 家单位共同签署《协议》。该协议从审查授权、行政执法、司法保护、法治宣传等各环节制定了相关举措。

在信息共享、协同保护方面，《协议》明确各单位之间应加强沟通和信息反馈，统一对商标审查、不正当竞争行为等具体事项的认定标准，在行政执法及司法案件办理过程中加强在调查取证等方面的协调配合，强化对高发、典型性侵权行为的监管、查处。

在纠纷多元化解方面，《协议》强调充分发挥法院、行政机关、行业商会等各类解纷资源的功能，引导知识产权纠纷当事人积极选择非诉争议解决方式处理知识产权纠纷。

同时，《协议》提出市场监管局、科技局、综合行政执法局、海关等相关知识产权监管、执法部门需在相应知识产权领域发挥专业优势，推荐单位工作人员作为专家陪审员或特邀调解员，对口参与涉著作权、商标、不正当竞争、商业秘密等相关知识产权案件的审理或调解，充实知识产权纠纷化解专业力量。

在信用监管和联合惩戒方面，协议提出构建知识产权严重失信行为信用监管和联合惩戒机制。加强知识产权信用监管机制和平台建设，强化行政、执法、司法部门协同联动，探索将恶意重复侵权者、拒不履行生效判决裁定者、违法违规知识产权代理人等严重失信行为主体列入"黑名单"，向各部门进行通报，由各部门依法依规联合实施失信惩戒等。

（资料来源：中国经济新闻网

作者：方伟彬　王君　赵丽）

【北京印发《北京市知识产权强国示范城市建设纲要（2021—2035 年）》】 2022 年 6 月 14 日，中共北京市委、北京市人民政府印发《北京市知识产权强国示范城市建设纲要（2021—2035 年）》（以下简称《北京纲要》）。

《北京纲要》全面落实国家《知识产权强国建设纲要（2021—2035 年）》中涉及地方事权的工作，明确坚持"五子"联动融入新发展格局，坚持以首都发展为统领，以法治保障、改革驱动、聚焦重点、科学治理为原则，以深化供给侧结构性改革为主线，以知识产权全环节改革创新为根本动力，加强知识产权顶层设计，加大知识产权保护力度，提升知识产权创造运用质量，完善知识产权公共服务体系，优化知识产权人文社会环境，加快知识产权国际化发展，高质量建设知识产权强国示范城市，稳步提高知识产权治理能力和治理水平，提出到2035年北京将高质量建成知识产权强国示范城市，成为国际知识产权创新发展先行地、国际知识产权高水平人才聚集地、国际知识产权优质资源集散地、国际知识产权纠纷解决优选地和国际知识产权价值实现新高地的总目标。

《北京纲要》从知识产权工作特点入手，提出全链条创新举措，从顶层设计、创造、运用、保护以及公共服务等方面，提出加强首都知识产权创新发展的各项举措，加强北京市知识产权公共服务机构建设，优化知识产权维权综合服务体系等。从聚焦市委市政府重点入手，从服务国际科技创新中心、服务"两区"、服务全球数字经济标杆城市、服务供给侧结构性改革创造新需求与建设国际消费中心城市、服务京津冀协同发展等方面提出支撑"五子"联动改革任务。

《北京纲要》的实施，将为支持和促进国际科技创新中心和全国文化中心建设、服务和推动首都经济社会发展、率先基本实现社会主义现代化提供有力支撑。下一步，北京市知识产权局将会同全市知识产权办公会议成员单位完善配套政策、统筹谋划落实、加强社会宣讲，认真抓好《北京纲要》贯彻实施。

（资料来源：北京市知识产权局）

【云南省印发知识产权强省建设工作推进计划】
2022年6月15日，云南省人民政府知识产权战略实施工作联席会议办公室印发《云南省知识产权强省建设工作推进计划（2022—2023年）》（以下简称《推进计划》），明确了2022—2023年度云南省知识产权强省建设的7个方面重点任务，提出了150项工作措施。

为深入贯彻中共中央、国务院印发的《知识产权强国建设纲要（2021—2035年）》、国务院印发的《"十四五"国家知识产权保护和运用规划》，认真落实中共云南省委、云南省人民政府印发的《关于贯彻〈知识产权强国建设纲要（2021—2035年）〉的实施意见》及《云南省"十四五"知识产权发展规划》，由省政府知识产权战略实施工作联席会议办公室从强化责任落实、便于相互配合的角度出发，突出统筹、把握重点、兼顾细节，制定《推进计划》。

《推进计划》要求各级、各部门深刻认识知识产权强省建设工作的重要性；积极认领工作任务，抓好工作落实；加强协调联动，共同推进知识产权强

省建设。

《推进计划》从"完善知识产权制度体系，支撑经济社会高质量发展""强化知识产权保护，支撑构建一流营商环境""构建知识产权市场运营机制，激励创新发展""提供便民高效的知识产权公共服务，满足社会多层次需求""营造崇尚创新的人文社会环境，促进知识产权高质量发展""推动知识产权国际交流合作""加强组织保障"七个方面对云南省推进知识产权强省建设、深度融入知识产权强国建设大局的重点工作进行了安排。

《推进计划》经2022年云南省人民政府知识产权战略实施工作联席会议第一次会议审议通过后印发实施。

（资料来源：云南省知识产权局）

【北京市软件正版化检查服务系统启动】　2022年6月29日，北京市软件正版化检查服务系统启动仪式在京举行。该系统系全国首创，集国家软件正版化检查常态化管理、软件资产精细化管理、软件侵权预警、决策分析辅助支持等功能为一体，通过"远程检查、即时自查"工作模式对计算机软件使用情况进行分级分类监管，提升服务管理效率。

启动仪式上，中国版权协会常务副理事长于慈珂对北京市软件正版化工作给予了充分肯定，对北京市软件正版化检查服务系统的作用发挥寄予厚望。他表示，该系统功能齐全、技术先进，有助于版权保护工作向纵深推进。

北京市委宣传部一级巡视员王野霏表示，北京市软件正版化检查服务系统的启动上线，是北京市软件正版化工作的一件大事，对于提升软件正版化工作的信息化水平、实现软件正版化提质增效、不断开拓软件正版化新局面，具有重要意义。要以检查服务系统上线为契机，进一步完善软件正版化"北京模式"，提升服务管理工作的科学性，高效解决新技术发展和软件商业模式变化带来的新问题，着力构建与新经济相适应的软件版权保护生态，建设软件版权保护首善之区。

北京市从2019年起开始筹划建设正版软件信息化智能化管理平台，并将其纳入《北京市"十四五"时期加强全国文化中心建设规划》。历经3年的研发建设，北京市培育和激发市场主体活力持续优化营商环境重点任务项目——北京市软件正版化检查服务系统终于建成。该系统具有快速进行远程在线检查、检查准确率和覆盖率高、检查范围和软件品类可扩展、实现软件资产智能管理及系统安全性高等

特点。

启动仪式上，北京市教委、北京市国资委相关负责同志分别介绍了全市教育系统和市属国企软件正版化工作情况。北京市使用正版软件工作联席会议成员单位相关负责同志出席本次活动。

（资料来源：《中国新闻出版广电报》
作者：李婧璇　朱丽娜）

【武汉警方破获一起重大侵犯著作权案】 2022年7月2日，武汉市公安局破获一起重大侵犯著作权案件，抓获犯罪嫌疑人3名，初步查明该团伙盗取网站影视剧视频2.3万部，非法传播获利80余万元。

2022年5月，武汉市公安局接到深圳某视频网站工作人员报案：有人非法利用技术手段，大肆盗取该公司的影视剧视频，通过自建的网站非法传播牟利。

接到报案后，武汉市公安局网安支队组织江岸区分局网安大队、西马街派出所，抽调精干力量成立专班开展调查。专班民警通过大量的数据分析和信息摸排，发现了这一利用技术盗取网站付费视频的犯罪团伙，并锁定了其作案窝点。

5月26日，专班民警经蹲守布控，在江岸区塔子湖东路某居民小区的民宅内，一举抓获犯罪嫌疑人卢某、卢某某、王某等3人，并查获盗取视频所使用的台式电脑3台、笔记本电脑4台、手机38部及移动硬盘、路由器等大量作案工具。随后，专班民警从该团伙租用的网上云盘中，查获非法盗取的各类影视剧视频2.3万余部。

经审查，3名犯罪嫌疑人供认了非法利用技术手段，盗取国内多家知名视频网站后台存储的影视剧视频介质，通过网盘方式传播牟取利益的犯罪事实。据该团伙头目卢某交代，今年1月份以来，通过这种方式累计非法获利80余万元。

（资料来源：武汉市公安局
作者：王威　唐时杰　黄俊道）

【浙江温州创建全国版权示范城市吹响"冲锋号"】 2022年7月13日，浙江温州召开全国版权示范城市创建工作领导小组成员单位联席会议，动员全市成员单位和县（市、区）全力做好全国版权示范城市创建冲刺阶段工作，确保温州如期跨入全国版权示范城市行列。

近年来，温州市高度重视版权工作，温州市版权各项事业取得长足发展，无论是版权作品数量、成果转化率，还是版权产业增加值、就业人数、商品出口额，温州都走在全省全国前列。2021年4月，温州获批创建全国版权示范城市。一年多来，温州深入实施版权"创造、运用、管理、保护"四大工程，打造版权发展保护全链条，赋能温州民营经济创新发展，由版权大市向版权强市大步迈进。

会议指出，要深化认识，全面把握创建工作形势。全国版权示范城市，是"国字号"招牌，是对一个地方版权发展和保护水平的最高评价。今年是温州市创建全国版权示范城市的攻坚之年，将直接影响明年创建夺牌的成败。各地各单位要深刻认识创建的重要性、紧迫性，切实把思想和行动统一到市委、市政府的部署要求上来。对照创建指标体系，温州还有不少薄弱环节，需要全力攻坚，加快补齐短板，推动版权行业全链条提档升级。

会议强调，要突出重点，全力打赢创建工作攻坚战。根据创建目标节点，创建工作时间紧、任务重。各地各单位要抓住关键，以点带面推动创建工作，确保全市版权事业系统提升：紧盯"兴企"这个目标，完善版权保护体系；聚焦"强链"这个重点，促进版权成果转化；抢攻"创新"这条跑道，加强版权行业服务。温州在这项工作上走在全省全国前列。去年9月，温州市建成全国首家版权馆，打造一站式版权服务平台，今年6月又成立全省地级市首家版权协会。接下来，温州市将充分发挥"一馆一会"作用，助力民营企业版权保护创新发展，系统提升温州市版权管理服务水平。利用省"版权桥"应用试点，全面推进版权工作数字化转型，为全省提供数字版权领域的"温州样板"；依托世界青年科学家峰会、温州国际时尚文博会、温州国际设计双年展等重大活动平台，持续办好"市长杯"中国（温州）工业设计大赛、创意设计大赛等品牌活动，进一步扩大版权设计、版权创意的温州影响力。

全国版权示范城市创建工作是一项系统工程。会议要求，各地各单位要牢固树立"一盘棋"思想，抓住冲刺的关键时期，分级落实创建责任，全力以赴打赢全国版权示范城市攻坚战，以版权创新创造激活创业创富之力，为温州续写创新史、走好共富路、奋进"两个先行"蓄势赋能、添砖加瓦。

（资料来源：《温州都市报》　作者：叶锋）

【安徽省召开2022年软件正版化工作联席会议全体会议】 2022年8月5日，2022年安徽省软件正版化工作联席会议全体会议在合肥市召开。数据显示，截至2021年，安徽省累计采购各类正版软件70万多套，省市两级党政机关实现正版化和国产化全覆盖，1000多家企业实现软件正版化，2021年全省计算机软件著作权登记量7.3万件，同比增长53.6％，安徽推进软件正版化工作取得显著成效。

推进使用正版软件，是知识产权保护工作的重要内容，是立足新发展阶段、贯彻新发展理念、构建新发展格局、推动高质量发展的必然要求，对增强数字经济竞争力、保障国家信息安全，都具有重要意义。

会议传达了推进使用正版软件工作部际联席会议第十一次全体会议精神，审议通过了《安徽省软件正版化工作联席会议制度》和《安徽省2022年软件正版化工作实施方案》，总结了2021年以来全省软件正版化工作成效，研究部署了下一步重点任务。

会议强调，联席会议各成员单位和全省各地各有关单位要进一步深化思想认识，增强推进使用正版软件的责任感、使命感，全面履职尽责，坚持不懈、坚定不移地推进软件正版化工作。要密切协同配合，进一步健全完善联席会议制度体系，提升工作整体效应，推进软件正版化工作制度化、规范化、常态化。要聚焦短板不足，持续巩固夯实工作成果，加快推进工业设计软件正版化，不断扩大正版软件覆盖范围。要严格督促检查，强化主体责任和监督责任，推动各项工作部署落地落实、整改到位，不留死角盲区。要加强宣传培训，以《计算机软件保护条例》实施20周年为契机，开展软件正版化系列宣传教育活动，提高社会公众版权保护意识，积极营造尊重版权、崇尚创新的良好社会氛围，以新担当新作为推动全省软件正版化工作再上新台阶。

此外，安徽省卫生健康委、国资委分别就公立医院、省属企业软件正版化工作情况和下一步工作计划作了交流发言。

（资料来源：《中国知识产权报》 作者：李慧珺）

【浙江警方捣毁一非法制售盗版少儿图书团伙】

2022年8月13日，浙江嘉兴海盐警方成功捣毁一非法制售少儿图书团伙，抓获犯罪嫌疑人刘某伟、刘某、赵某、刘某雅等4名犯罪嫌疑人，现场查扣《大中华寻宝记》等众多盗版书籍，涉案金额超1亿元。

2022年5月，海盐警方发现，某商务有限公司在某电商平台开设多家网店，涉嫌销售盗版《大中华寻宝记》系列漫画图书，涉案金额巨大，经鉴定该系列漫画图书均为非法出版物。每本定价35元的

《大中华寻宝记》在涉案网店中售价为5元左右，每家店铺的销量达上万册。平台活动期间，一天的销售额可达到2万至3万元，销售范围遍及全国各地。

犯罪嫌疑人刘某伟在未经著作权人及专有出版权人许可的情况下，将非法印制的盗版图书流入市场。2019年4月，刘某伟从非法途径购买了《大中华寻宝记》的电子印刷文件后，找到了开印刷厂的赵某，要求其帮忙印刷。刘某伟的弟弟刘某则帮忙运货，"出厂"一本书的印刷费、装订费等基础成本在2元左右，刘某伟以每本书赚取5角左右的利润出售。截至被抓前，刘某伟的涉案金额已达1000万元左右。

8月中旬，经警方侦查，分别抓获刘某伟、刘某、赵某、刘某雅等4名犯罪嫌疑人，并查扣大量涉案盗版书籍及相关设备。

（资料来源：《钱江晚报》 作者：田芳美）

【天津市召开推进使用正版软件工作联席会议工作会】

2022年8月18日，天津市召开推进使用正版软件工作联席会议工作会。会议传达了推进使用正版软件工作部际联席会议第十一次全体会议精神，总结分析了2021年以来全市软件正版化工作，通报了检查测评情况，对下一步重点工作任务进行了安排部署。

会议认为，2021年，联席会议各成员单位深入学习贯彻推进使用正版软件工作部际联席会议全体会议精神，结合天津实际，进一步完善长效管理机制，巩固工作成果，不断推进软件正版化工作规范化、常态化、制度化和信息化建设，不断提升工作质量和管理水平，取得了较好效果。

会议强调，持续推进软件正版化，是学习贯彻习近平总书记关于全面加强知识产权保护重要论述精神的题中之义，是立足新发展阶段、贯彻新发展理念、构建新发展格局、推动高质量发展的必然选择，对营造创新发展环境、增强数字经济竞争力、维护国家信息安全、优化营商环境、推动天津高质量发展都具有重要意义。

会议强调，要充分发挥推进使用正版软件工作联席会议制度优势，加强统筹协调、督促检查、服务指导和宣传培训；要进一步完善工作机制，健全软件正版化工作监管体系，明确工作责任，确保事情有人管、工作有人做、出了问题有人负责；要全面巩固党政机关的软件正版化工作成果，杜绝"重采购、轻管理"现象，切实防范侵权盗版问题反弹；要持续深入推进企事业单位软件正版化工作，加快

推进教育、医疗、能源、交通等特定行业和重点领域软件正版化工作；要抓好年度各项工作任务落实，推进我市软件正版化工作迈上新台阶，以实际行动迎接党的二十大胜利召开。

（资料来源：天津市版权局）

【上海警方侦破侵犯大型游戏著作权案】 2022年8月，上海市公安局网安总队会同徐汇区公安分局成功破获一起侵犯某知名手机游戏著作权案，抓获犯罪嫌疑人8名，捣毁制作发行盗版游戏窝点2处。

2022年7月，徐汇区公安分局接到上海某网络科技有限公司报案，称该公司受委托开发的一款名为《魔力宝贝回忆》的游戏，在开发完成、准备上线运营之际，被其他公司盗取代码并提前上线运营，造成巨额经济损失。

据报案公司反映，公司于2020年5月受权利方委托，对一款名为《魔力宝贝》的PC端游戏进行移动端改编及二次开发。2022年1月，该游戏代码开发工作基本完成，并按照游戏行业惯例申请获得了游戏代码程序的软件著作权证书。此后一个月内，该公司工作人员陆续发现有名为《魔力宝贝怀旧版》《斗嘻游》的同款盗版游戏先后在不同平台进行发布，还通过各种渠道大量引流提供游戏下载并开始运营，导致委托方以市场上出现同类型产品、不符合质量验收要求为由，拒绝支付相关开发款，造成报案公司直接经济损失800余万元。

警方将《魔力宝贝怀旧版》《斗嘻游》和报案公司开发的《魔力宝贝回忆》进行初步比对，发现这些游戏的画面、玩法以及内部游戏程序代码都高度一致。经司法鉴定，《魔力宝贝怀旧版》《斗嘻游》游戏代码与被侵权游戏《魔力宝贝回忆》代码去除无效字符后相同部分占被侵权游戏字符数的比例高达90%，游戏玩家在完成指定游戏任务的过程中涉及的游戏地图名称、行进路线、NPC、获取及使用的道具（称号）、BOSS级怪物及主要场景画面均一致，构成实质性相似。

警方初步查明：犯罪嫌疑人张某成是报案公司该游戏开发团队的前负责人之一，于2021年9月从报案公司离职，设立了侵权公司并成为实际控制人。张某成随后找到公司投资人张某彤（广州某知名网游公司股东高管）计划开发运营盗版《魔力宝贝》游戏，并约定由张某成从报案公司"挖人"并设法拷贝出游戏代码，张某彤负责包装盗版游戏并上线推广经营。

之后，张某成以双倍工资从报案公司挖来胡某明、周某远等技术人员，条件是盗取《魔力宝贝回忆》的游戏代码。经胡某明、周某远等技术人员在源代码基础上增加无效代码和修改部分变量参数"规避风险"后，2022年1月，侵权游戏《魔力宝贝怀旧版》开始上线测试。测试第二天即被报案公司发现并要求下架。但侵权公司于2022年2月使用其他游戏的软著和版号，以在外省市新注册公司的名义上架了名为《斗嘻游》的手游。该手游除了名称与图标之外，与《魔力宝贝怀旧版》并无二致，是其"换皮"版本。

2022年8月2日，上海警方抓获张某成等8名犯罪嫌疑人，并以涉嫌侵犯著作权罪对其依法采取刑事强制措施。

（资料来源：中国新闻网　作者：李姝徵）

【山东聊城侦破制售盗版教材案】 2022年8月，山东省聊城市公安局开发区分局食药环侦大队成功侦破一起制售盗版教科书案件，抓获犯罪嫌疑人4人，涉案金额达2700余万元。

2021年4月，开发区分局食药环侦大队民警经聊城市文化和旅游局提供线索得知，聊城市某快递揽收部发现有大批涉嫌盗版教科书。该局民警立刻展开调查，经查，该批盗版教科书是由快递员许某在开发区某厂院内揽收而来，办案民警在现场发现涉嫌侵权盗版出版物3万余册，经鉴定，该批出版物为盗版复制品。随后，办案民警经过深挖扩线，在辖区内某村一处院落成功捣毁一处印制窝点，当场缴获侵权盗版教科书4万余册。

经初步侦查，该案件是一起有组织的集制版印刷、运输销售、网络寄递为一体的一条龙式团伙犯罪案件。该团伙从市场上购买纸张、包装袋，委托某传媒公司印刷，然后通过某店铺对外销售，销售范围遍及全国24个省、市，涉案人员达20余人。

（资料来源：《中国知识产权报》　作者：王民）

【2021年度上海版权十大典型案件发布】 2022年9月13日，上海市版权局在2022年上海版权保护工作新闻发布会上发布了2021年度上海版权十大典型案件。

2021年度上海版权十大典型案件由上海市版权局组织评选，由上海市公安局、市检察院、市高级法院、市文化和旅游局执法总队、上海海关、浦东新区知识产权局等单位推荐，经专家评选产生。

十大典型案件分别为："人人影视"侵犯著作权

刑事案、《热血传奇》游戏私服侵犯著作权刑事案、排球赛事节目网络直播著作权侵权纠纷案、侵犯体育电视节目著作权行政处罚案、盲盒人偶形象侵犯著作权行政处罚案、"葫芦娃"注册商标侵犯在先著作权纠纷案、《三体》有声读物著作权侵权纠纷案、侵犯变形金刚系列玩具著作权刑事案、侵犯"小黄人"动画形象著作权行政处罚案、"IF影响因子"数据库著作权侵权纠纷案。

本次评选的案件，共有刑事案件 3 件、行政案件 3 件、民事案件 4 件，涵盖了网络直播、体育赛事、视听网站、游戏、实用艺术品等多个领域。案件主要具有三个典型特征：

第一，社会关注度高，有力震慑违法犯罪行为。本次十大案件评选出了一批具有较大社会影响力的典型案件，通过加大对违法犯罪行为的惩罚力度，取得了良好的法律效果和社会效果。例如"人人影视"侵犯著作权刑事案、侵犯变形金刚系列玩具著作权刑事案、侵犯"小黄人"动画形象著作权行政处罚案。

第二，聚集重点前沿领域，树立行业行为规范。本次十大案件覆盖了体育赛事、视听网站、网络直播等多个近年来版权侵权行为高发的领域，通过对典型案件的审理，对规范相关行业的版权经营行为、强化企业主体责任、加强版权管理等，起到了良好的促进作用。例如排球赛事节目网络直播著作权侵权纠纷案、侵犯体育电视节目著作权行政处罚案、《三体》有声读物著作权侵权纠纷案、"IF影响因子"数据库著作权侵权纠纷案。

第三，创新办案模式，关注新型案件，为同类案件的审理提供示范效应。十大案件还选出了一批在实践中没有先例的典型案件，通过司法研判，创新办案模式，为同类案件的审理打下实践基础。如《热血传奇》游戏私服侵犯著作权刑事案、盲盒人偶形象侵犯著作权行政处罚案、"葫芦娃"注册商标侵犯在先著作权纠纷案。

（资料来源：《新民晚报》 作者：郭剑烽）

【江西开展打击网络侵权盗版专项行动】 2022年9月23日，根据国家版权局、工业和信息化部、公安部、国家互联网信息办公室工作安排和江西省委、省政府关于加强知识产权保护的决策部署，江西省版权局、省通信管理局、省公安厅、省互联网信息办公室四部门联合下文，开展江西第18次打击网络侵权盗版"剑网2022"专项行动。

此次专项行动持续至 2022 年 11 月底，主要开展以下五项重点工作：

开展重点领域网络版权专项整治。开展文献数据库、短视频和网络文学等重点领域专项整治，对未经授权对视听作品删减切条、改编合辑短视频，未经授权通过网站、社交平台、浏览器、搜索引擎传播网络文学作品，文献数据库未经授权、超授权使用传播他人作品等侵权行为进行集中整治。

压实网络平台主体责任。加强对网络平台版权监管，依法查处通过短视频平台、直播平台、电商平台销售侵权制品行为，坚决整治滥用"避风港规则"的侵权行为，压实网络平台主体责任，及时处置侵权内容和反复侵权账号，便利权利人依法维权。

强化网络新业态版权监管。强化 NFT 数字藏品、剧本杀等网络新业态版权监管，严厉打击未经授权使用他人美术、音乐、动漫、游戏、影视等作品铸造 NFT、制作数字藏品，通过网络售卖盗版剧本脚本，未经授权衍生开发剧本形象道具等侵权行为。

开展本省特色的版权治理。依托省内特色版权交易平台（中心），用好大数据、区块链、元宇宙等新技术，实现基于现代信息技术的版权确权、预警、监控、维权等功能。探索推进区块链平台的司法运用，为版权案件证据认定提供便利，打造版权行政司法协同治理机制。

巩固历年专项行动成果。持续加强对院线电影、网络直播、体育赛事、在线教育、新闻作品的版权保护，巩固网络音乐、游戏动漫、有声读物、网盘等领域工作成果，不断提升网络版权执法效能。

（资料来源：《江西日报》 作者：钟秋兰）

【湖南省版权局等四部门启动"剑网2022"专项行动】 2022 年 9 月，湖南省版权局、湖南省通信管理局、湖南省公安厅、湖南省互联网信息办公室四部门联合发文，启动湖南第18次打击网络侵权盗版"剑网2022"专项行动。

本次专项行动于 9 月至 11 月开展，聚焦广大创新主体版权领域急难愁盼问题，推动规范发展与打击惩治并举，从三个方面开展重点整治。

一是开展网络版权产业合规性集中排查，为进一步促进互联网领域版权经济健康发展，激发市场活力与社会创造力，重点整治短视频制作者未经授权通过删减切条、改编合辑等方式制作、传播视听作品的行为，打击未经授权传播网络文学作品、院线电影盗录转播、网络直播侵权、网盘非法传播等侵权行为。

二是推动网络平台落实版权保护主体责任，指导网络平台全面履行版权信息审核等义务，建立健全侵权盗版投诉绿色通道，提升权利人维权便利度；依法处置反复侵权的平台账户，配合执法部门调查处理短视频平台、直播平台、电商平台等领域侵权盗版行为。

三是加强网络新领域新业态版权监管，推动NFT数字藏品发售机构、剧本娱乐经营场所建立健全版权审核机制和侵权投诉处置机制；查处美术、音乐、动漫、游戏、影视等领域未经授权使用他人作品铸造NFT、制作数字藏品的侵权行为；整治以"洗稿""换皮"方式抄袭剽窃或篡改删减原创剧本脚本、衍生开发剧本形象道具等侵权行为。

（资料来源：红网 作者：丁英 王嫣）

【湖南娄底公安局成功破获一起特大侵犯著作权案】 2022年12月12日，娄底市公安局成功破获一起特大侵犯著作权案，涉案金额近亿元，扣押盗版教辅书籍30余万册。

2022年11月19日，娄底市公安局治安支队接群众举报，称当地有人非法印刷销售盗版教材教辅资料。接报后，娄底市公安局立即成立专案组，抽调精干力量立案侦查。12月12日，娄底市公安局部署对制售盗版教材教辅团伙集中收网，成功摧毁盗版书籍印刷窝点9个，抓获违法犯罪嫌疑人14名，缴获生产设备28台，扣押盗版教辅书籍30余万册及其他大量生产设备、运输车辆，成功打掉一个集"网络营销、多点印制、仓库存储、集中派送、批量寄递"于一体的盗版盗印团伙，维护了市场秩序，优化了营商环境。

（资料来源：新华社 作者：谢奔）

【上海警方侦破全国首例侵犯剧本杀著作权案】 2022年12月21日，上海警方通报成功侦破全国首例侵犯剧本杀著作权案，抓获盗版印刷、网络分销、线下门店等全环节犯罪嫌疑人39名，查处盗版剧本生产工厂3家，捣毁仓储、销售窝点15处，查获待销售的盗版剧本杀盒装剧本8万余盒，涉案金额5 000余万元。警方查明，2021年5月以来，犯罪嫌疑人苏某为牟取非法利益，伙同长期从事印刷行业的林某，从线上平台采购正版剧本杀盒装剧本后，在未经著作权人授权许可的情况下，通过林某名下一家包装制品公司，雇用多名犯罪嫌疑人对正版剧本杀包装礼盒进行盗版复刻设计。随后，苏某、林某又在浙江当地专门租借厂房和仓库，雇人盗版印刷300余种剧本杀盒装剧本。截至案发，该团伙累计印刷盗版剧本10万余盒。

苏某等4名主要犯罪嫌疑人因涉嫌侵犯著作权罪被警方依法执行逮捕，其余犯罪嫌疑人被依法取保候审。

（资料来源：新华社 作者：兰天鸣）

◆ 宣传教育

【2022年世界知识产权日主题发布】 2022年1月12日，世界知识产权组织（WIPO）发布了2022年世界知识产权日主题——"知识产权与青年：锐意创新，建设未来"（IP and Youth：Innovating for a Better Future），旨在庆祝由青年主导的创新和创造。

WIPO表示，每年4月26日我们都庆祝世界知识产权日，以了解知识产权在鼓励创新和创造方面所起的作用。2022年世界知识产权日活动凸显了青年在寻找更好的新解决方案以支持向可持续的未来过渡方面具有的巨大潜力。在全球范围内，青年人正在利用他们的干劲和才智、好奇心和创造力，加紧应对创新挑战，开创更美好的未来。创新、活力和创造性思维正在助推我们走向更可持续的未来所需的变革。WIPO将探讨知识产权如何支持青年推动变革，实现更美好的未来。当今的青年拥有超乎想象的潜力以及无限的智慧和创造力。他们的新观点、活力、好奇心和"我能"的态度，以及他们对更美好未来的渴望，正在重塑创新和变革的方法并推动其落实。2022年世界知识产权日为青年人提供了一个机会，让他们了解知识产权如何支持他们的目标，帮助他们把想法变为现实，创造收入，创造就业机会，并对周围的世界产生积极影响。有了知识产权，青年人就可以获得实现其抱负所需的一些关键技能。在整个活动中，青年人能够更好地了解知识产权制度的工具，包括商标、工业品外观设计、版权、专利、植物新品种、地理标志、商业秘密等，将如何帮助他们实现建设更美好的未来的雄心壮志。

2021年，世界知识产权日的参与度创下历史纪录。2022年，WIPO还将密切关注其在支持国家和地区为青年发明家、创造者和企业家的发展创造适宜的法律和政策环境方面所发挥的作用。鉴于新冠疫情相关的限制规定，2022年世界知识产权日的活动将以线上和线下相结合的方式开展。

（资料来源：《中国知识产权报》 作者：吕可珂）

【国家版权局下发《关于做好 2022 年知识产权宣传周版权宣传活动的通知》】 2022 年 4 月 6 日，国家版权局下发《关于做好 2022 年全国知识产权宣传周版权宣传活动的通知》，决定于 4 月中旬起在全国集中组织开展版权宣传活动，并将 4 月 20 日至 26 日作为重点宣传时段。

通知要求，全国各省（区、市）版权局及中国版权协会、各著作权集体管理组织围绕迎接宣传贯彻党的二十大这条主线，宣传党的十八大以来特别是党的十九大以来版权事业发展所取得的历史性成就，用心用力用情组织好新闻宣传、文化培育、意识提升等各项主题活动，全面呈现版权在服务国家治理体系和治理能力现代化、服务经济社会高质量发展、服务人民群众幸福美好生活、服务改革开放大局、维护国家安全等方面的重要支撑作用，为党的二十大胜利召开营造良好氛围。

通知要求，要围绕"全面开启版权强国建设新征程"主题，把贯彻落实党中央、国务院决策部署作为版权宣传工作的着眼点，结合贯彻落实《知识产权强国建设纲要（2021—2035 年）》、《"十四五"国家知识产权保护和运用规划》和《版权工作"十四五"规划》，做好版权创造、运用、保护、管理、服务各环节重点工作宣传报道，宣讲阐释"十四五"期间版权工作的思路、目标、任务和举措，让建设版权强国成为社会各界的共同期盼和积极行动。要结合版权服务人民群众幸福美好生活，做好打击侵权盗版案件、软件正版化、著作权登记、版权示范创建、版权展会授权交易活动、中国版权金奖、全国大学生版权征文等工作成果的宣传报道，立足版权工作实际，突出版权工作重点，紧扣版权热点事件，开展内容丰富、形式多样的宣传推广活动，促进版权理念更加深入人心。要宣传版权法律法规和基本知识，引导公众严格保护和合理运用版权。探索通过图文音视频等新媒体形式开展各具特色的宣传普及活动，促进社会公众尊重版权、崇尚创新的意识进一步提升，积极建设促进版权事业高质量发展的人文社会环境，为开创版权强国建设新局面提供更加有力的舆论支撑。

（资料来源：《中国新闻出版广电报》
作者：赖名芳）

【2022 年中国版权金奖评选表彰活动启动】

2022 年 7 月 1 日，国家版权局下发通知，宣布联合世界知识产权组织（WIPO）共同举办 2022 年中国版权金奖评选表彰活动。2022 年中国版权金奖设有作品奖、推广运用奖、保护奖和管理奖等 4 类奖项，共 20 个获奖名额，其中作品奖 6 个、推广运用奖 5 个、保护奖 5 个、管理奖 4 个。

通知对 4 类奖项参评标准作了说明。参评作品奖的作品，可分为文学艺术、电影电视、音乐戏剧、计算机软件、动漫游戏、美术摄影等门类，要求是富有独创性，思想内容积极向上，艺术形象丰富生动，创作方式新颖独到，版权转化率高，传播范围广，具有显著社会效益和经济效益的作品，同等条件下进行过著作权登记的作品优先考虑；对推广运用奖，要求参评者应是在开发和利用版权资源方面成效显著，在推广和传播优秀作品，特别是弘扬中华优秀传统文化、整合版权产业链、管理和运营版权资产、推动版权产业高质量发展方面作出突出贡献的单位或个人；参评保护奖的，要求参评者是积极维护权利人权益，探索运用创新方式，创造性解决版权保护方面的突出问题，在全国范围产生重大影响，为优化营商环境、规范版权秩序等作出突出贡献的单位或个人；参评管理奖的，要求参评者是以创新理念和科学方法组织开展版权执法监管、社会服务、普法宣传等工作，为维护社会公共利益、优化版权服务体系、促进版权产业高质量发展、提升版权社会影响力等作出突出贡献的单位或个人。

（资料来源：《中国新闻出版广电报》
作者：赖名芳）

【2022 年版权产业国际风险防控培训班在江西举办】

2022 年 11 月 8 日至 10 日，由国家版权局和世界知识产权组织联合举办的 2022 年版权产业国际风险防控培训班在江西景德镇举办。

版权产业国际风险防控培训班旨在坚决贯彻落实习近平总书记重要指示精神，坚决贯彻落实党的二十大精神，通过对版权涉外工作的集中培训，进一步加强版权宣传和人才培养，增强版权工作的国际视野和规则意识，从而提升我国版权产业的国际风险防控能力、国际运营能力以及国际传播力，切实增强中华文明传播力影响力，推动中华文化更好走向世界。

中宣部版权管理局副局长赵秀玲在致辞中表示，近年来，随着经济全球化和知识经济的深入发展，版权已经成为重要的生产要素和财富资源，在促进经济发展中发挥着日益关键的作用，我国版权产业也保持着蓬勃发展势头，版权国际影响力逐步增强，众多以版权保护为手段、以智力成果为核心的版权产业发展迅猛，已成为经济发展的新引擎，即便在全球经济受新冠疫情严重影响的 2020 年，以内容为核心的互联网版权产业依然逆势增长，版权产业的商品出口额连续增长，在全国商品出口总额中的比重稳定在 11% 以上。但在越来越多的企业参与海外市场竞争的同时，其面临的海外知识产权风险逐渐增多、纠纷形态多元，情况日趋复杂。为此，要从政府、企业和行业协会等层面，高度重视版权国际风险防控工作，积极构建国际风险防控体系，增强中国版权产业的国际风险防控意识和能力。同时，注重利用国际组织，发挥行业协会、集体管理组织的作用，共同做好版权产业国际风险防控工作。

世界知识产权组织中国办事处主任刘华表示，当前，世界百年未有之大变局加速演变，新一轮科技革命和产业变革深入发展，国际环境错综复杂，中国政府重视并积极践行创新和知识产权保护，积极融入新的全球化进程，已成为全球创新版图中的重要力量。《2022 年全球创新指数报告》显示，中国综合排名第十一位，世界知识产权组织十分肯定中国在通过知识产权保护和创新促进发展方面取得的巨大成就，愿意进一步深化和拓展与中国国家版权局在版权领域的合作，共同促进全球创新发展，让创新创造惠及每个人。

培训班还邀请了商务部条法司副司长李明、澳大利亚表演权协会国际部负责人莫里斯、中国盲文出版社副总编辑沃淑萍、中南财经政法大学教授胡开忠、国际作者和作曲者协会联合会北京代表处首席代表张晶、中国音乐著作权协会副总干事朱严政、中国文字著作权协会副总干事梁飞等中外专家，就知识产权国际保护热点问题、版权及相关创意产业国际营商环境、音乐和网络文学"走出去"风险防控、《马拉喀什条约》的落地实施等问题进行了授课，并就版权助力民间文艺、创意产业"走出去"等专题进行现场教学。

（资料来源：《中国新闻出版广电报》
作者：朱丽娜）

【佛山开展青少年儿童"领略版权魅力"活动】
2022 年 2 月 26 日，广东佛山版权中心组织青少年儿童走进版权中心，和老师、家长们一同开启了主题为"领略版权魅力，培养创新精神"的研学之旅。该活动旨在提升青少年儿童的版权意识，激发孩子们的创新意识和实践能力，进而影响家庭，辐射社会公众。

主办方介绍，佛山版权中心是一个版权综合体，

设有以"为佛山赋能，为中国探路"为主题的展区，包括"开物·思想之河"、"成器·岭南绽放"、"致用·佛山匠心"和"探索·中国样本"四大展示区，是一个集展示、教育、交流、服务、交易等功能于一体的综合性展馆。在此次研学之旅中，小朋友们踊跃回答研学老师的问题，从展示图片、老师讲解中，了解版权发展历史和岭南文化特色。参观过程中还进行了趣味十足的小游戏，小朋友们用自己了解的知识，辨别出了不同展品所属的作品类型。

值得一提的是，佛山版权中心将推进开放日常参观，打造"青少年实践教学基地"，面向幼儿园、中小学、高职院校等学生群体，常态化开展研学活动，以版权展览、版权课堂、趣味问答等形式进行。佛山市教育督导学会顾问萧晓炜表示，教育要从娃娃抓起，从小培养孩子们的版权意识，将来他们就会懂得尊重版权，保护自己的原创作品，激发创新意识，对提升全社会的版权意识有重要意义。

（资料来源：《中国知识产权报》 作者：赫阳）

【《中国版权年鉴 2021》正式出版】 2022 年 3 月，《中国版权年鉴 2021》正式出版发行。《中国版权年鉴 2021》全书共 11 个类目，分列 26 个分目或次分目，包括专文、版权工作概览、版权要闻、版权产业与版权贸易、典型案件选编、法律法规及规章文件、年度表彰、理论研究、统计资料等栏目，翔实记录了 2020 年度我国版权领域的重大事件、重要工作、典型案件、产业发展状况、学术成果、统计资料等各方面情况，全面反映了我国版权领域工作成就。

《中国版权年鉴》由国家版权局组织编纂，中国人民大学出版社与中国人民大学国家版权贸易基地编辑出版，是我国唯一一部全面系统反映全国版权创造、运用、保护、管理和服务基本概貌的大型专业性工具书。年鉴于 2009 年创刊，逐年编纂，连续出版，每年一卷，2021 年卷为第十三卷。

（资料来源：中国人民大学国家版权贸易基地）

【知识产权与青年创业者沙龙在京启动】 2022 年 4 月 21 日，北京市海淀区人民检察院知识产权检察办公室与中国人民大学国家版权贸易基地在京启动知识产权与青年创业者沙龙。该沙龙活动由人大文化科技企业孵化器、北京中关村留学人员创业园协会、北京市留学人员海淀创业园、中关村东升科技园、中关村软件园孵化器、中关村国际孵化器联

合承办。北京市海淀区人民检察院党组成员、副检察长陈雷和中国人民大学国家版权贸易基地主任白连永出席沙龙并致辞。中国人民大学法学院副教授张吉豫，对外经济贸易大学法学院教授卢海君，北京市海淀区人民检察院知识产权检察办公室主任许丹、副主任白云山，中国人民大学文化科技企业孵化器、北京中关村留学人员创业园协会、中关村东升科技园、中关村软件园孵化器等承办单位的负责人，人大文化科技园企业代表及产业界代表参与启动仪式。

知识产权与青年创业者沙龙启动仪式结束后，举办了第一期沙龙活动。人大文化科技园和海淀辖区互联网龙头企业分享了企业发展过程中的知识产权保护与管理经验，分析了其遇到的知识产权困境与难题。白云山、卢海君、张吉豫等知识产权专家针对企业提出的知识产权难题，建议企业提前做好知识产权规划布局，建立知识产权管理制度体系，做好知识产权合规建设，通过司法部门、行政机关、专业服务机构等多种途径寻求知识产权保护。

（资料来源：中国人民大学国家版权贸易基地）

【《2022年中国沉浸式剧本娱乐行业版权保护现状报告》发布】 2022年6月17日，中国文化娱乐行业协会、中国新闻出版传媒集团发布《2022年中国沉浸式剧本娱乐行业版权保护现状报告》（以下简称《报告》）。

作为新型的版权密集型产业，版权是剧本娱乐产业竞争的核心要素。而剧本娱乐是一种体验型消费形式，消费者对剧本的消费往往具有单次性特点，具有版权作品属性的剧本是吸引用户的核心。

《报告》指出，盗版行为会对正版商造成完全替代性的损害，直接影响相关企业的核心竞争力；当企业因盗版而不再愿意进行剧本创作或使用正版时，行业也必然将失去生命力。

《报告》显示，线下剧本娱乐使用的剧本形式主要分为独家授权、城市限定和盒装本三类，售价分别为3 000～5 000元、1 000～2 800元和258～688元，创作周期分别为4～6个月、3个月以及1个月。剧本主要有三种发售渠道，分别是剧本平台发售、剧本分发公司发售以及展会发售。

《报告》显示，沉浸式剧本娱乐产业仍面临不少风险。首先是进行作品登记等确权工作积极性不高，虽然行业中大多数从业人员法律意识较高并且高度重视版权保护，但由于版权知识具有专业性和系统性等特征，未经专业化学习和培训的主体从业人员

很难开展版权工作。此外，剧本内容还有产业标识和用语不规范的问题。绝大多数剧本娱乐作品分发方均在作品上标注了"出品方""发行方"等信息，容易与出版物或电子游戏混淆。从业人员认识的模糊将直接导致实践中对剧本的监管定性存在较大分歧。

《报告》建议在政府管理部门的支持下，由行业协会或行业联盟共同探究剧本分发的行为属性，确定其统一用语；帮助剧本娱乐企业建立起自己的版权运营人才队伍，对企业现有的版权资源进行及时梳理和科学管理。

《报告》还建议不断加大沉浸式剧本娱乐产业版权政策供给力度，相关管理部门针对行业突出的版权侵权问题加强专项执法、树立保护典型等方面的政策供给，实现诉讼维权与行政执法的有效对接。

（资料来源：《南方都市报》 作者：汪陈晨）

【北京举办2022年软件正版化工作培训会】
2022年8月11日至12日，北京市使用正版软件联席会议办公室在京组织召开北京市2022年软件正版化工作培训会。

会上，学习传达了推进使用正版软件工作部际联席会议第十一次全体会议精神。北京市使用正版软件工作联席会议办公室解读了2022年软件正版化工作考核标准，并对各行业在软件正版化工作中存在的重点问题提出了相应对策；首都版权协会讲解了"北京市软件正版化检查服务系统"的安装使用流程；中望、金山等软件厂商浅谈了"国产软件生态应用考量""软件正版化在数字化转型中的作用"等主题。

推进使用正版软件工作部际联席会议第十一次全体会议提出要服务产业发展，发挥集中采购优势，推广联合采购和场地授权模式。结合企业实际情况，北京市使用正版软件工作联席会议办公室组织召开了2022年北京市市属国企软件采购谈判工作。同时，北京市正版软件服务工作站将充分发挥桥梁作用，进一步加强企业软件采购监督，规范软件市场，积极与各软件厂商沟通协作，进一步改善国产软件生态环境，推进正版化、信息化融合发展。

北京市使用正版软件联席会议办公室相关负责人表示，2022年北京市软件正版化工作培训会的顺利举行，为持续推进北京市软件正版化工作起到了统一思想、凝心聚力、提升软件正版化工作业务素养的作用，为开展年度软件正版化工作夯实了基础，营造了"自觉使用正版，坚决抵制盗版"的良好

氛围。

北京市 42 家市属国有企业集团总部，37 家市卫生健康委直属事业单位，64 家区牵头部门、区教委、区卫生健康委、区国资委，51 家市教委直属事业单位、市属高校的软件正版化工作牵头部门工作人员共 200 余人参会。

（资料来源：《中国新闻出版广电报》
作者：李婧璇）

【广东省举办 2022 年政府机关和企业软件正版化工作培训班】 2022 年 8 月 21 日至 22 日，为进一步巩固软件正版化工作成果，提高政府机关和企业单位软件正版化工作水平，高标准做好推进使用正版软件工作部际联席会议的迎检工作，广东省版权局在广州市举办"2022 年广东省省级政府机关软件正版化工作培训班"，8 月 22 日至 23 日，在江门市举办"2022 年广东省企业软件正版化工作培训班"。

培训班通报了国家版权局软件正版化工作检查情况，传达了推进使用正版软件工作部际联席会议第十一次全体会议精神，讲授了软件正版化工作的法律法规和有关政策措施，并解读了此次国家软件正版化工作全覆盖检查的有关标准、流程等事项。省交通集团信息中心龙昱瑄分享了推进企业软件正版化工作的经验。

广东省委各部委、省直各单位、省各人民团体、各地级以上市版权主管部门以及部分各市重点推进企业的相关负责人共 210 余人参加了本次培训。

（资料来源：广东省版权局）

【抖音电商举办图书版权保护开放日】 2022 年 8 月 23 日，抖音电商举办"图书版权保护开放日"活动，对外披露其保护知识产权、打击盗版图书相关举措与治理成果。

会上，抖音电商知识产权保护负责人表示，平台自成立起就持续投入、重点打造知识产权保护体系，但随着用户数量、图书品类和销量呈指数级增长，其面临的盗版图书风险和治理挑战也日益严峻。仅在 7 月和 8 月，平台就主动扫描核查了超 3 万件图书类商品，处罚了 374 个违规商家和 406 个违规达人，封禁了 131 家违规店铺，删除了 1 434 件违规商品，是权利人投诉删除商品量的 20 多倍。

电商平台图书类目繁多、数据基数庞大，盗版鉴定标准各家不一，加大了线上识别难度。公版书、低价书有业内争议，但从法律层面无法将其归类为盗版，平台依据价格判定有误伤风险，也给治理盗版带来了挑战。

为保护平台内图书版权，2021 年，抖音电商上线知识产权保护平台 IPPRO，建立专人对接机制，为权利方提供投诉绿色通道。数据显示，截至 2022 年 8 月，IPPRO 已为超过 7 300 个权利人和 11 000 份知识产权备案维权提供了服务，受理侵权投诉超 5.7 万次，删除侵权链接超 6 万条。

抖音电商还构建了针对盗版的主动防控体系，持续监测回扫和定期抽检，与京版十五社反盗版联盟、少儿出版反盗版联盟等建立深度合作，得到了 70 余家出版社、文化机构的共同响应，协助警方查获盗版图书超 10 万册。平台于 2021 年推出"全民好书计划"，依托全域兴趣电商模式，一年助力正版图书销售超 1.9 亿单，同比增长 312%。

（资料来源：新华社 作者：林梅）

【首届山东省潍坊市版权博览会举办】 2022 年 8 月 25 日至 27 日，首届潍坊版权博览会暨中央媒体"版权潍坊行"活动成功举办。本次版权博览会由中共潍坊市委宣传部、潍坊市文化和旅游局（潍坊市创建全国版权示范城市工作专班办公室）主办，重点展示潍坊市创建全国版权示范城市以来，在版权创造、管理、运用、保护等方面的成果，主要分为版权企业宣传、版权作品展览、版权服务展现等三个板块，重点宣传现代农业、教育、新闻出版等行业版权优秀企业，以及潍坊市著作权纠纷调解委员会、潍坊市新闻出版传播保护联盟等版权社会组织机构。

现场展览的产品有精品图书、郎部乐器、"郭"牌西瓜、黄金珠宝、海水稻等。博览会期间，参展企业、个人和观展群众还可享受免费版权登记服务、版权纠纷调解服务。

在 8 月 25 日下午举行的版权示范创建交流会上，潍坊市文化和旅游局党组书记、局长权文松介绍了潍坊创建全国版权示范城市工作情况，潍坊市有关单位介绍了推进版权工作的经验做法，媒体记者对潍坊市版权示范城市创建工作提出了意见建议。

权文松介绍，潍坊市自 2020 年 9 月开始开展了为期两年的"全国版权示范城市"创建工作。目前，社会各界版权意识显著增强，2020 年全市登记版权作品 24 796 件，比创建前的 2019 年增长了 200% 以上，2021 年登记版权作品 64 413 件，连续两年居全省第一位。潍坊市版权产业增加值占全市地区生产总值的比重达 8.02%，有力助推了全市文化繁荣、科技进步和经济社会发展。政府机关软件正版化率达到100%，事业单位、国有企业、大型民企软件正版化率大幅提升。2020年潍坊市文化市场综合执法支队荣获中国版权金奖保护奖。

（资料来源：《法治日报》 作者：梁平妮）

【中国新设知识产权专业学位类别】 2022年9月13日，国务院学位委员会、教育部印发《研究生教育学科专业目录（2022年）》，新设知识产权硕士专业学位类别。新版目录自2023年起实施。

国务院学位委员会办公室负责人介绍，新版目录有14个门类，共有一级学科117个，博士专业学位类别36个，硕士专业学位类别31个，新设置知识产权等专业学位类别，旨在优化发展专业学位、支撑行业产业高质量发展。

"十三五"以来，中国知识产权人才发展体制机制和政策环境进一步优化，全国知识产权人才队伍达到69万人，"五个一批"知识产权急需紧缺人才队伍基本形成，但知识产权人才供给与需求之间的矛盾仍一定程度存在。专业学位教育是培养知识产权强国建设急需紧缺人才的重要途径。《知识产权强国建设纲要（2021—2035年）》《"十四五"国家知识产权保护和运用规划》均要求推进论证设置知识产权专业学位。2022年初印发的《知识产权人才"十四五"规划》将知识产权专业学位设置支持项目列为重点项目，明确提出要加快推进设置知识产权专业学位，充分发挥高校在知识产权人才培养中的重要作用，满足知识产权强国建设对高层次人才的需要。

国家知识产权局成立申请设置领导小组和专家组，先后组织国内外100余所（家）高校、企业和知识产权服务机构代表进行论证，赴全国10余个省市调研，开展20余项课题研究，形成数十万字的研究报告，对知识产权专业学位设置的可行性和必要性进行论证。在此基础上，国家知识产权局向国务院学位委员会办公室提交了知识产权专业学位设置申请。知识产权专业学位的设立是完善知识产权人才培养体系的重要内容，将有力缓解社会需求与人才培养间的矛盾，有助于培养更多的知识产权领军型高层次人才。

国家知识产权局将依照新版目录及其管理办法，推动编写知识产权学位基本要求、学位授权点基本条件、核心课程指南及学位论文要求等工作，重点培养知识产权人才解决实践问题的能力，为知识产权强国建设提供更加坚实的人才支撑。

（资料来源：中国知识产权报 作者：杨柳）

◆ 交流研讨

【中国作家协会2022年"著作权保护与开发主题月"启动】 2022年4月，为全面提升著作权的创造、保护、管理和服务水平，最大限度挖掘文学作品潜能和空间，切实提高广大作家的幸福感获得感，激发全社会创新活力，奋力推进新时代文学高质量发展，中国作家协会权益保护办公室启动"著作权保护与开发主题月"活动。

此次主题月通过线上线下开展包括启动仪式、合作签约、普法讲座、版权开发座谈、能力培训、网络公开课、纠纷调解、知识问答、宣传报道等在内形式多样的活动，将全力营造著作权保护与开发浓厚氛围，增强广大作家著作权保护与开发意识和能力，探索新时代文学背景下著作权保护与开发工作的新思路、新办法，主要包括十项内容。

一是开展优秀文学作品衍生转化重点推介活动。二是举办全国文学作品著作权保护与开发平台正式运营启动仪式，介绍平台试运行情况，对平台登记情况和初步成果进行展示。三是举办优秀作品影视改编签约仪式，展示全国文学作品著作权保护与开发平台帮助作家进行著作权衍生转化的代表性成果。四是举办著作权普法讲座。五是举办著作权开发论坛。六是举办著作权普法公开课。七是发布《文学作品改编为影视作品协议常见条款解读》，对文学作品改编为影视作品的常见条款进行列举，对条款内容及设置目的进行说明，以期为作家提供有益参考。八是采取打击盗版维权行动，加大纠纷调解力度。九是开展著作权法律知识问答活动。十是开展形式多样的著作权保护与开发宣传活动。

中国作家协会相关负责人表示，通过主题月活动，中国作家协会权益保护办公室将进一步落实《中国作家协会党组书记处关于密切联系服务广大作家和基层文学组织的意见》，持续认真落实服务基层、服务大众的宗旨和定位，加强宣传引导，增强作家的著作权知识水平和维权能力，利用自身专业优势，提高全方位服务能力，为作家的著作权保护与开发提供实实在在的帮助。

（资料来源：人民网 作者：任妍）

【2022年第三届文创企业海外知识产权保护研讨会成功举办】 2022年6月28日，由中国音像著作权集体管理协会（以下简称"音集协"）和世界知识产权组织（WIPO）中国办事处联合举办第三届

文创企业海外知识产权保护研讨会，会议以线上线下相结合的方式召开。

本次研讨会邀请了 WIPO 中国办事处主任刘华、WIPO 中国办事处顾问邓玉华、WIPO 中国办事处顾问文学、华东政法大学教授王迁、音集协副理事长兼代理总干事周亚平作主题演讲。本次会议结合当前世界经济、疫情、知识产权等综合形势与中国产权意识发展现状，结合丰富的司法案例，向文创企业做了深入浅出的主题分享和知识产权知识科普，参会的音集协会员单位给予本次研讨会好评。研讨会由 WIPO 中国办事处顾问邓玉华主持。

WIPO 中国办事处主任刘华对 WIPO 的概况进行了介绍，详细讲述了世界产权组织的五套金钥匙体系以及全球知识产权发展的四大趋势，结合当前中国在全球版权治理中的重要地位和中国文创发展的蓬勃劲头，呼吁并支持文创企业在知识产权保护领域与 WIPO 建立更紧密的合作。

音集协副理事长兼代理总干事周亚平向参加研讨会的会员单位通报了音集协工作情况，并围绕音集协在新《著作权法》环境下面临的机遇和挑战，介绍了音集协的应对成果，与会员单位分享了协会针对新《著作权法》赋予录音制作者的广播表演获酬权的工作概况、收费进展及下一步工作计划。

WIPO 中国办事处顾问文学向参会代表讲述了文创企业与品牌建设以及商标之间的关系，详细介绍了 WIPO 马德里商标体系，用具体的案例向文创企业说明了商标国际注册的重要性，为文创企业的国际商标保护问题提供了解决途径。

作为本次研讨会的特邀嘉宾，华东政法大学教授王迁针对文创企业的知识产权保护相关法律问题，围绕音乐产业展开解析。王迁教授从"作者、表演者、录音制作者"的定义和权利着手，由浅入深地向与会文创企业代表生动形象地分析了实务中遇到的著作权法律问题，通过列举生动鲜活的案例，回答了文创企业的问题，最后针对录音制作者"广播表演获酬权"的定义和权利范围以例释法，对新《著作权法》第四十五条的落地提出了现实可行的方法，即通过集体管理组织来实现权利人获酬的保障。

本次研讨会，内容层次鲜明，将法律条款与现实工作紧密结合，辅车相依，进一步加深了广大的会员朋友对国内外知识产权制度和规则的了解，丰富了应对百年大变局中文创企业面临挑战的法律知识储备，推动中国文创企业在知识产权保护领域更上一层楼。

（资料来源：中国音像著作权集体管理协会）

【直播领域录音制品获酬权相关法律问题研讨会在京召开】 2022 年 7 月 1 日，直播领域录音制品获酬权相关法律问题研讨会在北京召开。中国音像与数字出版协会（以下简称"音数协"）常务副理事长兼秘书长敖然、音数协数工委副主任委员兼秘书长刘阳以及 20 余位法律界与学界专家、产业界代表共同参与本次研讨。

刘阳就研讨会背景情况进行了介绍：从 2021 年 12 月开始，音数协与中国音乐著作权集体管理协会联合开展"直播中使用录音制品获酬权付酬机制"协商制定的工作，至今共召开了三次协商会议。在协商会上业界各方均表示支持直播领域获酬权的落地，但是认为直播行业从业者众多、直播内容多样、产业链关系复杂，直播环境下录音制作者的获酬权行使事宜所涉利益主体众多，使用场景多样，相关付酬标准的制定和颁布应遵循谨慎实施、充分论证的原则开展工作。为此，音数协数工委牵头开展了直播环境下录音制品获酬权付酬机制研究，根据课题研究工作任务安排，本次研讨会就"直播领域录音制品获酬权相关法律问题"展开探讨。

敖然对获酬权付酬机制研究工作提出了要求，希望能够充分贯彻和响应国家版权局《版权工作"十四五"规划》的文件精神和"推动构建数字音乐版权良好生态"会议精神，在广泛调研、充分论证的基础上，制定符合市场规律的、公平合理、具有中国特色且能与国际接轨的付酬机制方案。

与会专家学者结合新《著作权法》第四十五条，围绕录音制作者获酬权的法理性质、直播使用录音制品的付酬主体、付酬客体以及付酬方式等议题内容，从学术、法理、司法判决、司法实践等层面进行了深入分析与探讨，并对直播领域录音制品获酬权付酬标准制定工作提出了建设性意见。

（资料来源：中国音像与数字出版协会）

【NFT 数字藏品著作权问题研讨会在京召开】 2022 年 7 月 5 日，由中国版权协会主办的 NFT 数字藏品著作权问题研讨会在京召开。

全国政协文化文史和学习委员会副主任、中国版权协会理事长阎晓宏在会上指出，互联网数字技术深刻改变了经济和社会的方方面面，要抓住机会、紧跟时代，站在数字技术和网络数字发展的前沿，关注技术进步对社会将产生的影响，特别要关注技术进步对版权将会产生的影响，秉承这一宗旨来探讨 NFT 数字藏品中涉及的版权问题。

会上，中国版权协会常务副理事长于慈珂介绍了研讨会的背景。他指出，NFT 数字藏品发行必须处理好相关版权问题，尤其是其版权确权问题。如何通过新技术有效地进行 NFT 数字藏品的版权确权是相关发行平台亟待解决的问题。

在发展现状及法律定性专题讨论环节，华东政法大学教授王迁等分别从 NFT 数字作品交易的法律定性、著作权保护、跨界融合、文化传播和司法审判的角度出发，对数字藏品的法律性质和发展现状进行了系统分析，肯定了区块链技术和 NFT 数字藏品对传统媒体、文化产业和司法审判的积极意义，并对 NFT 数字藏品发行过程中存在的版权确权问题、权利穷竭问题、数字藏品的法律定性等重要问题阐述了各自的观点。多位专家提到，要通过技术和法律手段进行 NFT 数字藏品版权确权。北京中版链科技有限公司创新研发中心负责人田新文以国家区块链创新应用试点项目——"中国版权链"为例，介绍了区块链技术在版权确权、版权保护以及 NFT 数字藏品发行领域的应用情况。

在著作权保护与风险防范专题讨论环节，上海交通大学凯原法学院院长孔祥俊等分别从平台责任、风险控制、实际运营和行业监管角度进行了深入系统的论述，指出：NFT 数字藏品服务平台要积极履行平台义务，做好版权初审，合理控制风险；权利人发行数字藏品要选择权威、正规、安全的机构或发行平台，以免自身权益遭受损失。

（资料来源：《中国知识产权报》 作者：窦新颖）

【音集协举办网络直播中使用音乐版权保护专题研讨会】 2022 年 7 月 8 日，中国音像著作权集体管理协会（以下简称"音集协"）与《中国新闻出版广电报·版权监管周刊》联合举办了网络直播中使用音乐的版权保护研讨会。会议邀请国家版权局原巡视员、著作权法专家许超，最高法知识产权司法保护研究中心研究员林子英，中国音像与数字出版协会（以下简称"音数协"）唱片工作委员会副主任刘鑫，国际唱片业协会大中华区反盗版主管张小月，湖北中礼和律师事务所创始合伙人周家奇，《中国新闻出版广电报》编委兼周刊中心主任赖名芳，音集协副总干事国琨参加会议，国家一级作曲家、《向天再借五百年》的曲作者张宏光出席会议，音集协代理总干事周亚平主持会议。

赖名芳在发言中指出，2022 年 1 月国家版权局发布的《版权工作"十四五"规划》将网络版权保护作为版权保护的重要阵地，鼓励著作权集体管理组织与相关行业协会合作，增进社会公众对著作权集体管理的认知，为著作权集体管理营造良好社会环境，这强调了著作权集体管理组织要在解决新业态领域的版权问题方面起重要作用。

嘉宾们表示，网络直播属于新修订的《著作权法》规定的广播行为，直播中使用录音制品应该按照第四十五条的规定向录音制作者支付报酬。新修订的《著作权法》赋予录音制作者广播和表演权，据此直播行业使用音乐应向唱片公司支付报酬，拓宽了音乐行业中的录音制作者获取报酬的范围和渠道。近几年网络直播行业迅猛发展，直播过程中大量使用音乐，获取了巨大的商业利益，应该向录音制作者分享利益。

张小月介绍了国际上对网络服务商的版权责任的最新规定：2021 年 6 月欧盟颁布的《欧盟版权指令》规定了版权内容的过滤条款，即网络服务商应对其用户侵权受版权保护作品的行为承担责任，除非其能够证明已尽最大努力获得权利人授权等。

在谈到落实网络直播支付版权费时，刘鑫提出，现在要求网络直播支付版权费非常困难，法律有赋权，但实际上无法维权，录音制作者相关收入难以保证，可以通过著作权集体管理组织与平台协商解决问题。

周家奇表示，新《著作权法》解决了赋权问题，但缺少获酬权的适用规则、侵权规则，建议以"行业自治，效率优先"为指导原则，通过集体管理组织进行协商，建立灵活的、匹配使用者需求的付酬标准，激活付酬标准异议制度，同时建立高效的分配制度。

林子英指出，通过著作权集体管理组织，可以减少权利人主张权利的成本，减少司法成本，应当充分发挥利用集体管理组织的作用，可以根据新《著作权法》第八条的规定，使用费的收取标准由著作权集体管理组织和使用者代表协商确定，确定一个协商沟通的机制，这是目前在现有法律规定下一个非常好的解决途径。

国琨介绍，为了有效保护直播中使用的音乐录音制品的版权，音集协在新《著作权法》生效后，与音数协于 2021 年 11 月联合启动了版权费标准的协商工作。音集协依据《著作权集体管理条例》第十三条的规定，在同权利人代表广泛调研的基础上，综合考虑我国直播行业的营收情况、不同直播类型对音乐录音制品的依赖程度、使用者的承受能力，提出了版权费标准（草案）与使用者代表协商。

周亚平针对行业关心的"集体管理组织的收费资格、使用者与权利人点对点支付是否免责"等焦点问题，提出了"权利人"是一个整体、"使用费标准"具有确定性和一揽子的基本属性等概念，认为使用者即使对部分个体权利人支付了对价，也不能就海量的主播使用海量的作品予以免责，同时基于录音制品在传播中与音乐作品的不可拆分性，音乐作品广播权法定许可的使用者主体应该从广播电视机构扩展到所有广播权的义务主体，以避免《著作权法》第四十五条赋予录音制作者的广播获酬权在实践中落空。

周亚平最后总结，直播中使用录音制品付酬是新《著作权法》赋予录音制作者的一项新的权利，覆盖了一个非常大的市场，这对著作权集体管理组织来说既是一个机遇，也是一个很大的挑战。

（资料来源：《中国新闻出版广电报》

作者：赖名芳　隋明照）

【第三届长三角版权产业高质量发展论坛在南京举办】 2022年7月22日，由江苏省版权协会主办、南京理工大学知识产权学院和江苏省版权研究中心承办的第三届长三角版权产业高质量发展论坛在南京举办。来自企业的版权专家与高校学者共同探讨了长三角版权产业发展的现状、存在的问题及发展趋势，并为长三角版权产业如何高质量发展建言献策。江苏省各地版权主管部门和版权企业的100多名代表参加了论坛。

论坛上，抖音集团法务部法律研究总监李颖在线上围绕"多屏时代中短视频发展的版权挑战及应对"，从短视频产品出发，详细地介绍了其发展趋势、版权保护的挑战及应对、版权保护的展望和期待。她提出，未来我们应当侧重于鼓励原创、加强原创版权保护，强调平等保护、不增加投诉要求。

腾讯公司法务部总监周高见对我国网络游戏产业现状进行了介绍，并探讨了当前网络游戏版权的前沿问题。他认为，目前游戏直播、游戏短视频、电竞赛事、云游戏、区块链游戏、游戏玩法规则和游戏道具装备等领域出现的版权问题比较突出。他在线上结合作品及权利类型、合理使用、玩家主播创作、平台责任等多个典型案例提出，应该进一步形成游戏产业版权治理共识，开拓思路，为游戏产业版权问题解决提供更多可行方案。

浙江中胤时尚股份有限公司运营总监叶超结合公司自身发展特点提出推动版权发展的三大核心竞争力，即艺术加技术、数字化设计管理能力和供应链管理能力，并以图案设计为例，详细介绍了版权对时尚行业的影响。他认为，版权是时尚设计创新能力具象化的体现，也是促进时尚设计产业创新的关键要素。

南京分布文化发展有限公司副总经理仇坤分享了在网络文学领域进行版权开发、运营的经验，从漫画、有声作品、短视频和海外四个维度，深度解读了网络文学行业在版权领域的发展现状。他认为，在读者群体年轻化的当下，业界应当直面现实，抓住发展机遇，充分提高网络文学对版权产业的贡献度。

安徽省文交所总经理李豹以"守正、创新"为主题，介绍了安徽文交所在助力版权产业高质量发展方面的经验。安徽文交所以国家相关政策为指引，不断推动版权资源向版权市场转化；利用技术力量，扩大版权资产交易和消费规模；打通数字版权供给侧、交易侧、消费侧，致力于实现数字版权资产的生产、交易、消费的一体化。安徽文交所计划利用"区块链＋版权"等科技手段服务长三角版权产业，助力安徽省文化产业高质量发展。

华东政法大学知识产权学院院长丛立先在线上围绕"算法推荐作品的平台方版权注意义务"，从理论和实践两个维度解读了算法推荐作品的具体内涵。他认为，网络平台应积极履行注意义务，依法承担相应的法律责任。已经举办三届的长三角版权产业高质量发展论坛，持续关注长三角区域版权产业发展，旨在打造全国学术交流活动品牌，现已成为江苏（南京）版权贸易博览会的重要内容。

（资料来源：《中国新闻出版广电报》

作者：赖名芳）

【数字藏品发展趋势研讨会在京举办】 2022年8月4日，由首都版权协会主办的"数字定义未来"数字藏品发展趋势研讨会在中关村科幻产业创新中心举办。

中国版权协会常务副理事长于慈珂在致辞中表示，数字藏品目前存在鱼龙混杂的情况，需从六个方面厘清其相关问题。第一，藏品和作品的关系；第二，物权和版权问题，明确数字藏品产权主体；第三，互联网环境下藏品普遍和稀缺问题；第四，藏品实体和虚拟的关系；第五，技术和文化问题；第六，规制与发展的关系，关注互联网平台的安全性、合规性，确立相关规范。

中国文物交流中心副主任赵古山在研讨会上表示，文物数字藏品在促进文化传播、培育新业态、催生新消费等方面发挥了积极作用，但当下文物数字藏品尚处于早期探索阶段，其参与主体多，版权归属界定十分复杂；当务之急是完善数字藏品相关的法规体系，以明确其业务活动本质属性，制定数字藏品交易平台的准入制度，提高交易平台建设的行政审批门槛，并对交易平台的区块链算法应用、交易产生的数据进行监督管理。

演讲嘉宾以数字藏品发展趋势为核心议题，分别围绕数字藏品的风险防控、版权归属、法律属性、行业发展等方面进行主题发言，多维度解析数字藏品在未来的发展趋势。

会议现场还以"技术如何促进 NFT 数字藏品健康良性发展"为题组织圆桌论坛，参会平台企业代表共同探讨了下一阶段数字藏品的前景与走向。

北京市委宣传部一级巡视员王野霏在总结发言时表示，版权保护的核心是鼓励原创，针对数字藏品热潮，要以《著作权法》为遵循。面对新兴业态下产生的新问题，充分利用法律武器和科技手段，让作者有创作的动力，让作品发挥最大的商业价值，让民众接触到最好的作品，推动数字藏品飞入寻常百姓家。

王野霏认为，合法性、安全性和可追溯性是经营数字藏品的三大核心。数字藏品的发展过程中存在着权属证明难度大、发行渠道清晰度不足等多种问题。但数字藏品的发展前景是光明的，一定会激励出一代又一代的人创作出好的作品。推动数字藏品健康规范发展，应健全权利信息系统和授权体系，规范市场秩序，保障作品载体安全，加强发行数据监管，建立行业规范和推动行业自律。

最高人民检察院知识产权检察办公室副主任宋建立、中国政法大学传播法研究中心副主任朱巍、首都版权协会副理事长韩志宇等出席会议并发言。首都版权协会副秘书长张健主持会议。

（资料来源：《中国新闻出版广电报》
作者：隋明照　李婧璇　王之诺）

【"IP·创未来"2022 重庆艺术版权季座谈会召开】

2022 年 8 月 26 日，"IP·创未来"2022 重庆艺术版权季座谈会在南岸举行。

座谈会上，重庆市委宣传部版权处负责人表示，艺术与版权融合，正成为推动传统版权产业高质量发展的重要动力。数据显示，重庆市近年来版权生态持续向好。据统计，重庆市 2020 年版权产业增加值为 1 606.78 亿元，占全市地区生产总值的比重达 6.43%，预计到 2025 年占比将达 7.18%，版权产业经济贡献率不断提升。重庆市版权作品登记量由 2016 年的 71 836 件增至 2021 年的 183 199 件，年均增速达到 23.52%，登记数量呈现激增态势。

重庆市南岸区委常委、宣传部部长包茹华认为，版权对于区域发展最核心的助力体现为两点：给城市添彩，为产业护航。她介绍，近年来，南岸区打造了"重庆国际马拉松""重庆南滨国际戏剧节"等 IP 节会，吸引了《少年的你》《从你的全世界路过》等影视作品在南岸拍摄，在探索 IP 打造和版权运用方面做出了积极尝试。

座谈会上嘉宾们一致认为：高标准办好"IP·创未来"活动对于贯彻落实重庆版权工作、激发市民的创新创意潜力意义重大；要更注重版权的产业转化，进一步关注作品原创性，推动作品版权价值转化，服务版权类人才就业创业，构建版权产业链，为塑造城市文化品牌形象、展示城市魅力贡献力量；要更重视青少年版权工作，尊重版权、拒绝盗版，激发创作热情，让创新成为引领发展的第一动力。

（资料来源：《重庆日报》）

【文旅部：持续推进文化和旅游领域知识产权保护工作】

2022 年 9 月 16 日，为贯彻落实国家文化数字化战略有关部署，文旅部政策法规司会同国家图书馆在国家图书馆总馆组织召开公共图书馆馆藏资源数字化保护和利用工作座谈会，分析研判公共图书馆在数字化建设和服务过程中涉及的著作权争议问题，并为公共图书馆数字化健康发展建言献策。

国家图书馆负责人就国家图书馆馆藏资源数字化保护利用情况作了介绍。八位专家围绕图书馆数字化建设过程中的著作权问题进行了充分讨论，重点就公共图书馆数字化建设和服务过程中的职能定位、著作权争议问题的具体表现、防范侵权的注意事项等发表了真知灼见，并提出了针对性的意见建议。

与会专家认为，数字时代公共图书馆以数字化形式履行公共服务职能是重要的发展趋势，有关版权制度设计面对数字时代的发展存在一定滞后性，未来在完善著作权制度设计时应充分考虑公共利益和著作权人私人利益，实现公私利益平衡。

文旅部政策法规司相关负责人表示，公共图书馆是文化数字化战略实施的重要阵地，就公共图书馆馆藏资源数字化保护和利用问题进行研讨，具有重要的现实意义。要看到数字化时代有关版权制度设计与公共图书馆充分履行职能的要求之间存在的客观差距，在未来完善版权制度设计时应注重适应中国特色社会主义制度的土壤，努力实现各方利益平衡。要高度重视公共图书馆在履行自身职能过程中遇到的馆藏资源著作权保护问题，探索通过推动修订著作权相关法律法规等方式，为图书馆馆藏资源数字化建设提供有力支持，为国家文化数字化战略实施夯实基础。

政策法规司下一步将会同有关单位继续开展图书馆馆藏资源数字化保护利用工作调研，加强与著作权行政主管部门、司法机关工作交流，积极推动顶层制度设计相关工作，持续推进文化和旅游领域知识产权保护工作。

（资料来源：中国新闻网）

【2022知识产权刑事保护论坛在京举办】 2022年9月24日，由中国人民大学知识产权学院、最高人民法院知识产权司法保护理论研究基地、最高人民检察院知识产权检察研究基地与中国人民大学国家版权贸易基地主办的2022知识产权刑事保护论坛在京举办。

最高人民检察院知识产权检察办公室主任刘太宗在开幕致辞中表示，检察机关深入贯彻习近平法治思想，依法履行批捕、起诉和诉讼监督等各项职能，严厉惩治侵犯知识产权犯罪，不断加大刑事保护力度，服务保障国家创新驱动发展。最高人民检察院率先组建知识产权检察办公室，加强专业化建设，强化综合司法保护。

当前，侵犯知识产权犯罪案件呈现出刑事打击力度不断加大，侵犯商标权案件仍是主要类型，高技术领域及商业秘密案件数量大幅上升，网络侵权行为增多并不断翻新，团伙化、链条化犯罪明显等五个特点。为推动营造法治化营商环境，检察机关从树立系统思维、贯彻比例原则、坚持底线思维、厘清刑民界限等四个方面依法履行检察职能，开展惩治侵犯知识产权犯罪工作。加强释法说理，促成侵权人积极赔偿，切实维护权利人合法利益。

中国人民大学知识产权学院副院长郭禾在致辞中指出，刑事保护是知识产权法律保护中的最重或最后的手段。知识产权保护对中国经济、科技发展等至关重要，为落实创新驱动发展战略，把创新作为发展的第一驱动力，必须对知识产权刑事保护问题的研究予以充分重视。当前，在立法层面，《刑法》已经就侵犯知识产权犯罪的法律规定进行了调整与修正。在法律适用方面，对《刑法修正案（十一）》中提出的新问题，应当给予更多关注。近年来，国家已经针对技术类知识产权的民事、行政案件的审判机制进行了重大改革，我们期待中国的知识产权刑事保护制度也能够更加完备。这也正是举

办这一论坛的目的。

在主旨演讲中，最高人民法院知识产权审判庭法官许常海、北京市人民检察院第四检察部副主任刘丽娜、中国政法大学刑事司法学院院长刘艳红、清华大学法学院知识产权法研究中心研究员洪燕、腾讯集团法律部专家法律顾问李丹，围绕知识产权刑事司法保护新趋向、知识产权民刑保护差异与检察机关综合履职、法秩序统一原理下知识产权犯罪的刑法规制、商业秘密刑民交叉之思考、视频侵权现状及版权保护措施等问题进行了深入分析。

圆桌对话环节，中国人民大学法学院教授黄京平、清华大学法学院知识产权法研究中心主任崔国斌、北京市海淀区人民法院知识产权庭庭长杨德嘉、北京市海淀区人民检察院知识产权检察办公室副主任白云山、阅文集团高级法务专家唐豪臻，以"知识产权刑事司法制度建设"为主题，围绕国家宏观政策对刑事司法的影响、刑法与知识产权法的融合和协调、检察机关知识产权检察专业化制度建设与实践、知识产权刑事审判与民事审判的平衡、文字作品的著作权刑事保护等问题进行了交流。

（资料来源：中国人民大学国家版权贸易基地）

【上海举办首届"汉服创意与汉服版权"论坛】 2022年10月25日，首届"汉服创意与汉服版权"论坛在上海举办。

上海市版权局发布的上海版权产业报告显示，近10年来，无论是产业增加值，还是就业贡献率、对外贸易额等方面，上海版权产业都展现出良好的发展态势，关键指标接近世界发达国家水平。其中，设计业的产业增加值在上海核心版权产业中排名第二。作为设计业重要内容的上海创意设计产业年增加值超过3 300亿元，占上海地区生产总值的比重超过8%。

为探索上海版权产业发展的创新之路，推进版权市场化运营和资本化运作，推动时尚产业提高原创设计能力，2021年9月，上海成立了全国首个汉服版权服务中心，强化汉服版权的维权授权、推广传播，以实现汉服原创设计的商业转化与价值倍增。本次论坛便由上海汉服版权中心主办。

论坛上，与会专家从文化到产业，从设计到版权，从消费到传播，从品牌到文创，以新视角多维度、全方位探讨了汉服的未来发展之路。同时，会上发布了由上海汉服版权中心编制的《中国汉服产业发展报告（2022版）》，启动了"中国高校原创时尚汉服设计群英会"，以推动全国各院校和企业品牌

从源头上重视时尚汉服的创新研究和版权保护，为时尚汉服产业提供设计新力量。

此外，上海汉服版权中心携手上海丝绸集团股份有限公司等相关商业运营机构，通过"授权商业运行平台"和"授权合作机构"两种形式，探索汉服版权有效转化的经营路径。

（资料来源：《中国新闻出版广电报》 作者：金鑫）

【版权资产评估体系专家研讨会在京举办】
2022 年 11 月 5 日，中国人民大学国家版权贸易基地与中国新闻出版研究院在京召开《广州市黄埔区、广州开发区企业版权资产综合评估体系研究》课题评审会。来自中宣部版权管理局、中国资产评估协会、中国人民大学商学院、首都经济贸易大学资产评估研究院、西南政法大学民商法学院、北京中同华资产评估有限公司、江苏同方房地产资产评估规划勘测有限公司的专家学者及课题组成员参加会议。会议通过线上线下相结合的方式举行。

会上，课题组成员首先就课题的研究背景、研究思路、研究方法和研究内容进行了汇报。课题对版权资产评估的对象、版权资产的收益模式和价值影响因素、评估方法和评估模型、版权资产管理评价指标等进行了系统论述，并就广州市黄埔区、广州开发区版权资产评估与管理的总体情况和主要特点、面临的问题及解决路径等方面进行了深入分析。与会专家学者充分肯定了课题研究的意义，并从报告内容和形式、评估方法和具体参数等方面对课题报告提出了完善建议。

与会专家指出，党中央、国务院高度重视营商环境的优化，出台了系列政策加强知识产权的保护与运用，其中多次强调知识产权的金融化问题。知识产权金融化的关键问题之一是知识产权的价值评估，而知识产权的价值评估一直是难点和痛点，其中版权价值评估尤其复杂，对专业性和实操性的要求很高，希望课题组的研究更加具有前瞻性思维，为推动版权资产评估体系化，推动知识产权金融化贡献更多智慧和力量。

（资料来源：中国人民大学国家版权贸易基地）

【体育赛事版权保护专家研讨会举办】 2022 年 11 月 5 日，由中国人民大学知识产权学院主办的体育赛事版权保护专家研讨会成功举办，来自知识产权、体育领域的近 20 位专家参加了本次会议，并围绕体育赛事中的知识产权客体类型与权利归属、用户制作并上传赛事实况相关视频的平台责任、平台

间接侵权案件中的惩罚性赔偿等问题进行了研讨。

体育赛事中的知识产权客体类型与权利归属，是需要弄清楚的首要问题。

中国人民大学法学院教授姜栋表示，目前中国体育赛事一般由单项赛事协会或单一赛事的组织者、主办方享有相应的权利。但由于体育协会事实上在本行业内享有一种垄断的地位，因此该项权利的边界，应当由《反垄断法》《反不正当竞争法》等加以规制。这样可以更好地利用和开发体育赛事，同时又能对该权利边界加以规制，使得体育赛事相关的权利得到更为完整的保护。

参与本次《体育法》修订的中国政法大学教授马宏俊认为，体育赛事涉及的权利方主体纷繁复杂，目前司法和产业实践反映出，仅用"体育赛事活动组织者"这样的表述并无法穷尽权利主体。立法机关认为相关权利主体的确定，还需司法实践做进一步的探索。

国家体育总局政策法规司原司长刘岩表示，体育赛事组织和相关权利人各自的权利边界、各种法律权利的具体内容仍有待细化。此外，要注意搭建完备的体育赛事授权许可体系，以维护赛事各方的合法权益和交易秩序。

用户制作并上传的赛事实况短视频的平台责任，也是当下的一个热点问题。

华东政法大学教授王迁认为，信息存储空间的平台责任不因视频长短或视频内容产生实质变化。平台责任是网络服务提供者和权利人长时间博弈的结果。"凡事勿过度"，权利人对版权的保护不可演变为要求平台承担版权审查义务，平台责任的抗辩不可完全以通知作为发现侵权内容的唯一渠道，"通知—移除"规则仍应发挥重要作用，法院审理平台责任应注意考察平台是否采用了与其经济技术能力相应的防止侵权的措施。

中国人民大学知识产权学院教授张广良认为，除《民法典》外，判断平台责任还要结合民事侵权判定的基本规则，尤其是平台是否违反注意义务，可以根据经营模式、平台用户上传视频的类型等综合判断。在涉及体育赛事版权的平台责任案件中，还需特别考虑到体育赛事涉多方利益，受保护的客体类型复杂，权利人众多、画面来源渠道多等因素。

平台间接侵权案件中如何适用惩罚性赔偿，也为业内专家所关注。

中国政法大学教授李扬认为，惩罚性赔偿制度的立法背景是实践中大量案件适用的法定赔偿数额较低，导致权利人获得补偿不足。但惩罚性赔偿应

个案适用，例如在《著作权法》下，对于文化社会经济意义重大、价值很高的作品，可以在满足特定条件且存在证据证明特定条件得以满足的情况下才考虑适用。就平台间接侵权案件而言，理论上有适用惩罚性赔偿的空间，但需慎重适用。如果没有"故意"，则适用惩罚性赔偿比较困难。

中国科学院大学教授马一德也认为，平台间接侵权案件在理论上存在适用惩罚性赔偿的空间，但在实践中，惩罚性赔偿的适用应参考刑法上侵犯著作权罪的思路，保持谦抑性。只有在有明显、确凿的证据证明平台符合两个要件的情况下，才能适用惩罚性赔偿。第一个要件是主观上故意侵权，要求平台是明知状态。第二个要件是客观上一定要达到情节严重，可以综合版权侵权内容、对权利人造成损失的大小、平台获利大小、平台是否处于预防侵权的最有利地位但怠于采取措施等因素判断。

中国人民大学知识产权学院教授郭禾指出，针对体育赛事相关的平台间接侵权案件能否适用惩罚性赔偿，无论是主观过错层面，还是客观情节严重等层面，都要非常慎重。

（资料来源：《法治日报》 作者：张维）

【民间文艺版权保护与运用研讨会线上举办】
2022 年 11 月 28 日，中国版权保护中心 2022 年度版权研究课题组成功举办民间文艺版权保护与运用研讨会，并通过网络平台在线进行了公益直播。

研讨会从理论与实践不同角度出发，共同探究了民间文艺版权保护与运用的新路径。5 个民间文艺版权研究课题组进行了主旨发言，来自西南政法大学、北京师范大学、中南财经政法大学的 3 位教授作为特邀专家进行了研讨交流。

中国文联民间文艺艺术中心研究员刘德伟表示，民间文艺的固有特征使该领域的版权保护工作特殊而复杂，需从概念层面厘清保护对象的内容、范围、特征，以奠定民间文艺版权保护的基础；同时在立法层面，平衡"源"的保护与"流"的创新发展是重中之重。

中国民间文艺家协会副主席、北京师范大学民间文学研究所所长万建中论述了民间文艺认定的三个维度：一是生活范式的表演状态，相关活动嵌入当地生活语境，完全出自生活节律和身体释放的需要；二是空间维度，民间文艺由一个特定群体在其原生表演场域上共同实现；三是时间维度，表演范式不断重复，这一与生俱来的机制保障了民间文艺

的传承性。

中国版权保护中心党委书记、主任孙宝林在总结发言中说：鉴于民间文艺的特殊性，相关的版权保护法规也应更具包容性。同时，注重区分民间文艺的精神权和财产权，注重区分原始状态、族群代代相传、一定公有领域下的民间文艺与经过整理、传承人二次加工的民间色彩文艺作品，守好民间文艺源头，层次分明地开展版权保护工作。要学习贯彻党的二十大精神，坚持系统观念，坚持胸怀天下，以历史的观点分析问题，扎实推进工作，在民间文艺版权保护领域为全球展示中国范本。

（资料来源：人民政协网 作者：谢颖）

【"2022 网络游戏行业版权前沿问题研讨会"顺利举行】 2022 年 11 月，由中国版权协会主办，中国版权协会网络游戏版权工作委员会承办的"2022 网络游戏行业版权前沿问题研讨会"顺利举办。

中国版权协会理事长阎晓宏在开场致辞中指出，近年来网络游戏版权产业持续践行向上向善的理念，在推动全社会创新创作和高质量发展等方面作出了众多有益的贡献。优质网络游戏作品的创作需要花费巨大的成本，加之新技术应用带来的侵权挑战不断涌现，需要理论界和实务界高度关注，并积极探讨其中涉及的版权保护新问题。

在主旨演讲环节，来自学术界、实务界、产业界的专家学者围绕"游戏版权保护和产业发展"进行了专题分享。

中国政法大学刑事司法学院院长刘艳红指出，目前司法实践中对网络游戏外挂的刑法规制，存在对网络游戏外挂行为入罪标准的理解不一、个人责任和平台责任归责错位等问题。只有制作、销售超出正常运行机理的"超规格数据修改类外挂"构成提供侵入、非法控制计算机信息系统程序、工具罪。而个人只有以营利为目的，深度介入超规格数据修改类游戏外挂的制作、销售过程，和平台达成长期稳固的合作关系，才和平台成立共同犯罪，否则仅是帮助行为，主要追究平台的刑事责任。

清华大学法学院副教授蒋舸围绕"作为非典型作品的游戏规则"主题进行发言，她认为游戏规则可以构成作品，只不过是非典型作品，建议本着"宽进宽出"的版权适用模式理念，在认可游戏规则构成作品的可能性基础之上，在版权法分析框架的指引下来认定需要承担责任的抄袭和不需要承担责任的合理使用，这是提高法律确定性的优选方案。

通力律师事务所合伙人王展就"网络游戏案件停止侵权的司法裁判方法"分享了他的看法：我国《著作权法》作为专有权保护法，为所有侵权行为明确规定了停止侵害请求权，原告当然享有停止侵害请求权。而《反不正当竞争法》作为行为规制法重在保护竞争机制，原告并不当然享有停止侵害请求权，对于不同的不正当竞争行为是否应当停止，主要取决于恢复被扭曲的竞争机制的需要。

对外经济贸易大学数字经济与法律创新研究中心主任许可的发言题目为"网络游戏虚拟财产转让的限制"。许可指出，虚拟财产按照形态可以分为两大类，一类是"虚拟入口"，即用户接入网络空间的关卡，例如网络游戏账户，另一类是虚拟资产，即虚拟入口背后存储于网络服务器上的种种虚拟实体，例如虚拟装备、虚拟角色，而目前各界高度关注的网络虚拟财产转让的限制事由，则主要包括基于网络虚拟财产内在特征的限制、基于人身专属性的限制以及基于公共利益的限制这三大类。

腾讯研究院高级研究员胡璇在题为"游戏科技助力社会价值创新"的发言中提到，当下网络游戏产业不仅为"硬科技"研发应用、科技自立自强提供了"助推器"，还为实体产业发展提供了模拟演练的"试验场"，更为社会生活提供了远程协作和线上服务的"连接器"；在"数实共生"的演进趋势中，应当说游戏产业技术为下一代互联网的技术升级与模式创新构建了重要基础，游戏或将成为跨文化与科技领域国际竞争的重要战场。

最后，于慈珂在总结讲话中高度评价了本次研讨会取得的成果，指出：本次研讨内容丰富，无论是专家学者的主旨发言，还是行业代表的互动讨论，都紧紧围绕网络游戏行业版权的前沿问题展开，提出了有针对性的意见和建议。在元宇宙、Web3.0等新技术之下，网络游戏行业未来会有更大的发展，当然也会产生新的前沿问题并引起各界新的思考。中国版权协会将持续关注网络游戏行业的版权前沿问题，更好地为会员单位做好服务。

（资料来源：中国版权协会）

【2022马栏山版权保护与创新论坛举行】 2022年12月20日，2022马栏山版权保护与创新论坛在马栏山创意中心举行。会上新创高质量版权作品首发，并用元宇宙生动地集中展现。本次论坛的主题是"构建版权产业新生态，激发数字经济新能级"。

活动为获得2022年长沙市优秀版权奖版权推广运用、优秀版权作品、版权示范单位的获奖代表颁发证书；现场发布中国V链集合版权服务计划，举行中国V链专场签约仪式；新创高质量版权作品也在论坛上首发，用元宇宙生动地集中展现新创高质量版权作品。

活动还举行了专题论坛，6位专家登坛开讲，围绕版权产业发展与版权战略实施、元宇宙领域版权的运营与保护等主题，结合生动的案例讲解为长沙版权产业高质量发展提供了建议。

现场特别发布了长沙数字版权保护倡议书。长沙市版权协会向全社会倡议：自律自觉，拒绝盗版，做数字版权的捍卫者；以法为据，打击侵权，做尊重知识的践行者；合作共赢，促进流通，做版权变现的探索者；创新发展，放大循环，做数字经济的推动者。

在国家发展改革委公布的2021年国家营商环境评价知识产权保护指标排名中，长沙在全国80个城市中排名第8位，版权保护功不可没。潇湘电影集团有限公司版权运营中心主管曾剑兰表示，无论是发展创意产业，还是推进文化繁荣发展，都需要以版权保护为前提，离不开版权工作的助力和指导。版权工作助力企业在推动版权作品高质量发展方面有更大的动力。

2022年，长沙对精品版权作品进行扶持奖励，评出30件全市优秀版权作品、20个推广运用奖，推出电视剧《天下同心》、交响组曲《岳麓书院》、版画《礼赞新时代·建设美丽中国》等。长沙市版权协会会长何非常介绍，自2021年全国版权示范城市创建工作启动以来，长沙创建成效显著。2022年，全市一般作品著作权登记量攀升至11万余件，比2021年上升100%；全市各区县（市）都建立起基层版权服务工作站，已有1个园区获评全国版权示范园区、5家企业获评全国版权示范单位。"我们想通过版权来带动实体产业经济乃至文创产业有更大的发展。"

（资料来源：《潇湘晨报》 作者：李琼皓）

【2022数字版权保护与发展论坛顺利举办】
2022年12月30日，中国人民大学国家版权贸易基地与中国人民大学知识产权学院举办2022数字版权保护与发展论坛，论坛以线上线下相结合的方式进行。

于慈珂在致辞中指出，研究与探讨数字版权问题，不仅要关注数字版权的保护问题，更要关注数字版权的发展问题，包括数字版权的创造、运用、保护、管理和服务各个方面。

胡百精在致辞中指出：版权是推动数字经济高质量发展的重要力量，版权保护为数字经济发展创造良好的市场竞争秩序，数字版权产业是数字经济的重要支柱。中国人民大学高度重视数字经济领域版权保护与发展问题，未来学校将整合经济学与法学等相关领域的学术资源，加强数字版权保护与发展问题研究，为数字经济领域版权保护与发展提供理论支撑与智力支持。

论坛上，中国人民大学国家版权贸易基地副主任李方丽发布了新书《中国数字版权保护与发展报告2022》与"2022数字版权保护与发展十大关键词"。

《中国数字版权保护与发展报告2022》是中国第一个关于数字版权保护与发展的研究报告，分为总报告、行业篇、城市篇、专题篇四个部分，全面系统地反映了2021年中国数字版权保护与发展的总体情况。报告分析了2021年中国数字版权保护与发展的政策环境、立法进展，司法与行政保护成效，数字阅读、数字音乐、网络视频、网络新闻、网络动漫、网络游戏六大代表性行业的版权保护与发展现状，剖析了北京、重庆、长沙、佛山四个城市的数字版权保护与发展措施及工作成效，并对数字版权交易机制、NFT在版权保护与交易中的应用、虚拟偶像"表演"著作权法规制等热点问题进行了专题研究。

"2022数字版权保护与发展十大关键词"分别为"文化数字化""数据产权""知识分享平台反垄断规制""诉前禁令""惩罚性赔偿""体育赛事节目版权保护""算法推送的版权侵权责任""元宇宙发展规划""数字藏品退潮""长短视频合作"，对2022年数字版权保护与发展的规律及趋势进行了系统回顾。

主旨演讲环节，王文、宋建立、张雯、冯晓青、张有立、李颖、周亚平等嘉宾围绕数字版权及相关知识产权问题作了主题发言。

（资料来源：中国人民大学国家版权贸易基地）

◆ 社会管理与服务

【中国版权协会等倡议规范北京冬奥会版权保护】 2022年1月28日，为切实做好2022年北京冬奥会版权保护工作，最大限度减少侵权发生，中国版权协会、中国版权保护中心、中国文字著作权协会、中国音乐著作权协会、中国音像著作权集体管理协会、中国摄影著作权协会联合发布《北京2022年冬季奥林匹克运动会版权保护倡议书》（以下简称《倡议书》），规范北京冬奥会版权保护有关工作。

《倡议书》提出，自北京冬奥会开幕式前一周始至冬奥会结束一周后，各平台企业可在其平台显著位置发布公告，要求所有平台用户严格遵守国家版权局的相关预警函，禁止未经授权上传和传播侵权视频；各平台企业应当主动对侵权北京冬奥会版权行为履行较高注意义务；针对各自平台上可能出现的侵犯北京冬奥会相关版权的现象，采取专门措施予以预防管控。

《倡议书》建议，将所有含有北京冬奥会、奥运会及开闭幕式、各项赛事名称等关键字，奥运标识、场馆、赛事场景、知名运动员肖像等图形元素纳入特别管理信息库中，并采取专门措施予以监管。

《倡议书》提出：各平台企业可通过多种渠道建立知识产权纠纷解决机制，建立7×24的北京冬奥会版权侵权应急反应机制；各平台企业应当简化北京冬奥会版权侵权投诉受理流程，及时处理北京冬奥会版权侵权投诉；对于侵权投诉，应当在遵循《著作权法》等相关法律规定的情况下采取形式审查，不应在权属证明等环节设置不必要的障碍。

《倡议书》要求，各平台企业不应未经授权传播北京冬奥会版权节目，不应提供北京冬奥会版权作品盗播链接，不应以用户上传为名传播北京冬奥会版权节目，不应假借话题推荐入口、内容激励计划、相关性推荐等手段主动扩大未经授权传播北京冬奥会版权节目的影响。未经授权通过上传到网络服务器、设置共享文件或者利用文件分享软件等方式聚合提供或者采用深层链接方式提供冬奥赛事相关信息的，应视为侵权行为。

《倡议书》表示，与奥运相关的版权，不仅是奥林匹克运动的重要象征，而且是奥运文化精神的载体和巨大的无形资产；办好冬奥会，当好东道主，需要我们做好奥运版权的创造、运用、管理和保护工作。

（资料来源：中国经济网 作者：成琪）

【中国作协权益保护办公室与上海文化产权交易所达成战略合作】 2022年1月，中国作家协会权益保护办公室（以下简称"中国作协权保办"）与上海文化产权交易所（以下简称"上海文交所"）达成战略合作。双方计划在文学版权保护、纠纷调解、版权授权、资产登记、版权开发、衍生转化、产权经纪、版权金融等方面展开密切合作，充分挖掘文学版权的潜能空间，促使文学版权的创造、运用、保护效果显著提升，激发全社会创新活力，促进新时代文学高质量发展。

中国作协权保办与上海文交所将共同搭建完整、权威的文学版权转化和交易平台，打造文学作品版权超级节点，建设数字文创规范治理生态矩阵，为文学作品提供登记确权、侵权检测、权益保护、价值守护、交易结算、版权金融等全链条服务；建立文学作品版权纠纷调解数字服务中心，筹建文学作品版权鉴定委员会及版权纠纷数字化管理与服务专业化团队，提供侵权认定、大数据核算赔偿金额等纠纷调解服务；共建文学影视版权授权开发运营机制，研判文学动态，推动优秀文学作品影视化改编，组织影视剧本交易、影视收益权转让、影视版权分发与海外版权贸易、影视衍生权益授权与影视衍生品交易；探索共建全国文学剧本沉浸式体验定制中心，为沉浸式剧本游戏行业提供各类优质文学版权开发服务，为行业主管机构提供市场流通剧本内容前置审核服务；构建文学作品版权海外资产服务机制，推动优质文学作品版权内容的数字化管理与价值开发，构建数字文创、数字版权、数字收藏等多层次文学作品版权服务生态，优化作者版税长效分配机制，为全国数字文学版权探索提供合规规范的数字文化产权登记、托管、转让、分发、鉴证等综合服务；共建文学作品版权经纪人体系，制定相关从业版权经纪机构、人员评价标准，共建专业文学作品版权经纪人培训体系，通过文学作品版权经纪人为文学作品权利人提供专业版权服务，实现文学版权转化效益最大化。

（资料来源：《文艺报》 作者：权雯）

【国家版权局发布 2021 年全国著作权登记情况】

2022 年 3 月 21 日，国家版权局发布的《关于 2021 年全国著作权登记情况的通报》显示，2021 年全国著作权登记总量达 6 264 378 件，同比增长 24.30%。

在作品著作权登记方面，根据各省、自治区、直辖市版权局和中国版权保护中心作品登记信息统计，2021 年全国共完成作品著作权登记 3 983 943 件，同比增长 20.13%。

全国作品著作权登记量总体呈现稳步增长趋势，登记量较多的分别是：北京市 1 025 511 件，占登记总量的 25.74%；中国版权保护中心 527 432 件，占登记总量的 13.24%；江苏省 371 776 件，占登记总量的 9.33%；上海市 345 583 件，占登记总量的 8.67%；山东省 230 814 件，占登记总量的 5.79%；贵州省 200 929 件，占登记总量的 5.04%。以上登记量占全国登记总量的 67.82%。相较于 2020 年，湖南、河北、云南、安徽等省的作品著作权登记量增长率均超过了 100%；甘肃、海南、内蒙古、河南、湖北等省（区）的作品著作权登记量增长率均超过了 50%。

从作品类型看，登记量最多的是美术作品（1 670 092 件），占登记总量的 41.92%；第二是摄影作品（1 553 318 件），占登记总量的 38.99%；第三是文字作品（295 729 件），占登记总量的 7.42%；第四是影视作品（244 538 件），占登记总量的 6.14%。以上类型的作品著作权登记量占登记总量的 94.47%。此外，还有录音制品 58 048 件，占登记总量的 1.46%；音乐作品 50 851 件，占登记总量的 1.28%；图形作品 25 152 件，占登记总量的 0.63%；录像制品 21 558 件，占登记总量的 0.54%；模型、戏剧、曲艺、建筑作品等共计 64 657 件，占登记总量的 1.62%。

此外，在计算机软件著作权登记方面，根据中国版权保护中心计算机软件著作权登记信息统计，2021 年全国共完成计算机软件著作权登记 2 280 063 件，同比增长 32.34%。

从登记区域分布情况看，计算机软件著作权登记区域主要分布在东部地区，登记量约 144 万件，占登记总量的 63.1%。

从登记区域增长情况看，增速最快的是东北地区（79%）；第二是西部地区（55%）；第三是中部地区（31%）；第四是东部地区（25%）。

从各地区登记数量情况看，计算机软件著作权登记量较多的省（市）依次为广东、上海、江苏、北京、浙江、四川、山东、湖北、福建、陕西。上述地区共登记软件著作权约 163 万件，占登记总量的 71.5%，其中，广东省登记软件著作权约 27 万件，占登记总量的 11.8%。

在著作权质权登记方面，根据中国版权保护中心著作权质权登记信息统计，2021 年全国共完成著作权质权登记 372 件，同比下降 3.13%；涉及合同数量 357 个，同比增长 4.69%；涉及作品数量 1 078 件，同比下降 12.43%；涉及主债务金额 452 906.2 万元，同比增长 11.59%；涉及担保金额 432 986.1 万元，同比下降 10.31%。

国家版权局要求，各地区著作权主管部门和著作权登记机构要进一步完善机制、优化措施，提高著作权登记工作效能，以实际行动迎接党的二十大胜利召开。

（资料来源：人民网 作者：任妍）

【中国互联网金融协会等联合发布坚决遏制 NFT 金融化证券化倾向的倡议】 2022 年 4 月 13 日，中国互联网金融协会、中国银行业协会、中国证券业协会联合发布了《关于防范 NFT 相关金融风险的倡议》（以下简称《倡议书》）。

《倡议书》指出，近年来，我国 NFT（Non-Fungible Token，非同质化通证）市场持续升温。NFT 作为一项区块链技术创新应用，在丰富数字经济模式、促进文创产业发展等方面显现出一定的潜在价值，但同时也存在炒作、洗钱等风险隐患。

为防范金融风险、保护消费者合法权益、维护行业健康生态，中国互联网金融协会、中国银行业协会、中国证券业协会联合呼吁会员单位共同发起以下两大倡议。

其一，坚持守正创新，赋能实体经济。践行科技向善理念，合理选择应用场景，规范应用区块链技术，发挥 NFT 在推动产业数字化、数字产业化方面的正面作用。确保 NFT 产品的价值有充分支撑，引导消费者理性消费，防止价格虚高，背离基本的价值规律。保护底层商品的知识产权，支持正版数字文创作品。真实、准确、完整披露 NFT 产品信息，保障消费者的知情权、选择权、公平交易权。

其二，坚守行为底线，防范金融风险。《倡议书》提到，坚决遏制 NFT 金融化证券化倾向，从严防范非法金融活动风险，自觉遵守以下行为规范：一是不在 NFT 底层商品中包含证券、保险、信贷、贵金属等金融资产，变相发行交易金融产品。二是不通过分割所有权或者批量创设等方式削弱 NFT 非同质化特征，变相开展代币发行融资（ICO）。三是不为 NFT 交易提供集中交易（集中竞价、电子撮合、匿名交易、做市商等）、持续挂牌交易、标准化合约交易等服务，变相违规设立交易场所。四是不以比特币、以太币、泰达币等虚拟货币作为 NFT 发行交易的计价和结算工具。五是对发行、售卖、购买主体进行实名认证，妥善保存客户身份资料和发行交易记录，积极配合反洗钱工作。六是不直接或间接投资 NFT，不为投资 NFT 提供融资支持。

（资料来源：《证券日报》 作者：苏向杲 杨洁）

【网络直播使用音乐录音制品版权费标准草案公开】 2022 年 7 月 8 日，中国音像著作权集体管理协会（以下简称"音集协"）公开了网络直播中使用音乐录音制品的版权费标准草案。

音集协副总干事国琨介绍，音集协和中国音像与数字出版协会（以下简称"音数协"）于 2021 年

11 月联合启动了制定网络直播中使用音乐版权费标准的协商工作。依据现行《著作权法》第四十五条及《著作权集体管理条例》第十三条的规定，音集协在同音乐权利人代表广泛沟通调研的基础上，综合考虑中国直播行业的营收情况、不同直播类型对音乐录音制品的依赖程度、使用者的承受能力等，提出了网络直播中使用音乐录音制品版权费标准草案。

草案提出，泛娱乐直播（不含 K 歌）100 元/直播间/年，泛娱乐直播（含 K 歌）300 元/直播间/年，电商直播间 1 万元/直播间/年。在广泛征求音乐录音制作者意见过程中，他们普遍认为此标准草案单价较低、简单易行，使用者负担很轻，但需要直播平台配合，即实现直播间全面付费，整个直播行业预估将给音乐权利人带来 22 亿元的版权收入。

音集协和音数协与直播平台代表已进行 3 次费率的协商，但平台方对收费标准草案存在很大分歧，目前进展依然迟滞。音集协在推动协商的同时，依据《著作权法》第八条规定，开始寻求通过诉讼立案和仲裁等途径解决费率问题，以求尽快使权利人实现合法权益。

（资料来源：《中国新闻出版广电报》
作者：赖名芳）

【全国著作权质权登记信息实现统一查询】 2022 年 9 月，为落实《国务院关于开展营商环境创新试点工作的意见》，根据在北京、上海等 6 个城市试点"便利开展机动车、船舶、知识产权等动产和权利担保融资"的要求，国家版权局联合中国人民银行，指导中国版权保护中心与中国人民银行征信中心顺利实现著作权质权登记信息通过动产融资统一登记公示系统（以下简称"统一登记系统"）统一查询。自 2022 年 9 月 26 日起，该系统开始提供包括 6 个试点城市在内的全国范围著作权质权登记信息的统一查询服务。

征信中心统一登记系统中通过身份验证的机构和个人常用户，均可登录系统通过"担保人名称"查询全国范围内著作权质权登记信息，支持担保人为法人和非法人组织以及自然人的所有著作权质权登记信息共享查询。查询结果将与相关担保人在统一登记系统中的应收账款质押、融资租赁等七大类担保登记信息查询结果一并展示，但不纳入统一登记系统查询证明。

统一登记系统提供全国著作权质权登记查询，是为便利开展相关担保融资业务的友好性服务，著

作权质权登记机构的法定职责不发生转移。征信中心根据与著作权质权登记机构签署的登记信息共享查询合作协议，开展全国著作权质权登记信息统一查询服务。

（资料来源：国家版权局　中国人民银行征信中心）

【浙江嘉兴成立版权服务工作站】　2022 年 1 月 11 日，浙江省嘉兴市版权服务工作站揭牌仪式在嘉兴市举行。

嘉兴市版权服务工作站由浙江省版权局授权，负责受理辖区内作品的登记、初审、发证工作，受理辖区内版权纠纷调解，开展本地区版权保护宣传。根据规划，嘉兴市版权服务工作站将坚持"政府引导、市场运作、科学运营、成果转化"的指导思想，分步实施、有序推进工作站运营，建立面向全市的集登记、交易、维权、咨询等功能为一体的综合性服务机构。

嘉兴市委宣传部相关负责人表示，版权服务工作站将重点服务文化创意产品、工艺美术作品、纹样图案、创意设计版权登记，同时受理全市服装、科技、制造、影视出版等其他行业版权登记、交易服务。接下来，嘉兴市将以版权工作站成立和创意设计大赛为契机，加大知识产权保护宣传力度，壮大创新主体，推动品牌建设，进一步提升嘉兴市版权公共服务能力和保护创新能力，为建设共同富裕示范区的典范城市作出积极贡献。

（资料来源：《中国新闻出版广电报》　作者：黄琳）

【湖北省区块链数字版权平台上线运行】　2022 年 1 月 13 日，湖北省区块链数字版权平台正式上线运行，美术作品《电影〈遇见〉海报》通过该平台登记成功。同时，电影《遇见下一个你》短视频片花和电影《飙车大师》剧本也在湖北省版权保护中心进行了登记并取得了区块链版权存证证书。

湖北省版权保护中心主任郑凌辉介绍，湖北省区块链数字版权平台由湖北省版权保护中心和上海艺儒文化投资有限公司联合开发，一幕影链提供技术支持，是融合区块链、大数据等技术，按照"区块链＋版权"模式搭建的网络化、智能化、一体化的数字版权综合服务平台，将提供版权登记代理、数字版权存证以及数字版权运营等服务以及相关的技术咨询服务。数字版权在一幕影链登记认证后可在一幕商城上架交易、便捷流转，实现版权资本的无缝对接。

湖北省委宣传部版权管理处处长闫富东表示，

该平台的上线对推动湖北版权服务产业的数字化转型及湖北版权工作创新发展都有积极的作用。著作权人通过该平台提交作品登记申请，除可获得湖北省版权局的作品登记证书外，还可获得基于区块链技术的区块链版权存证证书，从而一站式建立了一个不可篡改、可信赖、可查验的版权登记体系。一旦产生版权侵权纠纷，作品登记证书与区块链版权存证证书可作为著作权人向司法机构提供的初步证据，为著作权人的作品保驾护航。

（资料来源：《中国新闻出版广电报》
作者：汤广花）

【湖北省版权保护中心推进中国知链项目落地】
2022 年 3 月 29 日，湖北省版权保护中心与可信大数据有限公司举行合作协议签字仪式，共同推进中国知链——国家区块链创新应用试点项目落地湖北并发展壮大。

中国知链项目，由武汉大学和教育部信息中心杂志社技术团队开发，可信大数据有限公司推进实施。该项目是基于区块链技术的学术论文知识产权保护及认证体系建设的数字版权重大项目，拥有"中国知链""基于区块链数字版权保护""论文认证平台""中国教育信息化论文首发平台"等知识产权。2021 年 12 月底，经中央网信办、中宣部、工信部等 17 个中央委办部门和单位严格评审，该项目被列为国家区块链创新应用试点项目。据悉，此次公布的国家区块链创新应用试点项目名单中，武汉大学是"区块链＋版权"特色领域全国唯一入选的高校。湖北省委宣传部（湖北省版权局）高度重视，部领导专门进行了批示和部署。

根据协议，双方将建立合作伙伴关系，实现优势互补，共同推进湖北数字版权产业创新发展。省版权保护中心将指导和支持可信大数据有限公司融合区块链、人工智能（AI）、大数据等技术，应用"区块链＋版权"模式，搭建网络化、智能化、一体化的湖北数字版权综合服务平台，并提供湖北省著作权登记系统的有关接口协议，确保二者互联互通；同时，支持其在学术领域提供版权登记代理、数字版权存证以及数字版权运营等服务，以及相关的技术咨询、信息资讯等服务，促进湖北版权服务及产业数字化转型升级。

（资料来源：湖北省版权保护中心　作者：刘迟）

【甘肃首家媒体版权服务平台上线运行】　2022 年 4 月 25 日，由甘肃新媒体集团媒体版权保护中心搭建的甘肃首家媒体版权服务平台正式上线运行。这标志着甘肃省知识产权、版权保护工作在媒体版权的保护和运用方面取得了突破性进展。

甘肃省首家媒体版权服务平台，是在甘肃省委宣传部、甘肃省版权局指导下，由甘肃新媒体集团研发搭建的基于区块链、大数据、AI等技术的一站式版权保护综合服务平台。平台上线后，将通过新闻作品版权确权、侵权监测、存证固证、运营交易、维权服务等多项业务，以实时快速登记确权、全时段侵权监测、原创内容一键自查、多种方式实时取证、高效维权保障等技术手段，一站式解决媒体版权保护方面的有关问题，为实现我省媒体版权价值合理化提供可靠技术支撑。

同时，平台运行中还将对媒体原创作品的权属确认、网络传播、授权转化等流程提供大数据服务，全面打通媒体版权创造、运用、保护、管理、服务全链条，从源头上保护原创作者合法权益，在媒体机构与新闻作品需求者之间搭建起合作沟通的桥梁，进一步推进全省媒体版权登记、加强媒体版权社会服务、实现原创内容增值与创新，为全省媒体版权保护工作作出积极贡献。

（资料来源：《甘肃日报》

作者：李杨 李萍 王宇晨）

【北京实现版权质押权利担保登记信息统一查询】 2022年5月30日，北京市地方金融监督管理局、中国人民银行营业管理部联合中国人民银行征信中心、中国版权保护中心、北京市版权局、北京市知识产权局等，在线举办机动车、船舶、知识产权等动产和权利担保登记信息统一查询启动仪式。5月30日8时起，中国人民银行征信中心动产融资统一登记公示系统正式对外提供北京市机动车、船舶、知识产权担保登记信息统一查询服务。这也意味着北京率先落地版权质押权利担保登记信息统一查询。

北京市委宣传部一级巡视员王野霏表示，该举措将有效提升北京市的版权创造、运用和转化效果，进一步激发企业的创新动力，提高企业的经营积极性，拓展著作权质押登记广泛的市场需求空间。

2022年以来，北京市推动"两区"建设知识产权全环节改革行动成果显著，从北京文化创意版权服务中心、北京版权资产管理与金融服务中心建设稳步推进，到现在版权质押权利担保登记信息统一查询落实落地，这些举措和成果将有力地帮扶北京市中小微企业纾困解难，促进中小微企业健康发展，

有力推动北京市融资信贷领域的营商环境优化向纵深发展。

（资料来源：《中国新闻出版广电报》

作者：李婧璇）

【浙江省温州市版权协会成立】 2022年6月10日，温州市版权协会成立。这是温州市加快全国版权示范城市创建，全面提升版权创造、运用、保护、管理、服务水平，推动版权产业融合发展的一项重要举措，标志着温州市版权行业步入制度化、规范化的快车道。

温州市版权协会，是温州市从事版权产业的企事业单位和个人自愿结成的全市性、行业性、非营利性的社会组织。成立大会上，协会筹备组作了筹备工作报告，审议通过了协会章程，选举产生了首届领导班子。

温州市宣传部门负责人寄望温州市版权协会积极作为，当好企业"娘家人"、行业"智囊团"和产业"助推器"，积极发挥协会的桥梁纽带作用，助力民营企业版权保护、版权服务、版权转化创新发展，加强版权企业、人才的交流互动、合作共赢，凝聚发展合力；发挥参谋助手作用，协助主管部门加强版权政策调研，及时掌握国内外版权行业发展动态和趋势，为全市版权事业系统发展提升提供智力支撑；发挥协会影响力，加强与版权馆的联动，构建创造、保护、转化、应用、交易一站式综合服务平台，推动版权产业实现全链条发展。此外，各地各有关部门要支持版权协会工作，紧扣版权和产业融合发展，狠抓版权项目建设，壮大版权优势产业，把版权价值转化为新的增长点、现实生产力，为温州市高质量发展蓄势赋能、添砖加瓦。

会上举行了版权作品及中华版本捐赠仪式。"2021年度温州市创意设计大赛获奖作品展"和"版权助力数字文化产业发展"专题讲座，作为配套活动于当日在温州版权馆举行。

（资料来源：《温州日报》 作者：程潇潇）

【贵州首批版权服务工作站授牌】 2022年6月16日，贵州省版权局举行了首批版权服务工作站授牌仪式。

贵州新闻图片社、贵州省工艺美术协会等成为首批设站单位。贵州新闻图片社依托其打造的"贵图云"平台设立版权服务工作站，系统通过接口接入方式对接贵州省版权登记平台，基于区块链技术实现对作品版权快速存证和登记，摒弃传统线下登

记弊端，节约申请时间，提升登记效率。平台还可为用户提供主题图库定制、影像资源管理、著作权法律咨询、影像作品版权交易等可选增值服务。

贵州省建有省级版权登记平台、国家民族民间版权贸易基地（西南），并制定了《贵州省版权服务工作站管理办法（试行）》。此次版权服务工作站的建立，将版权工作的业务范围和服务触角从机关延伸至社会基层，进一步推动了版权保护的关口下移，打通了版权社会化服务的"最后一公里"。

（资料来源：《中国新闻出版广电报》 作者：夏进）

【多家单位联合发布呵护剧本杀行业新生态倡议书】 2022年7月19日，陕西省版权协会联合江苏省版权协会、广东省版权保护联合会、天津市版权协会、山西省版权协会等单位，发布《关于"保护版权，激励创新，呵护'剧本杀'行业新生态"的倡议书》，为剧本杀行业健康发展保驾护航。

剧本杀行业在丰富文化产品供给、满足人民群众文化娱乐消费需求的同时，也出现了一些不良内容及盗版侵权现象。为了助推剧本杀行业健康发展，鼓励创新，有效维护著作权人合法权益，提升剧本杀从业者保护版权的意识，倡议书提出：

坚持正确价值观，不断提升作品创新能力。在剧本杀作品创作中，牢固树立社会主义核心价值观，坚持弘扬主旋律、传播正能量的创作理念，严格做好剧本内容审查，不断提升作品质量，以精品力作奉献广大消费者。

注重版权登记保护，规范版权交易行为。鼓励积极开展剧本著作权登记，或采用区块链等技术保护手段。严格遵守登记与备案相关规定，通过行业展会或政府部门批准设立的版权交易平台开展剧本杀版权交易，活跃剧本杀版权交易市场，让优秀作品脱颖而出。

加强版权资产管理，兑现版权市场价值。重视剧本杀从业者的版权资产管理，完善第三方专业评估，让沉寂的版权资产兑现市场价值，搭建版权金融对接融通的桥梁，以剧本杀版权交易激活市场、完善业态，让优秀作品脱颖而出。

提升版权保护意识，抵制盗版侵权行为。自觉学习版权相关法律知识，参与行业协会组织的普法活动。加大剧本杀版权保护力度，积极采取协商、调解、诉讼等方式维护自身版权合法权益。

该倡议旨在为全国剧本杀行业营造尊重知识、保护创新、规范版权交易、严格版权保护的行业版权新生态，呵护好剧本杀来之不易的良好发展势头，

讲好有深度、有温度、有高度的中国故事。

（资料来源：《中国新闻出版广电报》
作者：郝天韵）

【广东省版权保护联合会筹建互联网产业版权工作委员会】 2022年8月11日，广东省版权保护联合会互联网产业版权工作委员会筹备会在广州举行。18家知名互联网公司代表出席筹备会议，并就共同搭建互联网行业版权信息交流、版权保护成果共享、版权业务合作平台等方面达成共识。

与会代表表示，广东省版权保护联合会互联网产业版权工作委员会的设立具有重要意义，并提出了互联网公司对于版权保护和运用的困惑与痛点，较多被提及的问题分别是：如何更快速、更经济地进行版权确权？音乐版权收费如何更合理？开源软件如何使用及规避风险？版权正版化进程中如何开展保护与维权？

广东省版权保护联合会副会长兼秘书长梁守坚表示，互联网企业与版权息息相关，版权保护对于互联网产业高质量发展有重要作用，成立广东省版权保护联合会互联网产业版权工作委员会具有十分重要的意义。

广东省版权保护联合会副会长、欢聚集团总法律顾问齐守明代表筹备组发言。他希望互联网产业版权工作委员会成立以后，有更多的互联网及相关企业积极参与，共商互联网产业版权保护大计，共享互联网产业版权保护成果，共同推动互联网产业健康发展。

广东省版权保护联合会常务副秘书长胡蔚蔚介绍了互联网产业版权工作委员会的工作规则。隆安律师事务所高级合伙人吴让军介绍了前期筹备情况。

（资料来源：《中国新闻出版广电报》 作者：徐平）

【华中版权综合服务平台上线运行】 2022年8月19日，首届湖北数字文化创新发展论坛暨华中版权综合服务平台和长江数字文创大数据服务平台上线仪式在武汉举行。活动由湖北省委宣传部、省委网信办、省文化和旅游厅指导，湖北宏泰集团、湖北长江广电传媒集团联合主办。

湖北省委宣传部副部长，省广播电视局党组书记、局长张世华表示，希望长江云新媒体集团和华中文化产权交易所以平台上线为新的起点，聚焦主责主业，强化数字引领，发挥平台效应，助推湖北文化产业数字化转型，推动要素向平台聚集、项目向平台集中、产业向高端迈进，为湖北打造文化产

业增长极作出更大贡献。

华中版权综合服务平台由华中文化产权交易所打造，以版权登记、保护、存证、监测、溯源和交易为基础，深耕数字文化IP的保护，服务文化产业数字化发展全流程。长江数字文创大数据服务平台是湖北长江云新媒体集团为进军数字文创领域而开发的新产品。长江云新媒体集团依托覆盖省市县三级的"新闻＋政务＋服务"长江云平台，基于大数据、5G、人工智能等技术，赋能文化艺术品传播、文创IP开发及保护，通过"互联网＋媒体＋文创"模式，促进优秀文化内容传播，服务湖北文化创意产业经济发展。

活动现场，湖北省"终身成就艺术家"获得者周韶华和汉绣非遗传承人肖兰分别精选了首批40余件代表作，率先在华中版权综合服务平台正式登记确权，并成功获得了版权登记证书和版权区块链存证证书。

（资料来源：《中国新闻出版广电报》
作者：汤广花）

【浙江省成立版权鉴定委员会】 2022年8月24日，浙江省版权协会与浙江省高级人民法院民事审判第三庭合作签约仪式暨版权鉴定委员会成立座谈会在杭州举行。会上，浙江省版权协会版权鉴定委员会正式成立。

双方就"版权AI智审"项目达成跨平台协同合作。浙江省版权协会和浙江版权服务中心通过数字化手段，辅助省高院在著作权纠纷案件中进行单图溯源和侵权比对，进一步提升法院查明事实的能力、司法判断的准确度以及审判效率。同时，法官在形成相关案件裁判结论后，将溯源及侵权比对结果反馈给浙江版权服务中心，提高版权登记事务的严谨性和审核制度的规范性。

版权鉴定委员会是浙江省版权协会下属二级专业委员会，已纳入浙江法院网鉴定机构名录并入驻人民法院诉讼资产网，主要面向司法及行政机关开展版权鉴定业务，业务范围涵盖美术、摄影、音乐、文字、视听五大板块。

浙江省版权协会会长朱勇良表示，要与省高院保持密切合作，并拓展与各地区中级人民法院和基层人民法院合作的版权司法鉴定业务；与各地区宣传部门及版权行政管理部门加强沟通，有序开展版权行政鉴定工作；根据实际需要扩充完善专家库；做好学习交流，提升版权服务水平。

（资料来源：《中国新闻出版广电报》 作者：黄琳）

【中国版权链版权服务平台亮相服贸会】 2022年8月31日至9月5日，2022年中国国际服务贸易交易会（以下简称"服贸会"）在北京国家会议中心和北京首钢园区举办。在文博文创展区以"版权"为主题的展位上，IP赋能、版权存证、版权认证、在线固证等受到参展商及观众的追捧。

在中国出版创意产业基地、国家版权创新基地展台，"国家区块链创新应用试点"单位运营方北京中版链科技有限公司推出的"打卡服贸会，版权认证我先行"活动成为文博文创展区的亮点之一。许多观众拿着自己刚刚在服贸会拍摄的照片（作品）来感受这场数字科技带来的便利，他们只要关注"中版链"的公众号注册《中版链》小程序账号，在《中版链》小程序内上传版权作品进行版权存证或认证，在不到10秒的时间内就可以得到一份由中国版权链颁发的"作品存证证书"，证书所对应作品电子数据文件通过区块链链上存证，存证作品内容保持完整，证据链清晰可见。

中国版权链版权服务平台是由中国版权协会指导，由北京中版链科技有限公司搭建及运营的国家"区块链＋版权"领域创新应用试点项目，可以为全行业提供版权存证、版权认证、侵权监测、在线固证、版权维权、纠纷调解、授权溯源和版权资产管理等一站式版权保护和版权资产管理服务。展会上，来自BCN妙盟艺术选送的艺术家京绣第五代传承人田丽的京绣龙纹形象非遗作品，清华大学美术学院罗明军的丝巾作品《异度空间》《童年动画》《丝忆城市》《潮动中国年》，腾讯原创馆的噗噗扭蛋潮玩、噗噗星人等令人耳目一新的高品质作品，都通过中国版权链版权服务平台进行了版权存证、版权认证，充分保证了版权方的权利不受侵害并可进行授权溯源。中国版权链版权服务平台相关负责人表示，服务贸易、数字版权保护、数字资产管理等缺一不可。当前，以数字化、智能化、绿色化为特征的知识密集型服务贸易成为发展的新动能。在本次服贸会上，中国版权链版权服务平台恰逢其时，将自己推介给更多合作伙伴，期待通过提供普惠、高效、可信、安全的版权服务，有效激发广大创作者的创新活力，促进数字内容生态良性发展。

（资料来源：《中国新闻出版广电报》
作者：赖名芳）

【北京大力推进版权调解工作】 2023年9月23日，为进一步充实版权调解员队伍，提升调解员案件调处能力，首都版权协会在京举行2022年度调解员培训会，北京版权调解中心、首都版权协会知识产权纠纷人民调解委员会、共道云调解中心、中国版权协会等8家已入驻北京版权调解平台的调解组织及版权服务机构共计50余名调解员参加此次培训。

随着版权调解工作重要性的进一步凸显，版权调解员对版权纠纷的调处能力和专业水平也有了更高的要求。北京市委宣传部一级巡视员王野霏在培训会上表示，在"行政司法协同治理机制"的框架内，调解成为版权纠纷诉前化解的重要途径。在推进调解工作开展过程中，一方面要着力提升调处能力，积极开发和利用创新技术来提高调解工作的效率，另一方面要主动吸纳专业调解组织和高素质、高水平的专业人才加入北京版权调解平台中来，快速提升整体能力水平。

在为期一天的培训中，首都版权协会邀请了北京市西城区人民调解协会会长刘跃新、北京版权调解平台技术讲师冯学敏、首都版权协会副理事长韩志宇、北京互联网法院四级高级法官王恒作为授课专家，分别以"人民调解工作技巧""北京版权调解平台使用规范""新《著作权法》下的数字版权""司法调解流程规范"为题进行授课，参加培训的调解员反响热烈。

（资料来源：《中国知识产权报》 作者：窦新颖）

【中国版权保护中心实现作品版权登记全面线上办理】 2022年10月，中国版权保护中心实行作品版权登记全面线上办理。申请人无须向中心递交或邮寄登记申请纸介质材料，"足不出户"即可完成作品版权登记。

作品版权登记是证明权属、保障交易、定分止争的重要手段，在社会生活中发挥着重要作用。作品版权登记工作需要不断完善服务，以满足人民群众日益增长的对美好生活的新期待。

作品版权登记实现无纸化后，申请人在线登记办理效率大大提高，每一份申请材料平均节省5～8天的邮寄和消杀时间。如发生补正情况，申请人当天即可将补正材料在线提交完成补正，补正效率也大幅提升。此外，作品版权登记无须打印和邮寄纸介质材料，特别是无须打印彩色样本和刻印视频光盘，还可为申请人节约经济成本。受理、审查、制证、归档各个环节的提质增速，使作品登记效率显著提高。

根据中国版权保护中心统计，仅作品版权登记实行无纸化后，每年就可节约用纸近300万张、节约档案袋超30万个，将有效解决大量用纸、大量纸

质档案存放等问题，实现版权事业创新发展与坚持绿色发展理念的有机结合。

除此之外，在疫情防控常态化下，通过实行作品版权登记全面线上办理，可以减少人员线下聚集、邮件包裹往来传递，有效消除新冠疫情传播隐患，实现疫情防控与作品版权登记业务两手抓、两不误。

此次中国版权保护中心实现作品版权登记全面线上办理，对原有登记系统进行了升级改造，加入了许多新的功能，用户体验的满意度不断提升。例如，增设了超大作品样本的线上提交功能、作品实物线下展示选择功能、用户端查看电子证书功能、上传作品创作过程相关证明短视频功能等。权利人在进行版权转让、授权许可等版权交易活动或诉讼活动时，可将电子证书和创作证明短视频等作为证明材料使用，使原创成果保护、版权交易、维权诉讼更为便利，交易效率和权属认定效率大大提升。

此外，中国版权保护中心还引入了智能辅助人工审核功能，增加了对作品类别和作品名称均相同的登记信息的查重功能。审核人员可以将系统提示的登记信息反复比对、着重审核，有效减少了重复登记问题的产生。

（资料来源：《中国新闻出版广电报》 作者：赵新乐）

【山东升级版权保护与服务平台】 2022年10月18日，山东省政府新闻办召开新闻发布会，解读《山东省知识产权强省建设纲要（2021—2035年）》。据了解，2022年，升级改造后的山东版权保护与服务平台实现了全流程无纸化线上操作，权利人可以更便利地进行版权登记、交易、保护等事项。

山东省新闻出版局、省版权局副局长王俊冰介绍，作品登记是版权主管部门的一项基础性社会服务工作，2020年新修订的《著作权法》增加了作品登记制度，明确规定作者等著作权人可以向国家著作权主管部门认定的登记机构办理作品登记。山东省对该项工作高度重视，始终把作品登记作为促进创新创作、提升全社会版权法律意识的重要举措来抓。

2013年，山东开发了山东省版权保护与服务平台，实现了纸质化作品登记向电子信息化的转变，为全省著作权登记和保护利用打下了坚实基础。近年来，山东不断提升版权社会化服务水平，进一步健全各市、重点园区（基地）的版权登记服务网络体系，大力加强对版权服务工作站的管理与服务，著作权登记工作规范化、标准化、信息化水平不断

提高，作品登记质量稳步上升。2021 年，全省著作权作品登记量达 23 万件。

近年来，随着版权产业快速发展，社会公众对版权确权、监控、取证等的需求日益多元。为进一步创新监管模式、提升服务效能，今年，对版权保护与服务平台进行了升级改造，目前已上线运行。新升级平台除原有功能之外，主要增加和改进了以下功能：一是提速。实现全流程无纸化线上操作，增加摄影作品、美术作品等类型作品的批量登记，满足著作权人作品快速登记需求，同时提升作品审核发证效率。二是增效。新升级平台对用户操作进行了详细的提示、注释、解读和规范，可以系统支持登记查询、证书补办、版权变更、版权转让、版权撤销、版权公示等功能。平台新设数据库检索、查询、比对等功能，作品在平台进行登记后可获得一个二维码，今后，权利人无须跑腿开具证明，只需要扫码即可查询该版权的关键信息，方便权利人进行版权的质押、转让，版权受到侵害时也有利于维权。三是扩容。实现了软件架构优化开发、硬件扩容配置及数据安全防控，完成了对旧平台历史数据的承接，每年可支撑百万件以上的作品登记和样本存档。这些功能将极大地方便权利人处置作品版权，促进全省版权交易活跃和版权产业发展。

创新版权公共服务形式、提高版权公共服务能力，是今后山东版权保护利用的一项重点工作。山东将以宣传思想文化文字变革创新为契机，继续完善数字版权公共服务平台建设，在版权登记、确权基础上，进一步开发版权保护、交易功能，使其成为集著作权登记、交易、保护于一体的公共服务平台，为相关部门和社会公众提供更多的版权相关信息和咨询服务。

（资料来源：《齐鲁晚报》 作者：张召旭）

【天津成立无障碍阅读版权服务站】 2022 年 11 月 28 日至 12 月 9 日，天津市版权局在全市开展 2022 年"以无障碍方式向阅读障碍者提供作品"的版权宣传活动。活动期间，天津市版权局成立了天津市首家无障碍阅读版权服务工作站，为全市阅读障碍者提供版权使用和版权登记服务。

此次版权宣传活动旨在更好地为阅读障碍者使用作品提供便利，发挥著作权促进阅读障碍者平等参与社会生活、共享文化发展成果的作用，主要以《关于为盲人、视力障碍者或其他印刷品阅读障碍者获得已出版作品提供便利的马拉喀什条约》《以无障碍方式向阅读障碍者提供作品暂行规定》为宣传内容。《马拉喀什条约》于 2013 年 6 月在摩洛哥马拉喀什通过，要求各缔约方规定版权限制与例外，以保障阅读障碍者平等欣赏作品和接受教育的权利，是世界上迄今为止唯一一部版权领域的人权条约。2022 年 5 月 5 日，该条约正式对中国生效，对丰富我国阅读障碍者的精神文化生活，提高其受教育程度，密切海外华人阅读障碍者与国内的联系，推动我国优秀作品海外传播，进一步提升我国在国际版权领域的话语权和影响力，展现我国大力发展残疾人事业、充分尊重人权的国际形象具有重要意义。

此次天津市版权局组织开展了两个主题宣传活动：一个是录制"音乐朗读者"版权公益宣传节目，邀请天津市盲协秘书长、天津市视力障碍学校学生代表参与作品有声阅读推广，天津音乐广播于 12 月 3 日国际残疾人日推出此公益宣传活动；另一个是发布天津阅读障碍者使用作品公益计划，为全市阅读障碍者提供"光明影院无障碍电影项目"使用指南等。

天津市版权局有关负责人表示，接下来，天津市版权局还将按照国家版权局《以无障碍方式向阅读障碍者提供作品暂行规定》的相关要求，鼓励全市出版、电影、广播电视、网络视听等机构为其拥有版权的作品同步制作、提供无障碍格式版本。天津市版权局将对无障碍格式版服务机构，在业务指导、宣传推广、资源对接等方面给予支持。

（资料来源：《中国知识产权报》 作者：侯伟）

◆ 国际交流与合作

【李克强会见世界知识产权组织总干事邓鸿森】 2022 年 2 月 5 日上午，国务院总理李克强在钓鱼台国宾馆会见来华出席北京冬奥会开幕式的世界知识产权组织总干事邓鸿森。

李克强表示，保护知识产权就是保护创新。中国政府高度重视知识产权保护工作。作为最大的发展中国家，我们推动经济转型必须重视创新发展。创造、利用、保护是多位一体的。中国将继续全面强化知识产权保护，对中外资企业的知识产权一视同仁、同等保护，激发全社会创新活力，持续优化营商环境，推进创新领域国际合作。

李克强指出，明年将迎来中国同世界知识产权组织开展合作 50 周年。前不久，中国批准加入《马拉喀什条约》和《海牙协定》，这既体现了中方对国际规则的承诺，也有利于中国自身发展。中方愿同世界知识产权组织进一步深化创新、发展等领域的合作。

邓鸿森祝贺中方举办非常精彩的冬奥会开幕式，表示世界知识产权组织十分重视同中方的合作。中方加强知识产权体系建设取得的成就有目共睹。世界知识产权组织认为，知识产权保护是创造就业、扩大投资、促进经济发展的推动力。推进国际知识产权制度朝更加开放包容的方向发展，这同中方的理念相契合。世界知识产权组织赞赏中方颁布《知识产权强国建设纲要（2021—2035 年）》和批准加入相关国际条约的行动，愿同中方加强合作。

（资料来源：新华社）

【李克强向世界知识产权组织《2022 年全球创新指数报告》发布会致贺信】 2022 年 9 月 29 日，国务院总理李克强向世界知识产权组织《2022 年全球创新指数报告》发布会致贺信。

李克强表示，科技创新是人类社会发展进步的强大动力。中国高度重视科技创新，积极融入全球创新网络，严格保护知识产权，全方位加强国际科技创新合作。目前，中国的科技实力和创新能力有了显著进步，双创聚众智汇众力，更大激发了市场活力和社会创造力，有力促进了新动能快速成长。

李克强指出，面向未来，中国将以更加开放的姿态加强国际交流合作，深度参与全球科技治理，不断拓展国际科技创新合作的领域和空间，与各国共谋创新发展大计，共建人类美好家园。中国愿继续同世界知识产权组织保持友好合作，共同推动构建开放包容、平衡有效的知识产权国际规则。

（资料来源：新华社）

【2022 年 1 月 1 日 RCEP 生效】 2022 年 1 月 1 日零时，全国各地海关迎来当天最忙碌的时刻，为出口企业签发原产地证书。随着《区域全面经济伙伴关系协定》（RCEP）的生效，全球最大的自由贸易区正式启航，被誉为"纸黄金"的原产地证书给包括中国在内的区域内企业和消费者带来了实实在在的好处。

2020 年 11 月 15 日，中国、日本、韩国、澳大利亚、新西兰及东盟十国正式签署 RCEP。2022 年 1 月 1 日，RCEP 对文莱、柬埔寨、老挝、新加坡、泰国、越南、中国、日本、新西兰和澳大利亚 10 个国家正式生效，韩国将于 2 月 1 日加入到 RCEP 的生效实施中。

RCEP 中知识产权章内容最多、篇幅最长。

RCEP 由序言、20 个章节、4 个市场准入承诺表附件组成。其中，知识产权章包含 83 个条款和过渡期安排、技术援助 2 个附件，是 RCEP 内容最多、篇幅最长的章节，也是我国迄今已签署自贸协定纳入内容最全面的知识产权章节。该章节涵盖了著作权、商标、地理标志、专利、外观设计、遗传资源、传统知识和民间文艺、反不正当竞争、知识产权执法、合作、透明度、技术援助等领域，旨在通过有效和充分地创造、运用、保护和实施知识产权权利来深化经济一体化和合作，以减少对贸易和投资的扭曲和阻碍。

提升区域知识产权保护水平。"RCEP 的知识产权章既包括传统知识产权主要议题，也体现了知识产权保护发展的新趋势。过渡期和技术援助相关规定，旨在弥合不同成员发展水平和能力差异，帮助有关成员更好地履行协定义务。"商务部国际司有关负责同志介绍。总的来看，RCEP 知识产权章在世界贸易组织《与贸易有关的知识产权协议》（TRIPs 协议）基础上，全面提升了区域内知识产权整体保护水平，在充分尊重区域内不同成员发展水平的同时，为本区域知识产权的保护和促进提供了平衡、包容的方案，有助于促进区域内创新合作和可持续发展。

中国积极参与区域知识产权治理。同济大学上海国际知识产权学院副教授、博士生导师张怀印在接受《中国知识产权报》记者采访时表示，除了内容全面和兼顾各国的制度差异并能够提升区域知识产权保护水平，RCEP 还凸显出"中国经验"。"RCEP 知识产权章中的'恶意商标'规制条款、商标电子申请制度等，在一定程度上体现了中国的制度经验正逐渐成为国际知识产权规则，也凸显了我国参与区域知识产权治理水平的持续提升。"张怀印说。

（资料来源：《中国知识产权报》 作者：冯飞）

【外交部：2022 年中国将继续深度参与知识产权全球治理】 2022 年 1 月 13 日，外交部例行记者会上，有记者问：12 日，国新办举办新闻发布会，公布了 2021 年知识产权相关工作的统计数据。我们注意到，2021 年国外申请人在华发明专利授权 11 万件，同比增长 23.0%，商标注册 19.4 万件，同比增长 5.2%，显示出外国企业对中国知识产权保护和营商环境的信心。发言人能否进一步介绍中方为推进知识产权国际合作和知识产权全球治理作了哪些重要贡献？对未来开展相关领域工作有何展望和主张?

外交部发言人汪文斌介绍:2021年,中国知识产权工作量质齐升,各项指标圆满完成,为人民群众美好生活提供了有力保障。同时,我们始终坚持人类命运共同体理念,推动完善知识产权国际规则体系,助力构建知识产权全球生态系统。

一是积极参与知识产权全球治理。中国全国人大常委会正式批准加入《马拉喀什条约》,加入《工业品外观设计国际注册海牙协定》取得决定性进展。与世界知识产权组织共同举办了首次全球技术与创新支持中心会议,积极分享中国在利用知识产权支持创新主体发展和脱贫减贫方面的实践。推动人民币成为专利合作条约相关国际费用定价和结算货币,中文成为国际植物新品种保护联盟工作语言。以线上方式主办中美欧日韩外观设计和商标五局年度会议,全面参与金砖国家、中日韩、中国—东盟、中蒙俄等框架下的机制性会议。

二是严格落实有关经贸协定知识产权相关内容,包括切实做好《区域全面经济伙伴关系协定》中知识产权章节生效实施准备,有序落实中美第一阶段经贸协议知识产权条款和中欧地理标志保护与合作协定。

三是积极推动知识产权领域共同发展,大力推进"一带一路"知识产权合作,8个务实合作项目取得重要成果。面向"一带一路"国家和亚非拉地区国家举办知识产权线上培训班、研讨班,促进发展中国家知识产权能力建设,共同建设创新之路。

汪文斌表示,2022年,中国将继续深度参与世界知识产权组织框架下的知识产权全球治理,深化"一带一路"知识产权合作,加强与各国在知识产权促进技术创新、应对全球气候变化、支持碳中和碳达峰等方面的国际交流与合作,促进知识共享,让创新创造更多惠及各国人民,推动构建人类命运共同体。

(资料来源:参考消息网)

【中国加入 WIPO《海牙协定》和《马拉喀什条约》两部重要条约】 2022年2月5日,中国正式加入世界知识产权组织(WIPO)的两部重要条约——海牙协定和《马拉喀什条约》,二者均于2022年5月5日对中国正式生效。

世界知识产权组织总干事邓鸿森接受了中国加入《马拉喀什条约》的文书和中国加入《海牙协定》的文书。

中国的加入是在世界知识产权组织总干事邓鸿森先生前往中国出席2022年北京冬季奥运会开幕式之际进行的。一起出席开幕式的还有联合国秘书长古特雷斯、联合国大会主席和其他国际组织的负责人。

中国居民在2020年共提交了795 504项外观设计,约占全世界总数的55%。中国加入《海牙协定》将使这些设计人在海外保护和推广自己的作品变得更便利、更便宜。

中国是世界上人口最多的国家,也是世界伟大的文学和文化传统诞生地之一。加入《马拉喀什条约》意味着中国1 700多万盲人和视力障碍者将有更多机会获得版权作品。它还将增加无障碍中文作品的跨境流动,使世界其他地区的盲人和视力障碍者能够获取这些作品。

(资料来源:WIPO 中国)

【音著协举办中日音乐著作权研讨会】 2022年2月25日,由中国音乐著作权协会(简称"音著协")与日本远藤实歌谣音乐振兴财团共同主办的"中日音乐著作权研讨会"顺利召开。受全球新冠疫情的影响,本次研讨会通过中日两地网络视频连线的方式举办,主要围绕"中国新《著作权法》及修订过程中的相关热点问题"展开。

中宣部版权管理局社会服务处处长许炜,音著协代理总干事刘平,远藤实歌谣音乐振兴财团顾问、日本音乐著作权协会(JASRAC)会长、词作家井出博正,中国人民大学法学院教授、中国知识产权法学研究会会长刘春田,日本国士馆大学知识产权研究院客座教授、数字好莱坞大学特聘教授上原伸一,音著协副总干事朱严政,JASRAC 常务理事须子真奈美,日本玉川大学教育博物馆馆长、教授石野利和,作曲家董冬冬先生及词作家陈曦女士作为嘉宾参加了此次会议。同时,来自司法机关、高校、研究机构、互联网公司、音乐出版公司、音乐创作者、相关媒体等的近300位相关人士通过网络视频连线方式参加了会议。

刘平先生与井出博正先生代表会议主办方先后为研讨会致辞,双方表达了坚持推动中日两国版权产业同人持续交流合作,在音乐著作权保护领域携手努力、共同进步的心声。

在主题演讲环节,刘春田教授发表了"中国《著作权法》第三次修改的亮点与问题"的演讲,对《著作权法》第三次修改的主要内容进行了整体介绍和总结,并特别就"作品的定义""惩罚性赔偿制度""著作权集体管理制度"等热点问题进行了深入解读。

上原伸一教授从日本学者的视角对"中国《著作权法》第三次修改要点"作了主题演讲，就中国《著作权法》三次修改中每一次修改内容进行了回顾，并就新法中的广播权、合理使用、惩罚性赔偿等新内容提出了自己的见解。

在讨论环节，朱严政先生、须子真奈美女士、石野利和教授、井出博正会长、董冬冬先生和陈曦女士先后作了发言。刘春田教授对各位发言人的内容进行点评并与上原伸一教授就相关问题交换了意见。

在互动问答环节，中日双方嘉宾就线上参会人员所提问题进行了针对性的回答。此次研讨会，为在中国新《著作权法》视角下音乐作品的著作权保护提供了很多新信息、新观点、新思路，对今后新《著作权法》在实践中的进一步完善具有重要意义。

（资料来源：中国音乐著作权协会）

【2022年知识产权南湖论坛国际研讨会在武汉开幕】 2022年4月16日，2022年知识产权南湖论坛国际研讨会在武汉开幕。本次研讨会聚焦"现代化强国建设与知识产权全球治理"主题，来自美国、德国、日本的知识产权专家和80余名国内知识产权实务部门、高校研究机构以及企业界人士通过线下和线上相结合的方式参加了会议，为中国知识产权事业发展和全球知识产权治理体制构建建言献策。

国家知识产权局局长、党组书记、中国科学院院士申长雨为论坛发来书面致辞。他表示，此次论坛的主题与中国全面建设社会主义现代化强国、全面开启知识产权强国建设新征程高度契合，具有重要的现实意义，希望与会专家学者聚焦中国知识产权领域的重大理论和实践问题，探索新路径、形成新观点、产出新成果，提出切实可行的政策建议。

中国版权协会理事长阎晓宏在书面致辞中指出，中国是知识产权创造和使用的大国，在知识产权全球治理中，既需要基于国际协作的强有力的知识产权保护，也需要建立和完善知识产权创造与使用的平衡体系，应当警惕知识产权的过度垄断，反对知识产权霸权。

湖北省高级人民法院党组书记、院长游劝荣谈到，湖北省高级人民法院将积极回应创新发展需求，强化、协同、配合，会聚多方力量努力把武汉打造成为知识产权纠纷解决优选地，推动全省知识产权司法保护工作上一个新的台阶，为湖北疫后重振和经济高质量发展贡献更多司法力量。

湖北省知识产权局局长周德文提出，湖北省将着力实施高价值专利培育工程、专利转化应用工程、企业知识产权护航工程、荆楚品牌培育工程和知识产权服务能力提升工程。

中南财经政法大学校长杨灿明表示，希望专家学者们围绕会议主题深入探讨，为建设面向社会主义现代化的知识产权制度，建设支撑国际一流营商环境的知识产权保护体系，建设深度参与全球治理的知识产权国际合作格局积极建言献策，为知识产权强国建设提供智力支持。

中南财经政法大学学术委员会主任、知识产权研究中心名誉主任吴汉东教授主持论坛主旨演讲环节。海内外专家学者围绕知识产权战略引领深度参与全球知识产权治理、知识产权制度在当前所扮演的角色、国家层面知识产权案件上诉审理机制、知识产权法在新冠疫苗开发和销售中的作用、数字版权基础设施变化及其影响、如何建设一个版权强国和怎么建设版权强国等主题进行发言。

本届论坛为期两天，设置了数字版权的保护与发展、建立健全中国特色知识产权专门化审判体系、数据知识产权保护、新《著作权法》下惩罚性赔偿制度的适用探讨、地理标志保护制度、知识产权强国建设等六个讨论议题。

（资料来源：极目新闻　作者：李碗容）

【中蒙签署经典著作互译出版备忘录】 2022年6月24日，中蒙双方以交换文本的方式签署了《中华人民共和国国家新闻出版署与蒙古国文化部关于经典著作互译出版的备忘录》。

根据备忘录，中蒙双方约定在未来5年内，共同翻译出版50种两国经典著作，为两国人民奉献更多优秀精神文化产品。此次中蒙经典著作互译出版备忘录的签署和实施将进一步加深两国人民对彼此优秀文化的理解和欣赏，进一步推动两国文化交流和文明互鉴。

（资料来源：《中国新闻出版广电报》
作者：章红雨）

【首届世界知识产权组织全球奖揭晓】 2022年7月19日，首届世界知识产权组织全球奖颁奖仪式在世界知识产权组织（WIPO）成员国大会期间举行。5家企业从62个国家的272家申报企业中脱颖而出，捧得奖杯。获奖企业按字母排序分别为Hydraloop（荷兰）、Lucence（新加坡）、瑞派宁

（中国）、芯龙光电（中国）和 Splink（日本）。从获奖企业数量上看，中国独占两席，成为首届世界知识产权组织全球奖获奖企业最多的国家。

世界知识产权组织全球奖是世界知识产权组织推出的一项全球奖励计划，旨在表彰全球范围内通过运用知识产权对国内外经济、社会和文化进步产生积极影响的企业和个人。此次获奖的 5 家企业将获得专属的指导计划以及 WIPO 其他形式的支持与帮助，为其企业知识产权转化运用助力。

（资料来源：光明网 作者：张亚雄 袁于飞）

【**2022 年中韩版权研讨会举办**】 2022 年 8 月 5 日，以"互联网环境下版权面临的新挑战"为主题的 2022 年中韩版权研讨会在北京、首尔两地通过现场和视频连线方式举行。此次研讨会由中国国家版权局和韩国文化体育观光部联合主办，中国版权保护中心与韩国著作权委员会承办，中韩及相关国际版权协会、组织和业界代表参加。

2022 年是中韩建交 30 周年，也是中韩文化交流年，此次研讨会列入中韩文化交流年项目名录，体现了版权对于加强政治互信、增进民间友好、推动中韩关系行稳致远的重要作用。

中国国家版权局版权管理局局长王志成首先回顾了近年来中韩版权交流历程，在两国 2006 年签署的部级版权交流合作协议和 2019 年签署的司局级版权交流合作谅解备忘录框架下，两国轮流举办了 16 次版权研讨会和政府间工作会谈，广泛推动了两国版权管理机构和产业界的交流与合作。此次会议通过线上与线下相结合的方式共同探讨互联网环境下中韩版权保护和产业发展等问题，体现了技术和版权创新的成果和魅力，这在当前疫情持续反复、国际环境复杂严峻的大背景下，具有重要意义。

韩国文化体育观光部著作权局局长姜锡沅表示，新冠疫情让面对面的交流变得困难，而版权作品的创作、流通、消费却因此更加活跃，所以对互联网环境下版权面临的挑战进行研讨十分必要。通过中韩版权研讨会，两国的友谊进一步得到深化，今年是中韩建交 30 周年，这也让此次中韩版权研讨会开展的意义更加深远。

研讨会上，中国版权保护中心主任孙宝林、韩国著作权委员会委员长崔秉九、中国社会科学院大学互联网法治研究中心执行主任刘晓春、中国移动咪咕公司法律共享中心负责人贾磊、腾讯研究院高级研究员陈孟，以及韩国忠南大学法学研究院教授李铁男、韩国音乐内容协会政策法律研究所所长金

贤淑进行了发言，介绍了两国互联网版权产业发展现状、趋势及对相关问题的探索，并分别就各自的实践案例进行了交流。

研讨会期间，中韩双方还进行了中韩版权政府间工作会谈，在政府层面分享版权立法、执法及产业最新发展情况，并就中韩版权未来合作达成了诸多共识。

（资料来源：《中国新闻出版广电报》
作者：隋明照）

【**2022 年全球创新指数中国排名升至第 11 位**】
2022 年 9 月 29 日，世界知识产权组织（WIPO）在日内瓦发布了《2022 年全球创新指数报告》。中国在世界 132 个经济体中排名第 11 位，比 2021 年上升 1 位。

排在中国前面的经济体包括瑞士、美国、瑞典、英国、荷兰、韩国、新加坡、德国、芬兰和丹麦。其他新兴经济体也保持了一贯的强劲表现，印度和土耳其首次进入前 40 名。

全球创新指数发现，尽管新冠疫情仍在持续，但推动全球创新的研发和风险投资继续蓬勃发展，2021 年，全球顶级企业研发支出增加近 10%，达 9 000 多亿美元，高于新冠疫情发生前的 2019 年。2021 年，风险投资交易激增 46%，与 20 世纪 90 年代末互联网繁荣时期的创纪录水平不相上下。但是，创新和投资转化为影响力方面却遇到种种挑战，技术进步和应用都有放缓迹象。

全球创新指数认为，如果对创新生态系统加以精心扶持，也许会迎来两波创新浪潮：一波是建立在超级计算、人工智能和自动化基础上的数字时代创新浪潮；另一波是建立在生物技术、纳米技术、新材料和其他科学突破基础上的深层科学创新浪潮。不过，这两波创新浪潮将需要很久才能产生积极影响。

《2022 年全球创新指数报告》是第 15 次发布，由世界知识产权组织与 Portulans 研究所合作推出。全球创新指数的核心是制定衡量创新表现的指标并对 132 个经济体的创新生态系统进行排名，自 2007 年首次推出以来，已成为各国分析其年度创新表现并调整政策措施的重要参考。

（资料来源：国家版权局）

【**中也签署经典著作互译出版备忘录**】 2022 年 10 月 31 日，中也双方以交换文本的方式签署了《中华人民共和国国家新闻出版署与也门共和国新

闻、文化和旅游部关于经典著作互译出版的备忘录》（以下简称《备忘录》）。

根据《备忘录》，中也双方约定在未来 5 年内，共同翻译出版 20 种两国经典著作，为两国人民奉献更多优秀精神文化产品。此次《备忘录》的签署和实施将进一步加深两国人民对彼此优秀文化的理解和欣赏，进一步推动文化交流和文明互鉴。

（资料来源：新华社）

【2022 国际版权论坛在景德镇举行】 2022 年 11 月 10 日至 11 日，2022 国际版权论坛在江西景德镇举行。世界知识产权组织副总干事西尔维·福尔班，江西省委常委、宣传部部长庄兆林，景德镇市委书记刘锋出席论坛并致辞。

西尔维·福尔班在视频致辞中表示，当今世界，创意产业的文化价值、经济价值越来越高，而版权的基本目的就是鼓励创意、保护创意，在此背景下，中国国家版权局总结和推广版权促进创意产业发展优秀案例的做法更值得赞赏。世界知识产权组织期待越来越多的创作者和创意企业能够运用版权提升其作品、产品的文化经济价值，也希望继续与中国合作，推动中国创意产业蓬勃发展、多面开花。

本次论坛由中国国家版权局、世界知识产权组织主办，江西省委宣传部（江西省版权局）承办，景德镇市委、市政府协办。世界知识产权组织中国办事处主任刘华，商务部条法司副司长李明，韩国文体观光部版权局文化贸易合作负责人 Hyeyoon Choi，景德镇陶文旅控股集团总经理熊洪华，浙江中胤时尚股份有限公司副总经理张昕，中国民间文艺家协会分党组书记、秘书长邱运华，英国考文垂大学客座教授 Harriet Deacon，中南财经政法大学教授胡开忠，黔西市委常委、市委宣传部部长张敏就版权推动创意产业发展、民间文艺版权保护与发展进行了主题发言。来自世界知识产权组织、相关国家版权主管部门、境外著作权认证机构和国内相关部委、部分省（区、市）版权局、著作权集体管理组织以及业界、学界的 200 多名代表线上线下参会。

论坛期间，启动了世界知识产权组织版权保护优秀案例示范点调研项目"IP 与创意产业：景德镇故事"和民间文艺版权保护与促进试点工作，举办了世界知识产权组织版权保护优秀案例示范点、民间文艺版权保护、《马拉喀什条约》落地实施主题展览。

（资料来源：国家版权局）

◆ 产业发展

【《三体》英文版权续约金高达 125 万美元】 2022 年 1 月 9 日，《三体》三部曲外文版运作方中国教育图书进出口有限公司（以下简称"中国教图公司"）宣布，该公司已于近期与美国麦克米伦出版公司旗下的托尔图书（Tor Books）完成了《三体》三部曲英文版版权的提前续约，续约金高达 125 万美元，近 800 万元人民币。这一数字创造了中国文学作品海外版权输出的新纪录。

《三体》三部曲包含《三体》《三体Ⅰ：黑暗森林》《三体Ⅱ：死神永生》3 部长篇小说，是中国科幻作家刘慈欣所著的现象级科幻小说。作品以恢宏大气的笔触描述了地球文明以外的"三体文明"。中国教图公司版权经理陈枫介绍，2012 年，刘慈欣牵手中国教图公司，就《三体》三部曲外文版展开深度合作。2014 年 11 月，经中国教图公司的翻译推广，《三体》英文版正式出版发行。此后，《三体》在世界各地斩获包括雨果奖在内的各大科幻奖项，输出 30 多个语种，外文版累计销量超过 330 万册。

签约《三体》英文版的托尔图书成立于 1980 年，是全球最大的幻想文学出版社。鉴于《三体》及刘慈欣在英语世界不断发酵的影响力和不断扩大的粉丝群体，出版社提前续约该作，并开出了 125 万美元的高价。据悉，自托尔图书成立以来，获得其百万美元以上预付版税的作家不超过 5 人，而刘慈欣便是其中之一，也是最新的一位。

（资料来源：《中国新闻出版广电报》
作者：刘蓓蓓）

【《2021 年度掌阅数字阅读报告》发布】 2022 年 1 月 14 日，掌阅科技发布了《2021 年度掌阅数字阅读报告》（以下简称《报告》）。《报告》显示，2021 年度掌阅平台用户数字阅读时间分布均匀，人均阅读时长、人均听书时长、最长阅读时长较 2020 年度分别上涨 23.39%、35.71%、17.07%。

从用户构成上看，30 岁以下的网生代用户是平台数字阅读的主力军，占比 56%。从用户分布上看，广东、山东、河南、江苏、浙江的用户较多，北京、重庆、深圳、上海、南京等的用户对数字阅读接受程度较高。

从内容类型偏好上看，有 54.56% 的平台用户偏爱网络文学。此外，主题出版物及主旋律内容成为用户新晋喜好的内容品类。

在文化"走出去"战略下，掌阅 iReader 国际版已覆盖全球 150 多个国家和地区。其中，"一带一路"沿线国家和地区及非洲地区国家 2021 年用户增长最为明显。《报告》显示，2021 年度掌阅 iReader 国际版新增用户占比达到 28.07%，18 岁至 24 岁新用户数量增速最快。突尼斯、孟加拉国、摩洛哥、沙特阿拉伯、越南等国用户数量增速最快。

（资料来源：《中国新闻出版广电报》

作者：李婧璇）

【2021 年全国规模以上文化及相关产业企业营业收入增长 16%】 2022 年 1 月 30 日，国家统计局披露数据，2021 年全国规模以上文化及相关产业企业营业收入 119 064 亿元，按可比口径计算比上年增长 16.0%。

分业态看，文化新业态特征较为明显的 16 个行业小类实现营业收入 39 623 亿元，比上年增长 18.9%；两年平均增长 20.5%，高于全部规模以上文化及相关产业企业 11.6 个百分点。

分行业类别看，新闻信息服务营业收入 13 715 亿元，比上年增长 15.5%；内容创作生产营业收入 25 163 亿元，增长 14.8%；创意设计服务营业收入 19 565 亿元，增长 16.6%；文化传播渠道营业收入 12 962 亿元，增长 20.7%；文化消费终端生产营业收入 22 654 亿元，增长 16.2%。

分区域看，东部地区实现营业收入 90 429 亿元，比上年增长 16.5%；中部地区营业收入 17 036 亿元，增长 14.9%；西部地区营业收入 10 557 亿元，增长 13.7%；东北地区营业收入 1 042 亿元，增长 11.0%。

（资料来源：国家统计局）

【全国首家图书类版权交易中心落户山东】
2022 年 1 月，国家版权局正式批复在泰山新闻出版小镇设立泰山国家图书版权交易中心。此中心是目前全国唯一的图书类版权交易中心，通过"政府主导、企业主体、多元投入"的运营方式，以图书版权资源为依托、以产权交易为核心，运用"版权＋服务＋维权＋评估＋科技"的模式，通过开展版权确权、登记、评估、推广、交易、质押融资等服务，促进图书出版和知识产权推广，加快知名品牌创建，提高图书版权交易量和附加值。

目前，泰山国家图书版权交易中心已吸引中国新闻出版传媒集团、中国大百科全书出版社、机械

工业出版社等 40 余家单位签约入驻。

泰山国家图书版权交易中心将加强宣传推介力度，加大政策扶持力度，创新监管模式，筹划建立评估指标体系、版权资产管理体系和版权人才培育体系，构建政府监管、企业自主、行业自律与公众监督相结合的版权保护社会共治新格局，努力打造"立足泰山、服务全国"的图书版权资源腹地和发展高地。

（资料来源：《大众日报》 作者：赵琳）

【2022 年春节档电影票房位列春节档影史第二】
2022 年 2 月 7 日，国家电影局统计数据显示，2022 年春节档（除夕至正月初六，1 月 31 日至 2 月 6 日）全国城市影院电影票房为 60.35 亿元，观影人次为 1.14 亿。截至 2022 年 2 月 6 日，全年总票房 87.14 亿元，同比增长 142.5%。

2022 年春节档总票房已超过 2019 年同期水平，位列中国影史第二。其中，《长津湖之水门桥》以 25.28 亿元的票房成绩荣获春节档票房榜第一；《这个杀手不太冷静》排名第二，共斩获 13.87 亿元；《奇迹·笨小孩》位居第三，累计票房 6.67 亿元；《熊出没·重返地球》《四海》《狙击手》《喜羊羊与灰太狼之筐出未来》《小虎墩大英雄》紧随其后。

（资料来源：人民网 作者：郭冠华）

【快手拿下欧冠直播和短视频二创版权】 2022 年 2 月 21 日，快手体育与欧足联达成版权合作，成为本赛季（2021/2022 赛季）欧冠联赛官方直播及短视频平台，同时获得欧冠联赛直播以及短视频二创的授权。快手从 2 月 16 日起，免费直播欧冠联赛淘汰赛阶段全场次，并邀请明星解说陪用户看球。

快手方面介绍，通过与欧足联达成版权合作，将为用户提供更便捷、高质量的欧冠观赛体验；而通过将版权二创开放给优质内容创作者，把赛事内容延伸到了赛事之外，在充分发挥版权内容价值的同时，也不断探索体育赛事版权消费新场景，为平台和创作者提供更多新的商业机会。

业内人士分析认为，本次快手和欧足联的合作，是快手体育持续发力国际化体育内容布局的又一重要动作。围绕体育 IP 产生的粉丝经济、商业合作，也因为短视频平台的连接而有了更多可探索的市场空间。

（资料来源：《北京日报》 作者：袁璐）

【第49次《中国互联网络发展状况统计报告》发布】 2022年2月25日，中国互联网络信息中心（CNNIC）发布第49次《中国互联网络发展状况统计报告》（以下简称《报告》）。

《报告》显示，截至2021年12月，中国网民规模达10.32亿，较2020年12月增长4296万，互联网普及率达73.0%。

《报告》显示，在网络基础资源方面，截至2021年12月，中国域名总数达3593万个，IPv6地址数量达63 052块/32，同比增长9.4%；移动通信网络IPv6流量占比已经达到35.15%。在信息通信业方面，截至2021年12月，累计建成并开通5G基站数达142.5万个，2021年新增5G基站数达到65.4万个；有全国影响力的工业互联网平台已经超过150个，接入设备总量超过7 600万台套，全国在建"5G＋工业互联网"项目超过2 000个，工业互联网和5G在国民经济重点行业的融合创新应用不断加快。

《报告》显示，2021年中国网民总体规模持续增长。一是城乡上网差距继续缩小。中国现有行政村已全面实现"村村通宽带"，贫困地区通信难等问题得到历史性解决。我国农村网民规模已达2.84亿，农村地区互联网普及率为57.6%，较2020年12月提升1.7个百分点，城乡地区互联网普及率差异较2020年12月缩小0.2个百分点。二是老年群体加速融入网络社会。得益于互联网应用适老化改造行动持续推进，老年群体连网、上网、用网的需求活力进一步激发。截至2021年12月，中国60岁及以上老年网民规模达1.19亿，互联网普及率达43.2%。老年群体与其他年龄群体共享信息化发展成果，能独立完成出示健康码/行程卡、购买生活用品和查找信息等网络活动的老年网民比例已分别达到69.7%、52.1%和46.2%。

《报告》显示，截至2021年12月，在线办公、在线医疗用户规模分别达4.69亿和2.98亿，同比分别增长35.7%和38.7%，成为用户规模增长最快的两类应用；网上外卖、网约车的用户规模增长率紧随其后，同比分别增长29.9%和23.9%，用户规模分别5.44亿和4.53亿。

《报告》显示，2021年中国互联网应用用户规模保持平稳增长。截至2021年12月，在网民中，即时通信、网络视频、短视频用户使用率分别为97.5%、94.5%和90.5%，用户规模分别达10.07亿、9.75亿和9.34亿。

CNNIC第49次《报告》还以专题形式重点关注了中国未成年人互联网使用的相关情况。

（资料来源：《科技日报》 作者：崔爽）

【迪士尼买下电视剧《人世间》海外发行权】 2022年3月，美国迪士尼购买电视剧《人世间》海外发行权。

《人世间》是梁晓声创作的长篇小说，以东北某市周家三兄妹的生活轨迹为脉络，多角度、多方位、多层次地描写了中国社会50年的巨大变迁和百姓生活的跌宕起伏。2019年，《人世间》获第十届茅盾文学奖。电视剧《人世间》于2022年1月28日起在中央广播电视总台综合频道和爱奇艺播出，引发广泛关注。与原著相比，电视剧尽量保留了原著的核心情节，还加入了一些新内容，比如"光字片"拆迁、深圳开发建设等情节，这些内容在小说里被一笔带过，而在剧中则占了不小的篇幅；小说没有描写当下生活，电视剧则对接近当下时代的故事做了详细补充。

该剧导演李路介绍，这部剧开机1个月以后，迪士尼就预购了这部剧的海外独家发行权。这对他们的拍摄产生很大的影响，他们力图使每一个镜头、每一句台词、每一场戏都带有国际视野。李路表示，迪士尼购买这部剧，是希望海外观众通过这部剧来看中国社会近50年来发生了什么样的变化，这些变化是怎样发生的。

（资料来源：《中国知识产权报》 作者：侯伟）

【广州黄埔区出台大湾区首个元宇宙专项扶持政策】 2022年4月6日，广州市黄埔区、广州开发区举行新闻发布会，发布《广州市黄埔区、广州开发区促进元宇宙创新发展办法》（以下简称"元宇宙10条"）。该政策是粤港澳大湾区首个元宇宙专项扶持政策。

"元宇宙10条"扶持范围涵盖技术创新、应用示范、知识产权保护、人才引流、交流合作、基金支持等十个方面，重点培育工业元宇宙、数字虚拟人、数字艺术品交易等体现元宇宙发展趋势的领域。

根据"元宇宙10条"，广州市黄埔区、广州开发区将从建设具有黄埔特色的元宇宙标志性场景、元宇宙关键共性技术与通用能力的价值创新与公共服务平台打造、特定研究方向的元宇宙相关项目等三个层面进行支持，最高补贴各达500万元。

按照计划，黄埔区、广州开发区将重点引进和培育一批掌握元宇宙关键技术及应用的领军企业，对入驻该区认定的"专精特新产业园"的元宇宙专精特新企业,最高将给予100万元租房补贴、500万元购置办公用房补贴。

"元宇宙10条"特设"加大人才引流"条目,分层、分类对人才给予最高500万元、300万元、200万元购房补贴,同时将区领军人才工程覆盖到元宇宙等相关产业。

(资料来源:《羊城晚报》 作者:侯梦菲 柳卓楠)

【中国社科院发布《2021中国网络文学发展研究报告》】 2022年4月7日,中国社会科学院发布《2021中国网络文学发展研究报告》(以下简称《报告》),以行业数据为分析蓝本,从内容题材、内容消费、创作生态、网文IP和网文出海五个层面分析了网络文学的发展脉络和趋势特征。

《报告》指出,网络文学被赋予用情用力书写中国故事,推进、助力全民阅读的新使命与新任务,展现出应有的社会责任和文化担当,呈现出继往开来、气象一新的风貌特质。截至2021年底,中国网络文学用户总规模达到5.02亿,同比增加4 145万,占网民总数的48.6%。中国作协网络文学中心发布的《2020中国网络文学蓝皮书》显示,"95后"已成为创作主力,自2018年以来实名认证的新作者中"95后"占比达到74%。

《报告》提出,2021年,大众创作推进"题材转向",网络文学成为反映当下时代生活和社会思潮的一面镜子。各行各业一线从业者涌入创作队伍,用网文记录行业发展、时代风貌,侧写中国当代的经济腾飞与科技发展,彰显中国精神,展现中国气象。网络文学成为大众创作、普通人记录中国故事的重要手段。数据显示,现实题材在2016—2021年五年内复合增长率超30%,位于全类目第二,也是2021年增速TOP5的品类;与此同时,科幻题材已成为网络文学的五大品类之一,网络文学是科幻小说本土化的重要路径。

《报告》表示,网文出海方面也实现阶段性跨步,全方位传播、大纵深推进、多元化发展的全球局面正在形成,出海模式从作品授权的内容输出提升到了产业模式输出,"生态出海"的大趋势已崭露头角。

近年来,中国网络文学共向海外传播作品10 000余部。其中,实体书授权超4 000部,上线翻译作品3 000余部,网站订阅和阅读App用户1亿多。中国网络文学国际传播经历了从个人授权出版、平台对外授权、在线翻译传播到本土生态建立

四个发展阶段,传播方式主要有实体书出版、IP改编、在线翻译、海外本土化、投资海外平台。

此外,《报告》还特别指出版权保护的重要性。2020年,中国网络文学整体市场规模为288亿元,盗版损失规模同比2019年上升6.9%,达到60.28亿元,盗版损失规模占总体市场规模的21%。《报告》认为,应进一步强化对网络文学版权保护的监管力度、打击力度和宣传力度,形成自上而下综合治理的常态,从盈利源头斩断盗版利益链条。

(资料来源:人民网 作者:郭冠华)

【"区块链+图书"项目"数字藏书"上线】 2022年4月23日,全国首个区块链图书融合出版发行项目"数字藏书"在阿里拍卖上线发布。"数字藏书"项目是由国家新闻出版署科技与标准综合重点实验室区块链版权应用中心牵头,经新华文轩旗下四川数字出版传媒近3个月的论证、策划、实施,联合阿里拍卖,利用数字中国链、知信链、繁星超越共同推出。

"数字藏书"首创性地实现了实体图书与数字资产的结合,为每本具有珍藏价值的限量图书上链颁发唯一、不可篡改的原作者亲笔签名的数字"身份证"——"区块链资产数字凭证"。数字"身份证"号码(哈希)以同样具有收藏价值的限量数字藏书票、数字书封等数字周边为载体,与每本不同编号的实体图书锚定,唯一对应。

"数字藏书"交易的权益包括图书数字周边的信息网络传播权、图书资产的所有权。用户购买后,将同时拥有纸质实体书和数字周边的资产。

"数字藏书"首发作品包括四川数字出版传媒与数字中国链、知信链联合四川人民出版社、浙江人民出版社、湖南人民出版社、巴蜀书社、天地出版社、四川文艺出版社、浙江文艺出版社等推出的珍藏版数纸融合产品——《瞻对》《变形金刚绝密人物大图鉴典藏:汽车人物篇》《刘心武爷爷讲红楼梦之十二金钗》《刘墉带你看宋画》《马识途西南联大甲骨文笔记》《漫画百年党史:开天辟地1921—1949》《望江南》《永远的袁隆平》《毛泽东早期文稿》《造浪者:互联网大佬没告诉你的事儿都在这儿了》《从秦朝开始到清朝结束:大秦风云》等,产品形态为区块链限量珍藏实体书+区块链限量数字藏书票,产品设计精美,全网唯一。

"数字藏书"项目未来将充分发挥新华文轩极具影响力的图书出版发行地位优势,常年有近百万级的动销图书资源在知信链进行认证、确权上链、生

成资产,由数字中国链锚定、分布式存储唯一的"资产数字凭证"为每册图书资产赋予更高的珍藏价值。

(资料来源:《中国新闻出版广电报》 作者:韩阳)

【国家广电总局发布《2021年全国广播电视行业统计公报》】 2022年4月25日,国家广电总局发布《2021年全国广播电视行业统计公报》(以下简称《公报》)。《公报》显示,2021年互联网视频年度付费用户已超7亿。

《公报》显示,2021年全国制作广播节目时间812.71万小时,同比下降1.01%;播出时间1 589.49万小时,同比增长0.55%。制作电视节目时间305.96万小时,同比下降6.79%;播出时间2 013.99万小时,同比增长1.29%。

《公报》介绍,截至2021年底,有线电视网络整合与广电5G建设一体化加快发展,全国有线电视实际用户数2.04亿户,同比下降1.45%;高清和超高清用户1.09亿户,同比增长7.92%;智能终端用户3 325万户,同比增长11.39%。有线电视双向数字实际用户数9 701万户,同比增长1.57%,高清超高清视频点播用户3 992万户,占点播用户的比例达95.3%。全国交互式网络电视(IPTV)用户1超过3亿户,互联网电视(OTT)用户2达10.83亿户,互联网视频年度付费用户7.1亿,互联网音频年度付费用户1.5亿,短视频上传用户超过7亿。

在收入方面,《公报》显示,2021年全国广播电视行业总收入11 488.81亿元,同比增长24.68%。其中,广播电视和网络视听业务实际创收收入9 673.11亿元,同比增长25.43%;财政补助收入968.76亿元,与2020年基本持平;其他收入846.94亿元,同比增长58.45%。

(资料来源:国家广播电视总局)

【山东省数字融合版权交易中心揭牌】 2022年4月25日,山东出版集团在济南举办山东省数字融合版权交易中心揭牌仪式。

本次活动通过线上线下同步连线的形式,在京、鲁、杭、沪多地同步举行。山东省委宣传部副部长、省新闻出版局(省版权局)局长钟华,山东出版集团有限公司董事长、省数字融合出版创新创业共同体理事长张志华,山东省科学技术厅副厅长潘军等共同为山东省数字融合版权交易中心揭牌。

张志华在致辞中表示,山东省数字融合版权交

易中心的建设,是山东出版集团"科技+出版"的一项重要成果,是集团创新发展的新探索。山东出版集团2019年12月获批牵头建设山东省数字融合出版创新创业共同体,成立了核心运营机构山东出版数字融合产业研究院。山东省数字融合版权交易中心自2021年11月获批设立以来,围绕"数字版权""数字新文创""互联网内容出海"三个融合发展方向,以区块链技术为支撑,通过确权存证、交易服务、监测维权、价值评估、监管支撑、资产化六大核心业务模块,全力推动数字版权产业与数字新经济深度融合。

山东省委宣传部二级巡视员张晓生表示,山东省版权局在山东省数字融合出版创新创业共同体批准设立山东省数字融合版权交易中心,旨在探索数字版权行业新标准,规范数字版权交易市场,全力推动数字版权产业与数字新经济深度融合,打造数字融合版权交易"山东样板"。交易中心获批以来,已开展了相关标准规范、商业模式的研究,初步完成了交易中心建设规划。下一步,省版权局将继续在版权登记、监测、管理和运营等工作上给予大力支持。

会上还发布了《数字版权行业自律倡议书》,山东省数字融合出版创新创业共同体、山东省5G高新视频创新创业共同体、山东省国际科技合作创新创业共同体、山东省数据要素创新创业共同体等4家省级共同体联合200余家行业企事业单位在线签约。

(资料来源:《中国新闻出版广电报》
作者:左志红)

【2021年中国演出市场总体经济规模335.85亿元】 2022年4月27日,中国演出行业协会在线发布的《2021全国演出市场年度报告》(以下简称《报告》)显示,2021年演出市场总体经济规模335.85亿元(人民币,下同),相较上年同比增长27.76%,相较2019年同比降低41.31%。消费主力是18至39岁的年轻人,其中女性明显高于男性。

《报告》数据显示,2021年演出市场总体经济规模中,演出票房收入140.28亿元,相较上年同比增长183.11%,相较2019年同比降低30.00%;演出衍生品及赞助收入22.06亿元,相较上年同比增长213.80%,相较2019年同比降低40.94%;政府补贴收入(不含农村惠民)88.57亿元,相较上年同比降低39.15%,相较2019年同比降低39.16%。

根据演出项目的场次、票房收入等数据综合统

计分析，排名前 10 位的地区占全国市场份额的比重超过 65%，演出市场地域分布仍存在不均衡问题。其中，演出场次排名前三的是上海、北京和江苏；票房收入前三的是江苏、上海和广东。

值得注意的是，2021 年演出市场消费主力是 18 至 39 岁的年轻人，在购票用户中占比达 76%；购票人群中女性消费者数量明显高于男性，占比为 66%。三年连续的数据监测显示，"95 后""00 后"消费者和女性消费者的占比呈逐年上升趋势。

从艺术门类来看，话剧仍然是最受欢迎的演出类型，小型、沉浸式音乐剧演出场次和票房收入较 2020 年增长显著；舞蹈、脱口秀等类别借助综艺节目向线下引流成果显著。话剧《如梦之梦》无论是平均单场票房还是年度票房和场次，都位居该类别首位。

（资料来源：中国新闻网 作者：应妮）

【优酷获得羽毛球国际大赛五年直播版权】

2022 年 4 月下旬，优酷与国际羽联达成合作协议，未来五年将对汤姆斯杯、尤伯杯和苏迪曼杯等羽毛球世界大赛进行直播。

此合作将使优酷在 2022 年转播共 23 项世界羽联赛事，总计 146 个比赛日。

2022 年 4 月 29 日开始，优酷将直播羽毛球亚锦赛复赛阶段的全部比赛，鲍春来、高崚、王适娴等退役世界冠军和奥运冠军将进行专业点评。

2022 年羽毛球亚锦赛在菲律宾马尼拉举办，已由超级 500 赛事升级为超级 1 000 赛事，冠军可获 12 000 个积分。中国羽毛球队派出女双陈清晨/贾一凡、混双郑思维/黄雅琼、女单何冰娇等主力出战。桃田贤斗、金廷、山口茜、辛杜等世界名将也会悉数上阵。

（资料来源：新华社 作者：季嘉东 许仕豪）

【爱奇艺体育获意甲联赛转播权】

2022 年 5 月 19 日，爱奇艺体育宣布获得意甲联赛转播权，将从下赛季开始全程直播意大利足球甲级联赛。至此，爱奇艺体育的顶级足球赛事 IP 矩阵又添重磅内容：继英超、西甲、欧冠联赛之后，爱奇艺体育球迷可在平台享受更丰富的一站式足球内容服务。

2022/2023 赛季的意甲联赛将于 2022 年 8 月 14 日开赛，届时，球迷们可以通过爱奇艺体育 App、爱奇艺体育频道、爱奇艺体育 PC 端、Web 端及奇异果 TV 端全平台收看意甲精彩赛事。

爱奇艺体育将推出意甲新鲜资讯、赛事前瞻、前方直击、赛场集锦等全方位、多角度内容，并将

通过与意甲俱乐部的深度合作，提供更多新鲜、有趣的互动活动，让球迷们更近距离地感受意甲的魅力。意甲观赛权益方面，购买爱奇艺体育爱足球年卡，就可享受跳广告、1080P 高清画质以及多语解说服务，在 8 月意甲开赛前购买还可同时获赠银河奇异果电视端足球权益，尽享手机、电视、电脑、平板四端通看，大小屏联动的沉浸式观赛体验。

作为球迷首选的体育视频平台，爱奇艺体育始终坚持深耕全球头部足球赛事 IP，先后与欧足联、亚足联、英超联盟、西甲联盟等世界著名赛事机构达成长期合作，形成了丰富的足球顶级版权赛事 IP 矩阵。加之平台在内容运营、技术创新、会员服务、商业化营销场景等领域的精细探索，爱奇艺体育已成为品牌方最值得信赖的体育营销合作伙伴。

（资料来源：中国日报网）

【抖音集团与中央广播电视总台就 2022 年世界杯转播达成合作】

2022 年 6 月 21 日，中央广播电视总台与抖音集团联合举办云发布活动，宣布抖音集团成为 2022 年卡塔尔世界杯持权转播商、中央广播电视总台直播战略合作伙伴。中央广播电视总台编务会议成员兼总经理室总经理彭健明、抖音集团 CEO 张楠在线致辞并共同启动双方合作。

彭健明在致辞中表示，足球被誉为"世界第一运动"，世界杯则是这项第一运动的顶级盛宴，吸引着规模最为庞大的观众群体。中央广播电视总台和抖音集团在版权合作和新媒体传播上有着较强的优势互补性。在过去良好合作的基础上，2022 年卡塔尔世界杯给双方创造了新的合作契机，让抖音和中央广播电视总台得以携起手来，共同创造和发掘新的合作模式和技术手段，共同实现更好的新媒体传播效果和更大的社会效益。

张楠在致辞中表示，抖音已成为许多体育爱好者喜欢的产品。不管是赛事直播、体育视频的二次创作，还是健身达人的知识分享，都能在抖音找到，抖音里的体育生态越来越丰富。对于即将到来的世界杯，抖音和所有人一样充满期待，将与中央广播电视总台紧密携手，通过打造更多喜闻乐见、有创意的互动形式丰富大家的直播体验，为大家献上一场精彩并且难忘的世界杯盛宴。

《2021 抖音体育生态白皮书》显示，过去一年，抖音体育在内容供给、消费和传播等方面，都有显著发展。截至 2022 年初，抖音粉丝过万的体育创作者数量超过 6 万人，体育直播的开播数量和观看人次增长约 50%。近期调研显示，抖音用户对卡塔尔

世界杯充满期待。

（资料来源：封面新闻　作者：郭闻涓）

【乐视视频与快手达成合作】 2022 年 6 月 30 日，快手宣布与乐视视频就乐视的独家自制内容达成二创相关授权合作，快手创作者可以对乐视视频独家自制版权作品进行剪辑及二次创作，并发布在快手平台内。乐视视频通过接入快手小程序平台，不仅可以触达更海量的用户，而且能借助小程序的功能实现会员拉新及内容变现。快手方面表示，将借助小程序平台的优势及能力，持续探索长短视频的双赢之路。

2022 年春节期间，二者就曾展开合作，乐视视频免费为快手提供热门影视内容，据快手数据，相关合作剧集的日播放量最高有 3～5 倍的增长。

快手小程序负责人表示，此次快手小程序和乐视达成二创版权合作，双方共享用户集体创作的内容红利，也契合快手在发力视频创作领域的需求，希望此次与乐视的深度合作，能持续为业内长短视频版权合作机制提供有益借鉴。

乐视视频负责人表示，好作品和二创内容是相辅相成的，希望这次长短视频的合作能实现乐视视频、快手小程序以及平台创作者共赢，让经典的影视作品得到重生，也期待未来更多优秀的影视作品及二创作品的诞生。

（资料来源：《新京报》　作者：宋美璐）

【首都数字版权交易中心在京成立】 2022 年 7 月 5 日，首都数字版权交易中心在中国（北京）出版创意产业基地召开成立大会和首都数字艺术版权交易平台启动仪式。

首都数字版权交易中心是由首都版权协会和第一视频（北京）国际文旅集团有限公司（以下简称"第一视频集团"）合作设立的专业数字版权服务机构。该机构旨在推动首都出版业高质量发展，探索数字版权产业发展趋势及艺术版权交易新标准，构建版权交易评估定价体系。

北京市委宣传部一级巡视员、市新闻出版局（市版权局）局长王野霏，中国互联网协会副理事长、第一视频集团董事局主席张力军，中国版权协会常务副理事长于慈珂等为首都数字艺术版权交易平台上线揭牌。首都数字艺术版权交易平台上线后，将着力研讨文化创意产业与网络技术融合发展的新课题，推动、引导数字出版、数字艺术、虚拟与现实、艺术品授权等新业态合理有序发展，探索艺术

版权交易新标准，通过区块链技术为创作者及用户打造集创作、确权、发行、流转于一体的安全、高效、便捷的一站式服务平台。同时，首都数字版权交易中心还将建设版权作品展示馆、版权大数据库等基础服务设施。

首都版权协会和第一视频集团签署了共建首都数字版权交易中心的战略合作协议书。北京印刷学院新媒体学院、作家出版社、聂卫平围棋道场、丝路手信·敦煌博物馆官方文创团队、英国国家美术馆等机构也作为首都数字艺术版权交易平台首批内容提供方与第一视频集团签订了合作协议。

（资料来源：《中国新闻出版广电报》
作者：李婧璇）

【北京舞台剧版权交易服务平台成立】 2022 年 7 月 9 日，北京文化产权交易中心与涌现文化娱乐发展（北京）有限公司就舞台剧版权交易服务平台合作签约仪式在京举行。作为中国文交所中第一个舞台剧类创作产品、产权的公开交易平台，舞台剧版权交易服务平台将为舞台剧行业机构提供公正、公开化服务，解决舞台剧产品、产权交易难，版权评估难及机构融资难等痛点。

舞台剧版权交易服务平台是北京文化产权交易中心知识产权综合服务平台重点建设内容之一，将致力于版权保护、版权交易、版权维权和金融增值等功能服务，将通过"版权＋"国际贸易模式，聚合海内外舞台剧版权供需双方，挖掘版权的市场价值，促进舞台剧从内容到形式形成标准体系，创作出更多的优秀作品，服务百姓向往美好生活的精神需要。

（资料来源：《北京日报》　作者：王润）

【《中国沉浸式剧本娱乐行业研究报告（2021—2022)》发布】 2022 年 7 月 14 日，中国文化娱乐行业协会联合美团研究院发布《中国沉浸式剧本娱乐行业研究报告（2021—2022)》（以下简称《报告》），并联合剧本杀、密室行业代表商家共同发起《沉浸式剧本娱乐行业规范经营倡议书》，从剧本内容正确导向、未成年人保护等方面做出行业表率。

《报告》显示，从 2018 年至 2021 年，密室逃脱类、剧本杀类经营场所的总体数量增长幅度超过 400％，沉浸式剧本娱乐行业的规模快速扩大。2022 年受疫情反复影响，行业发展略显受挫，据中国文化娱乐行业协会测算，2022 年行业年营业收入将从 2021 年的近 200 亿元缩减至 170 亿元。

《报告》分析指出，部分城市的核心商圈已出现以沉浸式剧本娱乐行业为主的集群，产生了集群效应，培育了特色鲜明的消费文化，同时也拉动了周边区域的其他消费。经营场所数量分布以京沪最为聚集，成都、武汉等为第二梯队。

《报告》显示，从2017年到2021年，密室逃脱类经营场所数量快速增加，增幅超过120%，而剧本杀类经营场所数量增幅超过100倍。中国文化娱乐行业协会预测，2022年整体经营场所数量将有明显缩减，密室逃脱类预计下降29%，剧本杀类预计下降35%。

《报告》还指出，2020—2021年，线上剧本杀迎来流量高峰期，平均月用户增长数量保持在170万左右。

（资料来源：中国证券网　作者：杨翔菲）

【江苏（南京）版权贸易博览会实现版权交易签约1.65亿元】

2022年7月24日，第三届江苏（南京）版权贸易博览会在南京国际展览中心落下帷幕。

本届江苏（南京）版权贸易博览会以"激活版权资源，激发创新活力"为主题，聚焦打造版权产业展示交流、版权成果转化运用、版权发展专业研讨、版权知识传播普及4个平台，彰显了新时代江苏版权产业发展的喜人成果。

本届江苏（南京）版权贸易博览会共实现版权交易签约1.65亿元，签订销售合同451.88万元，涉及经典IP、馆藏文物、画稿设计、网络文学、视觉艺术、影视动漫、国产软件等领域的授权交易，30多家上游版权企事业单位现场为中下游版权相关企业提供了版权授权方案。此外，举办了10多场专业论坛和各类路演活动，让86万观众在线上线下领略了江苏原创文化之美。

（资料来源：《中国新闻出版广电报》
作者：赖名芳）

【北京市发布数字人产业创新发展行动计划】

2022年8月5日，北京市经济和信息化局发布《北京市促进数字人产业创新发展行动计划（2022—2025年）》（以下简称《行动计划》），提出到2025年，北京数字人产业规模突破500亿元，培育1～2家营收超50亿元的头部数字人企业、10家营收超10亿元的重点数字人企业，建成10家校企共建实验室和企业技术创新中心，打造5个以上共性技术平台，培育20个数字人应用标杆项目，建成2个以上特色数字人园区和基地。

《行动计划》是国内出台的首个数字人产业专项支持政策，从构建数字人全链条技术体系、培育标杆应用项目、优化数字人产业生态等方面为支持数字人产业发展提供指引；围绕首都城市战略定位，紧抓数字人产业发展特点，坚持技术与规则并重，统筹发展和安全，提出构建具有竞争力的技术体系、创新活跃的业态模式和包容审慎的治理机制，全方位推动数字人技术突破、应用示范和产业聚集，形成具有互联网3.0特征的产业发展新范式。

《行动计划》提出，创新引领，构建数字人全链条技术体系。将鼓励研发并推广虚拟现实、增强现实、混合现实终端设备及裸眼3D、全息成像等数字人显示解决方案；广泛应用语音识别、语音合成、自然语言理解等人工智能技术，研发智慧大脑、情感计算等新算法，提升数字人交互体验。将布局高精度低延迟的渲染云计算平台、边缘计算设施，结合5G等高性能通信网络，提升数字人的计算能力。

推动数字人进入数字消费领域，支持开展数字人电商直播、数字人流媒体制作等业务，搭建全场景XR数字化呈现软硬件场地等运营设施。此外，将数字人纳入文化数据服务平台，汇聚文化数据信息，完善文化市场综合执法体制，依法合规开展数据交易业务，强化文化数据要素市场交易监管。基于区块链技术，探索构建数字人模型、皮肤、纹理等数据要素交易平台。基于数据专区和大数据交易所，试点数字人数字资产评估工作。

（资料来源：《人民邮电报》）

【景德镇国家陶瓷版权交易中心上线运营启动仪式举行】

2022年8月28日，景德镇国家陶瓷版权交易中心上线运营启动仪式在国家陶瓷版权交易中心综合展示馆隆重举行，首批上线运营的业务板块全部开花结果。

启动仪式上进行了国家陶瓷版权交易中心上线运营信息发布，介绍了交易界面、交易规则及交易进度等情况。按照版权交易中心交易业务先易后难、由表及里、全面纵深推进的谋划布局，当天推出的上线运营业务有三个方面：一是利用由腾讯微盟集团构建的版权中心微信公众号程序，开通版权拍卖业务，可进行"版权＋实物、版权转让、部分版权授权许可"多元组合拍卖。二是开通版权商城，当天推出92幅非遗传承人的各类作品，全部进行了版权登记，具有确权确真的公信力。三是开通数字文创平台业务，探索推出数字文创版权交易业务，尝试将文化创意、数字创意和版权交易相互融合，按照合法合规路径，进一步丰富陶瓷数字版权资产交易模式。启动仪式后，与会领导嘉宾观摩了线上拍卖、版权商城及数字文创交易实况。

截至当天下午 4 点，版权交易中心此次首批上线运营的业务板块全部开花结果，版权作品线上成交额已达 50 余万元。其中版权拍卖板块推出的 10 件作品成交 4 件，拍卖价款共计 15.2 万元，分别为中国工艺美术大师赖德全和陶瓷非遗传承人中青年艺术家的版权作品。此轮版权作品拍卖活动将持续一个月循环进行，所有拍品有望全部成交。版权商城和版权数字文创平台线上成交价款已突破 35 万元。

（资料来源：《景德镇日报》 作者：吴立群）

【《深圳经济特区数字经济产业促进条例》11 月起实施】 2022 年 8 月 30 日，《深圳经济特区数字经济产业促进条例》（以下简称《条例》）通过表决，将助力深圳打造全国数字经济创新发展试验区和全球数字先锋城市。《条例》将于 2022 年 11 月 1 日起实施。

2021 年深圳市数字经济核心产业增加值总量和其占全市地区生产总值的比重均位居全国第一。然而，一方面，产业仍存在管理体制机制创新不足、信息基础设施配套不全、数据资源要素利用率不高、关键核心技术受制于人、对外开放合作不够深入等诸多问题；另一方面，云计算、大数据、物联网、工业互联网、区块链、人工智能、虚拟现实和增强现实等数字技术层出不穷，新业态、新模式不断涌现，也对社会管理和治理水平提出了更高要求。

为破解痛点难点，《条例》要求，政府应厘清数字基础设施的范围，统筹推进信息、融合、创新等数字基础设施建设，针对深圳重大产业发展需求和应用场景，编制数字基础设施建设规划。

同时，培育数据要素市场，除了通过市场培育、数据开源、数据融合、数据评估、数据交易规则、第三方数据服务等进一步推动各类数据要素快捷流动、各类市场主体加速融合外，还将探索建立数据生产要素会计核算制度，准确、全面反映数据生产要素的资产价值，推动数据生产要素资本化核算。

为补齐关键核心技术短板，《条例》提出，推动政府部门协同高等院校、科研机构和企业在高端芯片、基础和工业软件、人工智能、区块链、大数据、云计算、信息安全等领域的数字关键核心技术攻关。

加快数字经济领域高水平科研及产业转化平台建设，推进数字经济产学研合作，并规定利用财政性资金或国有资本购置、建设的科技创新平台和重大科技基础设施，按照规定向社会开放。

鼓励科研机构、行业协会、产业联盟、企业等参与制定数字经济国际规则、国际标准、国家标准、行业标准和地方标准，自主制定数字经济团体标准、企业标准。

为更大程度降低企业之间协作发展的成本，《条例》除了促进相关领域数字经济产业向集群化发展升级外，还将根据产业特点和区域优势，统筹规划各自领域数字经济产业集群空间布局，建设数字经济产业特色园区。同时，鼓励数字经济产业生态主导型企业搭建生态孵化平台，引领中小微企业协同建设生态圈，形成大中小微企业协同共生的数字经济产业生态。

在推动产业升级上，则将以支持制造业、服务业领域的数字化改造和转型升级为主线，推动数字技术与实体经济深度融合，并明确深圳城市治理、政务服务、交通、医疗、文化体育、金融、教育等场景的数字化应用及推进主体。

此外，《条例》强调要深化数字经济产业国际合作，将加强同国内其他区域数字经济产业合作，积极融入国内国际双循环；支持数字经济产业生态主导型企业发起设立国际性产业与标准组织，吸引数字经济领域国际性产业与标准组织迁址深圳或者在深圳设立分支机构，鼓励深圳企业和其他组织参与制定国际产业标准；提升跨境通信传输能力和国际数据通信服务能力，推动深圳建设成为国际数据枢纽中心。

（资料来源：《南方日报》 作者：张玮）

【全国文化大数据交易中心上线试运行】 2022 年 8 月 31 日，深圳文化产权交易所承建的全国文化大数据交易中心上线试运行。上线以来，平台陆续吸引中国数字文化集团、国家图书馆出版社、雅昌文化集团、保利影业投资有限公司、中国音像著作权集体管理协会、深圳广电集团等文化机构入驻，这标志着文化大数据体系建设又迈出了重要的一步。

2022 年 3 月，由中央文化体制改革和发展工作领导小组办公室批复同意，深圳文化产权交易所承接全国文化大数据交易中心试点建设工作。

深圳广电集团副总编辑、全国文化大数据交易中心建设工作专班常务副组长、深圳文化产权交易所相关负责人于德江介绍，全国文化大数据交易中心设立的初衷是"五个服务"：服务国家文化数字化战略，服务国家文化大数据体系建设，服务挖掘和盘活中华优秀传统文化资源，服务文化机构的数字化转型，服务培育新型文化消费业态和方式。

全国文化大数据交易中心主要有五大属性：充当专网平台，充分保障数据安全；充当数据超市，让交易主体进入数据超市开店并开展交易业务；充当要素市场，服务文化生产和文化产业发展；构建全链条交易生态，贯穿从数据挖掘、数据生产到数据消费的多个环节；作为交易引擎，推动场内交易与场外应用分发良性循环。

全国文化大数据交易中心的交易标的物分为文化资源数据和文化数字内容两类，按范围分为中华优秀传统文化、革命文化和社会主义先进文化三大类。按照"物理分布、逻辑关联"原则，汇集古籍、美术、地方戏曲剧种、民族民间文艺、农耕文明遗址等资源。

（资料来源：《中国新闻出版广电报》 作者：徐平）

【中国版权保护中心与蚂蚁链共建数字版权链】
2022 年 8 月，中国版权保护中心（以下简称"版权中心"）与蚂蚁集团蚂蚁链（以下简称"蚂蚁链"）正式签署合作协议，双方将以共建数字版权链（DCI 体系 3.0）为核心，以共同推进中央网信办等十六部门联合批准的国家"区块链＋版权"特色应用试点项目为契机，探索构建互联网版权服务创新机制和产业新生态，助力国家文化数字化战略实施和产业高质量发展。

数字版权链（DCI 体系 3.0）是版权中心创新提出的具备自主知识产权的数字版权公共服务创新模式，DCI（Digital Copyright Identifier，数字版权标识符）标准是数字版权链的基本内核，用于标识和描述数字网络环境下权利人与作品之间一一对应的版权权属关系。

数字版权链（DCI 体系 3.0）是数字世界的版权基础设施，随着更大规模的推广应用，未来 DCI 将成为数字时代信息内容不可或缺的"版权身份证"标识。此次合作双方将共同致力于满足海量数字内容对版权保护与服务创新的迫切诉求，面向互联网平台亿级用户提供即时 DCI 申领、按需办理数字版权登记的版权权属确认服务。

基于此次合作，蚂蚁链将积极投身版权中心牵头的国家新闻出版署出版业（含版权）科技与标准重点实验室——"DCI 技术研究与应用联合实验室"建设。蚂蚁链旗下鹊凿平台将在版权中心的专业指导下基于数字版权链（DCI 体系 3.0）进行全面标准化升级，推进数字版权登记服务模式创新与实践。

全国政协委员，版权中心党委书记、主任孙宝林表示，版权作为数字时代海量数字内容的核心资产和制度支撑，其权利归属、价值转化释放等，对数字经济及文化高质量发展的作用日益凸显。

蚂蚁集团副总裁蒋国飞表示，针对分散的版权权属数据、交易数据等带来的挑战，以 DCI 标准为引领，以数字版权链为基础支撑，深度融合人工智能、隐私计算和区块链等关键核心技术，实现数字内容的版权资产锚定，让版权权利流转全链路可记录、可验证、可追溯、可审计，从而更好地服务于版权权属确认、授权结算、维权保护等，为版权资产化服务等提供体系化基础设施及服务能力，共同打造数字经济时代的信任新基建。

（资料来源：《北京日报》 作者：孙奇茹）

【安徽首个数字版权品交易业务在安徽文交所正式启动】 2022 年 9 月 26 日，安徽首个数字版权品交易平台"皖字号权证"正式上线。

"皖字号权证"是安徽文交所针对数字版权品交易研发的专业化平台，是国家级"区块链＋版权"试点项目的应用，其以区块链技术链接版权存证、确权、授权、交易各主要节点，打通产业链上下游各环节，实现证与权的一一对应、虚拟与实物的结合。平台坚持三个对应：一是版权对应实物，进行实物性交易；二是版权对应机构，实现机构组织行业产品的交易；三是实物作品对应科技手段，利用数字 ID 完成版权权益性交易。

"皖字号权证"实现了四个"首个"：安徽首个数字版权品交易平台、首个版权权益流转平台、首个版权资产向创意实物转化的平台、首个实物版权权益性证明交易平台。平台的上线，可以规范版权交易、文化艺术品交易，全链条保护版权创作者、消费者的合法权益，进一步激活市场。

"皖字号权证"的上线，是安徽文交所数字版权品交易在国内的率先尝试，集合了省级专业的版权交易机构、区块链溯源技术领先的高科技公司、国内头部数字藏品发行平台等顶级行业资源，致力于将"皖字号权证"打造为版权交易、文化艺术品交易的专业化平台，为文化产业有序发展贡献力量。

该数字版权品利用安徽文交所打造的"安徽版权在线"进行版权登记，使用皖文创链实现确权与存证，以区块链技术进行版权保护，未来将通过"皖字号权证"交易平台进行流转。

（资料来源：中安新闻 作者：苏艺）

【2022 中国元宇宙发展蓝皮书发布】 2022 年 10 月 1 日，《元宇宙蓝皮书：中国元宇宙发展报告（2022）》（以下简称《蓝皮书》）由社会科学文献出版社出版。

2021 年被称为元宇宙元年。元宇宙、虚拟数字人、Web 3.0、NFT、数字经济等概念开始频繁出现在人们的视野里，并不断渗透到各行各业。各大巨头纷纷大力布局元宇宙赛道，市场欣欣向荣，部分技术迎来突破性进展，监管与政策引导双管齐下。这些都显示出元宇宙是数字技术发展的新阶段，是数字经济的新赛道。

《蓝皮书》分为总报告、政策法规篇、技术篇、场景应用篇、市场篇和附录六个部分。书中介绍了元宇宙的起源，梳理了国内外元宇宙在政策、技术、经济等方面的发展现状及其带来的影响与变革，以及我国发展元宇宙面临的问题，同时提出了发展对策，并对元宇宙未来发展趋势进行了预判。

对于 2021 年针对元宇宙领域颁布的相关政策及监管方面存在的问题，《蓝皮书》认为，总体来看，我国政府从不同层面出台了相关政策性文件引导元宇宙健康有序发展。书中分析了元宇宙技术发展的新动向，对于元宇宙重点应用场景进行了描述。过去一年，元宇宙在制造、金融、消费、数字藏品、虚拟数字人等多个领域加速发展，业务面涵盖非常之广。

《蓝皮书》梳理了国内外布局元宇宙的巨头企业的市场现状，并对行业经典案例进行了解析，解读了元宇宙在模式上的创新。此外，为了更全面地呈现我国 2021 年元宇宙行业发展的具体情况与重大事件，书中还对元宇宙发展进行了总结。

（资料来源：《中国新闻出版广电报》
作者：孙海悦）

【2022 年前三季度全国规模以上文化及相关产业企业营业收入增长 1.4%】 2022 年 10 月 30 日，国家统计局发布对全国 6.8 万家规模以上文化及相关产业企业（以下简称"文化企业"）的调查数据：2022 年前三季度，文化企业实现营业收入 86 459 亿元，按可比口径计算，比上年同期增长 1.4%，增速比上半年加快 1.1 个百分点。

分业态看，文化新业态特征较为明显的 16 个行业小类实现营业收入 30 841 亿元，比上年同期增长 3.9%，快于全部规模以上文化企业 2.5 个百分点。

分行业类别看，新闻信息服务营业收入 10 215 亿元，比上年同期增长 2.4%；内容创作生产 18 632 亿元，增长 4.5%；创意设计服务 13 508 亿元，下降 1.6%；文化传播渠道 9 503 亿元，增长 0.5%；文化投资运营 334 亿元，增长 2.0%；文化娱乐休闲服务 812 亿元，下降 14.1%；文化辅助生产和中介服务 11 770 亿元，增长 0.6%；文化装备生产 4 941 亿元，增长 4.7%；文化消费终端生产 16 744 亿元，增长 1.2%。

分产业类型看，文化制造业营业收入 32 171 亿元，比上年同期增长 3.0%；文化批发和零售业 14 124 亿元，增长 0.5%；文化服务业 40 164 亿元，增长 0.5%。

分领域看，文化核心领域营业收入 53 004 亿元，比上年同期增长 1.4%；文化相关领域 33 454 亿元，增长 1.5%。

分区域看，东部地区实现营业收入 65 708 亿元，比上年同期增长 0.4%；中部地区 12 630 亿元，增长 8.4%；西部地区 7 394 亿元，下降 0.3%；东北地区 727 亿元，下降 0.1%。

（资料来源：国家统计局）

【《上海版权产业报告（2020—2021）》发布】 2022 年 11 月 11 日，上海市版权局发布了《上海版权产业报告（2020—2021）》（以下简称《报告》）。

《报告》显示，上海版权产业连续多年保持稳健发展态势，支柱产业地位持续巩固，在促进经济增长、吸纳就业人口、扩大对外贸易方面发挥了重要作用。上海版权产业不仅在全国保持领先，而且在全球也处于先进行列，关键指标远高于全球平均水平。

作为上海城市发展的重要引擎和文化软实力的重要载体，以软件与互联网信息服务、设计、广告、文化艺术、出版发行、广播影视等为代表的核心版权产业占上海全部版权产业的比重持续提升，带动全市经济发展，创造了更多的就业机会，实现了对外贸易的逆势增长。按照世界知识产权组织的统计方法，上海全年版权产业增加值达到 3 700 多亿元人民币，占全市地区生产总值的比重为 9.56%，实际增速超过上海地区生产总值增速 0.77 个百分点。核心版权产业增加值从 2012 年的 1 300 多亿元增长到 2 700 多亿元，占全市地区生产总值的比重超过 7%。

《报告》显示，在我国版权产业对外贸易受全球疫情影响增速回落的形势下，2021 年上海版权产业对外贸易进出口指标均呈现两位数增长。2020 年，上海版权产业和核心版权产业在地区生产总值中的占比，高于全国平均水平 2 个百分点，特别是核心版权产业占全部版权产业的比重达到73.77%，高于全国平均水平10个百分点。

（资料来源：上海市知识产权联席会议办公室　作者：文倩倩）

【第六届中国国际动漫创意产业交易会在芜湖举办】 2022年11月11日至13日，由国家广播电视总局、安徽省人民政府主办的第六届中国国际动漫创意产业交易会在安徽芜湖举办。国家广播电视总局副局长杨小伟在开幕式上视频致辞，安徽省副省长王翠凤出席开幕式并致辞。

本届国际动漫创意产业交易会以"数字赋能发展，动漫创意未来"为主题，以"成就、前沿、创意、体验"为特色，以体现"品牌融合、区域融合、业态融合、产城融合"为导向，按照"资源整合、错位衔接、协同共进"的思路，落实国家长三角一体化发展战略和安徽省委、省政府部署的"双招双引"工作，汇集国内外动漫最新技术、最新产品、最新服务，共设展览展示、主题活动、专业论坛、交易对接等4个板块。主题活动有开幕式、长三角青年动漫创新创业大赛、安徽省乡村动漫文创设计大赛和安徽大学生原创动漫大赛、电子竞技大赛、青少年机器人创新挑战赛等；专业论坛包括网络内容安全发展、长三角青年动漫发展、数字文创助力乡村振兴；交易对接主要有数字创意产业项目签约会暨投融资对接会、网络内容安全发展生态对接会等。华为、腾讯、爱奇艺、优酷视频、飞鱼动画、中国动漫集团、方特、三只松鼠、三七互娱等近400家企业参展，覆盖全国20个省市、11个国家和地区，参展企业数量较上届增长21%，创下历年之最。

（资料来源：《中国新闻出版广电报》　作者：孙建国）

【华为音乐与环球音乐中国达成空间音频合作】 2022年11月15日，华为音乐与环球音乐中国达成空间音频合作。双方共同推广华为音乐空间音频专区，采用全球首个基于AI技术的音频编解码标准Audio Vivid（菁彩声），制作及上线品类丰富的空间音频版本内容，为用户带来更具沉浸感的听音体验。

Audio Vivid由世界超高清视频产业联盟（UWA）与数字音视频编解码技术标准工作组（AVS）联合制定，此次合作将加速该标准的广泛使用。

2022年9月，华为音乐空间音频专区上线了首批环球音乐中国授权曲库，包括蔡健雅、陈立农、陈梓童、吉娜·爱丽丝、Sunnee杨芸晴等音乐人热门曲目的Audio Vivid空间音频版本，配合空间渲染算法，可将作品的平面声场拓展为三维声场，并适配华为耳机、智慧屏等多种设备，为用户提供端到端的高清、还原音乐现场的空间音频体验效果。

业内认为，本次空间音频合作项目，是从技术向艺术延展和华为音乐与环球音乐中国深度合作的重要里程碑，双方借助Audio Vivid音频编解码标准及华为独有的场景化空间音频渲染技术，为艺术家及用户构建出宏大的三维虚拟声场，还原高清、沉浸式的创作及听音体验，并将从产品、内容及体验的全链路合作，将高清空间音频带入更多的用户场景中，不仅为用户带来创新形式的音乐内容，更为围绕用户需求打造"人—车—家"的全场景高品质听音体验带来更多可能。未来，Audio Vivid高清空间音频也将进入汽车座舱内，让用户在车上也能享受极致沉浸的视听盛宴。

（资料来源：《扬子晚报》　作者：孔小平）

【可信数字资产区块链服务设施"新华链"发布】 2022年11月17日，在广东深圳举办的华为全联接大会重要板块"区块链赋能数字经济峰会"上，可信数字资产区块链服务设施"新华链"正式发布。

"新华链"由华为云计算技术有限公司、新华文轩四川数字出版传媒有限公司、湖北华中文化产权交易所、香港联合电子出版有限公司等单位发起建设。"新华链"是集中各方优势力量，以数字文化为基础，专注于文化要素、生产要素、数据要素等领域，面向全球的可信数字资产区块链服务设施，将为Web3.0和元宇宙等虚拟现实场景提供坚实可信的基建支撑。

中国音像与数字出版协会常务副理事长兼秘书长敖然在发布会上致辞时表示，希望各发起单位发挥国有和民族企业的责任与担当，大力践行推进国家文化数字化战略布局和知识产权强国纲要。

新华文轩四川数字出版传媒有限公司副总经理刘天骄表示，公司负责搭建"新华链"运营公共服务层，将通过提升版权审核、内容审核、网络出版、资产评估等方面的资质和能力，确保数字内容可信。

香港联合电子出版有限公司董事长应中伟表示，"新华链"的出海平台"香江丝路"依托公司和广东大音音像出版社，以"扎根香港、延伸内地、辐射海外"为定位，构建可信数字资产服务平台，为国内数字资产出海搭建起"数字丝绸之路"。

"新华链"还将充分打通链接华为丰富的市场应

用生态和新华文轩四川数字出版传媒有限公司强大的数字发行渠道、苍穹元宇宙可信生态联盟计划，以数字资产市场需求、元宇宙使用交易场景为核心驱动力，构建数字资产生成、使用、交易、转化的良性可持续生态闭环。

发布会上，"奇点新辰元宇宙"作为"新华链"首个核心元宇宙场景同步发布。

发布会同步推出重量级 IP"迈克尔·杰克逊原始底片"，这是"新华链"打造的首个上链数字作品。该版权作品支持在元宇宙使用，并可在元宇宙交易所挂牌交易。

（资料来源：《中国新闻出版广电报》
作者：左志红）

港澳台版权信息

【2022 年内地与港澳特区知识产权研讨会举行】
2022 年 8 月 30 日，国家知识产权局港澳台办公室、香港特别行政区政府知识产权署、澳门特别行政区政府经济及科技发展局联合举办的 2022 年内地与香港特区、澳门特区知识产权研讨会以视频方式举行。

国家知识产权局副局长卢鹏起、香港特区政府署理知识产权署署长曾志深、澳门特区政府经济及科技发展局代局长陈子慧出席研讨会并致辞。内地与港澳特区共约 700 人在线参加此次研讨会。

卢鹏起表示，多年来，国家知识产权局一直积极推进内地与港澳特区在知识产权领域的交流合作，大力支持粤港澳大湾区知识产权建设。内地与港澳特区共同举办的知识产权研讨会已成为交流最新进展、探讨热点问题的重要平台，为促进港澳特区融入国家发展作出了积极贡献。内地与港澳特区应该携手，努力深化合作，让知识产权工作服务国家大局，为经济平稳健康发展注入新动能。

曾志深指出，此次研讨会的举办充分说明内地与港澳特区多年来共同在知识产权领域不同方面持续交流合作的坚定决心和毅力。为配合国家加速推动科技创新和加强知识产权保护的政策，香港特区会充分利用自身优势，通过知识产权贸易，在国内国际双循环的新格局中，发挥协同效应，让知识产权的经济价值高效实现。

陈子慧表示，澳门特区政府经济及科技发展局一直积极支持和推动澳门特区与内地、香港特区在知识产权领域的交流合作，通过参与举办知识产权交易博览会、高价值专利大赛等，不断深化合作机制。澳门特区将继续完善知识产权工作，着力提升社会公众知识产权意识，并持续推进与内地、香港特区的知识产权交流合作，更好融入大湾区建设，融入国家创新发展战略。

（资料来源：中国新闻网　作者：孙自法）

【澳门文化企业首次收购内地音乐企业股权】
2022 年 10 月，苏澳传媒（澳门）集团有限公司（以下简称"苏澳传媒"）完成对上海新濠音汇文化传媒有限公司（以下简称"上海新濠"）的收购，出资 3 000 万元获得该公司 30% 的股权。苏澳传媒未来将与上海新濠原股东共同增资，正式进军音乐版权领域。这是澳门文化企业首次收购内地音乐企业股权。

根据有关法律，音乐版权授予原创音乐作品的创作人独家使用。中国音乐版权主要包括三项权利：音乐作品词曲作者权利、录音录像制作者权利及表演者权利。音乐版权拥有人据此取得版税收入。

随着国家加强版权保护，串流平台成为版权的主要购买者，在线音乐用户付费习惯日渐养成。中国在线音乐产业规模随之不断扩大，音乐版权交易市场规模快速增长，总规模由 2017 年的 210 亿元增至 2021 年的约 666 亿元，年复合增长率达 33.5%。根据有关测算，预计 2022 年中国音乐版权市场规模将达 762 亿元，优质原创音乐版权在交易市场炙手可热。

上海新濠专注于优质音乐内容孵化，拥有多首热门歌曲版权，音乐产品覆盖国内外近 300 家音乐平台。苏澳传媒基于对上海新濠发展前景的良好预期而完成本次股权收购。

（资料来源：人民网　作者：富子梅）

【2022—2023 年度粤港知识产权合作计划正式签署】 2022 年 11 月 28 日，粤港保护知识产权合作专责小组（以下简称"专责小组"）粤方、港方负责人共同签署了《粤港知识产权合作计划（2022 年下半年—2023 年）》（以下简称《合作计划》），确定了新年度粤港知识产权合作项目。

专责小组粤方成员包括广东省市场监管局（知识产权局）、广东省版权局、广东省公安厅、广东省商务厅、海关总署广东分署，特邀单位为广东省知识产权保护中心（广州商标审查协作中心）、国家知识产权局专利局专利审查协作广东中心；港方成员包括香港特别行政区政府知识产权署和香港海关。根据《合作计划》，粤港双方将继续围绕强化粤港澳大湾区知识产权合作、推进粤港知识产权保护合作、促进粤港知识产权贸易和服务合作、强化粤港知识产权交流研讨、深化粤港知识产权宣传教育等 6 个方面推进实施新一年度 24 项合作项目。

其中，重点项目包括共同举办粤港澳大湾区知识产权交易博览会、共同举办粤港澳大湾区高价值专利培育布局大赛、建立粤港澳大湾区海关知识产权交流合作机制、开展粤港知识产权保护合作信息交流、开展知识产权多元纠纷解决交流、推动粤港知识产权贸易发展、强化粤港知识产权交流研讨等。新增项目包括建设粤港澳大湾区知识产权国际合作高地、组织知识产权诉讼及司法保护交流活动、加强粤港知识产权许可转让、实施粤港知识产权数据资源交流、深化粤港知识产权公共服务合作等。

专责小组成立以来，共推进实施粤港知识产权合作项目 356 项。2020 年以来，专责小组各成员加强合作，完成合作项目 19 项，粤港双方共同举办了粤港澳大湾区高价值专利培育布局大赛，持续加强粤港澳知识产权人才培养，举办粤港知识产权与中小企业发展研讨会、亚洲知识产权营商论坛，持续开展知识产权跨境保护合作，推进知识产权仲裁与调解，在粤设立首批香港特别行政区知识产权问询点，推动青少年知识产权意识普及等，较好地实现了两地知识产权信息互通和经验交流，有效促进了两地沟通互信，推动了两地知识产权事业共同发展，为建设粤港澳大湾区知识产权合作高地奠定了坚实基础。

（资料来源：《中国消费者报》 作者：李青山）

【香港特区行政长官李家超与世界知识产权组织总干事邓鸿森会面】 2022 年 11 月 30 日，香港特区行政长官李家超与世界知识产权组织总干事邓鸿森会面。

香港特区行政长官李家超表示，特区政府会用好香港法律和知识产权保障制度的优势，进一步巩固香港作为区域知识产权贸易中心的角色。李家超欢迎邓鸿森及世界知识产权组织高级别代表团来港出席于 12 月 1 日至 2 日举行的亚洲知识产权营商论坛。该论坛是香港特别行政区成立 25 周年的重点庆祝活动之一。

李家超表示，国家"十四五"规划纲要中支持香港建设区域知识产权贸易中心。特区政府一直致力于保护知识产权及推动知识产权贸易，以配合国家发展知识产权事业的重要战略，这亦与香港发展知识型经济、建设国际创新科技中心和发展文化、创意产业的方向相辅相成。

李家超赞扬了世界知识产权组织在推动和促进全球知识产权发展中发挥的举足轻重的作用。他期望在中央政府支持下，特区政府与世界知识产权组织继续保持紧密联系并加强合作，推动知识产权发展。

（资料来源：中国新闻网）

【香港举办亚洲知识产权营商论坛，探索发展商机】 2022 年 12 月 1 日，由香港特区政府、香港贸易发展局及香港设计中心合办的第 12 届亚洲知识产权营商论坛在香港湾仔会展中心揭幕。论坛为期 2 天，以线上线下相结合的方式进行，主题为"共建创新价值 开拓崭新领域"，汇聚逾 70 名来自世界各地的知识产权专家及商界领袖，分享亚洲知识产权市场的最新发展趋势，共拓商机。

香港特区行政长官李家超在典礼上致辞表示，国家"十四五"规划支持香港成为区域知识产权贸易中心，知识产权贸易是香港八大重点产业之一，有助于推动香港未来发展，为中国内地及亚洲地区起好带头作用。为加强知识产权保障，香港特区政府将做好落实国际商标注册制度的工作，更新香港版权制度以加强数码环境中的版权保护。

国家知识产权局局长申长雨以视频方式致辞说，国家知识产权局一直支持香港特区知识产权事业发展和粤港澳大湾区建设，在专利审查、人才培养、信息系统建设等方面，对特区新专利制度的建立和实施提供帮助。"期待香港进一步加快区域知识产权贸易中心建设，持续优化营商环境，主动融入国家发展大局，参与知识产权强国建设。"

香港贸易发展局总裁方舜文致辞时表示，香港拥有全面的知识产权保护制度、高效率的 IP 商品化机制、灵活流动的资本市场以及完善的司法系统，香港凭着独特的优势，可望在大湾区、中国内地以至整个亚洲培育出一个具潜力的知识产权生态系统。

随后的论坛环节精彩不断，涵盖多个知识产权的热门议题，主题演讲嘉宾聚焦在环球新局势下如何善用知识产权策略，拓展业务领域等；主办方与广东省市场监督管理局（知识产权局）合办的"粤港澳大湾区：科创及知识产权新机遇"环节则向海外企业介绍了深港及大湾区在科技创新、知识产权方面的新机遇，鼓励更多海外企业开拓中国市场。

世界知识产权组织总干事邓鸿森表示，无形资产正在中国内地、香港及世界的经济增长中发挥日益重要的作用。随着无形资产及其贸易在全球增长，其不单创造更多新的商业和交易模式，亦为香港带来海量的新机遇。"香港及整个粤港澳大湾区皆处于有利位置，可以在这由无形资产带动的全球经济中，担当关键的中心角色。"

（资料来源：人民网 作者：陈然）

【第四届知识产权澳门论坛举办】 2022 年 12 月 4 日，粤港澳大湾区知识产权法律联盟 2022 年年会暨第四届知识产权澳门论坛在澳门科技大学成功举办，吸引高校学者、法律界专业人士、法学院师生等逾百人以"线上＋线下"的方式参加。

论坛上，澳门科技大学副校监、校长李行伟表示，澳门科技大学一直以来支持多元化的学术研究，鼓励创造新知识、新技术、新产品，知识产权已成为该校无形资产的重要组成部分，该校愿通力合作，为推进粤港澳大湾区知识产权合作与发展贡献力量。

粤港澳大湾区知识产权法律联盟理事长、澳门科技大学法学院院长方泉表示，该联盟将继续积极联络大湾区各学术和实务机构，分享成功经验和优质资源，打造大湾区知识产权法律人才培养基地、研究基地和智库平台，助力创建大湾区知识产权合作机制、完善大湾区知识产权服务体系。

多位专家学者在论坛上作了知识产权领域的主题演讲。澳门知识产权研究中心名誉主任吴汉东发表了题为《数字经济发展与知识产权法治保障》的主题演讲，他从加快数字经济发展、促进数字经济与实体经济深度融合的角度深入谈及中国的数字经济治理，梳理了算力算法的专利权保护和数字内容的著作权保护等重要理论问题，并对数据财产权、数据产权制度等有关问题作了深入的阐述。

北京大学法学院易继明教授的主题演讲题目为《后民法典时代的知识产权立法》，他从"后民法典时代"这一概念切入，深入地阐述了知识产权立法模式的再选择，以及《民法典》和《知识产权法》"基本法＋单行法系"构建的思路，对地理标志、外观设计、数据信息和商业秘密单独立法问题进行了分析与探讨。

此外，来自联盟各理事单位近 30 名专家学者围绕"知识产权制度基础理论问题研究""知识产权前沿与热点问题研究""粤港澳大湾区知识产权保护体系之理论与实践"三个主题展开了深入的研讨。

（资料来源：中国新闻网　作者：王坚）

【香港立法会通过版权条例草案】 2022 年 12 月 7 日，香港特区立法会三读通过《2022 年版权（修订）条例草案》（以下简称"草案"），旨在更新香港版权制度，加强数字环境下的知识产权保护。

草案主要以《2014 年版权（修订）条例草案》为基础，有关立法建议是经过自 2006 年以来多轮咨询讨论所达成的共识。

本次草案修订内容包括：因应科技发展，赋予版权拥有者相应权利，以保证其作品以电子形式传播时得到法律保护；配合新的传播权利订定相关侵权行为的刑事法律责任；为戏仿、讽刺、营造滑稽及模仿，评论时事，引用三种目的而使用版权作品的行为提供版权豁免，并修订和扩大现有版权豁免范围，以便利网上学习及图书馆、档案室和博物馆的运作；增订"安全港"条文，鼓励互联网服务提供者与版权拥有者合作打击盗版；另增订两项法定因素，供法院判决时参考。

香港特区政府商务及经济发展局局长丘应桦表示，此次草案审议并通过展示了在完善选举制度后，行政和立法机关能理性、高效地讨论有利于香港社会发展的政策及法例修订建议，有助于提升香港整体竞争力。

多名立法会议员在会议上对草案表示支持，认为香港要发展区域知识产权贸易中心，版权制度须与时俱进。对有议员疑虑的草案会否影响创作、言论自由，丘应桦解释说，修订内容经过多轮公众咨询后提出，平衡了各方利益，不但不会收窄言论、表达及创作自由，反而比此前版权条例中增加更多版权豁免。

丘应桦表示，特区政府会尽快完成实施修订条例的相关筹备工作，并通过不同渠道进行宣传讲解，让社会大众更加理解条例内容。

（资料来源：中国新闻网　作者：刘大炜）

【2022 闽台知识产权圆桌会议在厦门举行】
2022 年 12 月 9 日，2022 闽台知识产权圆桌会议在厦门举行。本次会议以"知识产权促进高质量发展的机遇和挑战"为主题，两岸 80 余位知识产权领域专家学者通过线上线下方式参会，探讨知识产权交流合作领域的热点难点问题。

台湾政治大学名誉教授刘江彬认为：当下，知识产权工作挑战与机遇并存。知识产权与政治、贸易问题紧密相连，变得更加复杂，而新技术的不断发展也给知识产权工作带来许多挑战。近年来，知识产权领域变化迅速，受到外部影响较大，知识产权已经成为全球各个国家竞争的隐形战场，同时，这也给知识产权工作带来了巨大机遇。

北京大学法学院教授张平就如何建立开放创新的知识产权应用机制发表演讲。张平说，中国正建立一个具有全球竞争力的开放创新生态，但其中的法律风险和知识产权问题还有待深入讨论和认识。

"保护知识产权就是保护创新，任何国家或地区，经济发展到一定水平就一定要走创新发展之路。"厦门大学知识产权研究院院长林秀芹说，虽然台湾知识产权工作起步更早，但大陆市场大、潜力大，相互有很多可以借鉴的地方，通过两岸交流，可以增强知识产权合作，团结两岸力量，共同为知识产权事业、为经济高质量发展提供不竭动力。

福建省知识产权发展保护中心主任刘征颖表示，近年来闽台知识产权交流合作稳步推进，接下来将继续鼓励支持更多的台湾知识产权领域优质人才来福建交流学习和工作，持续推进知识产权公共服务的均等化、普惠化、便捷化，让台湾同胞分享知识产权政策的红利和发展成果，积极推动两岸知识产权交流合作向更广范围、更高层次发展。

该圆桌会议旨在打造海峡两岸知识产权界人士沟通合作的常态化机制。本届会议由福建省知识产权局支持，厦门大学知识产权研究院、国家知识产权培训（福建）基地、国家知识产权战略实施（厦门大学）研究基地主办。

（资料来源：新华社　作者：庞梦霞）

【北京举办第二十五届京港洽谈会知识产权合作专题活动】 2022 年 12 月 15 日，由北京市知识产权局、香港特区政府知识产权署和香港贸易发展局共同主办的第二十五届京港洽谈会知识产权合作专题活动在京成功举办。北京市知识产权局副局长潘新胜，香港特区政府知识产权署副署长曾志深，香港贸易发展局华北、东北首席代表陈嘉贤出席活动并致辞。

潘新胜指出，近年来，北京积极探索国际数字产品专利、版权、商业秘密等知识产权保护制度建设，制定出台了《"两区"国际数字产品知识产权保护指引（试行）》和《跨境电子商务知识产权保护工作指引（试行）》，北京被国家知识产权局确定为数据知识产权工作试点城市。京港两地将持续深化在数字知识产权保护等领域的交流合作，共同推动两地知识产权高质量发展。

曾志深指出，特区政府将推出香港创新科技发展蓝图，建设智慧香港。作为区域知识产权贸易中心，香港具备国际化的营商环境、健全的司法和知识产权保护制度，与数字经济相关的专利申请近年来大幅增加。香港将与北京继续加强合作，进一步加强数码环境中的知识产权保护，为建设数字中国和知识产权强国共同开创新事业。

来自北京商标协会、香港律师会、百度等的京港两地的知识产权专家围绕"数字赋能 知创未来"这一主题，分享了京港两地数字知识产权保护的先进经验，共同探讨了两地应对新技术发展的知识产权保护路径。

自 2020 年以来，京港知识产权合作专题活动已连续三年在京港洽谈会上亮相。来自京港两地的行政、司法、创新主体和知识产权专业机构的代表参加活动。

（资料来源：国家知识产权局）

年度报告

NIAN DU BAO GAO

2021 年中国版权产业的经济贡献

中国新闻出版研究院

一、2021 年中国版权产业的经济贡献综合分析

2021 年，面对复杂严峻的国内外形势和诸多风险挑战，党中央统筹疫情防控和经济社会发展，坚持稳中求进工作总基调，完整、准确、全面贯彻新发展理念，经济保持恢复发展。新修改的《中华人民共和国著作权法》和《版权工作"十四五"规划》正式实施，版权保护力度进一步加大，社会各界对版权产业的认识进一步提高。得益于我国经济社会发展和疫情防控取得的积极成果，2021 年中国版权产业在恢复发展平稳运行中坚持创新驱动，实现"十四五"良好开局，有力服务了党和国家工作大局。

（一）版权产业恢复发展平稳运行

2021 年中国版权产业恢复发展平稳运行，产业规模进一步扩大，行业增加值达 84 789.92 亿元人民币，比 2020 年增长 12.92%①，增速较 2020 年提高 10.34 个百分点；版权产业占全国 GDP②的比重为 7.41%，比 2020 年提高 0.02 个百分点。

其中，以软件和信息技术服务业、电子信息制造业等为代表的高新技术产业保持良好发展态势，增长比较迅速，对版权产业经济贡献的拉动作用较为明显。2021 年，全国软件和信息技术服务业规模以上企业超 4 万家，累计完成软件业务收入同比增长 17.7%，盈利能力稳步提升，软件业务出口保持增长③；全国规模以上电子信息制造业增加值同比增长 15.7%，增速创下近十年新高，较 2020 年提高 8.0 个百分点，全国智能手机产量 12.7 亿台，同比增长 9%，微型计算机设备产量 4.7 亿台，同比增长 22.3%④。新闻出版、广播电视、电影、演艺等行业数据较 2020 年也实现增长，行业发展进一步得到恢复。

党的十九大以来，中国版权产业全面贯彻新发展理念，着力实现高质量发展，产业规模连续跨过 7 万亿元和 8 万亿元两大台阶，产业发展取得新的成绩。2017 年至 2021 年，中国版权产业的行业增加值从 60 810.92 亿元人民币增长至 84 789.92 亿元人民币，增长 39.43%，年均增长率为 8.67%，高于同期全国 GDP 年均名义增长率 0.23 个百分点；版权产业占全国 GDP 的比重持续提升，从 7.35% 提高至 7.41%，提高 0.06 个百分点，对全国经济发展的支撑作用进一步增强（见图 1）。

（二）核心版权产业地位进一步凸显

2021 年，中国核心版权产业的行业增加值已突破 5 万亿元，达 53 501.09 亿元人民币，同比增长 12.74%，增速比 2020 年提高 9.30 个百分点；核心版权产业占全国 GDP 的比重为 4.68%，比 2020 年提高 0.01 个百分点；核心版权产业增加值占到中国版权产业增加值的 63.10%，对版权产业发展的贡献最为显著。

软件和信息技术服务业继续保持较快发展，为核心版权产业规模稳定增长提供重要支撑。新闻出版、电影、广播电视、演艺等行业发展也呈增长态势，增速进一步提高，疫情对行业发展的影响逐渐降低。2021 年，新闻出版行业恢复发展，第 28 届北京国际图书博览会作为全球疫情下首个恢复线上线下结合办展的重要大型国际书展，共吸引了 105 个

---

① 本报告中的增速均为名义增长速度，即未扣除价格因素。
② 本报告中 2021 年全国 GDP 数据来源于国家统计局编、中国统计出版社出版的《中国统计年鉴 2022》。
③ 如无特殊说明，本报告中的 2021 年全国软件业数据均来自工业和信息化部发布的《2021 年软件和信息技术服务业统计公报》。
④ 如无特殊说明，本报告中的 2021 年全国电子信息制造业数据均来自工业和信息化部发布的《2021 年电子信息制造业运行情况》。

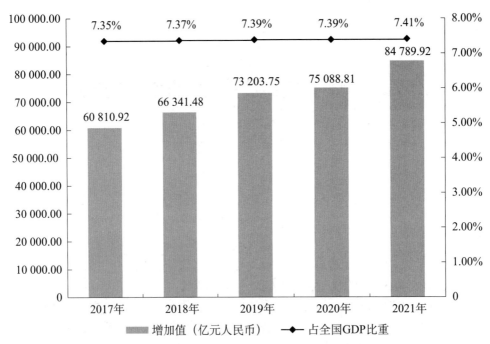

图1 2017—2021年中国版权产业的行业增加值及占全国GDP比重

国家和地区约2 200家海内外参展商[①]；全国电影总票房和银幕总数继续保持全球第一，总票房达到472.58亿元，同比增长131.46%，票房已恢复到2019年的73.53%，一大批国产影片市场表现出色，其中《长津湖》以57.72亿元的票房成绩创造了中国电影市场票房新高，第25届上海国际电影节、第11届北京国际电影节、2021中国金鸡百花电影节等活动成功举办，展现出中国电影在疫情之下的强势复苏[②]；全国广播电视行业总收入11 488.81亿元，同比增长24.68%，比2020年增速提高11.02个百分点[③]；全国艺术表演团体实现演出收入112.99亿元，同比增长30.4%，增速由负转正，演出收入已恢复到2019年的89.12%[④]。

2021年，中国核心版权产业相关行业还聚焦主题主线，围绕庆祝建党百年、脱贫攻坚、全面建成小康社会等重大主题，加大精品创作力度，推出一批思想深刻、艺术精湛、制作精良的优秀作品，弘扬伟大建党精神，讴歌改革开放的生动实践。《山海情》《觉醒年代》《长津湖》《我和我的父辈》等重点

献礼影视剧持续热播，获得口碑与收视双丰收；《这就是中国》《思想的田野》等理论节目营造奋进新征程的浓厚氛围；《百炼成钢：中国共产党的100年》《黄文秀》等网络视听作品在网络新媒体平台广泛传播并引发热烈讨论；现实题材网络文学作品创作活跃，2021年全国主要文学网站新增现实题材作品27万部，同比增长27%，《火种》《风骨》《长乐里：盛世如我愿》等优秀作品不断涌现[⑤]。

党的十九大以来，中国核心版权产业保持良好发展态势，在版权产业中的作用更加凸显。2017年至2021年，中国核心版权产业的行业增加值从38 155.90亿元人民币增长至53 501.09亿元人民币，增长40.22%，年均增长率为8.82%；核心版权产业占全国GDP的比重进一步提升，从4.61%提高至4.68%，提高0.07个百分点；核心版权产业增加值占全部版权产业增加值的比重从62.75%提高至63.10%，提高0.35个百分点，在版权产业中的地位更加巩固（见图2）。

---

① 新华社. 礼赞百年风华 谱写时代新篇：2021年宣传思想工作综述［EB/OL］.（2022-01-04）［2023-10-15］. http：//www.gov.cn/xinwen/2022-01/04/content_5666423.htm.

② 国家电影局发布数据：2021年全国电影票房472.58亿元［N/OL］.（2022-01-05）［2023-10-15］. http：//chinafilmnews.cn/Html/2022-01-05/8040.html.

③ 国家广播电视总局. 2021年全国广播电视行业统计公报［EB/OL］.（2022-04-25）［2023-10-15］. https：//www.nrta.gov.cn/art/2022/4/25/art_113_60195.html.

④ 文化和旅游部. 2021年文化和旅游发展统计公报［EB/OL］.（2023-03-17）［2023-10-15］. https：//www.gov.cn/guoqing/2023/03/17/content_5747149.htm.

⑤ 中国作家协会网络文学中心. 2021中国网络文学蓝皮书［EB/OL］.（2022-08-22）［2023-10-15］. https：//wyb.chinawriter.com.cn/attachment/202208/22/0e709ef7-a8bd-406a-aaa8-1abdc7ed8f4b.pdf.

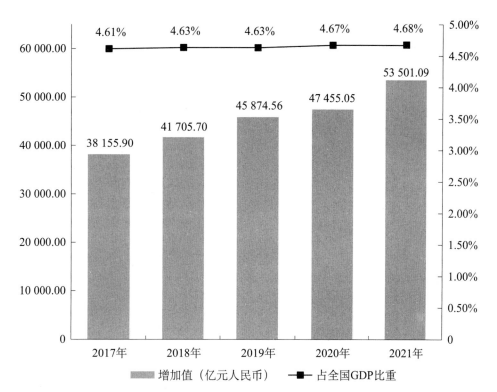

图2 2017—2021年中国核心版权产业的行业增加值及占全国GDP比重

（三）版权产业就业形势稳定

2021年，我国各地各部门深入实施就业优先政策，将就业摆在"六稳""六保"首位，各项援企稳岗帮扶就业促进政策发力显效，为版权产业就业提供了重要基础。

2021年，中国版权产业的城镇单位就业人数为1 617.19万人，比2020年增长0.04%，在全国城镇单位就业总人数中的比重为9.50%，比2020年提高0.01个百分点。其中，除部分版权产业的城镇单

位就业人数有所减少外，核心版权产业、相互依存的版权产业、非专用支持产业的城镇单位就业人数较2020年均有所增长，在全国城镇单位就业总人数中的比重均有所提高。

2017年至2021年，中国版权产业的城镇单位就业人数稳定在1 600万人以上，在全国城镇单位就业总人数中的比重从9.48%提高至9.50%，在稳岗位、扩就业方面发挥了积极作用（见图3）。

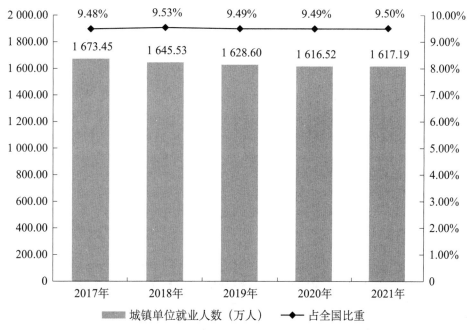

图3 2017—2021年中国版权产业的城镇单位就业人数及占全国比重

（四）版权产业出口增长较快

2021 年，我国统筹做好疫情防控和促外贸稳增长工作，相继出台了一系列稳主体、稳市场、保障产业链稳定畅通的政策措施，成功举办进博会、广交会、服贸会及首届消博会等重大展会，为外贸稳增长提供有力支撑，推动版权产业出口实现较快增长，出口规模再创新高。

2021 年，中国版权产业的商品出口额为 4 576.10 亿美元，比 2020 年增长 17.72%。党的十九大以来，中国版权产业出口形势整体向好，商品出口额突破 4 000 亿美元，从 2018 年的 3 842.43 亿美元增长至 2021 年的 4 576.10 亿美元，增长 19.09%（见图 4）。中国版权产业出口贸易方式也进一步优化，一般贸易出口额稳步增长，占比进一步提高。2021 年，中国版权产业一般贸易出口额为 1 116.96 亿美元，比 2018 年增长 33.59%；一般贸易出口额占比为 24.41%，比 2018 年提高 2.65 个百分点[①]。

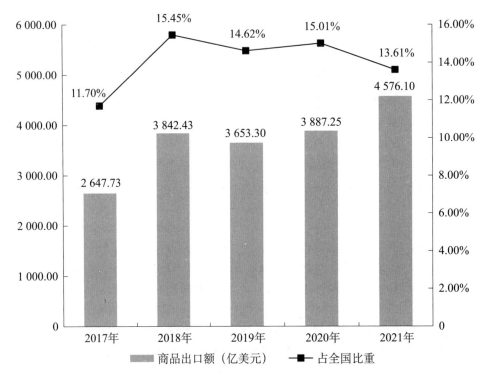

图 4 2017—2021 年中国版权产业的商品出口额及占全国比重

中国版权产业出口商品以计算机、智能手机、电视机等视听电子产品[②]为主，2021 年视听电子产品的商品出口额占到中国版权产业出口额的 83%。近年来，视听电子产品出口保持良好增势，中国已成为全球重要的计算机和智能手机生产出口基地。2021 年，视听电子产品的商品出口额为 3 812.78 亿美元，比 2018 年增长 17.49%；其中，计算机出口额为 1 874.05 亿美元，比 2018 年增长 21.84%，智能手机出口额为 1 128.09 亿美元，比 2018 年增长 7.96%（见图 5）。

二、2021 年中国版权产业的主要经济数据

根据调研测算，2021 年中国版权产业的行业增加值为 84 789.92 亿元人民币，占全国 GDP 的 7.41%；城镇单位就业人数为 1 617.19 万人，占全国城镇单位就业总人数的 9.50%；商品出口额为 4 576.10 亿美元，占全国商品出口总额的 13.61%[③]。主要数据详见表 1。

[①] 本调研项目对 2018 年以来的中国版权产业商品进出口数据口径进行了调整，在相互依存的版权产业中的电视机等类似设备产业组中增加了智能手机产品，即 2017 年及之前的版权产业进出口数据均不包括智能手机产品，因此本报告对党的十九大以来的版权产业外贸数据进行比较时，选择了 2018 年至 2021 年的同口径数据进行比较。

[②] 主要包括电视机、智能手机等类似设备和计算机及其设备两个产业组。

[③] 本报告中 2021 年全国 GDP、城镇单位就业总人数、商品出口总额数据均来源于中国统计出版社出版的《中国统计年鉴 2022》。

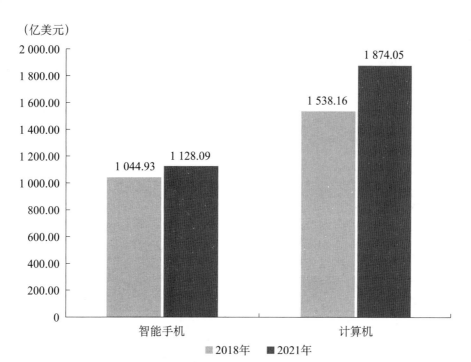

（亿美元）

图5 2018年和2021年中国智能手机和计算机的出口额

表1 2021年中国版权产业的经济贡献主要数据

类别	行业增加值		城镇单位就业人数		商品出口额	
	数值（亿元人民币）	占全国比重	数值（万人）	占全国比重	数值（亿美元）	占全国比重
核心版权产业	53 501.09	4.68%	961.34	5.65%	66.89	0.20%
相互依存的版权产业	13 464.52	1.18%	338.60	1.99%	4 089.23	12.16%
部分版权产业	6 448.87	0.56%	167.50	0.98%	419.98	1.25%
非专用支持产业	11 375.44	0.99%	149.74	0.88%	——	——
合计	84 789.92	7.41%	1 617.19	9.50%	4 576.10	13.61%

注：本报告中部分数据存在着分项相加与合计不等的情况，是由于数值修约误差所致，未作机械调整。

（一）行业增加值

2021年，中国版权产业的行业增加值为84 789.92亿元人民币，比2020年增长12.92%；版权产业占全国GDP的比重为7.41%，比2020年提高0.02个百分点。2021年中国版权产业各类别行业增加值及占全国GDP比重与2020年的比较详见图6、图7。

从行业增加值来看，核心版权产业仍是中国版权产业的主体。2021年中国核心版权产业的行业增加值为53 501.09亿元人民币，占全部版权产业的63.10%，占全国GDP的4.68%。其中，软件、新闻出版、设计与广告等这几个行业的增加值占到了全部核心版权产业的八成以上，对推动核心版权产

业的发展起到了重要作用。

2021年，相互依存的版权产业的行业增加值为13 464.52亿元，占全部版权产业的15.88%，占全国GDP的1.18%，以计算机、电视机、智能手机等电子信息制造业为主体；部分版权产业的行业增加值为6 448.87亿元人民币，占全部版权产业的7.61%，占全国GDP的0.56%，建筑、工程、调查，手工艺品，玩具和游戏用品等几个产业组的规模较大；非专用支持产业的行业增加值为11 375.44亿元人民币，占全部版权产业的13.42%，占全国GDP的0.99%。2021年中国版权产业行业增加值的构成详见图8。

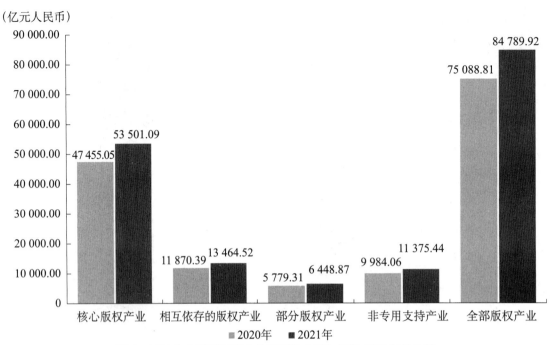

（亿元人民币）

图 6 2021 年中国版权产业各类别行业增加值与 2020 年的比较

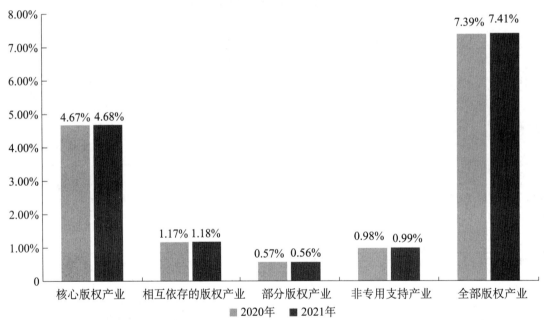

图 7 2021 年中国版权产业各类别行业增加值占全国 GDP 比重与 2020 年的比较

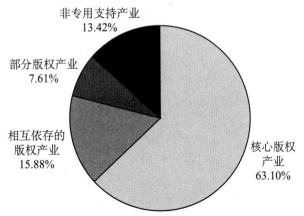

图 8 2021 年中国版权产业行业增加值的构成

（二）就业人数

2021 年，中国版权产业的城镇单位就业人数为 1 617.19 万人，比 2020 年增长 0.04％；占全国城镇单位就业总人数的比重 9.50％，比 2020 年提高 0.01 个百分点。2021 年中国版权产业各类别城镇单位就业人数及占全国比重与 2020 年的比较详见图 9、图 10。

（万人）

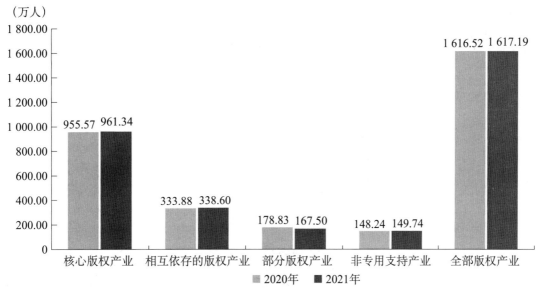

图9　2021年中国版权产业各类别城镇单位就业人数与2020年的比较

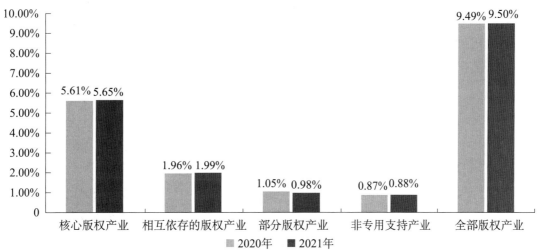

图10　2021年中国版权产业各类别城镇单位就业人数占全国比重与2020年的比较

核心版权产业的城镇单位就业人数在全部版权产业中的比重最高。2021年中国核心版权产业的城镇单位就业人数为961.34万人，占全部版权产业的59.45％，占全国城镇单位就业总人数的5.65％，以软件、新闻出版、广告与设计等行业为主体。

2021年，相互依存的版权产业的城镇单位就业人数为338.60万人，占全部版权产业的20.94％，占全国城镇单位就业总人数的1.99％，计算机、电视机、智能手机等电子信息制造业的就业人数较高；部分版权产业的城镇单位就业人数为167.50万人，占全部版权产业的10.36％，占全国城镇单位就业总人数的0.98％，建筑、工程、调查，其他手工艺品，玩具和游戏用品等几个产业组就业人数较高；非专用支持产业的城镇单位就业人数为149.74万人，占全部版权产业的9.26％，占全国城镇单位就业总人数的0.88％。2021年中国版权产业城镇单位就业人数的构成详见图11。

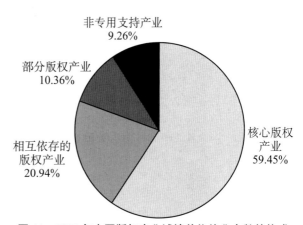

图11　2021年中国版权产业城镇单位就业人数的构成

（三）商品进出口额

2021年，中国版权产业的商品进出口额为5 192.21亿美元，比2020年增长12.25％，占全国进出口总额的8.58％，比2020年下降1.35个百分点。其中，中国版权产业的商品出口额为4 576.10

亿美元，占版权产业进出口额的 88.13%；商品进口额为 616.11 亿美元，占版权产业进出口额的 11.87%；版权产业实现贸易顺差 3 959.99 亿美元。

2021 年中国版权产业各类别的商品进出口额及占全国比重详见图 12、图 13，2021 年中国版权产业商品进出口额的构成详见图 14。

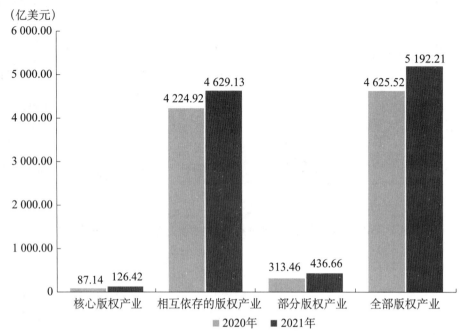

图 12　2021 年中国版权产业各类别的商品进出口额与 2020 年的比较

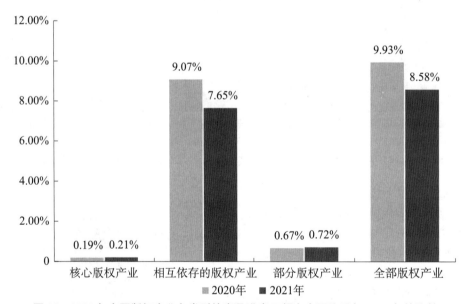

图 13　2021 年中国版权产业各类别的商品进出口额占全国比重与 2020 年的比较

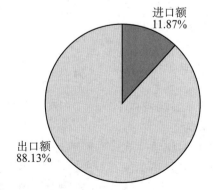

图 14　2021 年中国版权产业商品进出口额的构成

1. 出口额

2021 年，中国版权产业的商品出口额为 4 576.10 亿美元，比 2020 年增长 17.72%；占全国商品出口总额的比重为 13.61%，比 2020 年下降 1.40 个百分点。2021 年中国版权产业各类别商品出口额及占全国比重与 2020 年的比较详见图 15、图 16。

（亿美元）

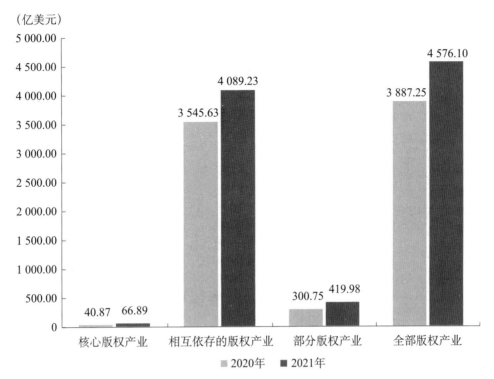

图 15 2021 年中国版权产业各类别商品出口额与 2020 年的比较

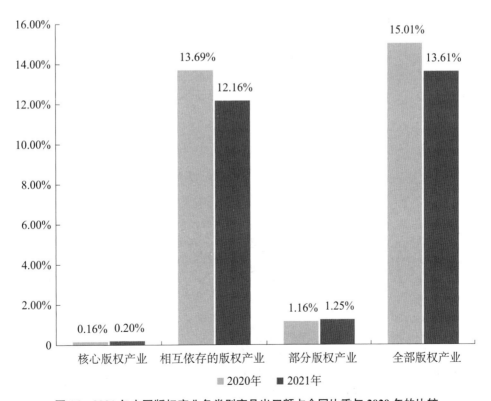

图 16 2021 年中国版权产业各类别商品出口额占全国比重与 2020 年的比较

相互依存的版权产业的商品出口额在全部版权产业中的比重最高。2021 年，相互依存的版权产业的商品出口额为 4 089.23 亿美元，占全部版权产业出口额的 89.36%，占全国商品出口总额的 12.16%。

核心版权产业和部分版权产业对中国版权产业出口的贡献较小。核心版权产业的商品出口额为66.89亿美元,占全部版权产业出口额的1.46%,占全国商品出口总额的0.20%;部分版权产业的商品出口额为419.98亿美元,占全部版权产业出口额的9.18%,占全国商品出口总额的1.25%。2021年中国版权产业商品出口额的构成详见图17。

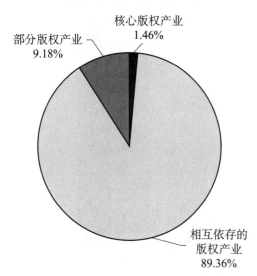

图17 2021年中国版权产业商品出口额的构成

2021年,中国版权产业出口额较高的产业组主要是电视机、智能手机等类似设备,计算机及其设备,玩具和游戏用品,复印机。这四个产业组的出口额为4 267.35亿美元,占中国版权产业商品出口

额的93%;电视机、智能手机等类似设备,计算机及其设备是出口额最多的两个产业组,均占到中国版权产业出口额的40%以上。2021年中国版权产业出口额的主要商品构成详见图18。

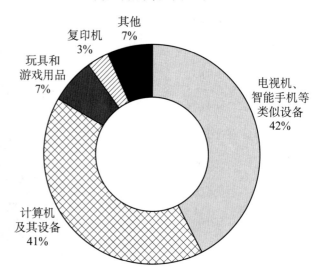

图18 2021年中国版权产业出口额的主要商品构成

2. 进口额

2021年,中国版权产业的商品进口额为616.11亿美元,比2020年下降16.55%;占全国商品进口总额的比重为2.29%,比2020年下降1.28个百分点。2021年中国版权产业各类别商品进口额及占全国比重与2020年的比较详见图19、图20。

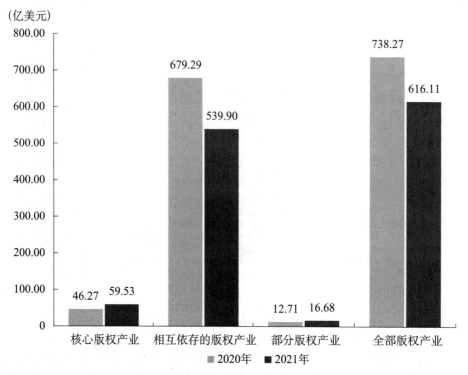

图19 2021年中国版权产业各类别商品进口额与2020年的比较

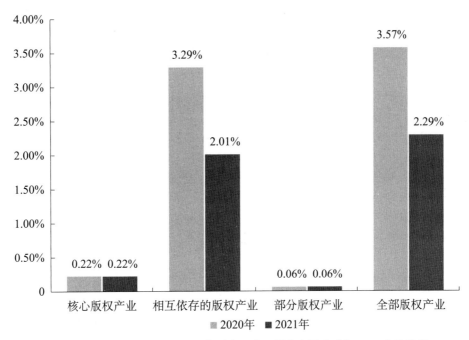

图 20　2021 年中国版权产业各类别商品进口额占全国比重与 2020 年的比较

相互依存的版权产业的商品进口额在全部版权产业中的比重最高。2021 年，相互依存的版权产业的商品进口额为 539.90 亿美元，占到全部版权产业进口额的 87.63%，占全国商品进口总额的 2.01%。

核心版权产业和部分版权产业对中国版权产业进口的贡献较小。核心版权产业的商品进口额为 59.53 亿美元，占全部版权产业进口额的 9.66%，占全国商品进口总额的 0.22%；部分版权产业的商品进口额为 16.68 亿美元，占全部版权产业进口额的 2.71%，占全国商品进口总额的 0.06%。2021 年中国版权产业商品进口额的构成详见图 21。

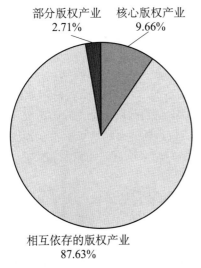

图 21　2021 年中国版权产业商品进口额的构成

2021 年，中国版权产业进口额较高的产业组主

要是电视机、智能手机等类似设备，计算机及其设备，复印机，照相及电影摄影器材，电影和影带，纸张。这六个产业组的进口额为 537.90 亿美元，占中国版权产业商品进口额的 87%；电视机、智能手机等类似设备，计算机及其设备是进口额最多的两个产业组，分别占到中国版权产业进口额的 37% 和 21%。2021 年中国版权产业进口额的主要商品构成详见图 22。

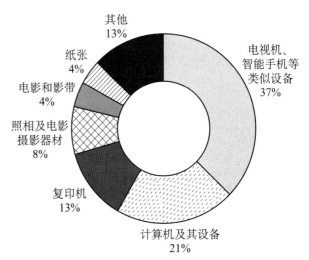

图 22　2021 年中国版权产业进口额的主要商品构成

三、2006 年至 2021 年 中国版权产业的经济贡献纵向比较

2021 年，中国共产党迎来一百周年华诞，我国实现了第一个百年奋斗目标，正向全面建成社会主

义现代化强国的第二个百年奋斗目标迈进。自 2006 年连续开展测算至今的中国版权产业经济贡献调研显示，近十几年来以创新为特点的版权产业在国民经济中发挥了重要作用，在促进经济发展、提供就业岗位、扩大外贸出口方面的贡献日益显著。

（一）行业增加值的纵向比较

2006 年至 2021 年，中国版权产业的行业增加值从 13 489.33 亿元人民币增长至 84 789.92 亿元人民币，增长 5.29 倍，年均增长率为 13.04%；版权

产业的行业增长值占全国 GDP 的比重从 6.39% 提高至 7.41%，提高 1.02 个百分点（见图 23）。

其中，核心版权产业对中国版权产业增加值的贡献最大。2006 年至 2021 年，核心版权产业的行业增加值从 6 471.56 亿元人民币增长至 53 501.09 亿元人民币，增长 7.27 倍，年均增长率为 15.12%；核心版权产业占全国 GDP 的比重从 3.06% 提高至 4.68%，提高 1.62 个百分点。

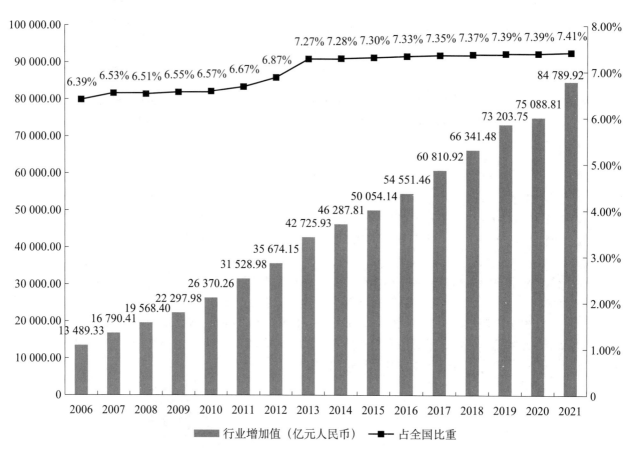

图 23　2006—2021 年中国版权产业的行业增加值及占全国比重

（二）就业人数的纵向比较

2006 年至 2021 年，中国版权产业的城镇单位就业人数从 762.92 万人增长至 1 617.19 万人，增长 1.12 倍；版权产业的城镇单位就业人数占全国城镇单位就业总人数的比重从 6.52% 提高至 9.50%，提高 2.98 个百分点（见图 24）。

其中，核心版权产业对中国版权产业就业的贡献最大。2006 年至 2021 年，核心版权产业的城镇单位就业人数从 367.91 万人增长至 961.34 万人，增长 1.61 倍；核心版权产业占全国城镇单位就业总人数的比重从 3.14% 提高至 5.65%，提高 2.51 个百分点。

（三）商品出口额的纵向比较

2006 年至 2021 年，中国版权产业的商品出口额从 1 492.62 亿美元增长至 4 576.10 亿美元，增长 2.07 倍；版权产业的商品出口额占全国商品出口总额的比重虽有所浮动，但一直保持在 11% 以上（见图 25）。

其中，相互依存的版权产业对中国版权产业出口的贡献最大。2006 年至 2021 年，相互依存的版权产业的商品出口额从 1 363.82 亿美元增长至 4 089.23 亿美元，增长 2.00 倍；相互依存的版权产业在全部版权产业出口额中的比重一直在 90% 左右。

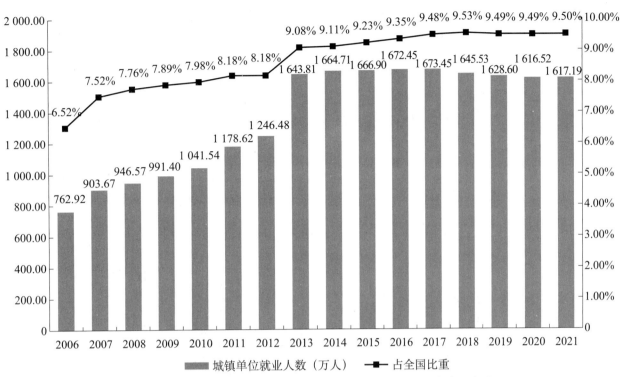

图 24　2006—2021 年中国版权产业的城镇单位就业人数及占全国比重

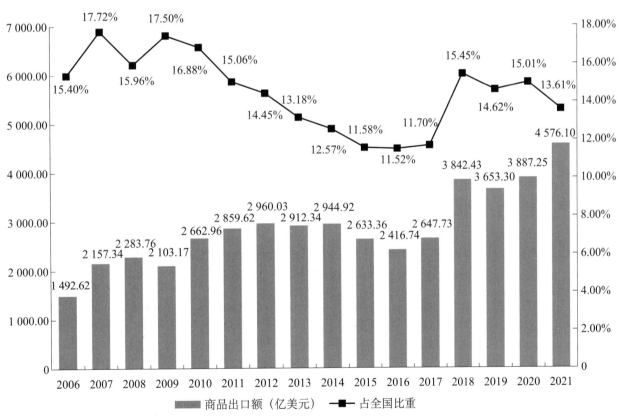

图 25　2006—2021 年中国版权产业的商品出口额及占全国比重

通过比较可以看出，十几年来中国版权产业规模不断扩大，行业增加值、就业人数和商品出口额均有较大增长，贡献明显，已成为国民经济发展重要的增长点。

四、中国版权产业的经济贡献国际比较

目前世界上已有 40 多个国家和地区开展了版权产业的经济贡献调研项目，除中国外，美国、澳大

利亚、芬兰等国家也开展了多次调研项目。世界知识产权组织对各成员方版权产业的经济贡献进行了比较研究。由于各成员方在版权产业概念、范围、分类、数据来源及研究方法方面仍存在较大差距，本报告仅能通过现有数据进行初步比较分析。

（一）中国版权产业增加值占 GDP 比重的国际比较

根据世界知识产权组织最新发布的报告[①]，各成员方版权产业增加值占 GDP 比重的平均值为 5.54%，其中发达经济体比重平均值为 7.42%，转型和新兴经济体比重平均值为 5.07%，发展中经济体比重平均值为 4.60%[②]。2021 年，中国版权产业增加值占 GDP 比重为 7.41%，高于各成员方比重平均值、转型和新兴经济体比重平均值和发展中经济体比重平均值，略低于发达经济体比重平均值（见图 26）。中国核心版权产业增加值占 GDP 比重（4.68%）也高于各类别经济体比重平均值；中国非核心版权产业增加值占 GDP 比重（2.74%）略低于发达经济体比重平均值，高于转型和新兴经济体比重平均值、发展中经济体比重平均值[③]（见图 27）。

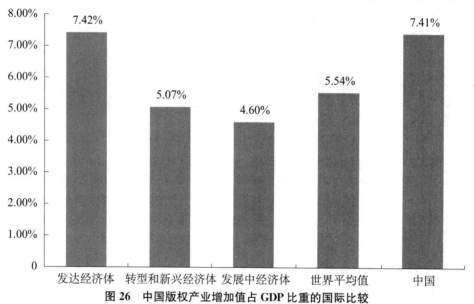

图 26　中国版权产业增加值占 GDP 比重的国际比较

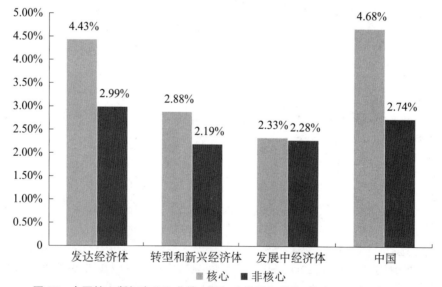

图 27　中国核心版权产业和非核心版权产业增加值占 GDP 比重的国际比较

---

① 如无特殊说明，其他经济体版权产业数据均来自世界知识产权组织 2021 年发布的 "The Economic Contribution of the Copyright Industries: An Overview of the Results from WIPO Studies Assessing the Economic Contribution of the Copyright Industries"。

② 根据世界知识产权组织的报告，发达经济体包括美国、韩国、澳大利亚、法国、新加坡、荷兰、芬兰等，新兴经济体包括中国、菲律宾、马来西亚、泰国、南非、印度尼西亚、土耳其等，转型经济体包括匈牙利、俄罗斯、罗马尼亚、立陶宛、斯洛文尼亚、拉脱维亚、塞尔维亚、保加利亚、克罗地亚、摩尔多瓦、乌克兰等，发展中经济体包括巴拿马、不丹、肯尼亚、墨西哥、哥伦比亚、秘鲁、文莱等。

③ 本报告中的中国版权产业数据为 2021 年度数据。

整体上看，中国版权产业增加值占 GDP 比重在世界上处于较高水平，也高于澳大利亚、加拿大、法国等部分发达经济体，但与美国、韩国等相比仍有一定差距。以美国为例，根据美国国际知识产权联盟发布的最新调研报告，2019 年美国版权产业增加值占 GDP 比重为 11.99%，其中核心版权产业增加值占 GDP 比重为 7.41%，非核心版权产业增加值占 GDP 比重为 4.58%，均高于中国版权产业、核心版权产业和非核心版权产业增加值占 GDP 比重[①]（见图 28）。

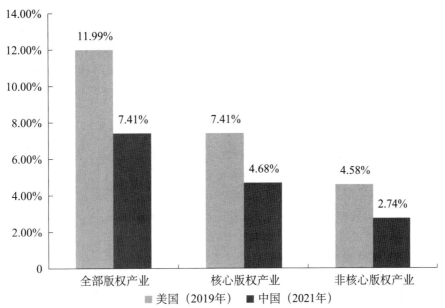

图 28　中美版权产业增加值占 GDP 比重的比较

（二）中国版权产业就业人数占全国比重的国际比较

根据世界知识产权组织的报告，各成员方版权产业就业人数占全经济体比重的平均值为 5.78%，其中发达经济体比重平均值为 6.94%，转型和新兴经济体比重平均值为 5.80%，发展中经济体比重平均值为 4.56%。2021 年，中国版权产业就业人数占全国比重为 9.50%，均高于各经济体比重平均值、发达经济体比重平均值、转型和新兴经济体比重平均值和发展中经济体比重平均值（见图 29）。中国核心版权产业就业人数占全国比重均高于各类别经济体比重（5.65%）平均值；中国非核心版权产业就业人数占全国比重（3.85%）高于发达经济体比重平均值、转型和新兴经济体比重平均值，低于发展中经济体比重平均值。整体上看，中国版权产业就业人数占全国比重在世界上处于较高水平（见图 30）。

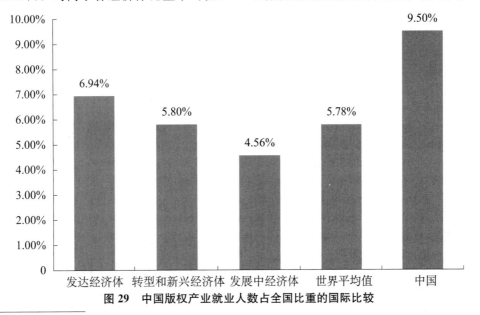

图 29　中国版权产业就业人数占全国比重的国际比较

---

① 美国版权产业数据来自美国国际知识产权联盟发布的 "Copyright Industries in the U. S. Economy：The 2020 Report"。

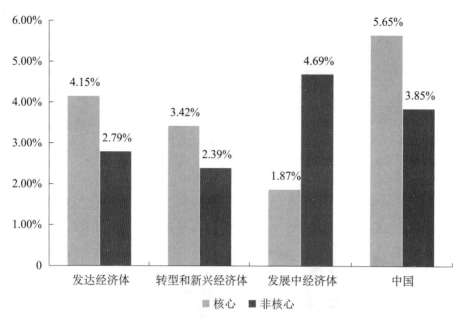

图 30　中国核心版权产业和非核心版权产业就业人数占全国比重的国际比较

（三）中国版权产业劳动生产率的国际比较

世界知识产权组织根据各成员方版权产业增加值与就业人数的比重，计算了各成员方版权产业的劳动生产率指数，指数越高，说明版权产业的劳动生产率也越高。根据报告，发达经济体版权产业劳动生产率指数平均值为 1.09，新兴经济体平均值为 0.91，转型经济体平均值为 1.04，发展中经济体平均值为 1.14，中国版权产业的劳动生产率指数为 0.78，低于发达经济体、新兴经济体、转型经济体和发展中经济体的平均值。可以看出，虽然中国版权产业增加值占 GDP 比重和就业人数占全国比重在世界上处于较高水平，但劳动生产率有待进一步提高。

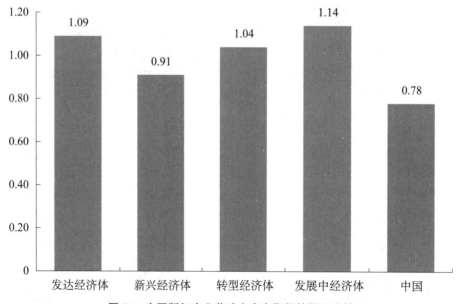

图 31　中国版权产业劳动生产率指数的国际比较

五、中国版权产业的经济贡献
调研方法概述

本报告按照世界知识产权组织《版权产业的经济贡献调研指南》（以下简称《指南》）中提供的方法开展研究，以定量研究方法为主，在版权产业概念、数据来源、测算方法等方面与《指南》基本保持一致，并结合实地调研，对 2021 年中国版权产业经济贡献的整体情况进行了测算分析。

（一）中国版权产业的概念与分类

世界知识产权组织将版权产业定义为"版权可

发挥显著作用的活动或产业"①，并将其分为四类：核心版权产业、相互依存的版权产业、部分版权产业和非专用支持产业②。本报告参照《指南》关于版权产业的界定，将中国版权产业定义为：全部或部分活动与中国版权法保护的作品或其他受版权法保护的客体相关的产业，这些活动包括了创作、制作、表演、广播、传播以及展览或者发行和销售③。本报告在中国版权产业分类上亦遵循了《指南》的原则，但根据中国版权法关于作品的具体分类，对主要产业组的名称进行了调整。中国版权产业的具体分类如下：

1. 核心版权产业

核心版权产业是完全从事作品及其他受保护客体的创作、制作和制造、表演、广播、传播和展览或销售和发行的产业，包括9个产业组：文字作品，音乐、戏剧制作、曲艺、舞蹈和杂技，电影和影带，广播和电视，摄影，软件和数据库，美术与建筑设计、图形和模型作品，广告服务，版权集体管理与服务④。

2. 相互依存的版权产业

相互依存的版权产业是从事制作、制造和销售其功能完全或主要是为作品及其他受版权保护客体的创作、制作和使用提供便利的设备的产业，包括以下7个产业组：电视机、智能手机、收音机、录像机、CD播放机、DVD播放机、磁带播放机、电子游戏设备以及其他类似设备⑤，计算机和有关设备，乐器，照相和电影摄影器材，复印机，空白录音介质，纸张。

3. 部分版权产业

部分版权产业是部分活动与作品或其他受版权保护客体相关的产业，包括10个产业组：服装、纺织品与制鞋，珠宝和硬币，其他手工艺品，家具，家庭用品、陶瓷和玻璃，墙纸与地毯，玩具和游戏用品，建筑、工程、调查，内部装修设计，博物馆⑥。

4. 非专用支持产业

非专用支持产业是部分活动与促进作品及其他版权保护客体的广播、传播、发行或销售相关且这些活动没有被纳入核心版权产业的产业。这些产业计量的是远离核心版权产业的溢出效应，它们的职能是版权产业与其他产业共享的。非专用支持产业包括3个产业组：一般批发和零售产业，一般运输产业，电话和互联网产业⑦。

中国版权产业的分类及包含的主要行业见图32。

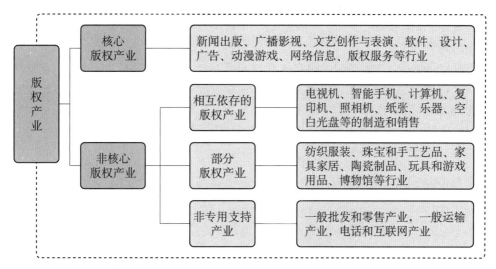

图32　中国版权产业的分类及包含的主要行业

① 世界知识产权组织. 版权产业的经济贡献调研指南［M］. 北京：法律出版社，2006：132.
② 世界知识产权组织. 版权产业的经济贡献调研指南［M］. 北京：法律出版社，2006：38.
③ 柳斌杰，阎晓宏. 中国版权相关产业的经济贡献［M］. 北京：中国书籍出版社，2010：25.
④ 世界知识产权组织. 版权产业的经济贡献调研指南［M］. 北京：法律出版社，2006：42-45. 本报告对世界知识产权组织的分类名称进行了部分调整，包括将"新闻和文学作品"改为"文字作品"，将"音乐、戏剧制作、歌剧"改为"音乐、戏剧制作、曲艺、舞蹈和杂技"，将"视觉和绘画艺术"改为"美术与建筑设计、图形和模型作品"，将"版权集体管理协会"改为"版权集体管理与服务"。
⑤ 世界知识产权组织. 版权产业的经济贡献调研指南［M］. 北京：法律出版社，2006：47-48. 根据近年来发展情况，本报告在该产业组中增加了智能手机。
⑥ 世界知识产权组织. 版权产业的经济贡献调研指南［M］. 北京：法律出版社，2006：48-49.
⑦ 世界知识产权组织. 版权产业的经济贡献调研指南［M］. 北京：法律出版社，2006：50-51.

（二）定量研究的测算方法

本报告以《指南》为基础，以定量研究为主，通过测算行业增加值、就业人数和商品进出口额这三项主要指标，来具体衡量中国版权产业的经济贡献。

1. 指标

《指南》认为，版权产业规模占 GDP 比重、就业机会、对外贸易这三项指标可以相互补充提供某一国家版权产业全面的、横向的情况①，因而本报告也采用这些指标。其中对外贸易方面包括货物贸易和服务贸易两部分，由于中国现有统计制度无法准确对版权产业的服务贸易进行较为详细的分类统计，因而只能估算版权产业的货物贸易（即商品进出口额）。因此中国版权产业的主要测算指标为行业增加值、就业人数和商品出口额。行业增加值是一定时期内中国版权产业所生产和提供的全部最终产品和服务的市场价值的总和，是国民经济核算的一项重要指标。就业人数是中国从事版权产业的人口数量，反映版权产业为社会提供的就业机会，本报告选择的统计口径为城镇单位就业人数。商品出口额反映中国版权产业向国外或境外出口的货物商品的价值，是衡量对外贸易的重要指标。本报告还相应增加了商品进口额的相关指标，通过商品进出口额数据更加全面地反映中国版权产业的外贸情况。

2. 数据来源和测算方法

为了使调查具有可信度，本报告定量研究的基础数据以官方统计数据为主，主要包括：相关年度的经济普查数据及《中国经济普查年鉴》，国家统计局编写、中国统计出版社出版的相关年度《中国统计年鉴》及其他统计年鉴，海关总署、国家新闻出版署、国家电影局、国家广播电视总局、工业和信息化部、中国电子信息行业联合会等行业主管部门和行业协会提供或发布的行业数据及报告，等等。在具体测算方法上，行业增加值采用收入法计算，具体测算方法按照国家统计局国民经济核算司编著的《中国经济普查年度国内生产总值核算方法》进行，就业人数和商品进出口额则分别直接根据有关数据进行汇总测算。

3. 版权因子

为了将不能完全归入版权范畴的成分排除在外，《指南》提出了版权因子的概念，即确定某一产业中版权产业所占的比例②。除核心版权产业的版权因子为 100% 之外，相互依存的版权产业、部分版权产业和非专用支持产业的版权因子需要分别确定，因而版权产业四个类别的行业增加值、就业人数和商品进出口额均为相关数据乘以各自版权因子之后的数值。本报告主要通过抽样调查（问卷调查与特殊访谈）、国际比对和量化计算几种方式③确定了中国版权产业的版权因子。

（三）实地调研

在定量研究之外，本报告还多次对中国版权产业的主要地区和行业开展了实地调研工作。通过开展实地调研，一是为数据测算提供了重要补充，如各行业的实地调研成为确定各产业组版权因子的重要参考，二是在数据之外可以获取到版权产业各行业发展的新特点、新趋势，为结论分析提供重要支撑，提高调研结果的可信性，更加全面、真实地反映中国版权产业的发展现状。

① 世界知识产权组织. 版权产业的经济贡献调研指南［M］. 北京：法律出版社，2006：52-53.
② 世界知识产权组织. 版权产业的经济贡献调研指南［M］. 北京：法律出版社，2006：85.
③ 柳斌杰，阎晓宏. 中国版权相关产业的经济贡献［M］. 北京：中国书籍出版社，2010：47.

典型案件

DIAN XING AN JIAN

2022年全国著作权司法保护典型案件

一、杭州大头儿子文化发展有限公司与央视动漫集团有限公司著作权侵权纠纷案［最高人民法院（2022）最高法民再44号民事判决书］

【主要案情】　1994年，受《大头儿子和小头爸爸》1995年版动画片导演等人委托，刘泽岱创作了"大头儿子""小头爸爸""围裙妈妈"人物形象正面图，双方并未就该作品的著作权归属签署任何书面协议。1995年版动画片演职人员列表中载明："人物设计：刘泽岱"。2012年，刘泽岱将"大头儿子"等三件作品所有著作权转让给洪亮。2013年，刘泽岱与央视动漫集团有限公司（以下简称"央视动漫公司"）先后签订委托创作协议和补充协议，约定央视动漫公司拥有"大头儿子"等三个人物造型除署名权以外的全部知识产权。后刘泽岱签署说明确认了上述事实，并称与洪亮签订转让合同属于被误导。央视动漫公司还向法院提交了落款为1995年的刘泽岱的书面声明，该声明确认三个人物造型权属归央视动漫公司。杭州大头儿子文化发展有限公司（以下简称"大头儿子文化公司"）诉至法院，主张央视动漫公司侵犯其著作权。

【审判结果】　一审法院认为，因双方没有签订合同约定著作权归属，故刘泽岱对三幅美术作品享有著作权。大头儿子文化公司依据转让合同取得了上述作品著作权，央视动漫公司未经许可使用构成侵权，应承担侵权责任。央视动漫公司的上诉和申请再审均被驳回，依法向最高人民法院提出申诉。最高人民法院提审后改判，认定涉案作品系委托创作，除署名权以外的著作权及其他知识产权属于央视动漫公司所有，判决驳回大头儿子文化公司全部诉讼请求。

【典型意义】　本案明确了委托创作作品、法人作品和特殊职务作品的判断标准以及权属证据分析认定方法，对特殊历史背景下的作品著作权人权利保护提供了参考，对激发文化创新创造、支持优秀文化作品广泛传播、推动文化产业高质量发展具有积极意义。本案入选2022年中国法院十大知识产权案件。

二、深圳奇策迭出文化创意有限公司与杭州原与宙科技有限公司侵害作品信息网络传播权纠纷案［浙江省杭州市中级人民法院（2022）浙01民终5272号民事判决书］

【主要案情】　深圳奇策迭出文化创意有限公司（以下简称"奇策公司"）经漫画家马千里授权享有"我不是胖虎"系列作品独占性著作财产权。奇策公司在杭州原与宙科技有限公司（以下简称"原与宙公司"）经营的平台发现其用户铸造并发布了"胖虎打疫苗"NFT数字作品，该作品与马千里在微博发布的插图作品完全一致，甚至依然带有相应水印。奇策公司遂以原与宙公司侵害其信息网络传播权为由诉至杭州互联网法院。

【审判结果】　一审法院认为，NFT数字作品交易符合信息网络传播行为的特征，结合交易模式、技术特点、平台控制能力、营利模式等，涉案平台应建立有效的知识产权审查机制，认定原与宙公司侵权成立。原与宙公司不服，提起上诉。浙江省杭州市中级人民法院二审认为，NFT数字作品的上架发布阶段涉及信息网络传播行为，作为数字藏品的一种形式，NFT数字作品使用的技术可较为有效地避免后续流转中被反复复制的风险。基于NFT数字作品交易网络服务伴随着相应财产性权益的产生、移转以及可能引发的侵权后果等因素，此类服务提供者应当审查 NFT 数字作品来源的合法性，确认 NFT 数字作品铸造者具有适当权利。本案中，原与宙公司未尽到相应的注意义务，故驳回上诉，维持原判。

【典型意义】 本案系涉及 NFT 数字作品交易平台责任的典型案件。判决对以区块链作为底层核心技术的 NFT 数字作品的法律属性、交易模式下的行为界定、交易平台的属性以及责任认定等方面进行了积极探索，对于构建公开透明可信可溯源的链上数字作品新生态、推动数字产业发展具有启示意义。本案入选 2022 年中国法院十大知识产权案件。

三、张旭龙与北京墨碟文化传播有限公司、程雷、马跃侵害作品信息网络传播权纠纷案〔最高人民法院（2022）最高法民辖 42 号民事裁定书〕

【主要案情】 原告张旭龙与被告北京墨碟文化传播有限公司、程雷、马跃侵害信息网络传播权纠纷一案，河北省秦皇岛市中级人民法院于 2021 年 4 月 1 日立案。马跃提出管辖权异议。河北省秦皇岛市中级人民法院认为，本案系侵害作品信息网络传播权纠纷，由侵权行为地或者被告住所地人民法院管辖。本案原告作为被侵权人，其住所地在河北省秦皇岛市海港区，秦皇岛市中级人民法院作为侵权结果发生地人民法院对本案依法具有管辖权，故裁定驳回马跃提出的管辖权异议。

马跃不服秦皇岛市中级人民法院的一审裁定，向河北省高级人民法院提起上诉。河北省高级人民法院作出的（2021）冀民辖终 66 号裁定认为，本案应当优先适用信息网络传播权规定的相关规定。以被侵权人住所地作为侵权结果发生地确定管辖，不利于本案事实的查明，也不符合前述管辖相关规定的立法本意和"两便"原则。北京互联网法院作为侵权行为地和被告住所地法院，对本案具有管辖权。故裁定撤销一审裁定，将本案移送北京互联网法院处理。

北京互联网法院经审查认为：《最高人民法院关于审理侵害信息网络传播权民事纠纷案件适用法律若干问题的规定》（以下简称《信息网络传播权规定》）第十五条规定侵权行为地法院具有管辖权。根据《最高人民法院关于适用〈中华人民共和国民事诉讼法〉的解释》（以下简称《民诉法解释》）第二十五条对信息网络传播权案件中侵权行为地作出的新的补充规定，第二十四条关于侵权行为地包括侵权行为实施地、侵权结果发生地的规定，可以认定原告住所地是侵权行为地之一。秦皇岛市中级人民

法院作为原告住所所在地的法院对此案享有管辖权。故向北京市高级人民法院报送了关于本案指定管辖的请求。

北京市高级人民法院认为，根据《民诉法解释》第二十五条的规定，信息网络侵权行为实施地包括实施被诉侵权行为的计算机等信息设备所在地，侵权结果发生地包括被侵权人住所地。本案原告张旭龙作为被侵权人，其住所地在河北省秦皇岛市海港区，秦皇岛中院作为侵权结果发生地人民法院，对本案依法具有管辖权。故报请最高人民法院指定管辖。

【审判结果】 最高人民法院认为：《信息网络传播权规定》第十五条是针对信息网络传播权这一特定类型的民事权利，对侵害信息网络传播权纠纷民事案件的管辖作出的特别规定。在确定侵害信息网络传播权民事纠纷案件的管辖时，应当以《信息网络传播权规定》第十五条为依据。第十五条明确规定，只有在"侵权行为地和被告住所地均难以确定或者在境外"的例外情形下，才可以将"原告发现侵权内容的计算机终端等设备所在地"视为侵权行为地。基于信息网络传播权的性质和特点，侵害信息网络传播权的行为一旦发生，就会导致"公众可以在其个人选定的时间和地点获得作品"，其侵权结果涉及的地域范围具有随机性、广泛性，不是一个固定的地点，不宜作为确定管辖的依据。故裁定本案由北京互联网法院审理。

【典型意义】 本案明确了侵害信息网络传播权民事纠纷案件的管辖权的法律适用。根据信息网络传播权的性质以及侵犯信息网络传播权行为的特点，不宜将并不固定的"侵权结果发生地"作为侵犯信息网络传播权民事案件管辖的依据，应当优先适用《信息网络传播权规定》第十五条的规定，这对统一裁判尺度具有重要指导意义。本案入选 2022 年中国法院 50 件典型知识产权案例。

四、西安佳韵社数字娱乐发行股份有限公司与上海箫明企业发展有限公司侵害作品信息网络传播权纠纷案〔北京市高级人民法院（2022）京民再 62 号民事判决书〕

【主要案情】 西安佳韵社数字娱乐发行股份有限公司（以下简称"佳韵社公司"）享有电视剧《我的团长我的团》（以下简称《我》剧）独家信息网络传播权。上海箫明企业发展有限公司（以下简称"箫明公司"）开发经营《飞幕》App，该应用宣称提供"听声识剧"功能，仅听影视剧里的声音就能识别正在播放的片段。佳韵社公司发现：在《飞幕》

典型案件·2022年全国著作权司法保护典型案件

App的"影视"板块中点击"70周年之民族觉醒"，可选择进入《我》剧简介页面。使用另一部手机播放《我》剧声音，使用《飞幕》App中的"听声识剧"，可识别声音所对应的《我》剧片段并在《飞幕》App中播放该片段。所播放的片段还可分享至《飞幕》App"影视笔记"栏目中供其他用户在线观看。佳韵社公司就《我》剧数个片段的"听声识剧"行为以及"影视笔记"中的该剧数个片段的点播服务进行了取证。佳韵社公司主张萧明公司侵害了其对《我》剧享有的信息网络传播权，请求萧明公司停止侵权、赔偿经济损失9万元及合理开支1万元。

【审判结果】 一审法院针对"听声识剧"行为，认为萧明公司将《我》剧剪辑并上传至其服务器中，供网络用户查找、在线播放；在与网络用户提供的声音进行对比后，提供该剧时长为一分钟的片段，侵犯了佳韵社公司享有的信息网络传播权。就"影视笔记"中的行为而言，萧明公司将《我》剧置于向公众开放的网络服务器中，虽然可能一次播放的片段只有一分钟，但显然不是为了介绍、评论所进行的适当引用，不构成合理使用。一审判决萧明公司停止侵权、赔偿佳韵社公司经济损失6万元。萧明公司不服上诉。二审判决认为，萧明公司所实施的行为客观上未构成对《我》剧的实质性利用和替代效果，没有不合理地损害著作权人的合法利益，构成合理使用。二审判决撤销一审判决，驳回佳韵社公司的诉讼请求。

佳韵社公司不服二审判决，提出再审申请。再审判决认为，关于"听声识剧"相关行为，信息网络传播行为中的公众通过信息网络获得作品不应理解为公众实际获得作品或者获得完整的作品。萧明公司将涉案作品以1分钟短视频集合的形式置于信息网络中，使公众使用《飞幕》App"听声识剧"功能时可获得《我》剧。就"影视笔记"相关行为而言，用户在《飞幕》App"影视笔记"栏目中发表对《我》剧的评论意见时上传可供其他用户点播观看的涉案作品片段非必要操作步骤，也不属于创作作品过程中的行为，不应认定为《著作权法》规定的合理使用中的适当引用行为。再审判决综合考虑《我》剧的知名度和影响力、《飞幕》App用户规模等情节，撤销二审判决，变更一审判决赔偿经济损失1万元。

【典型意义】 本案为应用新技术新商业模式"听声识剧"引发的长短视频争议典型案件。随着人们文化娱乐模式快节奏、碎片化的变化，短视频在娱乐生活中的重要作用日益凸显。"听声识剧"模式

迎合了用户获取经典视频片段的需求，当用户提供影视剧中的台词声音时，被告经营的《飞幕》App就能将"切条"成一分钟时长的对应影视剧片段提供给用户观看，用户同时可将该片段分享给其他用户。本案认定影视剧片段属于影视剧的一部分，能体现影视剧的独创性，未经许可通过信息网络提供影视剧片段不符合《著作权法》规定的合理使用情形，应认定构成侵权。本案厘清了短视频应用场景下行使信息网络传播权的认定规则，对新商业模式下侵害信息网络传播权的裁判规则进行了有益探索。本案入选2022年中国法院50件典型知识产权案例。

五、王某成、王某、王某燕与高某鹤、上海宽娱数码科技有限公司侵害作品信息网络传播权纠纷案 ［天津市高级人民法院（2021）津民终246号民事判决书］

【主要案情】 民歌《玛依拉》在20世纪二三十年代初期我国新疆、青海等地的哈萨克族等民族中流传传唱，王某宾通过采风吸收了该民歌歌曲素材，记录整理形成了王某宾版《玛依拉》。因形成时间较为久远，各方当事人均未能提供作为民间文学艺术作品的民歌《玛依拉》原始版本。涉案作品《玛依拉》存在多种署名方式，王某宾署名的《玛依拉》最早发表于1950年《新疆歌曲西北民间音乐丛书之二》，该书同时收录了刘某记谱版《玛依拉》。本案原告为王某宾继承人，其认为在湖南卫视《声入人心》电视节目上，高某鹤演唱的《玛依拉变奏曲》，与王某宾记录整理的《玛依拉》的词曲相同，该视频在上海宽娱数码科技有限公司运营的"哔哩哔哩"网站传播，侵犯了其所享有的信息网络传播权。

【审判结果】 一审法院以王某宾版《玛依拉》不具有独创性不构成作品为由驳回了原告的诉讼请求。天津市高级人民法院认为就涉案王某宾版《玛依拉》曲调部分，对民歌"记谱"时需要对民歌进行编辑、整理，因形成时间较为久远，各方当事人均未能提供作为民间文学艺术作品的民歌《玛依拉》原始版本，将王某宾版《玛依拉》以刘某版为参照进行比对，两者在整体旋律上基本相同，但部分小节的音符、节奏上存在一定区别，体现了民歌整理过程中，因个人判断、选择、取舍等所呈现的不同表现形式，该部分融入了不同演绎者的个性化构思和意志，结合王某宾在1980年8月底手写《关于哈萨克民歌玛依拉》文章中对该歌曲整理、改编过程的记载，可看出王某宾对民歌《玛依拉》的整理付出了较长时间和劳动，可以认定王某宾版《玛依拉》"记谱"的曲调能够体现其个性，形成了具有独创性

的新表达，属于《著作权法》意义上的演绎作品。虽在案证据显示不同出版物上的王某宾版《玛依拉》的署名方式有所差异，但考虑上述署名方式具有一定历史原因，在没有相反证据的情况下，上述署名方式可视为表明作者身份意义上的署名，现有证据可以证明王某宾系涉案民歌《玛依拉》的收集整理者，享有涉案作品曲调部分的著作权。涉案王某宾版《玛依拉》歌词部分系经由案外人翻译、修改而来，王某宾对其记录配歌的《玛依拉》歌词部分不享有著作权。经比对高某鹤演唱的被诉侵权作品《玛依拉变奏曲》与王某宾版《玛依拉》，两者对应部分曲调整体基本相同，但小节数、节拍、旋律存在一定差异，不构成实质性相似，遂驳回了原告的诉讼请求。

【典型意义】 本案是涉及民间文学艺术衍生作品保护的典型案例，围绕王某宾版《玛依拉》是否具有独创性、能否构成作品及侵权判断展开，两审法院虽均驳回了原告诉讼请求，但围绕争议焦点作出了不同的认定。生效判决明确了民间文学艺术衍生作品与民间文学艺术的关系，厘清了民间文学艺术衍生作品的独创性和保护范围，确立了民间文学艺术衍生作品侵权案件的审理思路和判定规则。生效判决在保护民间文学艺术作品演绎者权利的基础上，实现了演绎者、使用者和社会公众利益之间的合理平衡，对促进民间文学艺术的传承和传播发挥了积极作用。本案入选 2022 年中国法院 50 件典型知识产权案例。

六、江西省亿维电子商务有限公司与厦门表情科技有限公司著作权权属、侵权纠纷案［福建省高级人民法院（2022）闽民终 879 号民事判决书］

【主要案情】 江西省亿维电子商务有限公司（以下简称"亿维公司"）是"汤圆酱"系列卡通形象的作者，亿维公司认为厦门表情科技有限公司（以下简称"表情公司"）创作的"脸红小馒头"系列作品模仿、抄袭其创作的"汤圆酱"系列卡通形象，构成实质性相似，要求表情公司停止侵犯其作品的著作权和不正当竞争行为，并赔偿损失。表情公司则主张亿维公司的"汤圆酱"系列作品系利用了公有素材的简单创作，不属于《著作权法》所保护的作品，其创作的"脸红小馒头"系列作品与亿维公司"汤圆酱"系列卡通形象亦不构成实质性相似，没有侵犯亿维公司案涉作品的著作权，也不构成不正当竞争。

【审判结果】 本案一、二审都认为此类作品只要体现了创作者对公有领域元素内容的取舍、选择

和安排，融入了个性化的构思和意志，就能构成《著作权法》所保护的作品，但对此类作品应如何保护存在不同观点。一审认为对此类作品保护时不应将涉及公有领域的元素内容和表达方式完全剥离出来，二审则认为在保护时应当充分考虑到其作品本身包含的公有领域的因素，防止部分作者通过对其作品的保护垄断公有领域素材的使用权利，排斥、遏制其他创作者对公有领域素材的合理使用、开发，进而限制全社会对公有领域素材的合理使用和创作创新。

厦门中院一审判决：一、被告表情公司于判决生效之日起立即停止实施侵害原告亿维公司"汤圆酱"系列美术作品著作权的行为；二、被告表情公司于判决生效之日起十日内赔偿原告亿维公司经济损失及合理费用共计 50 万元；三、驳回原告亿维公司的其他诉讼请求。一审案件受理费 22 800 元，由原告亿维公司负担 9 800 元；由被告表情公司负担 13 000 元。福建高院二审判决如下：一、撤销福建省厦门市中级人民法院（2021）闽 02 民初 1318 号民事判决；二、驳回亿维公司全部诉讼请求。一审案件受理费 22 800 元，由亿维公司负担；二审案件受理费 8 800 元，由亿维公司负担。

【典型意义】 对利用公有领域素材加工、创作形成的作品进行保护时，既应当注意保护作品作者对作品的创新，又应当注意保护其他创作者对公有领域素材的合理使用。本案入选 2022 年中国法院 50 件典型知识产权案例。

七、北京豪骏影视传媒有限公司与吉林省帝王酒店餐饮娱乐管理有限公司金帝首席纯歌厅、吉林省帝王酒店餐饮娱乐管理有限公司著作权权属、侵权纠纷案［吉林省高级人民法院（2022）吉民终 339 号民事判决书］

【主要案情】 豪骏公司是《为爱歌唱 MTV 金曲精选集》出版物上署名的著作权人。豪骏公司以帝王歌厅侵犯豪骏公司的 155 首歌曲的著作权为由，向法院提起诉讼，请求判令帝王歌厅停止侵权，帝王歌厅及其母公司帝王公司承担赔偿责任。帝王歌厅及帝王公司主张，该歌厅与音集协签约，支付著作权使用费，主观上不存在侵权的故意。即使进行赔偿，也应按照《卡拉 OK 经营行业版权使用费标准》中载明的计算方式，确定赔偿数额。

【审判结果】 一审法院认为，帝王歌厅的行为属于侵犯著作权的行为，但该歌厅已与音集协签订了著作权许可协议，已尽到合理的注意义务，故只需承担停止侵权的责任，无须赔偿损失。豪骏公司

不服，提起上诉。二审法院认为：帝王歌厅的行为构成侵权，应负赔偿责任。赔偿责任是等价、补偿性质的法律责任，不因赔偿义务主体的过错大小而作差异化赔偿，故不能以侵权人尽到合理注意义务为由免除其赔偿责任。而且，不同市场主体的财产权利应受到平等保护，未加入集体管理组织不能成为对权利人给予歧视性保护的理由，加入集体管理组织也不能成为侵权人免除或减轻赔偿责任的理由。另外，《卡拉OK经营行业版权使用费标准》是音集协的授权使用定价标准，不能约束非会员权利人，且对侵犯著作权的行为适用法定赔偿的，不能在"五百元以上五百万元以下"之外作出裁量。遂改判帝王歌厅承担经济损失及其他合理开支18 200元，帝王公司承担补充责任。判决：一、维持一审判决第一项；二、撤销一审判决第二项；三、帝王歌厅于本判决生效之日起十日内赔偿豪骏公司经济损失及合理开支18 200元；四、帝王公司对上述第三项确定的款项在帝王歌厅不能清偿的范围内承担补充责任；五、驳回豪骏公司的其他诉讼请求。

【典型意义】 本案紧扣我国立法目的，从民事责任的基本原理切入，适用权利平等保护原则，对KTV经营者免责抗辩不成立的理由、人民法院依职权适用法定赔偿的裁量限度等作出了充分说理，对KTV经营者侵犯音乐作品著作权案件的审理起到了规范指导作用，释放了平等保护著作权财产权利的积极信号，是人民法院在音乐著作权领域助力优化知识产权法治环境的有益探索。本案入选2022年中国法院50件典型知识产权案例。

八、饶某俊与深圳市大百姓时代文化传媒有限公司、深圳市大百姓网络视频黄页有限公司著作权侵权纠纷案［广东省高级人民法院（2022）粤民再346号民事判决书］

【主要案情】 深圳市大百姓网络视频黄页有限公司（以下简称"大百姓网络公司"）与饶某俊签订合约，约定由饶某俊创作剧本并署名，双方不得在电影公映前向任何第三方泄露剧本内容等一切信息……片酬25万元，影片播出后，饶某俊可另获取19%的收益。大百姓网络公司委托高度关联的深圳市大百姓时代文化传媒有限公司（以下简称"大百姓文化公司"）拍摄诉争电影，影片立项备案编剧为饶某俊。饶某俊诉至法院，请求判令：大百姓文化公司立即停止摄制、复制、发行和传播《部落末日》电影，赔礼道歉并赔偿经济损失180万元、合理支出10万元；大百姓网络公司对上述赔偿承担连带责任。

【审判结果】 一审法院认为，除摄制权之外，

大百姓文化公司未侵害饶某俊的其他著作权。大百姓文化公司与大百姓网络公司共同赔偿饶某俊经济损失及合理维权支出30万元。在承担上述赔偿责任后，大百姓文化公司可视为实际被授权方。双方均不服，提起上诉。二审法院认为，大百姓文化公司、大百姓网络公司侵犯了饶某俊的署名权、修改权、摄制权、改编权，应赔偿饶某俊经济损失及合理维权支出50万元。诉争电影侵权，大百姓文化公司未经饶某俊许可，不得复制、发行该电影。大百姓文化公司、大百姓网络公司不服，申请再审。再审法院认为，拍摄中对剧本的细节性修改在摄制权控制范围内，无须另以改编权规制。合约明确排斥在影片上映之前向任何第三方泄露饶某俊的剧本，故大百姓网络公司必须独立、亲自摄制电影。大百姓网络公司委托大百姓文化公司进行摄制，违反约定，共同侵犯了饶某俊的摄制权，但未侵犯饶某俊的署名权、修改权与改编权。本案系由委托关联公司拍摄从而违反亲自拍摄的授权约定引发的侵权，禁止诉争电影复制、发行、传播，浪费社会资源且与侵权行为的性质、情节以及所造成的后果严重不成比例。影片发行之前侵权获利甚微，而饶某俊请求180万元的经济赔偿。故可在判令两侵权者承担连带赔偿责任之后，再判令大百姓文化公司单独承担替代不判令其停止侵权的赔偿金。再审法院参照合约取得许可的"基础许可使用费25万＋风险许可使用费19%"模式，酌定大百姓文化公司赔偿饶某俊经济损失35万元，并另在诉争电影发行上映并取得收益后再将归属公司全部收益的19%支付给饶某俊。对于该部分费用，其是否会发生以及具体数额当前均不能确定，本案暂不作处理。今后若发生纠纷，双方可另行解决。再审遂判决：撤销一、二审判决；大百姓文化公司、大百姓网络公司连带赔偿饶某俊经济损失及合理维权支出15万元；大百姓文化公司赔偿饶某俊经济损失35万元；驳回饶某俊的其他诉讼请求。

【典型意义】 本案再审判决厘清了非法演绎作品原作品的著作权保护与演绎作品的合理利用之间的关系。尤其在双方原来采用"固定费用＋风险提成"许可模式的情况下，巧妙地以对应的赔偿模式使得赔偿金额合法合理，为同类案件的解决提供了参考范本。本案入选2022年中国法院50件典型知识产权案例。

九、中国音像著作权集体管理协会与永宁县杨和镇浪漫之约休闲会所著作权权属、侵权纠纷案［宁夏回族自治区高级人民法院（2022）宁知民终31号民事判决书］

【主要案情】 滚石国际音乐股份有限公司等8

家公司系被控侵权曲目的制片者，中国音像著作权集体管理协会（以下简称"音集协"）取得了对案涉权利作品进行集体管理的权利。永宁县杨和镇浪漫之约休闲会所（以下简称"浪漫会所"）为个体工商户，于 2013 年 1 月 5 日注册成立，经营范围为酒吧服务、KTV 等，登记状态为存续。2020 年 12 月 14 日，音集协采用可信时间戳方式在浪漫会所经营场所进行取证，其提供的可信时间戳及所附视频能够证明浪漫会所在其经营场所内向不特定公众实施了侵权曲目的播放行为。音集协主张应依照其发布的《关于 2019 年卡拉 OK 著作权使用费收取标准的公告》和《关于 2020 年卡拉 OK 著作权使用费收取标准的公告》中确定的宁夏范围内的使用标准 8 元/天/终端计算侵权赔偿金额。音集协发布的卡拉 OK 著作权使用费收取标准的依据是国家版权局 2006 年 11 月 9 日发布的 2006 年第 1 号公告。该公告中载明，卡拉 OK 经营行业版权使用费标准：以经营场所的包房为单位，基本标准为 12 元/天/终端（含音乐和音乐电视两类作品的使用费）；根据全国不同区域以及同一地域卡拉 OK 经营的不同规模和水平，可以按照上述标准在一定范围内适当下调。由此，音集协发布的 2019 年和 2020 年卡拉 OK 著作权使用费收取标准，最高为上海市和北京市，为 11 元/天/终端，最低的为宁夏等 7 个省、自治区，为 8 元/天/终端。该标准虽符合国家版权局 2006 年第 1 号公告的要求，但根据《著作权集体管理条例》第二十五条"除《著作权法》第二十三条、第三十三条第二款、第四十条第三款、第四十三条第二款和第四十四条规定应当支付的使用费外，著作权集体管理组织应当根据国务院著作权管理部门公告的使用费收取标准，与使用者约定收取使用费的具体数额"的规定，音集协发布的标准并非必须强制执行的收取使用费的固定标准，其与使用者应当就使用费的具体数额进行约定，或参照其与同一区域使用者约定收取使用费的具体数额向侵权人主张赔偿数额。

【审判结果】 按照该公告中的著作权人应与使用者约定收取使用费的规定，一审法院认定音集协主张的许可使用费标准不符合民事法律关系中的平等自愿原则并无不当。且《著作权集体管理条例》第三十九条"著作权集体管理组织有下列情形之一的，由国务院著作权管理部门责令限期改正：……（三）未根据公告的使用费收取标准约定收取使用费的具体数额的"的规定，系对作为著作权集体管理组织的音集协应合法合规收费的规制，并非确定音

集协制定公告的使用费收取标准就是使用者或侵权人必须执行的使用费的法定标准，且该条规定第三项中也明确音集协收取使用费的具体数额应当根据"约定"。故音集协该项主张的依据并不充分，对其主张不予支持。

【典型意义】 本案原则性确定了当事人各方都易接受的收费标准，并对相应的律师费等费用一并合理确定，防止因其他费用过高问题引发新的矛盾。本案入选 2022 年中国法院 50 件典型知识产权案例。

十、广州加盐文化传播有限公司与北京字节跳动科技有限公司、悠久传媒（北京）有限责任公司侵害作品信息网络传播权纠纷案 ［广州知识产权法院（2021）粤 73 民终 5651 号民事判决书］

【主要案情】 北京字节跳动科技有限公司（以下简称"字节公司"）是今日头条平台的运营商，今日头条平台的"科技"版块于 2020 年 1 月 31 日发布被诉文章《17 年前阿里全员隔离 马云是怎么熬过非典的?!》，该文章由字节公司使用 RSS 内容源接入同步技术从悠久传媒（北京）有限责任公司（以下简称"悠久公司"）经营的科普网接入，并于其后通过文本分类算法将该文章发布于今日头条平台的"科技"版块，文章信息标明来源于自媒体号"科技生活快报"，"科技生活快报"账号由悠久公司运营。悠久公司在科普网转载前述文章时，标明"2020-1-31 来源：何加盐"。广州加盐文化传播有限公司（以下简称"加盐公司"）是微信公众号"何加盐"的账号主体，且是前述文章的著作权人。加盐公司以字节公司、悠久公司侵害其对前述文章享有的信息网络传播权为由，向法院提起诉讼。

【审判结果】 一审法院认为，悠久公司通过与字节公司的合作关系，发布被诉文章，侵害加盐公司的信息网络传播权。字节公司将被诉文章分发到今日头条首页的"科技"版块，今日头条平台并非一个纯消极性的信息存储空间，存在筛选分发的可能性较大，其行为侵害加盐公司的信息网络传播权。字节公司不服一审判决，提起上诉。广州知识产权法院二审认为，字节公司采用 RSS 内容源接入同步技术和文本分类算法来实现其所运营网络平台上用户内容的快速接入和版块分发，通过用户协议免费获取平台内容的信息网络传播权，并与用户进行获利分成约定，激励用户生成及接入内容，意在实现平台获利最大化，其并非仅是提供信息存储空间的网络服务提供者，同时是平台内容的管理者。字节公司使用文本分类算法对今日头条平台的用户内容进行类型化推荐，其具备采取预防侵权措施的技术

条件和信息管理能力。字节公司在平台内容分发主体的选择、预防侵权的技术模式选定及侵权风险的应对方式等问题上均具备相应的选择优势。因此，字节公司对于今日头条平台上展现率高、阅读量大的文章，负有采取预防侵权必要技术措施的义务，如其未采取预防侵权的必要技术措施，则应根据其所提供网络服务的性质、方式、管理信息能力、获利分配模式以及停止侵权措施等因素，确定其相应的帮助侵权责任。二审法院判决驳回上诉，维持原判。

【典型意义】 本案判决从法律规定、技术手段、获利模式、公众利益四个维度，分析了平台运营商的帮助侵权归责原则由"通知—删除"转变为"必要预防措施＋删除"的技术基础和适用范围，有助于解决如何判断算法工具运用能否成为平台运营商的侵权免责事由的问题，防止平台经济发展中因技术手段运用引发的侵权争议，有助于促进平台经济健康有序发展，是人民法院护航数字经济和互联网发展的有益探索。本案入选 2022 年中国法院 50 件典型知识产权案例。

十一、景德镇市耘和瓷文化有限公司与景德镇溪谷陶瓷文化有限公司著作权权属、侵权纠纷案

［江西省景德镇市中级人民法院（2022）赣 02 民终 171 号民事判决书］

【主要案情】 景德镇市耘和瓷文化有限公司（以下简称"耘和公司"）向江西省版权局登记了美术作品《绽放》，该作品为盖碗茶杯，杯身正面画有葫芦形线条内有"吉"字图案标识，杯子底部、杯盖及杯托的图案均采用花朵、枝茎元素组成二方连续装饰图案。景德镇溪谷陶瓷文化有限公司（以下简称"溪谷公司"）在淘宝网店销售"山音"陶瓷盖碗茶杯，杯身正面为葫芦形线条内有"山音"字样图案标识。耘和公司认为溪谷公司销售的茶杯侵害了其著作权，诉至法院。

【审判结果】 一审法院经审理认为，耘和公司的作品与传统花卉与草藤纹组成的二方连续纹饰图案和颜色并无显著区别，未体现其在画法、纹饰图案、颜色层次上的独特性和创新性，其整合风格仍沿用传统的常用纹样，案涉美术作品不具有独创性。耘和公司不服一审判决，提起上诉。

景德镇市中级人民法院二审认为，这种对传统二方连续装饰图案进行挑选、变换并配以相应色彩及变异的汉字造型融汇而成的具有审美意义的图案，其设计者的思路虽然来源于传统元素，但是整体构图展示出源自设计者自身的个性印记，体现了设计者独特的智力选择与判断，达到了一定水准的智力创造高度，符合《著作权法》对作品独创性的要求，该作品应受到法律保护。一审的认定有误，应予纠正。但耘和公司仅凭作品登记证书不足以证明其创作完成时间的真实性，其提交的《作品说明书》由其自行制作，微信朋友圈截图，卢某在一审询问时自述《绽放》对该图案有改动，现有证据难以确定涉案作品的创作形成时间。在作品的创作完成时间难以确定的情况下，作品公开发表时间的早晚也可以表明作者享有权利的时间节点。对涉案作品何时公开发表，耘和公司并没有证据证实。溪谷公司提供的证据可以证实其在淘宝店铺销售被诉侵权产品的时间早于耘和公司作品的登记时间。

对《绽放》美术作品登记图样与被诉侵权产品进行比对，二者均属于陶瓷杯，且采用类似图案的纹饰，表达方式非常接近。鉴于二方连续纹饰和画法属于陶瓷领域内常用，以植物枝茎、花卉纹样做二方连续装饰带起源较早，因此对于采用该纹饰的产品比对应当更注重细节，对关乎其是否侵权的比对应要求较高。被诉侵权产品上二方连续装饰图案中的缠枝纹、花朵均与《绽放》作品上的缠枝纹、花朵在样式、形态上存在区别，故在纹饰存在一定区别的情况下，不认为构成实质性相似。不应认定被诉侵权产品构成侵权。景德镇市中级人民法院遂驳回上诉，维持原判。

【典型意义】 本案判决充分考虑了陶瓷产业本身发展的特点，对在传统陶瓷纹饰及技法上创新的行为予以肯定，将具有一定创造性的陶瓷产品纳入《著作权法》保护范围，有利于激发从业者对传统陶瓷元素传承和创新的积极性，繁荣陶瓷市场。在保护采用传统元素创作的作品著作权的同时，细化侵权判断标准，一定程度上避免了传统陶瓷元素和公有元素为他人所垄断，有利于防止权利扩张。本案判决有利于传统文化的知识产权保护和创新，对陶瓷产品著作权的判定和侵权的认定具有参考价值。本案入选 2022 年中国法院 50 件典型知识产权案例。

2022年度全国打击侵权盗版十大案件

一、北京亿代鑫源商贸有限公司破坏技术保护措施案

2022年2月，根据国家版权局移转线索，北京市文化市场综合执法总队对该案进行调查。经查，从2021年起，北京亿代鑫源商贸有限公司为任天堂Switch游戏机加装硬件破解模块，并将其面向社会销售非法牟利，违法所得10 942元，非法经营额296 242元。经司法鉴定，该破解行为破坏了Switch游戏机原有的技术保护措施。2022年6月，北京市文化市场综合执法总队依据《著作权法》第五十三条之规定，对该公司作出没收违法所得、没收侵权设备、罚款59.2484万元的行政处罚。涉嫌构成刑事犯罪的，已进入司法程序。

【点评】 本案发挥了版权行政执法快捷高效的优势，体现了版权执法部门严格保护、平等保护的执法导向，有利于营造加大惩治力度、提高违法成本、加强法律震慑的版权保护氛围，也对类案办理的法律适用、鉴定方式等方面具有借鉴意义。

二、辽宁沈阳"2·24"制售侵权盗版传统文化电子书案

2022年2月，根据权利人投诉线索，辽宁省公安厅、版权局指导沈阳市公安局对该案进行调查。经查，辽宁美术出版社历时25年完成美术遗产抢救工程《敦煌壁画全集》的编辑出版工作，江某某、吴某等未经著作权人许可，非法将《敦煌壁画全集》扫描为电子书，并建立覆盖13个省（区、市）的侵权盗版销售网络，累计销售89 147份。2022年11月，经检察机关依法公诉，沈阳市高新区法院以侵犯著作权罪，判处江某某等11人有期徒刑三年缓刑四年不等。

【点评】 近年来，国家版权局持续加大传统文化版权保护力度。本案系侵犯传统文化出版物著作权侵权犯罪案件，涉案人员众多，盗版产品数量大，涉及区域广，社会影响恶劣，案件查办对震慑传统文化领域侵权盗版、推动优秀中华文化传承发展具有重要意义。

三、上海伍某某等生产销售侵权盗版动漫手办案

2021年8月，根据权利人报案线索，上海市公安局徐汇分局对该案进行调查。经查，从2021年起，伍某某伙同他人，未经著作权人日本万代公司许可，擅自生产并通过电商平台销售侵权盗版"海贼王""七龙珠""火影忍者"等动漫形象手办5万余件，涉案金额500余万元。2022年9月，经检察机关依法公诉，上海市徐汇区人民法院以侵犯著作权罪，判处伍某某有期徒刑三年，并处罚金15万元；判处其他同案人员有期徒刑六个月至三年不等，并处罚金6万元至10万元不等。

【点评】 本案是打击动漫卡通形象衍生产品侵权的典型案件。查办中将版权执法力量和各类侦查资源充分整合，实现了"打源头、端窝点、摧网络、断链条、追流向"的目标，案件查办彰显了我国切实保护境外权利人权利、构建良好营商环境的决心和举措。

四、江苏扬州"2·10"侵犯北京冬奥会吉祥物著作权案

2022年2月，根据工作巡查获得线索，扬州市公安局对该案进行调查。经查，吕某某未经北京2022年冬奥会与冬残奥会组委会许可，非法生产侵权盗版北京冬奥会吉祥物"冰墩墩"系列衍生产品，非法经营额50余万元，另查扣尚未销售的盗版成品1万余件。公安机关侦查研判后将未达到刑事犯罪标准的线索移送版权行政执法部门。2022年4月至8月，扬州市文化广电和旅游局依据《著作权法》第五十三条规定，先后对徐某等人作出没收侵权复制品、没收违法所得、罚款31 200元不等的行政处罚。2022年11月，经检察机关依法公诉，扬州市广陵区人民法院以侵犯著作权罪，判处吕某某有期徒刑三年，并处罚金20万元；判处其他同案人员有期徒刑两年缓刑两年不等。

【点评】 本案是国家版权局等五部门联合挂牌督办案件，取得了"当年立案，当年挂牌，当年判决"的突出成效，震慑力度大。本案也是一起典型两法衔接案件，侵权行为构成犯罪的由公安机关查处，达不到刑事立案标准的由公安机关及时移送行政执法机构作出行政处罚，共同对上下游侵权盗版行为进行全链条打击，具有示范意义。

五、江西宜春袁某销售侵权盗版教材教辅图书案

2022年6月，根据全国"扫黄打非"办公室移转线索，宜春市文化广电新闻出版旅游局对该案进行调查。经查，2021 年以来，袁某在电商平台开设 8 家店铺，对外销售侵权盗版教材教辅图书，违法所得 17 679.74 元。2022 年 8 月，宜春市文化广电新闻出版旅游局依据《著作权法》第五十三条规定，对袁某作出没收侵权复制品、没收违法所得、罚款 80 374.8 元的行政处罚。

【点 评】 近年来，"剑网"、青少年版权保护季等专项行动持续将打击电商平台销售侵权盗版教材教辅、少儿图书作为重点领域，不断强化电商平台版权专项整治。本案当事人在多次受到出版单位及消费者投诉侵权的情况下，持续销售侵权盗版教材教辅、童书绘本等，社会影响恶劣。基层执法部门通过行政执法手段快查快办、加大处罚，体现了版权行政执法高效惩处的优势。

六、湖北襄阳徐某等侵犯听书作品著作权案

2019 年 3 月，根据公安部移转线索，襄阳市宜城市公安局对该案进行调查。经查，2017 年以来，徐某、刘某某等未经上海喜马拉雅科技有限公司、得到（天津）文化传播有限公司等著作权人许可，通过网络社交群和网盘售卖侵权盗版音频类作品 23 000 余部，非法获利 1 100 余万元。2022 年 9 月，经检察机关依法公诉，襄阳市中级人民法院以侵犯著作权罪，判处徐某有期徒刑四年，并处罚金 100 万元；判处其他同案人员有期徒刑二年至三年不等，并处罚金 2 万元至 12 万元不等。

【点 评】 本案当事人通过社交软件广告引流，网络销售大量音频类作品，侵权盗版持续时间长、手段隐蔽、获利数额大、取证固证难，执法部门通过调取网络数据信息对侵权规模、路径及收益进行充分调查取证，案件的成功办结对打击网络规模侵权盗版具有借鉴意义。

七、湖南长沙童梦文化股份公司特教软件被侵犯著作权案

2021 年 2 月，根据权利人投诉线索，长沙市公安局在版权管理和"扫黄打非"部门配合下对该案进行调查。经查，2019 年 1 月起，杜某、徐某伙同朱某等通过拷贝、网络爬虫技术，盗版湖南童梦文化股份有限公司享有著作权的残疾人儿童特殊教育软件及相关教学资源，面向 20 多个省（区、市）特殊教育学校销售，非法获利 263 万元。2022 年 4 月，经检察机关依法公诉，长沙县人民法院以侵犯著作权罪，判处杜某有期徒刑三年六个月，并处罚金 120 万元；判处其他同案人员有期徒刑三年缓刑三年不等，并处罚金 80 万元不等。

【点 评】 "剑网 2022"专项行动将在线教育版权保护作为重点任务。本案是首个特殊教育领域网络侵权犯罪案件，其顺利侦破与判决震慑了违法犯罪行为，保障了特殊教育领域师生合法权益，对树立版权保护意识具有重要意义。

八、广东珠海创嗨新网络科技有限公司侵犯冬奥会赛事节目著作权案

2022 年 2 月，根据执法巡查线索，广东省珠海市文化广电旅游体育局对该案进行调查。经查，珠海创嗨新网络科技有限公司运营的《手机电视直播大全》App 未经著作权人和持权转播商许可，通过信息网络非法向公众传播中央广播电视总台北京冬奥会赛事直播节目和北京冬奥会专题节目等，违法所得 825.63 元。2022 年 3 月，珠海市文化广电旅游体育局依据《著作权法》第五十三条规定，对该公司作出没收违法所得、罚款 10 万元的行政处罚。

【点 评】 营造良好冬奥版权保护环境，既是履行我国承办北京 2022 年冬奥会和冬残奥会的国际承诺，也是保护持权转播机构合法权益的重要任务。本案是国家版权局等六部门开展的冬奥版权保护集中行动的典型案例，通过行政处罚快速制止侵权行为，对强化重大体育赛事节目版权保护具有示范意义。

九、广西钦州"4·2"侵犯教材教辅图书著作权案

2022 年 4 月，根据群众举报线索，灵山县公安局在版权管理和文化市场综合行政执法部门配合下对该案进行调查。经查，从 2020 年起，邓某某、曾某某、刘某某等逐渐建立了一条涉及 4 省 12 市的侵权盗版教材教辅产供销链条，该犯罪团伙反侦察意识强、地下窝点隐蔽，公安机关捣毁生产仓储窝点 11 个，查扣盗版词典、教材教辅等图书 50 余万册，涉案金额 2 000 余万元。2022 年 11 月，经检察机关依法公诉，灵山县人民法院以侵犯著作权等罪名，判处邓某某有期徒刑七年，并处罚金 80 万元；判处其他同案人员有期徒刑一年六个月至六年六个月不等，并处罚金 3 万元至 200 万元不等。2022 年 12 月，钦州市中级人民法院作出驳回上诉、维持原判的终审裁定。

【点 评】 本案是国家版权局等六部门联合挂牌督办案件，也是广西迄今办结的判处刑期最长、处罚金额最高的著作权侵权犯罪案件。办案机关在接到群众举报后，不囿于办理简单行政案件，而是跨地区、多部门衔接紧密，追根溯源，摧毁团伙，打掉网络，为西部地区查办侵权盗版大案要案作出

了表率。

十、四川绵阳"11·11"侵犯音乐作品著作权案

2021年9月，根据国家版权局移转线索，绵阳市公安局在文化市场综合行政执法部门配合下对该案进行调查。经查，2015年以来，杨某某搭建某听歌网站，未经著作权人许可，雇用人员从其他音乐网站、音乐贴吧收集、下载22万首侵权盗版歌曲上传至该网，采取注册会员、付费下载形式非法获利500余万元。2022年7月，经检察机关依法公诉，绵阳高新技术产业开发区人民法院以侵犯著作权罪，判处杨某某有期徒刑三年，缓刑四年，并处罚金12万元。

【点　评】　本案是国家版权局等六部门联合挂牌督办案件，在收到国外著作权认证机构投诉后，公安部门会同版权行政执法部门组成专案组，虽涉案作品数量大、取证固证难，但案件查办落地收网仅用了60天，是推动两法衔接、提高执法效能的一起成功案例，也是平等保护中外著作权人合法权益的典型案例。

"剑网2022"专项行动十大案件

一、天津谭某某运营盗版网络文学 App 案

2022年4月，根据巡查线索，天津市公安局红桥分局对该案进行调查。经查，2019年以来，谭某某以合法公司为掩护，指使他人利用自行编写的"爬虫"软件从国内知名网络文学网站盗取网络文学作品1万余部，投放至自行设立的 App 中运营，并注册多家空壳公司通过网络平台投放广告，非法获取会员费、广告费7 500余万元。目前，已批准逮捕6人，取保候审9人。

【点 评】 本案涉案金额巨大并通过空壳公司签订广告合同，犯罪行为隐蔽。侦办过程中，执法部门充分运用大数据技术，通过数据分析寻线追迹掌握犯罪团伙的全部网络链条，对查办类案具有借鉴意义。

二、山西郝某某制售侵权盗版剧本杀案

根据关联案件获得线索，太原市公安局迎泽分局对该案进行调查。经查，2020年9月以来，郝某某通过网络平台购进各类剧本杀文字作品200余部，未经著作权人许可组织人员制作侵权盗版品2万余件，通过网店对外销售非法牟利，非法经营金额达200余万元。2022年7月，该案移送检察院审查起诉。

【点 评】 强化剧本杀等网络新业态版权监管是"剑网2022"专项行动的重点领域。本案作为全国首例剧本杀侵权盗版案被列为国家版权局等六部门联合挂牌督办案件，进一步厘清了剧本杀版权保护的边界，有效震慑了剧本杀等新型版权侵权盗版行为，为新业态侵权案件查办提供了有益经验。

三、黑龙江钟某某等网络销售侵权教辅图书案

2022年6月，根据工作中发现线索，哈尔滨市阿城区公安局对该案进行调查。经查，2019年11月以来，钟某某、袁某某等未经著作权人许可，非法印制并通过网络销售侵权盗版中小学教辅图书，违法犯罪网络涉及22个省区市，查扣半成品盗版图书15万余册，盗版图书生产设备47台，涉案金额1亿余元。目前，钟某某、袁某某等15名犯罪嫌疑人已被采取刑事强制措施。

【点 评】 本案是国家版权局等六部门联合挂牌督办案件，多地案情交织互涉，侵权数量大、案值高、跨区域，执法难度大。案件查办过程中，多地区、多部门衔接紧密，为加强两法衔接和跨区域执法协作树立了标杆。

四、上海、江苏联合查办车载 U 盘侵权案

2022年7月至8月间，通过浦东新区人民检察院移转和举报线索，浦东公安分局与苏州市公安局食药环支队、吴江区公安局对该案进行调查。经查，2022年1月以来，张某某犯罪团伙与温某某犯罪团伙未经许可，在网络平台获取大量音乐作品，并将侵权盗版音乐存入 U 盘等载体通过网络电商平台以几元至数百元不等价格非法销售牟利，涉案金额近1亿元。2022年11月，已对35人采取刑事强制措施。

【点 评】 本案为跨区域侵犯音乐著作权刑事案件，案件查办中上海、江苏两地警方成立联合指挥部，共同制定抓捕方案，统一收网，不仅成为打击网络盗版音乐的典型案例，而且为版权执法部门跨区域协作行动提供了范式。

五、安徽邓某某网络传播院线电影案

2022年6月，根据公安机关移转线索，芜湖市版权行政执法部门对该案进行调查。经查，2019年下半年以来，邓某某未经著作权人许可，通过设立网站擅自向公众提供动漫、电影、电视剧等共计230部作品的高清在线播放服务，其中包括51部国家版权局重点作品版权保护预警名单中的影视作品。其通过境外广告商网络投放广告等方式非法牟利，并以境外虚拟货币形式结算。2022年9月，邓某某被处以罚款20万元的行政处罚。

【点 评】 本案通过"爬虫"软件集成技术网上抓取视听作品，利用"翻墙"软件招揽境外广告商并使用境外虚拟货币结算，作案手段隐蔽。执法部门通过调取网站服务器、后台管理信息等方式，对当事人提供侵权作品的路径、规模及收益等进行了充分调查取证，为办理网络侵权行政处罚案件提供了有效借鉴。

六、福建刘某某微信小程序侵权案

2019年5月，根据投诉线索，福州市公安局在版权行政执法部门配合下对该案进行调查。经查，昆山某公司盗取福建某公司小程序源代码，修改后

制作6款小程序通过社交软件运营非法牟利，非法经营额约25万元。2022年，法院以侵犯著作权罪判处刘某某等有期徒刑八个月至一年六个月不等，并处罚金80万至120万元不等。

【点　评】　本案是国家版权局等四部门联合挂牌督办案件，虽涉案金额不高，但体现出版权执法部门不断适应版权保护新形势、探索新技术版权保护的态度和能力。在案件查办中加强两法衔接、版权行政管理部门及时作出侵权认定等工作经验，可为类案查办所借鉴。

七、浙江黄某网络传播电子书案

2021年9月，根据报案线索，杭州市西湖区公安局对该案进行调查。经查，2020年以来，黄某等成立公司，未经著作权人许可，通过"扒书"等形式盗取电子书，再通过电商平台销售侵权盗版电子书密钥，涉及电子书20余万部，非法经营额100余万元。2022年8月，已对11人采取刑事强制措施。

【点　评】　本案以公司形式实施侵权盗版，组织严密、分工明确、涉案人员多、受众面广，具有严重社会危害性。本案的查办，有效揭露了网上销售盗版电子书的行业"潜规则"。

八、河南某文化传媒公司网络传播短视频案

2022年10月，根据报案线索，南阳市桐柏县公安局对该案进行调查。经查，发现某文化传媒公司窃取他人拍摄并制作的100余部1000余集短视频，进行网络传播非法牟利。经过哈希值比对，认定某文化传媒公司侵犯他人著作权。2022年12月，该文化传媒公司实际控制人吴某某被采取刑事强制措施。

【点　评】　短视频侵权盗版成本低、危害大，并且频发多发，强化其版权治理是"剑网2022"专项行动的重点领域，本案通过对侵犯短视频著作权违法行为的打击，有效震慑了短视频侵权盗版行为。

九、重庆童某某盗录传播春节档院线电影案

2022年2月，根据国家版权局移转线索，云阳县公安局在版权行政执法部门配合下对该案进行调查。经查，2022年春节期间，童某某连续盗录多部春节档院线电影，并上传至自行设立的网站向公众播放，通过社交软件与湖南、湖北、甘肃等10余个省市的18人组成销售网络牟取非法利益。2022年12月，法院以侵犯著作权罪判处童某某有期徒刑一年，并处罚金5500元。

【点　评】　本案是"剑网2022"专项行动重点领域和院线电影盗录传播集中行动双跨案件，是严厉打击影院偷拍盗录及通过网络传播盗版影视作品的典型案件。办案人员扩线深挖，实现盗录、传播、销售全链条打击，对打击影院偷拍盗录、加强院线电影版权保护具有积极意义。

十、宁夏朱某某网络传播盗版案

2022年5月，根据网络巡查获得线索，石嘴山市平罗县公安局对该案进行调查。经查，2020年以来，朱某某以营利为目的，通过在境外搭建引流网站诱导网民充值注册VIP会员，未经著作权人许可，将影视作品10余万部、电子书近100万部通过网盘及社交群组给VIP会员分享，牟取非法收益。目前，朱某某已被采取刑事强制措施。

【点　评】　本案是国家版权局等六部门联合挂牌督办案件，涉案作品数量巨大，线索获取、取证固证等方面均存在难度。本案的查办充分体现了我国西部地区版权执法部门查办网络侵权案件的担当与能力。

2022年地方著作权司法保护典型案件

北 京 市

一、音集协与天合集团著作权许可使用合同纠纷案 [北京市高级人民法院（2021）京民终929号民事判决书、北京知识产权法院（2018）京73民初904号民事判决书]

【基本案情】 中国音像著作权集体管理协会（以下简称"音集协"）是我国音像著作权集体管理组织。2007年12月27日，音集协与天合文化集团有限公司（以下简称"天合集团"）签订《服务协议》，音集协委托天合集团组建卡拉OK版权交易服务机构，代音集协向全国各地的卡拉OK经营者收取卡拉OK节目著作权许可使用费。后双方又签订了系列补充协议。天合集团为此成立了各省（区、市）子公司共同执行著作权许可使用费的收取、转付等。双方合同履行过程中，音集协陆续发现天合集团及其子公司存在多项违约行为。音集协多次催告无果，将天合集团及其20家子公司诉至法院，请求解除其与天合集团所订立的《服务协议》等涉案九份协议，天合集团及其子公司支付著作权许可使用费9 530余万元及相应利息，天合集团及其子公司支付侵占所收取的著作权许可使用费及给音集协造成的损失共计336万余元等。天合集团反诉要求音集协继续履行涉案九份协议，并要求音集协因违约赔偿其损失3 000万元以及因停止履约给其造成的损失7 000万元等。

一审法院认为，《服务协议》及相关补充协议约定了双方实行许可使用费快速分配机制，结算周期为三个月，天合集团及其子公司无正当理由延迟支付许可使用费。天合集团未兑现其在补充协议中的"三统一"承诺，且部分天合集团子公司存在许可使用费不入共管账户、侵占许可使用费等行为，天合集团及其子公司构成违约。天合集团主张音集协违约缺乏事实依据，故判决解除涉案九份协议，天合集团向音集协支付许可使用费9 530余万元及相应利息，天合集团支付2016年第四季度至2018年第一季度延迟支付许可使用费利息410余万元，天合集团及其部分子公司赔偿音集协损失33万余元等，

同时驳回天合集团的反诉请求。天合集团不服上诉。二审法院判决驳回上诉，维持原判。

【典型意义】 本案为推动我国著作权集体管理制度发展完善的典型案例。《知识产权强国建设纲要（2021—2035年）》已将完善著作权集体管理制度作为建设支撑国际一流营商环境知识产权保护体系的重要组成部分，现行《著作权法》增加了规范完善著作权集体管理制度的相关规定。本案判决解除音集协与天合集团之间的系列合同，判令天合集团及其子公司因违约支付著作权许可使用费及延迟支付利息等共计9 900余万元，挽回了天合集团违约给著作权权利人带来的重大利益损失。二审法院同时向集体管理组织发出司法建议并收到回函，对著作权集体管理组织充分发挥职能作用、进一步完善集体管理制度具有积极意义。

二、涉"无障碍电影"侵害作品信息网络传播权纠纷案 [北京知识产权法院（2021）京73民终2496号民事判决书、北京互联网法院（2020）京0491民初14935号民事判决书]

【基本案情】 北京爱奇艺科技有限公司（以下简称"爱奇艺公司"）经授权取得了涉案电影《我不是潘金莲》（以下简称"《我》片"）的独家信息网络传播权。爱奇艺公司认为上海俏佳人文化传媒有限公司（以下简称"俏佳人公司"）运营的《无障碍影视》App（以下简称"涉案App"）向不特定公众提供《我》片无障碍版在线播放服务侵犯了其信息网络传播权，要求俏佳人公司停止侵权并赔偿经济损失及合理开支共计50万元。

一审法院认为，爱奇艺公司在授权区域及授权期间内享有《我》片的独占性信息网络传播权，有权提起本案诉讼。俏佳人公司运营的《无障碍影视》App未经许可提供了《我》片。《无障碍电影》是在原有影片的基础上添加了配音、手语翻译及声源字幕等，让视听障碍者可以无障碍感知的电影。俏佳人公司经营的《无障碍影视》App在登录过程中未见任何有效验证机制，以保障观看其所提供的无障碍影片的受众群体为阅读障碍者，不特定公众通过手机获取验证码的方式均可通过该App获取内置影视资源，俏佳人公司的行为不属于合理使用，故判

215

决俏佳人公司构成侵权，应当停止侵权、赔偿经济损失 1 万元。

俏佳人公司不服上诉。二审法院认为，考虑到《著作权法》保护著作权人权益并鼓励作品传播的立法宗旨，《著作权法》第二十四条第一款第十二项规定中所述"阅读障碍者能够感知的无障碍方式"应当包含"无障碍方式"的特殊限定。本案诉讼过程中涉案 App 进行了版本更新，更新版本对注册人的身份审查核验机制进行了变化，但能够感知相关影片无障碍版的群体也并不限于阅读障碍者。因此，俏佳人公司的行为仍不符合《著作权法》规定的合理使用要件，故判决驳回上诉，维持原判。

【典型意义】 本案为全国首例"无障碍电影"引发信息网络传播权纠纷的典型案例。现行《著作权法》中增加了"以阅读障碍者能够感知的无障碍方式向其提供已经发表的作品"构成合理使用的条款。本案结合争议事实认定"阅读障碍者能够感知的无障碍方式"有必要包含对该种"无障碍方式"的特殊限定，即应当仅限于满足阅读障碍者的合理需要、供阅读障碍者专用等，从而对提供无障碍版影片的行为作出判定，对正确适用《著作权法》中合理使用的相关规定提供了有益借鉴。

三、涉冬奥会吉祥物侵犯著作权罪案［北京市丰台区人民法院（2022）京 0106 刑初 86 号民事判决书］

【基本案情】 北京 2022 年冬奥会和冬残奥会组织委员会（以下简称"北京冬奥组委会"）为 2022 年冬奥会和冬残奥会吉祥物形象美术作品的著作权人。2021 年 11 月至 12 月期间，在 2022 年冬奥会和冬残奥会筹备举办期间，任某未经北京冬奥组委会许可，以营利为目的，在河北省保定市容城县现住地自行制作 2022 年冬奥吉祥物形象玩偶，后通过网店销售至北京市丰台区等地，非法经营数额共计人民币 6 万余元。

任某于 2022 年 1 月 1 日被北京市公安局丰台分局六里桥派出所民警抓获，民警在其现住地起获未填充的吉祥物形象玩偶皮 30 余件及未销售的吉祥物形象玩偶 160 余件。

一审法院认为，任某以营利为目的，未经著作权人许可，复制发行著作权人享有著作权的作品，情节严重，其行为已构成侵犯著作权罪，依法应予惩处。鉴于任某到案后能够如实供述犯罪事实，自愿认罪认罚，故依法对其从轻处罚，依照《刑法》第二百一十七条第一项等规定，判处任某有期徒刑

一年，并处罚金人民币四万元；继续追缴任某违法所得，没收上缴国库；随案移送作案手机一部，没收存档；随案移送侵犯著作权的吉祥物形象玩偶、玩偶皮，均没收销毁。任某服判未上诉，一审判决生效。

【典型意义】 本案为全国首例侵犯北京冬奥吉祥物形象美术作品著作权刑事案件。冬奥吉祥物是冬奥会的重要象征，凝结了创作者非凡的创作智慧，具有极强的艺术美感，是我国《著作权法》保护的美术作品，也是《刑法》中侵犯著作权罪的犯罪对象。本案审理时北京冬奥会开幕在即，吉祥物"冰墩墩""雪容融"受到公众广泛关注，甚至出现一"墩"难求的现象。本案在北京冬奥会开幕前审结，以刑事手段追究严惩侵犯冬奥知识产权的犯罪行为，充分彰显了我国依法保护知识产权的决心和态度，有力提升了我国保护冬奥知识产权的国际形象。

天 津 市

一、珠海某制作公司及陈某等十六人侵犯著作权罪案

【基本案情】 2016 年上半年，被告人王某钦作为被告单位的副董事长、总经理，以公司名义与陈某杰（另案处理）团伙商议制作光盘业务。2017 年 2 月至 2018 年 12 月，被告人陈某、彭某丹作为陈某杰团伙中的部门负责人，根据客户的订单，从被告人罗某骤处订购美剧、美国电影等节目片源，罗某骤在明知陈某杰团伙购买节目片源用于制作盗版光盘的情况下，先后为陈某杰团伙提供 790 部价值共计人民币 64.447 万元的节目片源。陈某将客户订单及节目片源，通过时任陈某杰团伙司机的被告人韦某，交给时任海纳公司计划部主管的被告人郑某杰。王某钦在明知没有授权和委托书的情况下，仍授意、指使负责公司生产的被告人韩某柱以及郑某杰进行复制生产。其间，郑某杰按照王某钦、韩某柱的要求，安排时任公司工程师的被告人宋某鹤，将公司七号光盘生产线上的镜面更换为无 SID 码镜面或者假 SID 码镜面。时任公司生产线班长的被告人李某峰按照韩某柱、郑某杰等人的要求，在明知是生产盗版光盘的情况下，制作出大量盗版光盘。被告人黄某忠、冯某华作为海纳公司的司机，在明知是盗版光盘的情况下，将公司生产完成的盗版光盘运输至广州市指定地点，与韦某等人进行交接。韦某等人将光盘运回陈某杰团伙仓库后，由被告人吴某凤

负责盗版光盘包装材料的印刷、制作以及光盘包装工作,被告人万某斌等人帮助对光盘进行包装。后陈某、彭某丹根据客户订单,通知万某斌、韦某等人进行配货、发货。时任陈某杰团伙出纳的叶某姗等人,在明知陈某杰团伙经营盗版光盘业务的情况下,仍负责对外支付片源、光盘制作、包装材料、设计等费用,收取盗版光盘销售款,以及记账、审核等财务工作。2017年2月至2018年12月,陈某杰团伙共向被告单位支付盗版光盘制作费人民币700余万元。被告单位及被告人陈某等十六人均认罪认罚。

生效判决认为,被告单位珠海某制作公司及被告人陈某等十六人以营利为目的,未经著作权人许可,复制发行内容为其电影作品和以类似摄制电影方式制作的作品的光盘,非法经营数额达700余万元,均属情节特别严重,其行为已构成侵犯著作权罪。鉴于各被告人均认罪认罚,依法作出对各被告人判处有期徒刑一年六个月至三年九个月的刑罚,对被告单位及被告人判处人民币4万元至350万元的罚金,继续追缴违法所得,依法没收光盘生产线及侵权复制品的判决。案件宣判后,被告单位及各被告人均表示服从判决。

【典型意义】 本案是著作权领域涉盗版光盘制售的重大刑事案件。涉案人数众多,涉案金额达700余万元,且通过网络论坛等手段将盗版光盘销售至海外,交易时间长、次数多,涉及地域广,社会影响大,严重侵害了著作权人的合法权益,破坏了国家对文化市场的管理秩序。本案裁判结果体现了人民法院在审理知识产权刑事案件中贯彻宽严相济的刑事司法政策,同时注重采用并处罚金、没收违法所得及犯罪工具等措施和手段,限制了不法人员的再犯能力,全方位加大了对知识产权刑事犯罪的打击力度,有效维护了文化市场的良好运行环境。

二、王某成、王某、王某燕与高某鹤、上海宽娱数码科技有限公司侵害作品信息网络传播权纠纷案[天津市高级人民法院(2021)津民终246号民事判决书]

案件详情参见本栏目"2022年全国著作权司法保护典型案件"之五。

三、飞鹰会展公司诉芯驰光电公司著作权侵权纠纷案

【基本案情】 原告、被告双方在2019年、2020年一直进行会展展台搭建的合作。2020年3月,双方原定于在天津梅江会展中心的展台搭展工作因疫情原因取消。2021年1月,原告再次通过微信聊天,与被告协商合作开展位于天津梅江会展中心的展台搭展工作,内容包含展台设计方案和初步搭建意向,并将展台设计图发给被告,被告以价格高为由不再履行该合同。后被告自行委托其他公司搭建了展台,并采用原告设计方案在天津梅江会展中心使用。2021年3月25日,原告对被告在天津梅江会展中心一期展馆N5展区N5TO9展位进行公证取证。原告认为,被告的行为侵犯了原告所享有的著作权,依法应当承担侵权赔偿责任。

法院认为,原告为被告参加天津梅江会展中心展会需要搭建的展台进行了设计,其提交的效果图可以全面展示展台外形造型、宣传广告的布局等外部设计以及展台功能区域划分等内部设计。该展台设计效果图具有流畅的线条、和谐的色彩、突出的宣传内容、清晰的功能划分,从画面上可以体现出一定的美感,属于具有独创性并能以一定形式表现的智力成果,属于《著作权法》保护的作品。同时,该设计效果图因并未标明具体的尺寸、材质等具体要求,不具有精确性,并不能直接用于展台的施工搭建,故不构成工程设计图,而应构成美术作品。经比对,被告在天津梅江会展中心搭建的展台与原告的设计效果图在结构设计、布局、线条走向、凹凸造型、颜色饱和度及搭配等方面构成实质性相似。被告在合同磋商过程中接触到并在展台实际搭建过程中使用了原告的设计效果图,将原告的设计效果图从平面形式复制为立体形式,侵犯了原告美术作品的复制权,应承担赔偿损失等侵权责任。

法院综合考虑合同报价、被告实际向案外人支付的展台搭建费用,以及设计费用在展台搭建价款中的比例、被告展台实际搭建面积、被告员工在与案外人沟通中多次使用了原告的设计元素以及原告必要的维权成本等因素,酌情确定被告赔偿原告经济损失及为维权支付的合理开支。

【典型意义】 本案系认定涉案争议展台设计效果图的法律性质,以及将美术作品从平面变为立体的复制行为是否构成侵害作品复制权的典型案例。法院通过审理,明确可以从画面上体现出一定美感的展台设计效果图属于具有独创性并能以一定形式表现的智力成果,构成《著作权法》保护的美术作品。被告将设计效果图从平面形式复制为立体形式,侵犯了原告美术作品的复制权,应承担侵权责任。本案是天津法院审理的当事人双方均为外地企业的涉天津辖区内展会的知识产权侵权纠纷,本案裁判体现了天津法院依法公正审理京津冀地区知识产权案件，致力于保护企业知识产权创新成果、推动区域创新发展的司法导向。

四、赵某诉奇虎科技公司侵害作品信息网络传播权纠纷案

【基本案情】 原告赵某系涉案图片作者，奇虎科技公司系被诉侵权网站"www.so.com"的主办单位。点击"www.so.com"，进入 360 图片搜索页面，输入涉案图片所在文章的标题后点击"搜索"，在页面显示的搜索结果中，第一行第一张缩略图与涉案图片在视觉上相似，该缩略图下方有"广告"标识。点击该缩略图，即跳转至"携程旅行"网站页面。公证内容显示，奇虎科技公司具有通过关键词精准锁定目标客户的广告推广模式。赵某向法院主张奇虎科技公司以向公众提供缩略图方式实质替代了涉案图片，侵害了涉案图片的信息网络传播权。奇虎科技公司辩称涉案缩略图来源于赵某发表的涉案文章，其出现在广告位系奇虎科技公司技术自动抓取，属于合理使用范畴，且搜索关键词不同，展示的缩略图亦不同，二者之间并非绑定关系，具有随机性。

法院经审理认为，奇虎科技公司提供被诉侵权缩略图服务不是为了自身使用，而是便于用户快速检索，为用户展示搜索结果。特别是，被诉侵权缩略图本身在视觉上与涉案图片在尺寸、大小、清晰度上有明显差距，现有证据无法证明被诉侵权缩略图可以复制或下载，加之赵某取证时搜索的是涉案文章标题而非涉案图片名称，不应认定被诉侵权缩略图实质替代了赵某向公众提供涉案图片。赵某提供的证据亦无法证明奇虎科技公司不合理损害了其对涉案图片的合法权益。赵某主张奇虎科技公司侵害其信息网络传播权的请求缺乏事实和法律依据，故判决驳回赵某的诉讼请求。

【典型意义】 本案系平台利用缩略图提供服务是否构成侵害作品信息网络传播权的典型案例。搜索引擎平台利用图片嵌入广告的功能，是一种新的商业模式，既是新的技术问题也是新的法律问题，本案对厘清搜索引擎利用图片嵌入广告的法律属性具有借鉴意义。本案的核心问题在于，奇虎科技公司使用涉案缩略图的行为，是否属于《著作权法》的调整范畴。结合案件事实，被诉侵权缩略图与涉案图片在尺寸、大小、清晰度上有明显差异，被诉侵权缩略图亦不可以复制或下载，且赵某取证时是通过检索文章全名而非图片名称获得缩略图，因此从《著作权法》意义上讲，涉案缩略图并不构成对

涉案图片的"实质性替代"，不构成侵犯涉案图片的信息网络传播权行为。当然，奇虎科技公司通过缩略图嵌入广告为第三方导流并获取利益的行为，是否具有不正当性而构成不正当竞争行为，应属于《反不正当竞争法》调整的范畴。经法院充分释明后，赵某仍坚持以侵害信息网络传播权为由进行诉讼，其诉讼请求无法得到支持。

五、北京字节公司等与江苏聚一唐公司等诉前行为保全案〔天津市河西区人民法院（2022）津0103 行保 1 号民事裁定书〕

【基本案情】 申请人经中央广播电视台授权向公众提供 2022 年卡塔尔世界杯赛事节目。被申请人未经授权，在其运营的网站及 App 上对 2022 年卡塔尔世界杯赛事进行赛事直播，部分视频画面中存在抖音标识，并提供赛况、阵容、球队分析和赌球赔率走势等数据。申请人向法院提出诉前行为保全申请，认为被申请人运营的直播网站及 App 通过盗取抖音公司卡塔尔世界杯直播流和国外世界杯直播流的方式，同步直播世界杯多场赛事，此行为构成不正当竞争且仍在持续，如不及时制止将会使其合法权益受到难以弥补的损害。

法院认为，申请人投入大量成本获得世界杯转播授权，开发特色栏目与周边产品，挖掘世界杯比赛潜在的商业价值，如果允许他人不经授权即可传播赛事画面，就会扰乱赛事直播领域的竞争秩序，影响赛事转播行业的正常运行。被申请人在其共同运营的直播网站及 App 中使用或放任通过盗链的方式实时转播赛事，甚至直接盗用抖音直播流，不正当攫取商业利益，可能构成不正当竞争。故法院裁定被申请人立即停止在直播网站及 App 提供世界杯足球赛相关内容，如被申请人不停止侵权，法院将通知相关网络服务提供者在世界杯期间停止为涉案网站及 App 提供网络服务。

【典型意义】 世界杯足球赛作为具有最大知名度和影响力的足球赛事，能够为相关视频服务提供者带来巨大流量和商业价值。同时，由于体育赛事日程安排短暂且集中，如不及时制止相关不正当竞争行为，将会造成赛事转播行业商业价值降低，影响赛事转播行业正常运行。本案中，被申请人未经许可提供直播画面，以近乎零成本的投入不正当攫取商业利益，扰乱赛事直播领域的竞争秩序，法院考虑到世界杯赛事的知名度与时效性，在查明基本事实的基础上，24 小时内作出行为保全裁定，及时有效制止不正当竞争行为，对诚信经营的赛事直播

服务提供者起到正向激励作用。本案入选2022年中国十大体育法律事件。

河 北 省

一、艾斯利贝克戴维斯有限公司、娱乐壹英国有限公司与保定白沟新城阳迪旅行箱厂、常某昆、杭州阿里巴巴广告有限公司侵害著作权纠纷案［河北雄安新区容城县人民法院（2022）冀0629民初2789号民事判决书］

【基本案情】 艾斯利贝克戴维斯有限公司和娱乐壹英国有限公司系美术作品 *Peppa Pig*，*George Pig*，*Daddy Pig*，*Mommy Pig*（《小猪佩奇一家》）的共同著作权人，享有该美术作品在全球范围内的著作财产权，并在中华人民共和国国家版权局办理了作品登记。原告在淘宝平台上发现被告保定白沟新城阳迪旅行箱厂、常某昆销售带有"小猪佩奇"字样的箱包，被告未经许可使用上述美术作品，构成侵权，故请求二被告立即停止一切侵害原告著作权的行为，包括立即下架、停止生产销售并销毁所有侵权产品、删除侵权图片等，并请求二被告赔偿原告经济损失6万元。

法院经审理认为，首先，关于法律适用问题，艾斯利贝克戴维斯有限公司、娱乐壹英国有限公司主张著作权的涉案作品形象创作完成于国外，根据相关法律规定，知识产权的归属、内容和侵权责任，适用被请求保护地法律。而且我国与英国同为《保护文学和艺术作品伯尔尼公约》的成员国，英国主体的著作权在我国自动受到我国《著作权法》的保护。其次，关于著作权权属问题，本案诉争标的系美术作品，独创性是界定著作权作品的核心构成要件。本案涉及的美术作品《小猪佩奇一家》图案以线条、色彩及其组合呈现出富有美感的卡通形象和艺术效果，具有独创性，属于《著作权法》保护的美术作品。本案中，娱乐壹英国有限公司和艾斯利贝克戴维斯有限公司取得《小猪佩奇一家》美术作品在全球范围内的著作权财产权，并办理了作品登记，对相关证据进行了公证和认证，在无相反证据的情况下，应当认定艾斯利贝克戴维斯有限公司和娱乐壹英国有限公司为涉案美术作品的著作权人。再次，关于侵权的事实，艾斯利贝克戴维斯有限公司和娱乐壹英国有限公司在本案中不仅提交了相应权属证明，还提交了购买涉案被诉侵权产品的公证书及实物。最后，法院依据上述证据及本案具体侵权情节，认定保定白沟新城阳迪旅行箱厂在本

案中构成著作权侵权并赔偿艾斯利贝克戴维斯有限公司和娱乐壹英国有限公司经济损失及合理费用8 000元。

【典型意义】 根据我国《著作权法》的有关规定，使用他人作品进行商业活动必须经著作权人许可，取得合法授权，否则将要承担侵权责任。随着我国对外开放的不断深入，国外卡通形象大量进入我国少年儿童的生活中，"小猪佩奇一家"等卡通形象深受国内少年儿童的喜爱，应当作为美术作品予以保护。在少年儿童使用的物品上标注美术作品可以极大地促进产品的销售，对企业经营具有显著的促进作用。但是需要注意的是，未经许可使用上述形象虽然在一段时间内会促进商品销售，但也会带来被诉侵权并赔偿损失的法律后果，往往会得不偿失。因此，尊重知识产权、保护知识产权，预先取得权利人授权，在合法的范围里进行经营，才能保证企业的长远稳定发展。

二、凯昂公司与刘某宇计算机软件著作权权属纠纷案［河北省唐山市中级人民法院（2021）冀02知民初142号民事判决书、河北省高级人民法院（2022）冀知民终555号民事判决书］

【基本案情】 原告凯昂公司于2017年10月18日、2017年12月14日自行开发完成了棒材穿水设备计算机温控软件并使用，且于2018年8月31日取得证号为3028228、3028220的计算机软件著作权证书，以上两计算机软件主要安装于原告凯昂公司对外销售的棒材穿水设备。2018年初，被告刘某宇经人介绍到凯昂公司，负责完善凯昂公司的计算机温控软件并负责测温仪的开发。原告技术总监任某堂通过电子邮件将原告原有的计算机温控软件（含源代码）发送给被告，要求其将该软件升级完善，告知被告需达到用户要求的技术协议的标准，并向被告提供了国义高线穿水改造技术协议、高速线材穿水温控技术说明书、电控柜图纸。任某堂2018年1月8日告知被告关于温控编辑必须遵循的技术要点，2018年1月9日告知被告关于建设温控模拟实验平台的架构和技术要点。2018年1月9日，被告刘某宇收到原告关于《高速线材穿水温控技术说明书》的邮件的回复函。2018年1月17日，被告向任某堂发送邮件，要求购买简易信号发生器开发板设备。原告2019年1月30日向被告分两笔支付75 000元，2019年11月7日向被告支付100 000元，2020年1月21日向被告支付100 000元。原告为被告提供了办公场所、电脑、示波器、PLC、简易信号发生器开发板、加热炉、数字示波器、开关电源、远

程智能控制器等实验设备，并让在原告凯昂公司处任职工程师的杜某明作为被告的助手。刘某宇在完成案涉计算机软件升级工作后申请了著作权登记，取得了名称为细晶粒热轧钢筋生产控冷工艺温度控制系统 V1.0 的计算机软件著作权。原告遂诉至法院要求确认登记在被告刘某宇名下的软件名称为细晶粒热轧钢筋生产控冷工艺温度控制系统 V1.0 的计算机软件著作权归原告所有。

法院经审理认为，《计算机软件保护条例》第十三条规定，自然人在法人或者其他组织中任职期间所开发的软件有下列情形之一的，该软件著作权由该法人或者其他组织享有，该法人或者其他组织可以对开发软件的自然人进行奖励：（一）针对本职工作中明确指定的开发目标所开发的软件；（二）开发的软件是从事本职工作活动所预见的结果或者自然的结果；（三）主要使用了法人或者其他组织的资金、专用设备、未公开的专门信息等物质技术条件所开发并由法人或者其他组织承担责任的软件。本案中原告凯昂公司在软件升级项目实施过程中扮演了主持者和组织者的角色，而将原来原告享有著作权的计算机软件进行开发完善，以原告原有的控温系统的设计思路为基础，用新的计算机语言开发的软件，体现了单位的意志，并且产生的责任由单位承担，被告刘某宇利用原告的资金、专用设备、未公开的专门信息等物质技术条件所开发的计算机软件，虽被刘某宇登记在自己的名下，但著作权应为原告凯昂公司享有。

【典型意义】 著作权是自然人、法人或者其他组织对文学、艺术或科学作品依法享有的财产权利和人身权利的总称。一般来讲，作品的著作权归属于完成创造该作品的个人所有，但也存在一些特殊情况。《著作权法》第十一条规定，由法人或者非法人组织主持，代表法人或者非法人组织意志创作，并由法人或者非法人组织承担责任的作品，法人或者非法人组织视为作者。参与单位主持编纂的作品为职务作品，由单位享有著作权，但是，参加创作的人享有署名权，并有权获得相应报酬。上述法律规定对特殊情况下作品的归属和相关权利分配进行了明确，有利于法人主体大胆投入相应资源从事研发，同时也维护了参与创作者的基本权利。本案就较为典型地体现了这种特殊情况下的处理原则，有利于减少参与创作者将职务作品抢先登记为个人所有的侵权行为，保护了单位的创作热情和创作成果，规范了相关群体的权利分配，起到了良好的社会效果。

三、周某、朱某犯侵犯著作权罪案［河北省石家庄市新华区人民法院（2021）冀 0105 刑初 551 号民事判决书、河北省石家庄市中级人民法院（2022）冀 01 刑终 150 号民事判决书］

【基本案情】 2016 年，被告人周某创建"韩剧 TV"网站（域名：www.hanjutv.com），使用被告人朱某提供的采集器程序，采集韩国 MBC 电视台（中国大陆服务器所在地为石家庄市新华区红星街北城公馆 IDC 机房）等享有著作权的韩国影视作品，在其网站对用户免费播放，以提高网站点击量，再通过在网站页面挂广告的方式非法获取广告费牟利。经被告人周某辨认，2017 年 8 月至 2019 年 5 月，其分 22 笔共获得广告费人民币 138 043.27 元。韩国著作权委员会北京代表处针对"韩剧 TV 网-热播韩剧网（https：//www.hanjutv.com/)"获取的《赤月青日》《过来抱抱我》《坏爸爸》《坏警察》《九家之书》《秘密与谎言》《王在相爱》《我的爱情治愈记》《我身后的陶斯》《与神的约定》《离别已别离》共 11 部 508 集韩剧影视作品进行核实，确认所有影视作品均有韩国权利人独有的"MBC"logo。经比对，涉案影视作品与韩国权利人正版影视作品一致，未经著作权人许可被"韩剧 TV"网站使用。

此外，该"韩剧 TV"网站在 2018 年未经著作权人许可还播放过《生活的达人》《团结才能火》《拜托了冰箱》《喜剧大联盟》《无限挑战》《奶酪陷阱》《一天》《现在很想见你》《离别已别离》《风风风》《我的酒鬼女友》等韩国综艺、影视作品。被告人周某获得的广告费人民币 138 043.27 元是违法所得。

法院经审理认为，被告人周某、朱某以营利为目的，未经著作权人许可，通过信息网络向公众传播其影视作品，违法所得数额较大，情节严重，其行为依法均已构成侵犯著作权罪；二被告人是共同犯罪，均起主要作用，朱某罪责相对较轻，酌情予以从轻处罚。被告人周某通过侵犯著作权的手段提高网站点击量，其获取的广告费属于违法所得，依法予以追缴，上缴国库。被告人朱某自愿认罪认罚，酌情予以从轻处罚。为了打击犯罪，保护著作权人对其作品享有的著作权以及国家对文化市场的管理秩序，需要定罪处罚。依照《中华人民共和国刑法》第二百一十七条第一款第一项、第六十四条、第二十五条第一款之规定，判决被告人周某犯侵犯著作权罪，判处有期徒刑一年六个月，并处罚金；被告人朱某犯侵犯著作权罪，判处有期徒刑一年三个月，并处罚金；追缴被告人周某违法所得人民币138 043.27元，予以没收，上缴国库。

【典型意义】 本案是典型的利用网络视频"爬虫技术"侵犯影视著作权的案件，《刑法修正案（十一）》对第二百一十七条的修订为该类行为的刑事规制提供了法律依据。被告人周某、朱某利用"爬虫技术"，将未经著作权人许可的影视作品的视频资源链接到其开设的盗版网站的服务器向公众传播，并通过插入广告收取广告费用的形式牟取非法利益，不仅是对版权人合法权益的侵害，而且是对网络视频版权生态的破坏。法院在准确适用《刑法修正案（十一）》规定的同时，也明确了"以刊登收费广告、收取会员注册费等方式直接或者间接收取费用应属于'以营利为目的'"的认定规则。司法机关对周某、朱某等人侵犯著作权的行为依法予以严厉打击，表明了在新的传播方式下保护网络视频版权、促进网络视频新业态健康发展的司法态度。

内蒙古自治区

一、澳德公司与神泉公司、碧水缘公司、金沙湖管委会著作权纠纷案

【基本案情】 澳德公司对改编、翻译的戏剧作品《永远的成吉思汗》享有著作权。该公司发现神泉公司在双方著作权使用合同到期后，未经许可使用其改编翻译戏剧作品《永远的成吉思汗》的对白、旁白、音乐等，组织演出《一代天骄成吉思汗》马术实景剧；在双方履行著作权使用合同期间，神泉公司超出约定演出范围，与碧水缘公司共同在阜宁金沙湖旅游度假区内组织表演了《一代天骄成吉思汗》马术实景剧。澳德公司认为，神泉公司、碧水缘公司、金沙湖管委会共同侵害其对改编、翻译戏剧作品《永远的成吉思汗》享有的表演权、署名权，请求法院判令停止侵权、赔礼道歉、赔偿经济损失200万元。

一审法院判决：停止侵权，神泉公司赔偿损失50万元，碧水缘公司连带承担10万元。内蒙古自治区高级人民法院二审判决：驳回上诉，维持原判。

【典型意义】 本案作品属于澳德公司从国外引进"马术实景剧"过程中，改编、翻译已有国外文字作品而产生的戏剧作品。本案的判决充分肯定了权利人基于改编、翻译享有的著作权，合理确定了其具有独创性的改编、翻译创作部分，依法支持其著作权权益诉求，充分保障市场主体引进国外文化产品过程中形成的著作权权益，对进一步丰富和繁荣国内文化市场、调动市场主体创作积极性，具有一定积极作用。

二、北京东乐公司诉内蒙古跆拳道协会侵害作品信息网络传播权纠纷案

【基本案情】 北京东乐公司系音乐作品《追梦赤子心》的著作权人，该作品因歌词激昂励志、曲风摇滚有力，广受大众喜爱，多次获得音乐奖项并成为多部动画片及综艺节目的主题曲。内蒙古跆拳道协会为提高青少年参加体育锻炼的积极性，在未经北京东乐公司许可、未支付使用费的情况下，擅自使用该音乐作品制作了《世界冠军的追梦赤子心，献给努力奋斗的你》视频短片，并上传至其《抖音》App实名认证的账号。涉案音乐作品的使用时间为0分1秒至2分14秒，时长约134秒，使用情形为将张靓颖演唱的版本作为背景音乐（BGM）。北京东乐公司请求判令内蒙古跆拳道协会停止侵权，赔偿损失8万元。一审法院判决：停止侵权、赔偿损失1万元。

【典型意义】 本案属于网络平台短视频侵权典型案件。在"互联网＋"的背景下，新业态新模式获得快速发展，市场主体通过平台账号进行商业经营或个人宣传的情形日益增多。与此同时，网络平台涉及侵害著作权的纠纷案件数量显著增加。本案的裁判，表明了在新的传播方式下依法保护著作权，促进短视频新业态健康发展的司法态度，对规范网络平台运行秩序及账号主体行为具有积极的示范引导意义。

辽 宁 省

一、孙某与张某、周某侵害作品信息网络传播权纠纷案

【基本案情】 孙某于2021年4月设计包括封面及若干内页在内的大小为106MB的PPT模板一组，并委托案外人通过淘宝及微信网店进行销售。张某、周某利用抖音及小红书账号公开向网络用户免费提供涉案PPT模板。本溪市平山区人民法院认为，PPT模板符合《著作权法》意义上作品的独创性、表达性、可复制性要求，应当受到法律保护，周某未经孙某许可，通过免费赠送涉案PPT模板，变相扩大其抖音账号的影响力，张某作为账号注册者，有义务对账号进行管理，其对上述账号疏于管理，应与实际使用人承担连带责任，综合考虑张某、周某侵权行为的性质，主观过错程度，账号粉丝规模，涉案作品的内容及其在网站上的传播

范围、时间等因素，判决张某、周某停止侵权并赔偿经济损失及为制止侵权行为而支出的合理开支共计 6 300 元。

【典型意义】 本案系盗用 PPT 模板引发的纠纷，PPT 文件是通过特定的顺序排列、色彩组合、背景图片、动画效果将特定的文字、图片、影音等素材进行综合展现的文件，即将素材内容"镶嵌"到模板之中形成一个完整的 PPT 文件，故 PPT 模板与 PPT 的素材内容是可以相互独立的。被告不能证明其是在取得合法授权的情况下使用涉案 PPT 模板，应当承担侵权责任。本案对于新类型作品信息网络传播权的保护具有积极意义。

二、环球公司与易富公司侵害作品信息网络传播权纠纷案

【基本案情】 环球公司经授权取得影片《生命之轮》（*Skull and Flower*）的独家信息网络传播权等权利，授权期限为 2 年。2021 年 4 月 21 日，环球公司通过网址"nxjzsgk.com"进入"快看影视"网站，搜索到涉案《生命之轮》及相关影片，播放画面上的水印有广告信息。同时，环球公司登录工信部政务服务平台查询了网站域名备案情况。国际域名"nxjzsgk.com"系易富公司于 2011 年 5 月注册取得，使用至 2019 年 5 月。2021 年 10 月，易富公司对网站域名办理了 ICP 备案变更，注销了域名"nxjzsgk.com"的备案。沈阳市中级人民法院审理认为，环球公司享有涉案电影的信息网络传播权。但根据易富公司提交的证据证明，域名"nxjzsgk.com"已于 2019 年 8 月 2 日被案外人杨某再次注册，在易富公司已注销该域名网站 ICP 备案的情况下，"nxjzsgk.com"域名网站仍可正常访问浏览，可以说明环球公司主张的被诉侵权行为能否实施与涉案网站是否由易富公司履行或注销备案手续、网站主页是否标明真实有效的备案信息均无直接、必然的关系。环球公司仅以侵权取证时域名"nxjzsgk.com"的备案查询信息为依据，主张易富公司侵权，并未完成举证责任，对其主张不予支持。

【典型意义】 本案作为辽宁省首例启动提级管辖机制的知识产权纠纷案件，结合网络侵权特点，综合考虑相关证据形成原因、与待证事实之间的逻辑关系、证明力大小等因素，明确了类案审理思路和裁判规则，在审查认定网络侵权主体的证据采信、事实认定和法律适用方面具有典型性和指导性。本案一审判决生效，同时下级法院审理中的 60 余件案件同步审结，发挥了提级审理、统一法律适用的积极作用。

三、中国音乐著作权协会与中国移动某分公司、咪咕音乐公司侵害作品信息网络传播权纠纷案［辽宁省大连市西岗区人民法院（2021）辽 0203 民初 7508 号民事判决书、辽宁省大连市中级人民法院（2022）辽 02 民终 5844 号民事判决书、辽宁省大连市中级人民法院（2022）辽 02 民终 967 号民事判决书］

【基本案情】 中国音乐著作权协会依约对涉案 82 首音乐作品的信息网络传播权进行集体管理。经公证保全，在"music.migu.cn"网站可开通彩铃功能，搜索歌曲名称可进行彩铃订购及下载。咪咕音乐公司是中国移动面向移动互联网领域设立的新媒体企业。法院认为，中国移动某分公司的彩铃业务系其与咪咕音乐公司的合作项目，二者未经权利人许可，以分工合作方式共同提供作品的行为，共同侵害了中国音乐著作权协会经授权取得的涉案歌曲的信息网络传播权，应当依法承担连带责任。大连市中级人民法院判决咪咕音乐公司、中国移动某分公司赔偿音乐著作权协会经济损失及维权合理开支共计 82 000 元。

【典型意义】 本案在分析相关法律依据的基础上，结合彩铃业务的性质和开通流程，认定移动通信网络运营商可作为信息网络传播权的侵权主体。关于赔偿数额，法院查明中国音乐著作权协会就涉案词曲作品信息网络传播权已在全国多地提起诉讼并获赔，考虑其总体获赔数额不宜过分高于上述作品应具有的经济价值，在中国音乐著作权协会明确其本案索赔金额仅限于本地区移动公司彩铃业务侵权行为的基础上，综合考量各种因素确定赔偿金额。本案对于合理确定权利人损失，平衡当事人之间的利益做出了积极探索，具有广泛的现实意义。

四、原创动力公司与佳爽日化公司、某市乐哈哈超市侵害著作权纠纷案［辽宁省大连市西岗区人民法院（2021）辽 0203 民初 4270 号、辽宁省大连市中级人民法院（2022）辽 02 民终 1296 号］

【基本案情】 原创动力公司系《动画片〈喜羊羊与灰太狼〉主角造型之二喜羊羊》美术作品著作权人，自 2008 年起，动画片《喜羊羊与灰太狼》获得国内多个奖项。原创动力公司在某市乐哈哈超市，以及辽宁省、山东省多家超市购买到"卡雪"牌、"韩后"牌牙刷等商品。上述牙刷的刷柄均使用了羊的卡通形象，与原创动力公司享有著作权的"喜羊羊"的形象构成相似，牙刷包装的背面均标有"佳爽日化公司"字样。原创动力公司就佳爽日化公司侵犯其著作权多次提起诉讼，双方曾庭外达成和解，法院也曾判决佳爽日化公司停止侵权、销毁库存侵权商品、赔偿原创动力公司经济损失等。原创动力公司在本案中请求判令佳爽公司赔偿经济损失 50 万元、某市乐哈哈超市赔偿经济损失 3 万元。一审法院判决佳爽日化公司停止侵权、赔偿原创动力公司12 万元，某市乐哈哈超市停止侵权、赔偿原创动力公司 4 000 元。佳爽日化公司提起上诉。大连市中级人民法院根据原创动力公司提供的许可使用费为基数按照三倍确定赔偿数额，将佳爽日化公司赔偿原创动力公司的数额改判为 50 万元。

【典型意义】 在激励创新、加强知识产权保护的时代背景下，《民法典》规定了惩罚性赔偿制度，知识产权单行法亦修订提高了惩罚性赔偿的倍数。通过高额赔偿，提高侵权成本，制止企业经营中的"搭便车"行为，优化了市场竞争环境。本案系大连地区首次适用知识产权侵权惩罚性赔偿的案件，为今后审理类似案件提供了参考。

吉 林 省

某省广播电视台与某计算机系统公司侵害广播组织权纠纷案

【基本案情】 《欢乐送》是某省广播电视台卫视频道自制的综艺节目，形式为经典小品、相声等中间加上主持人串联。某计算机系统公司未经许可，通过某视频平台向公众提供 38 期《欢乐送》节目的在线点播服务。某省广播电视台主张某计算机系统公司侵犯其汇编作品权，请求停止侵权、给付侵权损害赔偿。一审法院认为：《欢乐送》不具备独创性，不属于汇编作品，属于录像制品。某计算机系统公司侵犯某省广播电视台制作的录音录像制品的信息网络传播权。判决停止侵权、赔偿损失 5 万元。某计算机系统公司不服，提起上诉。二审法院认为案涉节目并非连续相关形象、图像的录制品，某省广播电视台对其中的节目也并非首次制作人，案涉节目不构成录像制品，但属于邻接权中广播组织权的保护范围，构成广播组织权的客体。某计算机系统公司的行为侵害了某省广播电视台享有的广播组织权中的信息网络传播权，仍需承担赔偿责任。判决驳回上诉、维持原判。

【典型意义】 在著作权侵权案件中准确判断权利人的权利类型对于判断被诉侵权人是否构成侵权，影响重大。知识产权的权利人及传播者享有的权利类型法定，所以要严格遵照法律规定。著作权人的权利类型比较广泛，而录音录像制作者、广播电视台、表演者等享有的不是著作权，而是邻接权，权利类型是有限的，在法律未规定的领域，无权对他人的使用做出限制，更不能收费。本案中，虽然某省广播电视台与录像制作者都享有信息网络传播权，不影响对某计算机系统公司侵权的认定，但仍应对权利类型及性质作出准确认定。本案在为邻接权人厘清其权利类型的同时，也明确了邻接权人受法律保护的范围，有力地保护了邻接权人为传播作品所付出的劳动与投资。对吉林省知识产权保护向深层次、精细化发展起到了推动作用。

黑 龙 江 省

一、义乌市颖飞电子商务有限公司与黑龙江省盛世同福文化传播有限公司著作权侵权纠纷管辖权异议案［大庆市中级人民法院（2021）黑 06 民初290 号民事裁定书、黑龙江省高级人民法院（2022）黑民终 68 号民事裁定书］

【基本案情】 黑龙江省盛世同福文化传播有限公司（以下简称"盛世同福公司"）拥有"平安福"自主知识产权独家管理运营权，"平安福"的著作权、商标权仍在有效期内。盛世同福公司发现，义乌市颖飞电子商务有限公司（以下简称"颖飞公司"）在阿里巴巴网站销售的两款"香包福袋"产品上使用了与其享有著作权的"平安福"相同的作品。盛世同福公司向大庆市中级人民法院提起诉讼，主张颖飞公司侵害了该公司对"平安福"的信息网络传播权。颖飞公司提出管辖权异议，请求将本案移送至浙江省义乌市人民法院管辖。

一审法院认为：根据《民事诉讼法》第二十九条之规定，因侵权行为提起的诉讼，由侵权行为地或者被告住所地人民法院管辖。《最高人民法院关于适用〈中华人民共和国民事诉讼法〉的解释》第二十五条规定，信息网络侵权行为实施地包括实施被诉侵权行为的计算机等信息设备所在地，侵权结果发生地包括被侵权人住所地。本案中盛世同福公司系被侵权人，且其住所地在大庆市，故大庆市中级人民法院对本案有管辖权。裁定驳回颖飞公司对本案管辖权提出的异议。

二审法院认为：《最高人民法院关于适用〈中华人民共和国民事诉讼法〉的解释》第二十五条规定的信息网络侵权行为具有特定含义，是指侵权人利用互联网发布直接侵害他人合法权益的信息的行为，即被诉侵权行为的实施、损害结果的发生等均在信息网络上，并非侵权行为的实施、损害结果的发生与网络有关即可认定属于信息网络侵权行为。本案被诉侵权行为系指颖飞公司生产被诉侵权产品及在阿里巴巴网站上销售被诉侵权产品的行为，网站仅是交易的媒介，颖飞公司仅是通过互联网平台实施被诉侵权行为。因此，该被诉侵权行为不属于信息网络侵权行为，不应当依据该条法律规定确定管辖。关于本案的管辖法院，根据相关法律规定，应由侵权行为地或被告住所地人民法院管辖，其中侵权行为地包括侵权行为实施地和侵权结果发生地。本案没有证据显示颖飞公司的主要经营地、被诉侵权产品储藏地、发货地等在大庆市，大庆市不属于涉案侵权行为的实施地。并且，侵权结果发生地应当理解为侵权行为直接产生的结果发生地，不能以盛世同福公司认为受到损害就认为其所在地就是侵权结果发生地。综上，因颖飞公司住所地在浙江省义乌市，裁定将本案移送浙江省义乌市人民法院管辖。

【典型意义】 长期以来，涉信息网络传播权案件中的管辖权争议较大，同时，鉴于其权利客体和侵权方式的特殊性，侵权行为地的具体确定也是实务中备受关注的话题。本案裁定明确了《最高人民法院关于适用〈中华人民共和国民事诉讼法〉的解释》第二十五条规定的信息网络侵权行为的含义，在司法实践中具有一定的参考意义。在网络普及化程度很高的当代社会，如果案件事实中出现网站平台进行被诉侵权产品的交易，即认定为构成信息网络侵权行为，则属于对《最高人民法院关于适用〈中华人民共和国民事诉讼法〉的解释》第二十五条规制的范围理解过于宽泛，不符合立法的本意。

二、长沙米拓信息技术有限公司与黑龙江李氏三香酒业有限公司侵害计算机软件著作权纠纷案〔哈尔滨市中级人民法院（2021）黑01知民初9号民事判决书〕

【基本案情】 长沙米拓信息技术有限公司（以下简称"米拓公司"）成立于2009年，经营范围包括软件开发、计算机技术开发、技术服务、网络技术的研发、信息技术咨询服务等，于2012年开发完成MetInfo企业网站管理系统，并取得计算机软件著作权登记证书。米拓公司对该软件进行大量宣传推广，MetInfo企业网站管理系统获得较大的市场知名度和影响力。米拓公司在其网站公布了MetInfo企业网站管理系统的相关使用协议，用户在下载安装及使用过程中均可以查看该协议。用户在遵守该协议的情况下可以免费使用MetInfo企业网站管理系统而不需要支付费用，但必须保留版权标识（Powered by MetInfo）和米拓网站（www.metinfo.cn）的链接。

米拓公司发现，李氏三香酒业有限公司（以下简称"李氏酒业公司"）运营的"www.scgd9.com"网站在未获得授权许可的情形下擅自复制、修改、使用MetInfo企业网站管理系统建设网站，没有保留版权标识和网站链接。米拓公司认为李氏酒业公司的行为侵害了其署名权等多项著作权权利，向法院提起诉讼，要求李氏酒业公司赔偿损失、赔礼道歉。

法院经审理认为：MetInfo企业网站管理系统的计算机软件著作权登记证书能够证明米拓公司是涉案计算机软件的著作权人。李氏酒业公司不能合理解释被诉侵权网站网页源程序含有米拓公司版权标识、企业名称以及与涉案计算机软件对应文件内容相同的源代码的原因，应当认定侵害了涉案计算机软件著作权。《计算机软件保护条例》第二十三条规定："在他人软件上署名或者更改他人软件上的署名的，应当根据情况，承担停止侵害、消除影响、赔礼道歉、赔偿损失等民事责任"。李氏酒业公司未经许可擅自去除涉案计算机软件版权标识的行为侵害了涉案计算机软件的署名权。据此判决李氏酒业公司赔偿米拓公司1万元并在《中国知识产权报》连续七天刊登向米拓公司赔礼道歉的声明。

【典型意义】 近年来随着互联网在经济和生活中扮演着越来越重要的角色，许多企业依托互联网软件开发及运营进行宣传。免费建站软件的出现，为企业搭建自身官方网站提供了便利条件。企业使用此类软件时应严格遵守使用协议，依约、合法使用，避免因使用不当产生的著作权纠纷。软件著作权属于在软件上署名的自然人、法人或者其他组织的软件开发者，其身份可由当事人提供的著作权登记证书、软件源代码等证据证明。权利人允许他人免费使用计算机软件，使用者应当尊重权利人对软件的署名权，保留软件的署名信息。使用者未经权利人许可，擅自删除软件的署名信息，仍属于侵害计算机软件著作权的行为，应承担相应民事责任。

三、万达儿童文化发展有限公司与刘某华著作权权属、侵权纠纷案〔七台河市中级人民法院（2021）黑09民初48号民事判决书〕

【基本案情】 《海底小纵队》系列动画片自2010年在英国BBC首播以来，已先后在法国、美国、澳大利亚等100多个国家的主流媒体播出，深受儿童喜爱。2017年10月16日，英国Vampire Squid Productions有限公司出具授权书将其拥有著作权的包括《皮医生》《巴克队长》《呱唧》美术作品在内的《海底小纵队》系列作品授权给万达儿童文化发展有限公司（以下简称"万达公司"），万达公司有权以自己的名义采取包括但不限于民事诉讼等手段进行维权。2021 年 5 月 21 日，万达公司在刘某华经营的"欣宝百货优品店"网购店铺中以 17.9 元购买了一件小风筝。2021 年 5 月 27 日，万达公司对上述商品快递进行了公证收货、拆包、拍照和封存。涉案商品上所印制的图案与万达公司享有著作权的《皮医生》《巴克队长》《呱唧》中的美术作品完全一致。万达公司向法院起诉请求停止侵权并赔偿经济损失 5 万元。

法院经审理认为，刘某华未经许可，在其开设的网店销售涉案侵权商品的行为，属于向公众提供作品的复制件的行为，侵害了万达公司对涉案美术作品享有的发行权，应当承担停止侵害、赔偿损失的法律责任。关于赔偿损失的具体数额，根据《著作权法》第四十九条、《最高人民法院关于审理著作权民事纠纷案件适用法律若干问题的解释》第二十五条、第二十六条的规定，因万达公司未能举证证明其因涉案侵权行为造成的损失，也未能举证证明刘某华的侵权获利，由人民法院根据当事人的请求或者依职权确定赔偿数额。刘某华作为个体经营的网购店铺，主观过错程度较小，虽利用万达公司享有著作权的美术作品为自己争取客源、拓宽销量，但其销售的涉案玩具产品价格较低，获利微乎其微。根据涉案美术作品的知名度、刘某华的主观过错程度、侵权方式、侵权情节、涉案侵权商品的价格、社会经济发展的影响等因素，酌情确定刘某华向万达公司赔偿 1 500 元。

【典型意义】 本案中刘某华销售印有他人享有著作权的图案的小商品，构成侵权并无争议。法院审理的焦点在于，刘某华经营的涉案网购店铺规模较小，在疫情期间获利微乎其微。而万达公司作为享有知识产权的专业公司，诉请刘某华赔偿经济损失 5 万元。法院综合考虑刘某华的主观过错程度、侵权方式、侵权情节、涉案侵权商品的价格、社会经济发展的影响等因素，作出赔偿数额相对较低的判决。本案的典型意义在于，在有效制裁知识产权侵权行为的同时，要充分考量疫情对中小企业侵权者生产经营的影响，积极贯彻落实最高法院及黑龙江省关于保民生、稳就业的政策，依法适当降低赔偿数额，有效保障中小企业经营者复工复产。

上 海 市

李某明等侵犯"任天堂"游戏著作权案

【基本案情】 2021 年 5 月，根据市公安局食药环侦总队下发线索，上海市松江区市面上流通多种含"任天堂"游戏的游戏机，疑似侵权，经与相关权利人确定，上述游戏机中内置的《超级玛丽》《敲冰块》等游戏产品均未经得著作权利人的授权或许可。2021 年 9 月 29 日，松江分局在市局食药环侦总队的全程指导下，分别在广东省深圳市、佛山市及江西省吉安市三地抓获以李某明、刘某华为首的侵犯游戏产品著作权的犯罪团伙 17 人，现场查获内置《超级玛丽》《敲冰块》的游戏机掌机、电视游戏机 1 万余台。经查，2015 年以来，犯罪嫌疑人李某明伙同犯罪嫌疑人刘某华在广东省深圳市创立深圳市仁顺科技有限公司，在未取得"任天堂"公司授权的情况下，在广东省佛山市生产组装内置《超级玛丽》《敲冰块》等任天堂游戏的游戏机，并通过天猫、京东、拼多多等网络平台进行销售，涉案金额 1 000 余万元。

2022 年 8 月 25 日，上海市普陀区人民法院判处被告人刘某华等 6 人有期徒刑一年四个月至二年十个月不等，并处人民币 10 万到 20 万元不等的罚金，违法所得依法予以收缴，扣押在案的犯罪工具及供犯罪所用的本人财物依法予以没收。2023 年 2 月 6 日，上海市普陀区人民法院判处被告人李某明等 4 人有期徒刑三年三个月至四年六个月不等，并处人民币 35 万到 70 万元不等的罚金，违法所得依法予以追缴，扣押在案的侵犯著作权的商品及犯罪工具依法予以没收。

【典型意义】 本案权利人在业内享有盛誉，侵犯商标权与著作权的侵权人最终被司法机关绳之以法，在业内引起了不小的轰动，极大地震慑了其他违法犯罪分子，取得了较好的执法效果和教育作用，也展现了执法机关依法保护各类知识产权的决心。行政执法机关主动作为，严厉打击违法犯罪行为，有利于营造良好的营商环境。

江 苏 省

一、南京未来高新技术有限公司诉江苏云蜻蜓信息科技有限公司、刘某侵害计算机软件著作权纠纷案［南京市中级人民法院（2021）苏 01 民初 3229 号民事判决书］

【基本案情】 南京未来高新技术有限公司（以下简称"未来公司"）系"未来网上投标文件制作工具软件"著作权人。刘某系其研发部软件工程师，参与了该软件的研发和后期维护，后入职云蜻蜓公司。未来公司在南京市公共资源交易中心网站发现江苏云蜻蜓信息科技有限公司（以下简称"云蜻蜓公司")发布的"云蜻蜓软件-投标文件制作工具"软件在功能及实现上与未来公司软件高度近似,内部函数完全一致,遂认为两被告侵害其软件著作权,请求判令两被告承担侵权责任。云蜻蜓公司辩称未来公司涉案软件受 GPL 协议的约束,无权起诉。即使被告无权使用未来公司软件,未来公司的行为也是非法的,其非法利益不应受到保护。法院查明:未来公司软件源代码中存在第三方开源代码,其中多个代码包含 GPL 声明,但未来公司对涉案软件做了闭源处理。

法院认为,GPL 协议约定,发布或出版的软件作品(包括程序的全部或一部分,也包括自由程序的全部或部分演绎而成的作品)整体上必须受该许可协议条款的约束,并允许第三方免费使用。如果被许可人违反许可条件,则不得对开源软件进行复制、修改、再授权或发布。任何试图以其他方式复制、修改、再授权或者发布该程序的行为均无效,并且将自动终止基于该授权所享有的权利。

法院查明,未来公司软件主程序部分受 GPL 协议的传染和约束,其行为违反 GPL 协议,若对该行为给予侵权法上的保护,则实为保护其不当行为带来的利益,有违诚信原则,且势必虚置 GPL 协议关于源代码持续开源的规定,对通过 GPL 协议让源代码持续开源传播产生不利影响,故对原告主张被告主程序部分构成著作权侵权的主张不予采纳。但未来公司预览程序未调用涉案 GPL 开源代码,与主程序文件相互独立,实现了独立地查看投标文件的功能。预览程序连同不包含 GPL 开源代码的 DLL 文件,脱离主程序后在新目录下能够独立运行。故预览程序未受 GPL 协议传染和影响。将被诉侵权软件反编译,获得源代码,与原告涉案软件源代码逐行比对,统计出相似行,结合被诉侵权软件中存在与原告相同的 GUID、第三方程序选择适用、随机数、原告员工拼音缩写、书写缺陷、大量的直接抄袭,以及被告难以合理解释等情况,遂认定预览程序构成实质性相似。根据云蜻蜓公司故意侵权、重复侵权情节,以其侵权获利的 3 倍适用惩罚性赔偿确定 300 万元赔偿额,并判令其承担维权开支。未来公司未能证明刘某实施了侵权行为,故驳回对刘某的诉讼请求。判决后双方和解。

【典型意义】 本案系国内首起采纳 GPL 抗辩的典型案例。开源许可协议已经成为国际软件行业内公认的有效契约,遵守协议文本是信守诚实信用原则的体现,从而推动软件源代码持续开源传播下去,繁荣软件市场,保证公众能够充分享受开源软件成果。法院在技术调查官辅助下,较好查明了计算机软件是否受 GPL 传染和影响的技术事实,判决对于受 GPL 传染和影响的主程序,因权利人违反 GPL 开源许可协议而对行为人 GPL 抗辩主张采纳,对于未受传染和影响的预览程序则认定行为人侵权,有力维护了 GPL 开源许可协议这一行业惯例与准则,有效平衡了开源软件权利人与使用人之间的利益,对于规范开源软件使用以及类似案件审理具有指导作用。

二、赵某宪诉南京摇曳非遗文化传播有限公司侵害著作权纠纷案〔南京市江北新区人民法院(2022)苏 0192 民初 1062 号民事判决书、南京市中级人民法院(2022)苏 01 民终 6088 号民事判决书〕

【基本案情】 赵某宪系江苏省非物质文化遗产绒花制作技艺代表性传承人,其设计、制作的绒花具有较高的知名度和美誉度,被电视剧《延禧攻略》等采用,多家媒体予以宣传报道。赵某宪创作了"福寿三多"绒花,进行了作品登记。南京摇曳非遗文化传播有限公司(以下简称"摇曳公司")通过西塘汉服节及其淘宝店铺(南京摇曳绒花)等渠道销售"南京摇曳绒花"。赵某宪认为摇曳公司侵害其绒花作品著作权,遂诉至法院。

法院认为,赵某宪依法享有涉案作品著作权。"福寿三多"虽系以"佛手、寿桃、石榴"等元素寓意"福多、寿多、子多"的传统创作题材,但却为赵某宪进行个性化创作而形成的作品,属于《著作权法》意义上的美术作品。赵某宪的绒花作品、摇曳公司销售的绒花制品与故宫款"福寿三多"制品,虽然都主要包括"佛手、寿桃、石榴、绶带鸟"元素,但与故宫款相比,摇曳公司销售的绒花制品、赵某宪的绒花作品中"绶带鸟"较为舒展、鸟的翅膀、尾羽较为飘逸,表现了鸟的飞翔状态,"佛手"微蜷且上面较尖,整体占比较小,上述特征与故宫款"福寿三多"制品差别较大。而摇曳公司销售的绒花制品,从各种元素的相对大小、相对位置、排列布局、整体形态、视觉效果、色彩处理等方面,与赵某宪作品构成实质性相似。摇曳公司未经赵某宪授权,擅自制作、销售"南京摇曳绒花",侵害了赵某宪涉案作品的著作权。法院判决摇曳公司停止侵权行为,并综合考虑案涉作品的类型、独创性高度、销售价格以及侵权手段、持续时间、地域范围及后果等因素,酌定其赔偿赵某宪损失及合理费用共 50 000 元。摇曳公司提起上诉,二审维持原判。

【典型意义】 本案是保护非物质文化遗产绒花作品的典型案例。权利人为制作技艺代表性传承人。本案审理中,法院经比较,明确了权利人制作的绒花与现有故宫款"福寿三多"绒花在特征上具有明显差别，而被控侵权绒花与权利人创作的绒花诸多元素、特征基本相同，从而认定权利人制作的绒花具有独创性，应当受到保护，被告制作销售涉案绒花构成侵权。本案的判决较好地保护了非物质文化遗产代表性传承人的绒花作品，对于激发其创作、推动非物质文化遗产绒花的传承与发展具有积极意义，对于类似案件的审理也有指导价值。

三、被告人吴某虎、郭某强等六人侵犯著作权案[徐州市中级人民法院（2020）苏03刑初85号刑事判决书、江苏省高级人民法院（2021）苏刑终289号刑事判决书]

【基本案情】 福建网龙公司系《魔域众神之巅》网络游戏软件著作权人。被告人吴某虎、郭某强邀约被告人张某珂，搭建"717魔域私服发布站"和"535魔域私服发布站"，并负责发布站的维护、防御；邀约被告人何某负责观察前述私服发布站在网络上的排名情况、对接广告代理商、维护发布站数据；邀约被告人宗某伟作为广告代理商，负责联系魔域私服运营商发布广告并收取费用。被告人吴某虎租赁排名靠前的网站用于链接上述两个发布站，增加魔域私服用户访问量。被告人吴某虎、郭某强、何某、张某珂等利用前述两个发布站接受魔域私服运营商被告人张某及兰某平、白某龙等多人发布广告，收取费用，非法经营数额计1 600余万元。

法院认为，被告人吴某虎、郭某强、何某、张某珂、宗某伟、张某以营利为目的，违反国家著作权管理制度，未经著作权人许可，复制发行其计算机软件并通过信息网络向公众传播，均构成侵犯著作权罪。六被告人系共同犯罪，吴某虎、郭某强等系主犯；何某、张某珂系从犯。根据被告人的犯罪情节、认罪悔罪态度等，法院判处被告人吴某虎等有期徒刑一年至四年不等，对张某珂、宗某伟、张某适用缓刑，对各被告人并处罚金合计1 700余万元。

【典型意义】 本案系最高检、公安部、中宣部等联合挂牌督办案件，被评为"江苏省打击侵权盗版十大典型案件"。本案是一起新型侵犯著作权犯罪案件，被告人不直接实施侵犯他人著作权的行为，而是开设专门网站向私服游戏运营提供推广、宣传等服务。多名被告人共同谋划，共同参与，分工协作，相互配合，分别负责私服游戏发布网站的维护、防御，发布侵权游戏广告，对接私服运营商收取费用等为他人运营私服游戏、实施侵犯著作权犯罪提供一条龙服务，情节特别严重。本案对被告人判处有期徒刑，并处罚金合计1 700余万元，严厉打击

了为运营私服游戏侵犯著作权犯罪提供帮助的犯罪行为，取得了良好的法律效果和社会效果。

四、被告人吕某龙等侵犯著作权、被告人赵某销售侵权复制品案[扬州市广陵区人民法院（2022）苏1002刑初328号刑事判决书、扬州市中级人民法院（2023）苏10刑终10号刑事判决书]

【基本案情】 2022年2月至3月期间，被告人吕某龙以营利为目的，未经著作权人"北京2022年冬奥会与冬残奥会组织委员会"许可，从被告人叶某美等人处购买"冰墩墩"公仔内芯，组织被告人童某、余某伟、郭某敏、喻某平等人复制北京2022冬奥会吉祥物"冰墩墩"钥匙扣，并销售给被告人赵某，累计销售金额56万元。被告人赵某明知从被告人吕某龙、朱某强等人处购买的"冰墩墩"钥匙扣侵犯他人著作权，仍销售至江苏扬州、山东济南等地，累计销售金额50余万元。

法院认为，被告人吕某龙等人以营利为目的，未经著作权人许可，复制发行其作品，情节特别严重，其行为均已构成侵犯著作权罪。被告人赵某以营利为目的，销售明知是侵犯他人著作权的侵权复制品，情节严重，其行为已构成销售侵权复制品罪。吕某龙分别与同案被告人共同实施侵犯著作权的犯罪行为，系共同犯罪。吕某龙在共同犯罪中起主要作用，系主犯。法院对被告人吕某龙判处有期徒刑三年，并处罚金人民币20万元，对其他被告人判处相应刑罚。

【典型意义】 本案系中宣部、公安部等五部委挂牌督办、严厉打击严重侵犯2022年冬奥会标志的知识产权典型案例。本案犯罪行为发生时，正值北京冬奥会举办期间，盗版"冰墩墩"钥匙扣单价较低、生产数量巨大、销售范围覆盖山东、江苏、浙江等地，犯罪情节特别严重，社会影响恶劣。本案判决无论从犯罪事实认定、定罪量刑方面，还是从快、从严审理等方面，均体现了严厉打击侵犯冬奥会著作权犯罪行为，最严格保护知识产权的理念，法律效果、社会效果和政治效果较好。

浙 江 省

一、深圳奇策迭出文化创意有限公司与杭州原与宙科技有限公司侵害作品信息网络传播权纠纷案[浙江省杭州市中级人民法院（2022）浙01民终5272号民事判决书]

案件详情参见本栏目"2022年全国著作权司法保护典型案件"之二。

二、彭某露与义乌市棋逢贸易有限公司侵害作品信息网络传播权纠纷案［浙江省义乌市人民法院（2022）浙 0782 民初 2790 号民事判决书］

【基本案情】 2021 年 12 月 29 日至 2022 年 1 月 4 日期间，彭某露以其妻子刘某芳名义就十一幅摄影作品向贵州省版权局申请作品登记。2021 年 11 月 28 日，刘某芳与彭某露签订图片版权授权合同书一份，约定刘某芳独家授权摄影作品著作权于彭某露等内容。2022 年 2 月 14 日，彭某露以义乌市棋逢贸易有限公司在拼多多平台开设的网店链接中使用上述摄影作品侵害其著作权为由诉至法院，要求该公司停止侵权并赔偿损失及合理费用 10 万元。一审庭审中，彭某露提交案外人义乌市启扬服饰有限公司（以下简称"启扬公司"）与刘某芳签订的图片版权授权委托合同，该合同约定启扬公司将 73 张系列图独家授权给刘某芳，并委托刘某芳进行维权活动，维权工作及一切费用由刘某芳自行承担，维权所得费用由双方自行协商分成比例。为查明涉案摄影作品的真实著作权权属，法院要求彭某露提供启扬公司相关信息并要求启扬公司出庭。彭某露未能提供相关信息，启扬公司亦未到庭接受法庭询问。2022 年 3 月 10 日，彭某露向法院申请撤回对本案的起诉。

浙江省义乌市人民法院认为，原告提交的作品登记证书虽载明作者和著作权人为刘某芳，但结合庭审情况和法院查明的事实，实际相关摄影图片并非由刘某芳本人或委托他人创作。原告主张其系接受他人委托进行诉讼维权。对此该院认为，首先，法庭多次要求原告所主张的作品作者到庭接受询问，但相关人员并未到庭，原告提交的证据亦不能表明作品创作及公开发表的过程，故现有证据无法证明涉案作品的实际作者和著作权人，原告亦无权接受他人委托。其次，原告不具有接受他人委托从事诉讼代理业务的主体资格，其提起批量维权诉讼的目的就是为了赚钱牟利。在原告提交的聊天记录中，有"搞外包装专利设计版权""赔的更多。赔好几十万都有可能的"等内容，其以妻子名义进行作品登记、签订授权合同取得被许可人身份提起诉讼，均系为了规避法律法规的规定，其提起诉讼的目的是获取不正当商业利益，属于滥用诉讼权利的行为。庭审后，原告就本案提出了撤诉申请，但原告除本案之外还提起了多起诉讼，裁定撤诉将使得本案作品权利处于真伪不明的状态，并使得其余诉讼案件的性质无法得以明确，故对原告的撤诉申请不予准许。据此，该院于 2022 年 4 月 22 日判决：驳回原告彭某露的诉讼请求。

【典型意义】 随着我国知识产权保护力度的不断加大，滥用知识产权不当牟取商业利益的现象也时有出现。本案原告彭某露在各电商平台上取证了上百个商家，集中发起上百件著作权维权诉讼，而其所主张的著作权是从不同主体处"收购"的近百张摄影图片的许可使用权，且图片的原始著作权权属存疑。在法院的详细询问审查下，原告申请撤回本案起诉，但法院未予准许，后以滥用诉讼权利为由判决驳回原告诉讼请求。本案审结生效后，原告撤回了其余 105 件诉讼。法院对原告滥用诉权的行为进行了民事制裁，罚款 3 000 元，有力惩戒了权利滥用行为，有效遏制了恶意诉讼、虚假诉讼以及黑灰产业链的滋生。

安　徽　省

一、铜陵某雕塑有限公司与扬州某电子商务有限公司、扬州某创意有限公司、江西某文化艺术有限公司侵犯著作权及不正当竞争纠纷案

【基本案情】 2010 年 6 月 9 日，铜陵某雕塑有限公司登记成立，经营范围为青铜城市雕塑、青铜艺术礼品、出品铜艺雕塑等。2016 年 4 月 22 日，铜陵某雕塑有限公司设计了精密铸造制造流程图、砂型铸造制造流程图等。2016 年 8 月 25 日，铜陵某雕塑有限公司设计 图形。该公司以 、 图形及文字组合作为企业标识使用至今。经过多年的经营和推广，其字号具有一定的知名度和影响力。

经公证人员调查，扬州某电子商务有限公司、扬州某创意有限公司、江西某文化艺术有限公司于 2017 年 12 月 11 日起，先后在天猫等电商平台上开设"青铜时代旗舰店""青铜时代 NO.1"等店铺，使用 和"青铜时代"标识以及精密铸造制造流程图、砂型铸造制造流程图，对铜工艺品等产品进行推广和销售至今，销售金额合计 3 471 614.83 元。

2018 年 11 月 7 日、2019 年 1 月 22 日，扬州某电子商务有限公司法定代表人卢某某分别申请注册了 和"青铜时代"商标。2021 年 6 月 22 日，国家知识产权局作出商评字（2021）第 0000152484 号、（2021）第 0000165063 号裁定，对第 25967314 号"青铜时代"以及第 36091767 号 宣告无效。铜陵某雕塑有限公司以三公司侵犯其著作权及不正

当竞争为由诉至法院。

另查，同行业上市公司铜陵某文化创意股份公司的年度财务报告显示，2016 年至 2018 年上半年其平均利润率为 40%。

铜陵市中级人民法院经审理认为，扬州某电子商务有限公司、扬州某创意有限公司、江西某文化艺术有限公司侵犯了案涉作品著作权且构成不正当竞争。扬州某电子商务有限公司及扬州某创意有限公司法定代表人卢某某恶意抢注原告图片及"青铜时代"字号为自己的商标，并且在自己公司及关联公司的网店加以使用，在国家知识产权局宣告上述两项商标无效之后，仍然继续使用；还在店铺网页上使用原告的工艺流程图为自己的产品做宣传，因此，三被告的侵权行为存在明显的主观故意。三被告侵权行为持续时间较长，销售范围较广，销售数额巨大，侵权行为具有"情节严重"的情形，应对三被告的侵权行为适用惩罚性赔偿。关于惩罚性赔偿数额及合理支出的认定，根据天猫等电商平台提供的销售数据，三被告在各网店销售金额共计 3 471 614.83 元，结合铜陵地区三板上市公司的年度财务报告，铜工艺品行业利润为 40%，据此计算，三被告的销售利润为 3 471 614.83 元 × 40% = 1 388 645.93 元；被侵权的图形、文字标识及工艺流程图在被告销售利润中的贡献率酌定 30%，故惩罚性赔偿基数为 1 388 645.93 元 × 30% = 416 593.8 元。综合考虑被告主观过错程度、侵权行为的情节等因素，酌定惩罚性赔偿倍数为 2 倍，故确定惩罚性赔偿数额为 416 593.8 元 × 2 = 833 187.6；铜陵某雕塑有限公司维权合理开支共计 47 790 元。遂判决三被告停止侵权、消除影响，三被告连带赔偿铜陵某雕塑有限公司经济损失 880 977.6 元。

【典型意义】 本案系对惩罚性赔偿适用的一次积极探索，一审法院结合查明的案件事实，明晰了侵权行为情节严重的判定标准、考量因素，以及惩罚性赔偿的适用情形及具体计算方法。从主客观的要件构成上分析了惩罚性赔偿适用的具体依据，结合行业利润率、案涉作品著作权的贡献率，确定了赔偿基数和倍数，裁判思路清晰，说理论证充分，罚之有据，惩处有力，为惩罚性赔偿的适用提供了很好的范例。本案上诉后，二审法院维持原判。

二、被告人代某某侵犯著作权罪案

【基本案情】 郑州某网络科技有限公司成立于 2018 年 5 月 7 日，法定代表人为被告人代某某。代某某于 2019 年 4 月创建数字音频网，通过网络下载获取音视频作品和各种教程，后将这些作品在其数字音频网发布，共计发布各类作品 6 752 篇。其中，代某某以营利为目的，未经著作权人许可，将冯某等人享有著作权的《〈混音指南〉深度解析教程》等作品发布在该数字音频网上，以会员制方式提供给该网站付费会员下载，并收取 VIP 会员充值费等费用，该网站共有 VIP 用户 1 231 个，用户 9 374 个，文章 6 752 篇，共有 VIP 订单 3 007 笔，充值总金额为 205 025 元，提供下载次数超过 1 万次。截至 2021 年 5 月 31 日代某某归案前，该网站注册 VIP 会员充值总金额 196 395 元。2021 年 5 月 31 日，代某某由安庆市公安局大观分局抓获归案。安庆市中级人民法院于 2022 年 5 月 16 日作出（2022）皖 08 刑初 46 号刑事判决：一、代某某犯侵犯著作权罪，判处有期徒刑三年六个月，并处罚金人民币 25 万元。二、对代某某违法所得及其他赃款共计人民币 205 025 元予以追缴没收，上缴国库。扣押的手机 1 部、WD 硬盘 1 个、SEAGATE 硬盘 1 个，联想一体机一台等物证予以没收。三、安庆公安局大观分局已冻结郑州某网络科技有限公司支付宝资金 19 572.18 元，由该局依法处理。代某某不服，提出上诉。

安徽省高级人民法院二审认为，本案中，上诉人代某某未经许可，将他人享有著作权的作品、他人制作的录音录像上传至其创建的数字音频网，采取收取 VIP 会员充值费的方式，供会员下载，该行为方式属于通过信息网络向公众传播。一审判决认定代某某的行为方式属于"复制发行"显属不当，应予以纠正。代某某关于其属于以信息网络传播方式实施犯罪的上诉理由成立，予以采纳。一审判决依据《最高人民法院、最高人民检察院〈关于办理侵犯知识产权刑事案件具体应用法律若干问题〉的解释（二）》（以下简称《解释》（二））第一条规定中关于以复制发行方式产生的复制品数量作为量刑情节的规定作为代某某的量刑依据不准确，本案应依据《最高人民法院最高人民检察院公安部〈关于办理侵犯知识产权刑事案件适用法律若干问题〉的意见》（以下简称《意见》）第十三条专门就通过信息网络传播侵权作品行为定罪处罚标准问题的规定予以处理。综上，依据《意见》的规定，本案中，代某某非法经营数额 196 395 元，属于《刑法》第二百一十七条规定的具有"其他严重情节"；其涉案网站 VIP 用户 1 231 个，亦属于《刑法》第二百一十七条规定的具有"其他严重情节"，对其应在三年以下有期徒刑的法定刑幅度内予以量刑。代某某关于应当适用《意见》相关规定对其处罚的上诉理由成立，予以采纳。

【典型意义】 伴随互联网科技的迅猛发展，通过信息网络传播方式实施侵犯著作权犯罪呈逐年增长之势。信息网络传播权作为新创设的著作权财产权，其得到的法律保护始终呈供给不足、立法滞后的态势，在刑事保护领域尤其突出。《刑法修正案（十一）》将信息网络传播行为入罪，一定程度改变了这一状况。实务中应结合信息网络传播行为的固有特点，准确评价具体行为的社会危害性和犯罪情节，做到审慎定罪、规范量刑。

福 建 省

一、江西省亿维电子商务有限公司与厦门表情科技有限公司著作权权属、侵权纠纷案［福建省高级人民法院（2022）闽民终879号民事判决书］

案件详情参见本栏目"2022年全国著作权司法保护典型案件"之六。

二、夏某等四人与河南广播电视台著作权权属、侵权纠纷案

【基本案情】 夏某、杨某娜、林某青、邓某杰共同创作了一个名为《新概念打牌》的视听作品，表演者为杨某娜、邓某杰，创新性地以各类学生奖状替代传统扑克牌，由两人进行对决，意在展现和激发当代大学生奋发向上、勇于追求的精神；四人于2021年12月29日晚11时，首次将该视听作品公之于众，将其发表于抖音平台上，抖音名为"嘿嘿诶嘿"，抖音号为"heiheieihei1"；该视听作品系四人共同构思创作完成，著作权由四人共同享有。河南电视台与夏某等四人通过微信沟通后，截取原视频1分多钟中的20余秒，编辑并发布了视频。

"河南广播电视台映像网官方抖音号"发布的《女生宿舍新概念"打牌"》的视频，在视频上方醒目位置始终出现红色"HNR映象网"标志，视频下方其中2～3秒左右用白色字体标识"来源：嘿嘿诶嘿"。视频上下端为原视频放大的浅色打马赛克背景。夏某等4人认为河南电视台的行为侵犯了自身著作权，遂向一审法院起诉，要求河南电视台承担停止侵权行为、赔偿损失、公开赔礼道歉等责任。

福州中院一审认为，夏某等四人提交的证据可以证明其四人系涉案视频的创作人，杨某娜、邓某杰表演了涉案视频，故夏某等四人对涉案视频享有著作权，杨某娜、邓某杰对涉案视频享有表演者权。夏某等四人在本案中主张河南电视台未经许可使用涉案视频，侵犯了其署名权、信息网络传播权、修改权、获取报酬权以及杨某娜、邓某杰的表演者权。但在案证据显示，河南电视台系在与"嘿嘿诶嘿"进行沟通并明确得到回复"可以"后才将涉案视频发布到其抖音号上，且在视频下方标注了"来源：嘿嘿诶嘿"，即河南电视台在其抖音号上使用涉案视频是经过了夏某等四人的许可，并进行了署名，并未侵犯夏某等四人对涉案视频享有的署名权、信息网络传播权以及杨某娜、邓某杰的表演者权。至于使用涉案视频是采取转发或下载的方式并不影响该"许可使用"的成立。虽然河南电视台抖音号上使用的视频系截取了部分原始视频，但并未对内容进行修改，夏某等四人主张河南电视台侵害涉案视频修改权的意见亦不能成立。河南电视台实际使用了涉案视频，依法应当支付相应报酬，酌情裁定支付夏某等四人报酬2 000元。

河南省广播电视台不服，提起上诉。二审法院审理后认为，河南广播电视台映象网以一般观看者不易察觉的方式标识"来源：嘿嘿诶嘿"，加之醒目的标注"HNR映象网"，使人造成对作者身份的混淆，且在视频发布后未按照约定要求标注作品来源及彰显作者身份，侵犯了短视频作者的署名权和信息网络传播权，综合考虑涉案作品的知名度和市场影响力、涉案侵权行为的性质和情节、主观过错程度、制止侵权行为所支付的合理开支等因素确定赔偿数额为5 000元。案件判决后，河南广播电视台自觉履行生效判决确定的义务，未申请再审。

【典型意义】 《抖音》《快手》等短视频应用占据了中国移动互联网娱乐产业的巨大版图。高质量短视频作品是具有独创性的智力成果，属于《著作权法》保护的作品范畴。实践中，短视频账号运营商为丰富内容，在网络中搜索短视频素材，编辑后发布较为常见。许多编辑后的短视频并未体现原作品的作者，视频账号运营商往往利用其具有一定网络影响的优势地位，一般与提供短视频的作者未就报酬进行协商，事后按照单方认定的标准支付报酬或者不支付报酬。保护高品质短视频创作者创新创造的积极性，在当前各类网络视频层出不穷、良莠不齐的情况下，具有积极意义。本案从一则短视频的著作权保护入手，以小见大，指出网络视频作品著作权人标识应当显著，不造成对著作权人的混淆，著作权人同意转载作品且未就使用报酬作出说明，不能视为其放弃获得报酬的权利，从而引导短视频转载应标识作品来源、著作权人，编辑前应当征询

著作权人意见等，对当前大量存在的网络视频转载现象有着积极的法律指导意义，有利于对高质量视频作品的保护，也有利于短视频市场的繁荣与发展。

三、"土豆游戏机"微信小程序侵犯著作权案

【基本案情】 2019年初，被告昆山某信息科技有限公司开始研发微信小程序。该公司总经理刘某某指使公司技术总监提取福州市智永信息科技有限公司（后更名为宝宝巴士股份有限公司）开发的宝宝系列小程序源代码，并交给该公司产品经理王某、袁某某，由二人率领其所在的移动项目小组技术员庄某某添加广告后修改制作出六款"土豆游戏机"微信小程序。之后，被告昆山某信息科技有限公司以其关联公司的名义与深圳市腾讯计算机系统有限公司签订协议，将上述微信小程序上架到微信平台公开发行，非法获利人民币242 997元，其中王某、庄某某参与金额人民币168 774元，袁某某参与金额人民币74 223元。经福建中证司法鉴定中心鉴定，上述六款微信小程序与权利人拥有著作权的计算机软件程序的核心文件代码构成实质性相似。经福建省版权局认定，上述六款微信小程序为"未经著作权人许可"复制发行的计算机程序。公诉机关福州市鼓楼区人民检察院于2022年3月17日向福州市鼓楼区人民法院提起公诉。

福州市鼓楼区人民法院经审理认为，被告单位昆山某信息科技有限公司未经著作权人许可，复制发行其计算机软件，非法经营获利，该公司总经理刘某某作为直接负责的主管人员，公司产品经理王某和袁某某、移动项目小组技术员庄某某作为其他直接责任人员，均参与非法获利，情节严重，其行为均构成了侵犯著作权罪，并结合各被告人如实供述、认罪认罚、获得谅解等量刑情节，于2022年4月21日作出（2022）闽0102刑初202、203号刑事判决，分别判处被告单位昆山某信息科技有限公司罚金人民币10万元，被告人刘某某有期徒刑一年六个月、缓刑二年，被告人王某有期徒刑十个月、缓刑一年二个月，被告人庄某某有期徒刑八个月、缓刑一年，被告人袁某某拘役五个月二十九天，各并处罚金。一审判决后，被告人袁某某不服，提起上诉后撤回上诉，福州市中级人民法院于2022年7月20日作出（2022）闽01刑终625号刑事裁定书，裁定准许上诉人袁某某撤回上诉。

【典型意义】 近年来，微信小程序作为新兴的计算机软件市场，具有面对人群广、传播速率快、作品集中度高、服务方式多样等特点，深受广大消费者特别是年轻人的喜爱，与此同时，微信小程序也面临侵权多发易发、难以取证维权等问题。本案是福建省全省首例微信小程序侵犯著作权刑事案件，本案的判决体现了福建省法院立足知识产权刑事审判职能，不断适应著作权保护的新形势、准确适用知识产权刑事司法政策、全面维护著作权人的合法权益、持续加大知识产权犯罪打击力度、坚决落实"扫黄打非"重要工作的决心。

江 西 省

一、景德镇市耘和瓷文化有限公司与景德镇溪谷陶瓷文化有限公司著作权权属、侵权纠纷案〔江西省景德镇市中级人民法院（2022）赣02民终171号民事判决书〕

案件详情参见本栏目"2022年全国著作权司法保护典型案件"之十一。

二、陈某与江西凌渲电子商务有限公司、武汉猫人云商科技有限公司著作权侵权纠纷案〔抚州市中级人民法院（2021）赣10民初491号民事判决书〕

【基本案情】 原告陈某创作完成了一系列美术作品并取得作品登记证书。被告武汉猫人电子商务公司（以下简称"猫人公司"）与被告江西凌渲电子商务有限公司（以下简称"凌渲公司"）签订的授权协议约定：猫人公司授权凌渲公司使用涉案"猫人"商标；若由于凌渲公司所生产的产品引起知识产权纠纷，则凌渲公司应当承担一切侵权费用；凌渲公司在产品生产前需要向猫人公司提供产前封样、工艺单进行产品产前确认。猫人公司在被诉侵权产品上架前进行了审查。陈某从淘宝网凌渲公司经营的店铺"猫人服饰旗舰店"购买了四种被诉侵权产品：第一种产品每件3条，月销量1 011件，该产品上架时间为2020年8月13日，下架时间为2021年8月1日；第二种产品每件3条，月销量456件，该产品上架时间为2021年5月27日，下架时间为2021年8月14日；第三种产品每件2条，月销量26件，该产品上架时间为2021年6月16日，下架时间为2021年8月1日；第四种产品每件3条，月销量42件，上架时间为2021年6月17日，下架时间为2021年7月29日。凌渲公司确认其在网页销售产品上的图案与陈某享有著作权的作品近似。被诉侵权产品标牌上载明品牌方为猫人公司等。凌渲公司主张被诉侵权产品每盒的利润为8～10元。陈某认为凌渲公司、猫人公司存在生产销售侵权产品的行为，请求法院判决凌渲公司、猫人

公司共同承担赔偿责任 455 540 元并承担合理维权费用。

一审法院经审理认为，凌渲公司销售了被诉侵权产品，且其当庭自认销售的被诉侵权产品上的图案与陈某享有著作权的美术作品近似，凌渲公司应承担侵权赔偿责任。猫人公司授权凌渲公司使用其商标，天猫店铺"猫人服饰旗舰店"名称和产品上的标牌均让购买者有理由相信猫人公司系被诉侵权产品的提供者。虽然在凌渲公司和猫人公司签订的协议中约定了若凌渲公司侵犯了他人知识产权则应承担一切经济和法律责任，但猫人公司对授权产品有"产前确认"，其中包括对产品的专利、商标、著作权的查新，即其对产品的知识产权有审查的义务和责任。而且，商标许可使用费按照被诉侵权产品销售额的一定比例进行计算，故猫人公司应对案涉的著作权侵权行为与凌渲公司共同承担赔偿责任。被诉侵权产品上包含"猫人"商标和涉案作品著作权等多个知识产权。猫人公司确认"猫人"商标使用费为 2 元/条，"猫人"是内衣的知名品牌，"猫人"商标的知识产权贡献率应高于陈某设计图案的著作权，故酌定将 1.5 元/条确定为案涉作品著作权许可使用费。陈某主张以每年 6 月为夏季上市时间，计算截至 2021 年 7 月底，被诉侵权产品总销售量为（1 011 件/月×3×14 月）+（456 件/月×3+26 件/月×2+42 件/月×3）×2 月=45 554 条。夏季的销量应为全年销售量的峰值，法院酌定按峰值的一半作为全年平均销售量，即凌渲公司销售的被诉侵权产品为 45 554 条÷2=22 777 条，结合每条 1.5 元的著作权许可使用费，凌渲公司应承担的侵权费为 34 165.5 元（22 777 条×1.5 元/条=34 165.5 元）。判决凌渲公司和猫人公司停止侵权，共同赔偿陈某经济损失 34 165.5 元和合理开支 1 635 元。

【典型意义】 本案是品牌授权方对被授权方侵犯他人著作权承担共同赔偿责任、商品包含多个知识产权进行精细化计算赔偿金额的典型案件。本案中销售商、生产商均不是商标权人，在销售商与商标权人约定商标权人不承担侵犯他人知识产权责任的情况下，本案对商标权利人责任承担的情形做了较清晰的分析，判决销售商和商标权人承担共同侵权责任。同时，本案查清了单个被诉侵权产品的总利润和单个被诉侵权产品中商标许可使用费的价格后，分析涉案商标和著作权在被诉侵权产品中的作用，参考商标转让许可使用费的价格，酌定出合理的单个被诉侵权产品涉案著作权的价格，精细化计算出本案的侵权赔偿数额。本案的处理反映了知识产权侵权赔偿数额需体现知识产权市场价值、严格保护知识产权的司法导向。

三、朱某某与乐某著作权侵权纠纷案〔抚州市中级人民法院（2021）赣 10 民初 453 号民事判决书、江西省高级人民法院（2022）赣民终 132 号民事判决书〕

【基本案情】 为了宣传推广中国风唐装男士牛仔套装服装，原告朱某某委托摄影师杨某某拍摄多组模特身穿中国风唐装男士牛仔套装的摄影图片（以下简称"涉案照片"），双方约定涉案照片的著作权由朱某某享有。朱某某将涉案照片上传到其注册经营的"绿叶家具日用品"店铺内，首次向公众公开发表。之后一段时间，中国风唐装男士牛仔套装服装成为销售量较大的"网红服装"。被告乐某在拼多多平台经营的"零下一度男装"销售同款服装。乐某委托某工作室仿照涉案照片中模特的姿势身穿同款服装拍摄了多组照片。经过对比，在乐某重新拍摄的照片中，模特与涉案照片中的模特不一致，且模特的姿势、神态、摄影设备的型号、镜头型号、照片的光圈值、ISO 感光、焦距、闪灯与涉案照片也不相同。乐某在其店铺的销售链接中使用的是其仿拍的同款服装照片。朱某某认为乐某侵犯了涉案照片的著作权，诉至法院。

二审法院经审理认为，朱某某的涉案照片整体构图简单、模特动作单一，属于公有领域中服装拍摄图经常使用的动作，但其在模特的挑选、拍摄角度、光线等因素上进行了个性化的选择和安排，因此朱某某的涉案照片具有独创性，属于我国《著作权法》规定的摄影作品，但整体的独创性程度不高。乐某仿拍的被诉侵权照片与相应的涉案照片相比，模特的神态以及光圈、焦距均有所区别，体现了摄影师的个性化选择的成果，因此乐某的仿拍照片也有独创性，也属于我国《著作权法》规定的摄影作品。虽然乐某委托的摄影师仿拍被诉侵权照片之前接触了朱某某的涉案照片，两者照片的相似体现在对场景的布置以及模特姿势的安排上，但这两部分都属于服装拍摄中的惯用思想和公有领域的知识成果，乐某的被诉侵权照片与朱某的涉案照片不构成实质性相似，故乐某将被诉侵权照片置于其开设的店铺中的行为不构成对朱某某涉案照片著作权的侵害，因此驳回了朱某某的诉讼请求。

【典型意义】 本案是涉及仿拍他人"网红服装"照片是否构成著作权侵权的新类型案件。本案从模特的选择、拍摄角度选择、拍摄场景的安排、后期制作等四个方面分析了主要展示服装的摄影照片是否构成我国《著作权法》规定的摄影作品，厘清了仿拍他人"网红服装"照片的摄影照片是否构成摄影作品和"网红服装"照片与仿拍的"网红服装"照片是否构成实质性相似的判断标准。本案的判决，有助于对主要展示服装的摄影照片的合理保护，有利于网上服装出售行业的规范发展，有利于促进数字平台经济的健康发展。

四、北京新东方大愚文化传播有限公司与刘某、郑某著作权侵权纠纷案［江西省宜春市中级人民法院（2022）赣09知民初34号民事判决书］

【基本案情】 新东方教育科技集团及其子公司北京新东方大愚文化传播有限公司（以下简称"新东方公司"）经剑桥大学出版社确认，有权在中华人民共和国独家经销《剑桥雅思官方真题集4—15》系列书刊纸本，新东方公司销售该图书的单本利润为25.6元。2021年6月2日，新东方公司发现电商平台上名为"博世书室"的店铺未经授权，销售且仅销售"剑桥雅思真题4—15全套"商品，销量为28 215本，交易成功金额为188 382元。该网店登记经营者为刘某，实际经营者为郑某，郑某曾多次有偿以刘某或其他人身份信息申请营业执照并注册网店，销售被诉侵权图书。新东方公司认为刘某、郑某侵犯其著作权，请求法院判令刘某、郑某停止侵权、赔偿其200万元经济损失。

一审法院经审理认为，新东方公司系涉案图书在国内的独家授权经销商，享有以出售或者赠与的方式向公众提供作品的原件或者复制件的权利，即排他性发行权。郑某销售侵权复制品侵害了新东方公司能够从经销行为中获取的权益，新东方公司有权制止并要求赔偿损失。刘某、郑某分别作为侵权店铺的登记经营者、实际经营者，均应当承担相应的侵权责任。郑某通过多家店铺销售侵权图书，属于以侵害知识产权为业，应当适用惩罚性赔偿，遂以新东方公司销售涉案图书单本获利25.6元×侵权品销量28 215本为赔偿基数，按照3倍计算惩罚性赔偿额，合计25.6元/本×28 215本×（1+3）＝2 889 216元，超过了新东方公司200万元的诉讼请求。遂判决郑某赔偿新东方公司200万元，刘某在侵权产品销售额188 382元范围内承担连带责任。

【典型意义】 本案是打击网络销售盗版书著作权侵权、适用惩罚性赔偿的典型案件。本案著作权人发出的独家授权销售商确认函，实际上是授权该经销商独家发行权，经销商发现他人销售同款图书，可以作为原告起诉。本案将实际经营者以他人身份信息恶意注册多家网店售卖盗版图书的行为定

性为"以侵犯知识产权为业"，将侵权销量与权利人利润作为计算权利人损失的事实依据，并适用3倍惩罚性赔偿，显著提高了售卖盗版图书的侵权成本，有力震慑了盗版侵权行为。此外，对登记经营者侵权责任的认定及与实际经营者精细化区分赔偿责任，有助于警醒公众借名开店可能构成知识产权侵权，从而增强全社会尊重和保护知识产权的意识。

五、天宝解决方案公司与九江市现代钢结构工程有限公司、江西现代压力容器有限公司、江西中昌建筑规划设计院有限公司侵害计算机软件著作权纠纷案［江西省景德镇市中级人民法院（2022）赣02知民初25号民事判决书］

【基本案情】 天宝解决方案公司（以下简称"天宝公司"）为芬兰公司，在美国首次公开出版发表Tekla系列计算机软件。Tekla系列计算机软件为钢结构详图设计软件，通过先创建三维模型后自动生成钢结构详图和各种报表来达到方便视图的功能。被告九江市现代钢结构工程有限公司（以下简称"九江钢结构公司"）在日常经营活动中复制、安装、使用多个版本的Tekla计算软件。经法院证据保全，发现被告九江钢结构公司办公场所所有14台电脑中安装有案涉软件40套。被告江西现代压力容器有限公司（以下简称"现代压力容器公司"）注册登记的住所地与九江钢结构公司一致，两公司的监事为同一人。九江钢结构公司办公场所走廊上悬挂有"江西中昌建筑规划设计院有限公司现代设计所"铭牌。天宝公司以九江钢结构公司等侵犯其计算机软件著作权为由，诉至法院。

一审法院经审理认为，天宝公司为芬兰公司，Tekla系列计算机软件在美国首次公开出版发表，芬兰、美国与中国均为《伯尔尼公约》成员国，天宝公司是案涉计算机软件的著作权人，其享有的著作权应当受我国法律保护。九江钢结构公司未经著作权人许可而擅自复制、安装案涉Tekla系列软件，将其用于经营并获取利益，属于商业使用，侵犯了天宝公司依法享有的计算机软件著作权，应当承担侵权责任。现代压力容器公司的注册地址虽与九江钢结构公司注册地址相同，但两公司均为独立法人，对外独立承担法律责任，两公司的股东仅存在部分重合，现有证据不能证实二公司存在混同经营行为，现有证据难以达到证明现代压力容器公司为案涉计算机软件使用者的目的，现代压力容器公司无须承担侵权责任。江西中昌建筑规划设计院有限公司注册地为南昌市，虽然安装有案涉计算机软件的电脑

所在办公场所墙壁上悬挂有该公司铭牌，但该公司未派员工在九江钢结构公司工作，该公司也无须承担侵权责任。一审法院判令九江钢结构公司停止侵权行为，赔偿经济损失及合理支出 168 万元。一审判决后，当事人双方均未上诉，并已实际履行判决义务。

【典型意义】 本案是同等保护计算机软件著作权、分清承担侵权责任主体的典型案件。涉案计算机软件在钢结构行业具有较高知名度，该计算机软件的著作权人系外国公司，该涉外著作权受我国法律保护。同时，本案准确界定各被告责任，对无证据证明实施了侵权行为的主体，依法判决不承担侵权责任。本案的判决对商业性使用盗版软件的行为予以打击，保障涉外企业作为计算机软件著作权人的合法权益，有利于推进企业使用正版化软件和改善软件产业发展环境，激励技术创新和发展。

山 东 省

"写真摄影作品"侵害信息网络传播权案

【基本案情】 杰西公司系摄影作品《爷爷瞬间年轻 50 岁写真系列 4》的著作权人，其在微信公众号发表的文章中使用了上述摄影作品，该文章末尾用红色字体载明"转给你身边的每一位朋友"。创源公司在其微信公众号发表的文章中使用了杰西公司享有著作权的上述摄影作品。杰西公司认为创源公司的上述行为侵害了其摄影作品的信息网络传播权，请求法院判令创源公司停止侵权并赔偿经济损失。

法院经审理认为，杰西公司在涉案文章中载明"转"系希望通过他人转发行为使其微信公众号获得更多的流量关注，这种转发行为并不复制和传播信息本身，是对文章链接的分享。创源公司的行为则系转载，是对作品的复制传播，在未取得权利人许可的情况下，创源公司的行为侵害了涉案摄影作品的信息网络传播权。法院判决创源公司停止侵权并赔偿经济损失。

【典型意义】 本案系涉及微信公众号转载行为侵害信息网络传播权的典型案件。本案从权利人利益期待和互联网盈利模式的角度，对微信公众号文章权利人同意"转"的真实意图进行了准确分析。本案的裁判，厘清了"转发"和"转载"在信息网络传播中的不同法律性质，对净化网络空间、规范新媒体时代网络领域文化传播秩序具有积极意义。

河 南 省

一、天宝解决方案公司与河南二建集团钢结构有限公司侵害计算机软件著作权纠纷案 ［郑州市中级人民法院（2022）豫 01 知民初 1189 号之一民事裁定书、民事判决书，郑州市中级人民法院（2022）豫 01 司惩 27 号决定书］

【基本案情】 天宝解决方案公司（Trimble Solutions Corporation，系芬兰法人，以下简称"天宝公司"）是"Tekla Structures"系列软件的著作权人。该软件主要应用于钢结构工程设计。河南二建集团钢结构有限公司（以下简称"二建公司"）成立于 2013 年 5 月 16 日，是一家主要从事金属结构制造、销售、建设工程设计的公司。天宝公司发现，二建公司未经其许可，擅自复制、使用"Tekla Structures"软件，故于 2022 年 7 月 7 日诉至法院，要求二建公司停止侵权，并赔偿经济损失及合理支出 8 785 000 元。诉讼中，天宝公司向法院申请对二建公司使用的计算机进行证据保全。法院在审查后，于 2022 年 7 月 11 日下达证据保全民事裁定书。在证据保全过程中，二建公司采取断电等方式，阻碍法院采取保全措施。法院经审理后认为，二建公司采取断电等方式阻止证据保全，构成对司法活动的妨碍，决定对二建公司罚款 10 万元。同时，在案件实体方面，因二建公司构成侵权，最终判决二建公司停止侵权、赔偿天宝公司经济损失共计 1 023 120 元。

【典型意义】 涉及计算机软件著作权的侵权纠纷案件，被诉计算机软件通常储存在侵权人计算机内，权利人难以取得。诉讼前或诉讼中权利人申请证据保全，已成为常态，而被申请人为了掩盖证据，经常出现阻碍人民法院依法履行职务的情况。本案中人民法院针对被申请人实施的阻碍行为，依法作出罚款 10 万元的决定，并确定其应承担相应的不利后果，彰显了人民法院在涉外知识产权诉讼中坚持平等保护的决心，起到了较好的警示作用。

二、杨某、陈某侵犯著作权罪案 ［南阳高新技术产业开发区人民法院（2022）豫 1391 刑初 60 号刑事判决书、南阳市中级人民法院（2022）豫 13 刑终 741 号刑事裁定书］

【基本案情】 2018 年以来，被告人杨某以营利为目的，在未经著作权人许可的情况下，在南阳市淅川县上集镇其经营的印刷厂大量印制建设类、消防类、税务师类、考研类盗版书籍，并销售给郭某梁、郭某（另案处理）等人。经对被告人杨某相关银行账户、支付宝、微信交易记录进行统计，2018年至2021年9月，杨某共收取郭某梁、郭某书款金额 3 443 730 元。2019 年以来，被告人陈某在明知杨某印刷盗版书籍的情况下，为其提供刻板帮助，并获利 1 万元。案发后，公安机关在杨某经营的印刷厂及仓库内查获印刷书籍 26 086 本、书籍半成品 146 捆、印刷设备 18 套，以及铜版纸、印刷纸、叉车等作案工具。经河南省新闻出版局鉴定，所扣押书籍均为图书类非法出版物。一审法院认定被告人杨某犯侵犯著作权罪，判处有期徒刑六年，并处罚金人民币 200 万元；陈某犯侵犯著作权罪，判处有期徒刑三年，并处罚金人民币 2 万元；陈某违法所得 1 万元，予以追缴，依法上交国库；扣押在案的非法出版物等物品，由扣押机关依法处置。一审宣判后，杨某、陈某不服提起上诉，二审经审理驳回上诉，维持原判。

【典型意义】 本案是在各级版权管理、行政执法、司法机关的沟通协作、合力打击下，把一条集制作、销售为一体的侵权盗版利益链条成功铲除，量刑上，本案对被告人判处有期徒刑的同时，又判处了高额罚金，提高了侵权代价和违法成本，极大威慑了侵权行为，取得了良好的政治效果、法律效果和社会效果。

湖 北 省

林某芳与湖北省戏曲艺术剧院有限责任公司等侵害著作权纠纷案［湖北省武汉市中级人民法院（2020）鄂 01 知民初 251 号民事判决书］

【基本案情】 1985 年，林某明首次创作剧本《求骗记》，并于 1986 年 5 月在《剧本》杂志公开发表。1990 年，湖北省汉剧团受邀赴新加坡演出，为完成演出任务，根据汉剧团导演余某予的安排，蔡某对林某明《求骗记》的内容和台词对白进行了改编。湖北省汉剧团改编的《求骗记》在境外演出反响良好。2018 年 10 月 8 日，湖北省戏曲艺术剧院（以下简称"湖北戏剧院"）汉剧团参加首届中国（金华）李渔戏剧周全国优秀戏剧剧目展演，有关《求骗记》的展演宣传册页中注明演出单位为湖北戏剧院，主创人员中注明"导演：余某予，编剧：林某明、蔡某"。2019 年 3 月 12 日，湖北戏剧院参加首届中国（武汉）汉剧艺术节，其参演节目宣传册页中介绍《求骗记》为"根据林某明同名小说改编"，主创人员中注明"导演：余某予，编剧：蔡某"。原告认为，前述两次商演活动既未获得著作权

人许可，也未向其支付任何费用，侵犯了著作权人的署名权、修改权、保护作品完整权、改编权、表演权。林某明于 2006 年 6 月 13 日去世，其配偶胡某霞于 2019 年 3 月 21 日去世，且林某明夫妇生前无子女。原告林某芳作为著作权人林某明的胞妹，依据《国著作权法》第十九条第一款的规定，继承著作权人林某明的相关权利，提起本案诉讼。

武汉市中级人民法院认定：作者死亡后，其著作权中的署名权、修改权和保护作品完整权由作者的继承人或者受遗赠人保护。对作者死亡后其著作人身权的保护，上述法律没有限定应由全体继承人共同来实施，也没有限定继承人在保护死者著作人身权时还需遵循一定的顺位。即，对侵害死者著作人身权的行为，只要是作者死亡后的继承人，均可以提起诉讼来予以保护。本案中，林某芳作为林某明的胞妹，对侵害林某明著作人身权的行为，自然有权提起诉讼，而不受继承人身份顺序之限制。

林某明在 2006 年去世，其父母已不在世，妻子胡某霞健在，因林某明与胡某霞未育有子女，根据继承的有关规定，其遗产包括有关著作财产权应由胡某霞继承，林某芳作为第二顺序的继承人，不能继承林某明死亡后的遗产。因此，林某芳无权对他人实施侵害《求骗记》剧本著作财产权的行为提起诉讼，对其要求湖北戏剧院返还因使用《求骗记》剧本而获得的经济利益 10 万元的主张，不予支持。

湖北戏剧院在 2018 年和 2019 年演出宣传册页上，存在署名不规范的情况，构成对林某明署名权的侵害。湖北戏剧院作为表演单位，有关表演剧目情况包括主创人员通常应是其向演出主办单位报送的，因此即使有关宣传册不是其直接印制，也不能免除其侵权之民事责任。如湖北戏剧院今后继续表演汉剧《求骗记》，其应规范作品的署名，将林某明署名为编剧，蔡某署名为改编者。同时，鉴于林某明已去世，而人格利益并不能直接由继承人继受，本案中不能判决湖北戏剧院向林某芳赔礼道歉，而应由湖北戏剧院在一定范围内澄清事实、消除影响。关于林某芳主张的精神损害赔偿金，根据《最高人民法院关于确定民事侵权精神损害赔偿责任若干问题的解释》（2001 年制定）第三条的规定，本案中湖北戏剧院的行为仅系在宣传册中对《求骗记》作品的编剧署名不当，该种行为并非前述司法解释所规定的行为，行为的危害后果也尚未达到使人遭受精神上痛苦之程度，故对林某芳的该项请求不予支持。关于林某芳主张的维权合理费用，考虑到其委托诉讼代理人参加本案诉讼之情况客观发生，法院酌情支持

10 000 元。一审宣判后，林某芳对本案提出上诉。湖北省高级人民法院判决：驳回上诉，维持原判。

【典型意义】 本案系围绕汉剧《求骗记》改编创作和演出引发的争议，牵涉 30 多年的历史事实和复杂的法律争议，涉及剧本作品保护、改编剧本署名、剧作者报酬权以及作者亡故后的著作权保护等诸多难题。人民法院通过细致调查还原案件事实，本案的裁判就已故作者著作权的保护主体、改编作品的署名规范、侵害已故作者署名权的责任承担等争议问题进行了准确的界定，在判令演出单位规范署名并消除影响的同时认可演出单位有权继续演出剧本，既保护了已故剧作家的署名权，又解决了该剧后续演出署名问题，促进了文化作品的传播，是化解历史积案、促进文艺繁荣发展的经典案件。

广 东 省

一、网易公司诉迷你玩公司著作权侵权及不正当竞争纠纷案〔广东省高级人民法院（2021）粤民终 1035 号〕

【基本案情】 《我的世界》是一款由瑞典游戏开发商于 2009 年发行的沙盒类游戏，也是世界上销量最高的电子游戏之一。2016 年 5 月，网易公司经授权获得该游戏在中国区域的独家运营权，并有权就任何侵害游戏知识产权和不正当竞争行为进行维权。同月，迷你玩公司上线与《我的世界》玩法设计高度雷同的《迷你世界》，运营至今在各渠道累计下载量超过 33.6 亿次，获得超过 4 亿注册用户，获利巨大。2019 年，网易公司提起本案诉讼，指控《迷你世界》多个核心、基本游戏元素抄袭《我的世界》，两者的游戏整体画面高度相似，构成著作权侵权及不正当竞争，诉请法院判令迷你玩公司停止侵权、消除影响、赔偿 5 000 万元等。

法院认为，涉案两款游戏整体画面构成类电作品，但其著作权保护范围不包括玩法规则层面的游戏元素设计。经比对，两款游戏在视听表达上有较大差异，故未支持网易公司关于游戏画面著作权侵权的诉请。但是，《迷你世界》与《我的世界》玩法规则高度相似，游戏元素细节诸多重合，已经超出合理借鉴的界限。迷你玩公司直接攫取了他人智力成果中关键、核心的个性化商业价值，以不当获取他人经营利益为手段来抢夺商业机会，有悖诚信原则和商业道德，构成不正当竞争。综合考虑沙盒类游戏特点、侵权内容比例、整改可能性等因素，基于平衡双方当事人利益和保护玩家群体利益角度出发，未支持网易公司要求《迷你世界》停止运营的诉请。根据第三方平台显示的《迷你世界》下载量、收入数据等优势证据，综合多种方法计算均显示迷你玩公司侵权获利远超网易公司诉请赔偿数额。遂判令迷你玩公司删除侵权的 230 个游戏元素、赔偿网易公司 5 000 万元。

【典型意义】 本案创下了国内游戏侵权案件最高判赔数额，首次认定沙盒类游戏画面构成视听作品，厘清了游戏画面与玩法设计的关系，摆脱了以游戏画面著作权保护玩法设计的路径依赖，从《反不正当竞争法》角度阐述了模仿自由和抄袭侵权的界限，制止了抄袭游戏玩法的恶意"搭便车"的不正当竞争行为，合理确定了停止侵权具体方式，注重维护玩家群体利益、促进行业公平竞争，对类案裁判有重大示范指导意义，《法治日报》《中国知识产权报》等主流媒体对此进行了肯定性报道。

二、饶某俊与深圳市大百姓时代文化传媒有限公司、深圳市大百姓网络视频黄页有限公司著作权侵权纠纷案〔广东省高级人民法院（2022）粤民再 346 号民事判决书〕

案件详情参见本栏目"2022 年全国著作权司法保护典型案件"之八。

三、广州加盐文化传播有限公司与北京字节跳动科技有限公司、悠久传媒（北京）有限责任公司侵害作品信息网络传播权纠纷案〔广州知识产权法院（2021）粤 73 民终 5651 号民事判决书〕

案件详情参见本栏目"2022 年全国著作权司法保护典型案件"之十。

四、快意公司诉敏实集团等侵害计算机软件著作权纠纷案〔广州知识产权法院（2019）粤 73 知民初 1519 号〕

【基本案情】 2013 年至 2018 年间，敏实集团向快意公司购买了 478 个 ERP 系统软件的许可证，约定未经许可的厂别或超过用户数需要根据实际使用量购买许可证授权。敏实集团将涉案 ERP 系统软件安装部署在其公司的服务器上，员工通过远程连接登录至服务器上安装的 Linux 操作系统，在该操作系统中对 ERP 软件进行访问和使用。鉴定机构对敏实集团提交的 Log Files 进行分析，统计使用涉案软件时产生的 log in 及 log out 记录，鉴定结论为 2017 年度的总用户名数量为 1 380 个，2018 年度的总用户名数量为 927 个。快意公司及敏实集团等 24 名被告均确认，Log Files 文件是 QAD ERP 软件自动生成的，记录了各被告 OS 用户或者 Linux 用户使用软件的登入登出情况。

法院认为,在合同没有约定许可证是单个还是并发的命名用户许可证的情况下,应当从保护软件著作权人权益的角度出发,对合同所述许可证做限缩解释,根据当时的技术发展情况、软件类型及用途等因素考虑,许可证应当系"单个命名用户许可证",也即一个许可证仅能一个命名用户使用。用户数与许可证数亦应当是相同的。敏实集团实际使用涉案软件的用户有 1 380 个,超过了合法授权许可用户数 478 个,使用方式超出了合同约定的许可范围,侵害了快意公司涉案软件的复制权。现有证据不足以证明其余 23 名被告与敏实集团构成共同侵权,遂判令敏实集团停止侵权并赔偿快意公司经济损失及合理费用合计 400 万元。

【典型意义】 本案是利用云服务架构模式扩大许可使用范围构成著作权侵权的典型案件。本案明确了在合同履行过程中运用新技术,应当遵循双方当事人的合意,遵守法律法规规定及行业惯例,若利用云服务技术将一个软件许可证应用于多个用户端,则扩大使用的客户端超出了合同约定的授权范围,应视为未经许可的使用行为,构成著作权侵权。本案对规范计算机软件著作权许可使用具有积极意义,为类案的审理提供了有益借鉴。

广西壮族自治区

邓某元等九人侵犯著作权罪案［钦州市灵山县人民法院(2022)桂 0721 刑初 244 号刑事判决书］

【基本案情】 2020 年开始,邓某元为了谋取非法利益,在未获得著作权人许可的情况下,从李某清、刘某库等人处低价购进《新华字典》《小学教材全解》等侵权盗版相关书籍,并在其经营的灵山县灵城街道的书店处以真假混卖方式进行销售。涉案侵权盗版出版物共计 56 种、26 809 册,总码洋 823 326.56 元,非法出版物共计 50 种、11 425 册,总码洋 241 361.6 元。此前,邓某元已出售侵权盗版出版物 2 280 册、其他非法出版物 449 册。李某清通过邓某元邮寄给其的样板向上家购买了一批盗版书籍,通过物流发货给邓某元从中赚取差价,共查处侵权盗版出版物总计 13 671 册,总码洋 536 672.8 元。此外,曾某才等人为了谋取非法利益,在没有获得著作权人的许可和没有办理出版物经营许可证的情况下,非法复制发行他人文字作品,共查处涉案侵权盗版出版物 271 284 册,材料纸张、光碟 90 707 张,绳索 538 捆,半成品 440 叠,工具器材 12 台。一审法院认为,邓某元等九人未经著作权人许可,复制发行他人作品,其行为均已构成侵犯著作权罪,依法均应予以惩处。综合考虑本案的犯罪事实、性质、情节,以及被告人在共同犯罪中的作用等因素,判处被告人邓某元侵犯著作权罪、非法经营罪,数罪并罚,执行有期徒刑七年,并处罚金;判处曾某才等八名被告人一年六个月至六年六个月不等的有期徒刑,并处罚金;查获的供犯罪所用的财物予以没收。一审判决后,部分被告人提出上诉,二审法院经审理后维持原判。

【典型意义】 本案简称"4·2"案件,系广西历史上涉案金额最大、打击链条最完整、起诉犯罪嫌疑人人数最多、缴获涉案物品最多的侵犯著作权案件,也是依法从重判处刑期最长、处罚金额最大的著作权案件,是党的二十大以来广西宣判的首个著作权刑事案件,被中央宣传部版权管理局等六部门列为全国督办案件。全案覆盖了盗版教材教辅和工具书的制作、印刷、储存、运输、销售等"一条龙"产业链,涉案人数多、侵权产品数量大、案值高、跨省区多、辐射广,社会影响恶劣,严重扰乱了文化市场的正常秩序。本案对九名被告人进行重刑重判,有力震慑了侵权盗版行为,针对侵犯著作权中涉及的"复制发行"行为认定、非法经营数额、鉴定机关资质认定、涉案财物处置、法律适用等问题进行了阐述分析,对类案审理具有借鉴意义;在办案中注重指控犯罪与教育相结合,体现了知识产权司法保护的价值取向,彰显了广西法院强化版权保护的决心,取得了良好的法律效果和社会效果。本案入选 2022 年全国青少年版权保护十大典型案件。

海 南 省

陈某某犯侵犯著作权罪案

【基本案情】 自 2020 年 4 月开始,陈某某以营利为目的,通过购买域名、租用境外服务器,自行搭建魅力社网站,通过苹果 CMS 视频管理系统,从最大资源网等网站收集影视作品,链接到魅力社网站供公众观看。魅力社网站内的"VIP 电影""福利视频""福利电影"等栏目的影视作品,均需通过注册会员账号登录播放。会员购买充值卡分为包季、包年、包永久。公安机关在开展净网行动过程中发现陈某某涉嫌侵犯著作权罪并移送立案侦查,于同年 9 月抓获陈某某。经鉴定,陈某某传播他人影视作品共计 1 187 部,魅力社网站注册会员 29 724 个,点击量 500 676 次。法院认为,陈某某以非法营利为目的,未经著作权人许可,通过信息网络向公众传播他人影视作品，侵权影视作品数量共计1 187部，情节严重，其行为构成侵犯著作权罪，应依法惩处。陈某某到案后如实供述罪行，当庭自愿认罪，有坦白情节，可以从轻处罚。陈某某在本案之前因涉嫌传播淫秽物品被公安机关立案侦查和追逃数年，主动投案被取保候审后又犯本罪，其行为表现不符合适用缓刑的情形，故判决陈某某犯侵犯著作权罪，判处有期徒刑二年八个月，并处罚金人民币5 000元，没收犯罪工具和违法所得。

【典型意义】 本案中，法院认定以营利为目的，侵犯他人著作权，侵权影视作品数量达到500部以上，属于情节严重，构成侵犯著作权犯罪，应当依法予以惩处。通过刑事审判有力打击侵犯知识产权犯罪行为，明确传递严格保护知识产权的强烈信号。

重 庆 市

一、浙江安谐智能科技有限公司与青岛讯极科技有限公司、讯极科技（苏州）有限公司著作权侵权及商业诋毁纠纷案［重庆自由贸易试验区人民法院（2021）渝0192民初8839号民事判决书、重庆市第一中级人民法院（2022）渝01民终2190号民事判决书］

【基本案情】 2018年2月9日，浙江安谐智能科技有限公司（以下简称"安谐公司"）作为专利权人申请了名为"一种远光灯持续开起的检测方法"的发明专利，2020年7月14日获得授权公告。涉案图片来自交警部门利用安装在洛阳市周山隧道由安谐公司提供的"不按规定使用远光灯自动记录系统"拍摄视频自动生成，包括四幅画面。2019年2月13日，安谐公司微信公众号发布文章《"不按规定使用远光灯自动记录系统"在洛阳启动》，该文中使用了涉案图片。2021年5月14日至5月16日，青岛讯极科技有限公司（以下简称"青岛讯极公司"）、讯极科技（苏州）有限公司（以下简称"讯极苏州公司"）共同法定代表人在"第十二届中国道路交通安全产品博览会暨公安交警警用装备展"中发表题为"科技助力滥用远光灯专项整治"演讲，其宣称："传统视频型（系统），使用压光找双灯筒技术，学习算法技术，只能举证占比不到64％的双灯筒车型的车辆"，同时其PPT配图与安谐公司"不按规定使用远光灯自动记录系统"自动抓拍生成的涉案四幅图片基本一致。

安谐公司认为涉案照片是其利用自有"不按规定使用远光灯自动记录系统"制作而成，属于功能性作品，依法应受《著作权法》保护。青岛讯极公司、讯极苏州公司在公开演讲及公众号文章中使用了安谐公司作品，侵犯了其展览权、发表权、修改权、保护作品完整权、复制权、信息网络传播权。安谐公司请求人民法院判令青岛讯极公司、讯极苏州公司停止侵权、赔礼道歉、消除影响并赔偿损失。青岛讯极公司、讯极苏州公司共同辩称：涉案图片并非著作权保护的客体，不属于作品，即使构成作品也不属于原告所有，不存在侵犯原告著作权的行为。

重庆市第一中级人民法院经审理认为，《著作权法》保护的作品是特定领域内具有独创性的思想表达。首先，从主体维度看，涉案图片系由机器设定程序进行自动拍摄产生，机器设备并不能成为作品的创作主体。安谐公司虽为机器设备的生产者及技术参数设置者，但涉案图片系交警部门在实际使用设备过程中产生。涉案图片既未体现安谐公司创作涉案图片的主观意图，也非其实际操作设备产生，安谐公司不能被认定为涉案图片作者。其次，从客体维度看，照片的非艺术性表达不属于《著作权法》意义中摄影作品的认定范围。涉案图片内容及拍摄目的均为客观复制记载车辆违章场景，拍摄过程未体现机器使用者就艺术创造方面的人工干预、选择、判断，不具有艺术方面的独创性表达，故不宜作为《著作权法》意义上的作品进行保护。

【典型意义】 本案的价值在于，为新技术背景下人工智能生成的内容所引发的著作权纠纷提供了审理思路。新技术的产生与推广将一定程度地影响人们创作的方式，进而影响着著作权保护规则。自动抓拍照片是新信息技术的产物，随之而来的问题是"创作者是谁""自动生成内容能否构成作品"。判断自动抓拍照片是否受《著作权法》保护时，应当考虑主客体两方面：在主体维度上，以创作意图判断创作主体，进而认定其是否可能为《著作权法》意义上的作者；在客体维度上，通过独立创作、个性表达要件判断自动抓拍照片是否构成《著作权法》意义上的作品。仅为再现客观场景而形成的自动抓拍图片，因未体现创作者在文学、艺术、科学领域的独创性表达，故不属于《著作权法》意义上的作品。

二、三之三文化事业股份有限公司与重庆两江新区爱加丽都幼儿园著作权侵权纠纷案［重庆自由贸易试验区人民法院（2020）渝0192民初11914号民事判决书、重庆市第一中级人民法院（2021）渝01民终10159号民事判决书］

【基本案情】 三之三文化事业股份有限公司（以下简称"三之三文化公司"）于2003年在第41

类幼儿园等服务上核准注册第 1984484 号图文组合商标。2004 年，上海三育教育管理有限公司（以下简称"上海三育公司"）受让该商标。2009 年，该商标再次转让给展育企业发展（上海）有限公司（以下简称"展育公司"）。展育公司受让该商标后立即授权上海三育公司使用及进行再授权。2018 年展育公司申请在第 41 类幼儿园等服务上注册第 34662513 号图形商标。三之三文化公司曾以对第 25 类注册在服装外套上的第 15532549 号图形商标以及图形具有在先著作权为由，对该商标提出异议，后被国家知识产权局驳回。

2018 年，三之三文化公司作为著作权人取得两份作品登记证书，作品分别为、三之三，载明的创作完成时间及首次发表时间分别为 1995 年和 2001 年。

2020 年 10 月，三之三文化公司发现爱加丽都幼儿园在园内设施、学生校服等处使用了和

标识。

另查明，2020 年，展育公司、上海三育公司、重庆三育教育管理服务有限公司（以下简称"重庆三育公司"）、重庆三之三教育信息咨询有限公司共同出具说明，展育公司认可上海三育公司将上述图文组合商标授权给重庆三育公司、重庆三之三教育信息咨询有限公司投资设立的包括爱加丽都幼儿园在内的幼儿园进行使用。2021 年，展育公司再次出具商标使用授权书，确认同意将前述图文组合商标及第 34662513 号商标授权给爱加丽都幼儿园等三家幼儿园使用，使用期限自幼儿园成立之日起。原告认为被告的行为侵犯其著作权，遂要求被告停止侵权，赔礼道歉，并赔偿原告经济损失。

重庆自由贸易试验区人民法院认为，在原告是涉案作品权利人的情况下，原告以商标的形式使用涉案作品，应当清楚商标权的使用权能和禁用权能。原告将涉案商标转让给展育公司时，并未作出特别限制或保留，可以推定其自愿限制自身著作权在相应商标权能领域的禁用权能，并许可商标受让人使用相应作品，具体许可使用范围以商标权能范围为准。如此，商标受让人才能依法无碍行使受让商标的全部权能，实现商标受让的目的，不损害市场交易的理性。故判决驳回三之三文化公司的全部诉讼请求。三之三文化公司提起上诉，重庆市第一中级人民法院经审理后，作出驳回上诉、维持原判的二审判决。

【典型意义】 本案系因商标转让引发的著作权和商标权的权利冲突纠纷。《商标法》规定转让商标时应当将同种商品上近似的商标一并转让。本案裁判遵循了《商标法》规定的一并转让原则，背后蕴含着特定情况下商标权对著作权限制的法理。本案基于诚实信用原则探寻商标受让的最终目的，从促进商标的发展、维护正常市场交易秩序和保护经营者与消费者的合法利益出发，认定商标受让人有权将作为转让商标显著部分的美术作品作为商标在同种商品服务上使用，妥善处理了该类纠纷中商标权与著作权的权利边界问题，实现著作权人与商标权人之间的利益平衡，有助于受让人商标权利的正常行使，实现商标受让人的应有目的。

三、重庆浪游者科贸有限责任公司与牟某、李某、钟某、安某侵害作品信息网络传播权纠纷案
[重庆市渝中区人民法院（2021）渝 0103 民初 38539 号民事判决书]

【基本案情】 重庆浪游者科贸有限责任公司（以下简称"浪游者公司"）系一家电子商务公司，经营服装、鞋、帽等，其销售产品途径为在淘宝、天猫设立店铺"马登工装"和在阿里妈妈《淘宝联盟》App 设置商品佣金，允许他人在各互联网平台上代为销售该公司的所有产品并根据销量支付佣金。钟某、李某、牟某为浪游者公司员工，主要负责制作浪游者公司产品的宣传、推广视频，并负责将产品宣传、推广视频上传至浪游者公司在抖音、快手、小红书、哔哩哔哩等平台上的账号。三人在任职期间，以牟某之名在抖音等平台注册个人账号"古叔的着"，并利用该账号在《淘宝联盟》App 注册淘宝客，通过制作、上传、发布短视频的方式，在抖音、小红书、快手、哔哩哔哩等平台推广浪游者公司的产品。平台用户浏览、观看短视频后，如有购买该视频所推广的商品的意愿，点击该短视频下方的小黄车浏览，再点击目标商品，可直接跳转链接至浪游者公司的淘宝店铺"马登工装"购买，进而进行商品交易。交易完成以后，淘宝联盟会根据浪游者公司设置的推广商品佣金比例计算推广费，在扣除服务费后，将推广费支付给被告，再将余款支付给浪游者公司。从 2020 年 11 月至 2021 年 8 月，牟某、李某、钟某实际获得佣金 30 余万元（安某提供

了收取推广费的银行账号）。后三人离职，浪游者公司要求三人将抖音、快手、小红书、哔哩哔哩四个平台上的账号"古叔の着"交给该公司、退还全部推广费等，双方遂产生争议，浪游者公司遂以牟某、李某、钟某等侵犯其著作权为由诉至法院，要求被告立即停止侵权，删除全部侵权视频并赔偿 1 188 434 元。

重庆市渝中区人民法院经审理后认为，被告在工作职责之外，独立创作、发布的涉案短视频，虽然利用了原告公司场地、布景、设备、产品等，但并非为了完成原告安排的工作任务，制作过程不体现原告公司意志，视频思想内容的表达由其自行决定，不符合职务作品的认定要件，为非职务作品。但被告在涉案短视频中使用的产品图片和模特图片的清晰度、完整度、图片大小均高于原告淘宝店铺里的相同产品图片和模特图片，不能排除被告利用工作便利将原告享有著作权的图片用于制作涉案短视频的可能，其行为侵犯了原告图片的著作权。被告发布的部分短视频与原告发布的短视频在文案、配乐、画面等方面构成实质性相似，侵犯了原告视频的著作权。故法院判决被告向原告书面赔礼道歉并赔偿原告经济损失及合理开支共计 100 000 元。一审宣判后，双方均未提起上诉。

【典型意义】 随着时代的发展，浏览短视频的同时购物已经成为当代社会新的购物方式，很多短视频的创作者同时也是为商家制作推广商品视频的员工，其在短视频中设置商家商品的推广购买链接，引导粉丝购买商家商品以获得推广费，虽然此类短视频并非职务作品，但如果创作者在短视频中擅自使用商家享有著作权的图片，且部分短视频与商家享有著作权的短视频构成实质性相似，其行为就会构成侵权。本案的裁判区分了职务作品与非职务作品，有利于规范短视频推广销售商品的行为，进一步优化网络购物新业态新模式。

四 川 省

沈某羽、沈某、樊某伟与绵阳文化旅游集团有限公司、济南元耕文化传媒有限公司、山东天麦文化传播有限公司及第三人鲁某、罗某侵害作品改编权纠纷案〔四川省高级人民法院（2022）川知民终866号民事判决书〕

【基本案情】 涉案作品《自有后来人》系沈某君和罗某仕共同创作。2004 年 4 月 21 日，山东天麦文化传播有限公司（以下简称"山东天麦"）与沈某君、罗某仕签订版权转让协议，取得了涉案作品使用权，转让期自 2004 年 6 月 26 日至 2009 年 6 月 26 日。据此，山东天麦改编拍摄了第一版电视剧《红灯记》（以下简称《红灯记Ⅰ》）。沈某君于 2009 年 8 月 20 日去世，继承人有沈某、沈某羽、沈某、樊某伟。罗某仕于 2015 年 4 月 20 日去世，继承人有鲁某、罗某。2017 年 2 月 23 日，山东天麦与中国文字著作权协会（以下简称"文著协"）签订了版权代理协议，向其预存 10 万元著作权使用费，委托文著协负责涉案作品的改编、摄制、发行权的授权相关事宜，合同有效期 5 年。国家新闻出版广电总局对版权代理协议予以认可，并于 2017 年 5 月对电视剧《红灯记Ⅱ》予以备案公示。

2018 年 1 月 10 日，山东天麦与济南元耕文化传媒有限公司（以下简称"济南元耕"）签订《电视连续剧〈红灯记〉项目转让协议》，将电视剧《红灯记Ⅱ》项目转让给济南元耕。2018 年 8 月 23 日，鲁某、罗某与济南元耕签订了《〈自有后来人〉文学剧本著作权许可使用合同》，许可济南元耕将涉案作品改编成电视剧作品，并公开发行播放，许可期限自 2018 年 9 月 30 日至 2019 年 9 月 30 日，作品使用费 28 万元。因无法联系到合作作者沈某君的继承人，罗某仕的继承人于 2020 年 5 月 14 日委托律师在《安徽日报》《中国商报》上刊登公告，告知将涉案作品的著作权许可给了济南元耕，包括改编权及由此产生的电视剧影视摄制、发行、放映等合法权利。2020 年 5 月 25 日，济南元耕再次与鲁某、罗某签订《〈自有后来人〉文学剧本著作权许可使用合同》，许可期限自 2019 年 9 月 1 日至 2020 年 12 月 31 日，作品使用费 60 万元，包括应支付给沈某君或其继承人的著作权许可使用费。济南元耕在与鲁某、罗某沟通洽谈期间，也通过中间人与沈某、沈某羽在微信上多次洽谈，但无结果。2019 年 8 月 1 日，电视剧《红灯记Ⅱ》进入拍摄。绵阳文化旅游集团有限公司（以下简称"绵阳文旅"）负责办理立项转移手续，济南元耕负责拍摄、制作、剪辑等工作。沈某羽、沈某、樊某伟认为，绵阳文旅、济南元耕、山东天麦的行为侵犯其著作权，请求判令绵阳文旅、济南元耕、山东天麦向沈某羽、沈某、樊某伟赔礼道歉。

四川省高级人民法院经审理认为，作者去世后，相关作品的著作权由其继承人享有。涉案作品属于不可分割的合作作品，著作权应由合作作者的继承人协商一致行使。山东天麦、济南元耕为了拍摄电视剧《红灯记Ⅱ》，多次与沈某、沈某羽等著作权人协商著作权许可使用事宜未果。济南元耕在受让取得电视连续剧《红灯记Ⅱ》项目后，与本案第三人鲁某、罗某协商，鲁某、罗某因无法与沈某君继承人沈飚、沈鸿羽等取得联系，通过刊登公告告知拟将涉案作品许可转让的内容，征询其对著作权许可转让使用的意见。沈某、沈某羽、樊某伟未举证证明鲁某、罗某知晓其联系方式而未主动联系，故鲁某、罗某的上述行为可视为协商行为，并已尽到协商义务。因沈某、沈某羽等人未在约定期限内回复，鲁某、罗某与济南元耕签订著作权许可使用合同，许可其对涉案作品进行改编使用，并认可其之前对涉案作品的改编使用行为，不违反法律规定。沈某、沈某羽等人无正当理由不能阻止鲁某、罗某许可他人对涉案作品的正当使用。山东天麦、济南元耕在涉案作品的改编使用过程中，依法取得合作作品部分著作权人的许可，并向著作权人支付了涉案作品的许可使用费，已尽到合理注意义务，主观难谓过错。因此，山东天麦、济南元耕、绵阳文旅对涉案作品的改编使用行为不构成侵权。法院判决驳回沈某、沈某羽、樊某伟的全部诉讼请求。

【典型意义】 本案涉及共有人行使著作财产权利时协商的认定。在数个主体共有著作财产权利的情况下，如何平衡著作权利保护与促进作品传播利用，十分考验司法智慧和司法技艺。本案明确了在无法联系到全部著作权共有人的情况下，部分共有人应当如何作为才能符合《著作权法》中所规定的"协商"要件；明确了获得授权的被许可使用人应当如何作为才能尽到合理注意义务。本案充分体现了司法的能动性，对保障所有著作权共有人的合法权益、促进优秀作品的传播和利用，具有十分重要的意义。

贵 州 省

一、陈某与绥阳县某百货店侵害著作权纠纷案

【基本案情】 大贰纸牌是一种在川黔渝地区普遍流行的民间竞技性棋牌游戏，又叫字牌，不同区域的大贰纸牌主要区别在于牌面上使用的文字字体有所不同，"绥阳大贰"纸牌使用"调颜"字体，"调颜"字体的创作者已无法考证。2017年8月，贵州省绥阳县人民政府公布的第四批县级非物质文化遗产名录中"传统美术类"代表性项目包括"绥阳旺草大贰（字牌）"，原从事手工大贰制作的谢某被推荐为该遗产代表性传承人。本案原告陈某称，其祖辈曾从事旺草大贰纸牌生产、销售生意，旺草大贰纸牌使用的文字是其爷爷在结合旺草上千年传承的文字基础上创作形成，2003年其接手大贰纸牌

生意后，为便于消费者辨认，对爷爷创作使用的大贰纸牌文字予以改进，形成了在本案中主张保护的美术作品，于2009年申请外观设计专利时即首次将涉案美术作品予以发表，并于2019年获国家版权局颁发的登记证号为国作登字-2019-F-00819440的作品登记证书一份，因此，其主张对涉案美术作品享有著作权。本案被告绥阳县某百货店制造销售了涉案侵权产品"黔诗乡大贰"，原告诉称涉案侵权产品使用的字体与其国作登字-2019-F-00819440美术作品相同，包装盒所使用的图案也与其享有著作权的其他美术作品构成高度相似，因此，主张被告生产销售被诉侵权产品的行为侵害了其美术作品的复制权。

生效裁判认为，根据"绥阳大贰"纸牌以及所使用的"调颜"字体的发展历史可知，"调颜"字体的创作者已无法考证，但收集整理人为绥阳县旺草镇纸牌手工技艺人谢某、蒲某等人，该字体与大贰纸牌结合后，因在贵州省绥阳县范围内长期、广泛使用，已成为公有领域的素材。因此，任何人都可以使用该素材，任何人也不得通过作品登记使该公有领域素材的著作权归其个人所有。当然，如果通过在该公有领域素材的基础上进行再创作，只要新的作品具有独创性，那么创作者亦可对新作品享有著作权。本案中，将陈某登记的国作登字-2019-F-00819440《绥阳大贰》作品与在公有领域的绥阳旺草大贰纸牌进行比对，二者的制作方法均为在长方形白色卡片上印制"调颜"字体，虽在字体笔画粗细、顿笔角度上有细微差别，但该差别不能体现作者的个性化选择、判断和技巧等因素，不具有独创性，因此陈某登记的国作登字-2019-F-00819440《绥阳大贰》作品不构成《著作权法》意义上的作品，其对"绥阳大贰"纸牌不享有著作权，绥阳县某百货店生产、销售被诉侵权产品的行为不构成侵权。同时，结合陈某对"绥阳大贰"纸牌外包装也不享有著作权的认定，遂判决：驳回原告诉讼请求。

【典型意义】 作品的著作权通常属于作者，但民间艺术作品经过长期历史发展过程，作者往往无法考证。通常情况下，民间艺术作品在长期的使用过程中已为一定范围内公众所熟知，其中的构成元素已成为公有领域的素材，因此，任何人均可使用该素材，任何人也不得通过作品登记达到独占该素材著作权的目的。本案中，法院并未简单根据原告持有作品登记证书并在先生产相关产品而认定其享有相关作品的著作权，而是深挖案情，拓宽了本案

的时间维度，进一步查明了争议作品所依附的"大贰纸牌"的发展历史，在充分论证之后认定争议作品属于公有领域的素材，进而否定了原告的权利主张。本案的审理对于厘清民间艺术作品的著作权归属问题具有典型意义，同时，本案对个人意图通过行政机关作品登记或司法裁判达到独占民间艺术作品著作权的行为予以否定，对制止该类行为具有一定示范意义。

二、某信息技术有限公司诉某信息网络股份有限公司侵害作品信息网络传播权纠纷案

【基本案情】 某信息技术有限公司是电视剧《老公的春天》作品信息网络传播权人，其认为某信息网络股份有限公司未经许可，擅自在该公司互动电视网络中提供涉案作品点播，侵害了涉案作品信息网络传播权，故诉至法院，请求判令某信息网络股份有限公司停止侵权、赔偿损失。

生效裁判认为，被诉"限时回看"行为系某信息网络股份有限公司将涉案作品储存于网络服务器，其电视网络的用户可在有限期间内，在其个人选定的时间点选择安装有相应电视机顶盒的设备对涉案作品进行点播和收看。关于信息网络传播权的交互式传播特征，即"个人选定的时间和地点"，绝不意味着全球任何一人可以在世界任何一处、全年任何一秒、不用支付任何费用都能获得作品，而是必然会受到网络覆盖范围、网络开放时间或服务器运行时间、上传作品存续或保留时间、访问人员资格要求等限制，这应是不言自明的。申言之，参考《世界知识产权组织版权条约》第八条相关制定资料，对"个人选定的时间和地点"，应理解为有资格使用特定网络的公众，在该网络覆盖范围与开放时段内，且在作品尚存储于网络服务器的前提下，具有自由选择不同时间点和不同终端（包括在同一地点内的不同终端）接触该作品的可能性，即为已足。故应认定被诉"限时回看"行为侵犯了涉案作品信息网络传播权，遂判决：某信息网络股份有限公司赔偿某信息技术有限公司经济损失及其他合理费用共计3万元。

【典型意义】 对信息网络传播权中"个人选定的时间和地点"，应理解为有资格使用特定网络的公众，在该网络覆盖范围与开放时段内，且在作品尚存储于网络服务器的前提下，具有自由选择不同时间点和不同终端（包括在同一地点内的不同终端）接触该作品的可能性，即为已足。本案二审判决对电视网络的"信息网络"性质予以认定，并对此前实践中的反对观点予以驳斥，还结合《世界知识产

权组织版权条约》第八条相关制定资料对信息网络传播行为的交互式传播特征重新进行了定义。本案的判决进一步厘清了信息网络传播行为交互式传播特征的内涵，对解决时下愈加频繁的"限时回看"相关问题有所助益。

三、罗某与彭某等侵害著作权纠纷案

【基本案情】 原告罗某系《播州土司概述》《播州杨氏史籍编年》两部作品的著作权人。两部作品均按照时间顺序，以历史人物为主线，将古籍中涉及播州土司杨氏以及是时围绕在杨氏土司周围的"安抚司""蛮夷长官司"等历史事件以及历史人物信息进行整理、归纳和罗列。2015年7月，某出版社出版发行《播州土司史》一书。该书系某师范学院教师彭某、党某、陈某1、陈某2等人向某哲学社会科学工作办公室申报的社科项目。该书显示著者为陈某1、党某、陈某2、某文化遗产管理局、某师范学院土司文化研究中心等。罗某指出《播州土司史》中的第二章和第三章中有21处未经其许可，抄袭其作品《播州土司概述》《播州杨氏史籍编年》中的内容，而第二章由彭某编写，第三章由党某编写，又因某师范学院土司文化研究中心由某师范学院和某科学院历史研究所共同建设，故罗某以彭某、党某、陈某1、陈某2、某师范学院、某遗产管理局、某出版社、某哲学社会科学工作办公室、某科学院历史研究所为被告，以众被告资助、组织、编著、出版、发行《播州土司史》侵犯了其著作权为由，提起诉讼，提出被告将侵权作品《播州土司史》全部召回销毁、刊发道歉声明、赔偿损失10 000元等诉请。

生效裁判认为，经比对罗某主张的被诉侵权图书与其权利作品相同的21处内容，除"黄平安抚使司罗氏，今可考者凡十代，计有季明、震之、罗勋、罗镛、罗忠、宗昭、罗赟、承恩、罗袍等"及"随司办事长官，思、播皆有。长官谢氏，播州谢氏，与杨世为姻亲。自杨端起，即见于史"两句内容，其余19处内容系直接引用史料、古籍文献原文表述，史料、古籍文献属于公有领域素材，任何人都可引用其进行研究、创作，不属于《著作权法》保护的范畴。对于另外两处内容，虽与权利作品对应内容相同，但是否构成《著作权法》上的侵权，需要看被引用的部分是否具有独创性表达，体系是否相对完整，能否作为一个独立存在的完整作品发表以及引用部分是否使用了他人思想表达形式的主要部分或实质性部分等因素进行综合考量。第一句"黄平安抚使司罗氏，今可考者凡十代，计有季明、

震之、罗勋、罗镛、罗忠、宗昭、罗赟、承恩、罗袍等"系对几代黄平安抚使罗氏名字的一个简要概括，关于历代黄平安抚司的名字是历史上客观存在的事实，鉴于历史知识的客观性及其有限的表达形式，该句内容不具有《著作权法》意义上的独创性，引用该内容并不构成侵权。至于第二句"随司办事长官，思、播皆有。长官谢氏，播州谢氏，与杨世为姻亲。自杨端起，即见于史"，共32个字，系简单概括播州谢氏随司办事长官与土司杨氏的关系，内容缺乏相应的长度和必要的深度，无法充分地表达和反映作者的思想感情或研究成果，难以独立成篇，不能视为独立的作品，且上述内容无论是文字数量还是在篇章结构中的重要性，均未构成《播州土司概述》以及《播州杨氏史籍编年》的主要部分和实质部分，亦未构成被诉侵权图书《播州吐司史》的主要部分和实质部分，虽然被上诉人使用上述片段但未注明出处的行为已构成学术引用的不规范的情形，但尚未构成《著作权法》意义上的侵权。遂判决：驳回罗某全部诉讼请求。

【典型意义】 史料、古籍文献属于公有领域素材，不属于《著作权法》保护的范畴，任何人都可使用并进行再创作。如果被控侵权作品是直接引用史料、古籍文献原文进行表达，那么即使被控侵权作品与原告作品中的部分内容实质性相似，也不构成著作权侵权。同时，对历史事实的表述，受限于表述方式的有限性，即使作出相同或类似表述，亦不宜认定构成侵权，否则将造成对历史史实使用的限制，影响文化事业的发展。本案对《著作权法》意义上的作品所应达到一定水准的智力创造高度的理解和适用，对类案的审理具有一定的指导和参考意义。

陕 西 省

一、北京爱奇艺科技有限公司与西部电影集团有限公司、永康熙盛影视文化有限公司侵害作品信息网络传播权纠纷案［陕西省高级人民法院（2022）陕知民终280号民事判决书］

【基本案情】 电影《红高粱》《人生》《老井》《双旗镇刀客》《大刀王五》均由西安电影制片厂摄制，2009年4月2日，西安电影制片厂变更名称为西部电影集团有限公司（以下简称"西影集团公司"）。2017年9月至10月期间，西影集团公司取得涉案电影作品登记证书。西影集团公司就爱奇艺网站播放的多部影片（含涉案影片）申请陕西省西安市汉唐公证处进行证据保全公证。西影集团公司认为北京爱奇艺科技有限公司（以下简称"爱奇艺公司"）未经许可在其网站向公众提供涉案影片，侵犯了西影集团公司享有的信息网络传播权，遂诉至法院，要求其停止侵权，并赔礼道歉、赔偿损失。爱奇艺公司认为其已通过永康公司获得合法授权，并尽到合理注意义务。但永康公司经合法传唤未出庭应诉，亦未提供相关证据原件。西安中院一审认为爱奇艺公司未经著作权人许可通过信息网络向公众传播其作品，应当依法承担相应民事侵权责任。故判决爱奇艺公司赔偿西影集团公司经济损失及合理费用17万元。陕西高院二审后认为，爱奇艺公司提交的证据不足以证明其已获得合法授权，且爱奇艺公司作为专门从事视频网站运营的平台型企业，未尽到谨慎注意义务，在获得涉案影片授权时未对涉案影片完整的授权链进行审查，其后播放涉案影片已构成侵权，不能免除其侵权赔偿责任。故判决驳回上诉，维持原判。

【典型意义】 当前，互联网视频平台以规模化优势为杠杆，极大撬动电影作品版权市场格局，有力整合了权利人、平台方、消费者等多主体关系，构建了共生式、低成本、去中心化的平台版权生态。随着互联网视频平台的崛起与固化，其不再是单纯的"中间商"，而日益成为电影作品版权的"集大成者"。在授权交易中，互联网视频平台以其巨大的经营规模和体量，对权利人形成不对称优势。因此，互联网视频平台在合理范围内理应承担更多版权治理责任，并被苛以对应的注意义务。但在判断互联网视频平台责任时，仍应以"过错"为核心要件，防止侵权责任扩大化。本案的审理，以厘定互联网视频平台的合理注意义务范围为切入点，确定了平台获得电影作品权利人授权时的审查义务规则，对平台经济背景下著作权治理责任进行合理配置，既对互联网视频平台良性发展作出有效指引，也有力保护了权利人合法权益及消费者利益，确保电影文化"源头活水来"，推动形成"平台经济—网络视频"水大鱼大的良好生态。

二、法国达索公司与陕西汽车集团股份有限公司侵害计算机软件著作权纠纷案［西安市中级人民法院（2021）陕01知民初1947号民事调解书］

【基本案情】 本案系一起计算机软件著作权侵权纠纷案，原告系一家法国A软件公司，被告系一家陕西B汽车公司及其关联公司。

原告法国A软件公司诉称，原告系CATIA系列计算机软件作品的作者，被告未经许可使用上述软件，侵犯了原告的计算机软件著作权，故诉至法院，请求：1.判令三被告立即停止侵犯原告 CATIA 系列计算机软件著作权的行为；2.判令三被告连带赔偿原告经济损失暂计人民币858万整；3.判令三被告连带赔偿原告为制止侵权行为而支出的合理维权费用暂计人民币10万元整；4.本案诉讼费由三被告承担。

本案适用了计算机软件著作权侵权案件的诉前保全程序，市中院第一时间固定了侵权证据，保证案件侵权事实的查明。在调解过程中，因原告代理人在上海，出于疫情无法到庭，调解过程使用了线上调解＋在线签署调解笔录的模式，最大限度地便利了当事人，减少了当事人的诉讼成本。

为了保证案件调解过程更加符合国际标准与惯例，西安中院充分利用与中国国际经济贸易仲裁委员会丝绸之路仲裁中心达成的合作协议，经西安知识产权法庭推荐及双方当事人一致同意，特邀最高人民法院国际商事专家委员会专家委员、中国国际经济贸易仲裁委员会资深仲裁员、世界银行集团国际投资争端解决中心（ICSID）调解员、国际法与比较法领域知名专家单文华教授担任本案调解员，共同对本案进行调解。调解中，综合原告要求被告停止侵权和被告需要继续使用涉案计算机软件的矛盾焦点，调解员和法官细致入微地为双方当事人分析利弊，鼓励双方从长远发展的角度解决当下问题，最终以被告购买原告软件的方式达成了双方满意的调解方案。

【典型意义】 本案是陕西省首例运用"融解决"机制，由法院与"一带一路"国际商事纠纷解决机构共同调解的国际商事纠纷案件。本案在审理过程中，运用了高效的"保全＋审理＋调解"的线上审理模式，最大限度地保护了权利人的合法权益。本案积极顺应国际商事争端解决创新发展趋势，采用"融解决"国际商事争端解纷方案，是"融解决"理念的一次有效实践，也是落实中共中央办公厅、国务院办公厅《关于建立"一带一路"国际商事争端解决机制和机构的意见》的典型案例，为知识产权领域的国际商事纠纷多元化解提供了鲜活的典范，彰显了陕西自贸试验区的法律服务优势。

甘 肃 省

一、永丰源股份有限公司诉天福茶业有限公司、天福茗茶便利店、天福茗茶百货店侵害著作权纠纷案

【基本案情】 永丰源股份有限公司（以下简称

"永丰源公司"）创作完成"春骏1000mlYZJ16-425系列茶叶罐中国红"美术作品，并取得著作权登记证书。后永丰源公司发现漳州天福茶业有限公司（以下简称"天福茶业公司"）设在兰州的两个连锁茶业店内销售的"骏眉红茶"及"珍藏白牡丹"的茶叶礼盒所使用的茶叶罐与其美术作品近似，认为天福茶业公司侵害了其著作权，向法院提起诉讼。

兰州市中级人民法院审理认为，永丰源公司的作品登记证书附属页附有茶叶罐图片，该茶叶罐为瓷器套具，整体呈现南瓜形状，被诉侵权产品亦为瓷器茶叶罐套具，两者总体在细节元素、造型布局、整体结构、立体层次、色彩搭配上，足以让普通民众无法分辨两者的区别，被诉侵权产品造型与永丰源公司享有著作权的美术作品构成实质性相似。永丰源公司创作的"春骏1000mlYZJ16-425系列茶叶罐中国红"美术作品在市场上享有较高知名度，而天福茶业公司在从事同类行业时对市场上享有较高知名度的产品应有大致了解，其接触到涉案美术作品的可能性较大。天福茶业公司将被诉侵权茶叶罐用于产品包装，构成天福茗茶商品的组成部分，故被诉侵权茶叶罐属于天福茶业公司的产品。因此，天福茶业公司构成了对永丰源公司涉案美术作品的著作权侵权，法院判决赔偿6万元。

【典型意义】 本案的典型意义在于商品包装侵害知识产权案件中对于包装产品合法来源抗辩的分析认定。商品生产企业将被诉侵权产品用于其产品的包装，与其产品内容合并成整体商品对外销售获利，被诉侵权产品应认定属于该生产企业的商品。对该生产企业不应适用销售者的合法来源抗辩审查，应将被诉侵权包装认定为其商品由其承担侵权责任。本案对商品包装侵害知识产权类案件的审理提供了新思路，对规范企业该类行为具有指引效应。

二、赵某诉白某、甘肃某报社侵害著作权纠纷案

【基本案情】 赵某接受其单位某县融媒体中心委托创作了两篇文章。某报社记者白某收到该县融媒体中心的邀请，请白某所在新闻媒体采用这两篇文章，并在刊登时对文章进行润色。随后，该县有关单位又向白某提供相关资料和数据，白某综合修改润色后发表，署名为记者白某、通讯员赵某。经比对，两篇文章一篇与赵某创作的原文一致，另一篇内容有改动，增加了有关数据材料。赵某认为白某及其所在报社侵害了其著作权，遂向法院提起诉讼。

兰州市城关区人民法院审理认为，案涉两篇文章的素材和主题均系公有领域的信息，对该领域的宣传和推广也与赵某的工作职能相符。赵某无法证明或合理说明其创作的两篇案涉文章属于脱离工作单位的业务与职能范围创作的作品，因此认定两篇文章系职务作品，赵某仅享有署名权，著作权的其他权利归属于赵某的单位。两篇文章系赵某单位委托白某、某报社发表，并且赋予了白某和报社对文章编辑、修改等的权利。除使用了赵某创作的文章内容外，白某对文章进行了整合、改编。因此在文章中署名记者白某、通讯员赵某的行为，明确表明了赵某系最初作者的身份，亦未侵害赵某的署名权。法院判决认定白某和报社并未侵害赵某的著作权。

【典型意义】 本案涉及《著作权法》规定的职务作品该如何界定、职务作品的权属归属及署名权问题，以及以职务作品为基础利用与其他素材加以汇编、改编后形成的作品的权属归属及署名权问题。每一个弘扬社会主义核心价值观的创作者都希望自己的作品能够公开发表并得到新闻媒体的宣传和广大人民群众的认可及共鸣，而新闻媒体对创作作品的合理宣传与《著作权法》鼓励创作背后所保护的法益是相一致的，二者更多的是利益共赢而非利益冲突。本案中以厘清职务作品的权属归属为脉络，既适度保护了职务作品最初创作者的署名权，也保障了新闻媒体行业的合法权益。

三、李某某诉北京奇虎科技有限公司侵害作品信息网络传播权纠纷案

【基本案情】 2016年5月28日，李某某拍摄了涉案照片。2021年3月30日，李某某在百家号以昵称为"大山的孩子16"的注册账号为发布者，在《济南百花盛开，周末可以一起去赏花踏春，错过这个春天又得等一年》中使用了涉案照片。之后，李某某通过北京奇虎科技有限公司（以下简称"奇虎公司"）主办的"360搜索"进行搜索，在图片搜索结果中发现涉案图片，且在涉案图片下方有"广告……上阿里巴巴"字样，点击这张图片，会跳转至第三方网站页面。李某某在保全证据后起诉奇虎公司，要求其停止侵权并赔偿损失。

张掖市中级人民法院审理认为，涉案图片具有独创性，属于摄影作品，可以证明李某某为著作权人。在其提供的图片搜索结果中出现涉案图片，虽然大小和清晰度低于原图，但该图片本身已完整再现了原图的所有内容，且涉案图片下方有"广告"字样，点击后可跳转至第三方网站页面。据此，奇虎公司在提供涉案图片缩略图并在缩略图上加载广告链接的使用行为，侵犯了李某某对涉案作品的信息网络传播权，应承担停止侵权、赔偿损失的民事责任。关于赔偿经济损失的数额，法院酌定判令奇虎公司赔偿李某某经济损失及合理开支350元。

【典型意义】 著作权侵权纠纷案件中，使用人对作品合理使用抗辩问题，一直是知识产权审判案件中的疑难问题。本案涉及搜索引擎网络服务提供者对他人作品构成合理使用的认定，从本案证据反映的客观事实看，被告通过技术手段处理，在涉案图片下方附有广告链接，点击链接可跳转至第三方网站页面的使用行为，已经超出了搜索引擎网络服务提供者对他人作品合理使用的范围，应属侵权使用。本案对于类似案件的审理具有一定的指导意义。

四、杨某某诉某网络文化传播有限公司侵害作品信息网络传播权纠纷案

【基本案情】 2016年6月18日，某网络文化传播有限公司运营的微信公众号"掌上景泰"未经杨某某同意，发布的文章《你的人生逃不出这25张图，值得一看!》使用了杨某某的25幅漫画作品。杨某某认为某网络文化传播有限公司侵犯其信息网络传播权，起诉至法院要求停止侵权并赔偿损失。

白银市白银区人民法院认为，某网络文化传播有限公司在未经原告许可的情况下，在其运营的"掌上景泰"公众号中使用涉案作品，使公众可以在其个人选定的时间和地点获得涉案作品，侵犯了杨某某的信息网络传播权，应依法承担侵权责任。《著作权法》上的侵权并不以是否营利作为判断标准。综合考虑涉案作品的独创性、杨某某的知名度及作品的市场价值、某网络文化传播有限公司使用涉案作品的方式、侵权影响范围及杨某某为制止侵权行为而支付的合理费用等因素，酌情确定赔偿数额为1 350元。

【典型意义】 互联网改变了世界，尤其改变了信息世界。随着网络传输速度的明显提升和智能手机的发展，人们已经习惯从互联网上获取资讯、阅读新闻和文章等。越来越多的作者在互联网上发表文字、摄影、美术等作品，以此赚取报酬。但是部分自媒体或者企业认为其运营的微信公众号私自转载、使用这些作品，未用于商业用途，未获得商业利益，不构成侵权。但是自媒体或者企业运营公众号是为了提升点击率，保持活跃度，增加传播机会以及和潜在客户的接触概率，不论是否获利，只要未经著作权人许可，即侵犯了作者的署名权和作品信息网络传播权。本案对规范合法使用他人作品，提高公众对作品著作权的保护意识，提醒经营者尊重他人创作成果，具有典型意义。

青 海 省

一、音著协诉乐都音乐餐吧、张某辉侵害作品放映权纠纷案

【基本案情】 中国音乐著作权协会（以下简称"音著协"）为社会团体法人，其业务范围为开展音像著作权集体管理工作、咨询服务、法律诉讼等相关业务活动。2005年12月23日，国家版权局向音著协颁发著作权集体管理许可证。2008年7月28日，音著协（甲方）与孔雀廊公司（乙方）签订音像著作权授权合同及补充协议，约定乙方同意将其依法拥有著作权的音像节目的放映权、复制权（限于为卡拉OK点播服务进行的复制）信托甲方管理。甲方有权以自己的名义向侵权使用者提起诉讼，合同自签订之日起生效，有效期三年；并约定至期满前六十日乙方未以书面形式提出异议，合同自动续展三年。2020年10月10日，孔雀廊公司出具声明，认可与音著协签订的授权合同有效且同意有效期继续顺延至2023年7月28日。2017年10月17日，音著协（甲方）与海碟公司（乙方）签订音像著作权授权合同，约定乙方同意将依法拥有的音像节目的放映权、出租权、复制权、广播权信托甲方在卡拉OK及KTV行业（仅限于线下实体卡拉OK及KTV行业）进行管理。合同自签订之日起生效，有效期三年。2020年12月29日，音著协（甲方）与滚石公司（乙方）签订音像著作权授权合同，约定乙方同意将其享有著作权的音像节目的放映权、复制权（仅限卡拉OK经营场所）授权甲方管理，甲方有权以自己的名义向侵权使用者提起诉讼，合同自2021年1月1日生效，有效期三年；并约定至期满前六十日滚石公司未以书面形式提出异议，合同自动续展三年，之后亦照此办理。

2021年3月2日，联合信任时间戳服务中心根据湖北中顺富瑞知识产权服务有限公司的申请，由取证人员到乐都音乐餐吧就其在经营场所播放《丝路》《怕黑》《心太软》等33首音像作品的事实取证并对该电子证据进行保全。此后音著协代理人到乐都音乐餐吧以消费者身份消费获得结账单，拍摄大门内、截图付款单和美团用户评价，并进行证据保全。后音著协以乐都音乐餐吧侵权为由向法院提起诉讼。

法院认为，《著作权法》第三条规定，作品是指文学、艺术和科学领域内具有独创性并能以一定形式表现的智力成果，包括视听作品。根据涉案作品的署名以及授权证明书，能够认定滚石公司、海蝶公司及孔雀廊公司将享有著作权的音像作品的复制权、放映权授予音著协，并授权其以自己名义起诉，音著协取得了涉案作品的独家放映权，有权提起诉讼。《著作权法》第八条规定："著作权人和与著作权有关的权利人可以授权著作权集体管理组织行使著作权或者与著作权有关的权利。依法设立的著作权集体管理组织是非营利法人，被授权后可以自己的名义为著作权人和与著作权有关的权利人主张权利，并可以作为当事人进行涉及著作权或者与著作权有关的权利的诉讼、仲裁、调解活动。"据此，本案涉案33首音乐电视作品系由特定音乐、歌词、画面等组成的较为有机统一的视听整体，其中包含了创作者多方面的智力劳动，具有一定的独创性，故属于以类似摄制电影的方法创作的音乐电视作品，受《著作权法》保护。从音著协提供的证据保全视频来看，涉案33首作品与音著协受托管理的作品的词、曲、画面、演唱者一致，字幕内容相同。乐都音乐餐吧未经权利人许可，以营利为目的在经营活动中以放映方式使用涉案音乐电视作品，其行为侵犯了音著协管理的33首音乐电视作品的放映权。乐都音乐餐吧于2022年2月17日被乐都区市场监督管理局准予注销。《著作权法》第五十四条规定："侵犯著作权或者与著作权有关的权利的，侵权人应当按照权利人因此受到的实际损失或者侵权人的违法所得给予赔偿；权利人的实际损失或者侵权人的违法所得难以计算的，可以参照该权利使用费给予赔偿。对故意侵犯著作权或者与著作权有关的权利，情节严重的，可以在按照上述方法确定数额的一倍以上五倍以下给予赔偿。权利人的实际损失、侵权人的违法所得、权利使用费难以计算的，由人民法院根据侵权行为的情节，判决给予五百元以上五百万元以下的赔偿。赔偿数额还应当包括权利人为制止侵权行为所支付的合理开支。"音著协没有向法院提交证据证明其因被侵权所受到的实际损失或者乐都音乐餐吧因侵权所获得的利益。综合考虑涉案作品的数量、乐都音乐餐吧经营场所的经营规模、侵权行为的性质与后果及主观过错程度，乐都地区消费水平以及新冠疫情对KTV行业的影响等因素，遂判决张某辉于判决生效之日起十日内赔偿音著协经济损失5 000元及维权合理费用1 568元。

【典型意义】 随着近年来全社会知识产权保护意识的提升，更多音乐作品的著作权人纷纷拿起法律武器维护自身合法权益。反观本地区音乐餐吧、KTV经营主体，长期以来习惯于"免费"使用他人享有的音乐电视作品，没有将音乐电视作品的著作权费用纳入经营成本，没有意识到播放的音乐作品存在被诉侵权的风险。本案中乐都音乐餐吧就是未经权利人许可，以营利为目的，在经营活动中以放映方式使用他人音乐电视作品，最终为自己的侵权行为"买单"。

二、南京日报社诉中公教育海北分公司侵害作品信息网络传播权纠纷案

【基本案情】 《快递"送到"还须"送好"》系南京日报社的职务作品，著作权归南京日报社，2019年5月27日发表于南报网，南京日报社享有信息网络传播权，并享有该作品的全部收益。2018年12月5日，中公教育海北分公司擅自使用案涉作品并公开传播，既未征得南京日报社同意，也未向其支付报酬。南京日报社认为中公教育海北分公司的行为构成侵权，遂向法院提起诉讼。

经法院主持调解，当事人自愿达成如下协议：中公教育海北分公司立即删除其运营网站上的侵权文章《快递"送到"还须"送好"》，并于调解书生效之日起10日内赔偿南京日报社经济损失及合理费用2 500元。

【典型意义】 我国的司法政策一直鼓励以调解方式化解知识产权纠纷。人民法院坚决将非诉讼纠纷解决机制挺在前面，在实践中结合案件实际，对符合调解条件的案件积极引导当事人通过诉前调解程序，快速解决纠纷。本案经庭前调解，促使原、被告当事人达成了调解协议，被告停止侵权行为并赔偿原告合理损失2 500元。本案以调解方式结案，使得矛盾纠纷得到实质性化解，系一起贯彻"坚持把非诉讼纠纷解决机制挺在前面"司法理念的典范案例。

三、杜某某诉西宁万达公司著作权侵权纠纷案

【基本案情】 西宁万达公司在其微信视频号"这里是北川万达地产"和抖音账号"这里是北川万达地产"发布了题为《万达春风造物节》《520云端音乐会万达投资集团北区七城联动唱响美好为爱告白》的两部宣传片，在两部宣传片中截取使用了杜某某创作的摄影作品（时长3分37秒的视频作品《西宁》《我走着走着拍了下西宁的蓝天》和时长3分24秒的视频作品《西宁2021》），且在宣传视频中将杜某某创作的原视频中的名字利用技术手段消除，以营利为目的，用于宣传房地产商品的推广售卖。后杜某某以西宁万达公司侵权为由向法院提起诉讼。

在审理过程中，西宁万达公司称杜某某所述属实，愿意协商解决。后经法院主持调解，当事人自愿达成协议，即西宁万达公司给付杜某某赔偿金10 000元，于2022年11月28日前付清。

【典型意义】 本案中西宁万达公司在其商业活动中使用了他人享有著作权的短视频，侵害了他人的著作权，理应受到法律的惩罚。依据《著作权法》的规定，视频著作权侵权的要件并不要求被控侵权人完整使用他人的视频，未经许可使用，截取他人短视频用于商业宣传，即使使用的片段时间不长，仍然构成著作权侵权。本案启示广大短视频用户在制作短视频时使用他人音视频应尊重他人的合法权益，切忌为了追求经济利益，碰触法律底线；同时也要提高自身知识产权保护意识，坚决杜绝短视频制作与传播中常见的"切条"行为。

新疆维吾尔自治区

长沙某科技公司与某书店侵害作品信息网络传播权纠纷案

【基本案情】 案外人林某于2017年12月23日完成了"中国城市百福系列作品"，共31张"福"字作品，享有相关作品著作权，其于2020年4月以独占许可的形式授权长沙某科技公司行使上述作品的信息网络传播权并授权某科技公司可以自己名义维权并获得经济赔偿。某科技公司认为，乌鲁木齐市沙依巴克区某书店在其微信公众号上发表的《还差一个"敬业福"？全国各地的福字都在这了，随便扫！》一文中使用了涉案美术作品31张，侵犯其信息网络传播权，遂向法院提起诉讼。

法院经审理认为，某书店未经权利人许可，在其经营、管理的公众号上发表文章，使用涉案作品的行为侵害了某科技公司所享有的信息网络传播权。即使某书店在作品中标注了设计师的姓名，该行为仅是对涉案作品作者署名权的保护，其在网络上使用涉案作品的行为也仍然构成对涉案作品在互联网的传播，依法构成对权利人信息网络传播权的侵害，应承担停止侵害、赔偿损失的民事责任，遂判决某书店向某科技公司赔偿经济损失及合理维权费用3 500元。

【典型意义】 网络文章的转载行为如果不是个人学习、研究或欣赏等符合合理使用的情形，也不

属于点对点转发、点对群转发以及在朋友圈转发等对他人作品链接进行分享的情形，就需取得著作权人的许可，否则可能涉嫌侵权。每篇文章、每幅作品都是作者的创造性智力劳动成果，要尊重原创、尊重知识产权成果。未经著作权人许可将他人作品转载至自己用于经营的公众号，即使标明了作者，也属于侵犯他人著作权的行为，而自行出具的"如涉嫌侵权，请联系删除"声明亦无法避免侵权或者免除侵权责任。

法律法规及工作文件

FA LYU FA GUI JI GONG ZUO WEN JIAN

最高人民法院
关于第一审知识产权民事、行政案件管辖的若干规定

法释〔2022〕13号

（2021年12月27日最高人民法院审判委员会第1858次会议通过，自2022年5月1日起施行）

为进一步完善知识产权案件管辖制度，合理定位四级法院审判职能，根据《中华人民共和国民事诉讼法》《中华人民共和国行政诉讼法》等法律规定，结合知识产权审判实践，制定本规定。

第一条 发明专利、实用新型专利、植物新品种、集成电路布图设计、技术秘密、计算机软件的权属、侵权纠纷以及垄断纠纷第一审民事、行政案件由知识产权法院，省、自治区、直辖市人民政府所在地的中级人民法院和最高人民法院确定的中级人民法院管辖。

法律对知识产权法院的管辖有规定的，依照其规定。

第二条 外观设计专利的权属、侵权纠纷以及涉驰名商标认定第一审民事、行政案件由知识产权法院和中级人民法院管辖；经最高人民法院批准，也可以由基层人民法院管辖，但外观设计专利行政案件除外。

本规定第一条及本条第一款规定之外的第一审知识产权案件诉讼标的额在最高人民法院确定的数额以上的，以及涉及国务院部门、县级以上地方人民政府或者海关行政行为的，由中级人民法院管辖。

法律对知识产权法院的管辖有规定的，依照其规定。

第三条 本规定第一条、第二条规定之外的第一审知识产权民事、行政案件，由最高人民法院确定的基层人民法院管辖。

第四条 对新类型、疑难复杂或者具有法律适用指导意义等知识产权民事、行政案件，上级人民法院可以依照诉讼法有关规定，根据下级人民法院报请或者自行决定提级审理。

确有必要将本院管辖的第一审知识产权民事案件交下级人民法院审理的，应当依照民事诉讼法第三十九条第一款的规定，逐案报请其上级人民法院批准。

第五条 依照本规定需要最高人民法院确定管辖或者调整管辖的诉讼标的额标准、区域范围的，应当层报最高人民法院批准。

第六条 本规定自2022年5月1日起施行。

最高人民法院此前发布的司法解释与本规定不一致的，以本规定为准。

最高人民法院关于适用
《中华人民共和国反不正当竞争法》若干问题的解释

法释〔2022〕9号

（2022年1月29日最高人民法院审判委员会第1862次会议通过，自2022年3月20日起施行）

为正确审理因不正当竞争行为引发的民事案件，　　根据《中华人民共和国民法典》《中华人民共和国反

不正当竞争法》《中华人民共和国民事诉讼法》等有关法律规定，结合审判实践，制定本解释。

第一条　经营者扰乱市场竞争秩序，损害其他经营者或者消费者合法权益，且属于违反反不正当竞争法第二章及专利法、商标法、著作权法等规定之外情形的，人民法院可以适用反不正当竞争法第二条予以认定。

第二条　与经营者在生产经营活动中存在可能的争夺交易机会、损害竞争优势等关系的市场主体，人民法院可以认定为反不正当竞争法第二条规定的"其他经营者"。

第三条　特定商业领域普遍遵循和认可的行为规范，人民法院可以认定为反不正当竞争法第二条规定的"商业道德"。

人民法院应当结合案件具体情况，综合考虑行业规则或者商业惯例、经营者的主观状态、交易相对人的选择意愿、对消费者权益、市场竞争秩序、社会公共利益的影响等因素，依法判断经营者是否违反商业道德。

人民法院认定经营者是否违反商业道德时，可以参考行业主管部门、行业协会或者自律组织制定的从业规范、技术规范、自律公约等。

第四条　具有一定的市场知名度并具有区别商品来源的显著特征的标识，人民法院可以认定为反不正当竞争法第六条规定的"有一定影响的"标识。

人民法院认定反不正当竞争法第六条规定的标识是否具有一定的市场知名度，应当综合考虑中国境内相关公众的知悉程度，商品销售的时间、区域、数额和对象，宣传的持续时间、程度和地域范围，标识受保护的情况等因素。

第五条　反不正当竞争法第六条规定的标识有下列情形之一的，人民法院应当认定其不具有区别商品来源的显著特征：

（一）商品的通用名称、图形、型号；

（二）仅直接表示商品的质量、主要原料、功能、用途、重量、数量及其他特点的标识；

（三）仅由商品自身的性质产生的形状，为获得技术效果而需有的商品形状以及使商品具有实质性价值的形状；

（四）其他缺乏显著特征的标识。

前款第一项、第二项、第四项规定的标识经过使用取得显著特征，并具有一定的市场知名度，当事人请求依据反不正当竞争法第六条规定予以保护的，人民法院应予支持。

第六条　因客观描述、说明商品而正当使用下

列标识，当事人主张属于反不正当竞争法第六条规定的情形的，人民法院不予支持：

（一）含有本商品的通用名称、图形、型号；

（二）直接表示商品的质量、主要原料、功能、用途、重量、数量以及其他特点；

（三）含有地名。

第七条　反不正当竞争法第六条规定的标识或者其显著识别部分属于商标法第十条第一款规定的不得作为商标使用的标志，当事人请求依据反不正当竞争法第六条规定予以保护的，人民法院不予支持。

第八条　由经营者营业场所的装饰、营业用具的式样、营业人员的服饰等构成的具有独特风格的整体营业形象，人民法院可以认定为反不正当竞争法第六条第一项规定的"装潢"。

第九条　市场主体登记管理部门依法登记的企业名称，以及在中国境内进行商业使用的境外企业名称，人民法院可以认定为反不正当竞争法第六条第二项规定的"企业名称"。

有一定影响的个体工商户、农民专业合作社（联合社）以及法律、行政法规规定的其他市场主体的名称（包括简称、字号等），人民法院可以依照反不正当竞争法第六条第二项予以认定。

第十条　在中国境内将有一定影响的标识用于商品、商品包装或者容器以及商品交易文书上，或者广告宣传、展览以及其他商业活动中，用于识别商品来源的行为，人民法院可以认定为反不正当竞争法第六条规定的"使用"。

第十一条　经营者擅自使用与他人有一定影响的企业名称（包括简称、字号等）、社会组织名称（包括简称等）、姓名（包括笔名、艺名、译名等）、域名主体部分、网站名称、网页等近似的标识，引人误认为是他人商品或者与他人存在特定联系，当事人主张属于反不正当竞争法第六条第二项、第三项规定的情形的，人民法院应予支持。

第十二条　人民法院认定与反不正当竞争法第六条规定的"有一定影响的"标识相同或者近似，可以参照商标相同或者近似的判断原则和方法。

反不正当竞争法第六条规定的"引人误认为是他人商品或者与他人存在特定联系"，包括误认为与他人具有商业联合、许可使用、商业冠名、广告代言等特定联系。

在相同商品上使用相同或者视觉上基本无差别的商品名称、包装、装潢等标识，应当视为足以造成与他人有一定影响的标识相混淆。

第十三条　经营者实施下列混淆行为之一，足

以引人误认为是他人商品或者与他人存在特定联系的，人民法院可以依照反不正当竞争法第六条第四项予以认定：

（一）擅自使用反不正当竞争法第六条第一项、第二项、第三项规定以外"有一定影响的"标识；

（二）将他人注册商标、未注册的驰名商标作为企业名称中的字号使用，误导公众。

第十四条　经营者销售带有违反反不正当竞争法第六条规定的标识的商品，引人误认为是他人商品或者与他人存在特定联系，当事人主张构成反不正当竞争法第六条规定的情形的，人民法院应予支持。

销售不知道是前款规定的侵权商品，能证明该商品是自己合法取得并说明提供者，经营者主张不承担赔偿责任的，人民法院应予支持。

第十五条　故意为他人实施混淆行为提供仓储、运输、邮寄、印制、隐匿、经营场所等便利条件，当事人请求依据民法典第一千一百六十九条第一款予以认定的，人民法院应予支持。

第十六条　经营者在商业宣传过程中，提供不真实的商品相关信息，欺骗、误导相关公众的，人民法院应当认定为反不正当竞争法第八条第一款规定的虚假的商业宣传。

第十七条　经营者具有下列行为之一，欺骗、误导相关公众的，人民法院可以认定为反不正当竞争法第八条第一款规定的"引人误解的商业宣传"：

（一）对商品作片面的宣传或者对比；

（二）将科学上未定论的观点、现象等当作定论的事实用于商品宣传；

（三）使用歧义性语言进行商业宣传；

（四）其他足以引人误解的商业宣传行为。

人民法院应当根据日常生活经验、相关公众一般注意力、发生误解的事实和被宣传对象的实际情况等因素，对引人误解的商业宣传行为进行认定。

第十八条　当事人主张经营者违反反不正当竞争法第八条第一款的规定并请求赔偿损失的，应当举证证明其因虚假或者引人误解的商业宣传行为受到损失。

第十九条　当事人主张经营者实施了反不正当竞争法第十一条规定的商业诋毁行为的，应当举证证明其为该商业诋毁行为的特定损害对象。

第二十条　经营者传播他人编造的虚假信息或者误导性信息，损害竞争对手的商业信誉、商品声誉的，人民法院应当依照反不正当竞争法第十一条予以认定。

第二十一条　未经其他经营者和用户同意而直接发生的目标跳转，人民法院应当认定为反不正当竞争法第十二条第二款第一项规定的"强制进行目标跳转"。

仅插入链接，目标跳转由用户触发的，人民法院应当综合考虑插入链接的具体方式、是否具有合理理由以及对用户利益和其他经营者利益的影响等因素，认定该行为是否违反反不正当竞争法第十二条第二款第一项的规定。

第二十二条　经营者事前未明确提示并经用户同意，以误导、欺骗、强迫用户修改、关闭、卸载等方式，恶意干扰或者破坏其他经营者合法提供的网络产品或者服务，人民法院应当依照反不正当竞争法第十二条第二款第二项予以认定。

第二十三条　对于反不正当竞争法第二条、第八条、第十一条、第十二条规定的不正当竞争行为，权利人因被侵权所受到的实际损失、侵权人因侵权所获得的利益难以确定，当事人主张依据反不正当竞争法第十七条第四款确定赔偿数额的，人民法院应予支持。

第二十四条　对于同一侵权人针对同一主体在同一时间和地域范围实施的侵权行为，人民法院已经认定侵害著作权、专利权或者注册商标专用权等并判令承担民事责任，当事人又以该行为构成不正当竞争为由请求同一侵权人承担民事责任的，人民法院不予支持。

第二十五条　依据反不正当竞争法第六条的规定，当事人主张判令被告停止使用或者变更其企业名称的诉讼请求依法应予支持的，人民法院应当判令停止使用该企业名称。

第二十六条　因不正当竞争行为提起的民事诉讼，由侵权行为地或者被告住所地人民法院管辖。

当事人主张仅以网络购买者可以任意选择的收货地作为侵权行为地的，人民法院不予支持。

第二十七条　被诉不正当竞争行为发生在中华人民共和国领域外，但侵权结果发生在中华人民共和国领域内，当事人主张由该侵权结果发生地人民法院管辖的，人民法院应予支持。

第二十八条　反不正当竞争法修改决定施行以后人民法院受理的不正当竞争民事案件，涉及该决定施行前发生的行为的，适用修改前的反不正当竞争法；涉及该决定施行前发生、持续到该决定施行以后的行为的，适用修改后的反不正当竞争法。

第二十九条　本解释自 2022 年 3 月 20 日起施行。《最高人民法院关于审理不正当竞争民事案件应用法律若干问题的解释》（法释〔2007〕2号）同时废止。

本解释施行以后尚未终审的案件，适用本解释；施行以前已经终审的案件，不适用本解释再审。

最高人民法院关于加强中医药知识产权司法保护的意见

法发〔2022〕34号

为深入贯彻落实党的二十大精神，落实党中央、国务院关于中医药振兴发展的重大决策部署和《知识产权强国建设纲要（2021—2035年）》有关要求，全面加强中医药知识产权司法保护，促进中医药传承精华、守正创新，推动中医药事业和产业高质量发展，制定本意见。

一、坚持正确方向，准确把握新时代加强中医药知识产权司法保护的总体要求

1. 指导思想。坚持以习近平新时代中国特色社会主义思想为指导，全面贯彻落实党的二十大精神，深入贯彻习近平法治思想，认真学习贯彻习近平总书记关于中医药工作的重要指示，深刻领悟"两个确立"的决定性意义，增强"四个意识"、坚定"四个自信"、做到"两个维护"，坚持以推动高质量发展为主题，在新时代新征程上不断提高中医药知识产权司法保护水平，促进中医药传承创新发展，弘扬中华优秀传统文化，推进健康中国建设，为以中国式现代化全面推进中华民族伟大复兴提供有力司法服务。

2. 基本原则。坚持以人民为中心，充分发挥司法职能作用，促进中医药服务能力提升，更好发挥中医药防病治病独特优势，更好保障人民健康。坚持促进传承创新，立足新发展阶段中医药发展需求，健全完善中医药知识产权司法保护体系，推动中医药传统知识保护与现代知识产权制度有效衔接，助力中医药现代化、产业化。坚持依法严格保护，正确适用民法典、知识产权部门法、中医药法等法律法规，切实维护社会公平正义和权利人合法权益，落实知识产权惩罚性赔偿，推动中医药创造性转化、创新性发展。坚持公正合理保护，合理确定中医药知识产权的权利边界和保护方式，实现保护范围、强度与中医药技术贡献程度相适应，促进中医药传承创新能力持续增强。

二、强化审判职能，全面提升中医药知识产权司法保护水平

3. 加强中医药专利保护。遵循中医药发展规律，准确把握中医药创新特点，完善中医药领域专利司法保护规则。正确把握中药组合物、中药提取物、中药剂型、中药制备方法、中医中药设备、医药用途等不同主题专利特点，依法加强中医药专利授权确权行政行为的司法审查，促进行政执法标准与司法裁判标准统一，不断满足中医药专利保护需求。结合中医药传统理论和行业特点，合理确定中医药专利权保护范围，完善侵权判断标准。严格落实药品专利纠纷早期解决机制，促进中药专利侵权纠纷及时解决。

4. 加强中医药商业标志保护。加强中医药驰名商标、传统品牌和老字号司法保护，依法妥善处理历史遗留问题，促进中医药品牌传承发展。依法制裁中医药领域商标恶意注册行为，坚决惩治恶意诉讼，遏制权利滥用，努力营造诚实守信的社会环境。严厉打击中医药商标侵权行为，切实保障权利人合法权益，促进中医药品牌建设。

5. 加强中药材资源保护。研究完善中药材地理标志保护法律适用规则，遏制侵犯中药材地理标志行为，引导地理标志权利正确行使，通过地理标志保护机制加强道地中药材的保护，推动中药材地理标志与特色产业发展、生态文明建设、历史文化传承及全面推进乡村振兴有机融合。依法加强中药材植物新品种权等保护，推动健全系统完整、科学高效的中药材种质资源保护与利用体系。

6. 维护中医药市场公平竞争秩序。坚持规范和发展并重，加强对中医药领域垄断行为的司法规制，维护统一开放、竞争有序的中医药市场。依法制裁虚假宣传、商业诋毁、擅自使用中医药知名企业名称及仿冒中药知名药品名称、包装、装潢等不正当竞争行为，强化中医药行业公平竞争意识，促进中医药事业健康有序发展，切实维护消费者合法权益和社会公共利益。

7. 加强中医药商业秘密及国家秘密保护。依法保护中医药商业秘密，有效遏制侵犯中医药商业秘密行为，促进中医药技术传承创新。准确把握信息披露与商业秘密保护的关系，依法保护中药因上市注册、补充申请、药品再注册等原因依法向行政机关披露的中医药信息。妥善处理中医药商业秘密保护与中医药领域从业者合理流动的关系，在依法保护商业秘密的同时，维护中医药领域从业者正当就业创业合法权益。对经依法认定属于国家秘密的传统中药处方组成和生产工艺实行特殊保护，严惩窃取、泄露中医药国家秘密行为。

8. 加强中医药著作权及相关权利保护。依法把握作品认定标准，加强对中医药配方、秘方、诊疗技术收集考证、挖掘整理形成的智力成果保护和创作者权益保护。依法保护对中医药古籍版本整理形成的成果，鼓励创作中医药文化和科普作品，推动中医药文化传承发展。加强中医药遗传资源、传统文化、传统知识、民间文艺等知识产权保护，促进非物质文化遗产的整理和利用。依法保护对中医药传统知识等进行整理、研究形成的数据资源，支持中医药传统知识保护数据库建设，推进中医药数据开发利用。

9. 加强中药品种保护。依法保护中药保护品种证书持有者合法权益，促进完善中药品种保护制度，鼓励企业研制开发具有临床价值的中药品种，提高中药产品质量，促进中药市场健康有序发展。

10. 加强中医药创新主体合法权益保护。准确把握中医药传承与创新关系，依法保护以古代经典名方等为基础的中药新药研发，鼓励开展中医药技术创新活动。准确认定中医药企业提供的物质基础、临床试验条件与中医药研发人员的智力劳动对中医药技术成果形成所发挥的作用，准确界定职务发明与非职务发明的法律界限，依法支持对完成、转化中医药技术成果做出重要贡献的人员获得奖励和报酬的权利，不断激发中医药创新发展的潜力和活力。

11. 加大对侵犯中医药知识产权行为惩治力度。依法采取行为保全、制裁妨害诉讼行为等措施，及时有效阻遏中医药领域侵权行为。积极适用证据保全、证据提供令、举证责任转移、证明妨碍规则，减轻中医药知识产权权利人举证负担。正确把握惩罚性赔偿构成要件，对于重复侵权、以侵权为业等侵权行为情节严重的，依法支持权利人惩罚性赔偿请求，有效提高侵权赔偿数额。加大刑事打击力度，依法惩治侵犯中医药知识产权犯罪行为，充分发挥刑罚威慑、预防和矫正功能。

三、深化改革创新，健全中医药知识产权综合保护体系

12. 完善中医药技术事实查明机制。有针对性地选任中医药领域专业技术人员，充实到全国法院技术调查人才库。不断健全技术调查官、技术咨询专家、技术鉴定人员、专家辅助人员参与诉讼的多元技术事实查明机制。建立技术调查人才共享机制，加快实现中医药技术人才在全国范围内"按需调派"和"人才共享"。遴选中医药领域专业技术人员参与案件审理，推动建立专家陪审制度。完善中医药领域技术人员出庭、就专业问题提出意见并接受询问的程序。

13. 加强中医药知识产权协同保护。做好中医药领域不同知识产权保护方式的衔接，推动知识产权司法保护体系不断完善。深入推行民事、刑事、行政"三合一"审判机制，提高中医药知识产权司法保护整体效能。健全知识产权行政保护与司法保护衔接机制，加强与农业农村部、卫生健康委、市场监管总局、版权局、林草局、中医药局、药监局、知识产权局等协调配合，实现信息资源共享和协同，支持地方拓宽交流渠道和方式，推动形成工作合力。支持和拓展中医药知识产权纠纷多元化解决机制，依托人民法院调解平台大力推进诉调对接，探索行政调解协议司法确认制度，推动纠纷综合治理、源头治理。

14. 提升中医药知识产权司法服务保障能力。健全人才培养培训机制，进一步提升中医药知识产权审判人才专业化水平。深刻把握新形势新要求，积极开展中医药知识产权司法保护问题的调查研究，研判审判态势，总结审判经验，及时回应社会关切。加强中医药知识产权法治宣传，建立健全案例指导体系，积极发布中医药知识产权保护典型案例，通过典型案例的审判和宣传加强中医药知识传播，营造全社会共同关心和支持中医药发展的良好氛围。

15. 加强中医药知识产权司法保护科技和信息化建设。提升中医药知识产权审判信息化水平，运用大数据、区块链等技术构建与专利、商标、版权等知识产权平台的协同机制，支持对知识产权的权属、登记、转让等信息的查询核验。大力推进信息化技术的普及应用，实现全流程审判业务网上办理，提高中医药知识产权司法保护质效。

16. 加强中医药知识产权司法保护国际交流合作。加强涉外中医药知识产权审判，依法平等保护中外权利人的合法权益，服务保障中医药国际化发展。坚持统筹推进国内法治和涉外法治，积极参与中医药领域国际知识产权规则构建，推进中医药融入高质量共建"一带一路"，助力中医药走向世界。

最高人民法院

2022 年 12 月 21 日

国家版权局关于印发
《以无障碍方式向阅读障碍者提供作品暂行规定》的通知

国版发〔2022〕1号

各省、自治区、直辖市版权局，中央和国家机关有关部委、有关人民团体相关主管部门：

现将《以无障碍方式向阅读障碍者提供作品暂行规定》印发给你们，请认真遵照执行。

国家版权局

2022 年 8 月 1 日

以无障碍方式向阅读障碍者
提供作品暂行规定

第一条　为规范以无障碍方式向阅读障碍者提供作品的秩序，更好地为阅读障碍者使用作品提供便利，发挥著作权促进阅读障碍者平等参与社会生活、共享文化发展成果的作用，根据《中华人民共和国著作权法》（以下简称著作权法）和我国批准的《关于为盲人、视力障碍者或其他印刷品阅读障碍者获得已出版作品提供便利的马拉喀什条约》（以下简称《马拉喀什条约》），制定本规定。

第二条　本规定所称的阅读障碍者，是指视力残疾人以及由于视觉缺陷、知觉障碍、肢体残疾等原因无法正常阅读的人。

本规定所称的无障碍格式版，是指采用替代方式或形式，让阅读障碍者能够感知并有效使用的作品版本。

本规定所称的无障碍格式版服务机构，是指以非营利方式向阅读障碍者提供文化、教育、培训、信息等服务的法人组织。

本规定所称的无障碍格式版跨境交换机构，是指向其他《马拉喀什条约》缔约方的同类机构或阅读障碍者提供，或从前述同类机构接收无障碍格式版的法人组织。

第三条　依据著作权法第二十四条第一款第十二项规定，可以不经著作权人许可，不向其支付报酬，将已经发表的作品制作成无障碍格式版并向阅读障碍者提供，但应当遵守下列要求：

（一）指明作者姓名或名称、作品名称；

（二）使用有合法来源的作品；

（三）尊重作品完整性，除让阅读障碍者能够感知并有效使用所需要的修改外，不得进行其他修改；

（四）在作品名称中以适当显著的方式标注"阅读障碍者专用"；

（五）仅限通过特定渠道向可以提供相关证明的阅读障碍者或无障碍格式版服务机构提供，不得向其他人员或组织提供或开放服务；

（六）采取身份认证、技术措施等有效手段防止阅读障碍者以外的人员或组织获取、传播；

（七）向阅读障碍者提供的无障碍格式版类型应当仅限于满足其合理需要；

（八）不以营利为目的；

（九）未以其他方式影响作品的正常使用或不合理地损害著作权人的合法权益。

第四条　使用无法通过正常途径获取的作品制作、提供无障碍格式版，依据著作权法第五十条第一款第二项规定，可以避开技术措施，但不得向他人提供避开技术措施的技术、装置或部件，不得侵犯权利人依法享有的其他权利。

第五条　制作、提供、跨境交换无障碍格式版，应当以适当的方式告知著作权人，并完整、准确记录作者姓名或名称、作品名称以及制作、提供的方式和数量及提供对象等，供相关著作权人和国家相关主管部门查阅。相关记录至少保留 3 年。

记录、提供相关信息时，应当遵守《中华人民共和国个人信息保护法》相关规定，平等保护阅读障碍者个人信息。

第六条　制作、提供无障碍格式版，应当遵守国家关于出版、电影、广播电视、网络视听等行业的管理规定和标准。

跨境交换无障碍格式版，应当遵守相关行业进出口管理等有关规定。

第七条　鼓励出版、电影、广播电视、网络视听等机构为其拥有版权的作品同步制作、提供无障碍格式版。

鼓励通过无障碍格式版服务机构制作无障碍格式版并向阅读障碍者或其他无障碍格式版服务机构提供。

鼓励通过无障碍格式版跨境交换机构与其他《马拉喀什条约》缔约方的同类机构交换无障碍格式版。

第八条　无障碍格式版服务机构应当符合下列条件：

（一）具有与制作、提供无障碍格式版相适应的人员、资金和技术，包括防止阅读障碍者以外的人员或组织获取、传播无障碍格式版的技术；

（二）制定符合本规定第三条至第六条规定的规章制度并严格遵守，包括能够有效确认阅读障碍者和无障碍格式版服务机构身份的规则程序；

（三）从事需要取得行政许可的活动的，须经相关主管部门许可，取得相关资质、资格。

第九条　无障碍格式版跨境交换机构应当符合下列条件：

（一）符合本规定第八条规定的条件；

（二）具有与跨境交换无障碍格式版相适应的人员、资金和技术，包括确保无障碍格式版安全跨境提供和接收的技术；

（三）采取合理措施确认其他《马拉喀什条约》缔约方的同类机构或阅读障碍者身份；

（四）建立无障碍格式版跨境交换内容合规机制；

（五）从事进出口等需要取得行政许可的活动的，具有相应资质。

第十条　无障碍格式版服务机构（含跨境交换机构）实行告知性备案，相关机构应当依据无障碍格式版服务机构（含跨境交换机构）备案指南向国家版权局备案。

无障碍格式版跨境交换机构的相关信息由国家版权局向世界知识产权组织或相关机构提供，以促进无障碍格式版的跨境交换。

第十一条　各级著作权主管部门以及相关部门对无障碍格式版服务机构（含跨境交换机构），在业务指导、宣传推广、资源对接、经费协调等方面给予支持。

第十二条　制作、提供、跨境交换无障碍格式版违反本规定，影响作品的正常使用或不合理地损害著作权人的合法权益的，应当承担著作权法第五十二条、第五十三条规定的民事责任；同时损害公共利益的，由著作权主管部门依法追究行政责任；构成犯罪的，依法追究刑事责任。

制作、提供、跨境交换无障碍格式版违反相关行业管理规定、标准或进出口管理等有关规定的，由相关部门依法依规进行处理。

第十三条　对于制作、提供、跨境交换无障碍格式版违反本规定的行为，被侵权人、利害关系人或其他知情人可以向著作权主管部门或其他相关部门投诉、举报。

第十四条　为实施义务教育和国家教育规划而编写出版教科书，将已经发表的作品制作成无障碍格式版并向阅读障碍者提供的，属于著作权法第二十四条第一款第十二项规定的情形，适用本规定。

第十五条　制作、提供、跨境交换无障碍格式版涉及图书、报刊出版，以及表演、录音录像和广播电台、电视台播放等与著作权有关的权利的，参照本规定执行。

第十六条　本规定由国家版权局负责解释。

第十七条　本规定自印发之日起施行。

国家版权局关于公布 2021 年度全国版权示范单位、示范单位（软件正版化）和示范园区（基地）名单的通知

国版发函〔2022〕1 号

各省、自治区、直辖市版权局，各相关单位：

为贯彻落实党中央、国务院关于推进知识产权强国建设的决策部署，充分发挥版权在促进经济、科技和文化发展中的重要作用，根据《全国版权示

范城市、示范单位和示范园区（基地）管理办法》等相关规定，结合各地版权示范创建工作实际情况，经研究，授予北京中关村图书大厦有限公司等 57 家单位"全国版权示范单位"称号，授予中化信息技术有限公司等 24 家单位"全国版权示范单位（软件正版化）"称号，授予人民美术文化园等 15 家单位"全国版权示范园区（基地）"称号。

各省、自治区、直辖市版权局要深入学习贯彻习近平新时代中国特色社会主义思想，全面贯彻党的十九大和十九届历次全会精神，认真落实党中央、国务院决策部署，坚持立足新发展阶段、贯彻新发展理念、构建新发展格局，加强对版权示范创建工作的指导和管理，完善版权示范创建工作相关管理规定和措施，全面提升版权创造、运用、保护、管理、服务水平，促进区域经济、科技、文化和社会事业全面发展，为创新型国家建设和知识产权强国建设提供更加有力的版权支撑。

附件：

1. 2021 年度全国版权示范单位名单
2. 2021 年度全国版权示范单位（软件正版化）名单
3. 2021 年度全国版权示范园区（基地）名单

国家版权局

2022 年 3 月 4 日

国家版权局
关于开展 2022 年全国版权示范创建评选工作的通知

国版发函〔2022〕2 号

各省、自治区、直辖市版权局：

为贯彻落实党中央、国务院关于加强知识产权保护的决策部署，推进版权强国建设，全面提升版权创造、运用、保护、管理、服务水平，充分发挥版权示范城市、示范单位和示范园区（基地）的示范引领作用，根据相关规定和工作安排，国家版权局决定开展 2022 年全国版权示范创建评选工作。现将有关事项通知如下。

一、基本规范

《全国版权示范城市、示范单位和示范园区（基地）管理办法》是全国版权示范创建、申报、评审和管理等工作的主要规范，规定了申报评选的基本条件、标准和程序，各省、自治区、直辖市版权局在组织申报过程中要认真学习，严格落实。

二、申报数量

根据全国版权示范创建评选工作进一步控制总量、提质增效的要求，各省、自治区、直辖市版权局组织申报全国版权示范城市不超过 1 个，全国版权示范单位不超过 5 个，全国版权示范单位（软件正版化）不超过 3 个，全国版权示范园区（基地）不超过 2 个。

三、申报材料

各省、自治区、直辖市版权局组织相关单位认真填写申报表，层层把关、逐级审核，切实履行推荐责任；汇总本地区申报情况，认真填写申报汇总表，突出申报单位在版权工作中的示范价值和意义。

四、申报期限

2022 年全国版权示范创建申报工作自本通知印发之日起启动，2022 年 10 月 31 日截止。

五、评选授牌

国家版权局将依据相关规定，对各省、自治区、直辖市版权局报送的材料开展评审，于 2023 年第一季度公布评选结果，授牌仪式另行通知。

六、工作要求

各省、自治区、直辖市版权局要认真落实属地管理责任，在申报工作中坚持书面审查与实地考察相结合，坚持推荐和监管相结合，坚持把新发展理念贯穿版权示范创建工作全过程，创新工作思路和举措，不断提高服务意识、增强服务能力，推动版权示范创建工作高质量发展。

各省、自治区、直辖市版权局在组织申报过程中遇到的重大问题，要及时报告国家版权局。

国家版权局

2022 年 3 月 4 日

国家版权局关于 2021 年全国著作权登记情况的通报

国版发函〔2022〕6 号

各省、自治区、直辖市版权局：

2021年，各地区著作权主管部门和著作权登记机构以习近平新时代中国特色社会主义思想为指导，全面贯彻党的十九大和十九届历次全会精神，坚持稳中求进工作总基调，扎实有序做好著作权登记工作，登记数量持续增长，为贯彻新发展理念、构建新发展格局、推动高质量发展提供了有力保障。现将2021年全国著作权登记情况通报如下。

一、总体情况

2021年全国著作权登记总量达 6 264 378 件，同比增长 24.30%。

二、作品著作权登记情况

根据各省、自治区、直辖市版权局和中国版权保护中心作品登记信息统计，2021年全国共完成作品著作权登记 3 983 943 件，同比增长 20.13%。

全国作品著作权登记量总体呈现稳步增长趋势，登记量较多的分别是：北京市 1 025 511 件，占登记总量的25.74%；中国版权保护中心 527 432 件，占登记总量的13.24%；江苏省 371 776 件，占登记总量的9.33%；上海市 345 583 件，占登记总量的8.67%；山东省 230 814 件，占登记总量的5.79%；贵州省 200 929 件，占登记总量的5.04%。以上登记量占全国登记总量的67.82%。相较于2020年，湖南、河北、云南、安徽等省的作品著作权登记量增长率均超过了100%；甘肃、海南、内蒙古、河南、湖北等省（区）的作品著作权登记量增长率均超过了50%。

从作品类型看，登记量最多的是美术作品 1 670 092 件，占登记总量的41.92%；第二是摄影作品 1 553 318 件，占登记总量的38.99%；第三是文字作品 295 729 件，占登记总量的7.42%；第四是影视作品 244 538 件，占登记总量的6.14%。以上类型的作品著作权登记量占登记总量的94.47%。此外，还有录音制品 58 048 件，占登记总量的1.46%；音乐作品 50 851 件，占登记总量的1.28%；图形作品 25 152 件，占登记总量的0.63%；录像制品 21 558 件，占登记总量的0.54%；模型、戏剧、曲艺、建筑作品等共计 64 657 件，占登记总量的1.62%。

三、计算机软件著作权登记情况

根据中国版权保护中心计算机软件著作权登记信息统计，2021年全国共完成计算机软件著作权登记 2 280 063 件，同比增长 32.34%。

从登记区域分布情况看，计算机软件著作权登记区域主要分布在东部地区，登记量约 144 万件，占登记总量的63.1%。

从登记区域增长情况看，增速最快的是东北地区79%；第二是西部地区55%；第三是中部地区31%；第四是东部地区25%。

从各地区登记数量情况看，计算机软件著作权登记量较多的省（市）依次为广东、上海、江苏、北京、浙江、四川、山东、湖北、福建、陕西。上述地区共登记软件著作权约 163 万件，占登记总量的71.5%，其中，广东省登记软件著作权约 27 万件，占登记总量的11.8%。

四、著作权质权登记情况

根据中国版权保护中心著作权质权登记信息统计，2021年全国共完成著作权质权登记 372 件，同比下降 3.13%；涉及合同数量 357 个，同比增长4.69%；涉及作品数量 1 078 件，同比下降12.43%；涉及主债务金额 452 906.2 万元，同比增长11.59%；涉及担保金额 432 986.1 万元，同比下降10.31%。

计算机软件著作权质权登记 340 件，同比增长3.98%；涉及合同数量 340 个，同比增长3.98%；涉及软件数量 1 046 件，同比下降10.90%；涉及主债务金额 409 872.7 万元，同比增长7.94%；涉及担保金额 389 952.6 万元，同比增长6.27%。

作品（除计算机软件外）著作权质权登记 32 件，同比下降43.86%；涉及合同数量 17 个，同比增长21.43%；涉及作品数量 32 件，同比下降67.62%；涉及主债务金额 43 033.5 万元，同比增长 64.61%；涉及担保金额 43 033.5 万元，同比增长 68.21%。

各地区著作权主管部门和著作权登记机构要进一步完善机制、优化措施，提高著作权登记工作效

能，以实际行动迎接党的二十大胜利召开。

国家版权局

2022 年 3 月 21 日

国家版权局
关于做好 2022 年全国知识产权宣传周版权宣传活动的通知

国版发函〔2022〕7 号

各省、自治区、直辖市版权局，中国版权协会，各著作权集体管理组织：

为增强全社会尊重和保护版权的意识，积极推进版权强国建设，在第 22 个世界知识产权日来临之际，国家版权局将于 2022 年 4 月中旬起集中组织开展版权宣传活动，并将 4 月 20 日至 26 日作为重点宣传时段。现将有关事项通知如下。

一、围绕迎接宣传贯彻党的二十大这条主线，宣传党的十八大以来特别是党的十九大以来，版权事业发展取得的历史性成就，用心用力用情组织好新闻宣传、文化培育、意识提升等各项主题活动，全面呈现版权在服务国家治理体系和治理能力现代化、服务经济社会高质量发展、服务人民群众幸福美好生活、服务改革开放大局、维护国家安全等方面的重要支撑作用，为党的二十大胜利召开营造良好氛围。

二、围绕"全面开启版权强国建设新征程"主题，把贯彻落实党中央、国务院决策部署作为版权宣传工作的着眼点，结合贯彻落实《知识产权强国建设纲要（2021—2035 年）》《"十四五"国家知识产权保护和运用规划》和《版权工作"十四五"规划》，做好版权创造、运用、保护、管理、服务各环节重点工作宣传报道，宣讲阐释"十四五"期间版权工作的思路、目标、任务和举措，让建设版权强国成为社会各界的共同期盼和积极行动。

三、结合版权服务人民群众幸福美好生活，做好打击侵权盗版案件、软件正版化、著作权登记、版权示范创建、版权展会授权交易活动、中国版权

金奖、全国大学生版权征文等工作成果的宣传报道，立足版权工作实际，突出版权工作重点，紧扣版权热点事件，开展内容丰富、形式多样的宣传推广活动，促进版权理念更加深入人心。

四、宣传版权法律法规和基本知识，引导公众严格保护和合理运用版权。探索通过图文音视频等新媒体形式开展各具特色的宣传普及活动，促进社会公众尊重版权、崇尚创新的意识进一步提升，积极建设促进版权事业高质量发展的人文社会环境，为开创版权强国建设新局面提供更加有力的舆论支撑。

五、根据本地区、本单位实际情况，积极筹划，充分准备，在做好常态化疫情防控工作的前提下，科学稳妥、安全有序地开展版权宣传活动。要严格落实中央八项规定及其实施细则精神，厉行勤俭节约，杜绝形式主义和官僚主义，注重对网报刊台、论坛活动等宣传阵地的规范化管理，夯实主流思想舆论，务求宣传实效。

六、国家版权局将通过网络平台全面跟踪报道宣传周期间举办的各项活动。各地版权局、各相关单位要及时将相关宣传素材或宣传报道信息等报送国家版权局。

七、宣传周活动结束后，各地版权局、各相关单位应于 5 月 8 日前将宣传周活动情况以纸质版和电子版形式报送国家版权局。

国家版权局

2022 年 4 月 6 日

国家版权局
关于开展2022年中国版权金奖评选表彰工作的通知

国版发函〔2022〕8号

各省、自治区、直辖市版权局，各有关单位：

为贯彻落实党中央、国务院关于加强知识产权工作的决策部署，推进版权强国建设，在版权创造、运用、保护和管理等环节树立先进典型，引导社会公众尊重创作、尊重版权，国家版权局联合世界知识产权组织共同举办2022年中国版权金奖评选表彰活动。现将有关事项通知如下。

一、奖项设置

中国版权金奖由国家版权局和世界知识产权组织共同主办，设立于2008年，每两年评选一次，是中国版权领域最高奖项，也是中国版权领域唯一的国际奖项。

中国版权金奖设作品奖、推广运用奖、保护奖和管理奖等4类奖项，共20个获奖名额，其中作品奖6个、推广运用奖5个、保护奖5个、管理奖4个。

二、评选标准

（一）作品奖

富有独创性，思想内容积极向上，艺术形象丰富生动，创作方式新颖独到，版权转化率高，传播范围广，具有显著社会效益和经济效益的作品。

作品奖分为文学艺术、电影电视、音乐戏剧、计算机软件、动漫游戏、美术摄影等门类。

同等条件下进行过著作权登记的作品优先考虑。

（二）推广运用奖

开发和利用版权资源成效显著，在推广和传播优秀作品，特别是弘扬中华优秀传统文化、整合版权产业链、管理和运营版权资产、推动版权产业高质量发展方面作出突出贡献的单位或个人。

（三）保护奖

积极维护权利人权益，探索运用创新方式，创造性解决版权保护方面的突出问题，在全国范围产生重大影响，为优化营商环境、规范版权秩序等作出突出贡献的单位或个人。

（四）管理奖

以创新理念和科学方法组织开展版权执法监管、社会服务、普法宣传等工作，为维护社会公共利益、优化版权服务体系、促进版权产业高质量发展、提升版权社会影响力等作出突出贡献的单位或个人。

三、推荐范围

各地区和有关单位在本辖区或相关领域内，推荐符合评选标准的作品、单位或个人。每类奖项可提名2个候选对象。

四、评审表彰

国家版权局成立中国版权金奖评选委员会，遵循公开、公平、公正的原则评审有关推荐材料，提出拟获奖名单向社会公示，并与世界知识产权组织择期共同举办颁奖仪式，颁发奖牌和证书。

五、提交方式

推荐单位须认真填写《2022年中国版权金奖提名推荐表》并加盖公章，于9月15日前将提名推荐表电子版发送至国家版权局指定邮箱，并将纸质版提名推荐表、推荐材料和作品样本（一式两份）寄送国家版权局。

附件：2022年中国版权金奖提名推荐表

国家版权局
2022年7月1日

2022年度第一批重点作品版权保护预警名单

按照国家版权局《关于进一步加强互联网传播作品版权监管工作的意见》及版权重点监管工作计划，根据相关网络服务商上报的作品授权情况，现公布2022年度第一批重点作品版权保护预警名单。

相关网络服务商应对版权保护预警名单内的重点作品采取以下保护措施：直接提供内容的网络服务商未经许可不得提供版权保护预警名单内的作品；提供存储空间的网络服务商应禁止用户上传版权保护预警名单内的作品；相关网络服务商应当加快处理版权保护预警名单内作品权利人关于删除侵权内容或断开侵权链接的通知。

各地版权行政执法监管部门应当对本地区主要网络服务商发出版权预警提示，加大版权监测监管力度。对于未经授权通过信息网络非法传播版权保护预警重点作品的，应当依法从严从快予以查处。

2022年度第一批重点作品版权保护预警名单

序号	作品名称	相关权利人	获得信息网络传播权的网络服务商
1	北京2022年冬奥会冬残奥会相关节目	国际奥委会 中央广播电视总台	中央广播电视总（央视网、央广网、国际在线、央视频、央视新闻、央视体育、央视影音、云听、奥林匹克频道APP）（2021-1-1—2022-8-31）
			咪咕（网站、咪咕视频、咪咕直播、咪咕影院、咪咕音乐、咪咕阅读、咪咕灵犀、咪咕快游、咪咕善跑、咪咕圈圈、魔百和、咪视界、咪视通）（2021-1-1—2022-8-31）
			腾讯（网站、腾讯视频、腾讯体育、微视、腾讯新闻、微信、QQ、QQ浏览器）（2021-6-15—2022-8-31）
			快手（网站、快手、快看点、AcFun、快影、一甜相机、回森、水母动漫）（2021-6-15—2022-8-31）
2	中央广播电视总台2022年春节联欢晚会相关节目	中央广播电视总台	腾讯（腾讯网、腾讯视频、腾讯新闻、火锅视频、微视、看点快报、云视听泰捷、云视听极光、视频号） 优酷（优酷、酷喵影视、土豆、搜酷） 爱奇艺（爱奇艺、爱奇艺随刻、iQIYI、PPS、银河奇异果） 抖音（抖音、抖音火山版、抖音极速版、抖音简化版） 快手（快手、快手极速版、快手概念版、云视听快TV） 咪咕（咪咕视频） 新浪微博（新浪微博、酷燃视频） （2022-1-31—2023-1-31）
3	中央广播电视总台2022年元宵晚会相关节目	中央广播电视总台	腾讯（腾讯网、腾讯视频、腾讯新闻、火锅视频、微视、看点快报、云视听泰捷、云视听极光、视频号） 优酷（优酷、酷喵影视、土豆、搜酷） 爱奇艺（爱奇艺、爱奇艺随刻、iQIYI、PPS、银河奇异果） 抖音（抖音、抖音火山版、抖音极速版、抖音简化版） 咪咕（咪咕视频） 新浪微博（新浪微博、酷燃视频） （2022-2-15—2023-2-15）

2022 年度第二批重点作品版权保护预警名单

按照国家版权局《关于进一步加强互联网传播作品版权监管工作的意见》及版权重点监管工作计划，根据相关权利人上报的作品授权情况，现公布 2022 年度第二批重点作品版权保护预警名单。

相关网络服务商应对版权保护预警名单内的重点院线电影采取以下保护措施：直接提供内容的网络服务商在影片上映期内不得提供版权保护预警名单内的作品；提供存储空间的网络服务商应禁止用户上传版权保护预警名单内的作品；相关网络服务商应加快处理版权保护预警名单内作品权利人关于删除侵权内容或断开侵权链接的通知。

各地版权行政执法监管部门应当对本地区主要网络服务商发出版权预警提示，加大版权监测监管力度。对于未经授权通过信息网络非法传播版权保护预警重点作品的，应当依法从严从快予以查处。

2022 年度第二批重点作品版权保护预警名单（院线电影）

序号	作品名称	相关权利人	上映日期
1	长津湖之水门桥	博纳影业	2022 - 2 - 1
2	奇迹·笨小孩	上狮文化	2022 - 2 - 1
3	狙击手	光线影业	2022 - 2 - 1
4	四海	联瑞影业	2022 - 2 - 1
5	这个杀手不太冷静	新丽传媒	2022 - 2 - 1
6	熊出没·重返地球	人间指南	2022 - 2 - 1
7	喜羊羊与灰太狼之筐出未来	阿里影业	2022 - 2 - 1
8	小虎墩大英雄	华夏电影	2022 - 2 - 1
9	好想去你的世界爱你	猫眼娱乐	2022 - 2 - 14
10	尼罗河上的惨案	迪士尼	2022 - 2 - 19

2022 年度第三批重点作品版权保护预警名单

按照国家版权局《关于进一步加强互联网传播作品版权监管工作的意见》及版权重点监管工作计划，根据相关网络服务商上报的作品授权情况，现公布 2022 年度第三批重点作品版权保护预警名单。

相关网络服务商应对版权保护预警名单内的重点作品采取以下保护措施：直接提供内容的网络服务商未经许可不得提供版权保护预警名单内的作品；提供存储空间的网络服务商应当禁止用户上传版权保护预警名单内的作品；相关网络服务商应当加快处理版权保护预警名单内作品权利人关于删除侵权内容或断开侵权链接的通知。

各地版权行政执法监管部门应当对本地区主要网络服务商发出版权预警提示，加大版权监测监管力度。对于未经授权通过信息网络非法传播版权保护预警重点作品的，应当依法从严从快予以查处。

2022 年度第三批重点作品版权保护预警名单

序号	作品名称	相关权利人	获得信息网络传播权的网络服务商
1	革命者	北京光线影业有限公司	爱奇艺 （2021 - 8 - 8—2031 - 8 - 7）
2	白蛇 2：青蛇劫起	上海追光影业有限公司	爱奇艺 （2021 - 9 - 10—2031 - 9 - 9）
3	穿过寒冬拥抱你	中影股份北京电影制片分公司	爱奇艺 （2022 - 2 - 14—2032 - 2 - 13）
4	名侦探柯南：绯色的子弹	华策影业（天津）有限公司	爱奇艺 （2021 - 11 - 27—2028 - 3 - 31）
5	乔家的儿女	东阳正午阳光影视有限公司	腾讯视频 （2021 - 8 - 17—2071 - 12 - 31）
6	绝密使命	厦门万胜影视文化有限公司	腾讯视频 （2021 - 4 - 18—2041 - 4 - 17）
7	故宫里的大怪兽之洞光宝石的秘密	上海腾讯企鹅影视文化传播有限公司原力动画（天津）有限公司	腾讯视频 （2021 - 7 - 30—2026 - 7 - 29）
8	扫黑风暴	上海腾讯企鹅影视文化传播有限公司	腾讯视频 （2021 - 8 - 9—2071 - 12 - 31）
9	开端	海南正午阳光影视有限公司	腾讯视频 （2022 - 1 - 11—2028 - 1 - 10）
10	风味人间 3：大海小鲜	深圳市腾讯计算机系统有限公司	腾讯视频 （2021 - 12 - 19—2071 - 12 - 31）
11	今生有你	阿里巴巴影业（北京）有限公司	优酷网 （2022 - 1 - 18—2072 - 1 - 17）
12	昔有琉璃瓦	完美世界股份有限公司	优酷网 （2022 - 1 - 26—2072 - 1 - 25）
13	觉醒年代	北京北广传媒影视股份有限公司	优酷网 （2021 - 2 - 1—2024 - 2 - 1）
14	小敏家	上海柠萌影视传媒有限公司	优酷网 （2021 - 12 - 11—2026 - 12 - 10）
15	尚食	东阳欢娱影视文化有限公司	芒果 TV （2022 - 1 - 18—2026 - 1 - 18）
16	我和我的父辈	中国电影股份有限公司	西瓜视频、今日头条、抖音 （2022 - 1 - 25—2032 - 1 - 24）

2022 年度第四批重点作品版权保护预警名单

按照国家版权局《关于进一步做好院线电影版权保护工作的通知》及版权重点监管工作计划，根据相关权利人上报的作品授权情况，现公布 2022 年度第四批重点作品版权保护预警名单。

相关网络服务商应对版权保护预警名单内的重点院线电影采取以下保护措施：直接提供内容的网络服务商在影片上映期内不得提供版权保护预警名单内的作品；提供存储空间的网络服务商应禁止用

户上传版权保护预警名单内的作品；相关网络服务商应加快处理版权保护预警名单内作品权利人关于删除侵权内容或断开侵权链接的通知。

各地版权行政执法监管部门应当对本地区主要

网络服务商发出版权预警提示，加大版权监测监管力度。对于未经授权通过信息网络非法传播版权保护预警重点作品的，应当依法从严从快予以查处。

2022 年度第四批重点作品版权保护预警名单（院线电影）

序号	作品名称	相关权利人	上映日期
1	新蝙蝠侠	华纳兄弟	2022 - 3 - 18
2	月球陨落	华谊兄弟	2022 - 3 - 25
3	你是我的春天	万达影视	2022 - 4 - 2
4	人生大事	联瑞影业	2022 - 4 - 2
5	神奇动物 3：邓布利多之谜	华纳兄弟	2022 - 4 - 8
6	边缘行者	厦门恒业影业	2022 - 4 - 15

2022 年度第五批重点作品版权保护预警名单

按照国家版权局《关于进一步做好院线电影版权保护工作的通知》《关于进一步加强互联网传播作品版权监管工作的意见》及版权重点监管工作计划，根据相关权利人上报的作品授权情况，现公布 2022 年度第五批重点作品版权保护预警名单。

相关网络服务商应对版权保护预警名单内的重点院线电影采取以下保护措施：直接提供内容的网络服务商在影片上映期内不得提供版权保护预警名

单内的作品；提供存储空间的网络服务商应禁止用户上传版权保护预警名单内的作品；相关网络服务商应加快处理版权保护预警名单内作品权利人关于删除侵权内容或断开侵权链接的通知。

各地版权行政执法监管部门应当对本地区主要网络服务商发出版权预警提示，加大版权监测监管力度。对于未经授权通过信息网络非法传播版权保护预警重点作品的，应当依法从严从快予以查处。

2022 年度第五批重点作品版权保护预警名单（院线电影）

序号	作品名称	相关权利人	上映日期
1	侏罗纪世界 3	环球影业	2022 - 6 - 10
2	人生大事	联瑞（上海）影业有限公司	2022 - 6 - 24
3	你是我的春天	天津猫眼微影文化传媒有限公司	2022 - 7 - 1

2022 年度第六批重点作品版权保护预警名单

按照国家版权局《关于进一步做好院线电影版权保护工作的通知》《关于进一步加强互联网传播作品版权监管工作的意见》及版权重点监管工作计划，

根据相关权利人上报的作品授权情况，现公布 2022 年度第六批重点作品版权保护预警名单。

相关网络服务商应对版权保护预警名单内的重

点作品采取以下保护措施：直接提供内容的网络服务商未经许可不得提供版权保护预警名单内的作品；提供存储空间的网络服务商应当禁止用户上传版权保护预警名单内的作品；相关网络服务商应当加快处理版权保护预警名单内作品权利人关于删除侵权内容或断开侵权链接的通知。

各地版权行政执法监管部门应当对本地区主要网络服务商发出版权预警提示，加大版权监测监管力度。对于未经授权通过信息网络非法传播版权保护预警重点作品的，应当依法从严从快予以查处。

2022 年度第六批重点作品版权保护预警名单

序号	作品名称	相关权利人	上映日期/ 获得信息网络传播权的网络服务商
1	独行月球	阿里巴巴影业（北京）有限公司	2022－7－29
2	迷失之城	派拉蒙影业公司	2022－7－29
3	我们的样子像极了爱情	北京光线影业有限公司	2022－8－4
4	明日战记	天津猫眼微影文化传媒有限公司	2022－8－5
5	月球陨落	华谊兄弟传媒股份有限公司	爱奇艺、优酷、腾讯视频、华秀 （2022－6－8—2029－6－7）
6	边缘行者	爱奇艺影业（北京）有限公司	爱奇艺、优酷、腾讯视频、华秀 （2022－4－15—2072－4－14）
7	狮子山下的故事	上海腾讯企鹅影视文化传播有限公司	腾讯视频 （2022－6－12—2072－12－31）
8	梦华录	上海腾讯企鹅影视文化传播有限公司	腾讯视频 （2022－6－2—2072－12－31）
9	新居之约	北京左城右隅影视文化传媒有限公司	腾讯视频、咪咕视频 （2022－4－28—2032－4－27）
10	千古风流人物第3季	河南华之杰文化传播有限公司	腾讯视频 （2022－6－24—2072－12－31）

2022 年度第七批重点作品版权保护预警名单

按照国家版权局《关于进一步做好院线电影版权保护工作的通知》《关于进一步加强互联网传播作品版权监管工作的意见》及版权重点监管工作计划，根据相关权利人上报的作品授权情况，现公布 2022 年度第七批重点作品版权保护预警名单。

相关网络服务商应对版权保护预警名单内的重点院线电影采取以下保护措施：直接提供内容的网络服务商在影片上映期内不得提供版权保护预警名单内的作品；提供存储空间的网络服务商应禁止用户上传版权保护预警名单内的作品；相关网络服务商应加快处理版权保护预警名单内作品权利人关于删除侵权内容或断开侵权链接的通知。

各地版权行政执法监管部门应当对本地区主要网络服务商发出版权预警提示，加大版权监测监管力度。对于未经授权通过信息网络非法传播版权保护预警重点作品的，应当依法从严从快予以查处。

2022 年度第七批重点作品版权保护预警名单（院线电影）

序号	作品名称	相关权利人	上映日期
1	新神榜：杨戬	上海追光影业有限公司	2022 - 8 - 19
2	小黄人大眼萌：神偷奶爸前传	环球影片公司	2022 - 8 - 19
3	请别相信她	天津猫眼微影文化传媒有限公司	2022 - 9 - 9
4	海的尽头是草原	北京博纳影业集团有限公司	2022 - 9 - 9
5	狼群	春秋时代（平潭）影业有限公司	2022 - 9 - 9
6	妈妈！	联瑞（上海）影业有限公司	2022 - 9 - 10

2022 年度第八批重点作品版权保护预警名单

按照国家版权局《关于进一步做好院线电影版权保护工作的通知》《关于进一步加强互联网传播作品版权监管工作的意见》及版权重点监管工作计划，根据相关权利人上报的作品授权情况，现公布 2022 年度第八批重点作品版权保护预警名单。

相关网络服务商应对版权保护预警名单内的重点院线电影采取以下保护措施：直接提供内容的网络服务商在影片上映期内不得提供版权保护预警名单内的作品；提供存储空间的网络服务商应禁止用户上传版权保护预警名单内的作品；相关网络服务商应加快处理版权保护预警名单内作品权利人关于删除侵权内容或断开侵权链接的通知。

各地版权行政执法监管部门应当对本地区主要网络服务商发出版权预警提示，加大版权监测监管力度。对于未经授权通过信息网络非法传播版权保护预警重点作品的，应当依法从严从快予以查处。

2022 年度第八批重点作品版权保护预警名单（院线电影）

序号	作品名称	相关权利人	上映日期
1	万里归途	上海华策电影有限公司	2022 - 9 - 30
2	平凡英雄	新疆博纳润泽文化传媒有限公司 阿里巴巴影业（北京）有限公司	2022 - 9 - 30
3	钢铁意志	北方联合影视集团	2022 - 9 - 30
4	搜救	星皓影业有限公司	2022 - 9 - 30

2022 年度第九批重点作品版权保护预警名单

按照国家版权局《关于进一步加强互联网传播作品版权监管工作的意见》及版权重点监管工作计划，根据相关权利人上报的作品授权情况，现公布 2022 年度第九批重点作品版权保护预警名单。

相关网络服务商应对版权保护预警名单内的重点作品采取以下保护措施：直接提供内容的网络服务商未经许可不得提供版权保护预警名单内的作品；提供存储空间的网络服务商应禁止用户上传版权保护预警名单内的作品；相关网络服务商应加快处理版权保护预警名单内作品权利人关于删除侵权内容

或断开侵权链接的通知。

各地版权行政执法监管部门应当对本地区主要网络服务商发出版权预警提示，加大版权监测监管力度。对于未经授权通过信息网络非法传播版权保护预警重点作品的，应当依法从严从快予以查处。

2022年度第九批重点作品版权保护预警名单

序号	作品名称	相关权利人	获得信息网络传播权的网络服务商
1	2022年卡塔尔世界杯相关赛事节目	国际足球联合会中央广播电视总台	中央广播电视总台（央视网、央广网、国际在线、央视频、央视新闻、央视体育、央视影音、云听、奥林匹克频道APP）（2019-1-1—2023-6-17）
			咪咕（网站、咪咕视频、咪咕直播、咪咕影院、咪咕音乐、咪咕阅读、咪咕灵犀、咪咕快游、咪咕善跑、咪咕圈圈、魔百和、咪视界、咪视通）（2020-12-18—2023-6-17）
			抖音（网站、抖音、今日头条、西瓜视频、悟空浏览器、皮皮虾、懂车帝、PICO视频、派对岛）（2021-6-27—2023-6-17）
2	2022—2023赛季CBA联赛、全明星周末及相关赛事节目	中篮联（北京）体育有限公司	全场次：咪咕 部分场次：中央广播电视总台、新浪微博（2022-10-6—2022—2023赛季结束日）

2022年度第十批重点作品版权保护预警名单

按照国家版权局《关于进一步做好院线电影版权保护工作的通知》《关于进一步加强互联网传播作品版权监管工作的意见》及版权重点监管工作计划，根据相关权利人上报的作品授权情况，现公布2022年度第十批重点作品版权保护预警名单。

相关网络服务商应对版权保护预警名单内的重点院线电影采取以下保护措施：直接提供内容的网络服务商在影片上映期内不得提供版权保护预警名单内的作品；提供存储空间的网络服务商应禁止用户上传版权保护预警名单内的作品；相关网络服务商应加快处理版权保护预警名单内作品权利人关于删除侵权内容或断开侵权链接的通知。

各地版权行政执法监管部门应当对本地区主要网络服务商发出版权预警提示，加大版权监测监管力度。对于未经授权通过信息网络非法传播版权保护预警重点作品的，应当依法从严从快予以查处。

2022年度第十批重点作品版权保护预警名单（院线电影）

序号	作品名称	相关权利人	上映日期
1	阿凡达：水之道	美国迪士尼影片公司	2022-12-16
2	保你平安	北京阿里巴巴影业文化有限公司	2022-12-31

广东省版权条例

(2022 年 9 月 29 日广东省第十三届人民代表大会常务委员会第四十六次会议于通过)

第一章　总则

第一条　为了提升版权创造、运用、保护、管理和服务水平，促进版权产业发展，推动版权强省建设，根据《中华人民共和国著作权法》《中华人民共和国著作权法实施条例》等法律、行政法规，结合本省实际，制定本条例。

第二条　本条例适用于本省行政区域内版权创造、运用、保护、管理和服务以及相关活动。

第三条　县级以上人民政府应当将版权工作纳入国民经济和社会发展相关规划，将版权工作经费纳入本级财政预算。

县级以上人民政府应当建立版权工作领导和协调机制，统筹推进版权工作，协调解决重大问题。

第四条　县级以上版权主管部门负责本行政区域的版权工作。

网信、新闻出版、电影、发展改革、教育、科技、工业和信息化、公安、司法行政、财政、人力资源社会保障、住房城乡建设、商务、文化和旅游、市场监督管理、广播电视、海关等有关部门，按照各自职责做好版权相关工作。

第五条　省人民政府应当将版权工作纳入政府绩效考核以及营商环境评价体系。

县级以上人民政府应当根据国家和省有关考核评价指标体系要求，组织开展版权考核评价工作。

第六条　县级以上人民政府应当开展常态化的版权宣传教育，建立版权新闻发布制度，定期向社会发布有关版权政策、重大事件和典型案例等信息。

新闻媒体应当以开辟专栏、刊播版权保护公益广告等方式，开展版权宣传教育活动，营造全社会崇尚创新、尊重和保护版权的良好氛围。

第七条　县级以上人民政府应当按照国家和省的规定对重大版权成果和在版权工作中作出突出贡献的单位和个人给予奖励。

第二章　版权创造与运用

第八条　省和地级以上市版权主管部门应当采取措施激励作品创作，实施优秀作品扶持计划，组织开展优秀版权作品评选，重点推动科技创新、数字经济、文化传承与发展等领域作品的创作和转化。

第九条　省和地级以上市人民政府应当建立以权利人为主体、市场为导向、产学研用相结合的版权创造体系，支持高等学校、科研机构、社会组织和权利人共建版权产业协同创新平台，推动版权成果的转化与运用，促进版权工作与科技、文化、金融等相关产业深度融合发展。

第十条　省人民政府应当推动粤港澳大湾区版权产业合作，组织开展产业对接、投资融资合作、展览展示等活动，加强本省与香港特别行政区、澳门特别行政区在影视、音乐、动漫、游戏、创意设计、计算机软件等重点行业的版权合作，促进粤港澳大湾区版权产业协同发展。

第十一条　省人民政府应当加强版权产业国际交流合作，优化版权国际贸易服务，拓宽对外交流合作渠道，在版权贸易、产业对接、学术研究、人才培养、海外维权等方面推动交流合作，提升版权产业国际运营能力。

鼓励企业、高等学校、科研机构、社会组织等依法开展版权领域的国际交流合作。

第十二条　省和地级以上市版权主管部门应当根据国家有关规定，在作品创作与传播、版权保护与管理、版权要素集聚、版权产业发展、版权贸易服务和教学科研等方面开展示范创建工作。

省版权主管部门应当统筹本省行政区域内的全国版权示范城市、示范园区（基地）、示范单位以及国家版权贸易基地和国家版权创新发展基地等创建工作，组织开展省级版权兴业示范基地评定。

第十三条　省和地级以上市人民政府应当通过

规划引导、政策支持、市场主体培育等方式，促进区域优质版权资源汇聚，发挥中国（广东）自由贸易试验区、国家自主创新示范区等功能区的政策优势，加强制度供给，为版权产业集群建设发展创造条件和提供便利。

第十四条　省和地级以上市人民政府应当通过政策支持、资金投入、人才保障、新技术推广等方式，推动创新要素集聚，促进版权领域新业态发展。

支持和鼓励市场主体通过技术创新、自主研发、授权合作、产业升级、金融投资等方式，促进数字出版、广播影视、软件和信息服务等领域的版权产业发展。

第十五条　省版权主管部门应当健全版权交易机制，在版权确权、价值评估、许可转让和交易服务等方面对市场主体进行引导和规范，促进版权依法流转。

省和地级以上市人民政府应当利用中国进出口商品交易会（广交会）、中国（深圳）国际文化产业博览交易会、中国国际影视动漫版权保护和贸易博览会、南国书香节等大型展会，促进版权授权交易。

第十六条　省和地级以上市人民政府可以通过无偿资助、贷款贴息、资金补助、保费补贴和创业风险投资等方式，支持版权创新成果转化与产业化运用，引导社会资本加大对版权创新成果转化与产业化的投入。

鼓励权利人采取版权转让、许可、出质、作价出资等方式实现版权创新成果的市场价值。

第十七条　县级以上人民政府应当引导中小微企业进行版权创造和运用，将中小微企业作品登记、创新示范成果等纳入政策扶持范围，鼓励中小微企业加大版权创新投入。

地级以上市人民政府应当支持中小微企业参加版权有关的大型展会。

第十八条　省和地级以上市版权主管部门应当健全符合本行政区域实际的版权产业统计调查制度，组织实施版权产业统计调查。

鼓励和支持高等学校、科研机构和社会组织开展版权产业经济贡献率和文化影响力等方面的研究。

第三章　版权保护

第十九条　县级以上版权主管部门应当加强与公安、海关、市场监督管理、广播电视、网信等有关部门的执法协作，健全执法协作工作机制。

县级以上版权主管部门可以根据工作需要，会同有关部门开展版权保护专项行动。

第二十条　省版权主管部门应当建立健全重点作品版权保护预警制度，建立重点关注市场名录，加强对电商平台、展会、专业市场、进出口等重点领域的监测管理，及时组织查处版权侵权行为。

省版权主管部门应当推动建立重大案件挂牌督办、版权侵权典型案例发布等制度。

第二十一条　省版权主管部门应当推动新业态版权保护，加强版权治理新问题的研究与监管，完善体育赛事、综艺节目、网络视听、电商平台等领域的新业态版权保护制度。

省和地级以上市版权主管部门应当加强源头追溯、实时监测、在线识别等数字版权保护技术的研发运用，建立打击网络侵权行为的快速反应机制。

第二十二条　网络服务提供者应当依法履行版权保护主体责任，建立版权内部监管机制，采取与其技术能力、经营规模以及服务类型等相适应的预防侵权措施，并完善侵权投诉机制，快速处理版权纠纷。

第二十三条　鼓励企业、高等学校、科研机构加强风险防范机制建设，建立健全版权保护制度，提高自我保护能力，强化版权源头保护。

鼓励采用时间戳、区块链等电子存证技术获取、固定版权保护相关证据。

第二十四条　县级以上版权主管部门应当加强版权行政执法能力建设，统一执法标准，完善执法程序，强化业务培训、装备建设和新技术应用，提高执法专业化、信息化、规范化水平。

第二十五条　县级以上版权主管部门应当会同有关部门建立健全版权侵权投诉、举报处理机制，公开投诉、举报的受理渠道和方式，及时处理投诉、举报，并按规定将处理结果反馈投诉人、举报人。

第四章　版权管理与服务

第二十六条　省版权主管部门应当利用大数据、人工智能、区块链等新技术，健全版权监管工作平台，在作品登记、监测预警、宣传培训等方面创新版权监管方式，提高版权管理和服务能力。

第二十七条　县级以上人民政府应当组织、指导和协调使用正版软件工作，建立健全软件正版化工作动态监管机制，对国家机关和企业事业单位的软件使用情况进行监督检查。

软件使用单位应当落实软件正版化工作主体责任，建立使用正版软件长效机制，完善工作责任、日常管理、软件配置、软件台账和安装维护等制度。

第二十八条　版权主管部门与有关部门应当按照国家和省的规定，加强对作品引进和出口的监督管理，推动建立版权管理跨部门联动应对机制，维护国家版权核心利益。

第二十九条 省版权主管部门应当采取信息化手段，提升作品登记数字化水平，加强作品登记档案管理和信息公开，引导和鼓励企业事业单位以及其他从事作品创作的单位和个人进行作品登记。

地级以上市可以通过补助、补贴等方式减免作品登记费用。

鼓励社会力量建设相关专业领域作品数据库，提供作品存证、数字取证、版权侵权监测与识别等服务。

第三十条 作品登记实行自愿申请原则。权利人申请作品登记的，应当向省版权主管部门或者其依法委托的单位提出。

申请作品登记，应当如实提交下列材料：

（一）作品登记申请书；

（二）作品原件或者复制件；

（三）作品说明书；

（四）表明作品权属的相关证明；

（五）公民身份证明、法人或者其他组织的设立证明；

（六）依法应当提交的其他材料。

作品登记机构应当自收齐申请材料之日起十五个工作日内完成作品登记核查工作，对符合登记条件的作品应当核发作品登记证；对不符合登记条件的作品，不予登记，并及时告知申请人。

第三十一条 省版权主管部门应当支持和指导版权鉴定机构、版权价值评估机构加强专业化、规范化建设，推动建立版权鉴定技术标准和版权价值评估标准。

第三十二条 省人民政府应当采取政策引导措施，优化版权融资服务，推动版权质押融资、版权证券化，拓宽直接融资渠道，培育版权金融服务市场。

鼓励保险机构依法开发版权交易保险、侵权保险等适应版权产业发展需要的保险产品。

第三十三条 省和地级以上市版权主管部门应当完善版权社会服务体系，引导和规范基层工作站、版权中心等版权社会服务机构的建设，发挥其在政策研究、宣传培训、咨询服务、纠纷调处等方面的专业优势。

第三十四条 版权行业组织应当制定行业规范，加强自律管理，对其会员的版权工作进行指导，并提供版权政策研究、宣传培训、监测预警、纠纷调处等服务，对违反行业自律规范的行为实施行业惩戒。

第三十五条 省版权主管部门应当建立版权专家库，规范专家库运行管理和专家咨询工作，组织专家开展版权相关重大问题研究，为版权管理和版权产业发展提供咨询服务等专业支持。

第三十六条 省和地级以上市人民政府应当加强版权专业高层次人才的引进和培养，完善版权人才评价、激励、服务、保障制度，营造有利于版权人才发展的良好环境。

省和地级以上市人民政府应当建立政府、高等学校、科研机构、社会组织和企业相结合的版权人才培训体系，加强对版权管理人员和从业人员的培训。

第五章 法律责任

第三十七条 版权主管部门和有关部门及其工作人员违反本条例规定，在版权工作中滥用职权、玩忽职守、徇私舞弊的，对直接负责的主管人员和其他直接责任人员，依法给予处分；构成犯罪的，依法追究刑事责任。

第三十八条 对版权侵权行为作出的行政处罚决定、司法判决生效后，自然人、法人和非法人组织再次侵犯同一作品版权的，版权主管部门应当给予从重处罚。

第三十九条 自然人、法人和非法人组织有下列情形之一，三年内不得申请政府财政性资金项目和参与表彰奖励等活动，其相关情况按照国家和省的规定纳入公共信用信息平台：

（一）故意侵犯版权严重破坏市场公平竞争秩序的；

（二）有能力履行但拒不执行生效的版权相关法律文书的；

（三）侵犯版权构成犯罪的；

（四）有其他侵犯版权严重失信行为的。

第六章 附则

第四十条 本条例自2023年1月1日起施行。

江苏省知识产权促进和保护条例

（2022年1月14日江苏省第十三届人民代表大会常务委员会第二十八次会议通过）

目　录

第一章　总则
第二章　促进
第三章　保护
第四章　服务与管理
第五章　法律责任
第六章　附则

第一章　总则

第一条　为了全面加强知识产权保护，促进知识产权高质量发展，激发全社会创新活力，推动知识产权强省建设，根据有关法律、行政法规，结合本省实际，制定本条例。

第二条　本省行政区域内知识产权创造、运用、保护、管理、服务以及相关活动，适用本条例。

知识产权是权利人依法就下列客体享有的专有权利：

（一）作品；

（二）发明、实用新型、外观设计；

（三）商标；

（四）地理标志；

（五）商业秘密；

（六）集成电路布图设计；

（七）植物新品种；

（八）法律规定的其他客体。

第三条　知识产权促进和保护工作遵循激励创造、有效运用、依法保护、科学管理、优化服务的要求。

知识产权创造、运用和保护应当遵守诚实信用原则。任何组织和个人不得滥用知识产权侵害国家利益、社会公共利益或者他人合法权益。

第四条　县级以上地方人民政府应当加强对知识产权促进和保护工作的领导，将知识产权促进和保护工作纳入国民经济和社会发展规划；建立知识产权议事协调机制，统筹推进本行政区域知识产权促进和保护工作，协调解决重大问题，具体工作由同级知识产权部门承担。

县级以上地方人民政府应当建立稳定长效的知识产权发展投入保障机制，将知识产权促进和保护工作经费纳入本级财政预算。

省知识产权部门负责统筹协调全省知识产权促进和保护工作。

第五条　版权部门依法负责著作权促进和保护工作。知识产权部门依法负责专利、商标、地理标志和集成电路布图设计促进和保护工作。市场监督管理部门依法负责商业秘密促进和保护工作。农业农村、林业部门依法负责植物新品种、农产品地理标志促进和保护工作。市场监督管理、知识产权、农业农村、文化和旅游、林业等部门按照各自职责，依法查处专利、商标、地理标志、商业秘密、著作权、植物新品种等领域的知识产权违法行为。本款规定的部门统称为负有知识产权管理职责的部门。

教育、科学技术、工业和信息化、公安、司法行政、财政、人力资源社会保障、商务、卫生健康、金融监督管理、海关等有关部门，在各自职责范围内共同做好知识产权促进和保护工作。

知识产权部门应当与其他有关部门以及人民法院、人民检察院紧密配合，牵头建立信息通报、要情会商等工作机制。

第六条　县级以上地方人民政府及其有关部门应当向社会普及知识产权知识，弘扬知识产权文化，增强全社会知识产权意识，营造崇尚创新、尊重知识产权的社会环境。

县级以上地方人民政府和省有关部门按照国家和省有关规定对在知识产权促进和保护工作中作出突出贡献的组织和个人给予表彰奖励。鼓励社会组织按照国家有关规定设立知识产权奖项。

第七条　促进长江三角洲区域知识产权一体化发展，加强知识产权发展规划、保护、公共服务等领域合作，推动建立健全案件线索通报、移送、协助调查、协助执行等工作机制，推进知识产权信息互通、经验互鉴。

加强与其他省、自治区、直辖市在知识产权领域的交流协作。

第八条　拓宽知识产权对外交流合作渠道，加强与有关国家、地区、国际组织的交流合作。推动与"一带一路"沿线国家和地区的协作。

鼓励企业、高等学校、科研院所、社会组织等依法依规开展知识产权国际合作与交流。

第二章　促进

第九条　县级以上地方人民政府及有关部门应当综合运用财政、税收、金融、产业、科技、人才等政策措施，建立以企业为主体、市场为导向、产学研服相结合的知识产权高质量创造与运用机制。

鼓励和支持企业、高等学校、科研院所等单位和个人加强自主创新，提升知识产权高质量创造能力，促进知识产权高效益运用。

第十条　鼓励作品创作和传播，引导著作权人依法进行著作权登记，支持版权交易平台建设，推动著作权交易和产业转化。

第十一条　知识产权部门应当会同有关部门加强专利信息资源利用和专利分析，推动其在传统优势产业、战略性新兴产业、未来产业等领域的应用，在关键技术、核心技术领域培育高价值专利。

支持企业、高等学校、科研院所在信息技术、生物医药、新材料等重点领域加强基础研究和原始创新，推动创新成果及时转化为高价值专利。

省人民政府对获得中国专利奖的本省专利权人给予奖励，并设立江苏专利奖，对在本省实施产生较好经济效益和社会效益的优秀专利项目或者本省优秀发明人、优秀设计人给予奖励。鼓励设区的市人民政府开展优秀专利项目或者优秀发明人、优秀设计人的评选。

第十二条　推进商标品牌建设，支持企业制定符合自身发展特点的商标品牌战略，培育知名商标品牌。发挥集体商标、证明商标制度作用，打造产业集群品牌和区域品牌。

鼓励企业加强商标品牌海外布局，运用商标品牌参与国际竞争，提升商标品牌国际影响力。

第十三条　支持地理标志商标注册、产品登记，建立优质地理标志培育机制，推动地理标志与特色产业绿色发展、历史文化传承以及乡村振兴有机融合，提升地理标志品牌影响力和产品附加值。

第十四条　鼓励组织和个人进行集成电路布图设计专有权、计算机软件著作权登记，支持集成电路企业和软件企业加强知识产权运用。对完成计算机软件著作权登记、软件产品登记的组织和个人，可以按照规定给予奖励。

第十五条　激励育种创新，鼓励和支持植物新品种权申请，促进植物新优品种的研发、转化与推广应用。

第十六条　建立知识产权人才培养、评价激励机制。人力资源社会保障部门和有关行业主管部门应当将知识产权创造、运用情况纳入专业技术人员职称评价内容，对在知识产权促进和保护工作中作出突出贡献的人员，可以按照规定放宽职称申报条件。

第十七条　教育部门应当将知识产权知识作为学生素质教育的重要内容，鼓励和指导学生开展发明创造以及知识产权申请、登记，培养创新精神和实践能力。

鼓励和支持高等学校将知识产权教育纳入课程体系，设立知识产权专业、学院，加强与企业、科研院所、服务机构等合作，培养知识产权事业发展所需人才。

第十八条　鼓励有关组织和个人对技术类科技成果技术价值、市场前景等进行知识产权申请前评估，提升知识产权质量。

第十九条　高等学校、科研院所应当加强对科技创新成果的管理与服务，建立完善职务科技成果披露制度。科研人员应当向所在单位披露职务科技成果；经所在单位同意，可以利用职务科技成果从事创办企业等活动。

高等学校、科研院所对利用财政资金取得的专利权、计算机软件著作权、集成电路布图设计专有权、植物新品种权等知识产权，可以按照国家有关规定赋予完成人所有权或者长期使用权，并就收益分配方式、比例及争议解决方法等内容作出约定；但是可能损害国家安全或者重大社会公共利益的除外。

鼓励高等学校、科研院所建立专业化知识产权转移转化机构，开展知识产权市场化运营，对质量较高、具备市场前景的专利实施开放许可。

第二十条　知识产权权利人依法可以采取入股、转让、许可、质押等方式运用知识产权。

第二十一条　鼓励金融机构根据国家有关规定，在知识产权金融产品、服务、风险管理等方面进行创新。

支持金融机构为中小企业提供知识产权质押融资、保险、风险投资、证券化、信托等金融服务。建立科技型中小企业银行信贷风险补偿机制。支持发展知识产权保险。

鼓励地方金融组织依法为从事知识产权活动的

组织或者个人提供融资服务。

第二十二条 鼓励有条件的地方人民政府、企业依法设立知识产权基金，促进知识产权创造和运用。

引导各类社会基金为知识产权密集型产业、知识产权优势企业和高价值知识产权培育项目提供资金支持。

第二十三条 企业发生的知识产权申请费、注册费、代理费、研发成果的检索和评议费用，以及与研发活动直接相关的其他费用，按照国家有关规定享受研发费用加计扣除优惠。转让知识产权的，按照国家有关规定享受相关税收优惠。

第二十四条 鼓励中国（江苏）自由贸易试验区、苏南国家自主创新示范区、南京江北新区等在知识产权创造质量提高、运营模式创新、服务业对外开放、跨境电商知识产权保护等方面开展先行先试，进行制度创新，形成可复制、可推广的改革创新经验和成果。

第三章 保护

第二十五条 县级以上地方人民政府应当推动建立行政保护与司法保护、政府监管与行业自律、自我保护与社会共治相结合的知识产权保护体系，加强知识产权执法队伍建设，严格保护知识产权，营造公平竞争的市场环境。

第二十六条 负有知识产权管理职责的部门可以通过行政指导等方式，引导组织和个人遵守知识产权法律法规，尊重他人知识产权，维护自身合法权益。

第二十七条 知识产权、市场监督管理、商务等部门应当健全境外知识产权纠纷预警防范机制，及时发布风险预警提示信息，引导企业和其他组织申请境外专利和商标，健全涉外地理标志保护机制，为企业和其他组织在境外处理知识产权纠纷提供信息、法律等方面的支持。

第二十八条 负有知识产权管理职责的部门应当对知识产权侵权集中领域和易发风险区域加强监督检查，必要时可以开展专项行动或者联合执法。有条件的地方可以整合优化执法资源，推进知识产权相关领域综合执法。

知识产权、市场监督管理部门应当建立健全商标保护制度，将容易被侵权的注册商标纳入重点保护范围。

版权部门应当根据国家有关部门发布的版权预警重点保护名单，对本地区主要网络服务商发出版权预警提示，加强对侵权行为的监测。文化和旅游部门应当加强对未经授权通过信息网络非法传播版权保护预警重点作品的查处。

第二十九条 建立知识产权行政裁决指导机制。省知识产权部门应当根据国家有关规定完善专利侵权纠纷行政裁决规范。省、设区的市知识产权部门可以将专利侵权纠纷行政裁决案件交由有承接能力的县（市、区）知识产权部门办理，并定期对承接情况组织评估。

第三十条 负有知识产权管理职责的部门建立知识产权侵权纠纷检验鉴定工作体系，完善知识产权侵权纠纷检验鉴定工作规范，为知识产权行政执法、司法、仲裁、调解等工作提供及时、准确、高效的技术支撑。

第三十一条 负有知识产权管理职责的部门在查处知识产权违法行为过程中，认为涉嫌构成犯罪，需要移送公安机关处理的，应当在作出移送决定之日起二十四小时内将案件移送公安机关。

公安机关在办理涉嫌知识产权犯罪案件时，认为不构成犯罪或者犯罪事实显著轻微不需要追究刑事责任，但应当给予行政处罚的，应当在作出不予立案或者撤销案件决定之日起七个工作日内将案件移送负有知识产权管理职责的部门。

第三十二条 人民检察院应当加强对知识产权刑事、民事、行政诉讼的法律监督工作，积极探索涉知识产权民事、行政公益诉讼工作，依法支持受损害的组织或者个人提起诉讼。

第三十三条 人民法院应当深入推进知识产权民事、刑事、行政案件"三合一"审判机制改革，促进知识产权案件审判繁简分流，建立健全网上诉讼服务机制，提供网上诉讼指引、诉讼辅助、纠纷解决等服务。

第三十四条 建立知识产权技术调查员制度。对专业性和技术性较强的知识产权案件，负有知识产权管理职责的部门、公安机关、人民检察院、人民法院可以通过购买服务等方式，选聘技术调查员，为办案人员对案件技术事实、专业问题进行调查、询问、勘验、分析、判断提供技术协助，必要时可以参与纠纷调解。

第三十五条 推行调查令制度。在知识产权诉讼和执行案件中，当事人因客观原因不能自行收集证据，经申请，人民法院可以签发调查令。被调查人应当根据调查令指定的调查内容及时提供有关证据。

第三十六条 人民法院、人民检察院和负有知识产权管理职责的部门，应当建立知识产权保护典型案例发布制度，健全案例沟通、共享机制，为组织和个人提供规则指引。

第三十七条　完善知识产权纠纷多元化解决机制，引导当事人通过仲裁、调解等方式化解纠纷。

支持仲裁机构建设专业化知识产权仲裁平台和仲裁员队伍，提升知识产权纠纷仲裁能力。推动负有知识产权管理职责的部门、行业组织加强与仲裁机构合作，引导当事人在合同中约定知识产权仲裁条款，运用仲裁方式高效化解纠纷。

当事人可以通过人民调解、行政调解、司法调解、行业调解等方式化解知识产权纠纷。知识产权纠纷经过依法设立的调解组织调解达成具有民事合同性质协议的，当事人可以依法向人民法院申请确认其效力。

第三十八条　鼓励公证机构创新公证服务方式，优化公证流程，运用电子签名、数据加密、区块链等技术，为知识产权创造运用、权利救济、纠纷解决、域外保护等提供公证服务。

第三十九条　省知识产权部门应当会同其他负有知识产权管理职责的部门以及商务部门，制定电子商务知识产权保护指引，规范电子商务平台侵权投诉处理行为，引导和督促电子商务平台经营者履行知识产权保护义务。

电子商务平台经营者应当建立知识产权保护规则和知识产权维权机制，不得对权利人依法维权设置不合理的条件或者障碍。

第四十条　知识产权权利人认为其知识产权受到侵害的，有权通知电子商务平台经营者采取删除、屏蔽、断开链接、终止交易和服务等必要措施。通知应当包括构成侵权的初步证据及权利人的真实信息。

电子商务平台经营者接到通知后，应当根据构成侵权的初步证据和服务类型采取必要措施，并将该通知转送平台内经营者。平台内经营者接到转送的通知后，可以向电子商务平台经营者提交不存在侵权行为的声明。声明应当包括不存在侵权行为的初步证据。

电子商务平台经营者应当自采取有关措施之日起一个工作日内，公示通知、声明及处理结果。

第四十一条　在本省举办展览会、展示会、博览会、交易会等展会活动的，展会主办方、承办方应当依法做好知识产权保护工作，履行下列义务：

（一）建立参展项目知识产权状况展前核查制度，对参展方参展项目的知识产权状况进行核查；

（二）明确知识产权投诉快速处理程序、快速解决方式以及涉嫌侵权参展产品的处理措施；

（三）要求参展方作出参展项目不侵犯他人知识产权的承诺；

（四）配合行政、司法机关开展知识产权保护调查处理；

（五）法律、法规规定的其他义务。

知识产权权利人或者利害关系人认为参展方侵犯其知识产权的，可以向展会主办方、承办方投诉，并提交构成侵权的初步证据。

展会主办方、承办方接到投诉后，应当及时受理并告知被投诉人。被投诉人应当在二十四小时内作出书面声明，并提交相关证明材料，未在规定期限内提交书面声明、不能有效举证的，展会主办方、承办方应当要求被投诉人撤展或者采取遮盖等方式处理。

第四十二条　商业秘密的获取、披露、使用应当遵守法律、行政法规和商业道德。

组织和个人可以采取下列措施保护商业秘密：

（一）确定商业秘密范围，明确商业秘密的密级、知悉范围、保密期限；

（二）与涉密人员签订保密协议或者在合同中约定保密义务；

（三）对载有商业秘密的载体采取加密、加锁、反编译等预防措施或者在相关载体上加注保密标志；

（四）对涉密场所采取限制访问或者采取物理隔离措施；

（五）在咨询、谈判、技术评审、成果发表、成果鉴定、合作开发、技术转让、投资入股、外部审计、尽职调查等活动中，与相关方签订保密协议；

（六）其他可以保护商业秘密的措施。

第四十三条　建立与数据相关的知识产权保护机制，依法保护数据收集、存储、加工、使用等活动中形成的知识产权，健全与数据相关的知识产权交易规范，促进与数据相关的知识产权价值实现。

第四十四条　行业组织应当加强行业自律，为成员提供知识产权业务培训、信息咨询、维权援助等服务，维护成员知识产权合法权益，促进行业的公平竞争和有序发展。

第四十五条　从事专利代理业务应当取得国家规定的资质，并依法登记注册。

专利代理机构接受委托后，不得就同一专利申请或者专利权的事务接受有利益冲突的其他当事人的委托。专利代理机构指派的专利代理师本人及其近亲属不得与其承办的专利代理业务有利益冲突。专利代理师应当根据专利代理机构的指派承办专利代理业务，不得自行接受委托。

专利代理机构和专利代理师对其在执业过程中了解的发明创造的内容，除专利申请已经公布或者公告的以外，负有保守秘密的义务。

第四十六条　禁止下列行为：

（一）不以保护创新为目的的非正常专利申请；

（二）不以使用为目的的恶意商标注册；

（三）违反诚信原则的作品登记申请。

知识产权代理机构知道或者应当知道委托人存在前款规定情形的，不得接受委托。

第四十七条　任何组织和个人有权向负有知识产权管理职责的部门举报知识产权违法行为。举报应当有明确的举报对象，并提供被举报人涉嫌违法的具体线索。

负有知识产权管理职责的部门应当对举报人信息予以保密，不得将举报人个人信息、举报办理情况等泄露给被举报人或者与办理举报工作无关的人员。

第四章　服务与管理

第四十八条　县级以上地方人民政府及其有关部门应当建立健全知识产权公共服务体系，推动知识产权基本公共服务标准化、均等化、便利化。

第四十九条　知识产权部门应当加强知识产权综合信息公共服务平台建设，推动知识产权信息与经济、科技、法律等信息的融合，规范平台运行机制，促进知识产权信息的共享开放和有效利用。

鼓励建设特色化、专业化知识产权信息公共服务平台，推动各类知识产权信息公共服务平台互联协作。支持高等学校、科研院所等将自有的专业文献、专业数据库等接入知识产权综合信息公共服务平台，实现资源共享。

第五十条　负有知识产权管理职责的部门应当会同商务、卫生健康等部门，为老字号、非物质文化遗产、民间文学艺术、中医药等领域的专利申请、商标注册、作品登记、地理标志申请等提供指导、咨询、信息服务。

第五十一条　负有知识产权管理职责的部门以及有关部门应当建立知识产权指标统计监测制度，定期对知识产权发展情况开展统计监测和分析研判，规范知识产权统计数据的发布和共享。

第五十二条　负有知识产权管理职责的部门应当加强与电子商务平台经营者、行业组织、专业机构等合作，借助现代信息技术，在涉案线索和信息核查、重点商品流向追踪、重点作品网络传播、知识产权流转、侵权监测与识别、取证与存证等方面，推动知识产权治理创新。

第五十三条　对财政资金投入数额较大以及对经济社会发展和公共利益具有较大影响的重大经济科技活动，县级以上地方人民政府及其发展改革、科学技术、工业和信息化、商务、国有资产管理等部门应当组织开展知识产权分析评议，防范知识产权风险。

鼓励开发区、企业和科研院所建立知识产权分析评议制度，开展知识产权评议活动。

知识产权部门负责指导、协调知识产权评议工作。

第五十四条　负有知识产权管理职责的部门应当推动知识产权快速审查服务能力建设，按照国家有关规定配合做好快速审查和优先审查工作。

知识产权公共服务机构应当按照国家有关规定，提供知识产权快速审查、快速登记、快速确权、快速监测预警、快速维权和检索查询等相关服务。

第五十五条　省知识产权部门应当会同省工业和信息化、商务、科学技术、农业农村、林业等部门，制定知识产权及其申请权对外转让的审查程序和规则，规范对外转让秩序，维护国家安全和重大公共利益。

第五十六条　企业、高等学校、科研院所等单位应当加强知识产权规范化管理，建立健全知识产权管理制度。

支持企业、高等学校、科研院所等单位依托知识产权参与标准制定，将具有自主知识产权的创新成果转化为标准。对主导起草国际标准、国家标准、地方标准和制定团体标准的单位，负有知识产权管理职责的部门应当给予技术指导，并按照规定给予资金支持。

鼓励企业、高等学校、科研院所等单位实施推荐性知识产权国家标准、行业标准、地方标准。

第五十七条　支持知识产权代理、运营、评估、法律等服务机构发展，鼓励行业组织研究制定行业服务标准、职业道德与执业纪律规范。

鼓励知识产权服务机构参与制定知识产权服务国家标准、行业标准、地方标准。引导知识产权服务机构实施相关知识产权服务标准。

第五十八条　支持知识产权服务机构向社会提供知识产权公益性服务。

鼓励具备专业知识、技能的志愿者、志愿服务组织提供知识产权志愿服务。开展知识产权志愿服务活动，法律、行政法规有职业资格要求的，志愿者应当依法取得相应的资格。

第五十九条 组织和个人参与政府投资、政府采购、政府资金扶持等活动，应当作出不侵犯他人知识产权的承诺。

鼓励组织和个人在合同中就不侵犯他人知识产权作出约定。

第六十条 县级以上地方人民政府可以对所属部门以及下级人民政府贯彻落实知识产权重大决策、重要工作部署以及履行法定职责情况进行督查考核。

县级以上地方人民政府可以指定知识产权部门按照指定的事项、范围、职责、期限开展政府督查。

在知识产权改革创新中出现失误，但符合国家确定的改革方向，决策程序符合法律、法规规定，未牟取不正当利益，未恶意串通损害国家利益、社会公共利益的，对有关单位和个人不作负面评价，免除相关责任或者从轻、减轻处理。

第六十一条 建立健全知识产权信用分级分类监管机制，规范知识产权信用信息归集、信用评价和信用修复，依法依规实施守信激励和失信约束。

第五章 法律责任

第六十二条 电子商务平台经营者违反本条例第三十九条第二款规定，对权利人依法维权设置不合理条件或者障碍的，由负有知识产权管理职责的部门根据职责责令限期改正，可以处二万元以上十万元以下的罚款；情节严重的，处十万元以上五十万元以下的罚款。

第六十三条 展会主办方、承办方违反本条例第四十一条第一款第一项至第四项规定，未履行知识产权保护相关义务的，由负有知识产权管理职责的部门根据职责责令限期改正；情节严重的，处二万元以上十万元以下的罚款。

第六十四条 违反本条例第四十五条第一款规定，未取得国家规定的资质从事专利代理业务的，责令停止违法行为，没收违法所得，并处违法所得一倍以上五倍以下的罚款。

违反本条例第四十五条第二款、第三款规定，专利代理机构就同一专利申请或者专利权的事务接受有利益冲突的其他当事人的委托，指派专利代理师承办与其本人或者其近亲属有利益冲突的专利代理业务，或者泄露委托人的发明创造内容的，责令限期改正，予以警告，可以处十万元以下的罚款；情节严重或者逾期未改正的，提请国务院专利行政部门依法处理。

违反本条例第四十五条第二款、第三款规定，专利代理师自行接受委托办理专利代理业务，或者泄露委托人的发明创造内容的，责令限期改正，予以警告，可以处五万元以下的罚款；情节严重或者逾期未改正的，提请国务院专利行政部门依法处理。

专利侵权纠纷经行政裁决、司法判决后，侵权人再次侵犯同一专利权的，责令侵权人停止侵权，没收违法所得，并可以处违法所得一倍以上五倍以下的罚款；没有违法所得的，可以处二十万元以下的罚款。

本条规定的行政处罚，由省、设区的市知识产权部门具体实施。

第六十五条 知识产权行政执法中没收的侵犯知识产权物品，可以用于社会公益事业的，有关部门应当转交给有关公益机构用于社会公益事业；知识产权权利人有收购意愿的，有关部门可以有偿转让给知识产权权利人。没收的侵犯知识产权物品无法用于社会公益事业且知识产权权利人无收购意愿的，有关部门可以在消除侵权特征并确保产品质量合格后依法拍卖；侵权特征无法消除的，应当予以无害化销毁。转让和拍卖所得应当上缴国库。

法律、法规对没收物品的处理另有规定的，从其规定。

第六十六条 负有知识产权管理职责的部门在查处知识产权侵权案件时，当事人达成和解协议或者调解协议并实际履行，且不损害社会公共利益和第三方合法权益的，可以依法从轻、减轻处罚。

对故意侵害他人知识产权，情节严重的，负有知识产权管理职责的部门应当从重处罚。

认定本条第二款所称的故意，应当综合考虑被侵害知识产权客体类型、权利状态和相关产品知名度、侵权人与权利人或者利害关系人之间的关系等因素。

认定本条第二款所称的情节严重，应当综合考虑侵权手段、次数，侵权行为的持续时间、地域范围、规模、后果等因素。

第六十七条 负有知识产权管理职责的部门及其工作人员滥用职权、玩忽职守、徇私舞弊的，对直接负责的主管人员和其他直接责任人员依法给予处分；构成犯罪的，依法追究刑事责任。

第六章 附则

第六十八条 本条例自 2022 年 4 月 26 日起施行。

广东省知识产权保护条例

(2022年3月29日广东省第十三届人民代表大会常务委员会第四十一次会议通过)

目 录

第一章　总则
第二章　行政保护
第三章　行政、司法协同保护与纠纷解决
第四章　社会保护
第五章　服务与保障
第六章　法律责任
第七章　附则

第一章　总则

第一条　为了加强知识产权保护，激发创新活力，优化市场化、法治化、国际化营商环境，根据有关法律、行政法规，结合本省实际，制定本条例。

第二条　本条例适用于本省行政区域内知识产权保护及相关工作。

第三条　各级人民政府应当落实知识产权保护属地责任，完善知识产权保护工作机制，加强工作协调机制建设，强化知识产权保护工作队伍建设。

县级以上人民政府应当将知识产权保护工作纳入国民经济和社会发展规划，将知识产权保护经费纳入本级财政预算。

第四条　县级以上人民政府市场监管部门负责专利、商标、地理标志产品和商业秘密的行政保护工作。

县级以上地方著作权主管部门负责著作权的行政保护工作。

县级以上人民政府农业农村、林业部门按照各自职责负责植物新品种和农产品地理标志的行政保护工作。

新闻出版、发展改革、教育、科技、工业和信息化、公安、司法行政、财政、人力资源社会保障、商务、文化和旅游、卫生健康、广电、地方金融监管、海关、药监、中医药等负责知识产权保护的相关部门，按照各自职责做好知识产权保护相关工作。

本条第一款、第二款、第三款规定的部门，以下统称为负责知识产权保护的主管部门。

第五条　省人民政府应当完善知识产权战略实施工作联席会议制度，统筹推进全省知识产权创造、运用、保护、管理、服务等工作，协调解决知识产权保护工作的重大问题。

第六条　省人民政府应当每年发布知识产权保护白皮书，向社会公开本省知识产权保护状况。

县级以上人民政府及有关部门应当加强知识产权保护的宣传引导，组织新闻媒体通过多种形式开展知识产权保护的公益宣传，营造尊重知识价值、崇尚创新、诚信守法的知识产权保护环境。

第七条　省人民政府应当强化粤港澳大湾区知识产权合作机制建设，依托粤港、粤澳及泛珠三角区域知识产权合作机制，推动知识产权保护协作、纠纷解决、信息共享、学术研究、人才培养等工作，全面加强知识产权保护领域的交流合作。

省和地级以上市人民政府应当拓宽知识产权对外合作交流渠道，鼓励和支持企业、社会组织、知识产权服务机构依法开展知识产权保护国际交流合作。

第八条　县级以上人民政府应当按照国家有关规定对在知识产权保护工作中作出突出贡献的集体和个人给予表彰奖励。

第二章　行政保护

第九条　县级以上人民政府应当加强知识产权的源头保护，推进关键核心领域知识产权创造和储备，推动建立产业知识产权联盟和产业专利池；支持和引导自然人、法人和非法人组织依法获得知识产权，提升知识产权申请注册质量和知识产权管理效能。

负责知识产权保护的主管部门应当强化知识产权申请注册质量监管，依法查处非正常专利申请、商标恶意注册、作品著作权重复登记和恶意登记等行为。

第十条　负责知识产权保护的主管部门和相关部门应当加强知识产权保护智能化建设，利用大数据、人工智能、区块链等新技术，在涉案线索和信息核查、源头追溯、重点商品流向追踪、重点作品网络传播、侵权实时监测与在线识别、取证存证和在线纠纷解决等方面，创新保护方式。

第十一条　省和地级以上市人民政府应当建立健全知识产权分析评议机制。对涉及知识产权的重大区域和产业规划以及利用财政性资金或者国有资本设立的重大政府投资项目、重大自主创新项目、重大技术引进或者出口项目、重大人才管理和引进项目等重大经济科技活动，项目主管单位应当组织开展知识产权分析评议，防范知识产权风险。

商务和科技、农业农村、市场监管、林业等相关主管部门按照国家相关规定，开展知识产权对外转让审查工作，维护国家安全和重大公共利益。

第十二条　省人民政府应当建立和完善知识产权执法协作机制，建立统一协调的执法标准、证据规则和案例指导制度，健全知识产权违法线索通报、案件流转、执法联动、检验鉴定结果互认等制度，加强跨部门、跨地区知识产权案件的办案协作。

负责知识产权保护的主管部门和相关部门在处理知识产权违法行为过程中，发现属于其他部门主管的知识产权案件线索时，应当及时书面通报并将线索移送同级主管部门。

省人民政府应当推动建立省际间知识产权执法合作机制，互相协助做好调查取证、文书送达等工作。

第十三条　负责知识产权保护的主管部门在查处知识产权案件时，有权采取有关行政措施，当事人应当予以协助、配合，不得拒绝、阻挠。有关行政措施包括：

（一）询问有关当事人，调查与涉嫌违法行为有关的情况；

（二）对当事人涉嫌违法行为的场所实施现场检查；

（三）查阅、复制与涉嫌违法行为有关的合同、发票、账簿、电子数据以及其他有关资料；

（四）检查与涉嫌违法活动有关的物品，抽样取证；

（五）对可能灭失或者以后难以取得的证据，依法先行登记保存；

（六）依法采取相关查封或者扣押措施；

（七）对涉嫌侵犯制造方法专利权的，要求当事人进行现场演示，但是应当采取保护措施，防止泄密，并固定相关证据；

（八）法律、法规规定的其他措施。

市场监管部门应专利权人或者利害关系人的请求处理专利侵权纠纷时，可以采取前款第一项、第二项、第四项、第七项所列措施。认定专利侵权的行政裁决、仲裁裁决或者民事判决生效后，侵权人再次侵犯同一专利权的，市场监管部门可以采取前款所有措施。

第十四条　省人民政府应当建立知识产权行政保护技术调查官制度，为调查专业技术性较强的知识产权案件或者进行电子数据取证提供技术支持。

技术调查官对涉案信息负有保密义务，与案件有利害关系的，应当回避。

技术调查官的管理办法由省市场监管部门会同相关部门另行制定。

第十五条　负责知识产权保护的主管部门和相关部门应当对知识产权侵权集中领域和易发风险区域开展行政保护专项行动，加大对重复侵权、恶意侵权、群体侵权等行为的查处和打击力度。

第十六条　市场监管部门应当推动专利快速审查机制建设，按照有关规定，为国家重点发展产业和本省战略性新兴产业等提供专利申请和确权的快速通道。

第十七条　市场监管部门应当探索创新注册商标的保护手段，加强对本省享有较高知名度、具有较大市场影响力商标的保护，指导和规范有关行业协会建立重点商标保护名录。

第十八条　著作权主管部门应当健全著作权登记制度，完善著作权网络保护和交易规则，加强对作品侵权盗版行为的监测与查处。

第十九条　市场监管部门应当加强对商业秘密保护的组织、协调、指导和监管执法工作，推动建立健全商业秘密保护体系；引导经营者建立完善商业秘密保护制度，采取签订商业秘密保密协议等措施防止泄露商业秘密。

第二十条　负责知识产权保护的主管部门、商务部门应当引导老字号商事主体通过申请专利、注册商标、登记著作权、申请地理标志产品保护以及商业秘密保护等方式维护自身合法权益，并依法查处侵犯其知识产权的违法行为。

第二十一条　县级以上人民政府及有关部门应当探索开展新领域新业态以及传统文化、传统知识等领域的知识产权保护工作，为大数据、人工智能、基因技术、互联网、赛事转播和直播、中医药等领域的知识产权保护提供必要的培训与指导。

第三章　行政、司法协同保护与纠纷解决

第二十二条　知识产权司法保护按照有关法律、司法解释的规定执行。

负责知识产权保护的主管部门、相关部门和司法机关建立健全知识产权保护行政执法和司法衔接机制，推动知识产权领域行政执法标准和司法立案追诉、裁判标准协调衔接。

负责知识产权保护的主管部门和相关部门在处理知识产权案件中发现犯罪线索的，应当及时向司法机关移送。

第二十三条　负责知识产权保护的主管部门、相关部门和司法机关应当加强知识产权行政执法和司法信息共享，定期通报和共享知识产权工作信息，在知识产权案件违法线索、监测数据、典型案例等方面加强信息互通。

第二十四条　负责知识产权保护的主管部门在处理知识产权纠纷案件时，可以依法先行调解。

负责知识产权保护的主管部门、司法行政部门应当加强知识产权纠纷调解机制建设，支持和指导知识产权保护中心、快速维权中心以及相关社会组织建立调解组织，开展知识产权纠纷调解，公平、高效处理知识产权纠纷。

负责知识产权保护的主管部门、司法行政部门应当与人民法院开展诉调对接工作，探索依当事人申请的知识产权纠纷行政调解协议司法确认制度，畅通线上线下调解与诉讼对接渠道。

第二十五条　市场监管部门依当事人申请，依法对专利侵权纠纷作出行政裁决。

除当事人达成调解协议或者撤回行政裁决申请的以外，市场监管部门应当在规定期限内对专利侵权行为是否成立作出行政裁决。认定侵权行为成立的，可以责令侵权人立即停止侵权行为。

行政裁决的具体程序和要求，按照国家和省的有关规定执行。

第二十六条　负责知识产权保护的主管部门、相关部门和司法机关应当加强知识产权快速维权机制建设，完善知识产权保护中心和快速维权中心布局，支持优势产业集聚区申报建设知识产权保护中心和快速维权中心。

经批准设立的知识产权保护中心和快速维权中心应当发挥专业技术支撑平台作用，推进知识产权快速审查、确权、维权协同保护工作。

第二十七条　负责知识产权保护的主管部门可以委托下级部门或者知识产权领域管理公共事务的组织处理专利侵权纠纷，可以委托下级部门对专利代理违法行为实施行政处罚。

受委托的部门或者知识产权领域管理公共事务的组织在委托范围内，以委托机关的名义实施调查和作出相关处理，不得再委托其他组织或者个人实施调查和作出相关处理。

第四章　社会保护

第二十八条　企业、高等学校、科研机构以及其他从事知识产权相关活动的单位和个人应当增强知识产权保护意识和能力，履行知识产权保护义务，接受负责知识产权保护的主管部门和相关部门的指导、监督和管理，配合行政机关的执法活动。

支持和鼓励企业、高等学校、科研机构建立健全知识产权内部管理和保护机制，设立知识产权管理部门或者岗位。

第二十九条　市场主体在开展对外投资、参加展会、招商引资、产品或者技术进出口业务时，应当及时检索、查询有关国家、地区的相关知识产权情况。

市场主体在行使知识产权时，不得滥用知识产权实施垄断行为或者不正当竞争行为。

第三十条　电子商务平台经营者应当制定平台知识产权保护规则，建立知识产权投诉举报机制，及时处理知识产权投诉举报；知道或者应当知道平台内经营者侵犯知识产权的，应当依法及时采取删除、屏蔽、断开链接、终止交易和服务等必要措施。

第三十一条　展会主办方应当制定展会知识产权保护规则，加强对参展项目知识产权状况的审查，并在招展时与参展方签订有知识产权保护条款约定的合同。

展会举办三天以上的，展会主办方应当设立展会知识产权纠纷处理机构，及时调解处理知识产权纠纷。

展会主办方应当完整保存展会的知识产权纠纷信息与档案资料，并配合行政机关、司法机关以及公证、仲裁机构调取有关信息与资料。有关信息与资料自展会举办之日起应当保存至少三年。

第三十二条　专业市场开办者应当制定市场内知识产权保护规则，与商户签订知识产权保护条款，开展相关宣传培训。

负责知识产权保护的主管部门和有关行政管理部门应当指导专业市场开办者建立健全专业市场知识产权保护机制，引导专业市场建立知识产权纠纷快速处理机制。

第三十三条　体育、文化等重大活动的主办方，应当遵守官方标志、特殊标志和奥林匹克标志保护等有关法律法规，依法规范活动中的知识产权使用行为。

第三十四条　广告经营者、发布者对涉及知识产权的广告应当按照有关法律、行政法规规定查验知识产权证明文件。对无知识产权证明文件或者证明文件不全的，广告经营者不得提供设计、制作、代理服务，广告发布者不得发布。

第三十五条 行业协会、商会、产业联盟等应当建立知识产权保护自律机制，按照章程规范成员创造、运用、保护知识产权等行为，加强对成员知识产权保护工作的监督，帮助成员解决知识产权纠纷。

第三十六条 政府投资项目、政府采购和招标投标、政府资金扶持、表彰奖励等活动涉及知识产权的，有关主管部门可以要求申请参加活动的自然人、法人和非法人组织提交未侵犯他人知识产权的书面承诺，并在签订协议时约定违背承诺的责任。

第五章 服务与保障

第三十七条 县级以上人民政府应当建立健全知识产权公共服务体系，推进知识产权公共服务平台和专题数据库建设，提供知识产权政策指导、检索查询、维权咨询等服务，加强信息共享。

鼓励和支持社会力量积极参与知识产权保护相关工作，提供知识产权保护服务。

第三十八条 县级以上人民政府应当依托政务服务平台和网上办事大厅优化知识产权政务服务，简化服务流程，推进知识产权相关事项集中办理、就近办理和网上办理。

第三十九条 负责知识产权保护的主管部门、商务部门应当指导有关单位及社会组织对重点行业和领域的知识产权状况、发展趋势、竞争态势，以及具有重大影响的国际知识产权事件、国外知识产权法律修改变化情况进行分析、研究，并提供知识产权领域风险预警等服务。

第四十条 负责知识产权保护的主管部门、司法行政部门建立健全知识产权维权援助工作体系，推动有条件的地区和行业成立知识产权维权援助组织，支持知识产权服务行业协会组织开展公益代理和维权援助。

鼓励保险机构结合知识产权保护、海外维权等需求开展知识产权保险业务，提高企事业单位知识产权风险应对能力。

第四十一条 建立健全海外知识产权纠纷应对指导机制，加强海外知识产权维权服务。支持知识产权公益性服务机构开展海外纠纷应对指导服务，鼓励具备能力的社会组织、代理服务机构建立知识产权海外维权工作机制，建设海外维权专家库、案例库及法律库，开展海外维权服务，引导重点产业的企业、行业协会、商会等建立知识产权海外维权

联盟，鼓励社会资本设立海外维权援助服务基金，提高海外知识产权纠纷应对能力。

第四十二条 司法行政部门应当会同负责知识产权保护的主管部门加强公证电子存证技术的推广应用，指导公证机构优化服务知识产权保护的公证流程，创新公证证明和公证服务方式，依托电子签名、数据加密、区块链等技术，为知识产权维权取证等提供公证服务。

公证机构依据权利人申请对侵权行为现场取证进行保全证据公证，对互联网环境下知识产权侵权行为网上取证进行保全证据公证。

第四十三条 负责知识产权保护的主管部门应当推动知识产权服务业发展，加强对从事知识产权咨询、培训、代理、鉴定、评估、运营、大数据运用等服务业的培育、指导和监督，依法规范其执业行为。

知识产权服务机构应当依法开展知识产权代理、法律服务、咨询、培训等活动，恪守职业道德和执业纪律，诚实守信，依法维护委托人的合法权益。

第四十四条 负责知识产权保护的主管部门、司法行政部门应当按照各自职责，推动建立知识产权鉴定技术标准，指导知识产权鉴定机构加强知识产权鉴定专业化、规范化建设，为知识产权行政保护和司法保护提供专业技术支撑。

第四十五条 省人民政府应当建立健全知识产权保护工作考核机制，对县级以上人民政府及其负责知识产权保护的主管部门和相关部门依法履行知识产权保护工作职责的情况进行考核。

第四十六条 负责知识产权保护的主管部门应当推进知识产权领域信用体系建设，按照国家和省的有关规定将自然人、法人和非法人组织在知识产权领域的失信行为纳入公共信用信息。

社会信用主管部门应当会同负责知识产权保护的主管部门确定失信惩戒措施，完善知识产权失信惩戒机制。

第六章 法律责任

第四十七条 负责知识产权保护的主管部门和相关部门及其工作人员滥用职权、玩忽职守、徇私舞弊的，对直接负责的主管人员和其他直接责任人员依法给予处分；构成犯罪的，依法追究刑事责任。

第四十八条 对知识产权侵权行为作出的行政处罚决定或者知识产权侵权纠纷行政裁决、司法判决生效后，自然人、法人和非法人组织以相同行为再次侵犯同一知识产权的，负责知识产权保护的主管部门应当对其从重处罚。

负责知识产权保护的主管部门在查处知识产权违法行为过程中，要求当事人提供相关证据材料，当事人无正当理由拒不提供或者伪造、销毁、隐匿有关证据材料的，负责知识产权保护的主管部门根据查明的违法事实实施行政处罚时，可以对其从重处罚。

第四十九条　自然人、法人和非法人组织有下列情形之一的，三年内不得申请政府财政性资金项目及参与表彰奖励等活动：

（一）故意侵犯知识产权严重破坏市场公平竞争秩序的；

（二）有能力履行但拒不执行生效的知识产权法律文书的；

（三）侵犯知识产权构成犯罪的；

（四）有其他侵犯知识产权严重失信行为的。

第五十条　企事业单位滥用知识产权实施垄断或者不正当竞争行为，应当追究法律责任的，依照《中华人民共和国反垄断法》《中华人民共和国反不正当竞争法》及相关法律法规进行处理。

第七章　附则

第五十一条　本条例自 2022 年 5 月 1 日起施行。

山东省知识产权保护和促进条例

（2022 年 3 月 30 日山东省第十三届人民代表大会常务委员会第三十四次会议通过）

目　录

第一章　总则
第二章　创造与运用
第三章　保护
第四章　管理与服务
第五章　法律责任
第六章　附则

第一章　总则

第一条　为了加强知识产权保护，促进创新发展，推动知识产权强省建设，根据有关法律、行政法规，结合本省实际，制定本条例。

第二条　本条例适用于本省行政区域内的知识产权创造、运用、保护、管理、服务等活动。

本条例所称知识产权，是指权利人依法就下列客体享有的专有的权利：

（一）作品；

（二）发明、实用新型、外观设计；

（三）商标；

（四）地理标志；

（五）商业秘密；

（六）集成电路布图设计；

（七）植物新品种；

（八）法律规定的其他客体。

第三条　知识产权保护和促进工作应当遵循鼓励创造、推动运用、依法保护、科学管理和优化服务的原则。

第四条　县级以上人民政府应当将知识产权保护和促进工作纳入国民经济和社会发展规划，创新和完善知识产权保护和促进工作机制，协调解决知识产权工作中的重大问题，并将所需工作经费纳入本级财政预算。

第五条　县级以上人民政府市场监督管理部门负责统筹协调并组织实施本行政区域内的知识产权保护和促进工作，依法承担专利、商标、地理标志、商业秘密、集成电路布图设计等知识产权保护和促进的具体工作。

县级以上人民政府著作权主管部门依法承担著作权保护和促进的具体工作。

县级以上人民政府农业农村、林业部门或者人民政府确定的其他部门依法承担植物新品种等知识产权保护和促进的具体工作。

发展改革、教育、科学技术、工业和信息化、公安、人力资源社会保障、商务、海关等有关部门，应当按照各自职责做好知识产权保护和促进的相关工作。

第六条　中国（山东）自由贸易试验区、中国—上海合作组织地方经贸合作示范区、济南新旧动能转换起步区、高新技术产业开发区以及其他功能区应当根据国家授权，先行先试创新知识产权保护体制机制，完善相关政策措施，形成可复制可推广的改革创新经验和成果。

第七条　县级以上人民政府应当构建多方参与的知识产权治理体系，鼓励和支持社会力量参与知识产权保护和促进相关工作，加强宣传引导，增强全社会保护和促进知识产权的意识，营造尊重知识、崇尚创新、诚信守法的社会环境。

行业协会、商会等应当推进行业自律，引导会员增强知识产权保护和促进意识，抵制知识产权违法行为。

新闻媒体应当通过多种形式开展知识产权保护和促进的公益宣传和舆论监督。

第八条　县级以上人民政府应当建立健全知识产权表彰奖励制度，按照国家和省有关规定对知识产权保护和促进工作中做出突出贡献的单位和个人给予表彰、奖励。

第二章　创造与运用

第九条　县级以上人民政府应当推动建立市场主导、政府引导、社会参与、产学研服相结合的知识产权创新体系，促进知识产权创造和运用。

第十条　企业、高等学校、科研机构应当加强知识产权创造和储备，增加高价值知识产权拥有量，提升知识产权运用效益，促进知识产权与产业深度融合。

鼓励企业、高等学校、科研机构合作建立技术研发中心、产业研究院、中试基地等新型研究开发机构，提高技术创新能力。

第十一条 企业、高等学校、科研机构和知识产权服务机构应当围绕产业发展战略，采取符合自身特点的知识产权转化运用策略和运营模式，推动自主知识产权产业化。

县级以上人民政府及其有关部门在科技立项、成果产业化、创新基金使用等方面，应当优先支持具有自主知识产权的项目或者产品，并可以通过资金补助、风险补偿、创业投资引导等方式给予扶持。

第十二条 企业、高等学校、科研机构应当建立以知识价值为导向的知识产权权益分配机制，推进知识产权权益分配改革，提升知识产权转移转化活力和实施效益。

鼓励单位通过赋予职务作品、职务科技成果等职务知识产权的完成人职务知识产权所有权或者长期使用权等方式实施产权激励。除法律、行政法规另有规定外，单位可以与职务知识产权的完成人就知识产权归属、转移转化和收益等进行约定。

鼓励企业、高等学校、科研机构健全职务发明奖励和报酬制度，明确职务发明奖励报酬的条件、程序、方式和数额。

第十三条 利用财政性资金设立的科学技术计划项目所形成的科技成果，在不损害国家安全、国家利益和重大社会公共利益的前提下，授权项目承担者依法取得相关知识产权，项目承担者可以依法自行投资实施转化、向他人转让、联合他人共同实施转化、许可他人使用或者作价投资等。

第十四条 鼓励知识产权与技术标准有效融合，支持知识产权权利人将相关知识产权转化为国际标准、国家标准、行业标准、地方标准或者团体标准。

第十五条 企业、高等学校、科研机构应当建立健全知识产权管理制度，推动知识产权管理国家标准实施，实现知识产权管理的标准化。

企业、高等学校、科研机构和知识产权服务机构应当发挥各自优势，开展知识产权互助、协作，建立优势互补、分工明确、成果共享、风险共担的合作机制，实现资源共享。

第十六条 金融机构应当创新金融服务模式和金融产品，提供知识产权质押融资、知识产权证券化等信贷、担保服务，扩大知识产权信贷、担保规模，加大对中小微企业、初创企业知识产权信贷支持。

鼓励金融机构、知识产权服务机构等建立适合知识产权特点的评价体系，完善知识产权融资风险预防、风险分担机制以及知识产权评估、质押财产处置机制。

鼓励支持知识产权权利人、创业投资机构、知识产权服务机构等探索建立知识产权转移转化新型合作模式。

第十七条 省人民政府设立专利奖，对促进经济和社会发展做出突出贡献的优秀专利项目和发明人给予奖励。鼓励设区的市、县（市、区）人民政府对优秀知识产权项目和知识产权权利人给予奖励。

鼓励用人单位对在单位知识产权工作中做出突出贡献的职工给予激励，倡导公民、法人和其他组织按照国家有关规定设立知识产权奖项。

第三章 保护

第十八条 本省建立行政保护与司法保护、政府监管与行业自律、企业自治与社会监督相结合的知识产权保护体系，构建权界清晰、分工合理、责权一致、运转高效的保护机制，推进知识产权领域信用体系建设，维护知识产权权利人的合法权益。

第十九条 县级以上人民政府负责知识产权保护的部门应当按照各自职责，建立健全本行政区域知识产权重点保护名录和侵权预警机制，加强对高价值知识产权或者容易被侵权假冒知识产权的保护。

第二十条 县级以上人民政府应当组织有关部门建立联合执法机制，推进区域知识产权保护会商和信息共享，完善跨部门、跨区域知识产权案件的信息通报、配合调查、移送等制度，加强知识产权的办案协作。

第二十一条 县级以上人民政府负责知识产权保护的部门应当加强对网络环境下的知识产权保护，建立互联网领域执法协作机制，依法查处利用互联网侵犯知识产权的违法行为。

第二十二条 县级以上人民政府负责知识产权保护的部门应当根据工作需要建立技术调查官制度，在技术类和专业技术性较强的知识产权案件中，对技术事实专业问题协助进行调查、分析、判断，为知识产权纠纷处理提供专业支持。

第二十三条 县级以上人民政府负责知识产权保护的部门应当完善知识产权投诉、举报处理机制，公开受理渠道和方式，及时处理投诉、举报；健全知识产权侵权假冒举报奖励机制，对举报查证属实的，按照规定给予奖励。

第二十四条 县级以上人民政府负责知识产权保护的部门应当建立健全知识产权维权援助制度，

完善维权援助工作体系，为公民、法人和其他组织提供维权事务咨询、纠纷解决方案等公共服务。

县级以上人民政府负责知识产权保护的部门应当完善海外知识产权维权援助机制，提供海外知识产权纠纷应对指导，支持行业、企业建立知识产权海外维权联盟。

第二十五条　建立和完善知识产权保护行政执法与刑事司法衔接机制，推动行政机关和司法机关在违法线索、监测数据、典型案例等方面的信息共享，依法查处知识产权违法行为，保护知识产权权利人的合法权益。

人民法院应当根据国家有关知识产权案件跨区域审理等规定，采用繁简分流等方式，提高知识产权案件审判质量和效率。

第二十六条　人民法院、人民检察院应当完善法律适用统一机制建设，通过发布典型案例、编纂类案办案指南等方式加强案例指导。

人民检察院应当依法履行法律监督职能，加强知识产权民事、刑事、行政案件法律监督。

第二十七条　建立和完善知识产权纠纷多元化解机制，推动和解、调解、行政裁决、行政复议、仲裁、诉讼等纠纷解决途径有效衔接，依法及时化解知识产权纠纷。

当事人达成知识产权纠纷调解协议的，可以依法向人民法院申请司法确认。

第二十八条　当事人对知识产权纠纷申请行政裁决的，负责知识产权保护的部门应当依法及时作出行政裁决。

县级以上人民政府负责知识产权保护的部门在作出行政裁决前，可以根据当事人的申请先行调解；调解不成的，应当依法作出行政裁决。

第二十九条　鼓励设立行业性、专业性的知识产权纠纷人民调解组织，依法开展知识产权纠纷调解工作，提供便捷、高效的纠纷处理服务，引导当事人通过调解解决知识产权纠纷。

鼓励仲裁机构加强知识产权专业化建设，吸纳知识产权保护专业人才参与仲裁，发挥仲裁专业快速解决知识产权纠纷的优势，鼓励当事人运用仲裁方式解决知识产权纠纷。

第三十条　支持、鼓励企业、高等学校、科研机构建立健全知识产权保护制度，提高保护意识，加强知识产权源头保护。有条件的可以设立知识产权维权基金，增强自我保护能力。

第三十一条　展会主办单位或者承办单位应当在展会举办期间依法保护知识产权，加强对参展方和参展项目知识产权状况的审查，并可以通过与参展方签订知识产权保护协议的方式明确双方权利义务。

国家规定应当设立知识产权投诉机构的展会，展会主办单位或者承办单位应当设立知识产权投诉机构，县级以上人民政府负责知识产权保护的部门应当派员进驻。

第三十二条　电子商务平台经营者应当履行知识产权保护义务，采取必要措施，制止平台内经营者的侵权行为，配合有关部门依法查处侵权行为，处理知识产权纠纷。

鼓励电子商务平台经营者完善知识产权保护机制，为平台内经营者提供知识产权识别、投诉应对、快速维权等服务。

第三十三条　专业市场主办方应当健全知识产权保护机制，通过制定保护规则、设立纠纷快速处理平台、开展相关宣传培训等方式，增强商户知识产权保护意识，积极防范和调处知识产权纠纷。

第四章　管理与服务

第三十四条　县级以上人民政府应当综合运用财政、税收、投资、产业、科技、人才等政策，为知识产权创造、运用和保护提供指导和服务。

县级以上人民政府应当促进区域知识产权协调发展，支持开展知识产权试点工作，培育具有市场竞争力的知识产权优势企业。

第三十五条　县级以上人民政府应当在本级年度财政预算中安排资金，用于知识产权信息化建设、人才培养、项目资助和奖励等事项。

第三十六条　知识产权权利人转让或者许可使用知识产权所得，以及从事与该知识产权相关的技术咨询、技术服务等取得的收入，按照国家规定享受有关税收优惠。

第三十七条　县级以上人民政府应当建立并完善知识产权评议制度，在重大产业规划、重大政府投资项目和重大科技创新项目立项前，组织有关部门对项目所涉及的知识产权状况进行分析、评估，防范知识产权风险。

第三十八条　省人民政府市场监督管理部门应当会同有关部门建立知识产权对外合作交流机制，构建与国际接轨的知识产权保护和促进体系。

鼓励企业、高等学校、科研机构以及其他组织参与知识产权国际交流和规则标准制定，加强海外知识产权布局，提升国际竞争能力。

第三十九条　省和设区的市人民政府负责知识产权保护的部门应当会同有关部门和单位，建立健全海外知识产权风险预警防范机制，跟踪具有重大影响的国际知识产权事件以及国外知识产权法律制度变化等情况，及时发布风险预警。

省人民政府负责知识产权保护的部门应当按照有关规定，加强对涉及国家安全以及重要领域核心关键技术知识产权对外转让审查，规范知识产权对外转让行为，维护国家安全、国家利益和重大社会公共利益。

第四十条　县级以上人民政府应当加强知识产权公共服务平台建设，为社会公众提供知识产权转移转化、政策指导、检索查询、维权援助等服务，推动知识产权业务一网通办，促进知识产权信息的共享开放和有效利用。

第四十一条　县级以上人民政府应当采取措施，支持知识产权代理、鉴定、运营、评估、咨询、培训、信息利用等知识产权服务机构发展；鼓励有条件的地方建立知识产权服务业集聚区，推动形成社会化、专业化知识产权服务体系。

县级以上人民政府负责知识产权保护的部门应当完善知识产权服务业监管服务机制，引导知识产权服务机构加强自律管理，提高知识产权服务水平，维护公平竞争的市场秩序。

第四十二条　县级以上人民政府应当加强知识产权人才培养，鼓励和支持企业、高等学校、科研机构以及其他组织开展知识产权培训，支持有条件的地方建设知识产权专业人才培养基地。

县级以上人民政府有关部门和单位应当完善激励自主创新的人才考核评价制度，将知识产权的创造、运用作为专业技术职称评定和岗位聘用的重要条件。

第四十三条　战略性新兴产业、知识产权密集型产业集聚的产业园区应当发挥示范引领作用，健全知识产权服务体系，推进知识产权综合管理改革，为园区内企业知识产权创造、运用、维权提供便利化服务。

产业园区所在地县级以上人民政府应当根据当地产业发展需求，推动知识产权快速审查服务能力建设，优化重点技术领域知识产权授权、确权和维权服务。

第四十四条　对各级国有企业履行出资人职责的机构应当加强对所出资企业知识产权工作的指导，提高国有企业知识产权保护和促进工作水平。

第四十五条　支持高等学校开设知识产权课程、设立知识产权专业、成立知识产权研究机构，鼓励中小学校开展知识产权普及教育，培养学生知识产权保护和创新意识，提高学生创造能力。

鼓励在校学生开展知识产权创造活动，并按照有关规定给予激励。

第五章　法律责任

第四十六条　违反本条例规定的行为，法律、行政法规已经规定法律责任的，适用其规定。

第四十七条　各级人民政府和有关部门及其工作人员在知识产权保护和促进工作中滥用职权、玩忽职守、徇私舞弊的，对直接负责的主管人员和其他直接责任人员依法给予处分；构成犯罪的，依法追究刑事责任。

第四十八条　有关单位和个人在知识产权保护和促进工作中，出现偏差失误或者未能实现预期目标，但是符合国家确定的改革方向，决策程序符合法律、法规规定，未牟取私利或者未恶意串通损害国家利益、公共利益的，按照有关规定从轻、减轻或者免予追责。

经确定免予追责的单位和个人，在绩效考核、评先评优、职务职级晋升、职称评聘和表彰奖励等方面不受影响。

第六章　附则

第四十九条　本条例自 2022 年 5 月 1 日起施行。2010 年 5 月 30 日山东省第十一届人民代表大会常务委员会第十七次会议通过的《山东省知识产权促进条例》同时废止。

北京市知识产权保护条例

（2022年3月31日北京市第十五届人民代表大会常务委员会第三十八次会议通过）

目　录

第一章　总则
第二章　行政保护和司法保护
第三章　社会共治
第四章　促进与服务
第五章　纠纷多元调处
第六章　法律责任
第七章　附则

第一章　总则

第一条　为了加强知识产权保护，激发创新创造活力，建设知识产权首善之区，支持和促进国际科技创新中心和全国文化中心建设，服务和推动首都经济社会高质量发展，根据有关法律、行政法规，结合本市实际情况，制定本条例。

第二条　本市行政区域内知识产权保护及相关活动，适用本条例。

第三条　本市对权利人依法就下列客体享有的知识产权予以保护：

（一）作品；

（二）发明、实用新型、外观设计；

（三）商标；

（四）地理标志；

（五）商业秘密；

（六）集成电路布图设计；

（七）植物新品种；

（八）法律规定的其他客体。

第四条　本市倡导尊重知识、崇尚创新、诚信守法、公平竞争的知识产权文化理念，加强知识普及和文化宣传，增强全社会知识产权保护意识，营造有利于促进知识产权高质量发展的人文社会环境。

本市每年发布知识产权保护状况白皮书，向社会公示本市知识产权保护状况。

第五条　本市知识产权保护工作坚持全面、严格、快捷、平等的原则，构建行政监管、司法保护、行业自律、社会监督、公共服务、纠纷多元调处的知识产权保护格局，健全制度完善、运行高效、管理科学、服务优化的知识产权保护体系。

第六条　市、区人民政府应当加强对知识产权保护工作的领导，将知识产权保护工作纳入国民经济和社会发展规划和计划，制定知识产权发展战略、规划和计划，保障知识产权发展资金的投入，将知识产权保护情况纳入营商环境和高质量发展评价体系。

市、区人民政府建立健全知识产权办公会议制度，统筹推进知识产权工作中的重大事项，协调解决重点和难点问题，督促有关知识产权政策措施的落实。

第七条　知识产权部门负责知识产权工作的统筹协调，推动知识产权保护工作体系建设。

知识产权部门和市场监督管理部门按照职责分工负责专利、商标、地理标志、商业秘密等保护的相关管理工作；版权、文化和旅游部门按照职责分工负责著作权保护的相关管理工作；农业农村、园林绿化部门按照职责分工负责植物新品种保护的相关管理工作。

发展改革、科技、经济和信息化、财政、广播电视、商务、教育、人力资源社会保障、金融监督管理、公安、司法行政等部门按照各自职责做好知识产权保护相关工作。

第八条　支持企业、高等院校、科研机构等探索移动互联网、大数据、人工智能、量子科技、前沿生物技术等新技术、新产业、新业态、新模式的知识产权管理措施和保护模式。

支持在国家服务业扩大开放综合示范区、中国（北京）自由贸易试验区、中关村国家自主创新示范区等建设中，根据国家授权，进行知识产权保护体制机制、政策措施等方面的探索创新。

第九条　本市加强京津冀知识产权保护区域合作，开展案件线索移送、调查取证、协助执行、联合执法等工作，共享专家智库、服务机构等资源，推动信息互通、执法互助、监督互动、经验互鉴；强化与其他省市的知识产权保护协作。

第十条　本市扩大知识产权领域开放合作，支持境外知识产权服务机构、仲裁机构等依法在本市设立机构、开展业务，推动建立国际知识产权交易、运营平台。

第十一条　对在知识产权保护及相关活动中作出突出贡献的个人和单位，按照国家和本市有关规定予以表彰奖励。

第二章　行政保护和司法保护

第十二条　知识产权、市场监督管理、版权、文化和旅游、农业农村、园林绿化等负有知识产权保护管理职责的部门（以下统称知识产权保护管理部门）应当完善执法协作工作平台，建立知识产权侵权违法行为线上线下快速协查机制，开展远程、移动实时监测监控；对网络平台、展会、大型市场、大型文化体育活动等实施重点监督检查，及时发现、查处重复侵权、恶意侵权、群体侵权等知识产权侵权违法行为。

第十三条　知识产权保护管理部门在查处涉嫌侵权违法行为时，有权采取下列措施：

（一）询问有关当事人，调查有关情况；

（二）查阅、复制有关资料；

（三）对有关场所和物品实施现场检查；

（四）对有关场所和物品依法查封或者扣押。

知识产权保护管理部门依法行使前款规定职权时，当事人应当予以协助、配合，不得拒绝、阻挠。

第十四条　市知识产权部门或者有关区人民政府设立的知识产权保护机构，通过专利预审、维权指导、保护协作等方式，提供知识产权保护服务，为国家重点发展产业和本市战略性新兴产业等领域的专利申请获得快速审查提供支持。

第十五条　知识产权部门、市场监督管理部门应当加强商标管理，规范注册商标使用行为，对侵犯注册商标专用权、恶意申请商标注册、违法从事商标代理业务等行为依法予以查处。

第十六条　版权、文化和旅游部门应当加强对著作权侵权违法行为的监管，制定适应网络环境和数字经济形态的著作权保护措施。

市版权部门应当建立重点作品版权保护预警制度，对国家和本市版权部门确定的重点监管网站加强监管；完善作品自愿登记工作制度，支持自然人、法人和非法人组织进行作品自愿登记。

第十七条　市场监督管理等部门应当指导市场主体建立健全商业秘密保护机制，通过明确管理规则、采取技术措施、签订保密协议、开展风险排查和教育培训等方式保护商业秘密。

行政机关、司法机关以及仲裁、调解等服务机构及其工作人员对履行职责、提供服务过程中知悉的商业秘密，负有保密义务，不得泄露或者非法向他人提供。

第十八条　知识产权保护管理部门应当会同有关部门加强传统文化领域和奥林匹克标志的知识产权保护，为相关专利申请、商标注册、作品登记、商业秘密保护等提供咨询和指导。

第十九条　知识产权保护管理部门及其他有关部门应当依法保护数据收集、存储、使用、加工、传输、提供、公开等活动中形成的知识产权，引导数据处理者建立健全全流程知识产权管理制度，强化知识产权保护意识。

第二十条　市知识产权部门制定数字贸易知识产权保护指引，指导市场主体了解目标市场产业政策、贸易措施、技术标准等，对标国际通行知识产权保护规则，做好数字产品制造、销售等全产业链知识产权侵权风险甄别和应对。

第二十一条　单位或者个人向境外转移国家限制出口的技术涉及知识产权对外转让的，市商务、知识产权、科技、农业农村、园林绿化等部门应当按照规定进行审查。

外国投资者并购在京企业涉及知识产权对外转让，且该并购属于国家规定的安全审查范围的，市知识产权、版权、农业农村、园林绿化等部门应当配合国务院有关部门开展审查工作。

第二十二条　任何单位或者个人有权向知识产权保护管理部门投诉、举报知识产权侵权违法行为。

知识产权保护管理部门应当健全知识产权侵权违法行为投诉、举报处理机制，对接12345市民服务热线及其网络平台，及时处理投诉、举报线索，并按规定将处理结果反馈投诉人、举报人。

第二十三条　人民法院应当完善知识产权审判机制，依法实施知识产权侵权惩罚性赔偿、知识产权行为保全等制度，优化司法资源配置，提高知识产权案件审判质量和效率。

支持北京知识产权法院、北京互联网法院等审判机关加强知识产权审判功能建设，发挥专业化审判作用。

人民法院、人民检察院应当对知识产权案件中反映的普遍性、规律性问题，通过发布典型案例、司法保护状况以及提出司法建议、检察建议等方式，为政府部门、市场主体等健全制度、加强管理、消除隐患提供指引。

第二十四条　人民法院、人民检察院、公安机关应当依法惩治知识产权犯罪，加大对链条式、产业化知识产权犯罪的惩治力度。

第二十五条　本市健全技术调查官制度。人民法院、人民检察院、知识产权保护管理部门处理涉及专利、计算机软件、集成电路布图设计、技术秘密、植物新品种等专业技术性较强的知识产权案件，可以邀请、选聘相关专业技术人员担任技术调查官，提出技术调查意见，为认定技术事实提供参考。

第二十六条　人民法院、人民检察院、知识产权保护管理部门应当结合新技术特点，健全相关证据规则。

鼓励当事人采用时间戳、区块链等电子存证技术获取、固定知识产权保护相关证据。

第二十七条　本市建立健全知识产权行政保护和司法保护衔接机制，推动知识产权保护管理部门与人民法院、人民检察院、公安机关之间开展知识产权案件移送、线索通报、信息共享。

第三章　社会共治

第二十八条　网络服务提供者应当依法履行知识产权保护义务，并遵守下列规定：

（一）建立知识产权保护规则，明确网络用户的知识产权保护义务、知识产权治理措施、争议解决方式等内容；

（二）采取与其技术能力、经营规模以及服务类型相适应的预防侵权措施；

（三）在显著位置公示权利人提交侵权通知的主要渠道，不得采用限定渠道、限制次数等方式限制或者变相限制权利人提交通知；

（四）及时公示侵权通知、不存在侵权行为的声明及处理结果。

第二十九条　在本市举办展览会、展示会、博览会、交易会（以下统称展会）等活动的，展会主办方、承办方应当依法履行知识产权保护义务，并遵守下列规定：

（一）对参展项目的知识产权状况开展展前审查，督促参展方对参展项目进行知识产权状况检索；

（二）要求参展方作出参展项目不侵犯他人知识产权的承诺，并与参展方约定知识产权投诉处理程序和解决方式；

（三）设立展会知识产权投诉机构或者指定专人负责接受投诉、调查处理，并将投诉、调查处理的相关资料在展会结束后报送市知识产权部门。

知识产权权利人或者利害关系人认为参展项目侵犯其知识产权的，可以向展会主办方、承办方投诉，并提供知识产权权利证明；展会主办方、承办

方经调查，初步判定参展项目涉嫌侵权的，应当要求相关参展方按照约定采取遮盖、撤展等处理措施。

第三十条　大型文化体育活动的主办方、承办方，应当依法加强知识产权保护，完善知识产权授权合作机制和风险管控机制，规范知识产权运用行为。

第三十一条　本市建立知识产权合规承诺制度。单位或者个人参加政府采购、申请政府资金、参评政府奖项等活动，应当以书面形式作出相关产品、服务或者项目不侵犯他人知识产权的承诺。

鼓励市场主体在交易、投资、合作等市场活动中，作出不侵犯他人知识产权的承诺，并约定违反相应承诺的责任。

第三十二条　行业协会、商会、产业知识产权联盟等组织应当制定知识产权自律公约，加强自律管理，提供知识产权政策研究、宣传培训、人才培养、国际交流、协同创造运营、监测预警、纠纷调处等服务，对实施侵犯知识产权行为的成员进行内部惩戒。

支持版权行业协会利用新技术手段，提供版权数字认证、电子存证、维护管理、交易流转等服务，为市场主体明确权利来源、降低维权成本、提高运用效率提供支持。

第三十三条　本市建立健全知识产权信用评价和失信惩戒机制，依法对知识产权领域严重违法失信行为实施相应管理和惩戒措施。知识产权保护管理部门应当依法将有关行政处罚等信息，共享到本市公共信用信息服务平台，并向社会公布。

第三十四条　企业事业单位、社会组织不依法履行知识产权保护义务，造成不良影响的，知识产权保护管理部门可以对其法定代表人或者主要负责人进行约谈，督促整改。

第四章　促进与服务

第三十五条　本市建立专利导航制度，对重点行业、领域的专利信息开展分析，为宏观决策、产业规划、企业经营和创新活动提供指引。

发展改革、科技、经济和信息化等部门应当会同知识产权部门完善专利导航机制，开展专利导航，定期发布专利导航成果，组建专利导航项目成果数据库；鼓励企业、高等院校、科研机构等自行或者委托专业服务机构开展专利导航，为研究开发、生产经营、人才管理等提供依据和支撑。

市知识产权部门应当引导、支持公益性专利导航工具类产品的开发，组织开展专利导航培训。

第三十六条　支持企业、高等院校、科研机构

等成立产业知识产权联盟，构建专利池，提高专利创造、运用、保护和管理的能力。

第三十七条　支持版权产业发展，建立数字出版精品库。鼓励新闻出版广播影视等方面的企业开展版权资产管理和运营，形成全产业链的开发经营模式，提升内容生产原创活力和转化质量。

第三十八条　知识产权部门会同商务等部门组织实施商标品牌战略工程，评估商标发展状况，引导市场主体培育商标品牌。

知识产权部门会同相关主管部门指导相关组织、企业完善技术标准、检验检测和质量体系，支持其申请地理标志产品保护，并通过注册证明商标、集体商标等方式保护地理标志。

第三十九条　本市建立重大经济科技活动知识产权分析评议制度。发展改革、经济和信息化、科技、商务等部门应当会同知识产权部门，对政府投资的重大经济科技项目组织开展知识产权综合分析与评估，防范和化解知识产权风险。

第四十条　支持企业、高等院校、科研机构加强知识产权管理机构建设，建立健全覆盖全类型、全流程的知识产权管理制度，促进知识产权与科技创新、成果转化、产业发展的融合。

第四十一条　金融监督管理、知识产权等部门推动建立和完善知识产权质押融资风险分担、损失补偿和质物处置机制；支持商业银行、担保、保险等金融机构提供符合知识产权特点的金融服务，在风险可控的前提下扩大知识产权质押贷款规模，创新知识产权保险、信用担保等金融产品，为知识产权转化运用和交易运营提供金融支持。

支持评估机构、知识产权服务机构等探索符合知识产权特点的评估方法，开展知识产权价值评估服务，为知识产权质押融资等金融活动提供参考。

第四十二条　市、区人民政府推动知识产权交易、数字版权交易、国际影视动漫版权贸易等平台建设，提供知识产权权利登记、定价交易、评估评价、运营转化、金融服务等一体化服务。

第四十三条　鼓励市场主体设立股权投资基金，投资战略性新兴产业领域现有核心知识产权、具有行业前景和技术趋势的前沿技术。

第四十四条　市、区知识产权保护管理部门应当建立健全知识产权公共服务体系，依托知识产权公共服务中心、工作站等，加强宣传培训，免费提供法律咨询、维权援助、纠纷调解等服务。

市知识产权部门组织制定公共服务清单、标准和流程，并向社会公布；定期组织第三方机构对知识产权公共服务情况进行评估，提升公共服务质量。

市知识产权公共服务中心组织行业、法律、技术等方面专家成立知识产权保护志愿服务队伍，为中小企业、创新创业组织和团队等提供专业化的知识产权志愿服务。

第四十五条　本市建设知识产权公共信息服务平台，推动知识产权保护管理部门、人民法院、人民检察院、行业协会、知识产权服务机构之间信息共享，免费向社会提供知识产权公共信息查询、检索、咨询等服务。

鼓励有条件的高等院校、科研机构向社会开放知识产权信息服务资源。

第四十六条　市知识产权部门应当提供国别知识产权制度指引，及时发布风险预警提示信息，建立海外知识产权纠纷应对指导和维权援助机制，为处理海外知识产权纠纷提供专家、信息、法律等方面的支持。

鼓励企业、行业协会、商会等建立海外知识产权维权联盟，设立海外维权援助互助基金，提高海外知识产权风险防范和纠纷应对能力。

第四十七条　本市促进和规范知识产权服务业发展，指导相关行业协会开展分级分类评价；培育国际化、市场化、专业化知识产权服务机构，支持其依法开展知识产权代理、咨询、投融资等活动；鼓励发展高附加值的知识产权服务。

第四十八条　鼓励高等院校加强知识产权人才培养，开设知识产权相关专业和课程，开展知识产权学历教育，培养复合型、应用型、国际化知识产权人才。

本市将知识产权培训纳入职业技能提升计划，扩大知识产权职业培训规模；组织对从事知识产权行政管理、司法、公共服务、科技创新等工作的相关人员开展业务培训。鼓励、引导行业协会、商会等开展知识产权人才职业技能水平评价。

第五章　纠纷多元调处

第四十九条　当事人可以就专利侵权纠纷依法向知识产权部门申请行政裁决。

市知识产权部门对当事人提起专利无效宣告请求的案件，与国务院专利行政部门建立行政裁决与确权程序的联动机制，协同推进专利侵权纠纷处理。

第五十条　当事人可以就知识产权纠纷依法向知识产权保护管理部门申请调解。经调解签订调解协议且调解协议内容符合相关法律规定的，人民法院依当事人申请予以司法确认。

第五十一条　鼓励行业协会、商会等成立行业性、专业性知识产权纠纷人民调解组织，提供调解服务。知识产权、版权、司法行政等部门应当给予支持和指导。

鼓励知识产权服务机构、法律服务机构等提供便捷、高效的知识产权纠纷调解服务。

第五十二条 本市建立知识产权纠纷诉调对接机制，推广利用调解方式快速解决纠纷。人民法院可以在立案前建议当事人选择调解方式解决纠纷，也可以在立案后经当事人同意委托调解组织或者调解员进行调解；经调解签订调解协议且调解协议内容符合相关法律规定的，人民法院依当事人申请予以司法确认或者制作调解书，并按照有关规定减免诉讼费。

第五十三条 支持仲裁机构加强知识产权纠纷仲裁服务能力建设，为当事人提供专业、优质、高效的仲裁服务。政府有关部门应当为仲裁机构开展涉外知识产权仲裁业务提供相关人员工作居留及出入境、跨境收支等方面的便利。

第六章 法律责任

第五十四条 网络服务提供者违反本条例第二十八条规定的，由文化和旅游、市场监督管理等部门责令限期改正；逾期不改正的，处一万元以上五万元以下罚款；情节严重的，处五万元以上二十万元以下罚款。

第五十五条 展会主办方、承办方违反本条例第二十九条规定的，由知识产权部门责令改正，根据情节轻重，可以处警告、通报批评或者三万元以上十万元以下罚款。

第五十六条 违反本条例规定，侵犯他人知识产权的，依法承担民事责任；构成犯罪的，依法追究刑事责任。

第七章 附则

第五十七条 本条例自 2022 年 7 月 1 日起施行。

汕头经济特区知识产权保护条例

（2022 年 5 月 30 日汕头市第十五届人民代表大会常务委员会第五次会议通过）

目　录

第一章　总则
第二章　行政保护
第三章　社会共治
第四章　法律责任
第五章　附则

第一章　总则

第一条　为了全面加强知识产权保护，激发全社会创新活力，提升城市核心竞争力，营造公平竞争的营商环境，推动经济高质量发展，根据有关法律、行政法规的基本原则，结合汕头经济特区（以下简称特区）实际，制定本条例。

第二条　本条例适用于特区内知识产权保护以及相关工作。

本条例所称知识产权，是指权利人依法就下列客体享有的专有的权利：

（一）作品；

（二）发明、实用新型、外观设计；

（三）商标；

（四）地理标志；

（五）商业秘密；

（六）集成电路布图设计；

（七）植物新品种；

（八）法律规定的其他客体。

第三条　知识产权保护工作遵循全面保护、严格保护、平等保护、依法保护的原则，坚持行政保护、司法保护、社会共治相结合，保障知识产权权利人和相关权利人的合法权益。

第四条　市、区（县）人民政府应当加强对知识产权保护工作的组织领导，将知识产权保护工作纳入国民经济和社会发展规划，将所需经费纳入本级财政预算。

第五条　市、区（县）市场监管部门负责组织、协调、实施知识产权保护工作，依法承担专利、商标、地理标志产品和商业秘密的管理和保护职责，并依法调解、裁决相关纠纷。

市、区（县）版权部门依法负责著作权的管理和保护工作，并依法调解著作权纠纷。著作权领域的行政处罚权以及与行政处罚权相关的行政检查权、行政强制措施权由市、区（县）文化市场综合行政执法部门集中行使。

市、区（县）农业农村部门和林业部门依法负责植物新品种的保护工作。市、区（县）农业农村部门依法负责农产品地理标志的管理和保护工作。

发展改革、教育、科技、工业和信息化、公安、司法行政、财政、人力资源和社会保障、商务、文化广电旅游体育、卫生健康、金融、海关等相关部门（以下统称"知识产权保护相关部门"），按照各自职责做好知识产权保护相关工作。

本条第一款、第二款、第三款规定的部门以下统称为知识产权保护主管部门。

第六条　市人民政府应当推进跨区域知识产权保护交流与合作，建立知识产权保护区域信息共享和快速维权机制，实现知识产权执法互助、监管互动、信息互通、经验互鉴。

第七条　市、区（县）人民政府以及知识产权保护主管部门应当充分利用互联网、大数据、区块链、云计算、人工智能等信息技术，提高打击侵权假冒行为效率以及精准度，提升知识产权侵权的源头追溯、实时监测、在线识别、网络存证、统计分析、跟踪预警等知识产权保护能力。

第二章　行政保护

第八条　市人民政府应当建立知识产权保护工作协调机制，设立知识产权联席会议，研究制定知识产权保护重大政策和战略规划，解决知识产权保护工作中的重大问题。

联席会议由市人民政府负责人召集，每年至少召开一次。联席会议的日常工作由市市场监管部门承担。

联席会议成员单位应当建立知识产权保护的信息共享和工作通报制度，发现属于其他部门管辖的知识产权案件线索时，应当及时书面通报有管辖权的部门。有管辖权的部门接到通报后，应当依法及时查处。

第九条　市、区（县）人民政府设立知识产权专项资金，用于知识产权激励、运用、保护、管理、服务等方面。

专项资金管理办法由市、区（县）人民政府制定，并向社会公布。

第十条　市市场监管部门应当制定知识产权分析评议工作指南，建立重点领域知识产权分析评议报告发布制度，为相关部门、行业在开展经济、科技活动过程中可能涉及的知识产权价值和风险提供意见和建议。

发展改革、科技、工业和信息化等部门应当按照有关规定，就重大产业规划、重大政府投资项目、重大科技创新项目、重大技术项目、重点人才管理和引进项目，会同市市场监管部门进行知识产权分析评议，防范知识产权风险。

第十一条　参加政府投资项目、政府采购和招标投标、政府资金扶持、表彰奖励等活动的，应当向有关主管部门提交未侵犯他人知识产权的书面承诺，并在签订协议时约定违背承诺的责任。

市、区（县）人民政府以及知识产权保护主管部门应当鼓励和指导企业加强知识产权合规风险管理工作，并引导企业在合同中约定知识产权合规性承诺的内容以及相应的法律责任，防范知识产权合规风险。

第十二条　市、区（县）人民政府以及知识产权保护主管部门应当会同有关方面建立知识产权维权援助机制，及时发布风险预警提示信息，为企业和其他组织在处理国内外知识产权纠纷提供专家、信息、法律、咨询等方面的支持，提高国内外维权援助服务水平。

鼓励和支持高等院校、科研机构、社会组织等参与维权援助工作。鼓励企业、行业协会建立区域性、行业性知识产权保护联盟和协作机制，支持企业在国内外贸易和投资中开展集体维权。

鼓励和支持自然人、法人和非法人组织依法将其拥有的专利权、商标专用权、著作权和著作有关的权利向海关总署备案，防范或者制止侵权货物进出境。

第十三条　汕头市知识产权保护中心、中国汕头（玩具）知识产权快速维权中心应当切实履行职能，在国家知识产权局授权领域内建立知识产权快速审查、快速确权、快速维权一站式服务快速通道，推进知识产权快速协同保护工作。

第十四条　市、区（县）人民政府以及知识产权保护主管部门、相关部门应当加强知识产权服务平台建设，支持各类知识产权公共服务机构平等、有效参与知识产权公共服务活动，为社会公众和创新主体提供知识产权政策指导、查询检索、数据下载、教育培训等公共服务。

第十五条　在商业秘密行政执法程序中，商业秘密权利人应当提供初步证据，证明所主张的商业秘密已经采取保密措施，且该商业秘密被侵犯，涉嫌侵权人应当提供证据证明权利人所主张的不属于商业秘密或者不存在侵犯商业秘密的行为。

对于侵犯商业秘密的行为，除依据《中华人民共和国反不正当竞争法》的规定处理外，还可以责令侵权人返还或者销毁载有商业秘密的图纸、软件或者其他有关载体，不得继续披露、使用或者允许他人使用商业秘密。侵权人利用权利人的商业秘密生产的产品，尚未销售的，应当监督侵权人销毁，但是权利人同意收购或者同意侵权人继续销售的除外。

第十六条　市、区（县）人民政府以及知识产权保护主管部门、相关部门应当加强新兴产业、优势传统产业、未来产业等领域创新成果的知识产权保护工作，开展有针对性的专项行动，在关键技术、核心技术领域培育高质量专利、高知名度商标和优势产业品牌，推动创新成果知识产权化、标准化、产业化。

第十七条　市、区（县）人民政府以及知识产权保护主管部门、相关部门应当开展农业农村新型经济领域的知识产权保护工作，鼓励和引导符合农产品地理标志登记条件的申请人对具有地方特色的农产品进行农产品原产地和农产品地理标志的登记保护，培育知名度高的地理标志产品集群。

第十八条　知识产权保护主管部门以及相关部门应当采取措施，引导自然人、法人和非法人组织通过作品登记、专利申请、商标注册、商业秘密保护、域名注册等方式对老字号、工艺美术、文化文物创意产品、非物质文化遗产、传统民间文艺等进行知识产权保护，维护自身合法权益。

第十九条　市市场监管部门以及市、区（县）文化市场综合行政执法部门应当加强网络环境下知识产权执法，引导和监督电子商务平台经营者和网络服务提供者履行知识产权保护的义务。

加强展会和重大社会活动、体育赛事的知识产权保护执法，开展有针对性的专项行动，及时查处侵权行为。

第二十条　知识产权保护主管部门以及相关部门可以选聘相关领域专家担任技术调查官，为知识产权行政执法活动提供专业技术支持。

技术调查官根据指派或委托从事下列技术调查工作：

（一）对技术事实调查范围、顺序、方法等提出意见；

（二）参与调查取证，并对其方法、步骤和注意事项等提出意见；

（三）提出技术调查意见；

（四）完成其他相关工作。

技术调查官对在履行调查职责过程中获取的案件信息负有保密义务；遇有可能影响公正履行职责的情形需要回避的，应当主动回避或者由案件处理部门指令其回避。

知识产权行政执法配备技术调查官的具体管理办法由市人民政府另行制定，并向社会公布。

第二十一条　知识产权权利人或者利害关系人向知识产权保护主管部门以及相关部门投诉知识产权侵权行为的，可以同时申请先行发布禁令。知识产权保护主管部门以及相关部门认为有证据证明存在侵权事实的，如不及时制止将会使权利人或者利害关系人合法权益受到难以弥补的损害的，可以根据投诉人的申请先行发布禁令，责令涉嫌侵权人立即停止涉嫌侵权行为。

发布禁令前，知识产权保护主管部门以及相关部门应当要求权利人或者利害关系人提供相应担保；不按要求提供担保的，驳回发布禁令的申请。

涉嫌侵权人对禁令不服的，可以依法申请行政复议或者提起行政诉讼。行政复议或者诉讼期间不停止禁令的执行。

经调查侵权行为不成立的，知识产权保护主管部门以及相关部门应当立即解除禁令；因执行禁令给对方造成损失的，申请发布禁令的知识产权权利人或者利害关系人应当进行赔偿。

第二十二条　市市场监管部门可以委托汕头市知识产权保护中心、中国汕头（玩具）知识产权快速维权中心或者知识产权领域具有管理公共事务职能的组织开展专利相关的行政裁决和行政处罚工作。受委托的部门在委托范围内，以委托机关的名义实施调查和作出相关处理，不得再行委托，由此产生的后果由委托机关承担相应的法律责任。

第二十三条　建立知识产权调解协议司法确认机制。当事人可以自调解协议生效之日起三十日内，共同向有管辖权的人民法院申请司法确认。人民法院应当依法予以审查、处理。

第三章　社会共治

第二十四条　市、区（县）人民政府应当促进高价值知识产权创造和高质量运用，支持创新主体申报国家、省知识产权示范企业，培育市知识产权优势企业。

加强知识产权交易平台建设，规范知识产权交易市场，支持国内外高质量、高价值知识产权在特区范围内聚集、交易、转化，并享受特区相关的知识产权激励政策。

第二十五条　完善知识产权诚信体系建设，健全失信联合惩戒机制，市人民政府社会信用主管部门会同知识产权保护主管部门将自然人、法人和非法人组织的知识产权失信违法信息纳入公共信用信息系统，建立故意侵权、重复侵权、恶意商标注册专利申请名单社会公布制度，推动开展以信用为基础的分级分类监管。

权利人或者利害关系人对公共信用信息系统披露的知识产权相关信息有异议的，可以提出异议申请，并提交相关证据，由相关部门按照公共信用信息管理的相关规定处理。

第二十六条　自然人、法人和非法人组织有下列情形之一的，自确定之日起五年内不得参加与知识产权相关的政府投资项目、政府采购和招标投标、政府资金扶持和表彰奖励等活动：

（一）提供虚假知识产权申请材料的；

（二）拒不履行生效的知识产权行政处罚、行政裁决或者司法裁判的；

（三）侵犯知识产权构成犯罪的；

（四）有其他侵犯知识产权的行为严重破坏市场公平竞争秩序的。

有前款规定情形且情节特别严重的，可以永久性禁止其参加与知识产权相关的政府投资项目、政府采购和招标投标、政府资金扶持和表彰奖励等活动。

第二十七条　支持行业协会或者产业联盟开展专利导航，专利池构建和运营，为会员、联盟成员提供知识产权业务培训、信息咨询、预警、维权援助、调解等服务，共同构建知识产权风险防御体系。

鼓励和支持行业协会或者产业联盟制定知识产权自律性公约，对侵犯他人知识产权的会员或者联盟成员进行规劝惩戒，并将规劝惩戒情况通报监管部门。

第二十八条　电子商务平台经营者和网络服务提供者应当配合知识产权保护主管部门以及相关部

门查处知识产权违法行为，采取删除、屏蔽、断开链接、终止交易和服务、要求提供保证金等必要措施制止违法行为，防止损失扩大。

电子商务平台经营者和网络服务提供者未及时采取必要措施的，对损害的扩大部分承担连带责任。

第二十九条 在本市举办展会的，展会主办单位或者承办单位应当要求参展方提交未侵犯他人知识产权的书面承诺，必要时可以要求参展方提供知识产权相关证明文件。

参展方未提交书面承诺或者未按照要求提供知识产权相关证明文件的，展会主办单位或者承办单位不得允许其参加展会。各类展会举办期间的知识产权保护、投诉、侵权纠纷处理，依照国家、省的有关规定执行。

第三十条 市、区（县）人民政府可以通过资金补助、风险补偿、创业投资引导等方式，鼓励、支持金融保险机构开展知识产权质押融资业务和知识产权海外侵权责任险、专利执行险、专利被侵权损失险等保险业务，完善知识产权质押融资、保险中涉及资产评估、风险预防和财产处置机制，加大对拥有自主知识产权的中小企业的金融支持。

第三十一条 知识产权保护主管部门应当鼓励知识产权中介服务机构发展，规范知识产权代理、服务贸易、资产评估、信息咨询等中介服务行为，并加强对知识产权中介服务机构的指导和监督。

第四章 法律责任

第三十二条 知识产权保护主管部门以及相关部门在处理知识产权纠纷时，可以依法先行调解。除涉嫌知识产权犯罪的案件外，当事人对知识产权纠纷达成和解协议或者调解协议，且不损害第三方合法权益和公共利益并实际履行的，可以从轻、减轻或者不予行政处罚。

第三十三条 侵权人因侵犯他人知识产权受到行政处罚后，自行政处罚决定书生效后再次侵犯同一知识产权的，由知识产权保护主管部门以及相关部门没收违法所得，并处违法经营额三倍以上五倍以下的罚款；无法确定违法经营额，或者没有违法经营额的，处十万元以上五十万元以下的罚款；情节严重的，可以处五十万元以上一百万元以下的罚款。

第三十四条 违反本条例第二十一条的规定，拒不履行禁令停止涉嫌侵权行为，经认定构成侵权的，处二万元以上二十万元以下的罚款。

第三十五条 违反本条例第二十八条的规定，网络服务提供者无正当理由拖延或者拒绝配合知识产权保护主管部门以及相关部门查处知识产权违法行为的，由知识产权保护主管部门以及相关部门责令限期改正；逾期未改正的，处三万元以上十万元以下的罚款；造成损失的，依法承担赔偿责任。

第三十六条 知识产权保护主管部门以及相关部门的工作人员在知识产权保护工作中玩忽职守、滥用职权、徇私舞弊的，或者擅自披露在知识产权保护和管理工作中知悉的商业秘密，侵犯当事人合法权益的，由其上级主管部门或者监察机关对直接负责的主管人员和其他直接责任人员依法给予处分；构成犯罪的，依法追究刑事责任。

第三十七条 违反本条例的其他知识产权违法行为，法律法规已有处罚规定的，从其规定。

第五章 附则

第三十八条 本条例自 2022 年 7 月 1 日起施行。

湖南省知识产权保护和促进条例

(2022 年 9 月 26 日湖南省第十三届人民代表大会常务委员会第三十三次会议通过)

第一章 总则

第一条 为了加强知识产权保护,激发全社会创新活力,推动知识产权强省建设,促进高质量发展,根据有关法律、行政法规,结合本省实际,制定本条例。

第二条 本省行政区域内知识产权创造、运用、保护、管理、服务以及相关活动,适用本条例。

本条例所称知识产权,是指权利人依法就作品、发明、实用新型、外观设计、商标、地理标志、商业秘密、集成电路布图设计、植物新品种以及法律规定的其他客体享有的专有权利。

第三条 县级以上人民政府应当加强对知识产权保护和促进工作的领导,落实属地责任,将知识产权保护和促进工作纳入国民经济和社会发展规划,健全议事协调机制,将知识产权事业发展经费纳入财政预算,实行以增加知识价值为导向的分配政策,统筹推进知识产权保护和促进工作中的重大事项。

第四条 县级以上人民政府知识产权主管部门统筹协调本行政区域内的知识产权保护和促进工作,负责专利、商标、地理标志、商业秘密等知识产权的保护和促进工作;著作权主管部门负责著作权的保护和促进工作;农业农村、林业主管部门或者人民政府确定的其他部门负责植物新品种的保护和促进工作。本款规定的部门统称为负有知识产权管理职责的部门。

县级以上人民政府发展改革、教育、科学技术、公安、司法行政、财政、人力资源社会保障、工业和信息化、商务、文化和旅游等部门和海关按照各自职责做好知识产权保护和促进有关工作。

第五条 县级以上人民政府及其有关部门应当加强知识产权教育和宣传引导,增强全社会知识产权意识,营造尊重知识、崇尚创新、诚信守法、公平竞争的社会环境。

各类学校应当开展知识产权普及教育,增强学生尊重和保护知识产权的意识,培养学生创新思维和创造发明能力。

第六条 鼓励和支持各类产业园区开展先行先试,创新知识产权保护和促进工作机制,完善相关政策措施,形成可复制可推广的改革创新经验和成果。

第七条 省人民政府负有知识产权管理职责的部门应当会同商务等有关部门,建立知识产权对外合作交流机制,构建与国际接轨的知识产权保护和促进体系。

鼓励企业、高等学校、科研机构等参与知识产权国际合作、交流,加强海外知识产权布局,提升国际竞争能力。

第二章 创造和运用

第八条 县级以上人民政府应当推动建立市场主导、政府引导、社会参与、产学研相结合的知识产权创新体系,促进知识产权创造和运用。

第九条 鼓励企业、学校、科研机构、个人加强知识产权创造和储备,增加原创性高价值知识产权拥有量,提升知识产权运用效益,促进知识产权与产业深度融合。

鼓励企业、高等学校、科研机构合作建立技术研发中心、产业研究院、中试基地等新型研究开发机构,开展重点产业、关键技术领域创新,提高技术创新能力。

鼓励企业、高等学校、科研机构等构建创新联合体,布局专利池,参与标准制定,加强标准必要专利国际化建设。

第十条 省人民政府科学技术部门应当会同有关部门定期编制并公布关键技术和重点产品目录。对列入目录的关键技术和重点产品项目,项目主管部门应当组织立项前的知识产权评估。

第十一条 县级以上人民政府知识产权主管部门应当会同发展改革、科学技术、工业和信息化、商务等部门建立健全相关知识产权导航机制,定期发布导航成果,为区域发展定位、重点产业规划、企业重大决策和技术创新方向提供指引。省人民政府知识产权主管部门应当引导、支持公益性知识产权导航工具的开发，促进导航成果服务应用。

鼓励企业、学校、科研机构自行或者委托专业服务机构开展相关知识产权导航，为研究开发、生产经营、人才管理等提供依据和支撑。

第十二条　县级以上人民政府及其有关部门应当推进生物种业、智慧农业、设施农业、农产品加工、绿色农业投入品等领域创新，加强农业领域关键技术专利、区域品牌商标、地理标志等知识产权布局，推动区域品牌商标、地理标志与特色产业绿色发展、历史文化传承以及乡村振兴有机融合，提升区域品牌、地理标志影响力和产品附加值。

第十三条　鼓励拥有技术类科技成果的企业、学校、科研机构和个人在知识产权申请前对其技术价值、市场前景等进行评估，提升知识产权申请质量。

使用财政资金投入的科学技术项目，应当在知识产权申请前对其技术价值、市场前景等进行评估。

第十四条　县级以上人民政府负有知识产权管理职责的部门应当加强知识产权交易、产业知识产权运营等平台建设，促进知识产权转移转化。

鼓励企业、高等学校、科研机构建立专业化知识产权转移转化机构，开展知识产权转移转化合作，组建产业知识产权联盟，促进知识产权协同运用。

第十五条　企业、高等学校、科研机构应当建立健全本单位职务成果转化收益分配制度，可以与职务成果完成人就知识产权使用、归属、转移转化和收益等进行约定，明确对职务成果的完成、转化做出重要贡献的人员分享转化收益的方式、比例或者数额。法律、行政法规另有规定的，依照其规定。

第十六条　鼓励金融机构创新金融服务模式和金融产品，提供知识产权质押融资、知识产权证券化等融资担保服务，扩大知识产权融资担保规模，加大对中小企业知识产权融资支持。鼓励地方金融组织依法为知识产权权利人提供融资服务。鼓励保险机构开展知识产权质押融资保证保险、许可信用保险等业务。

鼓励金融机构、知识产权服务机构等建立适合知识产权特点的评价体系，完善知识产权融资风险预防、风险分担机制以及知识产权评估、质押财产处置机制。

第十七条　引导各类社会资本为知识产权密集型产业、知识产权优势企业和原创性高价值知识产权培育项目提供资金支持。

第三章　保护

第十八条　本省建立行政保护与司法保护、企业自治与行业自律、公众诚信守法与社会监督相结合的知识产权保护体系，构建权界清晰、分工合理、责权一致、运转高效的保护机制。

第十九条　县级以上人民政府负有知识产权管理职责的部门应当加强知识产权执法队伍建设，健全知识产权执法机制，按照各自职责依法及时处理知识产权侵权纠纷，查处知识产权违法行为，保护知识产权权利人的合法权益。

当事人申请知识产权纠纷案件行政处理的，负有知识产权管理职责的部门在作出行政处理决定前，可以依据当事人申请进行调解。

当事人申请专利侵权纠纷行政裁决的，知识产权主管部门应当依法及时作出裁决。

第二十条　县级以上人民政府应当组织有关部门建立知识产权联合执法机制，执行统一协调的执法标准、证据规则和案例指导制度，健全知识产权违法线索通报、案件移送、执法联动、检验鉴定结果互认等制度，加强跨部门、跨地区的执法协作。

省人民政府应当推动建立省际间知识产权联合执法和协作机制。

第二十一条　县级以上人民政府负有知识产权管理职责的部门应当制定适应网络环境和数字经济形态的知识产权保护措施，建立线上线下快速协查、执法协作机制。

县级以上人民政府负有知识产权管理职责的部门应当加强与电子商务平台经营者、行业组织、专业机构等合作，运用现代信息技术，在涉案线索和信息核查、重点商品流向追踪、重点作品网络传播、知识产权流转、侵权监测与识别、取证与存证等方面推动知识产权保护工作创新。

第二十二条　省人民政府知识产权主管部门应当会同有关部门加强知识产权快速维权机制建设，完善知识产权保护中心、快速维权中心、维权援助中心布局。

经批准设立的知识产权保护中心、快速维权中心、维权援助中心应当发挥专业技术支撑平台作用，开展快速审查、快速确权、快速维权等保护服务。

第二十三条　县级以上人民政府负有知识产权管理职责的部门作出认定知识产权侵权成立的处理决定，或者人民法院作出认定知识产权侵权成立的判决生效后，侵权人对同一知识产权再次实施相同的侵权行为，知识产权权利人或者利害关系人请求负有知识产权管理职责的部门处理的，负有知识产权管理职责的部门可以直接作出责令立即停止侵权行为的处理决定。

第二十四条　县级以上人民政府知识产权主管部门应当推动建立健全商业秘密保护机制，加强对商业秘密保护工作的组织、协调、指导和监管执法，引导商业秘密权利人建立完善商业秘密管理制度。

第二十五条　县级以上人民政府农业农村、林业主管部门或者人民政府确定的其他部门应当加强优良植物新品种的保护，依法查处假冒授权品种和侵犯植物新品种权违法行为，依申请调解侵权纠纷。

省人民政府农业农村、林业主管部门或者人民政府确定的其他部门应当加强品种标准样品管理，加快品种分子检测技术研发、标准研制和脱氧核糖核酸（DNA）指纹数据库建设，推动实现全流程可追溯管理。

第二十六条　县级以上人民政府负有知识产权管理职责的部门应当支持企业、高等学校、科研机构和相关服务机构等建立健全互联网、大数据、人工智能、区块链、在线教育、远程办公、智慧医疗等新领域、新业态的知识产权保护模式。

县级以上人民政府负有知识产权管理职责的部门应当推动建立与数据相关的知识产权保护机制和交易规范，依法保护数据收集、存储、使用、加工、传输、提供、公开、交易等活动中形成的知识产权，指导知识产权权利人做好数字技术、产品和服务的知识产权合规经营和防范侵权风险。

第二十七条　县级以上人民政府知识产权主管部门应当强化知识产权质量导向，引导自然人、法人和非法人组织依法申请专利和商标注册，依法查处不以保护创新为目的的非正常专利申请行为和不以使用为目的的恶意申请商标注册。

知识产权代理机构知道或者应当知道委托人存在前款规定的非正常专利申请行为、恶意申请商标注册的，不得接受其委托。

第二十八条　县级以上人民政府负有知识产权管理职责的部门和司法机关应当建立健全知识产权行政保护和司法保护衔接机制，完善案件移送、线索通报、信息共享机制，促进行政执法和司法裁判标准的统一。

第二十九条　人民法院应当完善知识产权案件立案、审判、执行等机制，依法落实知识产权侵权惩罚性赔偿、知识产权行为保全等制度，完善知识产权案例指导制度，优化司法资源配置，提高知识产权案件审判质量和效率。

第三十条　人民检察院应当加强知识产权刑事、民事、行政诉讼案件法律监督，开展知识产权公益诉讼工作，全面推进知识产权检察综合保护。

第三十一条　对专业技术性强的知识产权案件，人民法院、人民检察院、公安机关、负有知识产权管理职责的部门可以选聘相关专业技术人员担任技术调查官，提出技术调查意见；涉及重大、疑难、复杂的技术问题，可以从企业、高等学校、科研机构中聘请相关领域的专家提供咨询意见。

第三十二条　人民法院应当会同县级以上人民政府负有知识产权管理职责的部门完善知识产权纠纷诉调对接机制。

县级以上人民政府负有知识产权管理职责的部门、司法行政部门应当对调解组织开展知识产权纠纷调解提供必要的支持和指导。

鼓励依法成立行业调解组织，引导当事人通过调解方式解决纠纷。

第三十三条　经县级以上人民政府负有知识产权管理职责的部门、人民调解组织、行业调解组织或者其他具有调解职能的组织调解达成的具有民事合同性质的协议，当事人可以依法向有管辖权的人民法院申请确认其效力。

第三十四条　展览会、展示会、博览会、交易会等展会活动的主办方、承办方应当依法履行知识产权保护义务，并遵守下列规定：

（一）督促参展方对参展项目进行知识产权风险排查，并要求参展方作出参展项目不侵犯他人知识产权的承诺；

（二）公开知识产权投诉受理、处置的程序和规则；

（三）公开涉嫌侵犯知识产权参展产品的处理措施和申诉规则；

（四）完整保存展会的知识产权纠纷信息与档案资料，配合行政机关开展调查、处理。

第三十五条　电子商务平台经营者应当履行知识产权保护义务，建立知识产权保护制度和维权机制，不得对知识产权权利人依法维权设置不合理的条件或者障碍。

省人民政府知识产权主管部门应当会同商务部门，制定电子商务知识产权保护指引，引导和督促电子商务平台经营者履行知识产权保护义务。

第四章　服务和管理

第三十六条　县级以上人民政府及其有关部门应当建立健全知识产权公共服务体系，制定和发布公共服务清单、标准和流程，提供知识产权法律政策指导、维权咨询、信息共享等服务，推动知识产权基本公共服务标准化、均等化、便利化。

县级以上人民政府及其有关部门应当支持建立

综合性知识产权公共服务机构或者服务业集聚区，提供一站式知识产权公共服务。

第三十七条　县级以上人民政府及其有关部门应当依托国家知识产权公共信息服务系统，加强知识产权公共信息服务平台建设。

鼓励有条件的高等学校、科研机构等向社会开放知识产权信息服务资源。

第三十八条　县级以上人民政府及其有关部门应当采取措施，支持知识产权代理、运营、评估、法律服务等知识产权服务机构发展，培育知识产权品牌服务机构；支持知识产权服务机构行业组织发展，建立行业服务标准和规范。

知识产权服务机构应当依法开展知识产权代理、运营、评估、法律服务等活动，恪守职业道德和执业纪律，诚实守信，维护委托人的合法权益。

第三十九条　县级以上人民政府及其有关部门应当加强知识产权人才队伍建设和管理，将知识产权高层次人才、急需紧缺人才等纳入人才引进、培养计划，建设知识产权人才培训体系和培训基地。

鼓励高等学校建设知识产权学科，重点建设知识产权国家一流专业和课程，重点培养知识产权复合型人才。

第四十条　省人民政府人力资源社会保障部门应当会同有关部门，建立健全知识产权职称评价和职称评聘制度，将知识产权的创造、运用、保护、管理和服务中的贡献程度作为相关专业技术职称评定和岗位聘用的重要条件。

第四十一条　省人民政府负有知识产权管理职责的部门应当会同有关部门建立海外知识产权保护维权机制，提供海外知识产权制度指引，及时发布风险预警，加强专家库建设，为处理海外知识产权纠纷提供支持。

鼓励企业加大资金投入，并通过市场化方式设立海外知识产权维权互助基金，提升海外知识产权维权能力和水平。

第四十二条　财政资金投入数额较大以及对经济社会发展和公共利益具有较大影响的重大经济科技活动涉及知识产权的，项目主管单位应当组织开展知识产权分析评议，对项目涉及的知识产权状况、侵权风险等作出评价。

鼓励企业、高等学校、科研机构建立知识产权分析评议制度，开展知识产权评议活动。

第四十三条　省人民政府知识产权主管部门应当会同商务、科学技术等部门完善技术出口中的知识产权审查规则。

省人民政府商务、科学技术、市场监督管理、农业农村、林业等部门应当按照规定，对向境外转移国家限制出口的技术、属于国家规定的安全审查范围的外资并购项目，进行知识产权审查。

第四十四条　县级以上人民政府负有知识产权管理职责的部门以及其他相关部门应当建立健全知识产权领域突发事件预防控制体系，加强知识产权突发事件监测，建立突发事件应急预案，完善并落实重大事件报告、应急处置、信息发布等机制。

第四十五条　省人民政府负有知识产权管理职责的部门应当会同发展改革等部门开展知识产权领域社会信用体系建设，依法建立健全知识产权信用分级分类监管、信用评价、诚信公示、守信激励和失信联合惩戒机制，进行知识产权信用信息归集、信用评价和信用修复。

第五章　法律责任

第四十六条　县级以上人民政府及其有关部门违反本条例规定，在知识产权保护和促进工作中玩忽职守、滥用职权、徇私舞弊的，对直接负责的主管人员和其他直接责任人员依法给予处分。

第四十七条　违反本条例规定的行为，法律、行政法规已经规定法律责任的，适用其规定。

第六章　附则

第四十八条　本条例自 2023 年 1 月 1 日起施行。

浙江省知识产权保护和促进条例

（2022 年 9 月 29 日浙江省第十三届人民代表大会常务委员会第三十八次会议通过）

目　录

第一章　总则
第二章　创造与运用
第三章　行政保护与司法保护
第四章　社会保护
第五章　管理与服务
第六章　法律责任
第七章　附则

第一章　总则

第一条　为了加强知识产权保护，激发全社会创新活力，建设知识产权强国先行省，促进经济社会高质量发展，根据有关法律、行政法规，结合本省实际，制定本条例。

第二条　本条例适用于本省行政区域内知识产权的保护和促进以及相关活动。

本条例所称知识产权，是指权利人依法就作品、发明、实用新型、外观设计、商标、地理标志、商业秘密、集成电路布图设计、植物新品种以及法律规定的其他客体享有的专有权利。

第三条　知识产权保护和促进应当遵循激励创新、有效运用、严格保护、科学管理、优化服务的原则。

第四条　县级以上人民政府应当加强对知识产权保护和促进工作的领导，建立健全议事协调机制，完善工作体系，将知识产权保护和促进工作纳入国民经济和社会发展规划纲要，并将所需经费列入本级财政预算。知识产权保护和促进工作纳入政府绩效考核评价体系。

第五条　县级以上人民政府知识产权主管部门负责统筹协调和组织实施知识产权保护和促进工作，依法承担专利、商标、地理标志、商业秘密和集成电路布图设计保护和促进的具体工作。

县级以上著作权主管部门依法承担著作权保护和促进的具体工作。

县级以上人民政府农业农村、林业主管部门按照各自职责依法承担植物新品种保护和促进的具体工作。

其他有关部门应当按照各自职责，共同做好知识产权保护和促进相关工作。

本条第一款、第二款、第三款规定的部门，以下统称为负有知识产权保护职责的部门。

第六条　省知识产权主管部门应当会同省有关部门依托一体化智能化公共数据平台，统筹建设省知识产权数字化应用系统，推动知识产权公共数据归集、共享与分析研判，强化知识产权创造、运用、保护、管理和服务全链条的业务协同、系统集成，提升知识产权数字化治理能力。

第七条　县级以上人民政府及有关部门应当加强知识产权宣传教育，普及知识产权法律法规和相关知识，弘扬知识产权文化，营造尊重知识价值、崇尚创新、诚信守法的社会环境。

人民法院、人民检察院应当通过发布典型案例、司法保护状况以及提出司法建议、检察建议等方式，为全社会相关知识产权活动提供指引。

鼓励和支持新闻媒体通过多种形式开展知识产权公益宣传和舆论监督。

第八条　省人民政府依法设立知识产权奖。

县级以上人民政府应当按照国家和省有关规定，对在知识产权保护和促进工作中做出突出贡献的单位和个人，予以褒扬激励。

第九条　本省推动与长江三角洲区域以及其他地区的知识产权交流和协作，建立健全知识产权保护和促进工作区域协同机制。

省、设区的市人民政府应当加强与有关国家和地区以及世界知识产权组织等国际组织的交流合作，提升知识产权保护和促进工作国际化水平。

第二章　创造与运用

第十条　县级以上人民政府应当通过规划引导、政策支持等措施，重点推动关键核心技术、原创性技术、引领性技术的知识产权创造和储备，加强高价值知识产权前瞻性布局。

负有知识产权保护职责的部门应当采取措施，

防止不以保护创新为目的的非正常专利申请、不以使用为目的的恶意商标注册申请、违反诚信原则的作品登记申请等行为。

高等院校、科研机构实行专利申请前评估制度，对利用本省财政性资金设立的科学技术计划项目所形成的科研成果，拟申请专利的，应当事先进行价值和市场前景评估，提升专利创造质量。

第十一条 高等院校、科研机构应当建立知识产权转化工作机制，推动知识产权高效益转化；具备条件的，应当明确实施转化工作的机构。

鼓励和支持高等院校、科研机构与企业、知识产权服务机构等建立产业知识产权联盟，开展知识产权资源共享、协作运用和联合维权，加强关键领域知识产权创造与运营，推动知识产权与产业发展深度融合。

第十二条 高等院校、科研机构利用财政性资金设立的科学技术计划项目所形成的专利成果，自授权公告之日起满三年无正当理由未实施的，应当纳入公开实施清单，并由专利权人合理确定专利公开实施的方式和费用标准。

对纳入公开实施清单的专利，有意愿实施的单位或者个人可以通过省知识产权数字化应用系统提出，符合专利公开实施的方式和费用标准的，即可实施。专利公开实施的具体办法，由省知识产权主管部门会同省有关部门制定。

县级以上人民政府知识产权主管部门应当依托省知识产权数字化应用系统，对专利公开实施进行指导、服务和监督。

第十三条 县级以上人民政府应当推进商标品牌建设，支持市场主体制定符合自身发展特点的商标战略，培育知名品牌。

县级以上人民政府应当采取措施，支持集体商标、证明商标注册申请，规范集体商标、证明商标管理和运用，培育产业集群品牌和区域公共品牌。

鼓励和支持城市和区域的形象标识、文化旅游标识申请注册商标、办理作品登记，塑造特色城市形象，打造文化旅游品牌。

第十四条 县级以上人民政府应当采取措施，支持著作权创造、管理和运营，重点推进文化创意、时尚、软件、影视及融媒体等领域的著作权创造与产业转化。

第十五条 县级以上人民政府应当加强对地理标志的保护和运用，培育具有本地特色的地理标志，推动建设地理标志公共品牌，实现地理标志和特色产业发展、生态文明建设、历史文化传承、乡村振兴有机融合。

农业农村、林业、科学技术主管部门应当鼓励育种创新，支持育种单位和个人申请植物新品种权，加强对实质性派生品种的保护，促进植物新品种转化与推广，提升植物新品种创新和保护水平。

第十六条 省知识产权主管部门应当会同省有关部门依法对经过一定算法加工、具有实用价值和智力成果属性的数据进行保护，探索建立数据相关知识产权保护和运用制度。

省知识产权主管部门应当会同省司法行政部门建立公共存证登记平台，运用区块链等技术对符合前款规定条件的数据提供登记服务。公共存证登记平台出具的登记文件，可以作为相应数据持有的初步证明。

第十七条 县级以上人民政府知识产权主管部门应当会同同级有关部门加强中医药、老字号、非物质文化遗产等传统文化领域的知识产权保护和运用，引导和支持相关主体利用知识产权制度实现传承和创新发展。

商务、文化和旅游、市场监督管理等部门应当建立老字号名录管理机制，实施老字号品牌发展战略，推动老字号与商标一体化保护。

第十八条 省知识产权主管部门应当会同省有关部门建立健全知识产权交易市场服务体系，建立一体化的知识产权交易平台，推动与技术市场融合发展，促进知识产权推介、评估、交易、处置等服务高效便利。

第十九条 县级以上人民政府应当采取措施，支持金融机构设立知识产权融资专业机构，鼓励金融机构提供知识产权质押融资、资产证券化、保险等金融服务；有条件的，应当建立创新型中小微企业知识产权融资风险补偿机制。

有条件的县级以上人民政府应当设立风险投资引导基金，推动社会资本参与知识产权运用转化项目的投资、融资活动。

第二十条 单位从事知识产权申请、登记、注册、代理、检索、导航、分析评议、维持、变更、许可、转让活动发生的费用，以及符合条件的与知识产权保护和促进活动相关的其他直接费用，列入研发费用支出，并按照国家有关规定享受研发费用加计扣除优惠。

第二十一条 县级以上人民政府应当制定并组织实施知识产权专业人才培养和引进计划，鼓励和支持高等院校、科研机构、企业等通过市场化机制引进高层次知识产权人才。

省知识产权主管部门应当会同省人力资源社会保障部门完善知识产权职称评定机制，对知识产权专业技术人才实施分类评价；对在知识产权保护和促进工作中做出突出贡献的人员，可以破格评定职称。

鼓励和支持高等院校设立知识产权专业、学科、学院，推动高等院校与知识产权服务机构、企业联合培养知识产权实务人才。

第三章 行政保护与司法保护

第二十二条 县级以上人民政府应当落实知识产权保护属地责任，加强知识产权行政执法能力建设，推动建立行政保护、司法保护、社会保护相结合的知识产权保护体系。

第二十三条 省知识产权主管部门应当健全商标保护制度，对本省享有较高知名度、具有较大市场影响力和易被假冒、侵权的注册商标进行重点保护。

省著作权主管部门应当健全著作权登记制度，完善著作权网络保护和交易规则，建立健全重点作品保护预警制度，加强对侵权违法行为的监管。

第二十四条 负有知识产权保护职责的部门应当建立健全知识产权违法行为投诉、举报机制，鼓励社会公众对知识产权违法行为进行投诉、举报；涉及重大违法行为的举报经查证属实的，按照规定给予举报人奖励。

第二十五条 负有知识产权保护职责的部门应当建立健全知识产权违法案件协调联动和线上线下快速协查机制，加强对侵权风险集中领域和区域的监督检查，必要时可以开展联合执法。

第二十六条 开展知识产权行政执法活动，可以采取下列措施：

（一）询问当事人或者有关人员，要求其说明有关情况或者提供与被调查行为有关的资料；

（二）查阅、复制当事人与涉嫌知识产权违法行为有关的经营记录、票据、财务账册、合同等资料；

（三）收集、调取、复制与涉嫌知识产权违法行为有关的电子数据；

（四）采用拍照、摄像、测量等方式对涉嫌知识产权违法行为的场所实施现场检查和勘查；

（五）证据可能毁损、灭失或者以后难以取得的，依法先行登记保存；

（六）对有证据证明是侵犯、假冒他人知识产权的物品，依法查封或者扣押；

（七）要求涉嫌侵犯制造方法专利权的当事人进行现场演示；

（八）法律、法规规定的其他措施。

县级以上人民政府知识产权主管部门根据商标注册人或者被许可人的投诉、举报，调查商标假冒侵权案件时，可以要求商标注册人或者被许可人对涉案产品是否为其生产或者许可生产的产品进行辨认，并说明理由。

第二十七条 知识产权权利人或者利害关系人可以就专利权、植物新品种权等侵权纠纷，向负有知识产权保护职责的部门申请行政裁决。申请符合条件的，负有知识产权保护职责的部门应当在七日内立案并通知申请人。

知识产权行政裁决案件应当自立案之日起六十日内作出行政裁决；有特殊情况需要延长的，经本部门负责人同意，可以延长三十日。

对基本事实清楚、证据确凿、权利义务关系明确的知识产权行政裁决案件，可以适用简易程序，并自立案之日起三十日内作出行政裁决。

作出行政裁决前，可以根据当事人意愿先行调解；调解不成的，应当及时作出行政裁决。

国家对知识产权行政裁决另有规定的，从其规定。

第二十八条 人民法院、人民检察院、公安机关应当履行知识产权司法保护职责，建立健全知识产权司法保护协作联动机制，优化司法资源配置，依法惩治知识产权违法犯罪行为。

人民法院应当完善知识产权审判机制，推进知识产权民事、刑事、行政案件"三合一"审判机制改革，依法加大知识产权侵权赔偿力度，通过繁简分流、在线诉讼等方式，提高知识产权案件审判质量和效率。

人民检察院应当依法履行法律监督职能，加强知识产权民事、刑事、行政案件法律监督，探索开展知识产权领域的公益诉讼。

第二十九条 负有知识产权保护职责的部门与司法机关应当建立健全知识产权行政执法与刑事司法衔接机制，完善案件移送要求和证据标准，依托行政执法和刑事司法衔接平台，实行知识产权违法行为线索、监测数据等信息的互通共享。

负有知识产权保护职责的部门发现知识产权违法行为涉嫌犯罪的，应当按照规定移送公安机关并抄送同级人民检察院。公安机关应当将查处结果反馈移送的部门。

人民法院、人民检察院、公安机关在刑事案件办理过程中，对依法不需要追究刑事责任或者免予刑事处罚的知识产权违法行为，应当及时移交负有知识产权保护职责的部门处理。人民法院在民事案件办理过程中，对发现的知识产权违法行为线索，应当及时移交负有知识产权保护职责的部门处理。

第三十条　人民法院、人民检察院在办理知识产权案件时，应当对当事人采用电子存证技术收集、固定的相关证据，依法予以审查认定。

负有知识产权保护职责的部门在依法履行职责过程中取得的检验检测报告、鉴定意见、勘验笔录、现场笔录，除法律、法规另有规定外，其他行政机关、司法机关在履行知识产权保护职责范围内可以调用。

第三十一条　县级以上人民政府知识产权主管部门应当会同同级司法行政等部门推动建立知识产权纠纷调解机制，探索设立知识产权专业化人民调解组织。

知识产权纠纷经依法设立的调解组织调解达成调解协议后，双方当事人认为有必要的，可以自调解协议生效之日起三十日内共同向人民法院申请司法确认。

第三十二条　本省建立知识产权技术调查官制度。知识产权技术调查官负责为全省知识产权案件中技术事实与专业问题的调查、分析、判断提供技术协助。

知识产权技术调查官名录应当向社会公布并动态调整。

知识产权技术调查官管理的具体办法，由省知识产权主管部门会同省级司法机关以及其他负有知识产权保护职责部门制定。

第四章　社会保护

第三十三条　市场主体、高等院校、科研机构应当加强知识产权内部管理和自我保护，履行知识产权保护义务，维护自身知识产权合法权益。

行业协会、商会等行业组织应当加强自律自治，建立健全本行业知识产权保护和维权规范，为会员提供知识产权业务培训、信息咨询、维权援助等服务，开展知识产权纠纷调解工作，对有知识产权违法行为的会员进行规劝惩戒。

负有知识产权保护职责的部门、知识产权公共服务机构应当加强对知识产权社会保护的指导，组织行业、法律、技术等方面专家成立志愿服务队伍，为中小微企业知识产权保护提供专业化志愿服务。

第三十四条　鼓励和支持市场主体、高等院校、科研机构根据自身行业和技术特点，按照商业秘密保护管理和服务规范，建立健全商业秘密管理制度。

市场监督管理、公安、司法行政、人力资源社会保障等部门应当建立商业秘密保护协同联动机制，加强对市场主体、高等院校、科研机构商业秘密管理和保护的指导。

第三十五条　专业市场举办者应当建立知识产权纠纷快速处理机制，开展知识产权宣传培训，通过与场内经营者签订协议等方式明确知识产权保护的权利和义务；发现场内经营者有侵犯、假冒他人知识产权的违法行为的，应当及时制止，并立即报告所在地负有知识产权保护职责的部门。

第三十六条　展会主办方、承办方应当要求参展方作出参展项目不侵犯他人知识产权的承诺，明确知识产权侵权纠纷及相关展品的处理措施，核查参展方参展项目的知识产权状况，保存展会知识产权纠纷处理的信息档案资料；展会举办三天以上的，应当设立展会知识产权纠纷处理点。

知识产权权利人认为展会的参展方侵犯其知识产权的，可以向展会主办方、承办方投诉，并提交构成侵权的初步证据。

展会主办方、承办方接到投诉后，应当采取必要措施，并及时告知被投诉人。被投诉人认为不构成侵权的，应当在二十四小时内作出书面声明，并提交相关证明材料；未在规定时间内提交书面声明或者不能有效举证的，展会主办方、承办方应当要求被投诉人撤展或者采取遮盖等方式处理。

第三十七条　重大体育、文化活动的主办方、承办方应当遵守特殊标志保护有关规定，完善知识产权授权合作和风险管控机制，规范活动中的知识产权运用行为。

第三十八条　网络服务提供者应当加强网络活动中的知识产权保护，建立知识产权维权机制，制定并公开知识产权保护规则，不得对权利人依法维权设置不合理的条件或者障碍。

文字、视听、音乐、美术等作品的网络服务提供者应当建立健全互联网著作权保护机制，加强重点作品的著作权保护。

第三十九条　知识产权权利人和利害关系人维护自身合法权益，应当遵守诚实信用原则，不得滥用权利。

知识产权投诉人、举报人在投诉、举报已处理完毕，且无新的事实和证据情况下，重复投诉、举报的，负有知识产权保护职责的部门可以不予受理。

第五章　管理与服务

第四十条　省知识产权主管部门应当会同省有关部门建立健全专利导航制度，对重点行业、领域的专利信息开展分析，定期发布专利导航成果，建立专利导航项目成果数据库，为宏观决策、产业规划、企业经营、技术研发和人才管理等活动提供指引。鼓励市场主体、高等院校、科研机构等自行或者委托知识产权服务机构开展专利导航。

省知识产权主管部门应当会同省有关部门建立健全重大经济科技活动知识产权分析评议制度，对利用财政性资金或者国有资本设立的重大政府投资、重大自主创新、重大技术引进或者出口、重大人才管理和引进等项目的知识产权状况进行论证评估和安全审查，防范知识产权风险。

专利导航和知识产权分析评议的具体办法，由省知识产权主管部门会同省有关部门制定，经省人民政府批准后实施。

第四十一条　省知识产权主管部门应当会同省有关部门建立知识产权信用分类分级监督管理机制，依托有关公共信用信息平台，开展知识产权信用信息归集和信用评价、修复等工作，并依法实施激励和惩戒措施。

第四十二条　负有知识产权保护职责的部门应当会同标准化主管部门加强知识产权标准建设，推进知识产权标准化技术组织建设，提高知识产权标准化水平。

鼓励和支持单位、个人将具有自主知识产权的创新成果转化为标准，实现知识产权与技术标准有效融合。

第四十三条　省统计主管部门应当会同省知识产权主管部门建立知识产权指标统计监测制度，定期组织开展知识产权发展情况的统计监测和分析研判，规范知识产权统计数据的发布和共享。

第四十四条　县级以上人民政府及有关部门应当建立健全知识产权公共服务体系，完善一站式知识产权公共服务供给机制。

负有知识产权保护职责的部门应当制定并公布知识产权公共服务清单。

第四十五条　知识产权快速协同保护机构提供下列公共服务：

（一）国家知识产权主管部门委托的知识产权快速审查、快速确权等服务；

（二）知识产权快速维权、纠纷调解等服务；

（三）知识产权保护技术服务；

（四）知识产权分析预警、政策研究、宣传培训等服务。

第四十六条　省知识产权主管部门应当会同省司法行政等部门建立知识产权检验检测和鉴定工作体系，完善工作规范，指导检验检测和鉴定机构为

知识产权创造、运用与保护等提供技术支持。

从事知识产权检验检测和鉴定的机构应当向社会公示其符合规范要求的声明以及机构资格、人员等信息。

第四十七条　省司法行政部门应当会同省知识产权主管部门指导公证机构优化知识产权保护的公证流程，创新公证证明和公证服务方式，为知识产权创造、运用与保护等提供公证服务。

公证机构可以为单位和个人提供侵权事实证据固定与保全、保密合同签约以及知识产权产品、技术的在先使用、公开在先等公证服务。

第四十八条　县级以上人民政府应当通过政府购买服务、组织开展培训指导等方式，推动知识产权代理、评估、运营、法律、公证等服务机构的发展。

资产评估主管部门、负有知识产权保护职责的部门应当推动评估机构等开展知识产权价值评估业务，为知识产权价值实现提供支持。

鼓励和支持知识产权服务机构参与专利导航、知识产权分析评议、投资、融资、托管以及高价值知识产权培育等业务。

第四十九条　知识产权服务机构开展执业活动，应当遵守职业道德和执业规范，维护委托人的合法权益，无正当理由不得低于成本价格提供知识产权服务。

专利代理机构、专利代理师或者其他机构、个人不得代理、诱导、教唆、帮助他人或者与其合谋实施非正常申请专利行为。

第五十条　省、设区的市人民政府应当建立境外知识产权风险防控体系，健全风险预警和应急处置机制，提升境外知识产权风险防控水平。

省知识产权主管部门应当会同省有关部门建立健全境外知识产权维权援助机制，完善涉外知识产权专家库和境外风险信息库，及时发布境外知识产权风险警示，为市场主体提供境外知识产权维权服务。

第六章　法律责任

第五十一条　违反本条例规定的行为，法律、行政法规已有法律责任规定的，从其规定。

第五十二条　专业市场举办者违反本条例第三十五条规定，有下列情形之一的，由市场监督管理部门责令改正；拒不改正的，处三千元以上三万元以下罚款；情节严重的，处三万元以上十万元以下罚款：

（一）未与场内经营者通过签订协议等方式明确

知识产权保护的权利和义务；

（二）未按照规定要求场内经营者停止知识产权侵权、假冒等违法行为；

（三）未按照规定向所在地负有知识产权保护职责的部门报告。

第五十三条　展会主办方、承办方违反本条例第三十六条第一款规定的，由市场监督管理部门责令改正；拒不改正的，处三千元以上三万元以下罚款。

展会主办方、承办方违反本条例第三十六条第

三款规定的，由市场监督管理部门责令改正；拒不改正的，处一万元以上五万元以下罚款。

第五十四条　专利代理机构、专利代理师违反国务院《专利代理条例》规定，由省知识产权主管部门实施行政处罚的，省知识产权主管部门可以委托设区的市知识产权主管部门实施。

第七章　附则

第五十五条　本条例自 2023 年 1 月 1 日起施行。

示范表彰

SHI FAN BIAO ZHANG

2022 年度全国版权示范单位、示范单位（软件正版化）、示范园区（基地）

[编者按] 2023 年 6 月，国家版权局发布《关于公布 2022 年度全国版权示范单位、示范单位（软件正版化）和示范园区（基地）名单的通知》，授予中国人民大学出版社有限公司等 53 家单位"全国版权示范单位"称号，授予中国海洋石油集团有限公司等 25 家单位"全国版权示范单位（软件正版化）"称号，授予新华 1949 文化金融与创新产业园等 18 家单位"全国版权示范园区（基地）"称号。

2022 年度全国版权示范单位名单

1. 中国人民大学出版社有限公司
2. 中华书局有限公司
3. 北京天艺同歌国际文化艺术有限公司
4. 央广传媒集团有限公司
5. 天津教育出版社有限公司
6. 博雅创智（天津）科技有限公司
7. 中信戴卡股份有限公司
8. 乐海乐器有限公司
9. 山西经济出版社有限责任公司
10. 山西日报传媒（集团）有限责任公司
11. 科尔沁右翼中旗蒙古族刺绣协会
12. 内蒙古荣朝文化产业有限公司
13. 辽宁向日葵教育科技有限公司
14. 铁岭外研科技有限公司
15. 长春市三昧动漫设计有限公司
16. 同江市国林赫哲沙陶文化推广有限公司
17. 上海图虫网络科技有限公司
18. 上海瑛麒动漫科技有限公司
19. 上海米哈游网络科技股份有限公司
20. 扬州安贝斯玩具有限公司
21. 江苏华佳丝绸股份有限公司
22. 江苏中天互联科技有限公司
23. 奥光动漫股份有限公司
24. 杭州朱炳仁铜艺股份有限公司
25. 杭州万事利丝绸文化股份有限公司
26. 安徽画报社
27. 安徽松鼠娱乐有限公司
28. 富春科技股份有限公司
29. 福建东龙针纺有限公司
30. 婺源县华龙木雕有限公司
31. 江西美术出版社有限责任公司
32. 临沂佳画电子商务有限公司
33. 山东街景智能制造科技股份有限公司
34. 山东全影网络科技股份有限公司
35. 中原出版传媒投资控股集团有限公司
36. 淮阳县邵波文化艺术工作室
37. 武汉达梦数据库股份有限公司
38. 湖北华中文化产权交易所有限公司
39. 湖南省湘绣研究所有限公司
40. 湖南天河文链科技有限公司
41. 广东咏声动漫股份有限公司
42. 佛山市顺德区东帝兴贸易有限公司
43. 广西日报传媒集团
44. 广西千年传说影视传媒股份有限公司
45. 重庆大学出版社有限公司
46. 重庆五洲世纪文化产业投资集团有限公司
47. 新华文轩出版传媒股份有限公司
48. 绵阳文昌祖庭文化传播有限公司
49. 云南这里信息技术有限公司
50. 云南万融实业集团有限公司
51. 陕西三秦出版社有限责任公司
52. 渭南市华州区宏权影艺文化传承发展有限公司
53. 共享智能铸造产业创新中心有限公司

2022 年度全国版权示范单位（软件正版化）名单

1. 中国海洋石油集团有限公司

2. 国网冀北电力有限公司

3. 中国铁建股份有限公司

4. 中铁物总资源科技有限公司

5. 西安银行股份有限公司

6. 张家口银行股份有限公司

7. 济宁银行股份有限公司

8. 江苏江南农村商业银行股份有限公司

9. 浙江农村商业联合银行股份有限公司

10. 中国人寿保险（集团）公司

11. 中国人寿保险股份有限公司

12. 山西焦煤集团有限责任公司

13. 方圆电子音像出版社有限责任公司

14. 内蒙古能源集团有限公司

15. 凌源钢铁集团有限责任公司

16. 江苏省苏豪控股集团有限公司

17. 江苏省联合征信有限公司

18. 安徽省能源集团有限公司

19. 安徽医科大学第一附属医院

20. 山东汇颐信息技术有限公司

21. 金蝶软件（中国）有限公司

22. 海南海钢集团有限公司

23. 四川省能源投资集团有限责任公司

24. 甘肃省电力投资集团有限责任公司

25. 宁夏电力投资集团有限公司

2022 年度全国版权示范园区（基地）名单

1. 新华 1949 文化金融与创新产业园（北京市）

2. 北京印刷学院文化创意产业园（北京市）

3. 磁州窑文化产业创业园（河北省）

4. 枫林科创园（上海市）

5. 东海水晶小镇（江苏省）

6. 浙江省瑞安市溪坦工艺礼品文创街区（浙江省）

7. 宿州市高新区阿尔法数字科技产业园（安徽省）

8. 仙游海峡艺雕城（福建省）

9. 九江恒盛科技园（江西省）

10. 东营软件园（山东省）

11. 中关村 e 谷（南阳）软件创业基地（河南省）

12. 长沙中电软件园（湖南省）

13. 羊城创意产业园（广东省）

14. 海口复兴城互联网信息产业园（海南省）

15. 金山意库文化创意产业园（重庆市）

16. 中国（绵阳）科技城软件产业园（四川省）

17. 云南广电大数据中心（云南省）

18. 秦创原（延安）创新促进中心（陕西省）

张家港市委宣传部
（张家港市版权局）

2022 年，张家港市版权局紧紧围绕版权工作大局，牢牢把握正确导向，着力推动产业发展，坚持保护与发展并重，促进版权兴业。

政策引领营造版权保护良性环境。全年完成作品著作权（含软著）登记 19 917 件，约占江苏省登记总量的 7%。配合完成国家推进使用正版软件工作部际联席会议工作组软件正版化核查工作，全市党政机关办公软件正版化率达 100%。2 家企业获苏州市政府优秀版权奖。

资源禀赋提升版权保护产业效能。2 件作品分别入选江苏省优秀版权作品产业转化重点培育项目和苏州市重大版权推广运用计划项目。江苏张家港酿酒有限公司等 3 家重点版权企业列入市级文化产业发展专项引导资金奖励扶持计划，共计获得扶持资金 200 万元。

宣传监管构建版权保护健康体系。落实版权"六进"宣传活动，参加江苏省版权示范创建工作现场交流会及江苏省第三届版权博览会。查办侵权盗版及非法出版类案件 39 起，收缴各类侵权及非法文化制品 1.1 万余件。张家港市版权局连续十年获评国家版权局查处侵权盗版案件有功单位。

※ "4·26"版权宣传创意集市，向市民普及版权保护知识

※ 江苏张家港酿酒有限公司——酒的故事·沙洲优黄文化园

※ 版权作品《稻田画"野趣常阴沙"》运用于农文旅融合项目，版权赋能助力乡村振兴

广州市委宣传部
（广州市版权局）

※ 2021年11月，广州市委常委、宣传部部长杜新山主持召开广州市推进使用正版软件工作联席会议第三次全体会议暨迎接省对广州市使用正版软件工作检查动员会

广州，简称"穗"，广东省省会，是首批国家历史文化名城、国家中心城市、综合门户城市和粤港澳大湾区的地理几何中心、核心引擎，位于珠江三角洲核心区，自古就是岭南政治、经济、文化中心。

广州版权工作坚持以习近平新时代中国特色社会主义思想为指导，深入学习贯彻党的二十大精神和总书记视察广东重要讲话、重要指示精神，贯彻落实习近平文化思想和习近平总书记关于知识产权保护工作的重要论述精神，奋力在推进中国式现代化建设中扛起版权担当、作出版权贡献。自2013年成功创建全国版权示范城市以来，10年间不断提升版权创造、运用、保护、管理和服务水平，积极创新版权管理和服务方式，在版权服务体系建设，打造版权产业集群，推动智力成果的创新与运用，促进区域经济、文化、科技和社会全面发展等方面取得了丰硕成果。

※ 2021 年 9 月 26 日，广州市委宣传部副部长、市新闻出版局（市版权局）局长陈晓丹（左 3）为荔湾区版权服务和保护工作站揭牌

一、加强示范引领，版权创造和运用助推高质量发展

广州市着力推动全国和广东省版权示范单位、园区（基地）等示范项目的创建工作，培育优秀版权产业园区（基地）、企业和高价值作品。广州市朗声图书有限公司荣获 2022 年度中国版权金奖推广运用奖，广州中望龙腾软件股份有限公司的《中望 3D 软件》荣获 2022 年中国版权金奖作品奖。广东咏声动漫股份有限公司获评 2022 年度全国版权示范单位，羊城创意产业园获评 2022 年度全国版权示范园区（基地）。全市现已获评中国版权金奖 3 个、全国版权示范园区（基地）2 个、全国版权示范单位 6 家，已建有国家版权贸易基地 1 个和广东省版权示范单位、园区 31 个，已打造广东省最具价值版权作品 28 个。

中国新闻出版研究院的最新调研显示，广州市版权产业的行业增加值为 2 798.39 亿元人民币，占全市 GDP 的比重为 9.91%，占全市 GDP 的比重高于全国版权产业比重 2.50 个百分点。版权示范创建成绩名列前茅，版权强市建设成效突出。

※ 2022 年 4 月 25 日，广州市版权局联合市公安局、市文化广电旅游局和广州海关在 2022 年知识产权宣传周版权宣传活动中签署《广州市版权执法协作机制备忘录》

※ 广州市版权局组织人员进驻中国进出口商品交易会（广交会）开展版权咨询、宣传和纠纷处理工作

二、落实严格保护，深化版权全链条保护协作机制建设

自 2022 年广州市版权局联合市公安局、市文化广电旅游局和广州海关等签署《广州市版权执法协作机制备忘录》以来，各单位在版权执法信息与情报共享、执法办案互助和协作、优化涉案线

※ 广州市海珠区版权局联合公安、文化执法部门开展执法行动

索移送、联合开展版权保护普法宣传等方面加强版权执法协作，突出大案要案和典型案件的查办，加大对侵权盗版违法行为的打击力度，取得了扎实的成效。已联合开展专项执法行动 20 余次，检查单位 1.2 万余家次，出动执法人员 3.4 万余人次，查办案件 42 宗。

根据上级部署，联合市公安局、市文化广电旅游局、市互联网信息办公室等单位开展"院线电影版权保护""青少年版权保护工作""剑网""冬奥会"等专项行动，对体育赛事、点播影院、文博文创、网络视频、网络新闻、有声读物、电商平台、浏览器、搜索引擎、音乐、文学、新闻出版等重点领域深入开展网络版权专项整治。

2018 年以来，广州市文化执法总队获得 2018 年中国版权金奖保护奖，全市 28 个单位（个人）先后荣获全国打击侵权盗版有功单位（个人），5 宗案件先后入选当年广东省版权十大案件。

三、构建多元格局，版权管理和服务体系不断完善延伸

广州市已形成了以广州市版权局为版权行政管理部门主体，多元化、专业化的版权保护组织为依托的版权工作格局，市级层面建立了公益一类事业单位——广州市版权保护中心和行业协会——广州市版权协会，区级层面建立了荔湾区版权服务和保护工作站、黄埔区版权和金融服务工作站、海珠区琶洲会展与数字经济版权保护服务工作站、海珠区出版发行行业版权保护服务工作站、白云区设计之都版权保护服务工作站等 5 家版权基层服务工作站。全市拥有作品著作权登记代办机构 7 家，2021 年著作权登记数量首次突破 10 万件。2022 年修订实施《广州市作品著作权登记政府资助办法》，发放作品著作权登记政府资助款 205 万余元，

版权保护工作不断巩固提升。

《2022 年中国城市会展业竞争力指数报告》显示，广州会展业竞争力指数位居全国榜首，正积极打造"国际会展之都"。每年中国进出口商品交易会（广交会）期间，市版权局组织版权行政管理部门、版权执法部门、版权公共服务机构、版权基层工作站等人员，安排专家力量，进驻展会现场办公，按照"快受理、零障碍、快处置、零延误"原则，开展版权咨询、宣传和纠纷处理，为参展客商提供专业高效的服务，助力打造市场化、法治化、国际化的一流营商环境。

广州是"中国软件名城"，2022 年，广州市软件业务收入超过 6 464 亿元，比 2021 年增长 10.2%，增速高于全国和全省平均水平。近年来，广州通过加强政策引导、规范源头采购、加快信

创替代、打击侵权盗版等系列措施，全方位做好软件正版化工作，为营造数字技术和软件产业发展良好市场环境，推动经济社会高质量发展提供了重要支撑。

四、坚持守正创新，版权宣传教育营造良好社会风尚

打造"创意花城"版权宣传品牌。"4·26"世界知识产权日期间，广州市版权局牵头组织相关职能部门和行业协会、知名企业等开展"创意花城"广州版权宣传周系列活动，以一场主会场活动、九项特色主题活动为带动，深化版权宣传进企业、进校园、进社区、进机关、进网络"五进"活动，线上线下约50万人次参加活动。《人民日报》、新华社、央视频、学习强国、《南方日报》、《羊城晚报》、《广州日报》、《南方都市报》、《新快报》、《信息时报》等中央、省市主流媒体给予充分报道，全媒体报道1 500多篇次，阅读量2 000多万人次。活动引发社会各界和媒体的高度关注，营造了全社会尊重版权、爱护版权的良好氛围，有力推动版权产业高质量发展和广州文化强市建设。

开展版权宣传进校园系列活动。举办第六届"版辩羊城·权论新篇"广州大学生辩论邀请赛，赛事首次采用海选形式，吸引了广州地区主要高校参与，为公众增进对版权运用的理解提供了多维视角。指导广州市版权保护中心开展普法课程、主题展览、知识竞赛、讲座互动等形式多样的青少年版权保护宣传活动近百场，累计覆盖200余所学校、10余万名学生。

开展版权服务产业高质量发展培训活动。指导市版权保护中心深入我市文化企业、科学技术协会、创意园区等地，举办"版权保护与版权登记实操""企业常见版权风险及合规管理""侵害著作权实务问题探讨"等专题培训，邀请版权领域知名法官、行业律师、高校学者等专家，讲授版权法律知识、解答版权疑惑，为企业合规经营、规避版权风险提供参考，助力版权事业产业高质量发展。

新时代新征程，广州版权工作围绕实现总书记赋予的使命任务，坚持高站位谋划、高标准推进、高质量落实，为推动广州加快实现老城市新活力、"四个出新出彩"，继续在高质量发展方面发挥领头羊和火车头作用，扎实扛起版权担当，作出新的贡献。

※ 第六届"版辩羊城·权论新篇"广州大学生辩论邀请赛决赛现场

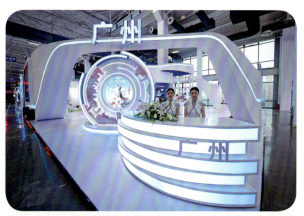

※ 2021年10月，广州市在第八届中国国际版权博览会单独设展

长沙市委宣传部
（长沙市版权局）

长沙市深入学习贯彻习近平文化思想，大力推进全国版权示范城市创建工作，统筹实施版权强基、版权创新、版权赋能三大工程，版权治理体系和治理能力现代化水平不断提升，长沙市成功获批全国版权示范城市。通过版权的示范创建，打造版权产业集群，构建版权发展生态，为加快建设版权强国贡献长沙力量。

大力实施版权强基工程

长沙围绕国际文化创意中心建设，高质量完成全国版权示范城市各项创建任务。湖南省委常委、长沙市委书记吴桂英，市委常委、市委宣传部部长陈澎，多次视察全国版权示范园区——马栏山视频文创产业园和全国版权示范单位，强调版权的地位和作用。市委、市政府把建设全国版权示范城市工作纳入国民经济和社会发展规划、作为重点任务写进党代会报告。将在版权创造转化和精品力作创作方面的重大贡献情况作为长沙市文化产业"四雁引领"白名单企业培育考评的竞争性条件，

※ 长沙市召开全市创建全国版权示范城市工作推进会

※ 长沙市委常委、市委宣传部部长陈澎在版权助推城市高质量发展论坛上发表主旨演讲

将软件正版化工作纳入全市意识形态工作责任制，版权工作的重要性通过考核得到全方位强化。全市共有 3 个全国版权示范园区和 11 家全国版权示范单位，13 家全市版权示范单位。全市建设版权工作服务中心 1 个、版权工作服务站 9 个、版权工作服务点 130 个，全面打通版权服务"最后一公里"，全市版权公共服务体系基本健全。市版权局荣获"中国版权金奖管理奖"。湖南美术出版社、中联重科股份有限公司分别入选 2022 年度"中国十大著作权人"评选活动"文字综合类""计算机软件类"名单。创新版权投诉机制，市中级人民法院设立专门知识产权法庭，2 个全国版权示范园区均设立区级知识产权法庭，成立长沙市版权纠纷人民调解委员会和马栏山知识产权案件诉源治理工作站。查处办理著作权及出版领域行政处罚案件 120 起，办理侵犯著作权类民事案件近 1 万起、刑事案件 10 起，调解纠纷 100 余起。湖南童梦文化股份有限公司维权案成为长沙版权保护典型案例，该案例被评为 2022 年度全国打击侵权盗版十大案件，

作为中国版权执法典型案例在第九届中国国际版权博览会"版权助力建设中华民族现代文明主题展"进行展示。

大力实施版权创新工程

促进版权创造和运用，助力作品版权登记量飞跃式提升。2022 年全市作品版权登记量 13.5 万件，是 2021 年的 2.3 倍、2020 年的 23 倍。出台优秀版权奖奖励办法、文艺精品创作生产机制等制度，制定著作权、软著登记有关奖励政策，明确专项经费，鼓励版权创作。长沙市政府共投入近 2 000 万元奖励扶持版权精品创作，推出电视剧《问苍茫》、电影《长沙夜生活》《学爸》《硬核老爸》《南方南方》、图书《大国制造》《游学·1917》等版权力作。大力推动版权成果转化运用，湖南省湘绣研究所探索版权作品图片有偿使用、IP 授权合作等版权数字化转化新模式，授权梦洁家纺将版权作品《珠翠华光》用于床上用品开发，实现社会效益和经济效益相统一。湖南平安小精灵文化发展有限公司开发的"5G 智慧电台"推广运用到全国 900 多家电台。全国 35 个城市的 300 个新闻节目正在使用"千博"手语 AI 主播。芒果 TV 国际 App 下载用户 1.2 亿，覆盖全球 195 个国家和地区。

大力实施版权赋能工程

紧紧扭住版权和产业融合发展的"牛鼻子"，构建以马栏山视频文创园为基地，以视频版权、数字出版、设计版权、浏阳烟花版权为特色的"一基地四集群"版权产业大格局，撑起版权产业高质量发展骨架。浏阳花火剧团创新版权作品"焰遇"文

※ 第三届马栏山版权保护与创新论坛颁奖仪式

旅IP，在多个城市成功实践60多场，形成"民间文艺+科技+版权"的产业模式；网红餐厅长沙"文和友"和深受年轻人喜爱的奶茶品牌"茶颜悦色"，用创造赋能消费，推出系列特色周边版权产品超1000件/年。在国家文化数字化战略引领下，大力发展数字版权新业态，加快布局音视频产业，打造全球音视频研发中心基地，聚力AI赋能音视频全产业链，建设全国首个音视频大模型"马栏山音视频大模型"，打造包括版权保护、交易、存证等功能的数字版权服务平台。全市涌现3万多件数字版权作品，支持企业率先研发无穿戴交互XR、打造沉浸式3D场景，通过AIGC技术让数字版权确权作品孵化更多数字版权内容，赋能数字经济发展。发挥民间文艺资源富集的优势，加强民间文艺版权创造、运用，浏阳花炮、湘绣、铜官窑陶瓷、菊花石雕塑等民间文艺形成了可观的产业规模。曾经绽放在伦敦和里约热内卢奥运会、索契冬奥会和北京冬奥会、冬残奥会的浏阳花炮，年总产值达302亿元，同比增长15%，年度出口销售额61.6亿元，同比增长84.9%，浏阳承包了

世界近70%的烟花；中南出版传媒集团实现版权输出331项，覆盖35个国家和地区，涵盖32个语种；湖南教育出版社共实现版权输出和合作出版700余项，覆盖全球60多个国家和地区；中欧班列长沙新增3条新线路，常态化线路增至14条，全年共发运1012列，开行量位列全国第三。

宣传引导凝聚版权共识

积极培育活动品牌，在国家版权局和湖南省委宣传部（省版权局）的大力支持下，连续四年举办马栏山版权保护与创新论坛，邀请全国著名版权专家和企业家开坛论道，国家版权局、湖南省版权局领导到现场指导，全面展示了长沙市版权产业发展的蓬勃态势，取得了良好的效果。持续提升全社会版权意识，广泛开展版权知识和法律法规的宣传与培训，全年共组织30余场培训，共培训5000余人，使版权企业和著作权人对版权相关法律法规有了更加深刻的认识和了解，为自觉维护版权相关的合法权益提供了有力保障。将重点宣传和日常宣传相结合做社会宣传，在4·26世界知识产权日和版权宣传周，全市大规模开展版权宣

传活动，并在每个月的第一个星期开展集中社会宣传，每日受众 400 万人以上。持续开展新闻宣传。通过各级新闻媒体进行创建全国版权示范城市的新闻宣传，对深圳文博会长沙版权展区、成都版

博会湖南长沙版权联合展区以及马栏山版权保护与创新论坛进行了广泛报道。《中国知识产权报》《中国新闻出版广电报》等多家媒体对长沙版权工作进行了宣传，共刊发各种类型报道 70 多篇。

※ 长沙市举办 4·26 版权业务培训班

※ 湖南长沙版权展区精彩亮相第十九届中国（深圳）国际文化产业博览会

※ 四川成都，第九届中国国际版权博览会湖南长沙版权联合展区

※ 长沙市版权局被授予中国版权金奖管理奖

佛山市委宣传部
（佛山市版权局）

※ 2022 年佛山市版权宣传月暨"绿书签行动"主题活动

　　2022 年，佛山始终坚持高位统筹、不降标准、狠抓落实推进全国版权示范城市创建各项工作，版权创造、管理、保护、运用和服务水平再上新台阶。

　　持续夯实版权工作格局。 把"建成全国版权示范城市"写入 2022 年市《政府工作报告》，制定印发《2022 年佛山版权工作要点》，部署落实版权创造、管理、保护、运用、服务五个"进一步"工作任务，落实创建工作经费保障近 2 000 万元。

　　蓄力浇筑良好创新环境。 持续施行版权扶持政策，深挖版权创新潜能，2022 年佛山全市一般作品版权登记量居全省第二，计算机软件版权登

※ 佛山打造 EC 源版权备案交易平台

记量居全省第三。全市共有国家、省、市版权示范单位 33 家。培育版权精品，扶持打造的粤剧《红头巾》、电影《白蛇传·情》获广东省第十二届精神文明建设"五个一工程"奖。

扎实打造版权运用坚强纽带。依托佛山版权产业发展联盟主要行业领军成员，举办第二届中国（佛山）童装时尚设计周、第四届平洲玉器珠宝文化周、网络视听作品版权保护与法律知识主题沙龙、新美陶新品发布会、蕾丝花边行业的版权破局研讨会等行业创新保护活动，将版权运用和保护融入2022年"有维青年·权力以赴"工业设计版权季、"市长杯"工业设计大赛等行业发展活动。

构建完善版权保护体系。持续保持侵权盗版活动严打态势，2022 年查办侵权盗版案件 13 宗，广东某亿汇科技有限公司涉销售"冰墩墩"侵权复制品案被中宣部版权管理局等 5 部门列为联合挂牌督办案件，持续优化著作权纠纷·"一门式"和解机制，调解著作权纠纷案件 6 247 宗。

建设优化版权服务供给体系。以全国首个版权综合体佛山版权中心为服务主阵地，部署开展版权新品发布、授权对接、青少年研学、普法宣传等专题活动 60 余场，纳入全市首批中小学生研学实践教育基（营）地。上线国内首个童装垂直领域拥有 100 000+ 款正版花型交易平台——EC 灵感源，打造版权贸易强劲引擎。

守正创新营造浓厚社会氛围。深入开展"2022 年版权宣传月暨绿书签行动"活动，部署开展佛山市青少年版权保护"六个一"宣传活动，推出全国首部版权主题儿童舞台

※ 版权精品大型粤剧《红头巾》获广东省"五个一工程"奖

※ 佛山版权中心成为青少年版权体验学习基地

※ 佛山市推出版权主题儿童剧《餐厅也疯狂》

剧《餐厅也疯狂》，在全市五区进行展演，举办了一场青少年版权共读活动、开设一季青少年版权研学夏令营、组建一支青少年 IP 联盟和开展一系列青少年非遗版权体验活动，全市共 100 多所学校近 20 万人次学生参与。

温州市委宣传部
（温州市新闻出版局）

※ 温州市开展"迎亚运·护航二十大"扫黄打非专项行动和非法出版物集中销毁

2022 年，温州市围绕全国版权示范城市创建这一核心，以深入实施"1+5+N"行动为抓手，全面提升我市版权创造、运用、保护、管理、服务水平，全国版权示范城市创建工作步入快车道。中国新闻出版研究院发布的《2021 年温州市版权产业的经济贡献调查报告》显示，温州市版权产业的行业增加值为 446.47 亿元人民币，同比增长 15.91%。

一、完善制度链，激发内动力。召开全国版权示范城市创建工作领导小组成员单位联席会议，出台《温州市推动软件和信息服务业创新发展的十条政策》等文件，建立版权统计制度。举办首届"红靴奖"中国国际鞋类设计大赛、"梅源杯"版权设计大赛和 2022 年温州市创意设计大赛，2022 年作品版权登记共 21 045 件（包含软件作品 7 563 件，一般作品 13 482 件），一般作品登记数量连续三年位居全省第一。

二、构建产业链，催生增长点。对接省版权局，创新版权作品登记权限下放机制，成立省版

千年商港 幸福温州

权局温州工作站及 12 个县域分站，33 个版权登记联络点，25 件版权登记作品获 2020—2021 年度"浙江省优秀版权作品"奖。推选省级以上示范园区 4 家和示范单位 16 家，确定首批市级示范园区 6 家和示范单位 21 家。其中澳珀家俱有限公司荣获 2021 年度全国版权示范单位，浙江中胤时尚股份有限公司荣获 2021 年度浙江省版权最具影响力企业、2022 年度全国十大著作权人。

三、健全保护链，提供支撑力。建立健全版权保护体系，成立温州市知识产权共享法庭（温州版权馆服务点），2022 年查处著作权行政案件 25 起，查办著作权刑事案件 6 起，2 起案件被国家版权局挂牌督办。温州市新闻出版局等 3 个单位获评 2021 年度全国查处重大侵权盗版案件有功单位，8 名同志获评有功个人。市本级和各县（市、区）机关、事业单位软件正版化全部达到 100%。

四、打造宣传链，提高传播力。成立浙江省地级市首家版权协会，优化提升温州版权馆并重新开放。开展 4·26 版权宣传月活动，开通"温州版权"频道、举办新闻发布会、2021 年度温州市创意设计大赛获奖作品展和开展非法出版物集中销毁等一系列活动。同时，开展了 2022 年度十大版权事件、案例、人物和企业的评选，设置版权研学路线，向全社会广泛宣传版权知识。

※ 2022 年 6 月，温州举行 2021 年度温州市创意设计大赛获奖作品展

※ 2022 年 6 月 10 日，温州市成立浙江省地级市首个版权协会

※ 2022 年 7 月 13 日，温州召开全国版权示范城市创建工作领导小组成员单位联席会议，动员全市成员单位和县（市、区）全力做好全国版权示范城市创建冲刺阶段工作

中国人民大学
国家版权贸易基地

National Copyright Trade Centre of RUC

· · · · ·

国家级
版权产业要素市场
版权领域高端智库

· 全国第一家国家版权贸易基地
· 全国唯一一家依托大学建立的国家版权贸易基地
· 全国版权示范园区（基地）
· 全国第一家专业的版权资产评估中心
· 版权领域全国唯一的中央级年鉴 ——《中国版权年鉴》

版权服务体系
Copyright Service System

| 版权理论研究 | 版权授权代理 | 版权资产评估 |
| 版权行业交流 | 版权人才培养 | 版权维权调解 |

▶ 满足行业发展基本需求，
解决行业发展痛点问题 ◀

一个平台：政府+产业界
+学界+法律实务界

两个市场：国内&国际

2022 年"中国版权金奖"获奖名单

[编者按]　2023 年 3 月 30 日，国家版权局公布了 2022 年"中国版权金奖"获奖名单。"中国版权金奖"是中国国家版权局与世界知识产权组织（WIPO）开展的合作项目，设立于 2008 年，每两年评选一次，是中国版权领域最高奖项，也是中国版权领域唯一的国际奖项。2022 年"中国版权金奖"设作品奖 6 个、推广应用奖 5 个、保护奖 5 个、管理奖 4 个。

一、作品奖

1. "足迹"系列（图书，著作权人：本书编写组）

2. "中国历代绘画大系"（图书，著作权人：浙江大学）

3. 《人世间》（电视剧，著作权人：弘道影业有限公司、阅文影视文化传播有限公司）

4. 《长津湖》（电影，著作权人：北京博纳影业集团有限公司）

5. 《中望 3D 软件》（计算机软件，著作权人：广州中望龙腾软件股份有限公司）

6. 《只此青绿》（舞蹈，著作权人：中国东方演艺集团有限公司）

二、推广运用奖

1. 中国工信出版传媒集团有限责任公司

2. 河南广播电视台

3. 广州市朗声图书有限公司

4. 人民文学出版社有限公司

5. 麒麟软件有限公司

三、保护奖

1. 文化和旅游部文化市场综合执法监督局综合指导处

2. 北京知识产权法院审判监督庭

3. 北京市公安局通州分局环境食品药品和旅游安全保卫支队

4. 宁波海关综合业务处

5. 中国作家协会社会联络部权益保护处

四、管理奖（4 个）

1. 江苏省版权局版权管理处

2. 上海市版权局版权管理处

3. 景德镇市文化广电新闻出版旅游局（版权局）

4. 长沙市版权局

理论研究

LI LUN YAN JIU

夯实基础，聚焦前沿，实现知识产权中国式现代化建设新目标[*]

——2022 年中国著作权法研究综述

孙　山　李　研[**]

当前，我国正在从知识产权引进大国向知识产权创造大国转变，知识产权工作正在从数量跃升向质量提高转变。不断完善版权工作体制机制，强化版权全链条保护，积极促进版权创造和运用，有效应对版权新问题、新挑战，持续提升全社会版权意识，推进版权治理体系和治理能力现代化，推动版权事业和版权产业高质量发展，尤为重要而迫切。《版权工作"十四五"规划》提出，加强大数据、人工智能、区块链等前沿技术探索运用，加大传统文化、传统知识等领域的版权保护力度。为实现全面加强版权保护的目标，一方面需要继续夯实著作权法的理论基础，打好"地基"；另一方面需要聚焦于高新前沿技术，提升版权保护的水平和效率。本文以 2022 年发表于"中文社会科学引文索引"（CSSCI）来源期刊（136 篇）与《知识产权》（CSSCI 扩展版，18 篇）的著作权法相关学术论文为研究对象，对 2022 年我国著作权法理论研究进展进行回顾与梳理。

一、总体研究特点

纵观 2022 年度的著作权法学研究，可以发现以下几个明显特点：第一，技术始终是著作权法演进的强大推动力，技术的不断进步倒逼着立法者在制度层面作出回应；第二，学理研究向纵深方向发展，理论上的延伸奠定了诸多研究成果的研究框架；第三，立足本土尝试制度供给，本土化思维日益主导研究进程的各个阶段。

（一）技术进步倒逼制度回应

正如我们无数次提到的，包括著作权法在内的

知识产权制度是技术进步的产物，技术进步是著作权法演进的重要动力。从活字印刷术到数字点播机，从数字点播机到数字云，保罗·戈斯汀专著名称的变化，也凸显了技术进步与著作权法之间的共生关系[①]。数字技术正在深刻地改变着我们的生活，也改变着著作权法。在过去一年里，国内学者对区块链、人工智能生成内容、算法推荐、大数据等技术领域中的著作权问题展开了研究，取得了丰硕的成果。技术远远走在了制度的前面，这是各国通例。而在我国，技术进步与制度回应的时间差相较部分发达国家更加明显，《著作权法》的修订次数少、跨度长已经影响到该法的实效。自 1990 年制定以来，三十多年间，我国《著作权法》只经历过三次修订。在新技术迭代更新速度不断加快的当下，是否还要保持如此缓慢的修法速度，考验着立法者的智慧与决断。

（二）理论延伸奠定研究框架

从规则初建到体系完善，著作权法学理论研究与著作权法律规范的建构在我国走过了相同的路程。从历史的维度看，著作权法学理论研究整体呈现出持续延伸的趋势。这里所说的"延伸"，既包括研究的广度，也包括研究的深度。在过去一年里，我国学者在不断拓展研究领域的同时，还在一些基础理论问题上积极推进。在作品类型、新类型表达的作品属性判定、著作权的权利体系架构、民事责任承担等问题上，学界均保持同步跟进，提出了一些建设性观点。著作权制度的价值、权利限制、权利滥

---

　　* 项目信息：2022 年重庆市专业学位研究生教学案例库建设项目："《知识产权总论》课程典型案例库"（渝教研发〔2023〕2 号）。
　　** 作者简介：孙山，法学博士，西南政法大学民商法学院副教授；李研，西南政法大学法学硕士。
　　① 戈斯汀. 著作权之道：从谷登堡到数字点播机［M］. 金海军，译. 北京：北京大学出版社，2008；戈斯汀. 著作权之道：从印刷机到数字云［M］. 金海军，译. 北京：商务印书馆，2023.

用等涉及著作权法内部逻辑结构和外部逻辑关联的深层问题，也受到部分学者重点关注，研究成果引人深思。著作权法的规范内容是船体，而理论部分是船的设计原理，著作权制度这艘船运行的好坏，很大程度上取决于理论部分和规范内容的适配状况。理论延伸奠定研究框架，也不断拓展着规范内容的体系构成。著作权法学理论研究整体呈现出持续延伸的趋势，表明我国著作权制度正逐步走向成熟和完善。

（三）本土化思维主导研究进程

随着我国综合国力的不断增强与国际地位的稳步上升，道路自信、理论自信、制度自信、文化自信已经成为国人的共识，著作权法研究中本土化思维主导研究进程的特征也成为"四个自信"的重要表现之一。我国是作品的创作大国，也是作品文化产业应用与司法保护实践的大国。不可否认，受益于各类数字技术的发展和市场前景的稳定预期，我国在著作权制度建构、司法保护和理论建设方面有着远比欧洲传统发达国家更为广阔的应用场景，所面临的问题也更为复杂，呈现出现代与后现代并存、后进与先进兼具的样态。一年来，在包括权利滥用、国际保护、集体管理、权利限制、权利救济等问题的研究中，相关研究成果渗透着越来越强烈的本土化思维，一些学者明确将本土化作为研究的起点和终点。特别是在诸如合理使用制度的完善、网络服务提供者过滤义务的引入、刑事保护的调适和刑民保护的衔接等问题上，比较法的理论嫁接与制度移植这种研究方法基本上被弃用，正视国情、尊重国情、立足国情已经成为普遍共识。本土化思维主导研究进程，是我国著作权法研究走向成熟的重要转折点。

二、著作权法研究中的问题点

（一）基础理论研究

1. 著作权价值的省思与重塑

易继明、初萌指出，版权保护的财产权劳动学说与财产权人格理论虽思辨、浪漫有余，但严密性不足，版权保护的工具主义理论则缺乏必要的价值

引领。人本主义以现实主义面向弥补了理性建构理论的不足[1]。丁文杰指出，著作权的本质是行为规制，其对私人行动自由的限制程度较高。因此，著作权法的思维方式也需要从静态思维的权利范式转向动态思维的行为规制范式[2]。周贺微认为，时代背景下效率价值的考量使得著作权法对著作权、著作权人倍加青睐，与此同时对作者关注却不足，应确保对作者和作品加以关注，构建作者与作品之间的稳定价值结构[3]。喻国明、耿晓梦提出，版权范式需要从封闭性思维转向互联网思维所强调的开放协同，从一种关系的视角来协调和处理知识创造、知识分享以及知识应用，尽可能充分协调多元利益主体[4]。章凯业指出，个体的创作受到多重动机的驱使，版权只扮演着一个相对边缘性的角色，版权更重要的向度是在产业领域，其作用是在媒介稀缺和信息传递依附价值传递的产业环境下，确保知识的大规模商品化得以顺利进行[5]。

2. 著作权制度的反思与完善

在独创性问题的研究上，于文提出，要准确认知"独创性"概念，还需要在文艺思潮属性的"独创性"概念进入版权法律体系的具体历史语境中，还原"独创性"概念在著作财产权建构和多元价值协调中独特的修辞功能[6]。付继存认为，由于独创性只能明确作品保护的正当性，对邻接权客体的判定与正当性解释无法律意义。独创性只具有从创作行为与创作结果来描述创作事实的功能。判断独创性，应考量作品表达思想与创作自由度两个因素[7]。

在"思想/表达二分法"的研究中，周丽娜认为，作品"能以一定形式表现"，是对著作权"思想/表达二分法"更准确的体现，也是对新技术发展的积极回应，为未来可能出现的新型作品留出空间。同时，作品的表达应严格限于文学、艺术和科学领域，并排除功能性表达[8]。徐珉川提出，通过三阶段的适用结构，"思想/表达二分"能够贯穿著作权侵权判定的各个环节，并对应发挥权利对象区分、权利范围界定和行为性质认定的作用，从而实现著

① 易继明，初萌. 论人本主义版权保护理念［J］. 国家检察官学院学报，2022（1）.
② 丁文杰. 论著作权法的范式转换：从"权利"到"行为规制"［J］. 中外法学，2022（1）.
③ 周贺微. "失控"的著作权：作者弱化的著作权自治考察［J］. 华中科技大学学报（社会科学版），2022（6）.
④ 喻国明，耿晓梦. "微版权"："微粒化"方法论下版权范式的转型迭代［J］. 中国出版，2022（2）.
⑤ 章凯业. 版权保护与创作、文化发展的关系［J］. 法学研究，2022（1）.
⑥ 于文. 利益平衡的修辞术："独创性"概念的生成、误读与反思［J］. 现代出版，2022（3）.
⑦ 付继存. 作品独创性功能的反思与重塑：基于著作权法结构与价值目标的双重视角［J］. 湖南大学学报（社会科学版），2022（5）.
⑧ 周丽娜.《著作权法》作品定义"能以一定形式表现"之分析［J］. 中国出版，2022（3）.

作权非字面侵权裁判论证的补强功能①。

对于保护范围的划定，梁九业指出，我国《著作权法》所沿用的"行为设权"的权利配置范式，带有技术理性主义的"魅影"和实用主义的烙印。为克服该范式的不足，应以《民法典》第123条所规定的"专有的权利"为体系依托，充分彰显著作权区别于物权之"直接支配和排他的权利"的独特性，对著作权制度的理论前提"经济人假设"进行必要修正②。刘华、李晓钰提出，对兜底条款"开放"与"封闭"规则的解释与适用遵循相对性原则，以此缓解裁判中维护专有领域与公有领域利益平衡的压力③。

3. 著作权滥用的研究与规制

冯晓青指出，著作权等知识产权滥用行为中存在利用许可合同谈判中的优势地位而排除、限制竞争的知识产权滥用行为，还存在属于一般权利滥用范畴的知识产权滥用行为，以及滥用诉权的行为④。司马航、吴汉东认为，应充分考量著作权滥用的特殊性，以类型化视角分别确定著作权滥用的判断标准⑤。卢海君、任寰提出，加强知识产权保护仍然是时代的主旋律，应当进一步加强版权保护工作，而不是无端限制权利的正常行使。在此背景下，《著作权法》不宜规定所谓"版权滥用原则"；《反垄断法》对版权行使也应保持谦抑，避免公权力对私权的过度侵蚀⑥。魏建、田燕梅认为，策略性诉讼者（版权蟑螂）发起诉讼并没有违反《著作权法》或违背诉讼规则，其为版权人带来利益的同时，也提高了版权保护水平，但策略性诉讼者发起大量诉讼，造成诉讼拥堵，浪费司法资源⑦。

4. 著作权国际保护的合作与推进

丛立先、谢轶认为，我国应从科学化设定全球版权治理体系目标、改革多边版权体系、重建区域性版权治理体系、完善双边版权合作机制、健全涉外版权风险防控与维权援助机制等方面打造符合知识产权强国建设要求的版权国际合作机制⑧。阮开欣指出，我国有必要对"外保条款"予以修改，以利用版权条约中的国民待遇例外机制，著作权立法还应当吸纳限于精神权利的利他主义保护和采行取低性实质互惠方式的互惠关系保护⑨。张紫枫、屈明颖针对同人小说与原著作品版权纠纷愈演愈烈的现状，分析美国和澳大利亚版权法律法规中的可取和不足之处，为进一步完善我国版权法律法规提供借鉴和参考⑩。

（二）著作权客体研究

1. 作品类型探索

（1）视听作品。

何怀文、吉日木图提出，视听作品的表现形式是对时间性故事情节或客观事件空间化的个性描述，视听作品的独创性评判应当深入特定作品的创作过程，考察其是否具有将时间性故事情节或客观事件转换为空间性叙事的智力劳动性质，"固定"是创作完成的标志，视听作品应当满足该要求⑪。郝明英建议在《著作权法实施条例》修改中以"呈现形式"为核心构成要件明确视听作品的定义与范围；解释与适用第17条时明确相应分类标准，并结合著作权管理制度促进"其他视听作品"的权属确认⑫。

（2）音乐、舞蹈作品。

张维胜指出，网络直播音乐作品不同于电影、电视节目类的音视频产品，对于音乐作品的使用不可简单地采用与之相似的实践策略，并在司法过程中用《著作权法》的相关条款进行解释⑬。刘洁认为，分析舞蹈作品的独创性既要看到其筋骨——舞蹈动作和舞蹈语言的独创性，又要关注舞蹈构思创意等精神

① 徐珉川．"众创"时代数字内容侵权中的"思想/表达二分"［J］．法学评论，2022（6）．

② 梁九业．民法典体系下著作权权利配置的范式转换［J］．华中科技大学学报（社会科学版），2022（6）．

③ 刘华，李晓钰．著作权"宽进严出"保护规则的相对性解析：兼论我国《著作权法》第三条和第二十四条的适用调适［J］．中国出版，2022（22）．

④ 冯晓青．知识产权行使的正当性考量：知识产权滥用及其规制研究［J］．知识产权，2022（10）．

⑤ 司马航，吴汉东．禁止著作权滥用的法律基础和司法适用：以《庆余年》超前点播事件引入［J］．湖南大学学报（社会科学版），2022（3）．

⑥ 卢海君，任寰．版权滥用泛在之证伪［J］．知识产权，2022（1）．

⑦ 魏建，田燕梅．策略性诉讼版权保护绩效的实证分析：版权蟑螂的故事［J］．广东财经大学学报，2022（2）．

⑧ 丛立先，谢轶．知识产权强国建设中的版权国际合作机制推进与完善［J］．中国出版，2022（3）．

⑨ 阮开欣．外国版权客体在本国的保护［J］．法学研究，2022（4）．

⑩ 张紫枫，屈明颖．同人小说数字出版与商业化侵权问题研究：基于中、美、澳同人小说侵权案例的比较［J］．科技与出版，2022（11）．

⑪ 何怀文，吉日木图．新《著作权法》视域下视听作品的界定［J］．社会科学战线，2022（5）．

⑫ 郝明英．融合出版时代我国视听作品的界定与权属分析［J］．科技与出版，2022（11）．

⑬ 张维胜．网络直播中音乐作品关键问题与应对之道［J］．编辑之友，2022（5）．

创作上的独特表达，并兼顾舞蹈音乐、舞台美术和舞蹈服装道具在体现舞蹈作品独创性方面的价值，由此才构成一个完整的舞蹈作品独创性的内涵①。

（3）民间文学艺术作品。

徐家力、赵威指出，在国际公约和国内立法都明确支持民间文艺的版权保护，并且民间文艺与作品具有共同特征的前提下，从民间文艺的权利主体适用集体主体、民间文艺的保护期限适用固定期限加到期续展、民间文艺的客体指向民间文学和民间艺术这三个方面，能够破解民间文艺版权保护的理论困境②。胡开忠认为，我国应采"相对保护论"，即在遵循著作权法基本原理的基础上，借鉴国际公约的相关规定，结合中国国情，适当确定民间文学艺术作品的著作权保护规则③。唐海清、胡灵提出，应从两方面厘清民间文学艺术衍生作品著作权的权利边界：一是厘清其与民间文学艺术的来源群体权利的边界，二是厘清其与其他利用民间文学艺术再创造作品的权利边界④。

（4）实用艺术作品。

马忠法、谢迪扬认为，采用"整体分离法"将实用性、艺术性和独创性的判断合为一步，提取讼争对象与"基础设计"的差异，将著作权的保护范围限定在差异部分，可以进一步完善我国实用艺术作品的著作权保护制度⑤。

（5）汇编作品。

于波、沈汪成指出，作为可感整体，展览有其独特的时空和逻辑结构，属于独立于展品的完整结构化表达，满足"独"的要求。作为艺术创作，完成展览主题、展览作品、时空布局和展览呈现方式四次选择，体现"创"的高度。"保守"的汇编作品方为当下保护展览最为妥当的路径选择⑥。

2. 作品属性判定

（1）NFT 数字藏品。

黄玉烨、潘滨认为，NFT 数字藏品来源于版权、依存于版权但不等同于版权客体，在法律属性上应被界定为《民法典》第 127 条规定下的网络虚拟财产。在否定网络虚拟财产"物权说"与"债权说"的基础上，应当通过合同法或侵权法的行为法路径对 NFT 数字藏品交易行为进行规制⑦。李想、施勇勤提出，NFT 不具备独创性的识别功能，所以尽管某些不满足独创性要求的智力成果也可以 NFT 的形式进行数字化铸造，但不能就 NFT 的外衣完成"作品化"的包装⑧。黄波指出，在决定是否给予 NFT 数字艺术作品版权法保护时，应严守作品的独创性标准。且在独创性认定上应树立以下两种认识，避免陷入误区：第一，唯一性和稀缺性不代表独创性；区块链技术不能解决作品的独创性认定问题。第二，流量和价格不代表独创性⑨。陶乾认为，"NFT 数字作品"或"NFT 数字藏品"，其本质是以数字化形态存在的、被独一无二地标记了的、内容具有独创性的一份文件⑩。

（2）剧本杀实景游戏。

丛立先、谢轶认为，特定主题的剧本杀整体作品可以被认定为戏剧作品或视听作品。在归类困难的情况下，其也可以成为《著作权法》保护的"其他作品"。剧本杀整体作品中的各要素内容在符合作品构成要件的情况下，也可以单独构成作品的不同类型⑪。谢琳提出，剧本杀剧本包含了故事情节，且以文字形式表现，因此在整体上可构成文字作品。剧本中的美术图案及其配套的视频、音频等可能构成美术作品、视听作品、音乐作品，以及邻接权中的录音录像制品等类型，同样也受著作权法保护⑫。王晋、宋群指出，剧本杀作品是集文字、美术甚至音乐作品于一体的文学、艺术作品集⑬。周密、丁祥瑞认为，在剧本杀游戏中可以将剧本中的剧情、人物设定、场景描述以及游戏的背景音乐、服装设计等元素都看作一个整体，化零为整，通过相似性

① 刘洁. 基于学科交叉视角的舞蹈作品独创性［J］. 北京舞蹈学院学报，2022（5）.
② 徐家力，赵威. 我国民间文艺版权保护的理论困境与对策［J］. 中国出版，2022（1）.
③ 胡开忠. 中国特色民间文学艺术作品著作权保护理论的构建［J］. 法学研究，2022（2）.
④ 唐海清，胡灵. 民间文学艺术衍生作品著作权的认定及其权利边界：基于相关司法判例的思考［J］. 贵州民族研究，2022（3）.
⑤ 马忠法，谢迪扬. 论实用艺术作品的重构及其保护制度的完善［J］. 同济大学学报（社会科学版），2022（3）.
⑥ 于波，沈汪成. 展览的独创性认定与版权保护路径探析［J］. 中国出版，2022（7）.
⑦ 黄玉烨，潘滨. 论 NFT 数字藏品的法律属性：兼评 NFT 数字藏品版权纠纷第一案［J］. 编辑之友，2022（9）.
⑧ 李想，施勇勤. 非同质化代币技术与版权生态系统有机衔接研究［J］. 出版发行研究，2022（6）.
⑨ 黄波. 非同质化代币数字艺术作品的版权风险与防范［J］. 出版发行研究，2022（6）.
⑩ 陶乾. 论数字作品非同质代币化交易的法律意涵［J］. 东方法学，2022（2）.
⑪ 丛立先，谢轶. 剧本杀作品的著作权侵权责任认定［J］. 知识产权，2022（5）.
⑫ 谢琳. 剧本杀店家"出租"盗版剧本的不正当竞争认定［J］. 知识产权，2022（5）.
⑬ 王晋，宋群. 剧本杀行业著作权法律风险及治理进路［J］. 中国出版，2022（9）.

比例来判断是否构成抄袭[①]。

（3）数字技术生成内容。

关于用户身份型数字人，李宗辉提出，作为用户在与平台、人工智能、其他用户交互过程中创造的事物，元宇宙中的用户身份型数字人无疑属于版权保护的客体，构成美术作品[②]。关于赛博人创作的数字产品，李晓宇认为：2020 年修正后的《著作权法》的作品类型开放式立法模式，为非典型数字产品的可版权性提供了形式上的可行性；著作权法保护的是赛博人"最低限度"创作的智力结果，并非保护创作意图和创作过程[③]。

关于人工智能生成内容，张子浩认为，可以将人工智能出版物认定为"符合作品特征的其他智力成果"，根据归属操作者原则确定人工智能出版物的版权归属[④]。郭万明提出，随着作品的版权保护对"作者个性"的要求逐渐降低以及"受众反应标准"的引入，人工智能生成成果应可以满足著作权保护的"独"的标准，建议用邻接权来保护人工智能生成成果，并根据人工智能生成过程中各利益主体以及人工智能本身在成果生成过程中贡献的大小等合理分享权利，分配义务和责任[⑤]。

关于虚拟现实技术生成场景内容，胡建文指出，依据创作主体和创作来源分类，虚拟现实技术生成场景内容可分为人类新创作型、完全复制型、二次创作型、虚拟人创作型。前三种类型的虚拟现实技术生成场景内容由人类创作生成，可以给予版权保护；虚拟人创作型内容不是人创作的，按现有《著作权法》规定不能给予作品以保护，但元宇宙中的人本身就是虚拟人，虚拟人创作的内容符合作品的定义，理应受版权保护[⑥]。关于 VR 出版物，邢洁提出，将 VR 作品单独列为一类著作权客体类型，确定以出版者为著作权人的权益分配规则[⑦]。

关于电子地图，卢海君、徐朗、朱晓宇指出，导航电子地图不等于地图数据的简单相加，而是对地图数据进行选择、取舍、安排、搭配，加入了线条、色彩、造型、声音等元素的科技创作成果，在其产品形式（软件作品）、用户界面（美术作品）、数据来源（图形作品或数据库）等维度都可能产生著作权法保护的客体，至少包括软件、美术、文字、图形等多种客体类型[⑧]。

（4）其他具备可版权性的智力成果。

黄国彬、刘磊、孙静彤认为，注册式研究报告是凝聚了科研人员科研活动的智力成果，属于科学领域的科研产物，具有有形性和可复制性，凝聚了科研人员思想精髓和艰辛付出，具有独创性，理应当受到著作权保护[⑨]。左祺琦指出：网络游戏可被看作计算机软件，作为文字作品进行保护；如果图画或图像占主要地位，则网络游戏可被看作视觉艺术作品；同样，如果电影或视听占优，则其可作为电影作品或视听作品进行保护[⑩]。王敬礼、李建华提出，艺术型服装设计的保护应当具备两个重要条件：一是核心要件，即艺术型服装的创作者要通过智力投入寻求和呈现差异性艺术效果，使艺术型服装具备"独创性"；二是辅助要件，艺术型服装的艺术性因其辅助认定价值，适宜成为认定著作权保护的"影子要件"和"独创性"的理论分析工具[⑪]。

（三）著作权内容研究

1. 著作权

（1）著作人身权。

对于发表权，石婧、孟丽、李佳蔚、周白瑜提出，科技期刊从业者需严把二次发表论文的质量关，厘清著作权归属，把握学术成果的时效性和合适的发表时机[⑫]。苏明、陈·巴特尔认为，学位论文被知网等网络数据库收录明确构成出版，但是由于学位论文网络出版合约中均没有对专有出版权的特别约定，著作权人具有学位论文再发表和出版的权利，期刊发表学位论文的析出论文不会产生版权问题[⑬]。

对于署名权，樊宇婷指出，中国加入《世界版

① 周密，丁祥瑞. 游戏异托邦的秩序规则：剧本杀版权失范与创意保护［J］. 中国出版，2022（10）.
② 李宗辉. 元宇宙中用户身份型数字人及其版权实践的法律考量［J］. 编辑之友，2022（10）.
③ 李晓宇. 元宇宙下赛博人创作数字产品的可版权性［J］. 知识产权，2022（7）.
④ 张子浩. 人工智能出版物版权保护：争议、困境与构想［J］. 中国出版，2022（1）.
⑤ 郭万明. 人工智能生成成果的法律性质及著作权保护［J］. 出版发行研究，2022（5）.
⑥ 胡建文. 元宇宙需要数字版权保护吗？：虚拟现实技术生成场景内容可版权性的视角［J］. 江西社会科学，2022（6）.
⑦ 邢洁. VR 出版物著作权保护：困境、内在机理及应对策略［J］. 科技与出版，2022（10）.
⑧ 卢海君，徐朗，朱晓宇. 电子地图的作品属性及侵权判定［J］. 中国出版，2022（1）.
⑨ 黄国彬，刘磊，孙静彤. 注册式研究报告的可著作权性研究［J］. 图书情报工作，2022（14）.
⑩ 左祺琦. 我国网络游戏版权保护的现状与问题探析［J］. 出版发行研究，2022（2）.
⑪ 王敬礼，李建华. 新型服装作品著作权法保护的内在根由与外在条件：以艺术型服装设计为例［J］. 学海，2022（6）.
⑫ 石婧，孟丽，李佳蔚，等. 科技期刊论文二次发表探究［J］. 科技与出版，2022（4）.
⑬ 苏明，巴特尔. 研究生学位论文析出发表的合法性与合约性［J］. 研究生教育研究，2022（2）.

权公约》前，国内著作权法和出版法均将译者作为著作权保护对象，版权页主要标署译者，此后原著者署名的大幅度增加体现了国人著作权意识的提高和对原著者署名权的重视①。

对于修改权，刘友华、李扬帆、李启厚认为，修改权的权利定位重在维持"作者意思"与"作品意思"的同步性，权利正面为赋予作者修改作品的自由，权利反面为禁止妨碍作者的修改自由；在此基础完善上修改权立法及行使规则②。

（2）著作财产权。

对于出租权，张伟君指出，2020 年《著作权法》第 39 条第 2 款已经明确录音录像制品中的作品著作权人享有出租权，该规定不仅具有合理性，也是我国立法遵循国际条约的需要，我国《著作权法》应该对著作权人享有的出租权作出更为合理和协调的制度安排③。

对于放映权，王迁指出，"点播影院"或宾馆等经营场所提供互联网点播终端服务，面向的是不特定多数人，构成传播行为，该行为不能适用远程传播权中的信息网络传播权，也不能适用广播权的第二项子权利，应适用放映权予以规制④。

对于广播权，王迁提出，《著作权法》修改后，广播权被改造为涵盖以任何技术手段进行非交互式传播的专有权利，可以规制"网播"；其规制范围不限于传播作品创作完成时的原始形态，还包括传播作品的表演和表演的录制品⑤。

对于信息网络传播权，初萌认为，智能时代，算法赋能促进侵权责任的演变、用户参与导致实质性相似界定困难、新技术场景模糊授权与侵权界限，在三者共同作用之下，信息网络传播权边界呈现出模糊化态势。为有效应对这一局面，应当强调系统治理、源头治理、综合施策⑥。

对于"其他权利"，李琛指出，我国《著作权法》规定的"应当由著作权人享有的其他权利"仅指著作财产权。司法认定"其他权利"时的谦抑程度应超过对"其他作品"的认定。非基于作品产生的利益、立法者有意排除保护的作品利益，均不得解释为"其他权利"⑦。

2. 邻接权

（1）出版者权。

对于出版者权的具体规则设计，王迁指出，版式设计权仅包含复制权，不包含信息网络传播权，法院不应对未经许可扫描并上传图书、期刊的行为适用版式设计权⑧。李凤琴认为，版式设计权来源于出版者对其编排的作品所投入的劳动和成本，而非对版面编排的独创性表达，因此其保护不应当类推适用作品的独创性要件。不管是文本版式设计还是图文版式设计，出版者仅针对同一作品的出版版本享有专有权⑨。陶乾认为，除非出版合同双方当事人有明确的合意，否则著作权人不得以精装、平装、简装等为限定条件将同一作品的专有出版权拆分授予其他出版者。在个案中法院根据出版合同条款来判断双方是否有此合意⑩。

对于出版者权的总体架构和未来发展，于文认为，我国《著作权法》对出版者智力成果的邻接权保护中，在出版者权的客体设置、保护范围等方面均存在不足，建议完善权利客体——设置"作品版本权"，完善权利内容——跨媒介保护，完善权利规制——保护期限与法定许可⑪。舒晓庆指出，欧陆国家设立了保护新闻产品的报刊出版者权，由于我国暂不存在该类利益纠纷，且没有有效的立法例可资借鉴，故暂不设立报刊出版者权为宜⑫。

（2）表演者权。

易玲建议，在民间文学艺术表达法律保护的多重迷雾中，可尝试探索表演者权保护的新路径，其正当性在于民间文学艺术表达具有"表演天赋"且可被邻接权体系接纳，亦是履行《世界知识产权组织表演和录音制品条约》（WPPT）和《视听表演北

① 樊宇婷. 版权页变革的背后：近现代汉译文学图书版权页"著作者"项研究［J］. 中国现代文学研究丛刊，2022（3）.
② 刘友华，李扬帆，李启厚. 我国著作权人修改权的再探索［J］. 中南大学学报（社会科学版），2022（6）.
③ 张伟君. 论我国《著作权法》中出租权规则的协调和完善［J］. 知识产权，2022（5）.
④ 王迁. 论提供互联网点播终端服务在《著作权法》中的定性［J］. 法律科学（西北政法大学学报），2022（4）.
⑤ 王迁. 论《著作权法》对"网播"的规制［J］. 现代法学，2022（2）.
⑥ 初萌. 智能时代信息网络传播权的边界及其治理［J］. 知识产权，2022（2）.
⑦ 李琛. 论"应当由著作权人享有的其他权利"［J］. 知识产权，2022（6）.
⑧ 王迁. 复制权与信息网络传播权的关系［J］. 湖南师范大学社会科学学报，2022（2）.
⑨ 李凤琴. 版式设计权司法保护相关问题研究［J］. 出版发行研究，2022（4）.
⑩ 陶乾. 专有出版权能否按出版规格拆分授权：以"文艺复兴三杰案"为例［J］. 科技与出版，2022（6）.
⑪ 于文. 出版者智力成果的邻接权保护与立法完善［J］. 中国出版，2022（24）.
⑫ 舒晓庆. 技术变革中出版者权制度的国际发展与经验借鉴［J］. 编辑之友，2022（1）.

京条约》义务、顺应国际立法趋势的必然要求①。

（3）广播组织权。

袁锋指出，为使广播组织信息网络传播权对著作权领域所可能带来的损害降到最低，应对《著作权法》第 47 条进行限制性解释，将广播组织行使信息网络传播权的范围仅限于针对自己制作并播出的广播、电视②。冯晓青、郝明英认为，网播组织目前无法享有广播组织权，以"广播、电视"作为广播组织权的客体能够避免"信号""节目"之争③。

（四）著作权归属及其行使研究

1. 著作权的归属研究

（1）作品署名推定规则。

覃楚翔建议，应通过维持署名揭示作者与作品关系的根本属性，契合国内实际需求和国际条约的要求，以及顺应"作者"与"著作权人"逐渐分离的趋势，将作品署名推定结果同时指向作者和著作权人④。该学者还提出，可将署名认定标准统一为存在于作品上且能够证明指向作者的姓名或名称的标注，再通过效益分析可知积极开放的认定模式能带来更多、更长远的效益，更具合理性⑤。林威认为，署名推定规则的"署名"一词仅指作者的署名，而对著作权之推定系原始取得情形下的结果，默认作者未转让权利⑥。

（2）著作权登记制度。

刘慧指出，当前应充分发挥登记办法的功能，以弥补著作权登记立法不完善的缺陷，明确著作权登记的程序，并构建同产业发展相衔接的数字著作权登记体系、建立著作权登记信用监管及惩戒机制⑦。

（3）职务作品权利归属。

王晋提出，用"一般原则＋科学分类"方法：即对于普通文字、摄影等媒体从业者自身的创造性劳动成果，著作权归个人；对于运用人工智能、大数据、云计算等各种创新型技术创作的新闻作品，可以纳入特殊职务作品范畴内调整⑧。

2. 著作权的行使研究

（1）著作权许可使用。

熊琦认为，既不应增加独立的著作权专有许可限制规则，也不能把禁止专有许可纳入《反垄断法》恢复市场竞争状态的必要措施范畴⑨。该学者还提出，应将《著作权法》合同章中规定的许可或转让的权利种类作为合同成立的"必要之点"，要求合同条款明确列举每项权利的使用范围、目的、期限和版税标准⑩。曾田建议，应明晰内容平台版权许可纵向限制的市场风险，识别潜在的市场封锁威胁和遏制创新风险，构筑符合内容平台特性的规制思路和标准⑪。程科认为，出版权的转让以及专有出版权的许可行为，对著作权人影响较大，法律强制规定为书面形式并无不妥，但对于非专有出版权的许可合同，由于著作权人在授权之后仍保留继续许可的可能，对当事人利益状态影响较小，所以更应遵循形式自由原则⑫。林威指出，为了保障数字化出版的权利，许可内容中应当明确包含再许可或者转授权的约定。基于此，方能将版权风险置于可控的范围⑬。

（2）著作权集体管理。

张惠彬、王怀宾认为，从法律行为属性来看，我国著作权集体管理行为的性质应为信托。当前，我国著作权集体管理运行不畅的根源在于制度设计与信托属性相背离。我国著作权集体管理的重塑可参照信托制度⑭。许可、肖冰建议，可适用无因管理对集体管理组织管理非会员作品的行为进行解释，但对管理主体、适用情形、权利义务安排、举证责任分配等几个具体问题还需要深入研究⑮。魏钢泳提出，印度著作权集体管理的制度规范与程序构建

① 易玲．表演者权视阈下民间文学艺术表达保护路径探析［J］．法律科学（西北政法大学学报），2022（4）.
② 袁锋．新技术环境下广播组织权的问题与完善：兼评最新《著作权法》第 47 条［J］．北京社会科学，2022（1）.
③ 冯晓青，郝明英．《著作权法》中广播组织的多元主体地位及权利构造：兼评《著作权法》第 47 条［J］．学海，2022（2）.
④ 覃楚翔．现行《著作权法》背景下作品署名推定结果的困境与对策［J］．科技与出版，2022（10）.
⑤ 覃楚翔．我国《著作权法》署名推定规则的适用：问题、归因与对策［J］．出版发行研究，2022（11）.
⑥ 林威．数字化时代著作权署名推定规则的误读与纠正［J］．出版发行研究，2022（8）.
⑦ 刘慧．数字技术背景下我国著作权登记制度的价值、困境与出路［J］．出版发行研究，2022（12）.
⑧ 王晋．论媒体职务作品的著作权归属：兼议新《著作权法》关于媒体特殊职务作品的规定［J］．当代传播，2022（2）.
⑨ 熊琦．移动互联网时代著作权专有许可限制规则释疑［J］．武汉大学学报（哲学社会科学报），2022（1）.
⑩ 熊琦．著作权合同中作者权益保护的规则取舍与续造［J］．法学研究，2022（1）.
⑪ 曾田．内容平台版权许可纵向限制的反垄断规制［J］．知识产权，2022（10）.
⑫ 程科．《民法典》视角下出版合同的法律适用［J］．中国出版，2022（1）.
⑬ 林威．期刊数字化传播的版权风险与管控：以司法实践为视角［J］．科技与出版，2022（8）.
⑭ 张惠彬，王怀宾．著作权集体管理制度的反思与回应：信托视角下［J］．中国编辑，2022（5）.
⑮ 许可，肖冰．著作权集体管理组织管理非会员作品的法律属性与制度安排［J］．山东社会科学，2022（1）.

优化了著作权集体管理秩序，提升了集体管理组织促进作品传播、推动版权产业发展的价值功能①。付丽霞指出，我国应当充分借鉴欧盟经验，在放宽既有绝销作品认定标准的基础上，扩张绝销作品数字化版权例外利用机制的适用范围，引入集体管理组织授权许可机制，从而促进蕴含优秀传统文化的绝销作品的数字化利用②。

（五）著作权保护研究

1. 民事保护

（1）民事侵权的认定与治理。

桂栗丽提出，在侵权判断上适用调色盘方法时，要注意对公有领域和特定场景中出现的内容加以剔除。司法针对恶意侵权行为要落实惩罚性赔偿制度，作者可采取版权登记与标注引用的方式保护自己的权利，出版商在审核作品时也应当尽到合理的注意义务③。刘玉柱、王飚认为，微作品侵权的治理是一个复杂的系统工程，需要从政策、行业执法、职业道德、诚信管理等多方面协同发力④。陈晶、隗静秋指出，不管是否被认定为作品，有声读物都需获得文字作品著作权人的授权，否则就是侵权⑤。李元华认为，要善用在线纠纷解决机制（ODR），由刚性对立转向柔性规制，妥善运用调解制度克服来自主、客观方面的双重阻隔，最终力求形成对数字有声读物侵权困境的善治格局⑥。

（2）民事责任的判定与承担。

对于具体民事责任的承担，王国柱提出，应当对"侵权物品"形态做类型化区分，将"侵权物品处置"定位为包含多种处置方式的集合体，合理设定"侵权物品处置"的条件，坚持比例原则和绿色原则，遵循"避免进入商业渠道"的标准⑦。顾亚慧、陈前进建议，应以版权市场价值最大化为指归，严格遵循正当程序要求，兼顾完善证明规则与强化技术支撑，确保著作权惩罚性赔偿条款的适用质效

和功能皈依⑧。朱玥认为，应尽快出台司法解释，明晰权利使用费计算方法，将版权登记作为法定赔偿适用条件，并且设置酌定赔偿标准，以指导网络图片侵权案件的审理工作，让法定赔偿制度回归应然角色⑨。李兆轩建议，以侵权损害赔偿中的定价问题为起点，以静态分析框架为基础，综合考虑立足于市场的著作权定价、事前谈判与事后谈判以及定价对行为选择的影响等的动态分析方法，确定科学的定价方法⑩。

关于民事责任整体制度的反思，刘铁光指出，《著作权法》应契合侵犯著作权的法律责任规则的构建逻辑，将其调整为省略型立法模式，将第52条与第53条合并，以"侵犯依本法规定的权利＋应承担的责任形式"为表达模式，并将规避技术保护措施和破坏权利管理信息的侵权行为独立规定⑪。李扬认为，应利用手足论，将对直接利用作品行为进行了管理支配且具有营利目的的服务提供者，评价为直接侵害著作权的主体⑫。

（3）技术措施的运用与限制。

王迁提出，2020年《著作权法》有关规避技术措施的法律责任条款明确涵盖了对技术措施提供规避手段的行为，只要《刑法》将相关表述纳入，就能保持《刑法》与《著作权法》在保护技术措施方面的无缝衔接⑬。该学者还认为，以是否形成新的"传播源"判断相关行为是否构成传播，既能够对各类公认的传播行为作出有说服力的解释，也能在具有争议的"深层链接"问题上，合理地区分对传播权的保护和对技术措施的保护⑭。

（4）"避风港规则"与"红旗"规则研究。

顾晨昊提出，与"通知—移除"规则相比，"通知—拦截"规则更契合智媒时代，在版权信息的识别和记录的基础上实现侵权内容的"拦截"，是产业变革及技术进步条件对网络服务商适当倾斜版权责

① 魏钢泳. 印度著作权集体管理制度研究［J］. 出版发行研究，2022（2）.

② 付丽霞. 欧盟《版权指令》下的绝销作品数字化利用规则与中国制度安排［J］. 科技与出版，2022（2）.

③ 桂栗丽. 文学作品中"融梗"行为的合理边界［J］. 出版发行研究，2022（7）.

④ 刘玉柱，王飚. 微作品侵权问题治理研究［J］. 出版发行研究，2022（8）.

⑤ 陈晶，隗静秋. 有声读物平台版权侵权问题与应对：基于有声读物侵权案例的实证分析［J］. 科技与出版，2022（4）.

⑥ 李元华. 权利语境下数字有声读物版权侵权的法治程式：以领域法学为方法论［J］. 出版发行研究，2022（10）.

⑦ 王国柱. 知识产权"侵权物品处置"责任承担方式的私法逻辑［J］. 政治与法律，2022（4）.

⑧ 顾亚慧，陈前进. 新《著作权法》中惩罚性赔偿条款的正当性及适用［J］. 出版发行研究，2022（4）.

⑨ 朱玥. 网络图片版权维权乱象中法定赔偿制度的价值偏离与回归［J］. 出版发行研究，2022（1）.

⑩ 李兆轩. 司法裁判中的著作权定价研究［J］. 知识产权，2022（4）.

⑪ 刘铁光. 侵犯著作权的法律责任规则体系构建：以《著作权法》的完善为中心［J］. 知识产权，2022（9）.

⑫ 李扬. 剧本杀经营者涉他人著作权的行为定性［J］. 知识产权，2022（5）.

⑬ 王迁. 立法修改视角下的技术措施保护范围［J］. 中外法学，2022（3）.

⑭ 王迁. 著作权法中认定传播行为的"新公众标准"批判：兼论"新传播源标准"［J］. 当代法学，2022（1）.

任的举措①。张松指出，我国对于"红旗"规则的判定标准是，当网络服务提供者主观要件为"知道或者应当知道"时，其侵权事实明显，则需判定其是否违反了版权保护法定注意义务，但是如何判定其"知道或者应当知道"的情况，则仍存在解释空间②。张吉豫建议，应以数字向善为原则合理界定著作权帮助侵权认定中算法推荐服务提供者的注意义务，考量其在算法推荐系统设计和运行中是否对著作权保护进行了积极考虑，并在技术和经济可行范围内采取了防止著作权侵权行为发生的合理措施③。

(5) 网络服务提供者的过滤义务研究。

杨绪东认为，为平衡新媒体环境下创作者与出版者的利益关系，我国应积极效仿欧美等国纷纷作出的立法改革，要求新型出版者承担版权过滤义务，以扫除出版者融合发展的版权侵权危机④。张媛媛指出，算法推荐服务提供者注意义务的设定应当与其技术类型、技术水平和对侵权信息的发现能力相适应，避免过高的侵权防免义务成为技术发展的桎梏⑤。

(6) 著作权信息披露制度研究。

袁锋提出，应规定著作权人有权请求网络服务提供者披露侵权人信息，对行政机关行使信息披露权进行限制，同时明确规定可以通过人民法院行使信息披露请求权，并且应明确信息披露请求权的具体行使要件⑥。

2. 行政保护

郑晓龙认为，民国时期是我国近代版权法律制度第一次付诸实践的历史阶段，行政权力在大量版权保护实例中发挥了积极作用，但由于缺乏法律授权，同时也存在行政介入无限制、权力行使无规范、处理标准不统一、容易对私权产生不当侵害等弊

端⑦。邢赛兵、俞锋建议：创新行政监管，多措并举强化平台垄断的预防性监管；强化源头治理，合理调整网络文学产业利益分配格局；促进协同治理，多维度扫除作者维权障碍并筑牢司法救济底座⑧。

3. 刑法保护

宏观层面：周树娟、利子平认为，网络环境下著作权犯罪立法扩张能够缓解因网络技术发展带来的著作权保护困境，但同时也会导致著作权的私权属性和公共属性之间的失衡。应当在司法适用过程中对著作权犯罪的部分构成要件要素作出必要的限缩解释，以符合刑法谦抑原则和罪刑法定原则的基本要求⑨。刘晓梅建议，建立著作权人防盗版内部风险控制制度，并降低对被害人自诉的证据要求，从而方便其启动刑事诉讼程序⑩。郑承友指出，侵犯著作权犯罪法定犯的逻辑结构决定了著作权法是前置规范，刑法是后置规范，对犯罪认定应坚持先定侵权后定罪的递进逻辑，应坚持体系思维，对著作权法与刑法中的相同概念作同义解释⑪。

微观层面：张佳华提出，需要通过司法解释或指导性案例进一步明确"接触＋实质性相似"的判定标准，统一复制行为司法认定的裁判尺度⑫。吴君霞认为，在打击网络文学盗版犯罪的司法实践中，一个突出问题是大量著作权人身份不明，使其难以得到合理赔偿。代位求偿制度可以使诉讼缺位著作权人的合法权益得到较好保障⑬。利子平、周树娟指出，可以考虑将能够表明法益侵害程度的非法经营数额、复制品数量或电子网络数据等某一方面的客观事实作为销售侵权复制品罪的"其他严重情节"的认定标准，在不完全符合上述单一情节认定标准的情况下，可考虑采用复合情节认定标准⑭。姚万

① 顾晨昊. 智媒时代版权法"通知—移除"规则的变革 [J]. 中国出版，2022 (5).
② 张松. "红旗规则"视域下网络服务提供者版权保护法定注意义务认定研究 [J]. 中国出版，2022 (21).
③ 张吉豫，汪赛飞. 数字向善原则下算法推荐服务提供者的著作权注意义务 [J]. 知识产权，2022 (11).
④ 杨绪东. 媒体融合出版者版权注意义务危机及破解 [J]. 科技与出版，2022 (2).
⑤ 张媛媛. 智媒时代算法推荐的版权风险与协同治理 [J]. 中国出版，2022 (19).
⑥ 袁锋. 论信息时代网络著作权信息披露制度的重构：兼论《信息网络传播权保护条例》第13条和第25条的修订 [J]. 华中科技大学学报（社会科学版），2022 (3).
⑦ 郑晓龙. 版权行政保护溯源：实践、动因与启示 [J]. 出版发行研究，2022 (11).
⑧ 邢赛兵，俞锋. 网络文学版权利益分配失衡成因与规制：基于版权格式合同的分析 [J]. 中国出版，2022 (20).
⑨ 周树娟，利子平. 网络环境下著作权犯罪的立法扩张与司法限缩：以《刑法修正案（十一）》为切入点 [J]. 江西社会科学，2022 (3).
⑩ 刘晓梅. 网络著作权刑事法保护的新思考：基于132份侵犯著作权罪刑事判决书的分析 [J]. 山东社会科学 [J]. 2022 (4).
⑪ 郑承友. 著作权刑事司法解释的反思与优化：基于"复制发行"司法解释及相关判决的分析 [J]. 山东大学学报（哲学社会科学版），2022 (3).
⑫ 张佳华. 计算机软件著作权刑事保护视域下"复制"行为的司法认定 [J]. 浙江工商大学学报，2022 (3).
⑬ 吴君霞. 网络文学盗版案件刑事诉讼中的代位求偿制度研究 [J]. 出版发行研究，2022 (4).
⑭ 利子平，周树娟. 销售侵权复制品罪"其他严重情节"的认定标准：以《刑法修正案（十一）》第21条为切入点 [J]. 南昌大学学报（人文社会科学版），2022 (1).

勤认为，通过修改《刑法》取消侵犯著作权罪的"以营利为目的"的主观限定，不仅有利于减轻司法机关的证明负担、契合数字版权保护的特征，而且与国际社会的通行做法相一致[1]。

（六）著作权限制研究

1. 公有领域

易继明、韩萍提出，公共领域理论既可作为推断案件事实的证据适用，也可作为增强判决说理的理由应用。统一公共领域的内容和司法审查原则，可以实现公共领域理论指导著作权法的司法实践运用的目的[2]。梁九业、于海燕认为，公有领域对公共图书馆著作权侵权抗辩的体系构塑应体现在以下几个方面：公有领域为馆藏资源的持续提升提供正当性抗辩，为新业态发展提供合法性抗辩，为著作权侵权行为的构成提供防御性抗辩，为著作权侵权责任的承担提供免减性抗辩[3]。

2. 合理使用

（1）合理使用整体制度的考察与改进。

短视频创作中合理使用规则适用的可能性，一直以来都是讨论的热点。项杨春提出，基于合理使用"四要素"分析可知，除综合盘点类外，其他短视频剪辑皆不符合合理使用的情形，构成著作权侵权[4]。储翔、陈倚天指出，二次创作作者未经原创作者同意而使用其作品进行创作，超出对作品的合理使用范围时，则会构成侵权[5]。董彪指出，要素分析法是认定短视频创作行为是否构成合理使用的基本方法，效果论和类型化有助于弥补要素分析法的缺陷[6]。周诗婕、陈堂发建议，从立法层面，适度扩张新闻短视频著作权权益的法定免责情形，界定不同新闻短视频类型的可版权性层级，同时对新闻短视频尤其是时事性短视频的合理使用情形给予适度扩张解释[7]。

基于比较法视角，审视我国现行规范，也是重要的研究内容。郑重认为，日本柔性合理使用条款的引入对我国著作权合理使用的制度完善与本土创新都具有借鉴意义[8]。郭永辉、宋伟锋指出，2020年《著作权法》修订对合理使用制度未作修改，在著作权法领域，文本数据挖掘基本上以侵犯著作权认定；但在国际上，欧美国家为文本数据挖掘纳入合理使用提供法律保障[9]。李青文认为，在《著作权法》中应当将免除损害赔偿责任规定为合法来源抗辩成立的法律后果，并在相关司法解释中规定抗辩的适用主体、举证责任分配、维权费用承担等具体内容[10]。

元宇宙概念的广泛传播也引发了学界对元宇宙环境下合理使用规则再造的热议。李晓宇提出，面对元宇宙中虚拟数据作品著作权的无序扩张，应规避大型互联网平台数据垄断与公共领域式微，引入"公共领域保留制度"与"合理使用一般性条款"[11]。蓝纯杰指出，应对元宇宙协同创作这种联系型创作模式，确立合理使用的一般条款，采用更为灵活的开放式规定，将版权的限制与例外确立为社会公众对作品的权利[12]。

（2）无障碍阅读条款的解读与实施。

一些学者从人权视角对无障碍阅读条款进行了解读。李琛提出，《马拉喀什条约》首先是一部人权条约，对条约的解读与实施不能脱离人权视角下的残障观，应领会其促进平等的价值，不可误读为赋予残障者以特权。在条约的实施中，亦不可过度采取特殊化的设计加剧残障者的社会疏离[13]。万勇、陈露建议，在中国实施《马拉喀什条约》应以"三步检验标准"作为协调版权与人权冲突的平衡器，将无障碍电影纳入无障碍格式版作品的涵盖范围，明确非强制性例外的范围，不将"不存在商业可获得性"作为适用例外的前提，采用无报酬模式[14]。

一些学者对无障碍条款的具体适用给出了建议。

---

① 姚万勤. 数字版权时代著作权刑法保护的主观目的检视［J］. 内蒙古社会科学，2022（6）.
② 易继明，韩萍. 著作权法公共领域的司法适用［J］. 法学研究，2022（5）.
③ 梁九业，于海燕. 从概念到功能：公有领域对公共图书馆著作权侵权抗辩的体系构塑［J］. 图书馆建设，2022（6）.
④ 项杨春. 短视频影视剪辑侵权认定与治理：基于"合理使用"四要素分析［J］. 电视研究，2022（6）.
⑤ 储翔，陈倚天. 影视二次创作短视频版权保护及协同治理［J］. 中国出版，2022（6）.
⑥ 董彪. 二次创作短视频合理使用规则的适用与完善［J］. 政治与法律，2022（5）.
⑦ 周诗婕，陈堂发. 新闻短视频著作权益合理抑制探讨［J］. 中国编辑，2022（5）.
⑧ 郑重. 日本著作权法柔性合理使用条款及其启示［J］. 知识产权，2022（1）.
⑨ 郭永辉，宋伟锋. 著作权法下文本与数据挖掘的合规性路径检视［J］. 当代传播，2022（3）.
⑩ 李青文.《著作权法》中合法来源抗辩制度的适用困境与完善路径［J］. 出版发行研究，2022（10）.
⑪ 李晓宇. "元宇宙"下虚拟数据作品的著作权扩张及限制［J］. 法治研究，2022（2）.
⑫ 蓝纯杰. 元宇宙协同创作对版权制度的挑战及应对［J］. 中国出版，2022（13）.
⑬ 李琛. 基于人权模式残障观的《马拉喀什条约》解读［J］. 人权，2022（4）.
⑭ 万勇，陈露.《马拉喀什条约》在中国的实施：理论争议与制度安排［J］. 人权，2022（4）.

邵慧、郭锐认为，我国应在国内外传播中发挥国家主体动员作用，以立体灵活的无障碍传播理念和政策来回应现实困境，进一步明晰"被授权实体"清单和统一无障碍格式作品的标准，以此全面保障视障群体的文化权益和信息公平①。程娅建议：我国首先应引入"商业可获得性"的前置条款，并细化"范围限定"和"适度修改"的指引规范；其次，应运用散列算法等现有技术，提高出版产业的链条治理能力；最后，应明确接收主体的程序责任，并规定提前声明、限制转售等实体义务②。鲁甜认为，数字时代我国应确认图书馆为无障碍格式版跨境交换的被授权实体，完善法定送存制度，鼓励中国国家图书馆、中国盲文图书馆加入全球无障碍阅读联盟③。

（3）转换性使用理论的引入与阐释。

李杨指出，从规范分析层面来看，"转换性使用"和"合理（适当）引用""自由使用"等术语既有联系又有区别。转换性使用理论既从对象范畴发挥着补强区分作品保护内容和公共领域的重要作用，又从行为范畴尝试着界分侵权与非侵权行为④。袁锋提出，转换性使用的本质内涵为"目的性转换"而非"内容性转换"。在转换性使用的界定中要考量以下因素：转换性使用是一种客观目的或功能的转换、"目的性转换"的两种类型、结合公共利益的实现来对转换程度进行判断、明晰转换性使用与原作市场的关系⑤。朱雪忠、安笑辉认为，当软件开发者以开发不同功能的新软件为目的、主张对原软件合理使用时，美国法院有可能认定其行为属于转换性使用，从而打破了合理使用"四要素"的判断方法，考虑到我国的软件行业发展现状和法律体系与美国的差异，我国现阶段不宜引入软件转换性使用规则⑥。

（4）公共图书馆的研究与保护。

对公共图书馆的总体定位和权利扩张：司马航

建议，在无偿提供作品的合理使用制度失灵之时，不妨引入适当付费的公共借阅权制度以保障作者利益、促进数字图书馆长远发展⑦。张立新、阮开欣建议，我国图书馆引入国家应急图书馆服务，并使之成为符合《著作权法》规定和实际需求的图书借阅新模式，《公共图书馆法》也应当增设应急服务相关条款⑧。

对公共图书馆的具体运作及其免责情形：李元华提出，可以比例原则为统领性原则，以合理使用为核心准则，辅以技术措施、空窗期设置、惩罚性赔偿等进行制度建构，搭建双向公益为要求的三段式限制布局⑨。李艾真指出，美国公共图书馆将合理使用制度与受控技术手段有机结合，通过受控数字借阅这一模式来解决馆藏图书数字化不足的难题，能够平衡公私利益，矫正因著作权市场交易不能而引发的市场失灵⑩。闫宇晨提出，当图书馆信息分析结果仅构成决策类信息时，属于促进竞争与技术进步的非表达性使用，不构成著作权侵权；而当该信息分析结果构成作品时，在"接触＋实质性相似"的前提下进行"评论、介绍作品或说明问题"的合理使用判断，决定该文本和数据挖掘（TDM）行为是否属于著作权例外⑪。袁锋、徐啄建议修订《信息网络传播权保护条例》：一方面，在第7条中增设"为了便于服务对象研究或学习"这一主观目的限制，并在该条中明确将视听作品排除出图书馆提供数字复制件的作品类型当中；另一方面，在第6条中增设图书馆等机构基于科学研究目的而使用文本与数据挖掘的限制与例外规定⑫。

（七）新技术与行业对著作权制度的影响研究

1.区块链技术对著作权制度的影响

一些学者在区块链技术于现有应用领域中的完善问题上提出了自己的观点。李瑞华指出，基于区

① 邵慧.《马拉喀什条约》对我国无障碍出版实践的影响与启示［J］.中国出版，2022（10）；郭锐.《马拉喀什条约》的人权属性及其实践意义［J］.人权，2022（5）.
② 程娅.数字时代无障碍格式版出版的现实困境和应对策略：以《马拉喀什条约》的转化实施为背景［J］.科技与出版，2022（9）.
③ 鲁甜.数字环境下我国无障碍格式版跨境交换的构建［J］.图书馆论坛，2022（2）.
④ 李杨.著作权法中的转换性使用理论阐释与本土化适用［J］.河北学刊，2022（6）.
⑤ 袁锋.元宇宙空间著作权合理使用制度的困境与出路：以转换性使用的界定与适用为视角［J］.东方法学，2022（2）.
⑥ 朱雪忠，安笑辉.软件转换性使用规则的美国实践与中国应对［J］.陕西师范大学学报（哲学社会科学版），2022（3）.
⑦ 司马航.数字图书馆公共借阅权的学理基础和制度构建：从美国"国家紧急图书馆事件"切入［J］.图书馆杂志，2022（5）.
⑧ 张立新，阮开欣.版权法下国家应急图书馆的正当性与合法性［J］.国家图书馆学刊，2022（6）.
⑨ 李元华.比例原则视域下数字公共图书馆著作权限制问题研究［J］.图书馆杂志，2022（12）.
⑩ 李艾真.公共图书馆的受控数字借阅模式［J］.图书馆论坛，2022（7）.
⑪ 闫宇晨.我国智慧图书馆文本数据挖掘侵权风险与对策研究［J］.国家图书馆学刊，2022（1）.
⑫ 袁锋，徐啄.新技术环境下图书馆限制与例外条款的问题与完善研究：兼论《信息网络传播权保护条例》的修订［J］.图书馆杂志，2022（5）.

块链的数字版权管理虽然具有去中心化、防篡改和降低在线盗版等优势，但也潜藏着技术失范与违法犯罪的双重风险①。臧志彭、张文娟认为，区块链分布式去中心化的底层技术特征和优势，与数字版权平台反垄断目标天然契合，使得将其运用到数字版权平台反垄断中具有正当性②。唐伶俐、周婉怡提出，依靠区块链的技术特性，设计基于区块链的出版传媒集团版权资产管理平台，并利用联盟链和公有链打造全透明、去中心化的版权资产管理与交易平台③。任安麒建议，将分布式账本、共识机制、智能合约、时间戳和哈希值等区块链核心技术运用于著作权集体管理，建立区块链系统版权信息数据库，重构著作权集体管理内外监督机制④。

一些学者将注意力转向区块链技术在新类型作品上的应用。孙静指出，"区块链＋版权平台"生态闭环的构建与应用有望成为解决原创短视频版权保护问题的有效路径选择⑤。徐智、刘宴君提出，从出版业的数字化转型来看，非同质化的探索具有开拓性，NFT 提供了一个契机，让互联网再度重视版权价值，数字版权的稀缺性为精品出版物附加了新的技术价值⑥。宋歌指出，应当从平台自治和强化监管两方面入手，探索构建高效、稳定的 NFT 版权交易市场，推动版权产业的高质量发展⑦。

2. 人工智能技术对著作权制度的影响

雷紫雯、刘战伟提出，依托大数据、人工智能、区块链等前沿智能技术，为奥运版权保护的监测、追踪、取证及维权等方面提供新的治理方案⑧。焦和平建议，在立法上增设"人工智能创作"合理使用类型，此种合理使用类型的适用主体应当涵盖所有为人工智能创作而使用数据的科研机构和企业，并不以非营利目的为适用条件⑨。宣喆认为，应当对人工智能创作的作品使用与传统版权领域的作品使用进行类型化划分，在维持传统版权领域合理使用制度稳定性的前提下，以开放灵活的态度借鉴转换性使用理论，在不排除商业性使用目的的基础上完成人工智能创作著作权合理使用的制度构建⑩。王影航指出，我国《著作权法》宜增设专规，在人工智能研发者、使用者以及创作物传播者之间合理地配置有关信息披露义务，还应当因类制宜地细化披露瑕疵责任条款，并推动建立配套的技术辅助与监管机制⑪。徐龙认为，为了避免机器学习技术发展和应用对人类作品市场的破坏，保护著作权人利益，有必要创设一种新型著作权，也有必要对于热度下降且保护需求较弱的作品作出适当限制⑫。赵双阁、艾岚提出，将算法新闻纳入邻接权保护，设立"数据智能聚合权"，倡导"投资原则"为主、"意思自治原则"为辅的权利归属规则⑬。

3. 大数据技术对著作权制度的影响

总体研究思路上：吴桂德指出，商业数据是兼具多种知识产权客体属性的"复合体"，难以用某一传统知识产权单行法对其加以规制，应以商业秘密、著作权法以及反不正当竞争法循序渐进适用，协同治理⑭。崔国斌认为，受保护的数据集合应满足如下客体要件：第一，数据集合的条目处于公开状态；第二，具有实质量的数据条目；第三，收集者付出实质性的收集成本⑮。欧阳剑提出，混合型数字人文应用平台模式既可以对版权（私有）数据进行保护，又可以实现广泛的数据共享⑯。

具体问题研究中：徐伟康提出，大数据时代，可以将体育赛事直播节目保护的请求权基础转移到数据权益上，赛事相关权利主体都可以援引数据权益保护规定，制止他人通过各种技术手段盗播体育

① 李瑞华. 区块链下数字版权法律分层嵌套治理模式：理论逻辑与实现路径 [J]. 出版发行研究，2022 (9).
② 臧志彭，张文娟. 数字版权平台反垄断的区块链之道 [J]. 中国出版，2022 (4).
③ 唐伶俐，周婉怡. 基于区块链技术的出版传媒集团版权资产管理平台构建研究 [J]. 中国出版，2022 (15).
④ 任安麒. 区块链技术下我国著作权集体管理的困境与破局 [J]. 出版发行研究，2022 (9).
⑤ 孙静. 基于"区块链＋版权平台"的原创短视频版权保护路径探析 [J]. 中国出版，2022 (7).
⑥ 徐智，刘宴君. 元宇宙视野下 NFT 对数字出版的提升与重塑 [J]. 中国出版，2022 (13).
⑦ 宋歌. NFT 在数字版权交易中的应用 [J]. 中国出版，2022 (18).
⑧ 雷紫雯，刘战伟. 从"技术盗猎"到"技术织网"：奥运赛事版权保护的实践进路 [J]. 中国出版，2022 (9).
⑨ 焦和平. 人工智能创作中数据获取与利用的著作权风险及化解路径 [J]. 当代法学，2022 (4).
⑩ 宣喆. 论分类保护视角下人工智能创作的著作权合理使用 [J]. 出版发行研究，2022 (3).
⑪ 王影航. 人工智能创作物信息披露问题的著作权法规制 [J]. 中国出版，2022 (21).
⑫ 徐龙. 机器学习的著作权困境及制度方案 [J]. 东南学术，2022 (2).
⑬ 赵双阁，艾岚. 算法新闻的可版权性质疑及邻接权保护 [J]. 新闻与传播研究，2022 (3).
⑭ 吴桂德. 商业数据作为知识产权客体的考察与保护 [J]. 知识产权，2022 (7).
⑮ 崔国斌. 公开数据集合法律保护的客体要件 [J]. 知识产权，2022 (4).
⑯ 欧阳剑. 数字版权视域下的数字人文应用平台构建模式研究 [J]. 数字图书馆论坛，2022 (2).

赛事直播节目①。袁钢、李珊指出，体育赛事组织者转播权的法律属性是数据财产权，补足了著作权保护说的缺憾②。孙山认为，虚拟偶像是以可视化方式展现的数据，虚拟偶像"表演"的著作权保护，可以借鉴人工智能生成内容著作权法保护模式的探索，在著作权法层面进行积极的制度创新回应现实需求③。余俊、孙雪静认为，在边缘计算模型的运行中，伴生出大量的临时复制技术现象。著作权法应明确将临时复制纳入复制权规制的范畴，并规定符合特定条件的临时复制属于合理使用④。

4. 基于网络媒体技术的短视频行业对著作权制度的影响

陶乾认为，当作为平台用户的短视频发布者上传的内容构成版权侵权时，平台能否依"避风港规则"免责，需要考察个案中平台与用户之间的关系、平台在短视频制作与传播过程中的参与程度以及平台是否履行了其应尽的注意义务⑤。谢惠加、何林翀建议，应当要求平台将预防版权侵权的价值理念融入算法设计之中，建立内容与账号的联动侵权应对机制，完善以内容分发流程为核心的短视频平台侵权注意义务⑥。初萌指出，当前短视频版权治理存在损害表达自由、侵权判断标准模糊、传播者与创作者利益失衡等问题，亟须制度调适，强调"化维权为许可"理念的集中许可制度有助于实现在先与在后创作者的利益平衡⑦。梅傲、侯之帅指出，如今短视频的著作权保护面临用户信息散乱、平台管理缺位、国家监管困难三大困境，需通过著作权侵权档案记录机制和粉丝评价机制的建立、现有规则的重新定义、区块链及视觉新技术的引进等方式来完善短视频的著作权保护⑧。

三、研究展望

著作权制度从来都不是孤立存在、独立发挥作用的，作为知识产权制度的组成部分和文化产业链条的重要一环，著作权法的研究也要服膺知识产权制度的整体逻辑与产业发展规律，通过著作权法的研究来回应时代之变。由于和技术进步关系密切，

著作权法是典型的、诺内特和塞尔兹尼克所说的回应型立法⑨，甚至可以说是"回应型立法的2.0版本"。在未来的研究中，回应社会之变将成为主要的关注点。回应，前提是夯实基础，方法是聚焦前沿，目标则是实现知识产权中国式现代化建设。

（一）指导思想上，学术研究要强基固本，始终重视基础理论的挖掘与拓展

法学是规范之学、应用之学、实践之学，但这种定位并不意味着法学研究以实用为唯一的价值取向和评价标准，相反，以基础理论引领规范的制定与解释，才是正确的发展方向。法学研究不能匍匐于地面爬行向前，而是要直立行走，有高度和视角的保障。"著作权从一开始就是技术之子"，这样的判断固然没有错，但一个简单的断言容易将人引向误区，以为著作权法研究也只能亦步亦趋，严格受限于技术发展。事实上，技术本身是不带有价值判断的，而法律规范必须有价值判断作为伦理和逻辑上的支撑。这就意味着，法学研究必须要有一定预见性，要在稳定性和灵活性之间求得一个平衡，以此兼顾技术进步与规范稳定。面对纷繁复杂、乱花渐欲迷人眼的技术变革，著作权法学术研究要秉持强基固本的初心，始终重视基础理论的挖掘，不断反思现有理论的有效性，以体系化思维应对产业与司法实践带来的冲击，拓展基础理论适用的边界。不论是合理使用的扩张，还是算法推荐的应用，抑或是区块链技术的引入，都需要用基础理论之手来拨开研究的迷雾。强基固本，要摒弃只见树木、不见森林的研究思路，防止针对新问题形成各种特设型理论，提升基础理论的普适性程度，塑造人性立法、良性司法、理性守法的整体环境。

（二）方法论上，以积极的本土化思维去求解现实问题，摆脱"搬运工"定位

法学既是普适性知识，也是地方性知识，这个看似矛盾的判断，彰显了法学自身的特点。法学是普适性知识，是因为法学理论中的原理、理念、原则部分，普遍适用于各个国家。法学是地方性知识，

① 徐伟康. 数据权益：我国体育赛事直播节目私法保护的另一种思路［J］. 体育学研究，2022（3）.
② 袁钢，李珊. 体育赛事组织者转播权的数据财产属性：基于《民法典》和新《体育法》的法教义学分析［J］. 上海体育学院学报，2022（10）.
③ 孙山. 虚拟偶像"表演"著作权法规制的困境及其破解［J］. 知识产权，2022（6）.
④ 余俊，孙雪静. 边缘计算中临时复制的著作权法规制［J］. 中国出版，2022（7）.
⑤ 陶乾. 短视频平台"避风港规则"与过滤义务的适用场景［J］. 中国出版，2022（8）.
⑥ 谢惠加，何林翀. 算法推荐视角下短视频平台注意义务的完善［J］. 中国出版，2022（19）.
⑦ 初萌. 全民创作时代短视频版权治理的困境和出路［J］. 出版发行研究，2022（5）.
⑧ 梅傲，侯之帅. 短视频著作权保护的现实困境及完善进路［J］. 大连理工大学学报（社会科学版），2022（6）.
⑨ 诺内特，塞尔兹尼克. 转变中的法律与社会：迈向回应型法［M］. 张志铭，译. 北京：中国政法大学出版社，2004.

则是因为法学理论中的规则部分，必须和各国国情相适应才能更好地发挥作用，完全不受各国国情影响的普适性规则相对较少。法学研究，就是要关注普适性知识的一般性和地方性知识的特殊性的产生原因，分析普适性知识和地方性知识在当下相互作用的过程和结果，判断普适性知识和地方性知识的发展走向。不论是前述哪个阶段，都需要研究者有积极的本土化思维，直面现实，寻求问题的解决之道。在以往的研究中，由于缺少相应的法律传统和实践土壤，国内一些成果停留在"搬运工"阶段，以单纯的介绍作为研究的终点。在特定的历史条件下，这种研究有其价值。时过境迁，"理论搬运"已经完全无法满足我国社会发展需求，自生、自主、自立、自足的理论创造活动，才是学术研究的真正出路。知识产权各项制度中，著作权法与意识形态、文化传统等软环境因素关系最为紧密，也是最能彰显、最需要彰显本土化思维的应用领域。转换性使用的引入、版权过滤义务的均衡设置、数字作品NFT交易模式的完善等问题的答案，因时因地而异，本土化思维就是这类问题解决的方法论保障。

（三）在具体研究过程中，直面数字技术给人类社会带来的系统变化，构建体系化的著作权法律规范和司法实践

对技术革新导致的利益格局变化进行回应型立法和司法活动，这是包括著作权法在内的知识产权各项制度的功能所在，也是理论研究活动的目的指向。从历史上看，印刷术催生了著作权制度，而留声机、广播、互联网等技术革新都在形塑整个著作权制度，"依用设权"就是技术对著作权制度发展产生决定性影响的例证。当下，数字技术正在深刻地改变着每个人的日常生活，同时也在潜移默化地重构著作权制度。我们越来越深陷由算法推荐所导致

的"信息茧房"，受制于各类不得不同意点击而接受的最终用户协议，自由创作的源泉也被各种数字技术措施所修筑的大坝牢牢挡住出口。与此同时，数字技术又极大地降低了创作与传播成本，扩大了创作空间与作品的市场，给大众更多的选择权，而选择权，恰恰是"自由"这一法律基本价值追求的核心要素。数字技术，是一把双刃剑。美国著名学者劳伦斯·莱斯格反复强调，代码就是法律[1]。英国学者罗杰·布朗斯沃德则提出"法律3.0"的概念，主张在人类已经进入的规则、规制和技术三种思维模式与对话并存的3.0时代，必须重新构想法律及其所在的规制环境，对技术措施的运用施加特定限制，才能处理好技术治理与法治之间的关系[2]。不论是在何种理论框架下，基于技术措施的使用所产生的管理效果都是法律变革的中心议题。尽管如此，数字技术也还是技术的一种，技术产生过程中的"技术中立"不能简单等同于技术使用过程中的"技术中立"，人类对技术使用施加的影响始终都是存在的。相较于模拟技术，数字技术的迭代更新速度更快、应用领域更广，理性的应对方式是通过学理研究的方式厘清技术本身与技术使用者在特定事件中的角色，穿透数字技术的外衣，明确法律的行为规范本质，以体系化为终极目标，构建著作权法律规范，开展著作权司法实践。简而言之，针对数字技术所引发的表现各异的看似相互独立的问题，通过体系化的思维活动化繁为简，直面类型化后的行为本质，是应然的解决之道。

总而言之，著作权法与技术革新之间有着复杂的互动关系，冲突的解决需要兼顾稳定性与灵活性，夯实基础、聚焦前沿并重才可能接近大致的平衡点，助力实现知识产权制度的中国式现代化。

---

① 莱斯格. 代码2.0：网络空间中的法律 [M]. 李旭，沈伟伟，译. 北京：清华大学出版社，2018.
② 布朗斯沃德. 法律3.0：规则、规制和技术 [M]. 毛海栋，译. 北京：北京大学出版社，2023.

328

2022 年著作权学术论文导览

[编者按]　　本栏目刊登两部分内容：1. 根据论文题目、发表期刊、下载次数、被引次数、专家推荐，选取 2022 年度著作权热点问题研究十佳论文；2. 在中国知网以"核心期刊""CSSCI"为限定条件，搜索著作权相关学术论文，收录每篇学术论文摘要。

一、2022 年度著作权热点问题研究十佳论文

论文题目	作者	发表期刊	下载次数	被引次数
论数字作品非同质代币化交易的法律意涵	陶乾	《东方法学》2022 年第 2 期	6 413	96
元宇宙空间著作权合理使用制度的困境与出路——以转换性使用的界定与适用为视角	袁锋	《东方法学》2022 年第 2 期	6 232	51
《民法典》知识产权制度的学理阐释与规范适用	吴汉东	《法律科学（西北政法大学学报）》2022 年第 1 期	4 097	37
著作权法"通知—必要措施"义务的比较经验与本土特色	熊琦	《苏州大学学报（法学版）》2022 年第 1 期	2 426	32
我国著作权客体制度之重塑：作品内涵、分类及立法创新	冯晓青	《苏州大学学报（法学版）》2022 年第 1 期	4 558	31
人工智能创作中数据获取与利用的著作权风险及化解路径	焦和平	《当代法学》2022 年第 4 期	3 607	27
二次创作短视频合理使用规则的适用与完善	董彪	《政治与法律》2022 年第 5 期	5 519	26
CPTPP 知识产权条款及我国法律制度的应对	管育鹰	《法学杂志》2022 年第 2 期	2 809	21
知识产权国际博弈与中国话语的价值取向	吕炳斌	《法学研究》2022 年第 1 期	3 826	15
中国特色民间文学艺术作品著作权保护理论的构建	胡开忠	《法学研究》2022 年第 2 期	2 963	10

注：数据统计截至 2023 年 10 月 26 日。

二、2022 年度著作权学术论文摘要

1. 论数字作品非同质代币化交易的法律意涵

【作者简介】　陶乾，中国政法大学法律硕士学院副教授，法学博士。

【发表期刊】　《东方法学》2022 年第 2 期

【内容摘要】　非同质权益凭证（NFT）是用来标记特定数字内容的区块链上的元数据。数字作品非同质代币化交易模式的出现改变了传统的线上作品传播与利用生态，与此同时，也带来了关于权利归属、著作权侵权的困惑。同一数字内容在流通领域具备数字作品与数字商品的双重属性。从数字商品的角度，非同质代币化交易模式使其能够像实体商品一样发生财产权的移转，区块链上的即时权属信息变更发挥着公示的效用。从数字作品的角度，作品的非同质代币化交易虽不发生著作权的转让，但发生了作品的复制、发行与信息网络传播。未经许可将他人作品代币化构成著作权侵权，但著作权人或经其授权代币化并已被首次交易的数字作品除外。在符合特定条件下，权利穷竭原则可延伸适用于数字作品交易场景。

【关键词】　数字作品　NFT　区块链　权利穷竭　虚拟财产　数字藏品

2. 元宇宙空间著作权合理使用制度的困境与出路——以转换性使用的界定与适用为视角

【作者简介】　袁锋，华东政法大学传播学院

讲师。

【发表期刊】《东方法学》2022 年第 2 期

【内容摘要】 元宇宙本质上是对现实世界的虚拟化、数字化，围绕文本和数据挖掘、网络短视频、网络游戏直播等产生的新型著作权纠纷是元宇宙空间数字化利用作品的折射和反映。转换性使用理论成为解决这些问题的核心，但关键在于如何对转换性使用进行界定和适用。转换性使用的本质内涵为"目的性转换"而非"内容性转换"。在转换性使用的界定中要考量以下因素：转换性使用是一种客观目的或功能的转换、"目的性转换"的两种类型、结合公共利益的实现来对转换程度进行判断、明晰转换性使用与原作市场的关系。我国法院在司法实践中可以结合《著作权法》第 24 条第 1 款第（2）项和第（13）项的规定，对转换性使用规则进行本土化适用，以有效解决新技术环境下的著作权难题。

【关键词】 元宇宙 转换性使用 文本和数据挖掘 短视频 游戏直播 目的性转换

3.《民法典》知识产权制度的学理阐释与规范适用

【作者简介】 吴汉东，中南财经政法大学知识产权研究中心名誉主任、文澜资深教授，法学博士，博士生导师。

【发表期刊】《法律科学（西北政法大学学报）》2022 年第 1 期

【内容摘要】 "权利"是民法学理论的核心概念和民法法典化的构造基础。《民法典》所规定的知识产权，具有民事权利的基本属性和专有权利的特殊品格。《民法典》在知识产权领域里的适用规范，包括"基本规定""一般规定""专门规定"，涉及知识产权法的价值目标、原则立场、精神理念的基本遵循，与知识产权运行有关民事活动的一般规则和通行制度，以及对知识产权相关事项作出的特别规定。法教义学的任务是：从知识产权法律适用需要出发，对《民法典》的各类条款进行规范研究、经验描述和逻辑分析，在法理解释中推动法律应用，在应用实践中促进法律续造。

【关键词】《民法典》 知识产权 规范体系 法理阐释 法律适用

4. 著作权法"通知—必要措施"义务的比较经验与本土特色

【作者简介】 熊琦，法学博士，华中科技大学法学院教授、博士生导师。

【发表期刊】《苏州大学学报（法学版）》2022 年第 1 期

【内容摘要】 在《民法典》侵权责任编对"通知—必要措施"义务加以完善后，如何在规则解释上回应互联网产业主导版权产业的本土产业格局，成为现阶段"避风港规则"在法教义学上的关键任务。鉴于我国互联网产业希望自行发展版权产业的预期，美国实践中形成的私人创制的内容过滤机制，以及欧盟在立法中体现的"尽最大努力"获得授权和阻止重复侵权的要求，皆难以在我国现有产业环境下实现，因此需要从解释论上保障必要措施的及时性，以此要求互联网平台采用更有效率的自治规范来实现必要措施，同时在解释上恪守转通知和必要措施分立的程序，以同时保障权利人和被通知人的合法利益。

【关键词】 "避风港规则" 必要措施 转通知 平台自治 过滤义务

5. 我国著作权客体制度之重塑：作品内涵、分类及立法创新

【作者简介】 冯晓青，中国政法大学民商经济法学院教授，博士，博士生导师。

【发表期刊】《苏州大学学报（法学版）》2022 年第 1 期

【内容摘要】 作品是文学、艺术和科学领域内具有独创性并以一定形式表现的智力成果，是作者创作活动的必然结果。作品是著作权客体，在著作权法中具有极其重要的地位。我国《著作权法》第三次修改对著作权客体制度作了重要完善，主要体现为明确受著作权保护作品的定义和内涵、优化作品类型规定、改进兜底条款等。我国著作权制度对著作权客体制度的完善，有利于更好地保护作者或其他著作权人的著作权，协调和平衡著作权人利益与社会公众利益之间的关系，更好地实现著作权立法宗旨。但也应看到，此次修法对于著作权客体制度的改进仍然存在进一步完善的空间，对此值得进一步探讨。

【关键词】 著作权法 著作权 第三次修改 著作权客体 作品

6. 人工智能创作中数据获取与利用的著作权风险及化解路径

【作者简介】 焦和平，西安交通大学法学院教授，博士生导师，法学博士。

【发表期刊】《当代法学》2022 年第 4 期

【内容摘要】 数据获取与利用贯穿人工智能创作全过程。基于表达性使用的特点,人工智能创作使用数据作品面临著作权侵权风险,且难以适用合理使用规则。基于传统许可模式难以满足数据规模化利用的现实考量、促进文化艺术繁荣的公共政策考量、维护公平竞争的市场秩序考量以及促进人工智能技术发展的国家战略考量并借鉴域外立法,建议在立法上增设"人工智能创作"合理使用类型。此种合理使用类型的适用主体应当涵盖所有为人工智能创作而使用数据的科研机构和企业,并不以非营利目的为适用条件,适用行为包括复制、改编、广播和信息网络传播四种。

【关键词】 数据获取与利用 人工智能创作 著作权侵权 合理使用

7. 二次创作短视频合理使用规则的适用与完善

【作者简介】 董彪,北京工商大学法学院副教授,法学博士。

【发表期刊】 《政治与法律》2022年第5期

【内容摘要】 自媒体技术的发展促进了二次创作短视频的兴起与繁荣,长视频平台与短视频平台、长视频创作者与短视频创作者之间的矛盾冲突随之产生。我国《宪法》第47条和《著作权法》第24条,鼓励短视频创作者创新以及最大化社会整体效用,分别为短视频创作者合理使用他人作品提供了规范、价值和经济分析方面的正当性。要素分析法是认定短视频创作行为是否构成合理使用的基本方法。作品性质要素、使用目的要素、替代性要素和适度引用要素在司法实践中存在认识上的分歧或误解,需要澄清。效果论和类型化有助于弥补要素分析法的缺陷。短视频创作中构成转化性使用需要满足在内容、目的、性质、功能方面与长视频存在实质差异,以及使用具有促进知识传播、鼓励创新的作用等条件。剪辑型短视频、解说型短视频和戏仿型短视频适用合理使用规则的可能性呈渐次增长的趋势。在弱化要素分析和扩张合理使用范围的情况下,需要建立长视频与短视频的收益共享机制。

【关键词】 短视频 合理使用 因素法 类型化 收益共享

8. CPTPP知识产权条款及我国法律制度的应对

【作者简介】 管育鹰,中国社会科学院法学研究所研究员。

【发表期刊】 《法学杂志》2022年第2期

【内容摘要】 为顺利加入CPTPP这一新时代的国际贸易协议,我国有必要研究其知识产权条款并提出相关法律制度的应对之策。在商标制度完善方面,增加气味商标和强化驰名商标保护相对简单,需着重解决的是在广义的商业标识概念下,统筹协调地理标志与在先注册商标、通用名称的冲突问题。我国新修改的《专利法》已全面对标CPTPP,仅遗留了宽限期问题需要解决;同时,为提高专利审查质量,需要推进遗传资源和传统知识数据库建设。在农业方面,需要对农用化学品未披露的试验数据和其他数据延长保护期,加快修法以加强植物新品种保护。我国知识产权执法已基本与CPTPP接轨,但在加大刑事处罚力度方面需要考虑将某些具有商业规模的故意侵犯著作权和商业秘密的行为入罪。

【关键词】 CPTPP 知识产权 法律 刑事处罚

9. 知识产权国际博弈与中国话语的价值取向

【作者简介】 吕炳斌,南京大学法学院教授,博士生导师。

【发表期刊】 《法学研究》2022年第1期

【内容摘要】 美国在知识产权全球治理中呈现出一味强化权利保护的价值倾向。受其影响,知识产权保护的国际规则呈现不断强化之势。但是,美国在国内法中存在对知识产权强化保护的平衡机制,有别于其对外片面输出强化保护规则。一味强化保护的知识产权制度会走向偏颇。我国在知识产权国际博弈和对话中需要提出自己的话语和话语体系,其前提是明确本国话语的价值取向。相比历史、文化取向而言,话语构造的价值取向路径具有优越性。在国际博弈中,我国宜秉持并提倡知识产权法的二元价值取向。二元价值取向契合知识产权法基本原理,体现了世界共同价值,其核心作用在于纠偏,我国应坚持和发扬这一价值取向。

【关键词】 知识产权 国际博弈 话语体系 药品专利期限补偿 合理使用

10. 中国特色民间文学艺术作品著作权保护理论的构建

【作者简介】 胡开忠,中南财经政法大学法学院教授,博士生导师。

【发表期刊】 《法学研究》2022年第2期

【内容摘要】 我国在民间文学艺术作品的著作权保护理论上存在误区。绝对保护论照搬一些发展中国家的理论,主张对民间文学艺术作品给予较强的全面保护,与著作权理论存在冲突,不适合中国国情。否定版权保护论照搬一些发达国家的理论，否定用版权法保护民间文学艺术作品的可能性，其理论上的僵化不利于保护我国的传统文化。我国应采"相对保护论"，即在遵循著作权法基本原理的基础上，借鉴国际公约的相关规定，结合中国国情，适当确定民间文学艺术作品的著作权保护规则。应合理界定民间文学艺术作品的内涵和外延，反对将一切与民间文学艺术相关的对象都纳入保护范围；应将社群中创作民间文学艺术作品的自然人成员界定为作者并作为著作权原始主体，民间文学艺术作品来源地的社群根据习惯法成为著作财产权的继受主体；应区分精神权利和财产权利两方面的内容；应合理处理著作权保护与公有领域保护之间的关系，确定适当的著作权保护期限；应结合民间传统习惯及现有制度合理确定民间文学艺术作品的著作权限制规则；应根据国民待遇原则处理好其他国家的民间文学艺术作品的著作权保护问题。

【关键词】 民间文学艺术作品 传统性使用 习惯性使用 贬损性使用

11. 数字环境下我国无障碍格式版跨境交换的构建

【作者简介】 鲁甜，博士，西北政法大学经济法学院讲师，师资博士后，人权研究中心研究员。

【发表期刊】 《图书馆论坛》2022 年第 2 期

【内容摘要】 面对数字时代无障碍格式版供给不足的现实窘境，我国亟待构建《马拉喀什条约》之下的跨境交换机制。通过分析《条约》以及日本无障碍格式版跨境交换的实施机制，数字时代下我国应确认图书馆为无障碍格式版跨境交换的被授权实体，完善法定送存制度，鼓励中国国家图书馆、中国盲文图书馆加入全球无障碍阅读联盟，同时建立图书馆无障碍格式版跨境交换的实施机制。

【关键词】 《马拉喀什条约》 日本国立国会图书馆 全球无障碍阅读联盟 著作权法

12. 体育赛事直播画面著作权保护的困境与完善

【作者简介】 项杨春，世新大学新闻传播学院博士研究生。

【发表期刊】 《天津体育学院学报》2022 年第 1 期

【内容摘要】 传播技术发展推动下，体育赛事直播画面网络实时盗播问题越发凸显，由此引起的侵权诉讼和法律纠纷也频频出现。通过梳理近十年

司法判例发现，司法实践中对于体育赛事直播画面保护存在多样的法律适用情形，将体育赛事直播画面定性为作品以著作权法相关权利给予保护，或定性为录像制品以信息网络传播权予以规制，再或者以反不正当竞争法进行判罚。但以信息网络传播权、反不正当竞争法或以广播组织权进行体育赛事直播画面的保护皆存在一定法律适用困境。透过比较法视角考察英美法系国家对体育赛事直播画面侵权的规制情况，并鉴于体育赛事直播画面的独创性和体育产业发展趋势，提议扩张著作权范围，明确体育赛事直播画面的"作品"性质，将体育赛事直播画面划归"视听作品"序列，同时采取技术中立原则，创设"向公众传播权"，实现体育赛事直播画面权益主体的切实有效保护。

【关键词】 体育赛事 直播画面 著作权 独创性 向公众传播权

13. 我国民间文艺版权保护的理论困境与对策

【作者简介】 徐家力，北京科技大学知识产权研究中心主任，教授，博士生导师；赵威，北京科技大学文法学院博士研究生。

【发表期刊】 《中国出版》2022 年第 1 期

【内容摘要】 《知识产权强国建设纲要（2021—2035 年）》提出要构建包括"民间文艺"在内的响应及时、保护合理的新兴和特定领域知识产权规则体系。适用版权法保护民间文艺，面临着民间文艺权利主体的复杂性、保护期限的不确定性、客体指向的模糊性等理论困境。在国际公约和国内立法都明确支持民间文艺的版权保护，并且民间文艺与作品具有共同特征的前提下，民间文艺的权利主体适用集体主体、民间文艺的保护期限适用固定期限加到期续展、民间文艺的客体指向民间文学和民间艺术这三个对策建议，能够破解民间文艺版权保护的理论困境。

【关键词】 民间文艺 版权 集体主体 保护期间

14. 电子地图的作品属性及侵权判定

【作者简介】 卢海君，法学博士，对外经济贸易大学法学院教授；徐朗，对外经济贸易大学法学院博士研究生；朱晓宇，北京嘉观律师事务所合伙人。

【发表期刊】 《中国出版》2022 年第 1 期

【内容摘要】 导航电子地图不等于地图数据的简单相加，而是对地图数据进行选择、取舍、安排、

搭配，加入了线条、色彩、造型、声音等元素的科技创作成果，在其产品形式（软件作品）、用户界面（美术作品）、数据来源（图形作品或数据库）等维度都可能产生著作权法保护客体，至少包括软件、美术、文字、图形等多种客体类型。地图作品属于事实作品，对于地图作品的侵权判定，应剔除不受版权保护的因素，采用高度近似（重合、几乎完全一样）标准。对于海量数据和巨大地域幅面，原则上应进行"全面比对"；在客观情况不能实现"全面比对"时，进行"抽样比对"也应遵循统计学原理和"随机"抽样要求，且比对点的数量要与总量相适应。导航电子地图是由多种元素构成的有机整体，若通过比对得出整体侵权结论，则按照整体侵权判赔；反之，赔偿数额应与侵权行为及责任的大小相适应。

【关键词】 导航电子地图　地图数据　图形作品　实质性相似

15. 人工智能出版物版权保护：争议、困境与构想

【作者简介】 张子浩，中国人民公安大学法学院博士研究生。

【发表期刊】《中国出版》2022年第1期

【内容摘要】 随着人工智能技术在出版领域的广泛应用，人工智能出版物在对人们生活产生巨大影响的同时，也引发了关于版权保护的法律问题。文章从人工智能出版物的权利主体、作品独创性以及版权归属三个方面针对人工智能出版物版权保护的法律困境进行了阐述，并尝试探讨人工智能出版物纳入版权保护的构想。

【关键词】 人工智能出版物　版权保护　困境　构想

16. 移动互联网时代著作权专有许可限制规则释疑

【作者简介】 熊琦，法学博士，华中科技大学法学院教授、博士生导师。

【发表期刊】《武汉大学学报（哲学社会科学版）》2022年第1期

【内容摘要】 专有许可在我国著作权市场中已成为广泛适用的许可类型，但由于相关合同条款存在争议而被著作权主管部门视为"扰乱市场秩序"的手段，在立法论上引发了关于著作权专有许可合同是否应予限制与如何限制的讨论，在解释论上又呈现出各方皆无法拿出法律依据的悖论，使得由行

政约谈和行政处罚促成的限制手段缺乏稳定性和可预期性。在我国互联网产业主导版权产业的背景下，著作权专有许可被著作权人和网络服务提供者在实践中用来代替传统的集中许可，是基于其在交易安全和许可效率上的双重优势。无论是立法论上引进域外限制性规定的建言，还是解释论上的对强制缔约类推适用和滥用市场支配地位的认定，在我国都存在法律体系和商业模式上的双重阻碍，欠缺明晰的合理性和法源依据。因此，既不应增加独立的著作权专有许可限制规则，也不能把禁止专有许可纳入《反垄断法》恢复市场竞争状态的必要措施范畴。

【关键词】 著作权许可　专有许可　交易成本　市场竞争秩序　数字音乐服务平台　反垄断

17. 技术变革中出版者权制度的国际发展与经验借鉴

【作者简介】 舒晓庆，博士，汕头大学法学院讲师、硕士生导师。

【发表期刊】《编辑之友》2022年第1期

【内容摘要】 最早设立出版者权的英联邦国家的版权法，以保护图书出版者在制作版本上的投资为目标。随着制版技术的发展，该权利的效力经历了从扩张到式微的转变。以保护出版者在制版上的投资为逻辑起点，出版者权应为图书、报刊出版者专有复制、发行以及通过信息网络传播版本的权利。进入21世纪，媒介融合纵深发展，新闻产品成为出版者与市场竞争主体利益争夺的焦点，欧陆国家因此设立了保护新闻产品的报刊出版者权。由于我国暂不存在该类利益纠纷，且没有有效的立法例可资借鉴，故暂不设立报刊出版者权为宜。

【关键词】 版权　出版者权　版本　版式设计　报刊出版者权

18. 著作权集体管理组织管理非会员作品的法律属性与制度安排

【作者简介】 许可，山东大学国际创新转化学院副研究员、硕士生导师；肖冰，法学博士，中国科学院科技战略咨询研究院助理研究员。

【发表期刊】《山东社会科学》2022年第1期

【内容摘要】 2020年《著作权法》完成了第三次修订，最终审议通过的《著作权法》没有保留关于著作权延伸性集体管理制度的相关规定。深入探究著作权集体管理组织管理非会员作品的法律属性问题，有助于厘清该制度设计最终没有被本次修订所采纳的原因，了解该制度在我国适用过程中仍可

能存在的问题。可适用无因管理对集体管理组织管理非会员作品的行为进行解释，但对管理主体、适用情形、权利义务安排、举证责任分配等几个具体问题还需要深入研究。

【关键词】 著作权集体管理　延伸性集体管理　《著作权法》　法律属性

19. 著作权法中认定传播行为的"新公众标准"批判——兼论"新传播源标准"

【作者简介】 王迁，华东政法大学法律学院教授、博士生导师。

【发表期刊】《当代法学》2022 年第 1 期

【内容摘要】 欧盟法院为认定"向公众传播行为"而提出的"新公众标准"是误读《伯尔尼公约》和《伯尔尼公约指南》的结果，虽经欧盟法院的限缩性解释，也与国际条约不符。根据"新公众标准"为"深层链接"定性的做法，混淆了对传播权的保护和对技术措施的保护，也混淆了直接侵权与间接侵权的界限。我国不应移植和参考"新公众标准"，而应以相关行为是否产生了新的"传播源"为标准，对各类传播行为作出精准的判断，特别是正确认定提供"深层链接"行为的性质。

【关键词】 向公众传播　新公众标准　新传播源标准　深层链接

20. 论人本主义版权保护理念

【作者简介】 易继明，北京大学法学院教授，北京大学国际知识产权研究中心研究员；初萌，北京大学法学院博士研究生，北京大学国际知识产权研究中心助理研究员。

【发表期刊】《国家检察官学院学报》2022 年第 1 期

【内容摘要】 版权保护的财产权劳动学说与财产权人格理论兴起于人的理性价值彰显的年代，虽思辨、浪漫有余，但严密性不足；版权保护的工具主义理论则缺乏必要的价值引领。人本主义注重观照感性的具体个体的生存样态，以现实主义面向弥补了理性建构理论的不足。面对技术理性的侵蚀，人本主义在金钱至上、传媒垄断文化市场的当下仍能凸显人的价值。着眼于版权主体利益不均衡状态，人本主义版权保护理念的实现应从创作者和使用者权益入手。在具体制度设计方面，应适当提升网络平台注意义务标准，发挥集体管理组织和版税费率制定组织的作用，确立创作者合同权益的保障机制，并从作品的获取、持有与再创作三方面切入，保护

使用者权益。

【关键词】 人本主义　版权保护　创作者权益　使用者权益

21. 网络图片版权维权乱象中法定赔偿制度的价值偏离与回归

【作者简介】 朱玥，华东政法大学国际法学院博士研究生。

【发表期刊】《出版发行研究》2022 年第 1 期

【内容摘要】 《民法典》的实施对《著作权法》产生了重要影响，修改后的《著作权法》全面更新了侵权损害赔偿规则，意在加强版权保护，提升司法效率。但是，网络图片版权维权乱象可能致使法定赔偿制度发生价值偏离。法定赔偿金下限的增设将激励投机性诉讼牟利，助长"以诉代销"风气。而法定赔偿金上限大幅提升，将加剧法定赔偿与惩罚性赔偿的制度供给竞争。本文认为应尽快出台司法解释明晰权利使用费计算方法，将版权登记作为法定赔偿适用条件，并且设置酌定赔偿标准，以指导网络图片侵权案件的审理工作，让法定赔偿制度回归应然角色。

【关键词】 网络版权　版权侵权　法定赔偿　酌定赔偿　权利使用费

22. 新技术环境下广播组织权的问题与完善——兼评最新《著作权法》第 47 条

【作者简介】 袁锋，华东政法大学传播学院讲师。

【发表期刊】《北京社会科学》2022 年第 1 期

【内容摘要】 新型传播技术给传统广播组织的著作权保护带来了新的挑战，主要体现为：广播组织主体范围、转播权内涵亟待明晰，增设信息网络传播权是否妥适。在新技术环境下，应对广播组织主体进行适当扩张使其包含网播组织。现行广播组织转播权尚无法规制网络实时转播行为，而最新《著作权法》的修改对其进行了合理的完善。但最新《著作权法》对广播组织增设的信息网络传播权，不仅会悖离"以信号为基础的保护方法"，而且还存在一系列的弊端。为使广播组织信息网络传播权对著作权领域所可能带来的损害降到最低，应对《著作权法》第 47 条进行限制性解释，将广播组织行使信息网络传播权的范围仅限于针对自己制作并播出的广播、电视。

【关键词】 广播组织　网播组织　转播权　网络实时转播　信息网络传播权

23. 著作权合同中作者权益保护的规则取舍与续造

【作者简介】 熊琦，法学博士，华中科技大学法学院教授、博士生导师。

【发表期刊】 《法学研究》2022年第1期

【内容摘要】 著作权合同规则和集体协商所需中介组织的双重缺失，导致我国作者在著作权合同领域面临诸多不公平待遇时处于无法可依的境地。比较法上作者权益保护的制度安排，又因不同国家相关产业力量对比差异而有不同路径。在缺乏本土基本规则支撑的情况下，更符合我国产业特点的解决路径如下：一方面是根据比较法经验来重新校准作者权益的保护范畴，避免以事后规则直接保障作者收益，通过事前规则增助作者的自治能力；另一方面是运用法教义学的方法从《著作权法》合同章和《民法典》合同编两个领域完成对作者权益保护的解释学续造。应将《著作权法》合同章中规定的许可或转让的权利种类作为合同成立的"必要之点"，要求合同条款明确列举每项权利的使用范围、目的、期限和版税标准。应在区分无偿和有偿的著作权专有许可合同的基础上，类推适用《民法典》合同编中合同终止的一般规则和相关有名合同终止权来完成对作者利益保护规则的续造。

【关键词】 著作权合同 作者权益 合同解除 合同终止

24. 版权保护与创作、文化发展的关系

【作者简介】 章凯业，法学博士，中国海洋大学法学院副教授。

【发表期刊】 《法学研究》2022年第1期

【内容摘要】 将版权的功能等同于鼓励创作，是对现实的过度简化。从作者的角度来看，个体的创作受到多重动机的驱使，版权只扮演着一个相对边缘性的角色。版权更重要的向度是在产业领域，其作用是在媒介稀缺和信息传递依附价值传递的产业环境下，确保知识的大规模商品化得以顺利进行，后者在客观上提高了社会知识的存量和传播范围，同时强化和扩大了作者作为一种职业的地位和范围。当前的媒介充裕和创作传播手段的分散化，催生了大众化创作，并使其成为自媒体时代公众之间重要的对话交流形式。同时，互联网的零边际成本和平台的网络效应与版权相结合，提高了版权人垄断定价的能力和网络版权的市场集中度。版权与文化繁荣的关系，需要在新的信息社会的背景下进行类型化分析。一个宽松的文化发展环境、以产业政策为

主导的规模化大市场、低成本的知识要素自由流动以及国家的支持和反垄断介入，是目前我国进一步实现文化发展与繁荣的必由之路。

【关键词】 版权 媒介稀缺 文化产业 信息社会 知识产权反垄断

25. 论著作权法的范式转换 从"权利"到"行为规制"

【作者简介】 丁文杰，复旦大学法学院讲师。

【发表期刊】 《中外法学》2022年第1期

【内容摘要】 现行《著作权法》条文的构造具有浓厚的自然权理论色彩，重视对著作人身权的保护，且在处理著作财产权时拘泥于物权构造。静态思维的权利范式缺乏体系化思维，将著作权误解为对作品这一无体"物"享有的权利。然而，著作权的本质是行为规制，其对私人行动自由的限制程度较高。因此，著作权法的思维方式也需要从静态思维的权利范式转向动态思维的行为规制范式。动态思维的行为规制范式，既可以纠正政策形成过程中的利益倾斜问题，也可以弥补著作权法条文与使用者普遍认知之间的偏差。

【关键词】 著作权法 静态思维 动态思维 权利范式 行为规制范式

26. 版权滥用泛在之证伪

【作者简介】 卢海君，对外经济贸易大学法学院教授、博士生导师；任寰，对外经济贸易大学博士研究生。

【发表期刊】 《知识产权》2022年第1期

【内容摘要】 版权本为法定垄断之权。通常而言，正常行使版权并不会构成版权滥用，更不可能构成垄断行为。文娱领域的个体作品具有很强的可替代性，对个体作品的版权行使极少会影响市场竞争。聚合一定量级版权的互联网内容平台是否构成垄断需要基于竞争法原理，结合文化产品的特殊属性进行个案判定。我国《著作权法》自实施以来，虽然取得长足进步，但加强知识产权保护仍然是时代的主旋律，应当进一步加强版权保护工作，而不是无端限制权利的正常行使。在此背景下，《著作权法》不宜规定所谓"版权滥用原则"。《反垄断法》对版权行使的限制也应保持谦抑，避免公权力对私权的过度侵蚀。

【关键词】 版权滥用 拒绝许可 相关市场 市场支配地位

27. 日本著作权法柔性合理使用条款及其启示

【作者简介】 郑重，法学博士，西南政法大学民商法学院副教授。

【发表期刊】《知识产权》2022 年第 1 期

【内容摘要】 新技术发展浪潮下，日本著作权法合理使用规制从封闭逐渐走向开放，引入了被誉为"日版美国合理使用一般条款"的柔性合理使用条款，增加了日本著作权法应对新技术的制度弹性。同时，为兼顾著作权人利益保护区分了条款的柔性程度，在扩大开放性的同时，通过限制开放性范围与开放性程度维持立法的确定性。日本柔性合理使用条款的引入不仅标志着日本著作权法治理方式进入了一个新阶段，而且提供了区别于美国合理使用一般性条款的制度范本，其制度设计内核与路径选择考量，对我国著作权合理使用的制度完善与本土创新都具有借鉴意义。我国应当对《著作权法》第 24 条第 1 款第（13）项"法律、行政法规规定的其他情形"中的"其他情形"附加"特定"限制条件以调控开放性，同时明确规定新技术领域合理使用的具体情形以保障确定性。

【关键词】 日本著作权法 柔性合理使用条款 非享受性使用 附随性使用 轻微利用

28. 数据权益：我国体育赛事直播节目私法保护的另一种思路

【作者简介】 徐伟康，清华大学法学院博士研究生。

【发表期刊】《体育学研究》2022 年第 3 期

【内容摘要】 体育赛事直播节目保护是我国体育产业健康可持续发展的重要支撑，但是现有保护方式仍存较大争议和诟病。本文综合运用文献资料、比较研究等方法探讨体育赛事直播节目"数据权益"保护的路径。研究认为：体育赛事直播节目在表现形式上多以非结构化的数据方式存在，可视为赛事组织者及其授权方对其合法拥有的比赛实时数据进行控制和处理的权益。在我国诸多法律相继纳入数据权益保护条款以及"加快培育数据要素市场"的大背景下，将体育赛事直播节目保护的请求权基础转向数据权益，援引数据权益保护的规范基础，更符合大数据和人工智能时代体育赛事直播节目保护之所需，有效弥补现有保护机制的不足，也有利于推动司法裁判规则的统一。

【关键词】 体育赛事直播 新《著作权法》 数据权益 体育法 私法保护

29. 中国版权产业数字化转型：机遇、挑战与对策

【作者简介】 张颖，湖北大学法学院讲师、硕士生导师；毛昊，同济大学上海国际知识产权学院教授、博士生导师。

【发表期刊】《中国软科学》2022 年第 1 期

【内容摘要】 版权产业具备数字化天然优势，正在释放巨大的数字衍生价值。数字技术升级了版权创作、流通、交易、管理、服务全链条，拓展了新兴的版权产业市场，不断引发法律制度变革。目前，我国版权产业数字化治理在参与主体、监管模式、保护形态、数据管理等方面的复杂化趋向显著，版权市场呈现出创作主体多元化、创作方式多样化、作品利用形式非标准化、侵权手段隐蔽化等特点，产业发展面临创作内容低质与封闭化程度加深、版权保护质量效率矛盾加剧、市场交易机制性障碍突出、数字版权国际规则协调与海外贸易双向制约显著等重大挑战。国家传统版权产业发展更加强化与平台组织的深度融合，表现出由二元治理模式向三元治理结构的深刻转变。对此，我国应当进一步明确版权产业数字化转型发展的改革思路：以创作高质量的版权内容为核心，优化版权管理和技术支撑体系；以促进版权产业数字化交易为重点，优化数字版权标准、确权授权、交易评估和信用体系；以完善版权产业数字化转型法律规范为保障，强化立法、司法和执法体系；以提升版权产业数字化转型国际战略综合布局为契机，积极参与国际版权数字化治理，扩大中国版权文化影响力。

【关键词】 数字经济 版权产业 数字化转型 数字化治理

30. 知识产权强国建设中的版权国际合作机制推进与完善

【作者简介】 丛立先，华东政法大学知识产权学院教授、博士生导师；谢铁，华东政法大学知识产权学院博士研究生。

【发表期刊】《中国出版》2022 年第 3 期

【内容摘要】 推进和完善版权国际合作机制不仅是我国经济发展的需要，更是我国深度参与全球版权治理的关键环节。现有版权国际合作制度在增进对外交流、促进版权产业发展等方面成效显著，但该制度仍有相当的进步空间和完善需求。经济全球化时代，我国应从科学化设定全球版权治理体系目标、改革多边版权体系、重建区域性版权治理体系、完善双边版权合作机制、健全涉外版权风险防控与维权援助机制等方面打造符合知识产权强国建设要求的版权国际合作机制。

【关键词】 知识产权强国　版权国际合作　全球版权治理

31."十四五"时期着力完善我国版权公共服务体系的思考与建议

【作者简介】 来小鹏，中国政法大学民商经济法学院教授。

【发表期刊】《中国出版》2022年第3期

【内容摘要】 版权公共服务是知识产权公共服务体系不可或缺的一环，同时也是公共文化服务的核心内容。我国《著作权法》实施30多年来，在版权公共服务方面虽已建立了涉及作品登记、版权宣传教育、版权代理、著作权集体管理、版权产业发展等制度和机制，但与人民日益增长的美好生活需要仍有一定差距。党和国家对"十四五"时期公共文化服务工作提出了新部署、新要求和新期待。着力完善版权公共服务体系，不仅是响应国家构建公共文化服务体系的应有之义，也是更好满足人民群众对美好生活向往和需要的重要举措。

【关键词】 版权公共服务　制度完善　新时代公共文化服务

32.《著作权法》作品定义"能以一定形式表现"之分析

【作者简介】 周丽娜，中国传媒大学文化法治研究中心研究员。

【发表期刊】《中国出版》2022年第3期

【内容摘要】 新修改的《著作权法》首次从法律层面对"作品"予以明确定义。研究主要探讨作品定义中"能以一定形式表现"的演变、含义、特征、边界等，以期在作品客体类型开放的格局下更好地保护"作品"。研究认为，作品"能以一定形式表现"，是对著作权"思想/表达二分法"更准确的体现，也是对新技术发展的积极回应，为未来可能出现的新型作品留出空间。同时，作品的表达应严格限于文学、艺术和科学领域，并排除功能性表达。

【关键词】 作品　著作权　表达　二分法

33.欧盟《版权指令》下的绝销作品数字化利用规则与中国制度安排

【作者简介】 付丽霞，中南财经政法大学知识产权研究中心讲师，硕士生导师。

【发表期刊】《科技与出版》2022年第2期

【内容摘要】 绝销作品数字化利用是世界各国文化产业发展面临的实践难题，版权的扩张与利用成本的增加阻碍了这一问题的解决。欧盟在《数字化单一市场版权指令》中，通过明确绝销作品的认定标准，创设集体管理组织授权许可和版权例外利用机制，提出了绝销作品数字化利用的有效应对举措。为此，我国应当充分借鉴欧盟经验，在放宽既有绝销作品认定标准的基础上，扩张绝销作品数字化版权例外利用机制的适用范围，引入集体管理组织授权许可机制，从而促进蕴含优秀传统文化的绝销作品的数字化利用，助力文化强国战略的实现。

【关键词】 绝销作品　数字化　版权　集体管理

34.媒体融合出版者版权注意义务危机及破解

【作者简介】 杨绪东，中南财经政法大学知识产权研究中心博士研究生。

【发表期刊】《科技与出版》2022年第2期

【内容摘要】 文章根据对国内立法的梳理发现，在媒体融合过程中，新型出版者仍要以编辑责任制度为基础履行合理的版权注意义务。然而，由于此立法是基于传统媒体环境而立，未能及时适应媒体融合发展所带来的创作者数量激增、出版者属性变化、编辑者职能泛化等产业变革，因此，这在现实执行中不仅极大地增加了媒体融合出版者版权注意义务的执行负担，而且弱化了媒体融合出版者加强版权编辑审核的经济动因，打破了出版者与创作者的利益平衡关系。为强化媒体融合发展中的版权保护，同时降低媒体融合出版者的版权注意义务的执行负担，欧美等国率先作出相关制度革新，要求媒体融合出版者在尽可能地承担版权授权义务的基础上，进一步要求其在接到创作者合格的侵权通知时承担维持侵权内容不再重复提供的版权过滤义务。对此，中国应积极汲取国际变革经验，把握国内媒体融合发展态势，对媒体融合出版者版权注意义务革新作出合理规划。

【关键词】 媒体融合　出版者　版权注意　过滤义务

35.学术不端与版权侵权比较论考

【作者简介】 熊皓男，北京师范大学法学院博士研究生。

【发表期刊】《科技与出版》2022年第2期

【内容摘要】 学术不端行为不仅违反学术规范，也可能构成版权侵权。运用比较研究的方法可以发现，学术规范与版权规范作为相互独立的规范系统，存在基本属性等方面的质性差异，在具体学术不端行为的认定上也有不同。但是，二者基于共同的价值诉求和相似的话语体系，可以形成良性互动的耦合关系，共同促进知识生产和学术研究活动，对学术共同体起到指引、评价、教育作用。在保障学术诚信的同时，保护知识产权，使得学术共同体养成恪守学术诚信与尊重知识产权的文化自觉。

【关键词】 学术规范 学术不端 版权规范 侵权认定

36. 我国智慧图书馆文本数据挖掘侵权风险与对策研究

【作者简介】 闫宇晨，南京理工大学知识产权学院讲师，博士。

【发表期刊】《国家图书馆学刊》2022 年第 1 期

【内容摘要】 数字时代下，文本数据挖掘技术的广泛应用对我国智慧图书馆的建设意义重大。但文本数据挖掘是否属于著作权例外这一问题引起国内外学界、实务界广泛争议，也给图书馆新技术的应用带来了一定的侵权风险。本文对近年域外相关制度改革进行梳理与反思，发现相关做法不具备法律移植的必要性与可行性；对文本数据挖掘的行为本质进一步分析发现，可以在著作权法框架下寻求一种"二分式"的侵权判断法，正确认定我国图书馆文本数据挖掘行为合法性问题，从而推动数字经济发展。

【关键词】 智慧图书馆 文本数据挖掘 著作权例外 合理使用

37. 印度著作权集体管理制度研究

【作者简介】 魏钢泳，南京理工大学知识产权学院讲师，博士。

【发表期刊】《出版发行研究》2022 年第 2 期

【内容摘要】 印度著作权集体管理制度与我国著作权集体管理制度具有相似的历史渊源与实践方式，均为先引进制度再形成市场，采用垄断的著作权集体管理模式。印度著作权集体管理制度通过维护版权人的私人自治、细化集体管理组织的内部管理、赋予版权使用人争议解决机制以及具化对集体管理组织的监管等方式以制衡集体管理组织的垄断力量。印度著作权集体管理的制度规范与程序构建优化了著作权集体管理秩序，提升了集体管理组织促进作品传播、推动版权产业发展的价值功能。

【关键词】 印度 集体管理组织 版权许可

38. 数字版权平台反垄断的区块链之道

【作者简介】 臧志彭，华东政法大学传播学院教授、博士生导师；张文娟，华东政法大学传播学院文化产业管理专业硕士研究生，文化产业研究所助理研究员。

【发表期刊】《中国出版》2022 年第 4 期

【内容摘要】 数字版权平台反垄断早已成为国际热点和难点问题，数字版权平台较传统平台而言具有更强的限制竞争能力，而目前以事中事后为主的反垄断框架体系难以从根本上动摇数字版权平台的垄断根基。区块链分布式去中心化的底层技术特征和优势，与数字版权平台反垄断目标天然契合，使得将其运用到数字版权平台反垄断中具有正当性。研究发现，区块链通过低成本信息验证打破了传统"第三方信任"而建构新的信任机制以破除垄断前提，并在此基础上探索建构以创作者为核心的新型版权生态、数字版权全价值链权属证明机制、点对点的数字版权价值交易新模式和可跨链全通路高效率的强监管体系等四个方面的创新路径。

【关键词】 区块链 数字平台 反垄断 版权监管

39. 智能时代信息网络传播权的边界及其治理

【作者简介】 初萌，北京大学法学院博士研究生，北京大学国际知识产权研究中心助理研究员。

【发表期刊】《知识产权》2022 年第 2 期

【内容摘要】 信息网络传播权侵权行为由"交互式传播""作品具备侵权属性""未经权利人许可"三项要件共同界定，因行为方式差异而有直接侵权与教唆、帮助侵权之分。智能时代，算法赋能促进侵权责任的演变、用户参与导致实质性相似界定困难、新技术场景模糊授权与侵权界限，在三者共同作用之下，信息网络传播权边界呈现出模糊化态势。为有效应对这一局面，应当强调系统治理、源头治理、综合施策。顺应二次创作潮流、强化技术手段运用、打造集中许可市场、构建动态立法机制，是构建高效、合理的信息网络传播治理生态的四个维度。

【关键词】 信息网络传播权 智能时代 实质性相似 二次创作 默示许可

40. 再论人工智能生成内容在著作权法上的权益归属

【作者简介】 于雯雯，法学博士，北京市社会科学院法治研究所副研究员。

【发表期刊】《中国社会科学院大学学报》2022年第2期

【内容摘要】 随着算力、数据和算法的不断改进，人工智能的智能性不断增强。当人类的参与和控制逐渐减弱，开始辅助机器创作或者完全由机器自主创作时，经由人的意志决定性的解释方法将难以在既有法律框架下完成权益归属。从维护著作权法在"激励自然人创作"方面的价值取向和基本概念体系，促进人工智能产业健康发展及保护自然人创作者的合法权益角度分析，人工智能生成内容宜采用非赋权模式，以作为知识公有领域的组成部分。

【关键词】 人工智能　著作权　知识公有领域

41. 数字时代博物馆版权例外制度的困境与出路

【作者简介】 付丽霞，中南财经政法大学知识产权研究中心讲师。

【发表期刊】《东南文化》2022年第1期

【内容摘要】 全球博物馆在技术发展的加持下进入了新的发展阶段，数字化建设、藏品资源分享以及文创产品开发成为博物馆"角色转变"的新标杆。然而，现有的版权例外规则并不能满足博物馆的发展需求，更无法契合博物馆开放的馆藏作品的传播姿态，无力贴合博物馆文创产业发展的诉求。基于此，有必要通过适当放宽博物馆数字化建设的版权例外空间、合理延伸博物馆藏品传播的版权例外适用范围以及高效运用法定许可规则助推博物馆文创产业发展等措施，实现我国博物馆版权例外制度在数字时代下的良性变革。

【关键词】 博物馆　数字技术　版权例外　知识共享　法定许可

42. 机器学习的著作权困境及制度方案

【作者简介】 徐龙，东吴大学法学院博士研究生。

【发表期刊】《东南学术》2022年第2期

【内容摘要】 机器学习是人工智能的核心，颠覆了人类对创作自然规律的认知，打破了人类作品市场的一般法则。现行《著作权法》无法有效解释和规制机器学习的全过程，仅输入阶段的数据处理行为有著作权法意义，涉及复制、改编、汇编，且构成合理使用，而后续阶段的批量学习及特征模仿或融合行为，则并不在传统著作权法规制范围之内。为了避免机器学习技术的发展和应用对人类作品市

场的破坏，保护著作权人利益，有必要创设一种新型著作权。同时，为了避免过于严苛的著作权保护对技术发展的阻碍，也有必要对于热度下降且保护需求较弱的作品作出适当限制，兼顾著作权人利益和科技发展，以达利益平衡、社会效益最大化的目标。

【关键词】 人工智能　表达性机器学习　新型作品利用方式　利益平衡

43. 智媒时代版权法"通知—移除"规则的变革

【作者简介】 顾晨昊，中南财经政法大学知识产权研究中心博士研究生、助理研究员，国家知识产权战略实施研究基地研究助理。

【发表期刊】《中国出版》2022年第5期

【内容摘要】 "通知—移除"规则创制于互联网发展初期，制度建构以人工执行通知和移除程序为预设，具有扶持网络服务产业发展的偏向。进入智媒时代，传播技术的进步及用户生成内容模式的产业化削弱了版权人的市场地位，私人侵权和重复侵权的泛滥更加剧了"通知—移除"模式的失灵。版权治理合作模式应顺应市场实践修正为"通知—拦截"模式，在规范层面驱动网络服务商的侵权治理积极性，以解决互联网产业发展情势下凸显的版权责任配置失衡问题。

【关键词】 通知—移除　用户生成内容　版权侵权　算法　通知—拦截

44. 对严格版权治理的认识与解构

【作者简介】 周贺微，博士，北京工业大学文法学部讲师。

【发表期刊】《编辑之友》2022年第3期

【内容摘要】 严格版权治理的法律依据与内涵颇为模糊，产生的问题也较为突出。严格版权保护是严格版权治理的重要构成，但严格版权治理并不止于此。对严格版权治理的一体化考量，揭示了版权保护与公共利益、知识接近、治理的动态化等平衡亟待关注。继续推动著作权制度完善、加强版权治理基础设施建设、严格版权治理能力跟进，多措并举兼顾综合治理，可能成为优化版权治理的良方。

【关键词】 严格版权治理　版权保护　公共利益　知识接近　综合治理

45. 比例原则视域下数字公共图书馆著作权限制问题研究

【作者简介】 李元华，东南大学法学院博士研

究生。

【发表期刊】《图书馆杂志》2022 年第 12 期

【内容摘要】 数字公共图书馆本应为宪法赋予公民的受教育权及文化发展权提供行权路径，但相关法律修订后却并未使其摆脱频繁的侵权诉讼，并且其运作机制的最终利益流向大都指向了数据库商。现有理论界的纾困路径以及实践破局手段皆带有强烈的功能主义立场，缺乏有效的方法论作为论据支撑，当前图书馆仍面临着"侵权指控＋数字化转型＋单向公益性＋社会任务"等四重局限。比例原则具有本体论和方法论双重含义，可同时分别用于对著作权法和对著作权的限制，故可以比例原则为统领性原则，以合理使用为核心准则，辅以技术措施、空窗期设置、惩罚性赔偿等进行制度建构，搭建双向公益为要求的三段式限制布局，以期数字公共图书馆可以在私权限制、权利保障以及社会教化之间谋求衡平。

【关键词】 数字公共图书馆　比例原则　著作权限制　方法论　双向公益

46. 论媒体职务作品的著作权归属——兼议新《著作权法》关于媒体特殊职务作品的规定

【作者简介】 王晋，中南财经政法大学知识产权法学博士后流动站在站研究人员，中国传媒大学文化产业管理学院法律系副教授。

【发表期刊】《当代传播》2022 年第 2 期

【内容摘要】 2021 年 6 月施行的新《著作权法》中，明确将报社、期刊社、通讯社、广播电台、电视台的工作人员创作的职务作品界定为特殊的职务作品。这表明媒体职务作品的著作权归属由作者转向了单位。这一转变在知识产权公共政策理论、我国新闻体制特点、保护媒体资金投入等因素中可以得到合理解释，但在遏制合同意思自治、媒介融合背景遇到新挑战等方面，又产生了问题。考虑将合同意思自治原则贯穿始终，首次提出用"一般原则＋科学分类"方法，即对于普通文字、摄影等媒体从业者自身的创造性劳动成果，著作权归个人；对于运用人工智能、大数据、云计算等各种创新型技术创作的新闻作品，可以纳入特殊职务作品范畴内调整。

【关键词】 职务作品　新闻媒体　《著作权法》修改　归属

47. 论《著作权法》对"网播"的规制

【作者简介】 王迁，华东政法大学法律学院教授、博士生导师，法学博士。

【发表期刊】《现代法学》2022 年第 2 期

【内容摘要】 "网播"不是"网络传播"的缩略语，也不包括"网络转播"，而是指通过网络实施的初始非交互式传播。修改前的《著作权法》对广播权的定义移植自《伯尔尼公约》的规定，不能规制"网播"，只能对"网播"适用"兜底权利"。《著作权法》修改后，广播权被改造为涵盖以任何技术手段进行非交互式传播的专有权利，可以规制"网播"。其规制范围不限于传播作品创作完成时的原始形态，还包括传播作品的表演和表演的录制品。

【关键词】 网播　广播权　信息网络传播权　表演权　兜底权利

48. 论分类保护视角下人工智能创作的著作权合理使用

【作者简介】 宣喆，中国人民大学法学院博士研究生。

【发表期刊】《出版发行研究》2022 年第 3 期

【内容摘要】 人工智能创作给著作权合理使用制度带来前所未有的挑战，合理使用制度难以克服人工智能创作的"算法偏见"，而人工智能创作也难以运用传统"三步检验法"加以判断。本文反思人工智能创作对合理使用的开放化需求与封闭式立法的冲突，发现现行立法模式不足以回应人工智能创作对作品的使用，法定许可在规制人工智能创作使用作品方面缺乏制度优势，人工智能创作使用作品还会激化合理使用与技术保护措施的冲突。基于此，应当从分类保护视角出发，对人工智能创作的作品使用与传统版权领域的作品使用进行类型化划分，在维持传统版权领域合理使用制度稳定性的前提下，以开放灵活的态度借鉴转换性使用理论，在不排除商业性使用目的的基础上完成人工智能创作著作权合理使用的制度构建。

【关键词】 人工智能创作　分类保护　著作权合理使用

49. 出版视域下字体的可版权性与保护模式探析

【作者简介】 赵丰，武汉大学法学院、德国马克斯·普朗克创新与竞争研究所联合培养博士研究生。

【发表期刊】《出版发行研究》2022 年第 3 期

【内容摘要】 在数字时代，信息传播技术与商业出版模式的迅猛发展，推动新型字体在作品个性化表达方面成为重要元素，也同样刺激着字体设计行业的成长与维权。但在字体的法律保护问题上，我国理论界和实务界却一直存在着可版权性认知尚无定论、知识产权保护模式缺乏共识的基本问题。综合知识产权负空间视角下利益平衡的理论分析与否定版权保护模式下产业发展的实证考察，否定字体的版权强保护模式是一个更符合我国本土利益平衡与产业发展的政策选择。同时，字体设计者可以通过字体程序的版权、字体名称的商标权、字体设计的专利权、字体库的反不正当竞争利益等知识产权保护模式的协调运用，来维护自身的合法权益及获取鼓励创新的持续动力。

【关键词】 商业出版　字体　可版权性　保护模式

50. 《著作权法》中广播组织的多元主体地位及权利构造——兼评《著作权法》第 47 条

【作者简介】 冯晓青，中国政法大学教授、博士生导师，中国知识产权法学研究会副会长；郝明英，法学博士，中国政法大学法学博士后流动站研究人员。

【发表期刊】 《学海》2022 年第 2 期

【内容摘要】 2021 年 6 月 1 日，第三次修正的我国《著作权法》正式实施。此次《著作权法》修改对广播组织权的内容进行了扩张，增加了广播组织的网络同步转播权及信息网络传播权，引发激烈争论；有关广播组织权的主体、客体也一直是争论焦点。为此，有必要分析广播组织的多元主体地位，对其享有的权利进行解构，对《著作权法》第 47 条关于广播组织权的内容进行思考并提出完善建议。广播组织权的立法模式，建议采用"许可权"：网播组织目前无法享有广播组织权，建议结合网络广播产业实践，在维护国家新闻传播权威性的基础上，探索网播组织纳入广播组织权的可行路径；以"广播、电视"作为广播组织权的客体能够避免"信号""节目"之争，因为广播组织权控制的主要是传播行为与传播渠道；赋予广播组织网络同步转播权与信息网络传播权符合技术发展现状与产业发展需求，具有必要性与正当性。

【关键词】 《著作权法》第 47 条　广播组织　网播组织　信息网络传播权

51. 复制权与信息网络传播权的关系

【作者简介】 王迁，华东政法大学法律学院教授，博士生导师。

【发表期刊】 《湖南师范大学社会科学学报》2022 年第 2 期

【内容摘要】 多数信息网络传播权规制的交互式网络传播行为都涉及复制，即将作品上传至网络服务器。但仍有部分交互式网络传播行为无须传播者首先复制作品，因此交互式网络传播行为与复制行为并不重合。作品一经上传，复制行为即告结束，无所谓停止侵权。通过上传侵害复制权造成的损失仅为制作一份复制件应支付的许可费，与网络传播的范围与时间无关，因此仅凭借复制权不足以在网络环境中保护权利人的利益。版式设计权仅包含复制权，不包含信息网络传播权，法院不应对未经许可扫描并上传图书、期刊的行为适用版式设计权。信息网络传播权的许可合同即使不包含对复制权的许可，也应根据合同的目的进行合理解释。

【关键词】 信息网络传播权　复制权　版式设计权　交互式网络传播

52. 网络环境下著作权犯罪的立法扩张与司法限缩——以《刑法修正案（十一）》为切入点

【作者简介】 周树娟，景德镇学院马克思主义学院副教授；利子平，南昌大学法学院教授，博士生导师。

【发表期刊】 《江西社会科学》2022 年第 3 期

【内容摘要】 《刑法修正案（十一）》第 20 条和第 21 条对著作权犯罪作了重大修正，修正后的罪刑条款内容呈现出扩张趋势，主要体现在：将通过信息网络传播、侵犯表演者权行为和故意规避或破坏技术措施行为纳入刑法规制范围。网络环境下著作权犯罪立法扩张能够缓解因网络技术发展带来的著作权保护困境，但同时也会导致著作权的私权属性和公共属性之间的失衡、刑法提前介入而出现的滥用诉权和著作权刑法保护体系内的不协调等问题。为了克服上述问题带来的罪刑的不明确性和不稳定性，应当在司法适用过程中对著作权犯罪的部分构成要件要素作出必要的限缩解释，以符合刑法谦抑原则和罪刑法定原则的基本要求。

【关键词】 著作权犯罪　立法扩张　司法限缩

53. 《著作权法》第三次修改的立法安排与实施展望

【作者简介】 吴汉东，中南财经政法大学文澜资深教授，学术委员会主任，知识产权研究中心名誉主任；刘鑫，中南财经政法大学法学院讲师，知识产权研究中心专职研究员。

【发表期刊】《法律适用》2022 年第 4 期

【内容摘要】《著作权法》第三次修改是新形势下的一次全面的主动性法律修订，但法律修改的过程却是争议重重，经历从初步探索到再次推进两个阶段。为回应新时代的新发展诉求，《著作权法》的第三次修改在立足本土基础上加快推进著作权法律规则国际化进程，并在文化产业发展的背景下积极推动著作权法律制度现代化变革。著作权权利客体、权利内容、权利限制、集体管理、技术措施、侵权赔偿等诸多规定在此次修法中被予以完善，贯穿于著作权创造、运用与保护等各个环节。在具体的法律实施过程中，《著作权法》第三次修改则会进一步为著作权新兴业态的健康发展、著作权全球治理的体系优化、著作权强国建设的持续推进提供充分的法律支持与制度保障。

【关键词】 著作权法 《著作权法》第三次修改 著作权制度创新

54.《著作权法》修改视域下保护作品完整权的权利边际

【作者简介】 费安玲，中国政法大学比较法学研究院教授，法学博士；杨德嘉，中国政法大学民商经济法学院博士研究生。

【发表期刊】《法律适用》2022 年第 4 期

【内容摘要】 保护作品完整权的边际不清导致了理论界和实务界的诸多争议，《著作权法》修改中对保护作品完整权的思路变化也折射出立法部门对该权利内涵和边际的分歧。在判断保护作品完整权的权利边际时，应考虑其存在于已完成作品的权利性、权利行使的被动性、权利内容的非修改性的要素，以"对作品的改动是否依照作者本人的意志"为标准或界限，将其与修改权进行区分。在对保护作品完整权的侵权认定上，应采客观标准，即从一般公众的角度进行审视，这种改动是否足以割裂作者所欲表达的信息与作品内容之间的关系，导致作品的同一性受到损害。此外还应当准确把握公众评价的指向性，只有针对原作者和原作品时，才有可能导致侵害保护作品完整权的后果。

【关键词】 保护作品完整权 作品的同一性 著作人身权 修改权 改编权

55. 数字版权下合理引用制度的价值取向和制度完善——以用户生成内容为研究对象

【作者简介】 冯晓青，中国政法大学民商经济法学院教授，法学博士；马彪，苏州工业园区人民

法院法官助理，法学硕士。

【发表期刊】《法律适用》2022 年第 4 期

【内容摘要】 数字版权给合理引用制度的挑战不容小觑。以适用合理引用规则的用户生成内容的案例为分析对象，可以发现合理引用价值取向上存在传播中心主义和许可中心主义的冲突，以及在具体规则上引用方式、目的的争论。通过市场失灵理论证成应当坚持以私权保护为中心的市场主义，引入转化性使用的耦合框架对合理引用规则予以完善，并提出合理引用条款的修正建议，即引用目的考虑创造性，弱化商业性，禁止替代性，引用方式关注必要性，弱化数量性，禁止复制性。借助比例原则分析合理性要件，可以提出严格解释行为目的、行为必要损害最小、行为目的实现均衡三要素，市场利益的范围应当包括经济利益和声誉评价，并以传统、合理或可能开发标准界定潜在市场利益。

【关键词】 数字版权 合理引用 市场失灵 转化性使用

56. 音频类知识付费产品版权保护演化博弈分析

【作者简介】 郭宇，吉林大学商学与管理学院副教授，硕士生导师；刘文晴，吉林大学商学与管理学院硕士研究生；张传洋，吉林大学商学与管理学院硕士研究生；于文倩，吉林大学商学与管理学院硕士研究生。

【发表期刊】《现代情报》2022 年第 4 期

【内容摘要】［目的/意义］音频类知识付费产品在迅速发展的同时也面临着严峻的侵权问题，本文从演化博弈角度分析了音频类知识付费平台版权保护行为的演化过程，对促进音频类知识付费产品版权保护具有一定的现实意义。［方法/过程］基于有限理性的假设，构建了音频类知识付费平台和侵权者在版权保护和侵权行为中的博弈模型，利用复制动态方程和雅可比矩阵公式求出了演化稳定策略，并将版权博弈的条件定量化。在此基础上运用 Matlab 对不同参数下的演化稳定策略进行仿真。［结果/结论］根据仿真结果可知，版权保护演化博弈在不同的条件下形成了 3 种行为演化路径，在音频类知识付费产品版权管理中，可以通过改变参数值实现版权保护的目的，而音频类知识付费平台通过司法渠道维权获胜概率的增高，也可以显著改善版权博弈结果，促进音频类知识付费平台产品版权保护，降低侵权者发生侵权行为的概率。

【关键词】 音频类 知识付费产品 版权保护

演化博弈

57. 文化遗产数字化实践的版权挑战与应对

【作者简介】 魏鹏举，中央财经大学教授，文化经济研究院院长；魏西笑，英国伦敦大学数据科学与文化遗产专业研究助理。

【发表期刊】 《山东大学学报（哲学社会科学版）》2022年第2期

【内容摘要】 数字技术及其应用体系在实践中正在成为文化遗产实现保护—传承—利用共赢的最优选项。随着文化遗产数字资源的多样化应用，越来越多的人意识到其潜藏的价值，但长期以来悬而未决的关于文化遗产数字版权的归属问题也成为产业化发展绕不过去的最大阻碍之一。强调私权属性的全球知识产权法律体系，在实践中对于作为公共文化领域的文化遗产数字复制的版权保护存在明显的分歧和争议，而不同国家针对各自社会发展状况也作出了不同的调整。进入数字经济时代，中国文化文物行业基于总体知识产权的合作授权模式得到了快速发展和推进；与此同时，国际上文化遗产数字版权在以加密数字艺术的方式作商业化新拓展。综合国际经验与中国实情，文化遗产数字版权可以知识共享协议的方式得到合理认定，对于不同保管类型的文化遗产的数字权益进行分别确权，以实现文化遗产及其承载的珍贵文化信息在数字时代走向世界的内生使命。

【关键词】 文化遗产 数字化 版权挑战 知识共享协议 差别确权

58. 排除版权合理使用合同条款的法律规制

【作者简介】 谢惠加，华南理工大学法学院知识产权学院教授、博士生导师。

【发表期刊】 《法学杂志》2022年第4期

【内容摘要】 版权人通过合同条款排除用户合理使用行为，打破了版权制度设计的初始静态利益平衡，诱发了版权合同与合理使用之间的冲突。合理使用性质的多维性和价值的多样性决定了并非所有类型的合理使用均只能作为消极的侵权抗辩事由。为了维系数字时代版权法的利益平衡，保护用户的合法权益，推动数字内容产业的良性发展，在著作权相关立法未就排除合理使用合同条款的法律效力作出规定的情形下，我国可适用《民法典》的合同效力规则，认定排除适当引用、教学科研目的使用、保存或陈列版本、制作少数民族语言文字版本、制作阅读障碍者能感知的无障碍版本以及国家机关执行公务使用六类《著作权法》明确规定的合理使用的合同条款无效。同时，禁止合同条款排除《著作权法》未明确规定的反向工程及文本和数据挖掘合理使用。但对于排除《著作权法》规定的其他类型的合理使用和其他不受著作财产权控制的作品利用方式的合同条款，则应遵循意思自治，法律不宜加以干预。

【关键词】 版权合同 合理使用 《民法典》 法律规制

59. 边缘计算中临时复制的著作权法规制

【作者简介】 余俊，法学博士，北京化工大学文法学院副教授；孙雪静，北京化工大学文法学院。

【发表期刊】 《中国出版》2022年第7期

【内容摘要】 万物互联时代，以边缘计算模型为核心的大数据处理技术扮演着关键的角色。在边缘计算模型的运行中，伴生出大量的临时复制技术现象，主要体现在协同缓存和计算卸载过程中。这些技术现象驱动着新的生产关系的调整与变革。著作权法对其予以恰当的认识与规制，不仅事关著作权法上复制权的内涵与外延的界定，也关涉著作权人利益与社会公众利益的平衡。在法教义学上，需要从事实与价值的维度，运用体系化的方法进行综合判断。《著作权法》应明确将临时复制纳入复制权规制的范畴，并规定符合特定条件的临时复制属于合理使用。在此基础之上，合理构建著作权人、服务器出租人、服务器使用人等相关主体之间的责任分担机制。

【关键词】 复制权 临时复制 边缘计算 协同缓存 计算卸载

60. 展览的独创性认定与版权保护路径探析

【作者简介】 于波，华东政法大学知识产权学院副教授，硕士生导师；沈汪成，华东政法大学知识产权学院硕士研究生。

【发表期刊】 《中国出版》2022年第7期

【内容摘要】 运用《著作权法》保护展览是激励艺术创新、繁荣我国文化产业的有效进路。作为可感整体，展览有其独特的时空和逻辑结构，属于独立于展品的完整结构化表达，满足"独"的要求。作为艺术创作，完成展览主题、展览作品、时空布局和展览呈现方式四次选择的策展过程构建出新的叙事语境与审美意义，体现"创"的高度。在作品类型开放的立法下，应排除直接适用作品类型兜底条款，适用美术作品亦是混淆"表达"的削足适履，"保守"的汇编作品方为当下保护展览最为妥当的路径选择。

【关键词】 展览　策展　独创性　汇编作品

61. 技术创新视野下的版权制度变革

【作者简介】 万勇，中国人民大学法学院教授、博士生导师。

【发表期刊】 《苏州大学学报（法学版）》2022年第4期

【内容摘要】 国际版权制度的百年变迁史就是一部技术进步史。作为世界创新重镇的美国，无论是成文法还是判例法，采用的都是技术创新友好型的版权法律应对举措。欧盟的优势在于内容产业而非互联网产业，因应技术创新的路径与美国不同。面对新一轮科技革命与产业变革，中国《著作权法》在第三次修订过程中也作出了回应，对作品定义、著作财产权、合理使用条款作了修改，但是有些规定仍存在一些问题，不能有效应对技术创新。未来，中国版权制度改革的基本思路应当是：立足本国国情，以促进技术创新为著作权立法与司法导向，立法上更多采用开放式条款或标准型规范，司法上更好地发挥司法能动作用。

【关键词】 技术创新　作品　复制权　向公众传播权　合理使用

62. 党的十九大以来我国著作权领域学术观点述评

【作者简介】 张洪波，中国文字著作权协会总干事（法定代表人）；付丽霞，博士，中南财经政法大学知识产权研究中心讲师。

【发表期刊】 《编辑之友》2022年第4期

【内容摘要】 党的十九大以来，以中国特色为基础的著作权制度体系日趋完善，著作权主体、客体、权属规则等得到优化。与此同时，技术推动的新业态发展也在指引着我国著作权制度的变革，体育传媒新产业、短视频新媒介和区块链的著作权新问题逐步得到解决。不仅如此，我国著作权治理机制全方位优化也已开启，著作权集体管理制度得到进一步强化，著作权司法保护和行政保护得到进一步加强。

【关键词】 十九大　著作权　制度变革　治理机制

63. 网络著作权刑事法保护的新思考——基于132份侵犯著作权罪刑事判决书的分析

【作者简介】 刘晓梅，法学博士，天津工业大

学法学院、知识产权学院教授、硕士生导师。

【发表期刊】 《山东社会科学》2022年第4期

【内容摘要】 在数字时代，网络盗版犯罪治理是一个亟待解决的问题。《刑法修正案（十一）》对侵犯著作权罪进行了较大幅度修改，通过增列犯罪对象、行为类型和提高法定刑等方式，弥补了立法漏洞。以132份刑事判决书为研究样本，分析当前我国网络盗版犯罪状况，可以呈现其刑事司法方面的主要问题。在此基础上，需要从刑事政策学、犯罪被害人学、犯罪经济学等多维视角提出防控对策：细化侵犯著作权罪的量刑标准，优化职业禁止或禁止令的适用，在司法实践中重视提升刑罚边际威慑；应建立著作权人防盗版内部风险控制制度，并降低对被害人自诉的证据要求，从而方便其启动刑事诉讼程序，进一步强化其权利保护意识；借助企业刑事合规，进一步完善侵犯著作权犯罪的刑事政策。

【关键词】 信息网络传播权　侵犯著作权罪　刑事合规　刑事法

64. 有声读物平台版权侵权问题与应对——基于有声读物侵权案例的实证分析

【作者简介】 陈晶，浙江传媒学院新闻与传播学院硕士研究生；隗静秋，浙江传媒学院新闻与传播学院副教授、硕士生导师，博士。

【发表期刊】 《科技与出版》2022年第4期

【内容摘要】 文章通过对中国裁判文书网上20余个有声读物平台版权侵权案例展开实证研究，发现有声读物平台存在信息存储空间服务举证矛盾、转授权合同相对方并非真正权利人、未尽注意甚至审查义务等三大问题。有声读物平台应在认知环节强化版权保护意识，授权环节落实转授权合同权利人，传播环节促进各项管理合规化，审查环节打造由版权方、平台方、监管机构、专业认证用户等权利主体构成的闭环链，维权环节注重关键证据留存，从而构建全方位、系统化的有声读物版权保护机制，推动我国数字出版产业繁荣发展。

【关键词】 有声读物平台　版权侵权　有声出版　数字出版

65. 《马拉喀什条约》在我国的实施路径研究——兼论图书馆实施之策

【作者简介】 鲁甜，博士，西北政法大学经济法学院讲师，人权研究中心研究员；景羽生，西北政法大学经济法学院硕士研究生。

【发表期刊】 《国家图书馆学刊》2022年第2期

【内容摘要】 《中华人民共和国著作权法》第三次修订以及《马拉喀什条约》在我国的正式批准生效为我国无障碍服务事业的发展带来新契机，但《马拉喀什条约》的国内转化路径尚存在理论上的研究不足和实践中的实施不能。基于域外实践及我国无障碍阅读服务现状，现阶段我国应采取"链接＋软法"的转化模式，对被授权实体的确认采用备案制。中国图书馆学会应该主持制定图书馆实施无障碍阅读合理使用的指导意见；图书馆应设置无障碍阅读办公室等专门机构，并借助馆际互借等途径扩充无障碍阅读数字资源，同时寻求外部数据库合作，构建无障碍数字资源聚合平台。

【关键词】 《马拉喀什条约》 被授权实体 合理使用 图书馆

66. 网络文学盗版案件刑事诉讼中的代位求偿制度研究

【作者简介】 吴君霞，南京森林警察学院基础部副教授。

【发表期刊】 《出版发行研究》2022年第4期

【内容摘要】 在打击网络文学盗版犯罪的司法实践中，一个突出问题是大量著作权人身份不明，使其难以得到合理赔偿。代位求偿制度可以使诉讼缺位著作权人的合法权益得到较好保障。网络文学盗版案件刑事诉讼代位求偿权的性质是法律特别拟制的债权关系。构建代位求偿权要妥当处理好以下几个问题：代位求偿制度的适用范围、代位求偿人的权利范围、代位求偿人参与诉讼的时间、代位求偿人与著作权人的利益安排、著作权人向代位求偿人主张权利的时效、超过时效无人领取的赔偿金的处置等。

【关键词】 网络文学 盗版 著作权 代位求偿

67. 新《著作权法》中惩罚性赔偿条款的正当性及适用

【作者简介】 顾亚慧，中国人民公安大学刑法学博士研究生；陈前进，中宣部机关服务中心（信息中心）副编审。

【发表期刊】 《出版发行研究》2022年第4期

【内容摘要】 新《著作权法》颁布实施背景下，惩罚性赔偿条款适用的正当性呈现多重面相，包括制裁侵权与鼓励维权的表层功用、健全版权法治体系的里层功用，以及提升版权治理整体效益的根本

功用。结合价值—主体—制度三因素模型，惩罚性赔偿条款适用面临着目的要件缺失致适用价值嵌入不足、规范适用弹性化易引发差异行动、制度落实尚存证明难题等结构性困境。为破解著作权惩罚性赔偿条款的适用困境、落实修法目的，应以版权市场价值最大化为指归，严格遵循正当程序要求，兼顾完善证明规则与强化技术支撑，确保著作权惩罚性赔偿条款的适用质效和功能皈依。

【关键词】 《著作权法》 惩罚性赔偿条款 适用困境 结构功能主义

68. 版式设计权司法保护相关问题研究

【作者简介】 李凤琴，嘉兴学院文法学院副教授，博士。

【发表期刊】 《出版发行研究》2022年第4期

【内容摘要】 我国《著作权法》规定的版式设计权保护制度与英国模式类似，作为出版者的一项重要邻接权，其发挥的实际效果却较为有限。在司法实践中，对于版式设计的独创性要求、版式设计能否脱离出版的内容而存在、版式设计权归属等方面存在较大争议。版式设计权来源于出版者对其编排的作品所投入的劳动和成本，而非对版面编排的独创性表达，因此其保护不应当类推适用作品的独创性要求。不管是文本版式设计还是图文版式设计，出版者仅针对同一作品的出版版本享有专有权。当出版者与实际版式设计人不一致时，应当采取投资与效用原则，而非创作原则确定版式设计权的归属，建议通过扩张性解释出版者概念，以使出版者以外的人能够成为版式设计权的主体。

【关键词】 版式设计 邻接权 独创性 实际设计人

69. 短视频平台"避风港规则"与过滤义务的适用场景

【作者简介】 陶乾，中国政法大学法律硕士学院副教授，法学博士。

【发表期刊】 《中国出版》2022年第8期

【内容摘要】 短视频是网络视听行业的一种新兴业态，其比一般意义的信息存储空间所提供的服务更加多元，与传统视频网站的技术配置和盈利模式显著不同。当作为平台用户的短视频发布者上传的内容构成版权侵权时，平台能否依"避风港规则"免责，需要考察个案中平台与用户之间的关系、平台在短视频制作与传播过程中的参与程度以及平台是否履行了其应尽的注意义务。网络视听行业的版

权合规，需要平台方本着最大善意原则采取适当的过滤技术防控版权侵权。

【关键词】 短视频 避风港 注意义务 版权侵权 平台责任

70. 学术期刊数字版权的侵权实践、维权困境及消解策略

【作者简介】 章诚，南京工业大学学术期刊编辑部副编审，东南大学人文学院博士研究生。

【发表期刊】《科技与出版》2022年第4期

【内容摘要】 在期刊作品数字出版已成主流的当下，学术期刊面临的数字版权侵权问题尤为突出。期刊作品作为汇编作品具有双重权利属性，学术期刊不仅拥有基于汇编作品的完整著作权，还拥有从原作品著作权人处转让或许可而来的相关著作权或著作权的使用权。在网络环境下，数字作品复制便捷、侵权成本低廉使得侵权行为频发，其中既包含网络服务平台和网络用户的转载、上传等直接侵权行为，也包含网络服务平台明知或应知其用户侵权却不作为的共同侵权行为。文章提出，学术期刊在应对数字版权侵权时存在维权基石不稳、维权能力欠缺以及维权效果不佳等困境。为保护自身数字版权，学术期刊应严格把关授权流程，奠定维权基础，同时汇聚期刊力量，依托集体管理组织形成维权优势，构建稳定的著作权集体管理模式，并以疏代堵，最大限度消解侵犯学术期刊数字版权的行为。

【关键词】 学术期刊 数字版权 数字版权保护 数字版权侵权 数字版权维权

71. 溯源循理：合作作品权利归属规则的改进之道

【作者简介】 孙山，西南政法大学民商法学院副教授，西南政法大学互联网知识产权治理创新研究团队研究人员，法学博士。

【发表期刊】《河北法学》2022年第6期

【内容摘要】 我国《著作权法》中规定了"可以分割使用的"和"不可以分割使用的"两类合作作品，作者对"可以分割使用的合作作品"享有双重所有权，这一规定不但与现实不符，更会产生负面效应。究其实质，"可以分割使用的合作作品"著作权之"共同享有"属于民法中的分别、单独所有，"不可以分割使用的合作作品"著作权之"共同享有"是民法中的准共同共有。基于《著作权法》的立法目的，结合案例与规范分析，未来修法时应以"结合作品"取代"可以分割使用的合作作品"、将

"合作作品"限定为"不可以分割使用的"，删除双重所有权的规定、简化权利归属规则，这种更简明的分类标准与权属规则对权利的保护、实现和责任的追究而言都是更妥当的选择。

【关键词】 合作作品 共同享有 双重著作权 结合作品 独著作品 共有

72. 新技术环境下图书馆限制与例外条款的问题与完善研究——兼论《信息网络传播权保护条例》的修订

【作者简介】 袁锋，华东政法大学传播学院传播法研究中心讲师；徐琢，华东政法大学知识产权学院硕士研究生。

【发表期刊】《图书馆杂志》2022年第5期

【内容摘要】 由于我国图书馆限制与例外条款自身的设计缺陷以及数字网络技术的日益发展，传统图书馆限制与例外条款的不足和问题逐渐凸显出来，主要体现为图书馆限制与例外条款中服务对象获取作品的目的限制缺失、图书馆提供数字化作品的客体限制缺失以及文本与数据挖掘带来的新型问题。在借鉴国外立法先进经验的基础上，我国可以通过修订《信息网络传播权保护条例》的方式来对其进行完善。一方面，在《信息网络传播权保护条例》第7条中增设"为了便于服务对象研究或学习"这一主观目的限制，并在该条中明确将视听作品排除出图书馆提供数字复制件的作品类型；另一方面，在《信息网络传播权保护条例》第6条中增设图书馆等机构基于科学研究目的而使用文本与数据挖掘的限制与例外规定。

【关键词】 图书馆 限制与例外 《信息网络传播权保护条例》 文本与数据挖掘

73. 司法裁判中的著作权定价研究

【作者简介】 李兆轩，北京大学法学院博士研究生。

【发表期刊】《知识产权》2022年第4期

【内容摘要】 定价是著作权司法制度的关键，其在权利的运行与保护中均发挥着重要作用。定价虽然在侵权损害赔偿与许可使用中扮演着不同的角色，但究其根本，两种情形中的定价逻辑是相似的，损害赔偿中的定价更是需要考虑许可中的价格。因此，以侵权损害赔偿中的定价问题为起点，以静态分析框架为基础，综合考虑立足于市场的著作权定价、事前谈判与事后谈判以及定价对行为选择的影响等动态分析方法，能够将著作权定价问题串联起

来，确定科学的定价方法，并最终帮助法院解决司法实践中可能面临的著作权定价问题。

【关键词】 著作权定价　损害赔偿　许可费贡献率

74. 公开数据集合法律保护的客体要件

【作者简介】 崔国斌，法学博士，清华大学法学院教授。

【发表期刊】 《知识产权》2022年第4期

【内容摘要】 内容公开的数据集合满足何种条件才能获得法律保护，依然是一个悬而未决的问题。这里假定立法者将来会选择特殊产权模式来保护此类数据集合并且仅仅赋予收集者有限排他权（公开传播权）。在此类立法下，受保护的数据集合应满足如下客体要件：第一，数据集合的条目处于公开状态；第二，具有实质量的数据条目；第三，收集者付出实质性的收集成本。除此之外，该立法无须考虑数据收集行为的合法性、数据的时间敏感性、收集者是否采取技术措施等因素。通过上述三项客体要件，特殊产权立法能够与现有的商业秘密保护机制和著作权法有效衔接，并与美国式的热点新闻规则和欧盟式的数据保护模式相区别，实现不同的立法目的，有效平衡数据收集者、竞争者和公众的利益。

【关键词】 公开数据集合　财产权　反不正当竞争　著作权　商业秘密

75. 新《著作权法》视域下视听作品的界定

【作者简介】 何怀文，浙江大学光华法学院教授；吉日木图，浙江大学光华法学院博士研究生。

【发表期刊】 《社会科学战线》2022年第5期

【内容摘要】 在司法实践中，视听作品的界定存在着确定作品表现形式、评判作品独创性以及作品是否需要"固定"三方面的法律问题。视听作品的表现形式应为"系列空间叙述性画面"，即作者创作的"系列画面"是对时间性故事情节或客观事件空间化的个性描述。视听作品的独创性评判应当深入特定作品的创作过程，考察其是否具有将时间性故事情节或客观事件转换为空间性叙事的智力劳动性质。"固定"不但是视听作品创作完成的标志，也是明晰戏剧、舞蹈表演作品与视听作品之间界限的关键，故视听作品应当满足该要求。

【关键词】 视听作品　画面　空间性叙事　固定

76. 从"技术盗猎"到"技术织网"：奥运赛事版权保护的实践进路

【作者简介】 雷紫雯，中国人民大学新闻学院博士研究生；刘战伟，中国人民大学新闻学院博士研究生。

【发表期刊】 《中国出版》2022年第9期

【内容摘要】 奥运赛事历来是新兴媒介技术的"练兵场"。新兴媒介技术为奥运赛事的全球传播提供了条件，同时，层出不穷的"技术盗猎"也让盗版屡禁不止。从"技术盗猎"到"技术织网"，奥运赛事版权防火墙的建立需要回归技术应用，依托大数据、人工智能、区块链等前沿智能技术，为奥运版权侵权行为的监测、追踪、取证及维权等方面提供新的治理方案，织造一张奥运版权保护的"技术之网"。

【关键词】 奥运赛事　版权保护　技术治理　人工智能　大数据

77. 剧本杀行业著作权法律风险及治理进路

【作者简介】 王晋，中南财经政法大学知识产权研究中心；宋群，中国传媒大学。

【发表期刊】 《中国出版》2022年第9期

【内容摘要】 近年来，剧本杀风靡我国。在这种沉浸式剧本娱乐行业火爆发展的背后，其著作权侵权风险日益凸显，体现在内容创作、发行销售、门店经营、玩家消费后等环节，亟待探索新的发展路径及治理模式。应通过横纵交错的立体网状治理模式提升治理效能，多元化参与管控助力正版内容输出，促进剧本杀行业及文化产业良性发展。

【关键词】 剧本杀　著作权　法律风险　治理

78. 基于REITs的版权资产证券化法律规制模式研究

【作者简介】 朱冲，南京大学法学院博士研究生。

【发表期刊】 《中国出版》2022年第11期

【内容摘要】 版权资产证券化（ABS）被视为破解版权企业融资难、融资贵桎梏的关键所在。在国家政策支持下已发行上市多单版权证券化产品，但基础资产的合法性模糊、证券化架构的稳定性欠佳、版权信息披露规则的缺失等问题导致相关产品的风控难、估价难、处置难，更因流动性欠缺而难以列入标准化票据吸引机构配置。基础设施公募REITs作为法定的资产证券化形式，与版权公司轻资产运营属性相契合，有望为各地文化产业园区的版权经营板块提供新模式。同时作为一种创新型金融产品，需要立法规制其可能出现的风险。

【关键词】 版权融资　REITs　资产证券化

79. 转换性使用视角下二次创作短视频合法性探析

【作者简介】 朱文玉，东北林业大学文法学院副教授，硕士研究生导师，博士；姜彬彬，东北林业大学文法学院。

【发表期刊】《学术交流》2022年第3期

【内容摘要】 短视频领域内作品二次创作侵权的现象频频引发学界关注，作品权利人与公众合理使用之间的冲突问题不断显现。目前司法实践中发生的有关二次创作短视频案件多根据《著作权法》第24条进行侵权认定，但明显暴露出利用"三步检验法"对二次创作作品进行判断不能满足公众对于原作品合理使用的需求，而若将"转换性使用"作为其是否构成合理使用的考量要素则有助于二创短视频合法性的判定，且具备法律、理论及现实基础。在此之上对合理使用制度进行延伸性解释，将"转换性使用"规则融入"三步检验法"中，来判断二创短视频是否构成合理使用，同时明确转换性使用在司法实践中适用之标准，以促进视听行业内著作权私权与社会公众利益之间平衡发展。

【关键词】 二次创作　短视频　转换性使用

80. 论信息时代网络著作权信息披露制度的重构——兼论《信息网络传播权保护条例》第13条和第25条的修订

【作者简介】 袁锋，华东政法大学传播学院讲师。

【发表期刊】《华中科技大学学报（社会科学版）》2022年第3期

【内容摘要】 信息化时代，在个人信息价值不断提升的同时，网络著作权信息披露制度的重要性日益凸显，但我国立法中有关著作权信息披露的规定却仍显滞后，缺乏明确和完备的披露程序和条件的规定。其他一些国家对网络著作权信息披露制度进行了较为科学和合理的设计，值得我国借鉴。我国应通过对《信息网络传播权保护条例》第13条和第25条的修订来重构著作权信息披露制度：应规定著作权人有权请求网络服务提供者披露侵权人信息，对行政机关行使信息披露权进行限制，同时明确规定可以通过人民法院行使信息披露请求权，并且应明确信息披露请求权的具体行使要件。

【关键词】 信息时代　著作权　信息披露　请求权　行使要件

81. 区块链在数字音乐版权管理中应用的挑战与因应

【作者简介】 金春阳，西安交通大学法学院教授，博士；邢贺通，西安交通大学法学院硕士研究生。

【发表期刊】《科技管理研究》2022年第9期

【内容摘要】 数字音乐版权管理涵盖确权、用权、维权三大环节，分别面临版权归属难以确定、版权许可与版税支付壁垒、技术保护与法律保护皆不完美的问题，而区块链具有多方协同、不可篡改、可溯源、可验证、去中心化等特点，其应用可化解数字音乐版权管理的困境；此外，在确权、用权、维权三大环节也分别面临版权虚假主张的验证、实际收益未增加、区块链存证的证据性质未定等新问题。本文基于对区块链在数字音乐版权管理中应用的场景与挑战分析，提出中国应采取监管沙盒方式进行试验性规制的建议。

【关键词】 区块链　数字音乐版权　版权管理　监管沙盒

82. 元宇宙需要数字版权保护吗？——虚拟现实技术生成场景内容可版权性的视角

【作者简介】 胡建文，华东政法大学知识产权学院博士研究生、江西省高级人民法院法官。

【发表期刊】《江西社会科学》2022年第6期

【内容摘要】 元宇宙是基于数字技术构建的拥有独立经济体系的虚拟世界，数字版权是元宇宙虚拟财产的重要方面之一，虚拟现实技术生成场景内容的可版权性与元宇宙数字版权保护的权利基础具有相似性。依据创作主体和创作来源分类，虚拟现实技术生成场景内容可分为人类新创作型、完全复制型、二次创作型、虚拟人创作型。前三种类型的虚拟现实技术生成场景内容由人类创作生成，是人类的智力成果，具有一定的独创性且能以一定的形式表达，可以给予版权保护。虚拟人创作型内容不是人创作的，按现有《著作权法》规定不能作为作品予以保护，但元宇宙中的人本身就是虚拟人，虚拟人创作的内容符合作品的定义的其他条件的，理应受版权保护。

【关键词】 元宇宙　虚拟现实　场景内容　数字版权　可版权性

83. 立法修改视角下的技术措施保护范围

【作者简介】 王迁，华东政法大学法律学院教授、博士生导师。

【发表期刊】《中外法学》2022年第3期

【内容摘要】 2020年《著作权法》直接纳入了《信息网络传播权保护条例》对技术措施的定义，导致防止未经许可运行计算机程序的"接触控制措施"和防止未经许可复制作品的"版权保护措施"被排除出保护范围，难以对计算机程序提供有效保护，从而与国际条约不符。在再次修改《著作权法》之前，对此问题只能通过《著作权法实施条例》或司法解释对技术措施的扩大"解释"加以解决。2020年《刑法》规定规避技术措施入罪的用语在字面上未纳入对技术措施提供规避手段的行为，大大缩减了对技术措施的保护范围，使该条款基本失去意义。应根据《著作权法》和《信息网络传播权保护条例》中相同用语之间的关系，将《刑法》中的该用语解释为涵盖提供规避手段的行为。

【关键词】 技术措施 接触控制措施 版权保护措施 直接规避 提供规避手段

84. 著作权法下文本与数据挖掘的合规性路径检视

【作者简介】 郭永辉，西北政法大学教授、博士生导师；宋伟锋，西北政法大学博士研究生。

【发表期刊】《当代传播》2022年第3期

【内容摘要】 当前，数字经济与实体经济融合，文本数据挖掘和分析的市场需求旺盛。2020年，我国《著作权法》修订对合理使用制度未作修改，在著作权法领域，文本数据挖掘基本上以侵犯著作权认定。但在国际上，欧美国家为文本数据挖掘纳入合理使用提供法律保障。本文以著作权法为引领，认为应平衡著作权人、传播者、使用者等各方利益得失，更加突出引导功能，对文本与数据挖掘进行合规性论证，建构我国《著作权法》下文本与数据挖掘的理论、立法及司法三位一体的合规性路径。

【关键词】 文本与数据挖掘合理使用 转换性使用 法律解释

85. 数字图书馆公共借阅权的学理基础和制度构建——从美国"国家紧急图书馆事件"切入

【作者简介】 司马航，中南财经政法大学知识产权研究中心博士研究生。

【发表期刊】《图书馆杂志》2022年第5期

【内容摘要】 美国"国家紧急图书馆"是为应对疫情期间公众基本文化诉求的一次有益尝试，其提前关停引发了对于数字图书馆建设和合理使用制度的思考。在无偿提供作品的合理使用制度失灵之时，不妨引入适当付费的公共借阅权制度以保障作者利益、促进数字图书馆长远发展。数字图书馆公共借阅权以权利的保护与限制为双重内核，有着扎实的学理基础和显著的社会利好，存在现实的立法实践，对我国图书馆事业意义非凡。在引入数字图书馆公共借阅权时，还应基于我国现实，对于适用范围、补偿金分配等进行本土化改造。

【关键词】 数字图书馆 公共借阅权 国家紧急图书馆 合理使用

86. 软件转换性使用规则的美国实践与中国应对

【作者简介】 朱雪忠，管理学博士，同济大学上海国际知识产权学院教授，博士生导师，国家知识产权专家咨询委员会委员，中国知识产权研究会副理事长；安笑辉，同济大学上海国际知识产权学院博士研究生。

【发表期刊】《陕西师范大学学报（哲学社会科学版）》2022年第3期

【内容摘要】 截至2021年12月31日，美国司法审判中有关软件转换性使用的案例共计16件，通过归纳分析可知，当软件开发者以开发不同功能的新软件为目的、主张对原软件合理使用时，美国法院有可能认定其行为属于转换性使用，从而打破了合理使用"四要素"的判断方法。我国软件企业进入美国市场时，应当关注诉讼成本、版权注册、软件类型、地方保护等因素。考虑到我国的软件行业发展现状和法律体系与美国的差异，我国现阶段不宜引入软件转换性使用规则。

【关键词】 转换性使用 软件著作权 软件合理使用 《美国版权法》

87. 计算机软件著作权刑事保护视域下"复制"行为的司法认定

【作者简介】 张佳华，中国政法大学法律硕士学院讲师，法学博士。

【发表期刊】《浙江工商大学学报》2022年第3期

【内容摘要】 在涉计算机软件侵犯著作权罪的司法认定中，"复制"行为的认定一直是困扰司法实践的难题。从法教义学分析，涉计算机软件的"复制"意涵理解与界定有其独特性。尽管现行立法没有规定"接触＋实质性相似"规则，其却成为认定"复制"行为的普遍遵循。因难以取得直接证据予以证明，司法机关对"接触"的判定多适用推定规则，但应区别于民事案件且应当有明确的法律规定。对实质性相似的认定缺乏统一裁判标准。实质性相似不限于计算机软件的整体比对，相似的比例应否具有刑事追诉门槛存在争议。需要通过司法解释或指导性案例进一步明确"接触＋实质性相似"的判定标准，统一"复制"行为司法认定的裁判尺度，加强计算机软件著作权的刑事保护。

【关键词】 侵犯著作权罪 计算机软件 接触 实质性相似 推定

88. 人工智能生成成果的法律性质及著作权保护

【作者简介】 郭万明，嘉兴南湖学院副教授。

【发表期刊】 《出版发行研究》2022年第5期

【内容摘要】 当前，学界普遍认为较高级的人工智能有能力生成满足独创性的高度标准的成果。随着作品的版权保护对"作者个性"的要求逐渐降低以及"受众反应标准"的引入，人工智能生成成果应可以满足著作权保护的"独"的标准。以文字作品生成为例，人工智能对生成成果"独"的贡献体现在甄选材料、归纳总结、预判结论、情感模拟、谋篇布局、遣词造句等方面，其他人类主体贡献了创作动机、目的、情感、审美和创作的社会意义等。另外，建议用邻接权来保护人工智能生成成果，并根据人工智能生成过程中各利益主体以及人工智能本身在成果生成过程中贡献的大小等合理分配权利、义务和责任。

【关键词】 人工智能生成成果 独创性 深度学习 邻接权

89. 全民创作时代短视频版权治理的困境和出路

【作者简介】 初萌，北京大学法学院博士研究生，北京大学国际知识产权研究中心助理研究员。

【发表期刊】 《出版发行研究》2022年第5期

【内容摘要】 数字技术引领了出版行业的深刻变革，人类社会日益步入全民创作、全媒体出版时代。短视频正是这一时代的重要缩影。当前短视频版权治理存在损害表达自由、侵权判断标准模糊、传播者与创作者利益失衡等问题，亟须制度调适。强调"化维权为许可"理念的集中许可制度有助于实现在先与在后创作者的利益平衡，是实现出版产业新格局的构建及高质量发展的必要举措。

【关键词】 全民创作 媒体融合 短视频 版权治理 集中许可

90. 著作权集体管理制度的反思与回应——信托视角下

【作者简介】 张惠彬，西南政法大学民商法学院副教授、硕士生导师，西南政法大学知识产权研究院研究人员；王怀宾，西南政法大学知识产权研究院研究人员。

【发表期刊】 《中国编辑》2022年第5期

【内容摘要】 从法律行为属性来看，我国著作权集体管理行为的性质应为信托。当前，我国著作权集体管理运行不畅的根源在于制度设计与信托属性相背离。在此前提下，我国著作权集体管理的重塑可参照信托制度进行三个方面的尝试：放宽集体管理组织准入门槛，实行"宽进严出"的许可制度；允许集体管理组织同著作权人约定收取一定比例报酬，并受行政机关监督约束；规定集体管理组织忠实义务、注意义务等信托义务。同时，积极采用数字时代的新技术与创新治理方式，结合反垄断与反不正当竞争规制，以防止集体管理效益流失和实现利益平衡。

【关键词】 著作权 集体管理 信托行为 法定垄断 非营利性 信托义务

91. 新闻短视频著作权益合理抑制探讨

【作者简介】 周诗婕，江苏省广播电视总台；陈堂发，南京大学新闻传播学院新闻学系教授、博士生导师。

【发表期刊】 《中国编辑》2022年第5期

【内容摘要】 移动5G时代，新闻短视频逐渐成为新闻报道的主要形式。新闻短视频兼具新闻性和互联网传播环境支持的分享性两重属性，为了实现著作人利益与公共利益的平衡，应当设立更低的传播门槛抑制作品权益。从立法层面，适度扩张新闻短视频著作权益的法定免责情形，将单纯事实消息、创作性程度等作为其法益抑制的考量要素，界定不同新闻短视频类型的可版权性层级，同时对新闻短视频尤其是时事性短视频的合理使用情形给予适度扩张解释；从版权流通层面，适度降低新闻短视频的授权许可门槛，引入更高效的版权许可模式；从维权层面，尽量保护新闻短视频的物质权，适度限制其专有传播权，通过资源互换、一揽子协议等形式促进信息传播。

【关键词】 新闻资讯 短视频 著作权 时事新闻 合理使用

92. 利益平衡的修辞术："独创性"概念的生成、误读与反思

【作者简介】 于文，华东师范大学传播学院副教授。

【发表期刊】《现代出版》2022年第3期

【内容摘要】 "独创性"概念是现代版权制度的基石，也是新兴文化生产与现代版权制度的冲突焦点。由于"独创性"概念的历史语境已经褪色，现实版权纠纷中人们对"独创性"的理解和使用夹杂了一定的"事实/价值"错位和话语误导。要准确认知"独创性"概念，还需要具文艺思潮属性的"独创性"概念进入版权法律体系的具体历史语境中，还原"独创性"概念在著作财产权建构和多元价值协调中独特的修辞功能。"脱语境"的独创性概念能够反过来塑造现实，对多元文化表达和新兴出版实践构成压制。摒弃脱语境误读，吸收继承"独创性"修辞策略中暗含的政治智慧，有助于继续发挥好"独创性"等历史性概念在权利分配正义和利益平衡方面的独特功能和价值。

【关键词】 独创性 版权法 书商之战 修辞

93. 知识产权领域互联网中介商侵权规则的发展趋向与中国策略

【作者简介】 鲁玹序阳，中国人民大学法学院博士研究生；万勇，中国人民大学法学院教授、博士生导师。

【发表期刊】《学海》2022年第3期

【内容摘要】 近年来，世界主要法域纷纷尝试修正知识产权领域互联网中介商的侵权规则。一方面，中国在电子商务领域与欧盟在版权领域的修正路径一定程度上展现了侵权规则从事后责任到事前规制的发展趋向。另一方面，不同国家对侵权规则的发展具有差异化的需求。这主要取决于互联网中介商对用户行为监管能力的提升以及不同国家互联网产业的发展状况和发展战略。中国应当立足自身需求，以公平协调各方利益、对互联网中介商进行类型化规制为思路，继续推动知识产权领域互联网中介商侵权规则的体系化，积极探索网络著作权保护的多元主体协作模式，完善《电子商务法》中的知识产权保护规则和"通知—必要措施"规则。

【关键词】 知识产权领域 互联网中介商 侵权责任规则 电子商务

94. 区块链背景下数字版权全链条保护的困境与出路

【作者简介】 李永明，浙江大学光华法学院教授；赖利娜，浙江大学光华法学院博士研究生。

【发表期刊】《科技管理研究》2022年第10期

【内容摘要】 面向新一代信息技术发展引发的数字版权登记确权成本高、效率低以及授权交易权属流转不清晰、监测维权取证难等困境，基于数字版权全链条保护中版权登记、授权许可、监测维权三大场景，应用区块链技术可以有效降低数字版权登记成本并提高效率、保证许可授权的安全透明、实时监测侵权并取证、出证，但同时也面临着如版权登记效力不明确，作品独创性判断的缺失，限制合理使用、著作权修改权和法律适用以及监测维权的证据存在证明力问题等诸多挑战。为应对区块链应用于数字版权全链条保护中可能存在的法律问题，可构建区块链版权登记确权实质审查制，从法律上推动智能合约的发展与应用，并建立统一的区块链存证司法审查方式。

【关键词】 区块链 数字版权 版权登记 授权许可 监测维权

95. 著作权刑事司法解释的反思与优化——基于"复制发行"司法解释及相关判决的分析

【作者简介】 郑承友，山东理工大学法学院副教授。

【发表期刊】《山东大学学报（哲学社会科学版）》2022年第3期

【内容摘要】 《刑法修正案（十一）》生效后，应对实践经验进行反思和总结，及时清理与其相抵触的司法解释。将信息网络传播视为《刑法》第217条规定的复制发行是将线上概念拟制为线下概念；将复制发行解释为复制、发行或者既复制又发行，未能区分首次发行行为与后续发行行为；将发行解释为包括总发行、批发、零售、通过信息网络传播以及出租、展销等活动，混淆了发行行为与其他法定利用行为的界限。问题导向的司法解释虽解决了现实社会需求，但同时引发了裁判标准的不统一。侵犯著作权犯罪法定犯的逻辑结构决定了著作权法是前置规范，刑法是后置规范，对犯罪认定应坚持先定侵权后定罪的递进逻辑，应坚持体系思维对著作权法与刑法中的相同概念作同义解释，对著作权刑法保护规范进行优化整合。

【关键词】 著作权 信息网络传播 复制发行 法定犯 体系解释

96. 剧本杀经营者涉他人著作权的行为定性

【作者简介】 李扬，中国政法大学民商经济法学院教授、博士生导师。

【发表期刊】《知识产权》2022年第5期

【内容摘要】 因剧本杀行业快速发展以及巨大利益驱动，其中的著作权问题已经开始凸显。解释论上，剧本杀经营者向剧本杀玩家提供盗版剧本的行为构成"他项权"控制的行为。立法论上，应将发行权控制的行为由出售、赠与两种转移作品复制件所有权的行为扩张至互易、出借等行为，将出租权保护的作品由视听作品、计算机程序扩张至所有作品，从而控制所有盗版作品的发行和出租行为；但为了防止出租权妨碍视听作品、计算机程序以外作品的自由流通和利用，《著作权法》应当规定其他作品著作权人享有的出租权仅能控制盗版作品的出租。表演作品，是指通过动作、声音、表情再现作品，包括口述和表现作品。公开表演作品，是指在向公众开放或者半开放的场所向不特定人或者家庭及其正常社交圈以外的人表演作品。应当根据手足论（工具论），将剧本杀经营者利用剧本杀玩家直接表演剧本杀剧本的行为，规范地评价为直接表演剧本杀剧本的行为。

【关键词】 剧本杀 发行权 出租权 表演权 手足论（工具论）

97. 剧本杀作品的著作权侵权责任认定

【作者简介】 丛立先，华东政法大学知识产权学院教授、博士生导师；谢轶，华东政法大学知识产权学院博士研究生。

【发表期刊】《知识产权》2022年第5期

【内容摘要】 剧本杀作为一种新形式的作品，有其特有的作品特征和法律属性。从整体上看剧本杀作品是"大作品"，由剧本杀开发者行使权利，涵盖的每一个具有独创性的作品都有其单独的权利人。在侵权责任认定上，应以"接触＋实质性相似"作为判断标准，用"抽象—过滤—比较"法结合整体观感测试法进行比对，得出二者是否具有接触可能并构成实质性相似的结论。同时通过把握剽窃剧本杀作品的各种形态，正确划分作品中思想与表达的界限，恰当适用合理使用规则，最终厘清合法与侵权的边界，为剧本杀作品侵权治理提供规则指引和法律保障。

【关键词】 剧本杀 整体作品 作品归属 剽窃 侵权 合理使用

98. 剧本杀店家"出租"盗版剧本的不正当竞争认定

【作者简介】 谢琳，法学博士，中山大学法学院副教授。

【发表期刊】《知识产权》2022年第5期

【内容摘要】 剧本杀店家提供盗版文字剧本供玩家临时使用，符合我国《著作权法》中出租权所控制的行为特征，但因出租权保护的客体不包括文字作品而不构成著作权侵权。剧本出租是剧本杀剧本的主要利用方式，出租利益为剧本创作的主要激励，在行业自律和市场自我激励机制无法发挥作用的情况下，可以考虑对剧本著作权人的出租利益予以反不正当竞争法保护。认定剧本杀店家行为构成不正当竞争应仅限于其出租盗版剧本的情形，以避免使用盗版剧本导致出租利益无法向正版剧本售价迁移。店家若不知道其出租的是盗版剧本，且能证明该剧本为自己合法取得并说明提供者的，不承担赔偿责任。

【关键词】 剧本杀 出租权 禁止盗用 市场失败 反不正当竞争法 一般条款

99. 论我国《著作权法》中出租权规则的协调和完善

【作者简介】 张伟君，同济大学法学院教授。

【发表期刊】《知识产权》2022年第5期

【内容摘要】 2020年《著作权法》第39条第2款已经明确录音录像制品中的作品著作权人是享有出租权的，虽然这与第10条有关作品出租权的规定以及第44条第2款的表述并不协调，但是这个规定其实是合乎法律逻辑的，不仅具有合理性，也是我国立法遵循国际条约的需要。为了减少法律规则之间的不协调甚至冲突，并且有效地解决司法实践中因为目前出租权规则缺陷而带来的法律适用问题，我国《著作权法》应该对著作权人享有的出租权作出更为合理和协调的制度安排。

【关键词】 发行权 出租权 以录音制品体现的作品 TRIPS协定 世界知识产权组织版权条约

100. 论侵害知识产权法中公有领域的民事责任

【作者简介】 杜爱霞，法学博士，中原工学院法学院副教授；冯晓青，法学博士，中国政法大学民商经济法学院教授、博士生导师。

【发表期刊】《中南大学学报（社会科学版）》2022年第3期

【内容摘要】 公有领域资源是衍生新知识、新作品的原材料，是科学发展、社会进步的基石。但在信息商品化过程中，错误的或欺诈性的版权声明、侵权警告、诉讼威胁、合同及技术措施等不断圈占、侵害公有领域，使本可以为公众免费使用的信息不断地被私有化、被监管、被加密和被限制，挤压了公众对公有领域享有的自由获取和使用的权利，消解了知识产权制度的价值。究其根源，在于我国立法没有确认公众基于公有领域享有的权利，未确认侵害公有领域行为的违法性，更未明确侵害公有领域的法律责任，最终并不惩罚侵害公有领域者以救济和保护公有领域。为了公有领域的可持续性发展，应加强对公有领域的理论研究，并通过立法明确公有领域概念及公众基于公有领域的权利，明确侵害公有领域行为的非法性及相应的民事责任，为公众基于公有领域享有的权利提供法律救济。

【关键词】 知识产权　公有领域　虚假版权声明　侵权责任

101. 表演者权视阈下民间文学艺术表达保护路径探析

【作者简介】 易玲，法学博士，中南大学法学院教授、博士生导师。

【发表期刊】《法律科学（西北政法大学学报）》2022年第4期

【内容摘要】 在"两创"方针指引下，民间文学艺术法律保护的重心需要尽快转向私权保护。以民间文学艺术表达为核心概念的私权保护面临多重困境：对"民间文学艺术表达"或"民间文学艺术作品"的术语选择态度不明，特殊版权模式和新型知识产权模式均存在缺陷，以《征求意见稿》为代表的立法进程严重滞后。在民间文学艺术表达法律保护的多重迷雾中，可尝试探索表演者权保护的新路径。其正当性在于民间文学艺术表达具有"表演天赋"且可被邻接权体系接纳，并产生良性互动，亦是履行WPPT和《北京条约》义务、顺应国际立法趋势的必然要求。具体制度设计上，需注重民间文学艺术表达表演者权的特殊客体判断，明确多主体表演和视听作品中表演者的权利归属。表演者权保护路径存在局限性，未来应当避免过于激进的立法理念，循序渐进地构建完整的民间文学艺术表达法律保护体系。

【关键词】 民间文学艺术表达　民间文学艺术作品　表演者权　《著作权法》

102. 论提供互联网点播终端服务在《著作权法》中的定性

【作者简介】 王迁，华东政法大学法律学院教授、博士生导师。

【发表期刊】《法律科学（西北政法大学学报）》2022年第4期

【内容摘要】 "点播影院"或宾馆等经营场所提供互联网点播终端服务，供顾客自行点播源于互联网的视听作品，面向的是不特定多数人。经营者虽然无需"动手操作"，但其行为创设了有别于视听作品初始"传播源"（互联网服务器）的另一"传播源"（互联网点播终端），仍然构成传播行为。该行为不涉及使用技术手段将作品传送至不在传播发生地的公众，属于现场传播而非远程传播，因此对其不能适用远程传播权中的信息网络传播权。由于所涉初始传播并不是非交互式传播，对其也不能适用广播权的第二项子权利，应适用放映权予以规制。

【关键词】 点播影院　信息网络传播权　广播权　放映权

103. 民法典视角下知识产权民事制裁制度的废止

【作者简介】 陶乾，中国政法大学法律硕士学院副教授，法学博士。

【发表期刊】《法律科学（西北政法大学学报）》2022年第4期

【内容摘要】 我国民事制裁制度源于《民法通则》第134条第3款，随后被引入到知识产权民事审判实践中。司法机关通过罚款、收缴、没收违法所得，对应受行政处罚但尚未受到处罚的知识产权违法行为进行主动干预。然而，各地法院对民事制裁措施的适用范围、措施和条件的把握存在显著差异。种种适用乱象的成因在于民事制裁制度本身存有缺陷。民事制裁本质上是一种准行政处罚，其与民法规范的取向格格不入。我国《民法典》不再包含民事制裁条款，《著作权法》和《商标法》相关司法解释中的民事制裁规定已然缺乏民法依据。在目前全面加强知识产权保护的战略背景下，应当将民事制裁进行制度归位。一方面，将民事制裁措施回归为行政机关的行政处罚措施，法院不得在民事案件裁判中适用；另一方面，知识产权民事保护中的惩罚性赔偿制度与知识产权行政执法机制进行有机协作，共同发挥对严重侵权行为的惩戒和威慑功能。

【关键词】 民事制裁　没收违法所得　知识产权侵权　行政处罚　惩罚性赔偿

104. 禁止著作权滥用的法律基础和司法适用——以《庆余年》超前点播事件引入

【作者简介】 司马航，中南财经政法大学知识产权学院助理研究员；吴汉东，中南财经政法大学知识产权研究中心名誉主任、文澜资深教授，法学博士，博士生导师。

【发表期刊】 《湖南大学学报（社会科学版）》2022年第3期

【内容摘要】 进入《民法典》时代，禁止权利滥用原则在著作权领域的适用引发了许多问题。禁止著作权滥用与著作权基础理论相契合，并具备宪法、民法基础，是我国履行"TRIPS协定"的必然选择，在著作权滥用的法律适用中，应充分考量著作权滥用的特殊性，以类型化视角分别确定判断标准。公法规制的权利滥用，已与反垄断法结合，形成了体系化的判断标准。私法规制的著作权滥用，宜采利益失衡、主观过错、权利目的、前提条件四项标准进行判断。

【关键词】 著作权滥用　禁止权利滥用　法律适用

105. 专有出版权能否按出版规格拆分授权——以"文艺复兴三杰案"为例

【作者简介】 陶乾，中国政法大学法律硕士学院副教授，法学博士。

【发表期刊】 《科技与出版》2022年第6期

【内容摘要】 专有出版权是出版者基于其与著作权人之间的出版合同而在一定时间和地域范围内享有的将作品以图书形式进行出版的专有权利。在出版合同中，双方对于出版物的开本尺寸、印刷用纸、装订样式、装帧形式等出版规格的约定属于对图书出版物形式的要求，而不应理解为对作品专有出版权效力范围的限定。除非出版合同双方当事人有明确的合意，否则著作权人不得以精装、平装、简装等为限定条件将同一作品的专有出版权拆分授予其他出版者。在个案中法院根据出版合同条款来判断双方是否有此合意，当双方对合同条款的理解存有歧义时，法院应当结合我国《著作权法》下专有出版权的本质与立法目的，运用各种合同解释方法，对双方在合同中的约定作出公平合理的解释。

【关键词】 专有出版权　出版合同　复制权　发行权　出版规格

106. 从合规管理看广播音频节目的著作权保护与运营

【作者简介】 郝明英，博士，中国政法大学法学博士后流动站研究人员；冯晓青，中国政法大学民商经济法学院教授、博士生导师。

【发表期刊】 《编辑之友》2022年第6期

【内容摘要】 广播音频节目的著作权保护与运营关系音频传媒产业的健康发展，根据广播音频产业界的意见反馈，目前广播音频节目著作权保护存在节目属性难以确定、权属分配不清以及运营困难等问题。探究广播音频节目著作权保护与运营存在困境的原因，主要是早期广播组织著作权保护意识不强、授权程序不规范。在此背景下，需加强广播音频节目制作与传播过程中的著作权风险识别、规范著作权授权流程、加强著作权合规管理，从而推动广播音频节目的著作权保护与运营，促进音频传媒产业健康有序发展。

【关键词】 广播组织　音频节目　著作权　合规管理

107. 短视频影视剪辑侵权认定与治理——基于"合理使用"四要素分析

【作者简介】 项杨春，台湾世新大学新闻传播学院博士研究生。

【发表期刊】 《电视研究》2022年第6期

【内容摘要】 在短视频影视剪辑成为行业热点的当下，对其侵权边界的厘清及侵权规制的确定是亟待解决的问题。本文研究发现，短视频影视剪辑类型主要包括切条搬运类、剧情讲解类、影评分析类、恶搞鬼畜类以及综合盘点类。基于合理使用"四要素"分析可知，除综合盘点类外，其他四种类型皆不符合合理使用的情形，构成著作权侵权。因此本文提出，可通过行政规制力量的发挥、版权过滤机制的建立以及著作权授权许可制度的完善，实现短视频影视剪辑侵权治理的协同共构。

【关键词】 短视频　影视剪辑　侵权　合理使用　协同治理

108. 区块链视角下互联网平台的版权内容过滤义务

【作者简介】 崔立红，法学博士，山东大学法学院教授、博士生导师。

【发表期刊】 《山东社会科学》2022年第6期

【内容摘要】 区块链技术为互联网平台承担版权内容过滤义务提供了技术可行性，网络服务提供者盈利模式的变化也为过滤技术的引进奠定了现实基础。借助对技术的考察和对互联网行业运营模式的分析，可以对版权内容过滤义务引进的正当性进行充分论证。对版权内容过滤义务与信息权、隐私权等公民权利的关系进行梳理，可以论证版权内容过滤义务的合理性并为其划定清晰的边界。虽然区块链技术可提高过滤精度，但无法确保万无一失。合理的过滤标准和错误过滤的救济措施能够最大限度降低内容过滤的负面作用，从而实现版权人与互联网平台、版权保护与公民权利保护之间的利益平衡。

【关键词】 区块链　版权内容过滤　权利救济

109. 我国知识服务平台版权运营管理研究

【作者简介】 黄先蓉，武汉大学信息管理学院教授、博士生导师，武汉大学出版发行研究所所长；李若男，武汉大学信息管理学院博士研究生。

【发表期刊】 《出版发行研究》2022年第6期

【内容摘要】 我国知识服务平台在版权获取、管理、开发、保护等方面采取了系列措施并取得一定成绩，但仍存在版权授权制度不完善、版权盈利模式不合理、版权收益分配不平衡、版权保护手段滞后等问题，制约着平台发展。基于此，本文提出推动建立更成熟高效的版权集体管理制度、探索版权盈利新模式、创新版权收益分配机制以及加强数字版权保护技术应用等加强我国知识服务平台版权运营管理的具体措施，以期推动我国版权事业蓬勃发展，同时赋能国家知识基础设施体系建设，服务于我国创新发展战略。

【关键词】 知识服务平台　版权资源　运营管理

110. 非同质化代币数字艺术作品的版权风险与防范

【作者简介】 黄波，华东交通大学知识产权研究中心。

【发表期刊】 《出版发行研究》2022年第6期

【内容摘要】 非同质化代币（NFT）数字艺术作品是区块链技术在版权领域的创新应用。非同质化代币具有唯一、不可拆分、分布式、去中心化、基于智能合约等特质。于数字艺术作品而言，非同质化代币具有确认和标记其权属、保障和促进其交易流通、重塑其版权利益格局等功能。同时，非同质化代币也可能在版权流转、盗版侵权、平台监管、"金融性"侵蚀"独创性"等方面引发数字艺术作品的版权风险。治理的对策是：明确非同质化代币标记的法律关系客体，区块链信任与传统信任有机结合，科学设定平台的信息网络安全管理义务，严守作品的独创性标准。

【关键词】 非同质化代币　NFT　区块链　数字艺术作品　版权

111. 非同质化代币技术与版权生态系统有机衔接研究

【作者简介】 李想，上海理工大学出版印刷与艺术设计学院；施勇勤，上海理工大学出版印刷与艺术设计学院教授、数字出版与传播硕士点负责人、编辑出版学专业负责人。

【发表期刊】 《出版发行研究》2022年第6期

【内容摘要】 非同质化代币（NFT）技术的发展给版权生态既带来了机遇也带来了挑战。本文从NFT技术的运行机理出发，对其技术特点和应用场景进行分析，进一步论证NFT技术在版权生态赋能中存在的问题，主要包括智能合约的技术风险、隐私风险和空间拓展障碍，以及NFT技术在版权确权与交易中存在的可信化困境和在版权维权中存在的能动性障碍。对此，需要强化NFT的关键技术突破与政策标准指引，推动NFT技术与知识产权之间的双向赋能与循环发力，构建"技术＋法律"协同聚合的版权生态治理模式，以此实现NFT技术与版权生态系统的有机衔接。

【关键词】 非同质化通证　版权生态　区块链　知识产权　元宇宙

112. 论"应当由著作权人享有的其他权利"

【作者简介】 李琛，中国人民大学法学院教授。

【发表期刊】 《知识产权》2022年第6期

【内容摘要】 依据历史解释和法理分析，我国《著作权法》规定的"应当由著作权人享有的其他权利"仅指著作财产权。著作财产权列举的例示性不是理论共识，故司法认定"其他权利"时宜谨慎，谦抑程度应超过对"其他作品"的认定。非基于作品产生的利益、立法者有意排除保护的作品利益，均不得解释为"其他权利"。认定时应采用"止损原则"，而非"利益延伸原则"，即：新的作品使用方式严重损害既有著作权之时才考虑适用。如果新的使用方式只是带来了新增利益，未严重影响既有著作权，设权与否应交由立法确认。

【关键词】 应当由著作权人享有的其他权利　其他作品　著作财产权　著作人格权

113. 论实用艺术作品的重构及其保护制度的完善

【作者简介】 马忠法，复旦大学法学院教授，博士生导师；谢迪扬，复旦大学法学院博士研究生。

【发表期刊】 《同济大学学报（社会科学版）》2022年第3期

【内容摘要】 兼具实用性和艺术性的物品因符合独创性和可复制性的条件而应受到著作权的保护，其可构成实用艺术作品。我国关于实用艺术作品的制度存在缺陷，主要是实用艺术作品的概念不清、法律地位不明确、著作权法存在体系性矛盾，对源于国内和国外的作品保护有差异。这引发了司法中的问题，比如概念理解有偏差、审美标准不统一、"分离"标准不合理等等。实用艺术作品著作权保护的难点在于实用性和艺术性的界定，总结各国经验可以预见，该问题在短期内难有突破。对此，可采用"整体分离法"将实用性、艺术性和独创性的判断合为一步，提取讼争对象与"基础设计"的差异，将著作权的保护范围限定在差异部分。"整体分离法"不仅具有合理性及较强的可操作性，而且也不会导致著作权的过度扩张，能够在合理确权的同时，回避实用性和艺术性界定中的争议，进而可以进一步完善我国实用艺术作品的著作权保护制度。

【关键词】 实用艺术作品 重构 著作权 整体分离法

114. 民间文学艺术衍生作品著作权的认定及其权利边界——基于相关司法判例的思考

【作者简介】 唐海清，贵州大学法学院教授；胡灵，贵州大学法学院讲师。

【发表期刊】《贵州民族研究》2022年第3期

【内容摘要】 近些年来，运用著作权模式保护民间文学艺术衍生作品得到学界及实务界的普遍认可。但是以何标准认定民间文学艺术衍生作品的著作权？如何界定民间文学艺术衍生作品著作权的权利范围？对于这些问题，立法上尚存在空白之处且学界、实务界尚存分歧。或认为民间文学艺术衍生作品著作权宜采用较低独创性标准，或认为衍生作品著作权应限于作者所独创的内容。基于此，应从两方面厘清民间文学艺术衍生作品著作权的权利边界：一是厘清其与民间文学艺术的来源群体权利的边界，二是厘清其与其他利用民间文学艺术再创造作品的权利边界。

【关键词】 民间文学艺术 衍生作品 独创性 权利边界 来源群体

115. 虚拟偶像"表演"著作权法规制的困境及其破解

【作者简介】 孙山，法学博士，西南政法大学民商法学院副教授、重庆市人文社科重点研究基地西南政法大学重庆知识产权保护协同创新中心研

究员。

【发表期刊】《知识产权》2022年第6期

【内容摘要】 "云演艺"逐渐进入大众视野，与之相伴生的虚拟偶像"表演"的法律规制问题亟须解决。虚拟偶像"表演"的本质是借助虚拟现实技术对作品进行复制、表演、广播、信息网络传播等方式的利用，虚拟偶像是以可视化方式展现的数据，"表演"过程离不开"中之人"提供数据采集样本和同步数据。虚拟偶像"表演"的规制，应当正视产业实践的商业逻辑。在具体路径上，可以借鉴人工智能生成内容著作权法保护的理论探索，在著作权法层面进行制度创新，将作为表演工具的虚拟偶像和提供数据采集样本与同步数据的"中之人"视为完成"表演"行为的整体，以"特殊职务表演"来确定权利归属及其限制。"中之人"享有"表明表演者身份"的人身权利，虚拟偶像运营者享有"保护表演形象不受歪曲"的人身权利和其他财产权利，当事人可以在合同中对"中之人""表明表演者身份"权利的行使作出限制性约定。

【关键词】 虚拟偶像 "表演" 表演者权 特殊职务表演 著作权法

116. 元宇宙视域下出版业发展机遇和策略探析

【作者简介】 高渊，甘肃政法大学文学与新闻传播学院新闻与传播系主任。

【发表期刊】《出版广角》2022年第12期

【内容摘要】 随着数字化、VR、AI、AR等技术的发展和融合，2021年一个全新的概念——"元宇宙"成为各个行业探索的主流。面对时代大趋势，出版业也在数字出版、出版融合的基础上开始探讨元宇宙持续发展对行业的影响。文章基于元宇宙的特点，分析了元宇宙视域下出版业面临的机遇，提出加速推进技术整合、精选优质IP和内容、培养潜在核心用户、持续引进和培养人才发展策略，希望出版业能借助元宇宙在数字时代提升产业规模和社会影响力。

【关键词】 元宇宙 出版业、数字出版 出版融合 沉浸感

117. 技术措施与合理使用的冲突与协调——对《著作权法》第49条及第50条的再思考

【作者简介】 来小鹏，中国政法大学民商经济法学院教授、博士生导师；许燕，中国政法大学刑事司法学院网络法学专业博士研究生。

【发表期刊】《中国应用法学》2022年第3期

【内容摘要】 技术措施是版权人应对网络环境中侵权频发的有力手段，将其纳入版权法的保护有其正当性及合理性。然而，技术措施自身的价值定位及特点决定了其与合理使用制度之间的冲突是难以避免的，加之数字技术发展的推动及技术措施在现实中的种种失范应用，导致二者的冲突愈加激烈。针对这些冲突，文章提出：一方面应明晰现阶段缓释冲突的价值优位，合理使用制度所代表的更为广泛的公众利益理应得到尊重；另一方面应调整受保护的技术措施的范围及被禁止的规避行为的种类，即版权法应明确技术措施受到版权法保护的限制条件。

【关键词】 数字技术　技术措施　合理使用利益平衡

118. 互联网平台算法推荐的法律规制

【作者简介】 卢海君，法学博士，对外经济贸易大学法学院教授；徐朗，对外经济贸易大学法学院博士研究生；由理，对外经济贸易大学法学院民商法专业博士研究生。

【发表期刊】 《中国出版》2022 年第 13 期

【内容摘要】 算法升级显著提升了互联网平台处理信息的能力。算法推荐构筑了当下互联网平台的主要内容分发模式，形成了规模的商业效应。算法时代的互联网平台不宜简单以"技术中立"作为其免责事由，传统"避风港规则"具有历史局限性，应与时俱进。如何处理好算法与法律的关系，平衡互联网平台发展与规制，是算法治理的重要课题。

【关键词】 算法推荐　算法治理　"避风港规则"

119.《马拉喀什条约》在中国的实施：理论争议与制度安排

【作者简介】 万勇，中国人民大学法学院教授；陈露，中国人民大学法学院博士研究生。

【发表期刊】 《人权》2022 年第 4 期

【内容摘要】 《马拉喀什条约》是世界知识产权组织为解决包括视力障碍者在内的印刷品阅读障碍者的"书荒"问题而专门缔结的一项国际条约，其寻求利用版权法律和政策工具实现人权目的。在《马拉喀什条约》缔结以前，国际知识产权条约都是以知识产权保护为中心，重在提高保护水平。《马拉喀什条约》是第一个聚焦权利限制与例外议题，并且明确使用人权话语的国际知识产权条约。在《马拉喀什条约》谈判过程中存在一些理论争议，主要原因在于国际社会对版权与人权的关系以及《马拉喀什条约》的法律性质等基础理论问题未能形成共识。我国在国内法中实施《马拉喀什条约》时，应直面理论争议，在立足本国国情的基础上，协调保护版权与促进人权，作出相应的制度安排。

【关键词】 《马拉喀什条约》　人权　合理使用无障碍格式版

120. 基于人权模式残障观的《马拉喀什条约》解读

【作者简介】 李琛，中国人民大学法学院教授。

【发表期刊】 《人权》2022 年第 4 期

【内容摘要】 《马拉喀什条约》首先是一部人权条约，对条约的解读与实施不能脱离人权视角下的残障观。基于人权模式的残障观，对条约的解读应领会其促进平等的价值，不可误读为赋予残障者以特权。在条约的实施中，亦不可过度采取特殊化的设计加剧残障者的社会疏离。以条约实施为契机，推动残障观从个人模式向人权模式转换、促成"非物质无障碍环境建设"的理念，可使该条约实施的意义最大化。

【关键词】 《马拉喀什条约》　人权模式　残障著作权　合理使用

121. 基于区块链技术的体育赛事网络版权保护

【作者简介】 鸦新颖，湖南工业大学体育学院硕士研究生；刘亚云，博士，湖南工业大学体育学院教授；曹冰婵，湖南工业大学体育学院硕士研究生。

【发表期刊】 《武汉体育学院学报》2022 年第 7 期

【内容摘要】 本文采用文献资料法、ASMI 四步分析等研究方法，对区块链技术应用于我国体育赛事网络版权保护进行探究。研究发现，体育赛事网络版权保护困境主要表现为体育赛事网络盗播侵权行为泛滥、体育赛事网络侵权维权艰难以及社会各界网络版权保护意识薄弱。本文将区块链技术特点和体育赛事网络版权保护痛点相匹配，进一步探析区块链技术应用于我国体育赛事网络版权保护的可行性。研究认为，区块链的技术运用于体育赛事网络版权保护具有明显的技术优势：去信任机制，维护体育赛事网络版权交易安全；分布式账本技术，打击体育赛事网络版权侵权盗版；全程追踪溯源，解决体育赛事网络版权侵权举证难题；智能合约自动执行，培养社会各界版权保护意识。基于此，本文提出区块链技术适用于体育赛事网络版权保护的思考与建议：完善区块链版权保护的法律法规、建立统一的区块链技术标准体系、加强区块链复合型人才培养。

【关键词】 体育法学　区块链　体育赛事　版权保护　网络版权

122. 数智时代视频版权交易平台化运营模式的创新升级

【作者简介】 吴凤颖，深圳报业集团和复旦大学联合培养博士后；周艳，中国传媒大学广告学院教授。

【发表期刊】 《出版发行研究》2022 年第 7 期

【内容摘要】 传播技术的革新造就了新的视频内容生产方式，内容生产主体多元化和内容传播创新又使得版权流动的需求激增，推动了视频版权的线上管理、线上交易和线上维权的发展。本文通过对视频版权交易市场的调研，分析了当下我国视频版权交易平台化运营的现状和局限性，论述了视频版权要重塑高效的平台化运营机制、实现数智化的平台管理和交易的必要性，提出视频版权交易平台的数智化升级路径。

【关键词】 视频版权　版权交易平台　数智技术　平台化运营

123. 文学作品中"融梗"行为的合理边界

【作者简介】 桂栗丽，华东政法大学知识产权学院博士研究生。

【发表期刊】 《出版发行研究》2022 年第 7 期

【内容摘要】 "融梗"是网民的自创词，是指把他人作品中的精彩创意融合进自己作品中的行为。"融梗"与"洗稿"有相似之处，但不能等同。在《著作权法》语境下，"融梗"行为即指文学作品中对情节的套用，讨论"融梗"行为是否侵权，也就是判断文学作品情节相似是否构成侵权。司法实践中对于文学作品中"融梗"行为侵权的认定方法还是遵从"接触＋实质性相似"规则，对于实质性相似的判断，众多案例中并没有统一的侵权认定方法，仍旧以个案判断为基础。在侵权判断上适用调色盘方法时，要注意对公有领域和特定场景中出现的内容加以剔除。在应对策略方面，司法针对恶意侵权行为要落实新修改《著作权法》中惩罚性赔偿制度，作者可采取版权登记与标注引用的方式保护自己的权利，出版商在审核作品时也应当尽到合理的注意义务。

【关键词】 融梗　文学作品情节相似　著作权　思想/表达二分法　实质性相似

124. 后独家时代数字音乐版权市场的治理困境与应对策略——从平台经济领域的反垄断切入

【作者简介】 陈煜帆，中国传媒大学传播研究院博士研究生。

【发表期刊】 《出版发行研究》2022 年第 7 期

【内容摘要】 我国数字音乐产业中平台垄断格局的形成有其独特的历史渊源，伴随着音乐产业的数字化与正版化，其垄断危机也逐渐显现。反观我国数字音乐产业发展历程可知，其垄断性乃是在平台经济扩张内需的根本作用下，由版权独家授权模式的刺激与版权集体管理制度的缺位共同导致。伴随着平台经济领域的反垄断的介入，后独家时代的数字音乐产业仍存在"寡头垄断"格局尚未突破、音乐侵权依旧猖獗、缺少公平营收体系等旧问题与新问题。对此，应当自数字音乐产业中平台垄断性成因入手，从运营策略、技术策略、制度策略等多方路径出发，积极拓展产业其他经营要素，以技术逻辑规范版权侵权的治理，完善我国版权集体管理制度，方能重振数字音乐版权市场秩序。

【关键词】 数字音乐　版权独家授权　平台经济　反垄断　版权集体管理

125. 论数字作品非同质权益凭证交易的著作权法规制——以 NFT 作品侵权纠纷第一案为例

【作者简介】 张伟君，同济大学法学院教授；张林，同济大学法学院硕士研究生。

【发表期刊】 《中国出版》2022 年第 14 期

【内容摘要】 关于擅自铸造数字作品非同质权益凭证（NFT 数字作品）进行出售侵犯著作权人何种专有权利，理论上存在发行权和信息网络传播权两种不同的观点。NFT 数字作品的出售虽然更接近于发行行为，但以发行权控制存在"无作品载体"的法律障碍。以信息网络传播权规制虽然可以消除这个法律障碍，但是又隐藏了其他法律问题：一方面这个权利难以契合著作权人遭受的实际损害，也难以进一步控制非法铸造的 NFT 数字作品的转售行为；另一方面因为发行权一次用尽原则难以适用，交易合同就可以任意阻碍合法铸造的 NFT 的转售和流通，这会带来更多的法律问题。将发行权的控制范围予以扩张解释后适用于 NFT 数字作品交易是更为合理的选择。

【关键词】 数字作品　NFT　发行权　信息网

络传播权　权利用尽

126. 网络版权算法治理及其完善

【作者简介】　魏钢泳，法学博士，南京理工大学知识产权学院讲师、江苏省版权研究中心研究员。

【发表期刊】《中国出版》2022 年第 14 期

【内容摘要】　技术迭代升级推动"通知—删除"向算法"通知—删除"、算法自动过滤演变，算法成为网络版权治理不可或缺的力量。相比人工解决网络盗版问题，算法治理高效便捷，但存在技术不足、算法滥用与算法偏见、缺乏法律规制等问题。面对算法治理的发展困境，可以通过技术优化，平衡版权人、网络服务商与网络用户的权利义务，引入政府部门监管网络版权算法治理等措施，规范网络版权的算法治理，释放技术红利，营造健康和谐的网络版权业态。

【关键词】　网络版权　算法治理　"通知—删除"　自动过滤

127. 知识产权惩罚性赔偿的比较法考察及其启示

【作者简介】　刘银良，北京大学法学院教授。

【发表期刊】《法学》2022 年第 7 期

【内容摘要】　惩罚性赔偿及知识产权惩罚性赔偿基本属于当今普通法系国家所特有的侵权赔偿救济，大陆法系国家基本不予认可。即使在普通法系国家，鉴于适用效果的不确定性，惩罚性赔偿并非常用的民事救济措施，仅属例外规则，法院亦提出合理性标准和比例原则制约其适用。普通法系国家的知识产权惩罚性赔偿根植于普通法传统，体现为侵权法下的救济和知识产权法下的救济两种路径，其实施主要依据知识产权法，但仍需普通法的广泛支持。知识产权惩罚性赔偿所惩罚与威慑的行为应是具有可责性的恶意侵权行为，其实施亦须通过比例原则维护合理性。对普通法系国家知识产权惩罚性赔偿的比较法考察或可为我国知识产权惩罚性赔偿制度的构建与适用提供有益启示。

【关键词】　损害赔偿　加重赔偿　惩戒性赔偿　惩罚性赔偿　附加赔偿

128. 注册式研究报告的可著作权性研究

【作者简介】　黄国彬，博士，北京师范大学政府管理学院教授、硕士生导师；刘磊，北京师范大学政府管理学院硕士研究生；孙静彤，北京师范大学政府管理学院硕士研究生。

【发表期刊】《图书情报工作》2022 年第 14 期

【内容摘要】　［目的/意义］注册式研究报告是开放科学环境下对科研的完整流程进行揭示的一种新兴的科研交流媒介，能有效促进科研全过程的交流共享。然而，当前学术界对此新兴出版物是否受著作权保护的问题尚未作出清晰解释，明确这一问题有助于注册式研究报告得到进一步的推广和使用，对于开放科学的发展和科研交流模式创新具有重要意义。［方法/过程］综合应用网络调研法和内容分析法，分析注册式研究报告的内容构成和研究类型的特殊性，并以受著作权保护的作品的概念界定和构成要件为理论依据，探索注册式研究报告能否成为著作权保护的对象及其是否具有被保护的基本属性。［结果/结论］注册式研究报告是凝聚了科研人员科研活动的智力成果，属于科学领域的科研产物；作为一种科研交流媒介，注册式研究报告促使科研的交流与共享环节提前，使研究人员能有效地交流与共享科研设想，科研设想通过文字等形式在第一阶段的注册式研究报告中表现出来，同时允许科研人员规范引用其内容，具有有形性和可复制性；注册式研究报告内容表达的复杂性、内容构成的多样性、研究类型的特殊性均不影响其作为科研成果的独创性判断，注册式研究报告凝聚科研人员思想精髓和艰辛付出，具有独创性，理应受到著作权保护。

【关键词】　注册式研究报告　著作权　开放科学　独创性

129. 外国版权客体在本国的保护

【作者简介】　阮开欣，华东政法大学知识产权学院副教授，法学博士，硕士生导师。

【发表期刊】《法学研究》2022 年第 4 期

【内容摘要】　外国版权客体的保护主要以本国同外国缔结的条约为依据，这尚未在我国受到足够重视。无条约不保护原则是版权地域性的体现，但也有一定的例外。条约关系保护与互惠关系保护是功利主义理论在版权制度中的体现，而利他主义保护的存在主要归功于自然权利理论。外国版权客体的保护资格可以基于属人标准或属地标准。适用属人标准时需要考察作者身份的冲突规范。网络提供行为宜属于属地标准中的"出版"。版权条约在采取国民待遇原则的同时，在特定情况下允许实质互惠待遇以促成国家利益的对等。取低性实质互惠是实现国家利益对等的最灵活方式。我国有必要对"外保条款"予以修改，以利用版权条约中的国民待遇例外机制。著作权立法还应当吸纳限于精神权利的利他主义保护和采行取低性实质互惠方式的互惠关系保护。为遵循无条约不保护原则并避免条约义务之违反，我国司法实践应当认可相关版权条约内容具有直接适用性和优先效力。

【关键词】 版权客体　无条约不保护原则　版权条约　国民待遇

130. 元宇宙下赛博人创作数字产品的可版权性

【作者简介】　李晓宇，法学博士，广东外语外贸大学法学院讲师，中国政法大学民商经济法学院博士后研究人员。

【发表期刊】《知识产权》2022 年第 7 期

【内容摘要】　人机协同的元宇宙中，人与科技机器融合形成新型创作主体——赛博人。赛博人创作数字产品的实质性贡献不仅来源于人，也来源于科技机器。2020 年修正后的《著作权法》的作品类型开放式立法模式，为非典型数字产品的可版权性提供了形式上的可行性。作为可版权性的实质要件，独创性标准具备内嵌的模糊性与不确定性。个性化印记等人格因素逐渐被祛魅，著作权法保护的是赛博人“最低限度”创作的智力结果，并非保护创作意图和创作过程。在著作权法公共政策理念下，数字产品的独创性标准判断应由作者中心主义（主观标准）转向作品中心主义（客观标准）。为实现法的安定性与一般正义原则之间的平衡，法官面对非典型数字产品可版权性纠纷时，可遵循归入法、拆分法、过滤法的判定路径。

【关键词】　赛博人　数字产品　开放式立法　作品中心主义　独创性　NFT

131. 算法的知识产权保护路径选择

【作者简介】　靳雨露，北京师范大学法学院博士研究生；肖尤丹，中国科学院科技战略咨询研究院研究员，中国科学院大学公共政策与管理学院教授。

【发表期刊】《中国科学院院刊》2022 年第 10 期

【内容摘要】　算法的知识产权保护是激励算法创新、规制算法风险的有力途径。知识产权保护的算法是以计算机语言编译，以代码化指令序列为表现形式，由计算机运行并产生独立理性价值结果的程序算法。文章梳理得出，知识产权保护程序算法的传统路径存在以下弊端：程序算法与著作权法体系冲突；商业秘密路径与程序算法治理背离；程序算法难以被认定为方法发明，也无法适用方法发明

权利规则。文章提出，智能社会程序算法知识产权保护的最优路径为：参考国际上管制性排他权的理念，构建新型程序算法准专利权，并基于算法自身技术特性搭配公开审查制、同等侵权和分级保护期制度。

【关键词】　算法　程序算法　知识产权　管制性排他权　准专利权

132. NFT 版权作品交易：法律风险与“破局”之道

【作者简介】　初萌，中央民族大学法学院师资博士后、讲师；易继明，北京大学法学院教授，北京大学国际知识产权研究中心主任。

【发表期刊】《编辑之友》2022 年第 8 期

【内容摘要】　区块链技术以其去中心化、不可篡改的特点，催生了 NFT 版权作品交易的新模式，并引发了法律制度供给不足的问题。NFT 版权作品交易的法律风险集中体现为五个方面：一是信息错误导致交易基础不存在；二是主体分散引发授权链条不完整；三是权利复杂诱发交易主体认知风险；四是平台分散致使交易作品价值弥散；五是法律缺位导致平台公信力缺失。引入合作共治的理念，解决“信息不对称”问题，是化解上述风险的主要思路。以此为指引，可借助如下举措，促进 NFT 版权作品交易健康发展：其一，完善平台治理举措，挖掘信息提供渠道；其二，改进版权许可机制，降低有效决策所需信息量；其三，明晰版权交易规则，确保交易安全；其四，健全社会共治体系，完善信息发布机制。

【关键词】　NFT　版权交易　信息不对称　交易规则　社会共治

133. 论数字网络空间中发行权用尽原则的突破与适用——兼评我国 NFT 作品侵权第一案

【作者简介】　谢宜璋，上海交通大学凯原法学院、美国加州大学伯克利分校法学院联合培养博士研究生，上海交通大学知识产权与竞争法研究院研究员。

【发表期刊】《新闻界》2022 年第 9 期

【内容摘要】　发行权用尽原则是否能在数字网络空间适用的问题可以说是争议不断。我国 NFT 第一案通过明确 NFT 数字作品交易为所有权转让解决了发行权用尽原则适用的前置性要件，但未能进一步挣脱传统物理观念的桎梏。立法论视野下，发行权用尽原则的适用基础实则在于所有权转让效果的

发生，传统理念下的有形载体要件应根据数字技术发展的新情况作出必要的调整与变革。在法律适用上，发行权及发行权用尽原则与信息网络传播权、复制权的适用并不重合，因未经授权的作品上传和售卖行为落入信息网络传播权的规制范畴而否定发行权及发行权用尽原则在数字网络空间的适用不具有法律证成上的必然性。现有数字环境的发展为发行权用尽原则在数字网络空间的适用提供了可行的技术土壤，通过确立更具操作性的评断标准及谨慎的司法认定，发行权用尽原则能够适用于数字网络空间。

【关键词】 发行权用尽原则　非同质化权证　所有权　信息网络传播权　区块链

134. "Web3.0"时代数字版权保护与知识资源共享模式创新研究

【作者简介】 姜莉，天津图书馆（天津市少年儿童图书馆）馆员。

【发表期刊】《图书馆工作与研究》2022年第8期

【内容摘要】 随着信息技术的发展，数字文化作品市场日益繁荣，然而技术的进步也带来新的问题：一方面，其使侵权盗版现象日益猖獗，数字版权保护陷入困境；另一方面，少数平台运营商凭借寡头垄断优势获取了数字文化作品的大部分交易利润，使作者获得的收益与作品的价值不成正比，严重影响了作者的创作热情和学术环境的健康发展。而Web3.0技术为数字版权保护和分享带来了机遇。文章简要介绍了互联网技术的发展历程和Web3.0的核心技术，分析了Web3.0技术在数字版权保护及资源共享中的价值和存在的问题，在此基础上提出基于Web3.0技术完善数字版权保护及共享模式的框架设计。

【关键词】 Web3.0　区块链　数字版权　智能合约

135. 数字化时代著作权署名推定规则的误读与纠正

【作者简介】 林威，清华大学法学院博士研究生。

【发表期刊】《出版发行研究》2022年第8期

【内容摘要】 署名推定规则源于作者权体系下通过署名推定作者身份的规定，确立于我国的司法解释，现呈扩张之势。署名推定规则与立法原意相比存在逻辑上的"跳跃"，在机械解读之下，这一规则易被误读为通过版权标注推定著作权人。而数字化技术打破了原有抑制机制，刺激了署名推定规则在实践中的异化。机械解读署名推定规则似成定势，但该规则仍然存在极大的合理解释空间。在合理解读之下，署名推定规则的"署名"一词仅指作者的署名，而对著作权之推定系原始取得情形下的结果，默认作者未转让权利。新《著作权法》另行设置参照适用条款的思路，既可以防止对署名一词的扩大解释，又可以解决特殊情形下通过版权标注推定权利人的合理性问题。

【关键词】 著作权归属　署名推定规则　署名权　版权标注　数字化时代

136. 非同质化通证技术赋能数字版权保护的应用优势与实践策略

【作者简介】 王韵，北京师范大学艺术与传媒学院副教授，博士；张叶，北京师范大学艺术与传媒学院硕士研究生。

【发表期刊】《中国编辑》2022年第8期

【内容摘要】 当前，我国数字出版产业的版权保护面临确权登记低效、授权措施乏力、维权溯源困难和作者权益保障不力等发展困境。基于区块链的非同质化通证技术以其唯一性、清晰透明、不可篡改、去中心化等属性特征，成为数字出版的重要形态和区块链资产交易的典型通证，能够大幅提升数字出版确权、授权、维权与固权等方面的版权保护效力。搭建数字出版联盟链、加强非同质化通证平台建设、探索维权自动化服务、增加版权人管理权限，有助于实现我国数字出版产业的创新变革。

【关键词】 数字出版　非同质化通证　版权保护　区块链　版权管理

137. 期刊数字化传播的版权风险与管控——以司法实践为视角

【作者简介】 林威，清华大学法学院博士研究生。

【发表期刊】《科技与出版》2022年第8期

【内容摘要】 传统出版关系下的版权授权模式在数字化时代面临版权危机。虽然期刊社与作者地位不对等的现实情况缓解了这一危机，但是版权风险仍然不可忽视。近期司法实践反映了当前期刊社面临的三类具体化的版权风险。不过，司法实践在维护现有法律秩序的同时亦体现了对数字出版的现实需求的考量，一些案例认可了数字出版的行业惯例。司法的两面性为当前的版权风险管控提供了现实和具体的启示。

【关键词】 数字出版　信息网络传播　版权风险　行业惯例　风险管控

138. 著作权权利限制视角下突发事件时期高校信息化教学的法律治理模式

【作者简介】 张铁薇，黑龙江大学法学院教授、博士生导师，法学博士；张琨，北京大学医学人文学院医学伦理与法律系硕士研究生。

【发表期刊】 《黑龙江高教研究》2022 年第 9 期

【内容摘要】 在突发事件时期，信息化教学手段的运用面临更为严峻的著作权侵权问题。我国 2020 年修正的《著作权法》关于著作权权利限制的调整在规制手段、规制模式、规制理念上仍有不足，体现为立法规范开放性程度较低、采用一元化立法模式、一般状态下的权利限制规制思路单一等，无法有效处理高校信息化教学在突发事件时期权利限制中个人权利与公共利益之间的冲突，需要通过制度的设计实现平衡，从而达致突发事件时期的教育目标。基于理念维度、制度维度与界限维度的分析框架，《著作权法》对于著作权权利限制的法律治理模式应当区分一般状态和特殊状态，采用二元化立法模式，扩大特殊状态下公益团体的使用权利，并辅之以补偿金、保证金等调节手段，有效平衡数字化和特殊化语境下著作权保护中个人权利与公共利益的关系。

【关键词】 突发事件　信息化教学　著作权权利限制　利益平衡

139. 区块链视域下电影期待版权融资模式研究

【作者简介】 魏鹏举，中央财经大学文化与传媒学院教授，中央财经大学文化经济研究院院长；魏西笑，英国伦敦大学数据科学与文化遗产专业研究助理。

【发表期刊】 《当代电影》2022 年第 9 期

【内容摘要】 期待版权融资模式对于实现电影融资健康发展意义深远，但这也在实践上长期陷入高成本以及体系不善的困境。电影期待版权质押融资模式因其附带的高风险，包括信任成本风险、电影完片风险、价值评估风险、退出变现风险等，使该模式在现有的金融格局中推进艰难。电影版权投融资体系亟待破旧立新，而区块链技术则为体系的优化提供了思路。区块链技术因具有去中心化、不可篡改、去信任以及高度可组合性等特点为电影顺

利取得版权、放大版权价值方面提供有力支撑，因此银行和其他机构投资者对电影期待版权作为担保标的的拥有更强的信心。基于区块链视角研究电影版权投融资模式，是在党中央、国务院对区块链技术和产业发展的高度重视下，把区块链作为核心技术自主创新重要突破口的积极探索。区块链背后存在的诸多风险和挑战同样不能轻易忽视。

【关键词】 区块链　电影融资　期待版权

140. 论 NFT 数字藏品的法律属性——兼评 NFT 数字藏品版权纠纷第一案

【作者简介】 黄玉烨，中南财经政法大学知识产权研究中心教授、博士生导师；潘滨，中南财经政法大学知识产权研究中心博士研究生、助理研究员。

【发表期刊】 《编辑之友》2022 年第 9 期

【内容摘要】 NFT 数字藏品是具有唯一性特征的数字化凭证，其法律属性与交易行为存在争议，这阻碍了后续开发，亟待法律制度的有效回应。NFT 数字藏品在技术本质上是一组指向作品复制件的元数据；在经济价值上是提升版权效率的工具；在法律属性上应被界定为《民法典》第 127 条规定下的网络虚拟财产。文章认为，在否定网络虚拟财产"物权说"与"债权说"的基础上，应当肯定 NFT 数字藏品的效用和价值，并通过合同法或侵权法的行为法路径对 NFT 数字藏品交易行为进行规制。

【关键词】 NFT　版权　数字藏品　区块链　网络虚拟财产

141. 电视剧衍生短视频的版权边界及运营策略

【作者简介】 金霄，南京师范大学新闻传播学博士研究生；刘永昶，南京师范大学新闻与传播学院教授、博士生导师、广播电视系主任，南京影视家协会副主席。

【发表期刊】 《电视研究》2022 年第 9 期

【内容摘要】 媒介赋权改变社会信息传播的供给结构，导致电视剧版权运营随时需要进行全产业流程的应变。本文认为：电视剧版权运营要坚守版权资产的文化属性，呼吁多方共建开放的微版权货架和动态的零售机制；摸清侵权行为边界，制定明确的衍生创作规范并严格审核创作资质；探明运营前景方向，引导电视剧创作的文化延展和短视频化衍生创新，以长短结合的立体化运营延伸版权阵地。

【关键词】 电视剧 版权 短视频 零售

142. 短视频著作权保护的现实困境及完善进路

【作者简介】 梅傲，博士，西南政法大学国际法学院副教授、国际私法教研室主任；侯之帅，西南政法大学国际法学院海外利益保护中心助理研究员。

【发表期刊】 《大连理工大学学报（社会科学版）》2022 年第 6 期

【内容摘要】 短视频作为一种视听式信息传播途径，以传播速度快、感官效果强为主要特点，其运行过程包含着信息数据生产、存储和消费等复杂环节。海量信息的传播背景下，短视频在给用户带来巨大观感体验及商业价值的同时，也对行业现有制度产生了一定冲击。如今短视频的著作权保护面临着用户信息散乱、平台管理缺位、国家监管困难三大困境。需通过著作权侵权档案记录机制和粉丝评价机制的建立、现有规则的重新定义、区块链及视觉新技术的引进等方式完善短视频的著作权保护。

【关键词】 短视频 著作权保护 区块链 视听媒体 视听式信息传播

143. 数字图书馆知识产权保护的立法体系完善

【作者简介】 周玉林，重庆大学法学院博士研究生，广西社会科学杂志社副编审。

【发表期刊】 《西南民族大学学报（人文社会科学版）》2022 年第 9 期

【内容摘要】 随着互联网和大数据等现代信息技术的飞速发展，图书馆在信息资源的采集、分类、整理、加工和传输等各个环节，实现数字化转型发展是必然趋势。数字图书馆是一种集文化、技术、经济和法律为一体的综合性信息资源服务平台，它能给用户提供突破时间和空间限制的信息资源服务，促进人类文明的发展。从法律属性的角度来看，数字图书馆同时具有"公益性"和"营利性"两种法律属性，前者是其主体法律属性，后者是其从属法律属性。由于数字图书馆具有更加复杂的法律属性，其面临的知识产权风险更加多元化，在信息资源采集、信息资源数字化、信息资源传播、信息资源检索服务等多个方面，都面临着一系列知识产权风险问题。因此，有必要针对性地修改和完善《公共图书馆法》《著作权法》和信息网络传播立法，完善数字图书馆知识产权保护的立法体系。

【关键词】 数字图书馆 公共利益 信息资源数字化 合理使用

144. 著作权权项配置兜底条款的司法适用与理论反思

【作者简介】 王果，博士，天津商业大学法学院讲师。

【发表期刊】 《法律适用》2022 年第 9 期

【内容摘要】 为弥补列举式立法的僵化与滞后，《著作权法》在著作权权项配置中设置了"应当由著作权人享有的其他权利"的兜底条款。考察该项权利的司法适用，可发现判决中对兜底条款适用的正当性论述普遍不足，与《反不正当竞争法》的衔接也缺乏统一性，有向一般条款逃逸的嫌疑。在法解释学的立场上，兜底条款的适用限于著作权法意义上的作品使用行为，且该行为利用了作品中的独创性表达。"其他权利"仅限于著作财产权与法定之权，并不包含著作人身权以及当事人的自设权利。但兜底条款自身无法克服的弊端，以及著作权法基本理论隐含着的深刻内在矛盾，都表明兜底条款司法适用的不确定性无法消除，破坏了法律的可预见性。从立法论的角度，未来立法时建议删除兜底条款，可通过调整立法方式、区分保护权利与利益等方式来弥补制定法的滞后性。

【关键词】 兜底条款 法定主义 法官造法 公共利益

145. 《马拉喀什条约》的人权属性及其实践意义

【作者简介】 郭锐，法学博士，中国人民大学法学院副教授、未来法治研究院研究员。

【发表期刊】 《人权》2022 年第 5 期

【内容摘要】 对《马拉喀什条约》的人权属性进行深入分析，可以厘清版权和人权是否存在冲突等理论问题，有助于解决在授权实体和无障碍格式等方面的制度设计和法律实施问题。本文透过《马拉喀什条约》的背景、定位和内容方面论述条约所蕴含的人权视角，从《马拉喀什条约》在中国法律体系中的实施出发，提出该条约实施的政策和法律建议。

【关键词】 《马拉喀什条约》 受益人 无障碍格式 被授权实体

146. 区块链技术下我国著作权集体管理的困境与破局

【作者简介】 任安麒，中南财经政法大学知识产权研究中心知识产权法专业博士研究生、助理研究员。

【发表期刊】 《出版发行研究》2022 年第 9 期

中国版权年鉴 2023

【内容摘要】 当前我国著作权集体管理因信任困局、信息鸿沟、监督缺位等原因陷入现实困境，区块链技术具有去中心化、开放性、独立性和安全性的技术特征，与集体管理制度耦合。将分布式账本、共识机制、智能合约、时间戳和哈希值等区块链核心技术运用于著作权集体管理，建立区块链系统版权信息数据库，重构著作权集体管理内外监督机制，优化智能化著作权集体管理流程，打造智能版权信息追踪系统，能够跨越信息鸿沟、降低交易成本、破解信任困局、弥补监督缺位，实现我国著作权集体管理困境的破局。

【关键词】 区块链 著作权集体管理 版权 去中心化

147. 区块链下数字版权法律分层嵌套治理模式：理论逻辑与实现路径

【作者简介】 李瑞华，东南大学法学院博士研究生。

【发表期刊】 《出版发行研究》2022 年第 9 期

【内容摘要】 基于区块链的数字版权管理具有去中心化、防篡改和降低在线盗版等优势，但也潜藏着技术失范与违法犯罪的双重风险。虽然当前的版权法律规范初具体系，但如何具体适用成为难点。区分技术失范、违法与犯罪的分层嵌套治理模式具有可行性和必要性。首先，确立缓和的违法性一元论之违法性判断标准，对未违反整体法秩序而属于技术失范的行为实行代码自治。其次，当行为突破技术规制限度而违反整体法秩序时，依行为的严重性程度区分违法与犯罪，通过"合理使用"对民事违法行为按侵权与隐私模式分层治理。最后，行为构成犯罪的，通过"法益谱系"按著作权保护、财产权保护、市场秩序保护、公共秩序保护、个人信息保护分层治理。由此完善区块链数字版权法律治理格局。

【关键词】 区块链 数字版权 分层嵌套 技术失范

148. 中国图书版权输出效果评估指标体系构建探析

【作者简介】 戚德祥，南开大学新闻与传播学院教授；邵瑜，浙江工商大学讲师。

【发表期刊】 《出版发行研究》2022 年第 9 期

【内容摘要】 中国图书版权输出是中国出版"走出去"的重要组成部分，对中国图书版权输出效果进行评估是检验中华文化国际传播效果的重要环节。建立一套科学、系统、可操作的中国图书版权输出效果评估指标体系，科学评估版权输出的综合效益，已成为中国出版"走出去"提质增效、高水平发展所需解决的重要问题。本文从受众角度切入，通过考察受众的认知效果、态度效果、行为效果三个层面，从价值引导力、社会影响力、国际传播力、版权收益四个维度进行版权输出效果评估。在对版权输出效果评估要素和指标分析研究的基础上，遵循经济效益与社会效益相结合、定量与定性相结合、系统性与针对性相结合、科学性与可操作性相结合的评估原则，以版权输出效果为导向，综合运用德尔菲法和层次分析法，将各评估要素通过综合权衡、科学分析，层层分解为具体指标并进行权重赋值，科学地构建适合出版"走出去"工作实际的中国图书版权输出效果评估指标体系。

【关键词】 图书 版权输出 效果评估 指标体系

149. 著作权法公共领域的司法适用

【作者简介】 易继明，法学博士，北京大学法学院教授、博士生导师；韩萍，北京大学法学院。

【发表期刊】 《陕西师范大学学报（哲学社会科学版）》2022 年第 5 期

【内容摘要】 著作权法中的公共领域是指不受著作权保护的知识领域，包括非可版权和可版权但基于公共利益所形成的公共领域、已过著作权保护期限的作品，以及著作权人主动放弃权利的作品。"财产权劳动学说"和利益平衡理论均蕴含着公共领域保留理念。公共领域可帮助确定著作权的权利边界，实现著作权法的公共利益目的。通过对案件的类型化分析，归纳当事人和法院对公共领域理论的适用方式发现，公共领域理论既可作为推断案件事实的证据适用，也可作为增强判决说理的理由应用。统一公共领域的内容和司法审查原则，可以实现公共领域理论指导著作权法的司法实践的目的。

【关键词】 著作权法 公共领域 社会公共利益 公共领域保留

150. 我国图书版权贸易的发展趋势及对策

【作者简介】 赵亚可，高等教育出版社。

【发表期刊】 《中国编辑》2022 年第 9 期

【内容摘要】 我国的版权贸易起步较晚，但随着我国在 20 世纪 90 年代加入《伯尔尼公约》《世界版权公约》，以及 2001 年加入世界贸易组织，近年来版权贸易也越来越成为文化服务贸易中不可忽视的组成部分。我国的版权贸易发展尚存在一些问题，与西方国家的版权贸易相比也还有一定的差距。本文从我国图书版权贸易的历史、现状及发展趋势等方面入手，分析和探讨我国图书版权贸易存在的问题及对策。

【关键词】 版权贸易　图书版权　版权引进　版权输出　文化贸易

151. 元宇宙视野下 NFT 数字藏品版权保护问题

【作者简介】 锁福涛，南京理工大学知识产权学院副教授，江苏省版权研究中心研究员；潘政皓，南京理工大学知识产权学院硕士研究生。

【发表期刊】 《中国出版》2022 年第 18 期

【内容摘要】 元宇宙空间数字藏品交易市场的兴起，对传统出版行业产生了冲击，现行立法难以有效规制 NFT 带来的全新交易流程和商业模式，NFT 平台中的版权侵权纠纷存在着愈演愈烈的趋势。NFT 数字藏品的版权保护存在"避风港规则"适用的局限性、发行行为的认定难题和隐性侵权风险，应当通过完善 NFT 平台版权责任制度、扩展适用发行权用尽原则和建立"相对匿名"的数字藏品交易制度三个路径，推动元宇宙空间数字藏品市场的健康发展，实现元宇宙时代版权治理体系的现代化转型。

【关键词】 元宇宙　数字藏品　NFT　版权保护

152. NFT 在数字版权交易中的应用

【作者简介】 宋歌，中南财经政法大学知识产权研究中心博士研究生。

【发表期刊】 《中国出版》2022 年第 18 期

【内容摘要】 NFT 是基于区块链的非同质化权益凭证，产生于数字技术发展的新阶段，为数字版权交易带来了机遇和挑战。NFT 在丰富版权交易内容、创新版权交易模式、提高版税分配效能和增强版权交易安全方面发挥了重要作用，为数字版权交易模式革新提供了有效路径。尽管 NFT 在版权交易中具有诸多优势，但其存在的问题不容忽视。NFT 容易引发假冒署名、交易炒作等问题，在交易稳定性和侵权规制方面力有不足。为了实现 NFT 数字版权交易的有序运行，应当从平台自治和强化监管两方面入手，探索构建高效、稳定的 NFT 版权交易市场，进而推动版权产业的高质量发展。

【关键词】 NFT　版权交易　数字作品

153. 融媒体时代在线内容提供商过滤义务研究——兼评欧盟在线平台过滤义务的最新发展

【作者简介】 李艾真，中南财经政法大学知识产权学院、美国加州大学伯克利分校法学院联合培养博士研究生。

【发表期刊】 《新闻界》2022 年第 9 期

【内容摘要】 融媒体时代背景下，以算法技术对网络版权进行治理俨然已成为各国版权立法探讨的重点。欧盟率先以"国家法律"的方式对"避风港规则"进行重塑，将网络平台的版权内容过滤设定为一项法定义务。然而，该法定过滤义务与禁止普遍审查原则相冲突，且过滤标准的晦暗不明还导致了过度封锁合法上传内容以及限制言论自由的风险。通过对欧盟版权内容过滤的上述困境与最新回应进行深度剖析，可窥见平台注意义务的发展方向。本文认为，我国应审慎赋予网络平台版权过滤义务，选择以市场"自治规则"为主导的网络平台版权内容过滤的改革路径，以注意义务兼容特殊审查义务，并秉持"合法使用优先"原则与"明显侵权"的审慎审查标准。

【关键词】 过滤义务　版权审查　欧盟版权指令　在线内容提供商　融媒体

154. 智能传播中短视频平台版权争议及其治理路径——兼评"首例算法推荐案"

【作者简介】 彭桂兵，华东政法大学传播学院教授，华东政法大学传播法研究中心主任；丁奕雯，华东政法大学传播学院硕士研究生。

【发表期刊】 《新闻记者》2022 年第 9 期

【内容摘要】 算法推荐在短视频传播中的应用促进了内容的生产与分发，但也加速了侵权内容的传播，引发更严重的侵权后果。当前，短视频平台的版权侵权问题主要通过产业实践与司法诉讼两种途径解决。然而，无论是行业联合声明、自律规制与版权协作的软硬兼施，还是耗费大量人力物力的司法诉讼，均无法彻底化解矛盾，导致长、短视频平台间的版权纠纷处于胶着状态。"首例算法推荐案"中法院指出，"今日头条"平台具备信息流推荐服务提供者身份，应当承担更高的版权注意义务。在这一导向下，可尝试以技术和法律双重路径开展版权治理工作。在完善技术使其进行自我纠偏与侵权预防的同时，也可通过调整算法推荐下"应知"的认定因素，要求平台承担侵权预防义务与技术合理性举证义务等方式，在智能传播中实现算法善治。

【关键词】 短视频 版权争议 注意义务 算法推荐

155. 侵犯著作权的法律责任规则体系构建——以《著作权法》的完善为中心

【作者简介】 刘铁光，苏州大学王健法学院教授、博士生导师，江苏高校区域法治发展协同创新中心研究人员。

【发表期刊】《知识产权》2022年第9期

【内容摘要】 权利法定原则要求，《著作权法》规定的侵权行为范围应等于权项控制的行为范围，这是侵犯著作权的法律责任规则的构建逻辑。契合该种构建逻辑，侵犯著作权的法律责任规则应采用省略型的立法模式。我国《著作权法》中的法律责任规则采取不完全重复权项内容的立法模式，存在大于或小于权项控制行为的范围问题，无法过滤虽立法未予明确规定为权利限制但被司法实践所允许的行为，并且将规避技术保护措施和破坏权利管理信息规定为侵犯著作权的行为。因此，《著作权法》应契合侵犯著作权的法律责任规则的构建逻辑，调整为省略型立法模式，将第52条与第53条合并，以"侵犯依本法规定的权利＋应承担的责任形式"为表达模式，并将规避技术保护措施和破坏权利管理信息的侵权行为独立规定。

【关键词】 权利法定原则 权项控制行为 重复型立法模式 省略型立法模式 侵犯著作权 权利限制

156. 我国网络电视服务中体育赛事传播权的保护与欧美镜鉴

【作者简介】 柳春梅，湖南城市学院副教授，华南师范大学体育科学学院博士研究生；周爱光，华南师范大学体育科学学院教授、博士生导师；胡科，湖南城市学院教授，博士。

【发表期刊】《体育学刊》2022年第5期

【内容摘要】 文章采用案例分析、法律解释等研究方法，以2020年修订的《著作权法》为依据，分析我国网络电视（IPTV）体育赛事传播侵权争议。中美两国的IPTV体育赛事传播侵权治理过程极其相似，欧盟法律将IPTV体育赛事传播权予以版权和广播组织权两层权利保护，欧盟成员国依据本国法律实际，规制非法IPTV体育赛事传播。欧美IPTV体育赛事传播保护对我国IPTV体育赛事传播侵权认定具有重要启示：IPTV体育赛事传播侵权认定应重点考察侵权行为特征和整体侵害结果，区分点播侵权和直播侵权行为；IPTV体育赛事节目符合作品的独创性和一定形式表现构成要件的，应纳入新《著作权法》的视听作品保护；IPTV体育赛事传播侵权的司法认定应将体育传播产业的利益平衡纳入我国法律框架，才能促进IPTV体育赛事传播产业的法治化、规范化发展。

【关键词】 体育法 《著作权法》 网络电视服务 体育赛事传播权保护 欧美镜鉴

157. 作品独创性功能的反思与重塑——基于著作权法结构与价值目标的双重视角

【作者简介】 付继存，中国政法大学民商经济法学院副教授，博士。

【发表期刊】《湖南大学学报（社会科学版）》2022年第5期

【内容摘要】 著作权法中独创性判定的分歧源于功能认知的偏差。由于独创性只能明确作品保护的正当性，对邻接权客体的判定与正当性解释无法律意义，独创性的体系划分功能不能被解读为邻接权客体无独创性或者独创性较低，而作品的独创性较高。由于"最低限度的创造性"的功能可被思想/表达二分法取代，"一定程度的创作高度"在我国被错误地理解为单个作品获得保护的评价性概念，而经济分析方法又缺乏正当性与可操作性，独创性的价值评判功能似是而非。事实上，独创性只具有从创作行为与创作结果来描述创作事实的功能。判断独创性，应考量作品表达思想与创作自由度两个因素。

【关键词】 独创性 体系划分功能 价值评判功能 事实描述功能

158. 算法推荐视角下短视频平台注意义务的完善

【作者简介】 谢惠加，华南理工大学法学院教授、博士生导师；何林翀，华南理工大学法学院博士研究生。

【发表期刊】《中国出版》2022年第19期

【内容摘要】 短视频平台利用算法推荐技术主动为用户推荐侵权视频，决定了其侵权注意义务不应局限于被动的"通知—删除"规则。在算法设计承载平台商业理念、短视频上传从个体非商业行为转向有组织的商业行为、上传内容从完整视频转向多样化短视频的情形下，应当要求平台将预防版权侵权的价值理念融入算法设计之中，建立内容与账号的联动侵权应对机制，完善以内容分发流程为核心的短视频平台侵权注意义务。

【关键词】 算法推荐　短视频平台　注意义务　"通知—删除"规则

159. 智媒时代算法推荐的版权风险与协同治理

【作者简介】 张媛媛，华东政法大学知识产权学院博士研究生。

【发表期刊】 《中国出版》2022 年第 19 期

【内容摘要】 智能媒体时代，算法推荐技术的应用解决了互联网信息过载的难题，极大地提高了信息匹配的效率。由于推荐技术具有实质性非侵权用途，故在版权侵权中，不可因技术的应用而认为网络服务提供者具有帮助侵权的主观故意，但"应当知道"对应的过失责任要求推荐服务提供者对侵权信息尽相应的注意义务。算法推荐服务提供者注意义务的设定应当与其技术类型、技术水平和对侵权信息的发现能力相适应，避免过高的侵权防免义务成为技术发展的桎梏。文章认为构建良好的作品传播生态，需要超越法定义务，探索内容来源控制、权利人与用户参与、平台分级管理的共同治理路径并形成可资行业借鉴的经验参照。

【关键词】 智媒时代　算法推荐　技术中立　网络版权治理

160. 算法时代网络平台版权责任刍议

【作者简介】 徐家力，北京科技大学知识产权研究中心主任、教授；杨森，北京科技大学经济管理学院博士研究生。

【发表期刊】 《中国出版》2022 年第 19 期

【内容摘要】 传统避风港体系形成的平台版权责任认定规则难以适应智能算法时代数字版权的新发展态势。网络平台利用算法技术提升服务水平及产业收益的同时，也伴随着算法内容过滤技术进步对其版权注意义务要求的提高。结合技术发展与运用领域的特殊性，对平台版权责任认定要结合技术特点及现实基础进行分析。在加强平台的注意义务方面，应循序引入过滤机制，采用以特殊过滤义务为主，合理收费机制下的一般过滤义务为辅的模式。在平台算法决策实施规制方面，推动算法决策本身的合理性，构建算法透明化的算法问责机制，促进平台版权算法的有效运行。

【关键词】 内容平台　算法推荐　算法识别　版权过滤

161. 元宇宙中用户身份型数字人及其版权实践的法律考量

【作者简介】 李宗辉，法学博士，南京航空航天大学人文与社会科学学院副研究员。

【发表期刊】 《编辑之友》2022 年第 10 期

【内容摘要】 元宇宙中用户身份型数字人对版权法的挑战是系统性和根本性的。用户身份型数字人具有创造交互性、虚实相融性和主客重叠性等特点。相关主体在创造用户身份型数字人的过程中可能侵害他人人格权和版权等合法权利，需要进行有效的规制。用户身份型数字人本身的版权归属可以由元宇宙平台服务协议约定，在约定不明或不合理情形下，要根据其创作完成的具体情况分别确定。用户身份型数字人在元宇宙中经常会从事创作、表演、传播、交易等各种版权实践活动。对这些版权实践活动的法律调整要统筹协调技术、合同与法律的关系，有效规制其对现实世界合法权益的侵害，恰当理解思想/表达二分法的适用，审慎判断元宇宙中作品的独创性、类型及权利内容，清楚界定 NFT 交易方式下的版权许可关系，重点关注元宇宙中作品版权保护的特殊之处。

【关键词】 元宇宙　用户身份型数字人　版权服务协议　非同质化通证

162. 论智能新闻的法律保护模式

【作者简介】 陶乾，中国政法大学法律硕士学院副教授，法学博士。

【发表期刊】 《中国编辑》2022 年第 10 期

【内容摘要】 当下，人工智能技术已经在新闻生产领域应用。一家媒体发布智能新闻之后，其他媒体能否无偿转载，取决于智能新闻是否属于法律所保护的财产以及其权利归属于谁。法律上肯定智能新闻的经济价值、保护投入者的相关权益，能够促进智能新闻的消费与传播，符合当下传媒业与数字经济的发展态势。对智能新闻提供法律保护，需要考虑协调智能新闻与人类记者创作的新闻的保护力度以及平衡各方主体的利益。根据智能新闻的生成机理，可将其定性为在算法运用之下基于原始数据而生成的衍生数据。在保护模式的选择上，应当根据新闻的具体内容，对人工智能参与生产的创作型、分析型和描述型新闻进行类型化处理。

【关键词】 人工智能　智能新闻　财产权　作品　数据成果　版权保护

163. 数字作品 NFT 交易的本质、规则及法律风险应对

【作者简介】 余俊缘，厦门大学法学院博士研究生。

【发表期刊】《科技与出版》2022年第10期

【内容摘要】 NFT是一种映射数字资产的数字凭证,基于其非同质化、难以篡改、不可分割的技术特征,可以运用于版权领域确认数字作品的版权归属和流转情况。将数字作品铸造为NFT进行交易是近期数字作品交易市场的热门趋势。国内外纷纷上线了NFT交易平台,但是这些平台在存储区块链、交易自由度、交易货币等多个方面呈现出显著差异,反映了各国对数字作品NFT交易性质定性及监管政策的分殊。当前,我国数字作品NFT交易在底层技术、版权保护、监管及救济措施方面存在相关风险,宜加强风险研判,在法治框架内规范数字作品的NFT交易。

【关键词】 非同质化代币(NFT) 区块链 作品交易 版权保护

164. VR出版物著作权保护:困境、内在机理及应对策略

【作者简介】 邢洁,南京大学法学院博士研究生。

【发表期刊】《科技与出版》2022年第10期

【内容摘要】 VR出版物作为现今最前沿的"虚拟现实+出版"融合模式的典型代表,在展现出较大市场潜力的同时也存在作品定性不清、版权权益划分混乱、合理使用制度适用存在障碍等一系列问题。数字版权保护困境的表现为VR出版物相关立法的滞后性、司法实践中VR出版物著作权保护的裁判标准不统一以及著作权保护意识不足。VR出版物著作权保护难题的根源在于科技发展与法律法规的滞后性之间存在不可调和的矛盾。VR出版物著作权保护困境的应对策略需要从以下方面展开:完善著作权立法、健全VR出版物的司法保护和构建VR出版物多元保护机制。

【关键词】 VR出版物 数字版权 法律规制

165. 现行《著作权法》背景下作品署名推定结果的困境与对策

【作者简介】 覃楚翔,中南财经政法大学知识产权研究中心助理研究员。

【发表期刊】《科技与出版》2022年第10期

【内容摘要】 作品署名推定结果是通过适用署名推定规则,推定在作品上署名的主体拥有的某种身份。新《著作权法》修改了署名推定规则,却仍未解决立法规范对署名推定结果表述不明的问题,从而引发了相关司法实践结果指向的混乱,不利于编辑出版行业的发展。对此,应通过维持署名揭示作者与作品关系的根本属性,契合国内实际需求和国际条约的要求,以及顺应作者与著作权人逐渐分离的趋势,将作品署名推定结果同时指向作者和著作权人,并据此调整相关规范的表述,实现效益的最大化,促进编辑出版行业的高效有序发展。

【关键词】 署名推定结果 编辑出版 作品作者 著作权人

166. 我国古代版权观的缘起、嬗变与经验

【作者简介】 曾睿,博士,福建农林大学公共管理学院副教授、硕士生导师;何伦凤,福建农林大学公共管理学院硕士研究生。

【发表期刊】《出版发行研究》2022年第10期

【内容摘要】 古代版权与印刷技术、社会意识之间经历了互映式的发展。透过版权起源"思想控制论"与"版权保护论"的两大争议,建立起"中国古代有版权"的初始命题。本文在此基础上,总结出我国版权保护观念的三大缘起——出版产业技术的基础变迁、社会文人风气的本土塑造、社会私权观念的逐步衍生,进而分析出我国古代版权观从秩序工具向权益武器引申、从精神价值向经济价值扩充、从散点传播向区域传播延展的嬗变趋势。最后,分析出可从古代版权观重视财产权利与精神权利的并重保护、强调公民版权保护的自觉行动、拓展延伸版权保护的传播渠道等方面为现代版权观予以充分的激励与赋能,以期为现代版权观的纠偏提供必要的"本土资源"。

【关键词】 版权保护 印刷技术 盗版 私权观念

167. 权利语境下数字有声读物版权侵权的法治程式——以领域法学为方法论

【作者简介】 李元华,东南大学法学院博士研究生。

【发表期刊】《出版发行研究》2022年第10期

【内容摘要】 我国数字有声读物产业进入了前所未有的发展红利期,但同时也深陷诉讼旋涡。本文以权利衍变过程为主线进行归因解析发现,权利衍生中的行权失范、权利冲突中的传播失序、权利救济中的维权障碍是数字有声读物难以摆脱侵权困境的主要成因,而跨越部门法局限的领域法学可有效应对此侵权困局。因此以领域法学为方法论,应从规范主义转向实效主义,建构软法治理下的商谈式合作模式以实现自治进阶;从私益冲突转向公私兼具

的领域治理，通过比例原则等工具塑造公私二分的综合性治理体系以实现共治进阶；要善用在线纠纷解决机制（ODR），由刚性对立转向柔性规制，妥善运用调解制度克服来自主、客观方面的双重阻隔，最终力求形成对数字有声读物侵权困境的善治格局。

【关键词】 数字有声读物　版权侵权　领域法学

168.《著作权法》中合法来源抗辩制度的适用困境与完善路径

【作者简介】 李青文，法学博士，华东政法大学知识产权学院师资博士后、讲师。

【发表期刊】《出版发行研究》2022 年第 10 期

【内容摘要】 2020 年新修订的《著作权法》中的合法来源抗辩制度设计欠缺科学性，导致司法实践中法院对于合法来源抗辩的适用主体及法律后果的裁判标准难以统一，从而在一定程度上影响了司法权威和司法公信力。合法来源抗辩制度对于保护善意侵权人利益、维护文化市场交易安全、提高交易效率发挥着重要作用。为了给发行者、出租者在侵权诉讼中进行合法来源抗辩以及法院审理相关案件提供明确的法律依据，《著作权法》应当将免除损害赔偿责任规定为合法来源抗辩成立的法律后果，并在相关司法解释中规定抗辩的适用主体、举证责任分配、维权费用承担等具体内容。

【关键词】 合法来源抗辩制度　《著作权法》发行者　赔偿责任　合理维权费用

169. 体育赛事组织者转播权的数据财产属性——基于《民法典》和新《体育法》的法教义学分析

【作者简介】 袁钢，博士，中国政法大学教授、博士生导师；李珊，中国政法大学法学院硕士研究生。

【发表期刊】《上海体育学院学报》2022 年第 10 期

【内容摘要】 体育赛事组织者转播权是体育产业发展中出现的一种新型权利，我国法律规定、学术研究、司法判决对其法律属性存在论争。新《体育法》第 52 条第 2 款对体育赛事组织者权利的规定将保护客体指向"事实型信息"，为该权利法律属性问题研究提供了新起点。利用法教义学分析方法，以《民法典》第 127 条对数据财产这一客体进行引致性保护为大前提，以体育赛事组织者转播权的权利客体指向其所支配的现场体育赛事信息为小前提，得出结论：体育赛事组织者转播权的法律属性是数据财产权。这为体育赛事转播权授权链条的严密完

整提供了合法基础，并突破了场所权保护说的局限，补足了著作权保护说的缺憾，加强了章程合同保护说的力度。因此，借助《民法典》和《体育法》之间一般法和特别法的关系，由新《体育法》给予体育赛事组织者转播权法定化的保护最为适宜。

【关键词】 体育赛事组织者　转播权　法律属性　数据财产　《体育法》　《民法典》

170. 网络文学版权利益分配失衡成因与规制——基于版权格式合同的分析

【作者简介】 邢赛兵，浙江工业大学法学院；俞锋，澳门理工大学人文及社会科学学院。

【发表期刊】《中国出版》2022 年第 20 期

【内容摘要】 网络文学平台版权格式合同争议频发，其根本原因在于我国版权产业尚未完成向"内容为王"的转型，掌握流量资源的平台方长期处于版权合同的主导地位。综合我国现行立法的体系安排和互联网发展的时代趋势，应坚持立法完善，优化促进网络文学持续健康发展的制度体系；创新行政监管，多措并举强化平台垄断的预防性监管；强化源头治理，合理调整网络文学产业利益分配格局；促进协同治理，多维度扫除作者维权障碍并筑牢司法救济底座。

【关键词】 网络文学　格式合同　《著作权法》NFT 元宇宙

171. 论著作权集体管理对国内英文学术期刊的意义

【作者简介】 陈昕伊，硕士，上海大学期刊社《电化学能源评论（英文）》编辑部编辑。

【发表期刊】《编辑学报》2022 年第 5 期

【内容摘要】 在越来越多的新兴国家参与世界学术出版的背景下，其著作权管理能力与西方发达国家的差距变得不可忽视。文章揭示了国内英文学术期刊在著作权管理中的问题，指出在信息时代建立国内的著作权集体管理制度以监管国内英文学术期刊的必要性和优势。将著作权集体管理立足于国内，提出了改进的著作权责分配方式，帮助小型出版机构深入地了解更平衡的国际出版合作关系。

【关键词】 学术期刊　许可请求　著作权　信息服务提供商　著作权集体管理

172."失控"的著作权：作者弱化的著作权自治考察

【作者简介】 周贺微，北京工业大学文法学部

讲师。

【发表期刊】 《华中科技大学学报（社会科学版）》2022 年第 6 期

【内容摘要】 作者对作品的控制是保障作者合法权益的基础，构成著作权自治的前提。新时代背景下效率价值的考量使得著作权法对著作权、著作权人倍加青睐，与此同时对作者关注却不足。法制偏见、合同失衡、力量差异下的著作权自治引发作品脱离作者控制成为现实，在作者弱势地位形成、作品商业化逐利态势下，著作权自治引发的风险显著，著作权法公正性评价有失公允。虽不能因此认为著作权结果主义和自治失败，但对之予以纠偏成为必要。从立法上认可作者对作品的初始控制和远程守望，加之合理的著作权自治规制，有助于缓解著作权自治的遗憾。因此，应确保对作者和作品加以关注，构建作者与作品之间的稳定价值结构，以加大著作权制度对文学、艺术、科学长足发展的贡献。

【关键词】 作者弱化 著作权自治 控制 作品 合同

173. 民法典体系下著作权权利配置的范式转换

【作者简介】 梁九业，法学博士，东北师范大学政法学院讲师。

【发表期刊】 《华中科技大学学报（社会科学版）》2022 年第 6 期

【内容摘要】 我国《著作权法》所沿用的"行为设权"的权利配置范式，带有较为明显的技术理性主义的魅影和实用主义倾向的烙印，与《民法典》第 123 条所规定的"专有的权利"之体系价值存在龃龉，并在司法适用中引发了诸多实践难题。为克服"行为设权"范式的不足，应以《民法典》第 123 条所规定的"专有的权利"为体系依托，充分彰显著作权区别于物权之"直接支配和排他的权利"的独特性，对著作权制度的理论前提"经济人假设"进行必要修正，实现对权利人的激励从"一元"走向"多元"，同时将降低交易成本作为著作权权利配置的平衡支点，并将以利益为核心作为权利规范表达的基本形式，切实促进权利客体效益的最大化和著作权立法目标的真正实现。

【关键词】 民法典体系 著作权 权利配置 "行为设权" 范式转换

174. "众创"时代数字内容侵权中的"思想/表达二分"

【作者简介】 徐珉川，东南大学法学院讲师，法学博士。

【发表期刊】 《法学评论》2022 年第 6 期

【内容摘要】 数字内容生产的"众创"实践，引发了多样化的著作权非字面侵权争议。针对愈加复杂的数字内容著作权纠纷，现有裁判实践对"思想/表达二分法"的理解相对单一，在著作权侵权判定过程中通常将其简化为对著作权保护对象或权利范围的孤立判断。这一方面在法律效果上模糊了著作权个案中的具体权利界线，极大压缩了"众创"条件下自由创作的合理空间。另一方面，也使得"思想/表达二分法"在著作权侵权判定中的论理性功能长期被非字面侵权裁判实践所忽视，进而引发了对"思想/表达二分法"规范价值的质疑。著作权非字面侵权判定中"思想/表达二分法"的适用，是一种三阶段结构，其构成方式与著作权侵权判定模式紧密结合。通过三阶段的适用结构，"思想/表达二分法"能够贯穿著作权侵权判定的各个环节，并对应发挥权利对象区分、权利范围界定和行为性质认定的作用，从而实现其对著作权非字面侵权裁判论证的补强功能。

【关键词】 数字内容 非字面侵权 "思想/表达二分法" 侵权判定

175. 从概念到功能：公有领域对公共图书馆著作权侵权抗辩的体系构塑

【作者简介】 梁九业，法学博士，东北师范大学政法学院讲师；于海燕，东北师范大学马克思主义学部博士研究生。

【发表期刊】 《图书馆建设》2022 年第 6 期

【内容摘要】 公共图书馆在提供新载体、创造新业态、形成新模式的创新发展过程中，时刻面临著作权侵权的法律拷问并饱受"侵权之苦"。为使公共图书馆摆脱"著作权之殇"，著作权保护的底层逻辑应得到进一步厘清，使其从功能意义上发挥公有领域的体系价值。公有领域在公共图书馆著作权侵权抗辩中适用具有正当性，可弥补著作权表征机制的不足及促进公共图书馆公共职能的实现，但因内涵不清、地位不明、规范缺失导致其在公共图书馆著作权侵权抗辩中功能弱化。因此，公有领域对公共图书馆著作权侵权抗辩的体系构塑应体现在以下几个方面：公有领域为馆藏资源的持续提升提供正当性抗辩，为新业态发展提供合法性抗辩，为著作权侵权行为的构成提供防御性抗辩，为著作权侵权责任的承担提供免减性抗辩，以促益于公共图书馆的功能发挥和发展利益实现。

【关键词】 公共图书馆 著作权 公有领域
侵权抗辩 体系功能

176. 版权行政保护溯源：实践、动因与启示

【作者简介】 郑晓龙，西北政法大学行政法学
院讲师。

【发表期刊】《出版发行研究》2022 年第 11 期

【内容摘要】 溯源版权行政保护是理解版权保
护双轨制的基础，也是论证其正当性的重要依据，
现有研究既缺乏历时性，也存在循环论证之嫌。民
国时期是我国近代版权法律制度第一次付诸实践的
历史阶段，行政权力在大量版权保护实例中发挥了
积极作用，成为司法保护的重要补充。当时的行政
介入并非基于制度安排，而是当事人的实践理性选
择，这种行为选择对制度生成产生了深远的影响。
但由于缺乏法律授权，同时也造成行政介入无限制、
权力行使无规范、处理标准不统一、容易对私权产
生不当侵害等弊端，其中的经验教训对当下版权保
护实践具有重要启示意义。

【关键词】 版权行政保护 本土实践 历史
动因

177. 我国《著作权法》署名推定规则的适用：问题、归因与对策

【作者简介】 覃楚翔，中南财经政法大学知识
产权研究中心助理研究员。

【发表期刊】《出版发行研究》2022 年第 11 期

【内容摘要】 作品上的署名作为署名推定规则
适用的基础，在实践中存在着署名认定混乱的现象，
揭示出署名认定标准不明、认定模式不一的问题。
之所以出现这个问题，是因为署名的功能逐渐增多
改变了署名的性质，作品传播技术的快速发展使得
署名形式变得多样，法院不同的利弊权衡取舍影响
了署名的认定模式，共同造成了署名推定规则适用
的难题。根据我国署名传统和司法实践经验，可将
署名认定标准统一为存在于作品上且能够证明指向
作者的姓名或名称的标注，再通过效益分析可知积
极开放的认定模式能带来更多、更长远的效益，更
具合理性，应当予以适当倾斜，更有利于署名推定
规则的适用及其作用的发挥。

【关键词】 作品署名 署名推定规则 认定标
准 认定模式

178. 短视频著作权侵权判定方法研究

【作者简介】 赵泓，华南理工大学新闻与传播
学院教授；李缘，华南理工大学新闻与传播学院硕
士研究生。

【发表期刊】《当代传播》2022 年第 6 期

【内容摘要】 当下短视频平台繁荣的背后隐藏
着大量侵权行为，然而法律法规都尚待完善，亟须
摸索出一套短视频著作权侵权判定方法。本文运用
案例研究法，将鉴别短视频侵权的指标框架作为研
究重点，在对侵权类型划分的基础上总结短视频侵
权行为特征，并提出具体判定方法。

【关键词】 短视频 著作权 判定

179. 国产剧海外版权交易的困境与突破

【作者简介】 李易珊，中国传媒大学电视学院
博士研究生；王甫，中国传媒大学教授、博士生导
师；高婧，中南财经政法大学知识产权研究中心博
士研究生。

【发表期刊】《中国电视》2022 年第 11 期

【内容摘要】 本文着眼于当下国产剧在海外市
场开发上呈现出的多元升级态势，在探讨国产剧出
海面临的渠道转换提升维权成本、差异化市场导致
维权方式复杂、缺乏全球化的维权经验造成维权进
程滞后等现实困境的同时，提出构建从出海前"在
先版权布局"到出海后"事后维权机制"的复合保
护路径。

【关键词】 国产剧出口 版权保护困境 版权
交易赋能

180. 人工智能创作物信息披露问题的著作权法规制

【作者简介】 王影航，博士，华南师范大学法
学院研究员、硕士生导师。

【发表期刊】《中国出版》2022 年第 21 期

【内容摘要】 人工智能创作物识别性信息与技
术性信息的合理披露，是区分人工智能创作活动与
人类创作行为、防控人工智能创作风险的应有之义。
当下，我国《著作权法》与网络内容治理相关规定，
尚未就人工智能创作物信息披露问题作出合理全面
的回应。从人工智能法律治理趋势与强化技术风险
防控需求出发，我国《著作权法》宜增设专规，在
人工智能研发者、使用者以及创作物传播者之间合
理地配置有关信息披露义务；为确保有关义务履行
效果，还应当因类制宜地细化披露瑕疵责任条款，
并推动建立配套的技术辅助与监管机制。

【关键词】 人工智能创作物 信息披露义务
权利管理信息 诚实信用原则

181. "红旗规则"视域下网络服务提供者版权保护法定注意义务认定研究

【作者简介】 张松，东北师范大学政法学院政治学博士后，吉林警察学院政法学院讲师，法学博士。

【发表期刊】《中国出版》2022年第21期

【内容摘要】 "红旗规则"是认定网络服务提供者是否出现网络侵权行为的适用规则。文章在厘清"红旗规则"实质内涵和规则认定的基础上，从比较法视角入手叙述美、欧、中网络服务提供者版权保护法定注意义务的认定内容，并基于一般注意义务，从网络服务属性、侵权信息特征和第三人特定行为三个角度对于"红旗规则"视域下网络服务提供者版权保护法定注意义务的认定展开探讨。

【关键词】 "红旗规则" 版权保护 网络侵权 注意义务认定

182. 非法爬取著作权作品犯罪认定标准类型化研究

【作者简介】 张喆锐，东南大学法学院博士研究生，德国弗赖堡大学联合培养博士研究生。

【发表期刊】《东南学术》2022年第6期

【内容摘要】 以网络爬虫获取著作权作品的"非法性"的判断标准亟待明晰，互联网著作权作品在所涉规范保护目的上显著区别于个人信息及其他一般电子信息数据，作为行业规则的 Robots 协议规范属性不明以及在具体情境的认定上存在标准缺失的问题，使得对其判断标准进行类型化具有必要性。基于此，应当明确以《网络安全法》为核心，以《著作权法》《反不正当竞争法》为辅助判断的前置规范体系。有关作品传播的正当性基础，则应当确立有限授权获得与行为规范遵守这一理论标准。对109份直接涉及网络爬虫的判决书进行类型化总结，可勾勒出针对不同具体情境下爬取著作权作品行为的"非法性"司法认定标准，反过来又对有限授权获得与行为规范遵守标准进行司法裁判上的具体画像。

【关键词】 非法获取计算机信息系统数据罪 著作权作品 网络爬虫 "非法性"判断标准 授权同意

183. 著作权法中的转换性使用理论阐释与本土化适用

【作者简介】 李杨，苏州大学王健法学院教授、博士生导师。

【发表期刊】《河北学刊》2022年第6期

【内容摘要】 转换性使用理论滥觞于早期判例法对节略、模仿以及合理使用等规则的司法阐释，在美国司法实践中作为合理使用判断规则的核心考察要素之一被正式提出且不断发展，对包括中国在内的诸多国家司法实践产生了较深远的影响。从规范分析层面来看，转换性使用和合理（适当）引用、自由使用等术语既有联系又有区别，彼此之间并不完全等同。转换性使用理论既从对象范畴发挥着补强区分作品保护内容和公共领域的重要作用，又从行为范畴尝试着界分侵权与非侵权行为。就中国本土化适用而言，有必要结合《著作权法》具体条文适用解释及司法指引相关政策，进一步完善转换性使用的解释论体系。

【关键词】 著作权法 转换性使用 合理使用 三步法 本土化

184. 基于学科交叉视角的舞蹈作品独创性

【作者简介】 刘洁，中央民族大学民族学与社会学学院博士研究生，北京舞蹈学院科研处助理研究员。

【发表期刊】《北京舞蹈学院学报》2022年第5期

【内容摘要】 舞蹈作品的独创性属于舞蹈著作权研究的基础理论范畴，一方面可以为舞蹈作品著作权保护提供理论支撑，另一方面有助于营造尊重原创的行业氛围。文章通过从舞蹈学与法学交叉研究的角度梳理舞蹈作品独创性研究现状，尝试性地分析舞蹈作品独创性的构成要素，从舞蹈创意与构思的呈现、舞蹈本体、舞蹈音乐和舞美服装等方面进行独创性的探讨。

【关键词】 舞蹈作品 著作权保护 独创性

185. 元宇宙生态下首次销售原则的现实挑战与制度疏解

【作者简介】 刁佳星，博士，北京科技大学文法学院讲师。

【发表期刊】《编辑之友》2022年第11期

【内容摘要】 文章指出元宇宙生态下数字化、云计算、区块链、智能化合约以及沉浸式体验，导致复制权与传播权的角色互换、版权与所有权的观念变更以及作品供求从中心化模式向直销化模式转变。产生于实体环境的首次销售原则无法再行发挥协调版权与所有权、激励与接触利益、版权人控制能力与竞争者竞争环境的制度功能。元宇宙生态下，首次销售原则不宜作为一项法定限制规则或默示许可规则加以扩张适用，对使用者接触利益的关切应由动态开放的合理使用制度与智能合约的法律监管加以疏解。

【关键词】 元宇宙　作品传播权　沉浸式体验　多元化许可　首次销售原则

186. 融合出版时代我国视听作品的界定与权属分析

【作者简介】 郝明英，法学博士，中国政法大学法学博士后流动站研究人员。

【发表期刊】 《科技与出版》2022年第11期

【内容摘要】 融合出版时代，作品表现形式与出版物传播方式发生重大变化，短视频等成为融合出版营销以及作品传播的重要方式，涉及视听作品界定与权利归属问题。《著作权法》确立了视听作品权利归属分类保护规则，但相关分类标准尚不明确，分类保护也使得权属规则复杂化，增加了著作权归属确认难度。建议在《著作权法实施条例》修改中以"呈现形式"为核心构成要件明确视听作品的定义与范围；解释与适用第17条时明确相应分类标准，并结合著作权管理制度促进"其他视听作品"的权属确认；在法律再次修改过程中，统一规定视听作品的权利归属，为司法与产业实践提供明确可行的规则指引。

【关键词】 融合出版　视听作品　电影作品和类电作品　权利归属

187. 数字版权时代著作权刑法保护的主观目的检视

【作者简介】 姚万勤，西南政法大学人工智能法律研究院研究员、副院长，重庆市江北区人民检察院检察长助理（挂职），法学博士。

【发表期刊】 《内蒙古社会科学》2022年第6期

【内容摘要】 根据我国《刑法》第217条的规定，侵犯著作权罪要求行为人主观上必须具有"营利目的"。然而，在数字版权时代到来之际，过于强调行为人主观上的营利目的，不仅徒增了司法机关在案件办理过程中的证明难度，而且极有可能放纵一些主观上不具有营利目的但客观上侵犯了著作权的行为。目前，有学者主张保留对该罪名的主观目的限定，另有学者主张可以放宽对该罪名的认定标准，并认为在网络环境下并不需要行为人具有营利的目的，但这些观点并不能为数字版权的保护提供充足的刑法规范依据。因此，通过修改《刑法》取消该罪名的"以营利为目的"的限定，不仅有利于减轻司法机关的证明负担、契合数字版权保护的特征，而且与国际社会的通行做法相一致，是未来针对这一问题较为妥当的解决方案。

【关键词】 数字版权　侵犯著作权罪　营利目的　市场秩序

188. 人工智能对著作权限制与例外规则的挑战与应对

【作者简介】 王文敏，华南师范大学法学院研究员，法学博士。

【发表期刊】 《法律适用》2022年第11期

【内容摘要】 当前人工智能大规模使用作品具有一定的著作权侵权风险，而发源于小数据时代的著作权限制与例外规则在适应大数据时代的行业需求上存在诸多困难。人工智能使用作品适用著作权限制与例外规则能够促进技术发展和公平竞争，并有利于丰富社会文化，但同时也有必要在一定程度上兼顾著作权人的利益保护。当前应将人工智能使用作品的行为纳入合理使用，增设"计算机信息分析"的合理使用条款或扩大适用合理使用的兜底条款，给予人工智能产业更好的发展环境；未来克服市场失灵可以考虑部分人工智能使用作品的行为适用"付费使用"规则，为此应鼓励公共机构或数字出版商建立统一的数字作品库，同时探索确定著作权许可费的合理路径。

【关键词】 人工智能　著作权　限制与例外　合理使用　付费使用

189. 著作权"宽进严出"保护规则的相对性解析——兼论我国《著作权法》第3条和第24条的适用调适

【作者简介】 刘华，华中师范大学知识产权研究所教授、博士生导师；李晓钰，华中师范大学中国农村研究院博士研究生。

【发表期刊】 《中国出版》2022年第22期

【内容摘要】 我国《著作权法》第三次修改通过对第三条和第二十四条兜底条款的不同设置，确立了作品类型的开放模式以及权利限制规则的封闭模式，此调整事实上造就了"宽进严出"的著作权保护机制，增加了著作权强保护立法取向下专有权利不当扩张的可能性。该立法安排中的法律效果风险可通过柔性司法予以调适，其基本思路是对兜底条款"开放"与"封闭"规则的解释与适用遵循相对性原则，以此缓解裁判中维护专有领域与公有领域利益平衡的压力；同时，发展相应的民间规则具有帮助从源头调节利益冲突的意义。

【关键词】 著作权　作品类型　权利限制　相对性

190. 版权产业高质量发展评价与测度

【作者简介】 顾金霞，南京理工大学知识产权学院助理研究员、博士研究生，江苏省版权研究中心研究员；梅术文，博士，南京理工大学知识产权学院教授、博士生导师，江苏省版权研究中心研究员。

【发表期刊】 《中国出版》2022年第22期

【内容摘要】 本文通过构建经济贡献度、价值实现度、保护强度、文化认同度4个一级指标及12个二级指标，基于CRITIC法并以2012—2020年江苏省面板数据为样本赋权测算版权产业高质量发展指数，结果表明：从时间序列看，版权产业高质量发展指数呈现上升趋势，受内外部环境影响可能出现小幅波动，长期发展势头良好。从时间节点看，版权创造能力、保护水平对当年度版权产业高质量发展指数影响较大，应建立版权创造激励机制，强化版权全链条保护，激发产业创新发展动能，以高水平的版权工作支撑和引领版权产业高质量发展。

【关键词】 版权产业　高质量　评价体系

191. 产业视角下欧盟网络服务提供者版权过滤义务立法的发展、争论与启示

【作者简介】 沈浩蓝，西南政法大学民商法学院博士研究生，国家知识产权战略实施（西南政法大学）研究基地研究人员。

【发表期刊】 《新闻界》2022年第11期

【内容摘要】 版权过滤义务入法是欧洲文化版权产业与欧洲政策制定者的共谋，有其深刻的产业背景与战略追求。该制度过分倾向于保护欧洲文化版权产业利益，忽略了数字经济时代的互联网产业发展和用户利益，将引致不公平的竞争优势倾斜、诱发过度审查上传内容的趋向，并最终损害消费者福利。在这一规则的入法过程中，各主要利益相关方进行了激烈的辩论与博弈，而欧洲政策制定者基于其战略考量，将立法的天平向文化版权产业的利益倾斜，强势推动了这一立法的实现。该制度并不完全契合我国的国情与需要。不仅如此，我国应当警惕欧盟标准的输出对我国在全球数字贸易中的竞争优势的削弱。因此，我国当前不宜引入版权过滤义务。

【关键词】 版权过滤义务　《数字化单一市场版权指令》　数字版权　"避风港规则"

192. 数字向善原则下算法推荐服务提供者的著作权注意义务

【作者简介】 张吉豫，中国人民大学法学院副教授、博士生导师，中国人民大学未来法治研究院执行院长；汪赛飞，中国人民大学法学院博士研究生。

【发表期刊】 《知识产权》2022年第11期

【内容摘要】 算法治理是智能社会法治建构的核心问题。在著作权法领域，对算法推荐服务提供者的侵权责任分配应立足时代法治精神的体系性视角，突破技术中立原则，迈向数字向善原则，研究网络平台在预防侵权、推进数字技术向善发展中的关键作用，建构有利于推动法律与技术相结合的支撑多元共治的法律制度。应肯定算法推荐服务提供者在特定条件下承担超过"通知—删除"规则的更高的注意义务，应立足行业技术发展情况，结合侵权损害大小、侵权发生概率、预防侵权的成本、算法推荐服务提供者在算法推荐系统中已采取的著作权保护措施，判定算法推荐服务提供者是否尽到注意义务。同时，应建立有效通知、高效申诉、恢复请求权等制度，切实保障用户利益。

【关键词】 数字向善　算法推荐　预防功能　注意义务　技术中立

193. 元宇宙时代的版权理念与制度变革

【作者简介】 初萌，中央民族大学法学院师资博士后、讲师。

【发表期刊】 《知识产权》2022年第11期

【内容摘要】 数据驱动变革创作方式、技术赋能提升用户地位、全民创作突破演绎限制，是元宇宙时代创作行为的三大突出特点。在理念层面，元宇宙发展引领了创作者中心主义理念的"复兴"，强化了创作主体地位之平等，从而凸显了版权保护的人本主义面向。由于虚拟人的本质仍在于对人格要素的商业利用，当前尚无赋予虚拟人独立人格之必要性。在制度层面，应当同时考量技术的赋能作用与限权作用，有针对性地打造"技术＋规则"二元互动体系，强化版权的公共文化面向。元宇宙引领的新潮流也有助于澄清版权保护的边界，彰显版权制度的理性色彩。

【关键词】 元宇宙　NFT　版权理念　制度变革　人本主义　用户主权　智能合约　知识产权

194. 我国著作权人修改权的再探索

【作者简介】 刘友华，法学博士，湘潭大学知识产权学院教授、博士生导师；李扬帆，湘潭大学法学院博士研究生；李启厚，中南大学科学研究部教授。

【发表期刊】 《中南大学学报（社会科学版）》2022 年第 6 期

【内容摘要】 著作权人的修改权在我国《著作权法》的第三次修改过程中经历了废存之变，反映出否定其独立价值的观点有一定市场。《著作权法》的定稿虽承认其独立价值，但对该权利定位的解读缺失，也没有具体的行使规则。我国修改权的独立价值，可以从修改权的立法本意和立法宗旨两方面来认识。其权利定位，重在维持"作者意思"与"作品意思"的同步性，权利正面为赋予作者修改作品的自由，权利反面为禁止妨碍作者的修改自由。在此基础上，再完善修改权立法及行使规则：一是完善其立法模式，在明晰修改权定位的基础上，对可能阻碍作者修改自由的情形提供保障，同时基于其他权利主体合法利益的考量设置限制；二是细化修改权的行使规则，在作品原件所有权转移之后、著作权许可或转让之后的两种情形下，调和作者修改权与第三人合法权益之间的冲突。

【关键词】 修改权　保护作品完整权　修改自由

195. 同人小说数字出版与商业化侵权问题研究——基于中、美、澳同人小说侵权案例的比较

【作者简介】 张紫枫，墨尔本大学文学院；屈明颖，中国新闻出版研究院人才研究中心副研究员。

【发表期刊】 《科技与出版》2022 年第 11 期

【内容摘要】 文章对比中国、美国和澳大利亚三个国家的同人小说发展情况，探讨同人小说在免费宣传原著作品和促进读者交流等方面的积极作用。针对同人小说与原著作品版权纠纷愈演愈烈的现状，分析美国和澳大利亚版权法律法规中的可取和不足之处，以期为进一步完善我国版权法律法规提供借鉴和参考。

【关键词】 同人小说　粉丝小说　数字出版　版权　知识产权

196. 版权法下国家应急图书馆的正当性与合法性

【作者简介】 张立新，华东政法大学知识产权学院博士研究生；阮开欣，华东政法大学知识产权学院副教授、硕士生导师，法学博士，上海市晨光学者，首批上海市超级博士后。

【发表期刊】 《国家图书馆学刊》2022 年第 6 期

【内容摘要】 新冠疫情暴发后，美国互联网档案馆在原有的受控数字借阅模式的基础上开展了国家应急图书馆项目，该项目突破了受控数字借阅关于"拥有与出借"比例的限制，不再限制同时向用户出借的数字版本图书数量，引发了巨大的版权侵权争议。但是在特殊背景下，国家应急图书馆具有明显的公共利益属性，也能够通过合理使用"四要素"的检验，具备版权法上的正当性与合法性。因此，为了应对突发公共卫生事件等特殊情况，建议我国图书馆引入国家应急图书馆服务，并使之成为符合我国《著作权法》规定和实际需求的图书借阅新模式，《公共图书馆法》也应当增设应急服务相关条款。

【关键词】 新冠疫情　国家应急图书馆　受控数字借阅　合理使用　《公共图书馆法》

197. 数字技术背景下我国著作权登记制度的价值、困境与出路

【作者简介】 刘慧，华东理工大学法学院知识产权研究中心讲师。

【发表期刊】 《出版发行研究》2022 年第 12 期

【内容摘要】 著作权登记制度具有发挥著作权法的激励功能、提升著作权法的经济效益、体现著作权衡平精神等方面的制度绩效。然而，作为著作权产业发展的基础制度，其同时存在立法不完善、行政管理体制机制不健全、已有制度同产业发展脱节等方面的现实困境。加上数字技术的冲击，又面临新型著作权类型不断涌现的挑战。鉴于此，有必要对著作权登记制度予以立法重构，通过设置专门章节明确著作权登记的效力、举证责任等实体条款。同时，对配套制度进行相应的修正，以克服现行制度适用混乱、与产业发展脱离的弊端。在立法修正之前，可以通过构建同产业发展相衔接的数字著作权登记体系、建立著作权登记信用机制的方式来提高登记效率、强化作品登记保护力度。

【关键词】 数字技术　数字出版　著作权登记制度　著作权法

198. 网络出版合同的《著作权法》规则适用探讨

【作者简介】 郑淑凤，法学博士，华东政法大学知识产权学院师资博士后。

【发表期刊】 《出版发行研究》2022 年第 12 期

【内容摘要】 随着网络文化市场的蓬勃发展，网络出版合同被普遍使用，但合同双方权利义务分配不均、网络出版者专有出版权保护模糊等问题亟待法律规范。我国《著作权法》中出版合同规则明确了出版者与著作权人的权利义务，并对出版者专有出版权提供系统保护。但其规则针对传统出版合同，网络出版合同在其适用场景和合同主体（网络出版者）的公共利益代表性上与传统出版合同存在明显差异，难以直接适用上述规则。司法者可结合立法目的，通过对适用场景的目的解释调整适用范围；在考察网络出版者是否适用专有出版权的行政与刑事保护规则时，回归"公共利益"适用要件，细化公共利益在网络出版中的多重表现和判定标准，平衡行政与刑事保护的社会成本与公共利益维护的价值收益。

【关键词】 出版合同 网络出版合同 出版管理 专有出版权

199. 出版者智力成果的邻接权保护与立法完善

【作者简介】 于文，华东师范大学传播学院（出版学院）副教授。

【发表期刊】 《中国出版》2022 年第 24 期

【内容摘要】 出版者在书刊制作过程中的智力劳动为作品传播贡献了巨大的价值。但我国著作权法对出版者智力成果的邻接权保护，在出版者权的客体设置、保护范围等方面均存在不足。文章在对出版者智力成果的具体构成和利益纠纷进行深入分析之基础上，结合产业实际需求，从完善权利客体、权利内容和权利规制等方面对加强和改进出版者权保护提出立法建议。

【关键词】 邻接权 出版者权 版本权

200. 媒体融合时代新闻作品版权法定许可制度完善对策

【作者简介】 陈星，法学博士，广西民族大学法学院副院长、教授、硕士生导师，民族法与区域治理研究协同创新中心研究员。

【发表期刊】 《传媒》2022 年第 17 期

【内容摘要】 数字技术冲击报刊转载法定许可制度，动摇以复制权为根基的版权理论，当前报刊转载法定许可制约数字环境新闻作品传播效率、阻碍版权价值最大化实现。媒体融合背景下完善法定许可制度需要平衡三对利益关系，即平衡版权人与公众、创作者与新闻出版者、传统媒体与互联网媒体的关系。创新媒体融合时代新闻作品法定许可制度包括：赋予互联网媒体法定许可资格、细化互联网媒体"转载"法定许可具体使用规则、完善新闻作品版权法定许可计酬规则等。

【关键词】 媒体融合 新闻作品 版权 法定许可

201. 著作权法合理使用规则僵化的困境与出路

【作者简介】 李铭轩，中国人民大学法学院博士研究生。

【发表期刊】 《出版广角》2022 年第 11 期

【内容摘要】 我国《著作权法》上的合理使用规则存在僵化的问题。这一问题的产生，主要与我国合理使用的封闭式立法模式、涵盖的范围过窄以及立法上的应对迟缓有关。《著作权法》第三次修改新增兜底性条款，回应了这一问题，但是这一条款将"其他情形"限定为"法律、行政法规规定的"情形，可能会导致应对的效果相对有限。为了更好地解决合理使用规则僵化的问题，我国应借助修订相关法规的机会，改变封闭式立法模式，扩展合理使用的范围并提高立法的更新频率，保证实现克服规则僵化的预期效果。

【关键词】 合理使用 规则僵化 封闭式立法模式 其他情形

202. 元宇宙协同创作对版权制度的挑战及应对

【作者简介】 蓝纯杰，上海政法学院经济法学院讲师。

【发表期刊】 《中国出版》2022 年第 13 期

【内容摘要】 元宇宙协同创作中所体现的联系型创作模式特征，将对版权制度中的作者身份定位构成挑战，继而在作品的赋权和后续利用中产生利益失衡。现代版权制度的建立，目的在于平衡作者权益与社会公众利益，历经数次新技术应对，版权制度对于公共利益的保护有式微之势，将版权保护纳入国际经贸秩序客观上加快了这一趋势。应对元宇宙协同创作带来的版权挑战，立法层面可就版权限制与例外制度设立更为灵活的一般性条款，司法层面应在案件审理和裁判中将版权限制与例外彰显为社会公众权利。

【关键词】 元宇宙 协同创作 合理使用 版权

2022 年度著作权图书简介

1.《知识产权审判逻辑与案例（著作权卷）》，管育鹰主编，北京：法律出版社，2022 年 1 月。

该书由我国专业化知识产权研究机构中国社会科学院知识产权中心主持，通过筛选 2020 年度国内知识产权领域有关著作权法的重要判决，对相关司法裁判规则的形成和进展进行评析。该书既有助于加深读者对中国知识产权诉讼和法律适用现状的理解，也能为各界预判今后中国知识产权司法保护走向提供参考。

2.《知识产权法律保护学说概论》，王润华著，北京：知识产权出版社，2022 年 1 月。

该书在介绍法律发展哲学、经济与科技背景的基础上，着重阐述知识产权法哲学思想、知识产权部门法的具体法理学说、法律实然问题的解决、知识产权关于人工智能技术的适用等，对国家实现高质量发展、加快技术创新具有重要意义。

3.《著作权法学：表达形式与权利保护》，陈界融著，北京：中国人民大学出版社，2022 年 1 月。

该教材根据最新修订的《著作权法》进行编写，全书共分为六章，对著作权法的基本内容进行了全面的介绍。首先对著作、著作权、著作权法进行了阐述，然后从著作权人、著作权客体、著作权归属等方面详细介绍了著作权的相关制度和内容，最后从著作人格权和著作财产权两个方面分析了著作权的内容。

4.《音乐版权》，吴登华著，北京：法律出版社，2022 年 1 月。

该书是作者结合自身行业经验，在最新修订、2021 年 6 月 1 日施行的《著作权法》基础上，系统梳理了音乐版权的基本内容，同时通过对精选有代表性的音乐版权案例进行解析，在鲜活的司法案例与抽象的版权概念之间建立联系，帮助读者深入了解音乐版权。该书有助于词曲作者、音乐人、经纪人、版权代理人、音乐公司法务、律师等音乐产业的从业者全面掌握音乐版权的基础知识。

5.《知识产权请求权原论》，孙山著，北京：法律出版社，2022 年 1 月。

该书以法益取代权利作为全部立论的基础，将法益按其类型化程度不同区分为绝对权、相对权和未上升为权利的法益，以此整合包括知识产权法在内的民法理论体系；在大陆法系的大背景下以法益的区分保护理论来诠释法官的自由裁量权问题，通过三元规范理论解决成文法的稳定性与司法所追求的灵活性间的冲突；通过比较法和历史考察的方法明确请求权制度的功能与运作机理，剖解物上请求权与物权请求权二者概念的差别所导致的理论问题与实践难点，在中国语境中借鉴物上请求权制度，在明确权利对象与客体之间区别的前提下界定知识产权对象的特征，配置相应的请求权，提出合乎中国实际、适于中国发展的请求权制度的规范设计建议。

6.《人工智能立法及监管制度研究》，翁怡著，北京：中国广播影视出版社，2022 年 1 月。

该书主要结合世界各国和国际组织近年来的人工智能技术、人工智能相关法律规定及国家战略的发展，集中分析了人工智能领域涉及的法学基础理论研究现状及其成果以及与人工智能相关的知识产权法、法律人格（又称主体资格）、刑事责任、侵权责任、权利归属、伦理问题、司法裁判、政府监管等方面的法律问题及国内外人工智能司法发展现状，通过将人工智能学科与法学学科进行交叉融合，将人工智能技术与法学基础理论结合进行研究，根据法律体系的基本框架，分类系统地对人工智能技术在不同法律部门运用过程中产生的对于法律制度的影响展开深入浅出的分析与讨论，并通过对于人工智能技术发达的国家的相关立法进行研究，结合我国大陆法系法律制度的特点及我国现阶段技术发展的现状和基本国情，提出适应我国"人工智能"立法与监管制度的完善建议。

7.《企业全生命周期知识产权管理策略》，王正志主编，北京：中国法制出版社，2022 年 1 月。

该书根据企业的生命周期，将企业的知识产权管理工作划分为企业设立、企业研发、企业采购、企业销售、企业融资、企业上市、企业终止等不同阶段，详细分析知识产权领域中的专利、商标、版权和商业秘密这四大板块的相关问题，并有针对性地研究其典型的知识产权管理问题，旨在为企业管理者提供符合企业发展阶段需求的、有针对性的知识产权管理工作的解决之道；为知识产权律师分不同方位、不同时点提供具体知识产权相关问题的法律解决方案。

8.《知识产权理论与实务（第二版）》，王洪友主编，北京：知识产权出版社，2022 年 1 月。

该书以培养法学和知识产权专业应用型人才为目标，以学习者为中心设计内容体系，以知识产权法律制度为主线，系统阐述了知识产权理论与实务概述、著作权法、专利法、商标法及其他知识产权理论与实务等内容。

9.《知识产权法案例研习（第二版）》，来小鹏、李玉香编著，北京：中国政法大学出版社，2022 年 1 月。

该书作者多年来一直从事本科知识产权法学案例研习课和研讨课的教学工作，具有较为丰富的教学经验和实践能力。在案例教学中，立足于我国特色社会主义法治建设实践，注重理论与实际结合，并能够满足学生的教学需求。该书所选案例力求真实、典型、具有时效性和可研讨性。通过个案分析，培养学生习得发现问题、研究问题和解决问题的途径和方法，并且指导学生总结和归纳现行立法上的不足及法学理论需要研究的重点和难点。

10.《重混创作著作权规制研究》，许辉猛著，郑州：郑州大学出版社，2022 年 1 月。

重混创作主要是指借助数字技术等手段截取在先作品表达进行创作，具有明显的拼贴和不掩饰借用来源的特征。重混创作具有重要的社会价值，但在现有著作权法体系下容易构成侵权，迫切需要著作权法改革，为重混创作创造适度的自由空间。可以依据作者身份将重混创作分为职业作者的重混创作与业余爱好者的重混创作，根据其特点进行不同调整。对于职业作者的重混创作，可以引进自由演绎、超越自由演绎补偿制度，放宽合理引用的标准。对于业余爱好者的重混创作，需要引进社区性例外和默示许可制度，正视社会规范的调整作用，放弃业余重混创作商业化补偿制度。

11.《影视 IP 授权理论与实践：中国影视衍生品产业发展态势研究》，尼跃红编著，北京：中国电影出版社，2022 年 2 月。

该书对当前我国影视业品牌授权发展动态、发展趋势作出了基本判断，分析了该领域现阶段存在的问题与挑战，总结了其运行机制和一般规律，提出了发展我国影视 IP 授权开发的策略和措施，对于推动我国传统影视产业转变发展理念、转换增长方式、拓展盈利途径、提升盈利能力具有积极的现实意义。

12.《知识产权管理》，朱雪忠主编，北京：高等教育出版社，2022 年 2 月。

该教材由总论和分论两部分共十四章组成。总论部分在介绍知识产权管理基础知识及管理体系的基础上，系统阐述了知识产权的取得、运用和保护。分论部分对知识产权行政管理、知识产权价值评估、知识产权人力资源管理、知识产权合同管理、专利信息检索与分析、技术标准与专利池管理、品牌战略与商标管理、软件著作权管理和商业秘密管理等专题进行了专门论述。各章前后均有案例或阅读材料，并在章后的案例中设计了讨论题，以便拓宽学生的思路。

13.《传媒竞争与新闻产权：经典判例述评》，周艳敏、宋慧献著，北京：知识产权出版社，2022 年 3 月。

该书提出"新闻产权"（news property）这一新鲜的概念，通过概述和评析一系列经典司法判例，追寻有关新闻产权保护理念与制度的相关讨论，触及构建新闻产权制度的价值正当性、逻辑合理性及实践必要性。该书认为，作为一个法学概念的新闻产权有着深厚的实践基础，也可得到学理上的证成；具体而言，新闻产权的外延包括新闻著作财产权、新闻传播机构邻接权、新闻信息财产权。书中所涉案例覆盖了过去一百多年的各个时期，发生于几乎所有类型的新闻媒体之间，如通讯社与通讯社和报社、报社与广播、图书公司与杂志社、财经信息机构与互联网公司、电视机构与新媒体机构等，均系影响深远、为我国法学界耳熟能详的代表性侵权纠纷案。该书适合知识产权领域研究者学习和阅读。

14.《西部文化产业的知识产权研究》，谭曼著，北京：中国社会科学出版社，2022 年 3 月。

该书就西部文化产业如何积极探索高新技术对

文化产业知识产权创新、管理、运营、保护的作用和影响，展开了理论与实践层面的详尽考察和分析论证，对西部文化产业在创新战略、品牌战略、许可战略、保护战略等知识产权战略的构建和实施等方面，提出了创新性的思考和解决路径。

15.《体育赛事媒体版权运行理论与实践》，王凯、李冉冉、汪逢生著，南京：南京大学出版社，2022年3月。

该书在结构上主要由三大部分构成。第一部分为理论篇，由前六章组成，通过回溯产业链理论来明确概念认知与理论脉络。在此基础上，全方位分析了我国体育赛事媒体版权产业链的商业逻辑与基本状态，厘清了产业链运行的动因与运行模式，概括了我国体育赛事媒体产业链的运行方略与运行机制。同时对国内体育赛事媒体版权所处的实践场域、法制场域、传媒特性、赛事组织特性等运行生态进行分析，并指出当前我国体育赛事媒体版权应当尽早实现从资源导向向需求驱动的逻辑转向。该书通过前六章建构了基于产业链理论的体育赛事媒体版权运行理论体系。第二部分为扎根篇，由第七章至第十章组成，立足于国内外体育赛事媒体运作的代表性案例，借助体育赛事媒体版权运作的产业链理论，详细分析了其运作的具体操作流程与利弊得失，以期为国内体育媒体的赛事版权运作提供实践参考。第三部分为总结篇，在理论篇与扎根篇具体分析的基础上，总结出基于我国国情的体育赛事媒体版权产业链的运行路径。

16.《知识产权应用问题研究（第二版）》，吴汉东著，北京：中国人民大学出版社，2022年3月。

该书分为政策运用与战略实施、法律制定与规范适用和制度评价与法律完善三大部分。研究知识产权，是一门学问。它不能偏离民法学的基本原理，但又不能拘泥于传统的民法学框架。它是一门法律学问，讲的是法言、法语，但又不能缺少必要的相关知识元素。

17.《中国版权年鉴2021》，中国版权年鉴编委会编，北京：中国人民大学出版社，2022年3月。

《中国版权年鉴》由国家版权局组织编纂，中国人民大学国家版权贸易基地与中国人民大学出版社编辑出版，是我国全面系统反映全国版权创造、运用、保护、管理和服务基本概貌的大型专业性工具书。该年鉴于2009年创刊，逐年编纂，连续出版，每年一卷，2021年卷为第十三卷。该卷年鉴主要汇辑2020年全国版权保护与版权产业发展的综合概况、动态信息、文献资料和统计数据，港澳台版权信息及国际版权动态。

18.《北大知识产权评论（2020—2021年卷）》，刘银良主编，北京：知识产权出版社，2022年3月。

该书由北京大学法学院、北京大学知识产权学院主办，是以知识产权理论与实践研究为主题的专业性连续出版学术刊物。该书注重学术规范，承继北大"学术自由，兼容并包"之传统，意图通过学术出版和传播，促进我国知识产权法研究的繁荣和知识产权制度的理性发展。书中包括的研究论文涉及知识产权法基础理论、专利法、著作权法、商标法、反不正当竞争法、新技术与新产业应用所带来的理论挑战与现实回应等。该书为集刊，视需要设有理论专题、案例研究、国际保护、学术争鸣等栏目。

19.《知识产权保护论》，冯晓青著，北京：中国政法大学出版社，2022年4月。

该书立足于当前我国全面加强知识产权保护的政策背景，以《关于强化知识产权保护的意见》为研究对象，对当前我国知识产权保护的政策和措施，从知识产权保护理论、知识产权立法和知识产权实务等角度进行了全面的解读和阐述，并对加强我国知识产权保护的制度构建和对策提出了一系列独到而深刻的思路、见解与观点，是研究我国知识产权保护政策构建和策略方面的重要著作。

20.《中国知识产权蓝皮书（2020—2021）》，吴汉东主编，北京：知识产权出版社，2022年4月。

该书秉承"民间视野、学者观点"的编写方针，对热点问题进行分析，记录和总结2020年至2021年中国知识产权事业发展情况。全书分为特稿、年度研究报告、专题研究报告、大事要闻等部分，依托理论，注重实证，力求精深，兼顾广博，旨在汇集中国知识产权界的智力资源，展示中国知识产权事业的发展成果。该书适合知识产权理论研究者、实务工作者及相关行业从业人员阅读、使用。

21.《人工智能的政策与法律框架研究》，孙占利、钟晓雯、蔡孟兼、李振宇著，北京：法律出版社，2022年4月。

基于人工智能的社会影响及其政策与法律实践

状况，该书通过探讨我国关于人工智能研发与应用的政策促进法律保障制度，以人工智能伦理规则为先导对人工智能研发和应用中的政策与法律问题进行系统化、科学化、本土化及具体化的研究，就人工智能的社会风险、人工智能的伦理规则、人工智能战略规划与政策促进、人工智能的法律人格、人工智能知识产权、自动驾驶、智慧医疗、人工智能司法等方面的具体问题提出研究建议，以期推动人工智能的理性研发和规范应用，助力人工智能产业健康发展。

22.《晚清版权文献汇编》，叶新、刘才琴著，北京：中央编译出版社，2022年4月。

该书是作者对晚清时期1896年至1911年间版权相关文献资料的整理汇总。包括与版权、著作权有关的专著、论说、译作、法规和政令等，对研究晚清版权史、出版史和中外文化交流史具有较大的参考价值。

23.《企业知识产权保护指南》，国家知识产权局知识产权保护司组织编写，北京：知识产权出版社，2022年4月。

该书分别从战略及组织管理、人力资源管理、财务管理、市场营销、产品及研发管理、生产及供应链管理、法务与知识产权管理等七个方面，分阶段分步骤讲解了企业知识产权保护问题，所列方法可学可复制可操作，具有很好的实操性，是帮助企业提高知识产权保护水平、提高风险防范能力的工作指南。

24.《知识产权运营理论与实务》，张才琴、杨熙、吴开磊著，北京：九州出版社，2022年4月。

该书从知识产权运营理论与实务开始，全面研究了知识产权战略管理、知识产权许可制度运营、专利运营管理、商标运营管理、商业秘密的运营管理、知识产权资本化和知识产权价值评估、知识产权人力资源管理、知识产权诉讼、典型国家知识产权制度等内容。

25.《我国知识产权保护"双轨制"协同治理机制建构研究》，赵鑫、黄新宇、施宇著，北京：中国法制出版社，2022年5月。

我国知识产权保护采取的是行政与司法并行的"双轨保护"模式。如果二者间缺乏完善、科学的协调机制，当行政机关与司法机关对同一知识产权违法行为进行处置时，发生权属冲突和运行矛盾的可能性较高。该书力图探究冲突构造的连结点和生发机制，并有针对性地进行制度建言，力求化解知识产权司法保护与行政执法间的张力，建构二者的协同治理模式。

26.《版权限制与例外制度建构研究：以信息获取和文化创新为视角》，华劼著，北京：知识产权出版社，2022年6月。

该书从理论、原则和案例三个方面探讨数字网络时代版权权利限制与例外制度的建构，在借鉴国外立法、司法及学术研究的基础上，建议数字网络环境下权利限制与例外制度应通过立法明确规定以下内容：一是兼顾灵活性和确定性的原则性规定；二是以获取信息为目的的例外规定；三是以文化创新为目的的例外规定。以获取信息为目的的例外规定包括缩略图和网页快照等信息检索类目的转换性使用规则；大规模数字化和数字图书馆的构建；为视力障碍者获取作品提供便利。以文化创新为目的的例外规定包括再创作文化与用户原创内容、内容转换性使用规则、重混创作版权制度、网络迷因版权法律问题、附带性使用。该书同时分析探讨人工智能和算法技术下版权权利限制与例外制度的构建，以及对两类特别问题的应对，一是应在权利限制与例外中对规避技术措施的例外予以特别规定，二是应将权利穷竭原则在数字网络环境下进行延伸。

27.《著作权权利理论》，陈健著，北京：知识产权出版社，2022年6月。

该书主要围绕著作权涉及的各种权利理论问题进行了深入研究和独立思考，并不是就某一个理论问题进行的研究，而是全方位对著作权制度所涉及的诸多理论问题进行的横向全景式研究。该书分为上、下两篇，分别从总论和分论出发，主要研究了著作权功能性例外理论、精神权利理论、追续权制度、版权滥用制度、特殊类型著作权客体、衍生作品与合理使用理论、版权技术保护措施制度、首次销售理论、云存储服务商侵权责任、公开表演权理论、数字版权时代的集体管理制度、艺术与文化遗产纠纷的国际仲裁制度等诸多理论制度，这些理论制度都涉及著作权法律的深层次理论问题。作者希望通过对上述著作权权利理论问题的深入研究，能够促进我国著作权理论的发展。

28.《音乐著作权概论》，黄德俊编著，上海：上海音乐出版社，2022 年 6 月。

该书为我国首部"音乐著作权"高等教育教材，以我国 2020 年修订版《著作权法》为蓝本，结合相关法律法规、司法解释，分别对音乐著作权的客体、主体、内容、邻接权、权利的利用与限制以及著作权集体管理制度等方面作了全面而通俗的解释。该书的出版能使音乐工作者在进行音乐作品的创作、表演和传播活动时，对著作权法及相关法规中涉及音乐作品著作权保护的内容有准确的了解和把握，从而避免法律纠纷的产生，也可以在自身权利受到侵害时及时维权。

29.《国际知识产权法》，苏茜·弗兰克尔、丹尼尔·J. 热尔韦著，肖尤丹、程文婷译，北京：知识产权出版社，2022 年 6 月。

该书从国际视角解析了知识产权的重要国际机构和协议，如世界知识产权组织、世界贸易组织及《TRIPS 协定》《巴黎公约》《伯尔尼公约》等；从国际法视野出发，讨论公共卫生、互联网监管及区域和双边贸易条约等议题，展现了国际知识产权法的运行方式及其复杂性。

30.《著作权纠纷裁判规则与类案集成》，肖义刚编著，北京：中国法制出版社，2022 年 6 月。

该书从实践需要出发，为实践中经常遇到的疑难复杂法律问题寻求直接的解决方案。该书精选各省法院审理的具代表性和典型性的著作权相关案例，将案情高度浓缩，节约读者时间，极大提升阅读效率和阅读体验。体例上，每篇包括裁判要旨、案情简介、经验总结、相关法条、延伸阅读等部分，深入剖析败诉原因，重点总结实务经验教训并出具法律建议。延伸阅读部分或对与案例相关的地方性规定或地方高院的指导意见加以总结，或对案情近似的案例加以总结，以帮助读者综观司法实践全貌。

31.《"一带一路"与知识产权区域制度一体化问题研究》，董涛著，北京：知识产权出版社，2022 年 6 月。

该书通过采用社会系统分析法、政策研究法等方法，对国际知识产权格局变迁与区域知识产权一体化进程进行了研究。通过考察"一带一路"沿线不同国家的知识产权制度发展变迁的历史，以及知识产权制度与其运行所依托的社会环境之间的互动关系，以发现这些国家在参与区域知识产权一体化进程中的内在动力与合作愿景，为我国"一带一路"合作倡议下推进区域知识产权一体化合作的原则、方向、措施、平台和主要任务等提供现实可行的政策建议。

32.《互联网金融视域下知识产权融资法律机制研究》，谢黎伟著，厦门：厦门大学出版社，2022 年 6 月。

该书以互联网金融为切入点，以知识产权融资法律机制为主轴，围绕知识产权融资方式在互联网金融模式中的运用展开，考察对比不同国家在互联网金融环境下知识产权融资的运行和风险控制机制，探寻可资借鉴的经验和做法，为破解我国互联网知识产权融资的瓶颈提供参考。

33.《影视作品著作权的法律保护》，徐康平、熊英等著，北京：知识产权出版社，2022 年 7 月。

该书围绕影视作品，以《著作权法》等相关法律和司法解释为依据，从理论和实务上较为全面地分析了与影视作品相关的著作权法律问题，并选择相应的司法案例进一步对相关疑难或争议问题进行研究。全书体系完整，逻辑严密，充分吸收了与影视作品著作权相关的最新研究成果、前沿理论、司法解释和案例，兼具知识性、理论性和实践性。

34.《大数据时代网络文学版权运营》，王志刚著，北京：中国社会科学出版社，2022 年 7 月。

针对大数据时代网络文学版权运营相关问题开展研究，是知识经济时代的必然选择，也是网络文学产业适应媒介技术革新和产业环境新变化的应然反应。该书从我国网络文学产业现状调研入手提出问题，然后借鉴国外数字内容产业的版权业务经验，指出我国网络文学企业版权运营战略制定、实施与评价的具体路径。同时从知识管理视角出发，提出大数据时代网络文学企业建构、整合以及优化产业链的具体模式。

35.《知识产权信息标准化发展与实践》，李娜、温丽云、杨洪志编著，长春：吉林大学出版社，2022 年 7 月。

该书以时代特征和国家发展趋势为背景，对我国知识产权信息化发展和实践进行了深入研究。全书共分为五个部分，以知识产权相关概念和相关制度为理论支撑，研究了我国知识产权的信息化发展状况和具体的项目建设情况。

36.《告别野蛮生长：自媒体合规运营法律指南》，武杰、吴迪著，北京：中国法制出版社，2022年7月。

自媒体从业者的实用法律案头书，包括民事侵权、民事合同、劳动关系、知识产权、行政监管、刑事犯罪六大板块，一书讲透自媒体合规发展之道。该书案例鲜活、内容翔实、解析精准、通俗易懂，为广大从业者提供了一部非常实用的风险防范指南。

37.《视频著作权纠纷实务要点与案例评析》，曹丽萍著，北京：中国法制出版社，2022年7月。

该书共选取近十年中视频著作权相关侵权典型案例100余件，分六章，从视频著作权纠纷的基本情况、视频所属客体的认定、权属认定、侵权判定中的基础问题和难点问题，以及赔偿责任问题结合案例展开，意在完整展现此类案件的审理思路。

38.《网络视听行业版权侵权与不正当竞争实务研究》，陶乾、吴亮主编，北京：知识产权出版社，2022年8月。

该书聚焦于网络视听产业发展过程中出现的版权侵权与不正当竞争问题，对近年来发生的法律纠纷进行了数据统计与类型化梳理，从侵权行为模式、案件焦点与相关法律规定等几个方面对司法实务中的问题进行分析。通过理论与实践相结合、以案说法的方式，对权属认定、信息流和算法推送、第三方平台电子证据效力、侵权损害赔偿数额的认定思路和影响因素等焦点与热点问题进行专门剖析。该书既关注了网络视听产业面临的常规法律问题，也分析了实务中对互联网传播中著作权保护的困境。该书适合法律实务工作者、网络产业法律从业人员以及知识产权领域学习者阅读。

39.《知识产权法学（第二版）》，《知识产权法学》编写组编，北京：高等教育出版社，2022年8月。

该书是马克思主义理论研究和建设工程重点教材，本次修订阐述了知识产权法的基本知识、基本理论和基本制度，分设绪论和著作权与相关权利、专利权与其他技术成果权、商标权与其他商业标记权、与知识产权有关的反不正当竞争法、知识产权国际条约共五编。该书坚持理论联系实际，以实践中处理知识产权纠纷的方式方法为线索和依据，来选取和分配各章知识面、知识点，还关注了现代信息技术带来的一些新的著作权问题，并试图对其进行探讨。

40.《著作权、文化产业与法治》，易继明、刘毅主编，武汉：华中科学技术大学出版社，2022年8月。

文化产业的发展需以良法善治为保障，《著作权法》更是版权产业发展的重要支撑。2020年《著作权法》修改在诸多方面回应了产业主体的诉求，为法治化赋能文化产业健康发展提供了范例。该书以促进文化产业发展为主旨，从文化法治建设、文化产业运作模式中的法律问题、著作权与文化产业发展、新业态及其法律应对等具体领域选取优秀文章，形成以《著作权、文化产业与法治》命名的论文集。该书对于文化产业从业者提升法律意识、拓宽视野具有积极意义。

41.《图书出版行业知识产权法实务研究》，陶乾、刁云芸著，北京：知识产权出版社，2022年8月。

出版产业是中国文化产业的重要组成部分，具有文化传播的重要功能。在我国从版权大国向版权强国迈进的过程中，出版行业的有序发展与规范经营至关重要。该书通过理论与实务相结合，梳理近年来我国出版行业中发生的知识产权诉讼纠纷，总结裁判要旨，进行法理分析。通过以案说法、析案释疑，呈现出版行业涉及的著作权侵权、出版合同纠纷、商标行政诉讼、商标权侵权、不正当竞争等多个方面的法律知识。该书既关注出版行业面临的常规法律问题，又聚焦数字出版领域，展现互联网环境下新兴技术发展给出版行业带来的权利保护问题。该书适合法律实务工作者、出版行业从业人员以及知识产权领域学习者阅读。

42.《网络著作权专有权利研究》，王迁著，北京：中国人民大学出版社，2022年8月。

该书是王迁教授关于著作权专有权利在网络环境中的适用研究的学术专著。该著作分为七章，以专有权利与网络环境、媒体融合概述为基础，分述了网络环境中复制权的适用、网络环境中发行权的适用、传播权的体系与公开传播行为的构成、网络环境中广播权的适用、网络环境中表演权与放映权的适用，信息网络传播权及其适用等内容。

43.《知识产权制度中的公共领域问题研究（第 1 卷）》，冯晓青主编，北京：中国政法大学出版社，2022 年 8 月。

该书是国家社会科学基金重大项目"创新驱动发展战略下知识产权公共领域问题研究"的阶段性成果。该书立足于当前我国深入实施创新驱动发展战略和国家知识产权战略的新形势，以及在新时代大力提升知识产权法理论水平的迫切需要，针对创新驱动发展战略下知识产权公共领域基础性问题、著作权法与公共领域、专利法与公共领域、商标法与公共领域，以及公共领域视野下知识产权滥用、垄断及其法律规制等重要问题进行了深入研究。该书对于把握新时代知识产权制度与实施中重大理论与实践问题，以及推动知识产权法基础理论的发展具有重要意义。

44.《论著作财产权配置的效率原则》，张俊发著，北京：知识产权出版社，2022 年 9 月。

著作权制度所要达到的目标表现为作品数量的绝对增长和使用范围的不断扩大，但这一目标的实现受到两个方面的制约：一是作品的公共性会导致严重的外部经济效应，引发市场失灵，使其发展和绝对数量的增长动力不足；二是著作财产权的排他性不利于作品的使用和推广，作品的广泛传播会受到影响。著作财产权有效配置可以克服这两方面阻碍，实现著作权制度目标。经济学对法律研究的影响主要表现在以下两个方面：一是为法律对相关行为所产生的影响提出科学解释的理论；二是为评估法律制度运行结果提出行之有效的标准。经济学中的核心概念之一是效率。对于著作财产权配置而言，效率原则不仅是一种科学理论，也为评价著作财产权配置制度的运行结果提供了行之有效的标准。在效率原则指导下，通过著作财产权的有效配置，著作权制度目标得以彰显。该书试图运用效率原则对著作财产权配置制度进行分析，并为其提供科学合理的效率标准。最终按照效率原则所提供的标准，解决新技术条件下著作财产权配置面临的问题，并提出完善我国著作财产权配置制度的建议。

45.《算法生成物的著作权保护研究》，周澎著，长春：吉林大学出版社，2022 年 9 月。

该书以算法生成物为起点，通过阐明"算法"、"生成"和"物"的用语选取，延伸出算法与人工智能的联系，并进一步分析其概念、特征以及多维度价值，从而基于其价值与著作权之间的关系提供著作权保护的理论基础。在论证建构上，通过历史分析、法理分析、社会学分析、评价法学分析、利益衡量以及经济激励的多维度理论为算法生成物的著作权保护提供论证。

46.《网络直播平台著作权侵权制度研究》，姚震著，北京：中国政法大学出版社，2022 年 9 月。

网络直播行业发展至今，已形成较为成熟的产业链，产业链上的各个环节和相关主体通过分工协作、价值传导、信息传播、利益分配等方式紧密合作，贯穿网络直播活动的全流程，建立了稳定的行业生态系统。在这一生态系统中，网络直播平台处于中心环节，发挥着主导作用。网络直播环境下著作权的保护，除了对网络直播行为的著作权法规制、网络直播内容的著作权法认定等课题进行研究外，还应对网络直播平台著作权侵权制度进行研究，合理确定网络直播平台著作权侵权责任的认定规则。该书通过对网络直播及网络直播平台内在规律的考察，结合网络直播平台著作权侵权制度现行规范渊源（美国模式）及本土规范基础（中国模式）的理论分析，探讨中国模式下网络直播平台著作权侵权制度的运行现状、困境及成因，最终从安全保障义务的新视野提出重塑网络直播平台著作权侵权制度的对策建议。

47.《知识产权人才培养研究》，孙英伟、王晓烁主编，北京：知识产权出版社，2022 年 9 月。

党的十八大以来，在以习近平同志为核心的党中央坚强领导下，我国知识产权事业发展取得了显著成效，同时，知识产权作为国家发展战略性资源和国际竞争力核心要素的作用更加凸显，国家对知识产权人才的培养也越来越重视。2008 年《国家知识产权战略纲要》和 2021 年《知识产权强国建设纲要（2021—2035 年）》都对知识产权人才的培养提出了目标和要求。站在两个纲要的连接点上，回顾作为法学类特设专业存在了十余年的知识产权本科专业在人才培养上的经验与不足，并以此为核心探讨知识产权人才培养的难点和痛点，对于知识产权强国战略的实施具有特别重要的意义。该书以知识产权人才培养为核心，选取了知识产权人才培养的典型样例，抛砖引玉，希望引发各界对复合型人才乃至科技人才培养的更多思考。

48.《孤儿作品著作权使用制度研究》，李雅琴著，北京：法律出版社，2022 年 9 月。

该书以孤儿作品使用制度的设计为研究对象，

将该制度的实然状态与应然状态纳入研究视野，根据"提出问题、分析问题、解决问题"的逻辑组织展开，以孤儿作品的使用为主线，对孤儿作品使用的正当性、孤儿作品使用制度的立法理念、制度设计等理论问题进行较为全面、深入的研究。同时，该书通过比较分析外国立法的现有成果以及新发展，深入探讨其理论贡献与缺失；在综合考察孤儿作品使用制度适用的社会基础上，提出我国因应大规模数字化需求和以符合成本效益的方式使用孤儿作品的具体方案。

49.《改革开放 40 年法律制度变迁（知识产权法卷）》，林秀芹主编，厦门：厦门大学出版社，2022 年 9 月。

该书旨在通过全面回顾总结改革开放 40 年来我国知识产权法的制度变迁，系统梳理中国特色社会主义法律体系在中国特色社会主义事业的发展进程中的变迁逻辑、生成规律和实现路径，以唱响我国法学界献礼改革开放 40 周年主旋律和最强音，为我国法学界和实务界在新时代更好推动中国特色社会主义法律体系发展完善贡献力量。

50.《文化遗产数字化的知识产权问题研究》，易玲著，北京：法律出版社，2022 年 9 月。

"文化遗产"作为法律概念，由 1972 年的《世界遗产公约》和 2003 年的《保护非物质文化遗产公约》正式确立。在新技术浪潮的推动及文化法治快速发展的大背景下，我国文化遗产的记录、保存、传播和利用方式发生了根本性变革。在数字化时代，无论是物质文化遗产还是非物质文化遗产，其保护与传承过程中，均涉及数字化处理，在此进程中又会面临知识产权问题。对文化遗产数字化的知识产权问题研究不仅能够促进文化遗产数字化的发展，而且对我国文化遗产的保护和传承也有着重要作用。

51.《数字经济背景下传统文化版权开发策略研究》，任丙超著，北京：中国经济出版社，2022 年 9 月。

该书重点探讨了数字经济、传统文化产业和版权开发的有关问题，分析了传统文化、产业资源和版权资本的演化过程，展望了传统文化版权开发的前景，使用 SWOT 和 PEST 分析法，明确了传统文化版权开发的内外部优势、劣势、机遇和威胁，借鉴了日本、法国、美国在传统文化版权开发中的成功案例，提出数字经济背景下传统文化版权开发的

产业化策略和类型化策略，为数字经济时代文化强国和知识产权强国建设提供理论支撑。

52.《知识产权与欧盟竞争法》，乔纳森·特纳著，李硕、李京泽译，北京：中国法制出版社，2022 年 9 月。

知识产权法与竞争法都具有专业性高、技术性强等特点，两者的交叉部分具有特殊的研究价值。该书通过介绍相关法规和判例，系统性地研究了欧盟竞争法如何对知识产权相关问题进行规制。该书第一章介绍了知识产权与欧盟竞争法交叉关系的基本要素，包括基本原则和一些基本概念；第二章到第四章从欧盟竞争法的视角出发，分别分析了涉及知识产权的限制竞争协议、滥用市场支配地位以及经营者集中三种受到竞争法规制的行为；第五章到第七章则从知识产权法的角度出发，分别介绍了欧盟竞争法在专利、著作权和商标三大知识产权领域如何适用的问题。

53.《知识产权法（第六版）》，吴汉东主编，北京：北京大学出版社，2022 年 9 月。

该书遵照全国高等学校法学专业核心课程的教学要求编写而成。全书以我国现行知识产权法和相关知识产权国际公约为基础，吸收国内外知识产权法教学与研究的最新成果，按照"总论—著作权—专利权—商标权—其他知识产权—知识产权国际保护"的框架体系，阐述知识产权法的基本概念、基本原理和相关法律制度，同时也注重提供分析和解决知识产权实际问题的方法，是主要针对本科知识产权法课程的一本教材。第六版根据《民法典》和近年修订的《著作权法》《专利法》《商标法》和相关行政法规、司法解释进行了改版。

54.《著作权案件热点问题研究》，冯刚著，北京：知识产权出版社，2022 年 9 月。

该书从著作权诉讼和审判的视角，从著作权基础理论及审判改革创新、特殊客体的著作权保护问题、信息网络传播权热点问题、判断著作权侵权及责任承担的特殊情形、著作权合同中的疑难问题五个方面，对近年来著作权案件中学界和实务界高度关注的诸多热点、疑难问题进行了深入的研究和探讨。该书不仅对相关典型案例进行了分析讲解，而且对在著作权审判面临新型疑难问题的情况下如何正确适用著作权法以及诉讼法提出了例示性的解决方案，对于著作权审判实践中出现的各种不同观点

进行了分析研究，对于阐明规则含义、指引行业发展，严格依法处理、实现立法宗旨，统一裁判标准、增强社会预期，立足现实需求、填补法律空白都具有一定的积极作用。

55.《新技术时代知识产权保护理念与实践》，马丽萍著，北京：知识产权出版社，2022年9月。

随着技术的不断发展，知识产权法律制度面临新的挑战，亟须在理论基础、规范构成、实践适用角度予以完善。知识产权法的研究也需要更新研究视角、研究方法，回应社会现实的需要。该书选取知识产权领域具有代表性的理论和实践问题，从法律解释学、法经济学、案例实证分析的角度对这些问题进行系统研究，以期能在理论基础与法律适用上为知识产权相关法律制度的完善提供智力支持，使知识产权法律制度能够适应数字和网络技术的发展。该书适合知识产权专业领域的研究者参考使用。

56.《知识产权法及司法解释新编：条文序号整理版》，中国法制出版社编，北京：中国法制出版社，2022年10月。

该书立足读者的法律需求，精选常用法律领域，全面收录核心法律及司法解释标准文本；条文关联请示答复，将批复、答复、复函等一一关联至主法具体条款，作为脚注加以收录；针对修法引起条文顺序调整，导致读者在学习其相关法律和司法解释时难以对应正确条文的问题，设置条文序号变动提示；附录精选指导案例，以案释法，以期方便读者查找、学习、理解法律的内涵和外延，真正做到知法、懂法、守法、用法。

57.《知识产权损害赔偿研究（著作权卷）》，李亮、王晨曦、江雨朦著，北京：法律出版社，2022年10月。

该书以著作权侵权损害赔偿数额的确认为主线，基于价值理论、利益平衡理论、生产费用价值理论，提出著作权价值评估的方案选择。结合国内外立法与司法，阐述著作权侵权损害赔偿评估类型及影响因素，论证损害赔偿的应然范围、顺位及计算方式。针对我国全面赔偿原则、法定赔偿原则及惩罚性赔偿原则中一系列实践问题，从制度体系、证据规则等角度提出完善建议。

58.《中国城市知识产权指数报告2022》，王正志主编，北京：中国法制出版社，2022年10月。

该书根据中国35个城市知识产权的发展情况，围绕知识产权产出水平指数、知识产权流动水平指数、知识产权综合绩效指数和知识产权创造潜力指数四大分项指数展开，比较分析分项指数下的具体指数，如产出效率、技术服务优势、知识产权技术市场、知识产权资本投入、知识产权科教投入、知识产权营商环境和知识产权保护指数等指数，对中国35个城市知识产权的发展现状作了综合评价，并推出了中国城市知识产权指数指标体系。该书是各城市了解自身和中国整体城市知识产权发展概况的重要资料用书，是广大城市转变和提高管理理念、制度以及基础设施来提高知识产权综合绩效，夯实知识产权发展潜力，进而提高城市竞争力的必读参考书。

59.《新业态知识产权保护法律问题研究》，刘鑫著，北京：法律出版社，2022年11月。

该书围绕新业态知识产权保护这一主题，以实证调研为基础，以理论建构为支撑，以务求实效为目标，从理论维度分析归纳总结新业态知识产权保护的价值目标，从实践维度分析把握数字网络新业态、基因科创新业态、人工智能新业态中知识产权法律问题的具体表征，并在此基础上对不同场景下不同属性的知识产权法律问题展开类型化分析，从而有针对性地提出相关法律挑战与难题的应对策略。

60.《全媒体时代著作权制度的应对与变革研究》，孙昊亮著，北京：法律出版社，2022年11月。

全媒体时代的到来已经成为不可忽视的改变和趋势，全媒体时代的信息传播方式破除了传统媒体与新媒体的简单二合一，实现了二者在各个领域的融合，而其变革却不断冲击着现行的法律制度和理论基础，著作权制度如何变革，成为全媒体时代必须解决的重要现实问题。该书系统分析了全媒体时代的变革及全媒体实践对著作权理论和规则的影响与冲击、全媒体时代引发的著作权制度困境及困境成因、全媒体时代著作权制度应对的基本原则和具体制度设计等内容。全媒体时代对著作权制度的冲击是全方位的，在导致侵权行为和新类型法律问题不断增多的同时，也让我们逐渐看清，传统的理论学说和制度无法应对现实状况和满足实践需要，应当从根本上解决现实中面临的疑难问题。著作权制度的应对是一项系统工程，以全媒体时代的特征为基础，从宏观系统视角阐释全媒体信息传播给著作权制度造成的影响，以传播技术发展的视野去看待媒体著作权保护问题，从著作权基础理论的角度研究解决全媒体时代的著作权问题，对全媒体给著作权理论与制度带来的冲击作出深入剖析，提出全媒体时代著作权制度应对的制度设计，能够让著作权制度成为助力传统媒体转型升级、促媒体深度融合发展的桥梁，为全媒体时代发展提供完善的法治保障。

61.《数据产品的使用规则》，李晓阳著，北京：法律出版社，2022 年 11 月。

随着数字时代的到来，数据在国民经济生产中的作用日渐突出，数据产品的使用和交易价值也日益攀升。这同时带来了两方面问题：一方面是数据使用对个人信息、隐私权造成的负面影响亟待消除；另一方面是具有重大经济价值的数据产品，在法律上尚未获得事先分配，导致数据产品的使用和交易受阻。该书以数据经营者的视角为切入点，试图以数据使用链条为线索，构建数据产品的使用规则，协调数据主体、数据经营者以及其他数据使用者之间的利益关系。

62.《创意表达：中小企业著作权及相关权入门》，世界知识产权组织著，广东知识产权保护中心组织翻译，严怡然、廖露露、孙欣怡、范晓婷译，北京：知识产权出版社，2022 年 11 月。

该书介绍了著作权及相关权的含义、保护范围，对精神权利和财产权利进行了说明；阐述了企业如何从著作权及相关权获益，包括作品的商业使用、利用著作权产生收入、筹集资金、对抗侵权者、使用他人作品；对如何获得著作权保护、如何确定著作权所有权归属、如何行使著作权进行了详细说明；特别介绍了随着互联网的发展，网络作品越来越多，对电子或数字格式作品的保护可以利用 DRM 工具和系统、技术保护措施等技术方法实现。本书用丰富的实践示例，让读者能够更容易、更深刻地理解著作权及相关权的运用和保护。

63.《著作权法（第二版）》，冯晓青著，北京：法律出版社，2022 年 11 月。

该书是一部内容全面系统、资料新颖翔实的著作权法教材，立足于我国著作权法律制度，以我国《著作权法》《著作权法实施条例》等为主线，对我国著作权法律制度的基本概念、原理、知识和相关理论作了全面、系统的介绍、分析和研究。该书兼具比较法和国际法视角，符合著作权制度国际化的趋势。第二版新增典型案例及简要分析于文后，方便读者实现理论与实践的融会贯通。第二版进行了重要优化，在知识体系、理论品位、实践素材、内容的全面和丰富程度以及可读性等方面，都有了重

要的进步。该书不仅是政法院校师生以及其他对著作权法感兴趣的读者全面系统地学习和掌握著作权法基本内容的理想教科书，而且是知识产权法教学科研人员、司法人员、律师、著作权和相关文化领域管理人员、企业法务工作者等的必备参考书。

64.《面向数字产业创新的知识产权战略研究》，王黎萤、黄灿、陈劲、杨幽红著，北京：中国社会科学出版社，2022 年 11 月。

该书从战略过程视角深入探究知识产权战略推进数字产业创新发展的新理论、新路径、新思路，强调知识产权的竞争内涵在数字产业创新发展中的关键作用，旨在将知识产权战略充分地嵌入到数字产业创新的系统进程中，真正将潜在的知识产权优势转化为技术优势、市场优势、竞争优势，对推进数字产业构建自立自强的科技创新体系具有重要意义。

65.《保留公共领域视野下我国知识产权保护研究》，傅蕾著，北京：中国政法大学出版社，2022 年 11 月。

该书是国家社科基金重大项目"创新驱动战略下知识产权公共领域问题研究"系列阶段性成果。公共领域是知识产权制度上的一个功能性范畴，它既是知识创造的起点，也是知识创造的终极依归，始终与知识产权专有领域相伴相随，并随着专有领域的动态变化而变化。因此，如何有效实现专有领域与公共领域的动态平衡显得尤为重要。该书在保留公共领域视野下集中讨论了我国知识产权保护的理念、现状和制度完善问题。在理论层面，借助不同学科视角和历史研究方法，试图对知识产权公共领域概念的内涵与外延进行解析，并为公共领域存在的正当性找到理论支持。在理念层面，分析了知识产权保护理念所包含的公共领域价值内涵，构建了内在的逻辑联系。在制度层面，分析了著作权、专利、商标、商业秘密、重叠保护中保留公共领域的制度运行现状，开创性地提出了科学保护理念和具体制度构建，力求在知识产权保护中科学合理地界定专有领域与公共领域的边界，不断丰富和壮大公共领域，完善知识产权保护制度。

66.《知识产权一体化保护研究》，刘华俊著，上海：文汇出版社，2022 年 11 月。

该书作者在当今鼓励创新发展、更加注重知识产权保护工作的时代背景下，深入分析探讨了知识产权的权利特性以及知识产权保护的法源依据，提

奋楫一流　强国有为

高等教育出版社成立于1954年（以下简称"高教社"），是新中国最早设立的专业教育出版机构之一。1983年5月，邓小平同志为高教社题写社名。经过近70年的发展，高教社已经成为以出版普通高等教育、职业教育、继续教育等教育类和专业学术类出版物为主的大型综合性出版社。

高教社业务体系涵盖教育出版、学术出版、在线教育与服务、研究与评价，产品覆盖图书、音像制品、电子出版物、网络出版物、期刊、数字化教学平台及服务、教师培训等形态，曾获得中国出版政府奖、中华优秀出版物奖、"五个一工程"奖、全国教材建设奖、国家级教学成果奖、国家科学技术进步奖等重要奖项，被评为"全国优秀出版社""中国出版政府奖先进出版单位""全国百佳图书出版单位"，获得"世界知识产权组织创意金奖——单位奖"。综合实力处于中国出版行业领先地位，具有广泛知名度和国际影响力。

人民教育出版社

2022 年，人民教育出版社坚持以习近平新时代中国特色社会主义思想为指引，全面学习宣传贯彻党的二十大精神，持续学习贯彻习近平总书记给人教社老同志的重要回信精神，积极践行立德树人根本任务，全面加强教材建设，用心打造培根铸魂启智增慧、适应时代要求的精品教材，不断锤炼抵御风险的本领和能力，攻坚克难、团结奋斗、勇毅前行，

助力办好人民满意的教育。

坚持党的领导。党的领导是推进教育出版事业高质量发展的根本保证，人教社旗帜鲜明坚持正确的政治方向、舆论导向、价值取向，推动党对教育出版事业的全面领导走深走实。将党管教材落实到教材编写、编辑、出版、使用、管理的各环节。研制实施《人民教育出版社学习宣传贯彻党的二十大精神工作方案》，切实将党的二十大精神融入教材建设和教育出版工作全过程，夯实党对教材建设的全面领导。发布实施"十四五"时期发展规划，以为党育人、为国育才为根本遵循，以"四个坚持"为基本原则，以"六大战略"为主线，统筹强化以高质量党建引领精品教材建设。

聚焦主责主业。坚定不移用习近平新时代中国特色社会主义思想铸魂育人，助力教育出版高质量发展。深入推进习近平新时代中国特色社会主义思想、党的十九届六中全会精神、党的二十大精神、全国两会精神以及教育部制定的六个指南两个纲要主题教育进教材、进课堂、进头脑。用心打造中国特色高质量教材体系，紧紧围绕立德树人根本任务，建设中小学教材铸魂工程，以义务教育三科统编教材编修和人教版第十二套义务教育教材编写出版为主线，持续高质量编研出版、修订完善国家课程教材等各级各类教材，研究第十二套教材整体设计方案，打造中国特色高质量教材体系。确保各级各类教材课前到书政治任务的完成。

强化科研支撑。强化科研支撑，提升人教社教材编研出版核心竞争力和独有特色。坚持编研一体、以研促编，聚焦课程教材和教学领域的核心问题，加强教材理论和政策研究，提升科研对教育教材出版的支撑作用。研制人教社课程所"十四五"规划2022年度课题指南，加强对新时代"培根铸魂、启智增慧"精品教材体系的研究，强化基地建设。"基于思政一体化的中小学德育教材建设研究""新时代统编教科书建设的理论与实践研究"等5个项目列入全国教育科学规划课题。

推进品牌拓展。继续做强学术图书、少儿读物、辞书和期刊出版。成立主题出版研究开发中心，优化机制将主题出版与学术研究、产品开发相结合，做亮主题出版。策划出版一批适合中小学生阅读的教育读本和红色主题融媒体产品，持续发挥教育学、心理学学术出版优势，拓展辞书、少儿图书等精品选题开发力度，打造精品期刊，持续提升社会影响力。

聚焦融合发展。紧跟国家教育数字化战略步伐，成立融合发展领导小组和工作小组，积极推动教育出版的深度融合发展，加快推进教育出版数字化、信息化战略转型升级。以数字教材研发和精品数字资源建设为核心，持续提升产品质量和服务质量，推进数字产品及平台优化，提升用户体验。

积极助力公益。持续组织开展社会公益活动和乡村振兴等相关工作。继续通过中国教师发展基金会实施"乡村优秀青年教师培养和奖励计划"，资助教育部课程教材研究所和中国教育学会加强教材编研工作，累计捐赠现金1 830万元。全年向乡村振兴重点帮扶县、民族地区、边远地区等捐赠图书27.9万册，价值码洋685万元。从资金捐助、图书捐赠、消费帮扶等方面向人教社对口帮扶的四川雷波、壤塘两县进行精准帮扶。

人教社将以习近平新时代中国特色社会主义思想为指导，全面贯彻党的教育方针，紧密围绕立德树人根本任务，以高质量发展为主题，发扬优良传统，坚守教育报国初心，筑牢教材编研出版事业基础，积极践行社会责任，打造更多培根铸魂、启智增慧的精品教材和教育图书，为办好人民满意的教育、加快建设现代化教育强国作出新的更大贡献。

PEOPLE'S EDUCATION PRESS

1.《蓝海金钢》作品研讨会
2. 第七届中小学数字化教学研讨会
3. 中国科普作家协会科普教育专业委员会成立五周年座谈会

2022年版权合作部重点推进人教社版权信息管理系统的搭建。自项目启动以来，共召开了15次调研会议，30余次线上、线下碰头会，充分吸收人教社相关部门和下属企业的功能需求点。系统于2023年部署上线，从第十二套义教教材开始对人教社出版物进行版权信息的数字化、系统化管理

2022年，人教社继续平稳有序地推进各项版权工作，取得了长足的进步。

在版权宏观管理方面，为增强版权管理的信息化水平，提高工作效率，人教社积极推进全社版权信息管理系统的搭建。在2021年初步开展调研的基础上，2022年又更进一步深入到版权信息管理系统开发与测试，提出全面的设计方案，为该系统的试运营及正式上线准备了充分的条件。

在服务编辑出版核心业务，加强日常版权管理方面，为尊重作者的著作权，减少侵权风险，通过多种途径联系人教社出版物所选用文字、美术、摄影作品的权利人。2022年，共与各类选用作品权利人签署著作权许可使用合同近200份，向权利人支付使用费250多万元。另外，还与文著协、摄著协、音著协等集体管理组织及图片库等机构保持日常沟通和联系，向著作权集体管理组织及图片库付费近千万元。除此之外，为改善编辑出版业务中图片使用的薄弱环节，为教材等出版物选用图片提供便利条件，还发布《人民教育出版社图片使用管理办法》，并同步发布人教社签约图片库使用指南、签约图片库图片下载审批系统等配套措施。

继续落实"以版权运营为重点的合作共赢战略"，将版权资源作为战略性资源，加强保护和开发，开展多领域、多区域、多形式的合作。版权运营稳步推进，充分实现了人教版教科书版权价值的保值增值，全年中小学教材著作权收入和教辅著作权使用费均稳中有增，同时也满足了广大师生对教学资源的需求。

涉外版权贸易方面，2022年尽管面临新冠疫情给国际交流带来的不利局面，人教社依然积极主动，稳中求进，与多个国家达成数量众多的版权引进和输出项目，在贸易质量上取得了不逊于以往的出色业绩。人教社被评定为"2021—2022年度国家文化出口重点企业"，《澳门普通话教材》被评定为"2021—2022年度国家文化出口重点项目"。

著作权维权工作是人教社2022年版权工作的重点之一，考虑到外部环境因素，相较于2021年，2022年在维权工作思路上更加侧重于通过平台投诉和平台合作绿色通道快速制止侵权，适当减少了诉讼维权的数量，在原诉讼打击重点目标中进一步筛

2022年版权合作部积极配合版权行政管理部门、新闻媒体等开展版权保护和普法宣传活动

2022年版权合作部代表人教社参加中国版权协会、中国政法大学、京版十五社反盗版联盟等组织的各项交流研讨活动

选出侵权恶意程度更高、侵权获利巨大的公司主体提起诉讼。并且，尽全力配合公安机关办理侵权著作权刑事案件，并在个案中对基层办案人员给予必要的专业支持。

2022年，累计监测侵权电商平台销售盗版图书信息12 400余条，微信公众号、微信小程序传播电子教材侵权信息近2万条，移动端应用程序和智能硬件侵犯教材著作权信息400余条。在监测基础上，综合运用投诉和平台合作绿色通道制止各类著作权侵权行为1.4万次。提起各类著作权侵权民事诉讼51件，结案82件（含2021年未办结案件），取得经济赔偿410万元。另对2021年经人民法院判决结案但被告未履行赔偿责任的35件案件，向人民法院提起强制执行申请。配合各地公安和检察机关办理各类侵权刑事案件9件。据不完全统计，累计逮捕犯罪嫌疑人23人，捣毁制假、售假、侵权窝点14个，涉案码洋超过1 500万元。

2022年配合公安和检察机关办理侵犯著作权刑事案件9件，据不完全统计，逮捕犯罪嫌疑人23人，捣毁制假、售假、侵权窝点14个，涉案码洋超过1 500万元；配合文化执法部门等共查办盗版人教出版物案件417件，涉及27个省（自治区、直辖市），鉴定疑似盗版出版物7 985册

清華大学出版社
TSINGHUA UNIVERSITY PRESS

清华大学出版社成立于1980年6月，是教育部主管、清华大学主办的综合性大学出版社。2009年4月由全民所有制企业改制为有限责任公司。2014年10月成立清华大学出版集团。作为国内领先的综合性教育与专业出版机构，清华社先后荣获"先进高校出版社""全国优秀出版社""全国百佳图书出版单位""中国版权最具影响力企业""首届全国教材建设奖全国教材建设先进集体"等荣誉，2007年、2017年分别荣获首届和第四届"中国出版政府奖先进出版单位"，出版的一大批图书和期刊荣获中国出版政府奖、中华优秀出版物奖、全国优秀教材、中国好书等国家级奖励。清华社现年出版图书、音像制品、电子出版物等近3 000种，销售规模和综合实力以及在高等教育教材市场、科技图书市场、馆配图书市场占有率均名列前茅。

清华社现设有"理工""计算机与信息""经管与人文社科""外语""生命科学与医学""职业教育""基础教育""音像电子与数字出版"八个分社和学术出版、期刊、主题出版三个中心，下辖八个子公司，建立了完善的经营体系与集团化架构，实现了图书、期刊、音像制品、电子出版物和网络等多种媒体融合的立体

化出版格局。其中，高品质、多层次、全方位的计算机图书是清华社的特色品牌，自1995年以来一直雄居我国计算机教材市场首位；依托清华大学强大的学科资源，理工和基础学科类图书已形成强势板块，经管与人文社科类图书也已跃居全国前列；外语、职业教育类图书一直保持着良好的发展势头。伴随着清华大学创建世界一流大学的步伐，清华社不断调整和优化图书结构，在文学、艺术、法律、建筑、医学等领域的出版竞争力不断增强，在全国图书出版市场的传播力和影响力得到显著提升。

清华社坚守学术出版使命，精心谋划布局，不断加强与清华大学"双一流"建设相匹配的高水平学术著作出版和学术期刊群建设，业已成为国内领先和具有一定国际知名度的综合性学术出版机构之一。在自然科学技术和哲学社会科学领域出版了一大批学术精品力作，多次入选国家出版基金、国家重点图书出版规划等。2011年3月，清华社成立期刊中心，加快了学术期刊集群化、国际化发展步伐。清华社现出版期刊55种，其中13种英文科技期刊被SCI或ESCI收录，6种中文社科期刊被CSSCI及其扩展版收录；18种期

刊入选"中国科技期刊卓越行动计划"。2022年6月，清华社自主研发的拥有自主知识产权的国际化数字出版与传播平台SciOpen正式上线运营。

清华社高度重视国际化发展，积极开展版权贸易，作为"中国图书对外推广计划工作小组"首批成员单位，与多家国际著名出版公司建立战略合作关系，有大量英文学术著作和期刊销往全世界，进入了国际学术界和教育界的视野。清华社在引进海外优质版权资源的同时，面向全球推广版权，迄今已有超过1 300项逾30个文种的各类图书与北美、欧洲和亚洲国家的出版机构完成授权签约，另有600多项图书的中文繁体字版在中国港澳台地区出版发行。

清华社不断探索融合出版高质量发展模式，坚持以规划引领业务深度融合，以先进科技赋能主营业务，努力实现由单一出版产品形态向复合出版产品形态升级，从传统产品提供商向内容、技术、服务提供商转型。清华社依托"文泉学堂"教育门户，围绕"教、学、考、练、评"等场景，提供全方位的数字化教学内容产品；拓展媒体融合下的新形态出版，全面实现了"书＋互联网"的应用升级。在多年的融合出版发展过程中，清华社积累了专业的数字产品研发团队、智能的数字化运营平台、多维的营销推广体系，确保为用户提供丰富的数字化内容和便捷的个性化服务。

40多年来，清华社集聚了一批复合型、开拓型的策划编辑、市场营销和经营管理等方面的人才，形成了一支具有现代企业经营理念、结构合理、富有创造力的专业化、年轻化队伍，他们已成为清华社持续发展的主力军。

清芬挺秀，华夏增辉。在全面建设社会主义现代化国家、向第二个百年奋斗目标进军的新征程上，清华社坚持以习近平新时代中国特色社会主义思想为指导，深入学习贯彻党的二十大精神，全面落实党的教育方针和出版方针，坚持正确的政治方向、出版导向、价值取向，秉承"传播先进文化、推动社会进步"的出版宗旨，牢牢把握高质量发展这个根本要求，立足清华、服务社会、走向世界，为文化强国、教育强国、科技强国、人才强国建设作出新的更大贡献。

清华社高度重视文化服务出口工作，不断通过版权输出、国际合作等多种形式，推进"走出去"及其相关工作的实施。在引进海外优质版权资源的同时，面向全球开展组稿，自主或合作策划的英文版学术著作和期刊已销往全世界，进入了国际学术界和教育界的视野。

助力国家"走出去"战略布局

清华社始终坚持国际传播能力建设，扎实推进"走出去"工作，连续三届六年度入选商务部、中共中央宣传部、财政部、文化和旅游部、广电总局等5部门共同评定的国家文化出口重点企业名单

在"2022年度中国图书海外馆藏影响力机构排名"中，清华社以130种图书品种入藏世界图书馆系统的成绩，位列中国内地出版社第19名，其中英文图书15种，位列中国内地出版社第8名

清华社是国内首家成为国际科学技术与医学出版商协会（International Association of Scientific, Technical and Medical Publishers，简称STM协会）会员的大学出版社。STM协会是全球领先的学术交流行业协会，旗下有来自21个国家的140多名会员，如国际著名出版商Springer、Elsevier、Wiley等均为其会员

向世界展现**中国智慧**

"传播先进文化"是清华出版人不忘的初心。清华社坚持与爱思唯尔、施普林格、德古意特、泰勒·弗朗西斯、世界科技等学术出版巨头合作，通过高水平专著的海外出版向世界展示中国不断增长的综合实力和科研创新力量。

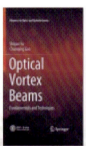

清华社版权输出的项目中，大部分由国际著名出版机构出版发行。它们通过 SpringerLink、ScienceDirect、亚马逊、巴诺书店、英国水石书店、电讯报网上书店、bookdepository、abebooks、worldcat、vitalsource、bokus、scribd 等成熟的专业渠道及营销网络进入全球主流传播市场和图书馆。

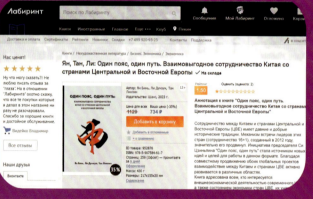

提升中国**学术话语权**

密切跟踪国际学术前沿和国家重大战略需求，通过专有出版权的英文版学术期刊的国际传播，提升中国学术的话语权，是清华社"走出去"的突出特色。

根据科睿唯安发布的 2022 年度《期刊引证报告》（Journal Citation Reports, JCR），清华社出版的 12 种英文科技期刊获得了 Journal Impact Factor（JIF，期刊影响因子），其中 SCIE 收录的 7 种期刊影响因子较 2021 年平均增长 37%，全部位于 Q1 区。

根据中国知网发布的 2022 年《中国学术期刊国际引证年报》，清华大学出版社共有 8 种期刊入选"中国最具国际影响力学术期刊"或"中国国际影响力优秀学术期刊"。分别是：《纳米研究（英文版）》（Nano Research）、《先进陶瓷（英文）》（Journal of Advanced Ceramics）、《摩擦（英文）》（Friction）、《建筑模拟（英文）》（Building Simulation）；《清华大学学报自然科学版（英文）》（Tsinghua Science and Technology）、《大数据挖掘与分析（英文）》（Big Data Mining and Analytics）、《计算可视媒体（英文）》（Computational Visual Media）、《航天动力学（英文）》（Astrodynamics）

首届全国教材建设奖

首届全国优秀教材

【高等教育类一等奖】

【高等教育类二等奖】　　　　【职业教育与继续教育类二等奖】

北京大学出版社
PEKING UNIVERSITY PRESS

北京大学出版社始终贯彻落实党的出版方针,把握正确导向,坚持"传播知识,积累文化,繁荣学术,服务社会"的办社宗旨,积极发掘国内外优秀内容资源,不断推出高水平作品,在海内外均产生广泛影响并获得良好声誉。

北京大学出版社把发展版权贸易作为增强核心竞争力、融入国际市场的重要途径,一直坚持"输出引进并举"的工作思路,积极开发和利用国内和国际两种版权资源,打通作品传播的地域限制,自觉成为中华文明与世界文明交流与互鉴的桥梁与纽带。

国家文化出口重点企业

2021—2022 年度
国家文化出口重点企业

北京大学出版社有限公司

二〇二一年八月

北京大学出版社在引进版权上坚持"为我所需"和"双效并重"的方针。1995 年,北京大学出版社成功地引进了比尔·盖茨的《未来之路》,成为我国在版权贸易方面对外开放的典范,其版权合同被国家博物馆收藏。北京大学出版社翻译出版的斯塔夫里阿诺斯的《全球通史》、曼昆的《经济学原理》等海外优秀作品畅销多年,深受读者好评,是社会效益与经济效益双突出的代表作品。

传播知识　积累文化
繁荣学术　服务社会

中国好书《国粹:人文传承书》泰文版新书发布会在泰国曼谷举办

北京大学出版社在版权输出上积极贯彻落实党中央、国务院关于推动中华文化"走出去"的决策部署，根据自身的出版特点和优势，将高水平学术著作和国际汉语教材作为重点领域，与国际主流出版机构及"一带一路"沿线国家出版社开展深入广泛的合作。输出图书多次在国外斩获重要奖项。《中华文明史》俄文版荣获2020年度俄罗斯"最佳图书"奖，《中国历史十五讲》阿拉伯文版获得卡塔尔国家级奖项2021年度"谢赫哈马德翻译与国际谅解奖"翻译一等奖，《东亚儒学问题新探》韩文版荣获2022年韩国世宗图书奖。

陈光中教授著作《刑事诉讼法》（第七版）英文版新书发布会成功举办

PEKING
UNIVERSITY
PRESS

中国文化
"走出去"战略代表

北京大学出版社积极参与国家各类出版"走出去"专项规划重点工程，将"走出去"项目与版权输出工作有机结合起来。北京大学出版社已获批"经典中国国际出版工程""丝路书香工程""中国当代作品翻译工程""中国图书对外推广计划"、国家社科基金"中华学术外译项目""亚洲经典著作互译计划"等共260余项项目。

北京大学出版社自2007年至今连续16年、9次获评"国家文化出口重点企业"。

北京大学出版社与施普林格·自然集团联合举办"中华学术外译"成果《全球化中的中国故事》新书发布会

《中华文明史》印地文新书发布活动成功举办

华东师范大学出版社
EAST CHINA NORMAL UNIVERSITY PRESS

ECNUP

华东师范大学出版社创建于 1957 年 6 月，是全国百佳图书出版单位、国家数字出版转型示范单位、全国版权示范单位。

华东师范大学出版社拥有国家新闻出版署授予的上海市首个"国家级出版融合发展重点实验室"，上海市委宣传部（新闻出版局）授予的首批"上海学术·专业出版中心·教育学出版中心"。

《红色弄堂》
法文版

《从黄浦江到叶尔羌河》
哈萨克文版

华东师范大学出版社以"大教育"为出版特色，2022 年出版图书 6 109 种／次，其中初版书 981 种，再版书 229 种，图书重印率超 80%。荣获图书荣誉多项，其中《丰子恺家塾课：外公教我学诗词》入选 2021 年度"中国好书"。多个项目入选"十四五"国家重点出版物出版规划、2021—2035 国家古籍工作规划重点出版项目、全国有声读物精品出版工程项目、国家社科基金后期资助项目和国家社科基金中华学术外译项目等。2022 年出版社以满分的优异成绩连续第 3 年被评为全国图书出版单位社会效益评价考核优秀等级，入选第四届上海文化企业十强，荣获"2021—2022 年度国家文化出口重点企业""2022 中国图书海外馆藏影响力出版百强"等企业荣誉。

EAST CHINA NORMAL UNIVERSITY PRESS

全国百佳图书出版单位
全国版权示范单位
2023—2024 国家文化出口重点企业

传播中国学术声音
讲好中国教育故事

EAST CHINA NORMAL UNIVERSITY PRESS

"2021中国好书"《丰子恺家塾课：外公教我学诗词》繁体版权输出香港，将丰家特色的"课儿"传播到港澳台地区。

《丰子恺家塾课：外公教我学诗词》

《中国艺术哲学》
俄文版

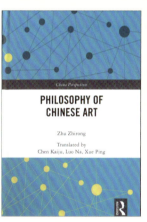

《中国艺术哲学》
英文版

《春秋公羊学史》韩文版

2022年荣获韩国出版文化产业振兴院评定的"世宗图书学术部门优秀图书奖"，该奖项系韩国学术图书类最高奖项

《基础教育发展的中国之路》
越南文版

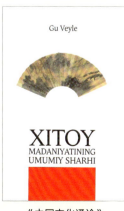

《中国文化通论》
乌兹别克文版

《核心素养的中国表达》
阿拉伯文版

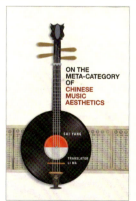

《中国音乐美学原范畴研究》
英文版

《解读敦煌·中世纪服饰》
日文版

商務印書館
SINCE 1897　The Commercial Press

2022 年，商务印书馆努力克服疫情带来的不利影响，与英、美、德、日等国的一流出版机构，如英国牛津大学出版社、剑桥大学出版社、泰勒和弗朗西斯集团等保持着密切的业务往来，持续深化与战略合作伙伴的关系，加强双向出版合作，向英国、俄罗斯、韩国、日本、印度尼西亚、乌兹别克斯坦等国家输出主题、语言、社科、管理、文学、对外汉语教学等类别的图书版权，全年输出版权 111 项。全年引进版权 536 项，引进图书品种涉及外语工具书和教材、人文社科学术著作和大众文化类图书等。

《习近平扶贫故事》出版了尼泊尔文版、俄文版、葡萄牙文版、蒙古文版、法文版、意大利文版、西班牙文版。多种重点学术图书的海外版本出版发行，如《中国道路与新城镇化》英文版由施普林格出版社出版发行，《超越主谓结构》韩文版由学古房出版社出版发行，《中国动画史》日文版由日本树立社出版发行，等等。作为"亚洲经典著作互译计划"之"中国—伊朗经典著作互译项目"的主承办单位，商务印书馆与中伊经典著作互译项目出版工作专班成员单位密切配合，与伊朗驻华大使馆保持密切沟通，持续推进中伊经典著作互译项目实施。《改革大道行思录》英文版等 4 种图书立项为经典中国国际出版工程项目；《中国扶贫》印地文版等 2 种图书立项为丝路书香工程项目；《中国语言规划三论》英文版等 43 种图书立项为 2022 年度中华学术外译项目。

2022 年，商务印书馆利用中国书架项目、在线书展、在线会议等途径，推介商务印书馆品牌及重点出版物。11 月 25 日，北京、香港、新加坡、马来西亚四地商务印书馆以在线方式联合举办庆祝商务印书馆创立 125 周年暨《新华字典》（汉英双语版）海外版签约仪式，《新华字典》（汉英双语版）由马来西亚商务印书馆正式出版发行。

2022 年 11 月 25 日，北京、香港、新加坡、马来西亚四地商务印书馆联合举办庆祝商务印书馆 125 周年暨《新华字典》（汉英双语版）海外版签约仪式。

北京会场

香港会场

马来西亚会场

服务教育 引领学术
担当文化 激动潮流

2022 年 11 月 17 日，商务印书馆主持举办中伊经典著作互译项目首批图书授权签约仪式

《习近平扶贫故事》

La lotta di Xi Jinping contro la povertà	Xi Jinping : histoires de lutte contre la pauvreté	Historias de Xi Jinping sobre el alivio de la pobreza	СИ ЦЗИНЬПИН	गरीबी उन्मूलनका निम्ति सी चिनफिङका कथाहरू	A Redução da Pobreza	ШИ ЖИНЬПИНИЙ ЯДУУРЫЕ БУУРУУЛСАН ТҮҮХ
意大利文版	法文版	西班牙文版	俄文版	尼泊尔文版	葡萄牙文版	蒙古文版

《世界文学大纲》
中文繁体字版

《港式中文语法研究》
中文繁体字版

《当语言遇到区块链》
英文版

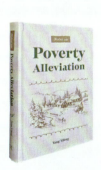
《扶贫笔记》
英文版

《中国汉字学讲义》
日文版

《文学地理学概论》
韩文版

《经典儒学核心概念》
英文版

《胡塞尔现象学概念通释》
中文繁体字版

《超越主谓结构》
韩文版

《逛动物园是件正经事》
中文繁体字版

《陕北晋语语法比较研究》
英文版

29

中国人民大学出版社

中国人民大学出版社成立于1955年，是新中国成立后建立的第一家大学出版社。1982年被教育部确定为全国高等学校文科教材出版中心，2009年获首届"全国百佳图书出版单位"荣誉称号，2007年、2018年和2021年三次荣获"中国出版政府奖先进出版单位"奖，是国内少数几家囊括所有国家级出版奖项的出版社，并入选国家版权局"2022年度全国版权示范单位"。截至2022年底，人大出版社连续八届获评"国家文化出口重点企业"。

人大出版社始终坚持正确的出版方向，秉承"出教材学术精品，育人文社科英才"的出版理念，实施精品战略，出版了一大批具有文明传播、文化积累价值的教材和学术著作，以优秀的出版物传播先进文化，是中国人文社会科学出版的重镇和一面旗帜。

人大出版社坚持服务高等教育、服务教师教学，建成了学科齐备的人文社科教材体系，是我国重要的高校教材出版基地；始终传承红色基因、坚守红色出版阵地，致力于马克思主义理论及其中国化时代化的研究、出版和宣传，被誉为"红色出版社"；始终致力引领学术前沿、繁荣学术发展，高扬哲学社会科学旗帜，出版经典丛书，是我国人文社科学术出版的领军品牌；始终讲好中国故事、传播中国声音，打造以高端学术出版"走出去"为特色的国际出版品牌，建立多个海外分支机构，发起成立"一带一路"共建国家出版合作体，是中国文化和图书出版"走出去"的排头兵；始终立足主业、创新驱动，面向教育、学术和大众市场打造多层次的融合出版产品，是我国全媒体多业态出版的引领者。

"为读者着想，与时代同行"，人大出版社深入学习贯彻习近平新时代中国特色社会主义思想，贯彻新发展理念，推进高质量发展，为加快建构中国自主的知识体系助力，为全面建设社会主义现代化强国贡献力量。

新中国的大学出版事业，从这里开始

中国式现代化 · 文明新篇章

　　"中国式现代化研究丛书"总主编为中国人民大学党委书记张东刚、原校长刘伟，凝聚中国人民大学一批高水平哲学社会科学研究团队参与编写，分卷册主要作者均为中国人民大学各院系所学科带头人，深入剖析了中国式现代化的独特内涵与鲜明特征。丛书内容权威、观点独到，全面展示了中国在现代化进程中的创新实践与成功经验。目前，丛书第一辑已出版哈萨克文版和乌兹别克文版。

1953—2023
人民邮电出版社
成立 70 周年

人民邮电出版社
POSTS & TELECOM PRESS

从 1953 年成立，人民邮电出版社走过了 70 年不平凡的发展历程，已经发展壮大成为累计出版新书 6 万余种，拥有 19 种期刊，涉及 10 余个出版门类，集图书、期刊、音像电子及数字出版于一体，国内领先、国际知名的综合性出版大社。

70 年来，人民邮电出版社积极拓展版权业务，创新版权合作方式，扩大版权输出渠道，优化版权输出结构，推动中国优秀科技文化的传播与普及，以强大的出版实力和专业的版权保护机制，致力于为全球读者提供丰富多样的精品读物。

1975 年，人民邮电出版社就翻译出版万国邮政联盟、国际电信联盟中文版文献，成为出版走出国门，服务国家邮电行业发展的先行者。1993 年人民邮电出版社与丹麦艾阁萌集团共同组建童趣出版有限公司，成为国内第一家特许批准成立的中外合资少儿出版机构。进入新世纪，人民邮电出版社积极搭建对外交流平台，深化国际合作与交流，积极推动中国科技成果、中华文化走向世界，累计输出图书版权近千种，输出地域覆盖 30 余个国家和地区，在全国单体科技出版社中名列前茅。《5G 无线系统设计与国际标准》（俄文版）、《中国国家博物馆儿童历史百科绘本》（阿尔巴尼亚文）等一大批展示中华优秀传统文化、反映工信领域国际领先科技研究成果的图书出版上市，36 个项目入选丝路书香工程、经典中国国际出版工程、中国图书对外推广计划等国家重点外宣工程。人民邮电出版社获评国家文化出口重点企业和全国科技类出版社"走出去"示范单位。

人民邮电出版社高度重视版权保护工作，以实际行动维护作者的权益，促进文化产业健康发展。

站在新征程的历史起点，人民邮电出版社满怀激情、肩负使命、步履不停，将深刻把握全面建设社会主义现代化国家的历史机遇，坚定文化自信，服务国家战略，彰显使命担当，为实现中华民族伟大复兴的中国梦作出新的更大的贡献。

《5G 无线系统设计与国际标准》

《中国国家博物馆儿童历史百科绘本》

中国网络扶贫纪事阿文版新书首发

人民邮电出版社入选
"出版融合旗舰单位"
"数字出版转型示范单位"

用 AI 唱出
5 种语言歌曲

首创 AI 科技 词曲版权管理
酷狗获七大奖项

酷狗音乐凭借行业首创的各类 AI 场景应用功能，以及"齐音达""音速达"两大商用音乐授权服务平台，获得中国互联网协会数字化转型与发展工作委员会颁发的七项大奖，助力音乐产业数字化转型。

在中国互联网协会主办的活动中，酷狗"元宇宙领域的音乐 AI 技术场景应用项目"荣获了"互联网助力经济社会数字化转型特别推荐案例"奖项。在元宇宙领域，酷狗打造了明星 AI 歌手"超越 AI"，推出全国首位 AI 说唱歌手"柒月"，展现了其将 AI 技术应用于音乐领域的创新性和前瞻性。而酷狗音乐率先推出的 AI 黑科技"凌音引擎"、AI 帮唱、AI 词曲评估、AI K 歌等功能，则通过自身强大的数字处理能力助力音乐人完成作品创作、发布、变现的全流程，实现化繁为简，不断为音乐产业的发展赋能。

"酷狗 AI K"是将 AI 技术与用户创作模式相结合推出的行业首个 AI K 歌创新功能。用户只需录制 4 分钟歌曲，就可以制作自己唱歌的声音模型，进而合成、制作歌曲。"酷狗 AI K"创新性地使用不同语种混合建模，学习了不同语言专业歌手的发音特点，打造了独特的多语种 AI 歌声系统。目前，该功能可支持国语、粤语、英语、日语、韩语等五种语言歌曲的合成，后续还将支持更多其他语种。同时，用户还可以对 AI 生成的歌曲进行参数调整，即便五音不全，也能用自己的声音来合成、制作不同曲风的歌曲，打造专属 AI 声库，成为"专业歌手"。

在酷狗发布的 12.0 版本中，更是打造了多个业内领先的"听歌利器"："AI 智能配图"可以根据歌词自动生成图片，"AI 音乐魔法"可以将一首歌变成八种不同演绎版本，"蝰蛇全景声"音质也进一步升级，真正让"AI+ 音乐"走进用户的视听生活，还有新增的歌曲漫游、单击封面下一首播放、长按歌曲试听高潮等创新服务，进一步提升用户听歌体验。

此外，酷狗音乐的"一站式数字音乐商用转授权及版权保护平台"也荣获了"中国数字发展研究案例库"奖项。据悉，酷狗旗下有"齐音达""音速达"两大商用版权服务平台，平台曲库数量超百万首，囊括了国风、流行、嘻哈、二次元等多元风格，为音乐演出、音乐直播、自媒体视频、广告片、游戏、影视、综艺、微信红包封面等提供音乐授权，囊括了大部分有音乐需求的场景，真正实现了海量热歌授权，一键下单、自助购买。

凭借在"AI+ 音乐"领域的探索、产品功能的不断创新，酷狗音乐坚持依靠技术创新路线和业界前瞻视角，孵化了一系列围绕用户需求、音乐品质和歌曲听感的创新功能。酷狗音乐的综合实力得到行业认可，接连获得"中国服务业企业 500 强"、"广东省百强民营企业""广东省服务业民营企业 50 强""广东企业 500 强""广东民营企业 100 强"等奖项。未来，酷狗音乐会继续将最新的科技应用到音乐领域，为用户提供更加优质、个性化的音乐体验。

马上观看 ▶ www.kugou.com

陶溪川文创街区

景德镇陶文旅控股集团有限公司

一、基本情况

景德镇陶文旅控股集团有限公司（以下简称"陶文旅集团"）肇始于1903年成立的江西瓷器公司，至今已有上百年的悠久历史，属国有企业，注册资本22.99亿元，是2020年中国版权金奖获得者，先后入选第十一届、十四届、十五届"全国文化企业30强"提名企业，获评全国版权示范基地、2018年度和2020年度江西省优秀旅游企业等，其2家子公司荣登"江西省文化企业20强"名单。

陶文旅集团打造了两个知名的文旅项目：一个是占地3.2平方公里的千年陶瓷历史文化街区——陶阳里历史文化旅游区，该区域涵盖了有1000年历史的老城里弄、有650年历史的皇家御窑厂、有400年历史的明清窑作群落和有70年历史的陶瓷工业遗产；另一个是占

陶阳里历史文化旅游区

地 2 平方公里的百年陶瓷工业遗产——陶溪川文创街区，集聚了 11 处工业遗产，其中 2 处为国家工业遗产，1 处为江西省工业遗产。

二、陶溪川文创街区

陶溪川坐落于景德镇东城片区中心，规划占地 1 平方公里，建筑面积 1.6 平方公里，总投资 110 亿元，是陶文旅集团以陶瓷工业遗产保护利用为基础，融产业升级与城市更新为一体的文旅项目。2013 年 4 月正式以原国营宇宙瓷厂为核心启动区启动建设，2016 年 10 月一期正式对外运营，目前完成投资 75 亿元，已开放运营宇宙瓷厂、陶瓷机械厂、为民瓷厂等区域。作为景德镇陶瓷文化的传承人和守望者，陶溪川主动融入景德镇国家陶瓷文化传承创新试验区建设，为推动景德镇经济、社会发展，陶瓷产业复兴作出了积极贡献。

三、陶阳里历史文化旅游区

陶阳里位于景德镇的城市中心地带，北起瓷都大桥、昌江大道，南至昌江大桥，西至沿江西路，东至莲社路、胜利路。自宋以来，景德镇先民"沿河建窑，因窑成市"，渐呈"码头—民窑—老街—里弄—御窑"聚落的历史空间和瓷业肌理分布，形成了世界建筑史上绝无仅有的老城格局，是"瓷国皇冠上的明珠"，也是景瓷外销的海上陶瓷之路零公里起点，在这里明清手工制瓷技艺达到颠峰，出土的埋藏于地下的御窑瓷片与故宫馆藏御瓷同源，向世人揭示景德镇闻名天下的"密码"。

陶然集艺术集市

陶溪川获评"中国版权金奖"

陶溪川获评"全国版权示范园区"

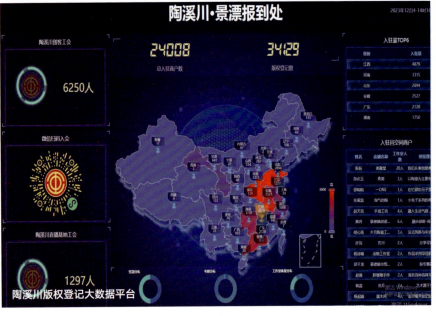

陶溪川版权登记大数据平台

陶溪川获评"2022年度十大著作权人"

陶溪川获评"2018中国版权年度最具影响力企业"

版权与陶溪川

　　陶溪川在发展初期遇到过各种各样的问题，其中创客间的盗版抄袭是一个主要问题，每次市场上刚出现热销产品，大家就马上跟风，作品同质化严重，严重扼杀了年轻人的创作热情。

版权体系的建设

　　陶溪川的管理者们一开始也只是鼓励大家去创新打造自己的 IP，减少抄袭，直到 2019 年 12 月参加了当年在成都举办的"一带一路"版权国际论坛才真正意识到构建版权体系的意义。

　　在短短的一年之内，陶溪川很快构建了自己的版权体系。相继设立并引进了江西省陶瓷知识产权信息中心、江西省专利信息服务中心、江西省维权援助陶瓷工作站、珠山区人民法院知识产权陶溪川巡回审判点、陶溪川知识产权保护工作站等。特别是 2020 年，陶溪川设立了陶溪川版权服务站，获得了版权申报的初审权和发证权。这个窗口的版权登记数量当年就达到 6 501 件，

陶溪川春秋大集（秋集）

第二届中日先进陶瓷创新发展大会

2022 国际版权论坛（陶溪川）

第五届阿拉伯艺术节活动（陶溪川）

超过全省新登记数量的四分之一。

版权带来的变化

带动创业就业。版权体系的构建为陶溪川带来了翻天覆地的变化，创客阵容从最开始的几百人发展到了现在的 2.2 万人，累计带动上下游 11 万人次就业，吸引了许多年轻人成为"景漂"并最终变成"景定"，让景德镇成为了一个为数不多的人口正增长的四线城市，景德镇这座城市也因为这些人焕发出了年轻活力。

推动对外交流。版权的引入为陶溪川国际化提供了助力。陶溪川一开始的定位就是国际化，为打造国际化空间，引进国际化人才，陶溪川与 20 个国家的 50 多个知名艺术机构合作，每年都有 300 余名国际艺术家驻场，陶溪川还为这些驻场艺术家在国内的首创陶瓷作品注册了 300 多件版权，国外艺术家作品在国内能够完成版权登记，这让这些艺术家们惊奇的同时，也吸引了更多人的到来。

提升品牌价值。版权的介入极大地提升了陶溪川的品牌价值。这三年，陶溪川先后获得了"国家级文化产业示范园区""国家双创示范基地""全国创业孵化示范基地"等国家级荣誉，陶溪川街区内的宇宙瓷厂和为民瓷厂都被评为了国家工业遗产。陶溪川的运营公司陶邑公司先后荣获"2018 年度中国版权最具影响力企业"和"2022 年度十大著作权人"称号，陶溪川则被国家版权局授予"全国版权示范园区"称号，还荣获 2020 年中国版权金奖。

陶溪川的版权经验也得到了大家的广泛认可。2022 年 11 月，2022 国际版权论坛在陶溪川顺利举行，陶溪川管理者在论坛上分享了陶溪川的版权之路。从开始的学习者到现在的经验分享者，可以说因为和版权结缘，才有了现在欣欣向荣的陶溪川。

技术赋能行业创新
中国移动咪咕公司助力新质内容生产

　　咪咕文化科技有限公司（以下简称"咪咕公司"）是中国移动面向移动互联网领域设立，兼具运营商特色和互联网特点的数字内容平台科技创新公司，致力于通过内容+科技+融合创新，满足人民群众的美好生活需要。作为数字中国网络强国文化强国的新媒体国家队、中国移动转型升级改革创新的生力军，经过八年发展，咪咕公司已汇聚超4 000万首正版歌曲、5 000万条视频、超60万册书刊、2 200+款在线畅玩精品云游戏，成为国内领先的全场景品牌沉浸平台和正版数字内容汇聚平台。

　　随着5G、VR、AR、MR等技术的不断成熟及需求的持续增长，人类文明正加速向元宇宙文明演进。咪咕公司聚焦元宇宙发展前沿，先后开展了5G时代"首个元宇宙冬奥会""首个元宇宙世界杯""鼓浪屿元宇宙第一岛"等创新实践，并主导成立了中国移动元宇宙产业联盟，携手行业共同探索元宇宙+体育、元宇宙+演艺、元宇宙+文博文旅等产业新模式。

　　未来，咪咕公司将继续聚焦视频、音乐、游戏、阅读、元宇宙五大方向，不断探索数字经济新领域新赛道，为高质量发展打造新动能新优势。

◀ 2022年2月，作为2022北京冬奥会官方转播商，中国移动咪咕公司为广大用户带来了首个数实融合的"元宇宙冬奥会"。

▶ 2022年11月，作为2022年卡塔尔世界杯官方转播商，中国移动咪咕公司创新推出多个元宇宙比特景观，打造首个"5G元宇宙世界杯"。

◀ 2022年，中国移动咪咕公司和厦门市人民政府达成战略合作，双方以鼓浪屿1.88平方公里为原型，立足世界文化遗产资源与IP价值创新打造"元宇宙第一岛"——鼓浪屿元宇宙。

2022年度重点案例

案例一：元宇宙冬奥会

2022年2月，作为2022北京冬奥会官方转播商，中国移动咪咕公司为广大用户带来了首个数实融合的"元宇宙冬奥会"。

 340亿 内容播放量

 511个 策划热搜

 711亿 全网热度

 6 700万 海外曝光

冬奥期间，由谷爱凌、徐梦桃、任子威、隋文静/韩聪组成的"中国移动5G冰雪之队"，取得6金2银的佳绩。

中国移动咪咕公司以全量全场次直播、"解说天团"和丰富的冰雪剧综为主要亮点，带来530+场次的全自制解说，解说+节目嘉宾超150位，总制作时长超1000小时。

十大"黑科技"，打造沉浸式观赛体验

8K超高清

HDR Vivid

AVS3编解码

比特数智人

360度环拍

AR演播室

5G云XR三维观赛

多屏同看

AI字幕

AI战术分析

 **360**亿 内容播放量

 **2 079**个 策划热搜

 **1 041**亿 全网热度

2022年度重点案例

案例二：元宇宙世界杯

作为2022卡塔尔世界杯官方转播商，中国移动咪咕公司创新推出多个元宇宙比特景观，打造首个5G元宇宙世界杯。

60位嘉宾参与录制，258场总解说场次

世界杯主题短片电影《远征》

10档世界杯自制节目

首个5G元宇宙世界杯

国内首创批量数智人参与全球顶级赛事转播和内容生产

首创中国自主知识产权音视频标准商业化播出

首创5G+低延时转播方案

首创基于3D渲染引擎的裸眼3D视频彩铃

首创多屏多视角"车里看球"智能座舱

首创基于5G+算力网络+云引擎的比特转播

首创元宇宙比特空间"星际广场"星座·M

全球首个5G+算力网络元宇宙比特音乐盛典

首创单一比特空间可实时渲染全交互全互动用户破万，5G+算力网络分布式实时渲染开发破十万

深耕版权领域 法律核心能力建设

围绕公司"生产者、聚合者、传播者"为公司定位，以具体业务发展为需求，以产业共创、监管协同为牵引，深耕版权领域法律核心能力建设。

- 俄罗斯世界杯**监测维权首战**，取得监测维权工作实效
- 明确核心技术及运营能力建设**方向和目标**

2018

- 自有版权监测维权系统**功能上线**，打通运营商级流控封堵能力
- **"国家版权局网络版权保护研究基地"挂牌**，奠定发展基础

2019

- 自有版权监测维权系统**上线，具备国内首创专网**自动化监测能力，自主掌控监测行为，几何级降低监测成本，护航"独家"内容策略
- 输出监测能力，**收入破零**

2020

- 系统**区块链**存证能力上线并获备案
- 封控系统为监管行为赋能，世界杯期间与国家版权局共推打击违法小网站**"灭灯计划"**
- **"以打促和"**实现业务合作

2022

- 扩大能力输出，监测服务**收入过百万**。向NBA、苏宁、CODA等版权运营机构输出监测服务
- 与CBA共同打造"**CBA赛事节目版权保护2.0时代**"

2021

中国移动版权领域法律研究中心揭牌仪式

2020年
广播组织权法律保护研讨会

2020年
网络版权保护与发展闭门会

中国网络版权保护与发展大会
《中国网络版权保护报告》

2022年
文创版权保护司法问题研讨会

体育赛事网络版权发展和保护讨论会

上海版权局年度文化领域保护十大典型案件　　四川高院年度知识产权司法保护十大典型案例　　西安中院知识产权十大典型案件

基地大事件

2019年12月

国家版权局正式批准国家版权局网络
版权保护研究基地落地咪咕公司

2020年05月

联合国家版权贸易基地在京举办广播组织权
法律保护问题研讨会，为《著作权法》修法
提供理论研究支持

2021年6月

在2021中国网络版权保护与发展大会主论
坛发布《2020年中国网络版权保护报告》

2020年09月

与CBA签署合作协议，共同构建中
国顶级体育赛事节目版权保护2.0

2021年09月

在成都数字版权交易博览会上召开5G虚拟
现实版权问题研讨会，与行业共同探索创
新形态内容版权保护

2022年08月

与上海浦东法院、上海市法学会知识产权法研
究会合办文创版权保护司法问题研讨会，对
IPTV版权侵权问题进行研讨

2022年01月

与中国版权协会联合共建的区块链，入选"区
块链+版权"特色领域试点

崩坏学园2

米哈游

米哈游是一家创立于 2011 年的科技型文创企业，总部位于上海徐汇，并在美国、加拿大、新加坡、日本及韩国等地设立了海外运营和研发分部，目前全球员工已达 6 000 人，是上海市创新创业政策带动发展起来的具有代表性的科创企业。

立足科创与文创，米哈游致力于为全球用户提供美好的、超出预期的产品与内容，陆续推出了《原神》《崩坏》《未定事件簿》等原创 IP 及互联网产品，受到全球用户的喜爱，连续多年获评中国互联网百强企业、全国文化企业 30 强、国家文化出口重点企业等。

米哈游作为一家以创新驱动的高科技企业，累计申请超过460项发明专利，在 3D 渲染引擎、云游戏技术、人工智能等方面已处于国内前列、国际领先的水平。未来，米哈游将继续坚持科创＋文创的双引擎驱动，扎根上海，开展全球化业务，力争成为世界一流的互联网高科技企业。

▲ 公司领导团队

连续 5 年
国家文化出口
重点企业

企业荣誉

1. 2022 全国版权示范单位

2. 2022 年度十大著作权人

3. 2019—2020 年度、2021—2022 年度、2023—2024 年度国家文化出口重点企业

4. 《原神》荣获 2021—2022 年度、2023—2024 年度国家文化出口重点项目

5. 《崩坏 3》荣获 2019—2020 年度国家文化出口重点项目

miHoYo
TECH OTAKUS SAVE THE WORLD

版权保护与价值转化

近年来，米哈游坚持以版权激发文化创新创造活力，持续完善知识产权管理体系，形成了健全的版权保护制度。在不断强化版权管理水平的同时，米哈游以传统文化为源创造大量优质的版权内容，依托数字技术进行创新表达，努力推动中华优秀传统文化的创造性转化和创新性发展。

启动维权专项行动，版权保护全面升级

米哈游启动维权专项行动，不遗余力地采取各项措施打击泄密、搭建私服以及制售外挂等违法犯罪行为，严厉打击网络黑灰产，进一步提升版权保护实力。

米哈游专项维权行动取得了重大进展，配合公安机关接连破获了 2 起制售外挂案件、1 起亿元盗版周边制售案件以及 6 起私服刑事案件，同时开通专项举报渠道，设立侵权举报专用邮箱，呼吁广大用户踊跃提供线索，有效切断了私服黑灰产的传播渠道，显著降低了其负面影响，从信息源头逐步铲除私服黑灰产滋生的土壤。

米哈游的专项维权行动多领域切入、全渠道发力，精准打击各种侵权行为，从盗版手办、制售外挂、泄密等侵权行为的排查打击到私服的集中治理，坚决遏制侵权发展势头，版权保护能力得到显著提升。

坚定开放合作，全链布局 IP 开发与授权

长期以来，米哈游始终坚持按照精品自研、长线运营的理念打造精品 IP，从游戏、小说、漫画、动画到周边等全链条开展布局，坚持开放合作模式，整合全链条资源打造出《原神》、《崩坏》系列等超级 IP。在 IP 开发层面，米哈游高度重视内容的创

新与品质，投入大量时间与资源打磨内容剧情与角色刻画，依托强大的数字技术持续完善游戏的美术设计、音乐制作与用户体验，确保《原神》、《崩坏》系列等 IP 具有独特的吸引力。2022 年，米哈游宣布与全球知名动画制作公司 ufotable（飞碟桌）共同制作《原神》长篇动画，携手国际知名的合作伙伴持续探索挖掘核心 IP 价值。

在 IP 授权方面，米哈游从品牌价值与市场影响力等层面出发，用工业化思维建立授权体系，多维度综合评估合作伙伴，依托高人气的原创 IP 持续开展跨界联动，例如《原神》与 KFC、必胜客、喜茶、达美乐等餐饮品牌联动，与张家界、桂林、黄龙等国家 5A 级景区联动，与三星、一加等数码品牌联动，以及与支付宝、高德地图等 App 联动……《原神》的 IP 授权联动品牌遍及国内外衣食住行等各行各业，甚至被合作伙伴誉为"流量密码"。

值得一提的是，米哈游还高度支持玩家群体的二次创作，坚持为粉丝二创开放 IP 授权，从公布游戏角色模型到免费发行游戏音乐专辑，甚至游戏内部分角色语音的分段展示等素材都授权给玩家群体。在这个过程中，米哈游成功将全球年轻的创作力量融入《原神》、《崩坏》系列 IP 之中，不断扩大游

戏 IP 在全球的"朋友圈",不同语言体系下的玩家通过创作和分享 IP 内容,助力 IP 用户群体扩大,在官方内容没有更新的时候,鼓励玩家对创作内容进行补充。最典型的案例就是《原神》,不仅有官方举办的全球交响音乐会巡演,还有玩家自发举办的二创音乐会"夏日回想",有大量玩家为原神创作的音乐作品在该音乐会上演出。

创新融合提升音乐品质 产学研用夯实创作基础

以"用音乐构筑世界"为宗旨,米哈游成立了原创音乐团队 HOYO-MiX,创作了《神女劈观》《轻涟》等一系列耳熟能详的音乐作品。仅《原神》游戏就累计发布了 17 张专辑 819 首音乐,HOYO-MiX 旗下原创音乐全球播放量已经超过 10 亿次。

HOYO-MiX 从未停止新的尝试,不断探索新的曲风,为创作添加了更多实验性元素。比如《原神》里须弥地区的音乐创作,正是团队对印度、中东地区传统民族音乐潜心研究的结果;《崩坏:星穹铁道》中对战"绝灭大君幻胧"时的音乐融入了中国国家级非物质文化遗产之一、人类非物质文化遗产之一的侗族大歌,在游戏的关键剧情中给人以身临其境的战栗。不同的民族文化和音乐符号,不仅是游戏世界观的体现与补充,还是音乐人创作上的养料。

此外,米哈游还通过校企合作、产学结合,实现优势互补、相互促进,推动各合作方共同在数字音乐领域获得更多具有开创性的成果。从 2021 年起,米哈游就与上海音乐学院共同发起设立"数字音乐专业联盟",意在培养更多数字音乐人才,提供施展拳脚的平台;双方还两度携手举办"上海音乐学院国际数字音乐节",希望通过这一赛事的持续举办,培育一批优秀的游戏音乐创作创意人才,为行业发展注入活力。

米哈游旗下音乐版权的保护与发展工作取得了显著成果,公司通过加强内部管理、跨界合作、创新创作等方式,不断提升音乐作品的品质和价值。在全球化发展的背景下,米哈游致力于打造民族品牌,为我国游戏产业的音乐版权保护与发展提供了有益借鉴。在未来,米哈游有望继续发挥自身优势,为玩家带来更多优秀的音乐作品。

版权让文化创作更有自信

文化创作,离不开版权保护。版权保护让原创作品更受尊重、更具价值,也让国内文化创作者更有底气、更加自信。

米哈游一直坚持原创 IP 的长线、精品化运营,每个原创 IP 都是在长创作周期、高研发投入下培育起来的。以《原神》为例,公司在创作和研发上耗时 4 年之久,前期研发团队达到了 500 人,投入的研发成本超过了 6 亿元,而且在产品上线后每年投入数亿元的研发费用。正是因为有了良好的正版环境,米哈游才敢于持续加大原创内容的投入。与此同时,米哈游原创 IP 和作品也因此具有了较高的商业价值。据第三方数据机构统计,2021 年、2022 年《原神》连续两年蝉联中国游戏出海收入第一名。

版权助力游戏更具文化内涵

版权兼具了创新和文化属性,在促进创意产业发展、推动中华优秀传统文化创造性转化和创新性发展方面具有天然优势。在版权的加持下,米哈游将传统文化与数字科技进行融合创造、创新表达,这些数字文创产品因此变得更加鲜活、更有生命力、更具有独特魅力。

《原神》上线近 3 年,在全球市场保持了不错的成绩,主要原因是创作团队在产品中以传统文化

为源，依托数字技术不断进行内容创新，并以高品质展现。比如《原神》中"若陀龙王"这一角色的灵感就来源于商代殷墟遗址妇好墓和汉代画像砖中的"鳄形的龙"，该角色的战斗背景音乐是《原神》中第一首谱汉语歌词的音乐，歌词仿照楚辞体，凸显大气磅礴的悲壮气概。从"若陀龙王"的名字来源、外形设计，到"创龙点睛""世事易变，匪石弗转"的剧情，都充满深厚的传统文化底蕴，深受全球用户的喜爱。

《崩坏：星穹铁道》上线后快速登顶中美日韩等136个国家及地区应用商店下载榜单，创造了国产游戏出海的新纪录。该游戏将东方美学内涵融入科幻世界的创作中，跟世界物质文化遗产西递宏村开展联动，以当地徽派建筑为基底塑造东方韵味的科幻建筑，让灰瓦白墙林立于科幻画布之上，打造出一个"仿佛从国画中走出来"的国风科幻世界。创作团队巧妙运用中国神话故事包装科幻世界，例如国风地图"仙舟罗浮"的世界设定来自"秦皇遣徐福求仙药"的古老神话；仙舟上的交通工具"星槎"的创意，则参考了晋代张华的《博物志》中一篇名为《八月槎》的文章，文中描述旧时"天河与海通"，人们乘浮槎往来，这浮槎正体现出古人对宇宙航天幻想的一种寄托。

版权助推中华文化
由"走出去"到"走进去"

随着我国版权产业国际运营能力不断增强，版权保护体系日臻完善并与国际接轨，版权为中华文化"走出去"保驾护航，让中国文化企业全力出海，让我们能够专注于传承好中华文化，在世界舞台上讲好中国故事。

2021年《原神》入选国家文化出口重点项目，目前被翻译成英、德、法、意、俄、日、韩等14种语言，已在全球200多个国家和地区发行，尤其是在美日韩欧等发达国家和地区市场取得了不错的成绩，成为传播中华文化的有效载体。同时我们持续探索中国故事的创新表达方式，让中华文化"走出去"，更"走进去"。在2022年春节前夕，我们以"京剧"为创作灵感，在《原神》中推出了新角色"云堇"，盔头靠旗、戏曲唱白……人物设定充满了传统戏曲元素，其表演的《神女劈观》唱段唱出了全球玩家的故事与心声，这个角色甫一推出就在全球掀起了一轮京剧热。同年在德国科隆展上就有外国乐队现场演唱了《神女劈观》，油管上还有不少视频，教外国玩家如何念这些中文发音、如何演唱《神女劈观》。

除了在游戏内对国风场景与角色的刻画，《崩坏：星穹铁道》还在剧情视频中向世界展示传统水墨技艺、龙鳞装与走马灯等非遗文化，尤其是在剧情视频《千星纪游》中，除了国人耳熟能详的水墨画风之外，《崩坏：星穹铁道》还通过现代对话的方式讲述仙舟"罗浮"的劫难与沉浮，既包罗了"顺乎万物，道法自然"的老庄思想，又与佛家所提出的"缘起缘灭，因果轮回"相契合。两种中式哲学思想的碰撞之下，《崩坏：星穹铁道》正在以自己独有的方式，让全球范围的更多玩家接触和感知中华文化。

版权作为知识产权的重要组成部分、文化的基础资源、创新的重要体现，有力支撑着文化强国建设。近几年包括电影、动漫、游戏等在内的许多中国文化产品，在全球具有一定的传播力和影响力，正是得益于国内从业者大力推进版权强国建设。米哈游未来一定会涌现出更多内容优质、打动人心的精品力作，推动中华文化更好地走向世界。

掌阅科技股份有限公司

掌阅科技股份有限公司成立于2008年9月,于2017年9月在上海证券交易所主板上市,主要产品及服务包括《掌阅》App、掌阅文学、掌阅精选、掌阅课外书、掌阅国际版、iReader阅读器等。掌阅先后与国内外上千家出版公司、文学网站等建立了良好合作关系,为全球150多个国家和地区的用户提供高品质的图书内容和智能化的阅读体验。

掌阅在知识产权工作方面获得的荣誉和称号如下:

2014
全国版权示范单位

2015
世界知识产权组织版权金奖——知识产权推广运用奖

2018
CCPC十大中国著作权人

2017年9月 掌阅科技在上海证券交易所挂牌上市

2019年掌阅成为《学习强国》学习平台重要数字内容资源合作伙伴

2021年掌阅精选与上海政协"国是书院"线上读书频道达成合作,并提供内容资源及技术支持

2016年掌阅与国际知名出版集团哈珀·柯林斯签约

2021年掌阅荣膺第五届中国出版政府奖先进出版单位称号

2019年掌阅获批成为国家文化和科技融合示范基地

掌阅荣获世界知识产权组织版权金奖和第四届中国出版政府奖

2019—2024年中国版权协会第六届理事会副理事长单位

掌阅在做好自身发展同时，一贯注重知识产权保护，积极配合相关政府部门维护市场健康发展，先后当选中国版权协会副理事长单位、中国音像与数字出版协会副理事长单位、中国出版协会常务理事单位、中国专利保护协会理事单位、中华商标协会会员。掌阅组建了专业的知识产权团队，在著作权、专利、商标各方面均建立了完善的保护制度，为公司内部所有的业务部门提供全面、专业的业务支持。

2019

年度优秀商标法务团队

北京市知识产权示范单位

国家知识产权优势企业

2021

第二十二届中国专利优秀奖

2022

第二十三届中国专利优秀奖

国家知识产权示范企业

专利

国家知识产权示范企业

掌阅高度重视技术创新，围绕移动阅读核心技术加大研发投入，采用前后台技术并举、软硬件产品结合的策略，基于严格的专利评选和审核机制建立高质量专利体系，并通过专利转让、许可等一系列运营工作，实现了业务孵化专利、专利反哺业务的良性闭环。

商标

优秀商标法务团队

掌阅重视品牌建设，始终坚信并坚持"产品未动，商标先行"的理念，紧密围绕产品布局商标，拥有海内外商标过千件，形成了品牌保护的第一道屏障和基石。公司同时建立了成熟的商标保护体系，成功维权案件千余件，为公司业务拓展营造了可靠、安全的品牌环境。

著作权

版权保护示范单位

掌阅始终坚持正版路线，与出版社、版权机构、文学网站、作家合作获取海量正版图书授权。公司通过传播正版、抵制盗版的方式营造良好的行业环境，促进行业涌现更多优质数字版权，形成良性互动，为行业的长远发展作出了突出贡献。

文 百度文库

一站式AI内容创作平台

百度文库汇集超12亿的专业文档资源和学习资料，同时还为用户提供智能文档、PPT、思维导图、研究报告等多内容的生成与编辑、多语言文档智能总结与问答、合并参考生成等多种AI能力，结合自然语言指令在全场景的应用，极大提升了用户创作的效率与质量。

12亿+
文档资源
全面覆盖

海量优质
文档资源

4亿+
学术资料
全网领先

全场景、多模态
AI内容生产能力

NO.1
国家工信安全中心
PPT生成领域评分

新能力，带来AI原生创作方式

· **简单交互智能成稿**

智能文档、PPT、思维导图、研究报告等多内容直接生成/编辑

· **从零起步查阅脑暴**

智能脑暴/大纲写作、海量素材、启发灵感

智能总结/智能问答：高效辅助阅读

生成	编辑	美化	二次编辑与美化	使用
头脑风暴 大纲写作 文本创作 …	续写、缩写 扩写、润色 改变语气&风格 …	智能排版 重点标注 …	根据文本 制作PPT 选择PPT模板 一键生成PPT	内容导出 Word PPT、PDF

写规划、写方案、做PPT、写演讲稿、写总结、做思维导图、做研究报告……一句话生成，所想即所得

移动创作场景，AI能力同样强大

**全场景
语音指令**

语音交互高效编辑

**多种文档
一站搞定**

不同格式无缝切换

**覆盖多样化
内容需求**

工作、生活
多场景生成

方正字库 FounderType

方正字库创新示范展示

2022 年，由方正字库参与设计的冬奥专用字体在北京第二十四届冬季奥林匹克运动会上广泛应用；冬奥专用汉字设计以冬奥口号——"一起向未来"为代表，成为了营造北京冬奥氛围的重要元素以及本届冬奥会视觉形象景观的特色之一。与此同时，方正字库精品字体全面助力北京 2022 年冬奥会和冬残奥会：方正悠黑作为引导标识系统中文专用字体，被广泛应用于各场馆的行人导向、功能区域和公共信息标识；开、闭幕式引导牌使用了经过反复试验、优化调整的方正魏碑字体；方正锐正黑、方正字迹 - 吕建德行楷、方正兰亭黑、方正尚酷体、方正正黑、方正水云等字体成为各类媒体进行冬奥文化宣传的选择对象。

作为中文字体设计领域的领导者，方正字库一向以字款丰富，品质精良，适用面广，能迅速满足客户需求而享有盛誉。2022 年，方正字库隆重召开"方正 2022 字体设计大会"，集中发布合计 447 款新字体，涵盖创意黑体、创意宋体、创意卡通、传统书法、现代手书等品类，满足包装、广告、影视、短视频等多领域的用字需求。会上，方正字库分别和美的、abC 艺术书展、壹基金联合发布全新品牌定制字体。方正字库定制字体服务，将企业文化和品牌形象融于字形笔画中，以字体向大众诉说品牌故事，已经成为众多知名大企业品牌的不二选择。

■ 中国人 方正字 ■

2022 年，方正字库正式发布上线方正汉文正楷大陆简体版。汉文正楷是近现代中国出版印刷业界最具影响力的楷体活字之一，也是当时字种、字号最完备，质量最高的活字字体家族，自创制以来，其影响持续存在。方正字库通过 6 年的数字化复刻再设计，让汉文正楷楷体活字在诞生 90 年后以计算机字库的崭新面貌重新面世。

2022 年，第十一届『方正奖』设计大赛圆满收官，字体设计新生力量崭露头角。『方正奖』设计大赛发起于 2001 年，是国内最早举办的字体设计赛事，也是中国最具影响力和号召力的设计赛事之一。第十一届『方正奖』设计大赛正式设置字体设计、字体应用两大竞赛单元，希望进一步看到不同领域的设计师通过精妙的应用，让字体更具生命力和价值。大赛历时 6 个月的征集，共收到 5273 份参赛作品；经过十五位专家专业、细致、严格的评审，最终共有 60 件参赛作品、26 位指导老师、23 家合作院校获奖。

2022 年，秉持着无障碍设计的初衷，方正字库与阿里健康大药房以满足视障人士的用字需求为目标，共同完成了首套中文盲文注音字库的创想。作为首款包含中文与盲文的定制字体，阿里健康体严格遵循中国盲文国家标准规范，方正字库设计团队在盲文研究专家的协助下，实现了中文汉字与盲文字符的串联与对应，打造出了首款囊括拼音、盲文与中文的多功能字库。在满足中文字体应用的前提下，注音字符帮助患者有效消除药品生僻字的认读障碍；盲文字符则为视障人士创造了更加便利、无障碍的环境，提高所有患者购药的便捷性，同时呼吁社会关注弱势群体。

"保障客户利益"是方正字库的服务宗旨，遍布全国的分支机构是提供服务的基础，方正字库不但提供优质的产品，更提供完善的服务和最佳的解决方案。方正字库广泛听取法官和专家的意见，不断完善商业模式，推出了字体家庭版和企业版，用户可以根据需要购买。针对商业授权，方正字库可以提供丰富的场景化字体授权服务，力图为每一位商业客户打造完整的用字方案。"中国人，方正字"，希望所有中国人，都能享受到方正提供的字库服务！

方正字库
FounderType

出了实践知识产权一体化保护的新思路。该书详尽地分析了实践中知识产权一体化保护所存在的问题，分享了知识产权一体化保护的成功案例，给出了知识产权一体化保护的具体启示，认为知识产权一体化保护可以更好地保护智力成果，促进创新发展。

67.《知识产权精品案例评析（2021）》，广州知识产权法院组织编写，黎炽森主编，北京：知识产权出版社，2022年11月。

该书延续广州知识产权法院"知识产权精品案例评析"系列丛书的案例汇编思路，推出2021年法院精心锻造的精品案例，展示法官服务和保障科技创新、准确划定权利边界、统一侵权判定尺度、勠力破解审判难题、平等保护市场主体的司法成果。该书适合法官、律师、企业法务、知识产权行政管理人员、知识产权代理师等法律从业人员日常工作使用，也适合知识产权专业教学研究人员参考使用。希望读者能从法官们的现身说法中体会到知识产权法院判决的温度、深度和亮度，从提炼的裁判规则中感受知识产权司法保护的及时性、合理性和权威性。

68.《著作权法理论新探索》，杨源哲、杨振洪著，北京：法律出版社，2022年11月。

该书针对我国著作权法理论研究和司法实践中众说纷纭的重大现实问题，借鉴国外相关理论研究成果和实践经验，进行了比较深入的学术研究。本书共分上、下两册，包含著作权法学研究导论，著作权法理论三大范畴论，著作权制度历史演进论，著作权法基本原则论，著作权取得、主体与归属论，著作权客体论等六章。

69.《广东涉外知识产权年度报告（2021）》，赵盛和、李晓宇、魏远山、常廷彬编著，北京：知识产权出版社，2022年12月。

该书立足广东省涉外知识产权的司法和行政保护以及省内企业海外布局等情况，从整体上分析我国知识产权的状况，结合广东省知识产权保护司法审判特点和行政制度建设特色，为进一步完善我国的知识产权法律制度，提高行政机构的知识产权管理和服务能力，提升知识产权的司法和行政保护水平，增强企业在国内和国外两个市场进行知识产权创造、应用和防范、应对知识产权风险的能力，推动我国"一带一路"倡议、"走出去"等政策的实施，提供智力支持。

70.《9＋2城市群知识产权研究报告（2021）》，卢纯昕、曾凤辰、刘洪华等编著，北京：知识产权出版社，2022年12月。

该书着眼于9＋2城市群成为国际科技创新中心的发展目标，在对比该区域11座城市知识产权制度、政策及发展状况的基础上，从宏观层面上对9＋2城市群知识产权建设中面临的问题进行研究并给出解决思路，探讨并回答了如何能促进区域城市群内知识产权的协同合作，保障区域城市群内知识产权工作的实效，从而实现区域城市群的创新发展建设。

71.《知识产权领域信用惩戒制度研究》，柯林霞著，杭州：浙江大学出版社，2022年12月。

该书首先对信用惩戒的基本理论问题进行了概述，包括概念、分类、范围和功能等，建立起信用惩戒制度的总体边界，这对任何社会领域信用惩戒制度都有制约和导向作用。其次，联合惩戒制度是我国独有的一项制度，也是信用惩戒制度的一种高级形式，要在信用惩戒制度中予以重点关注。最后，分析知识产权领域信用惩戒的现状、问题和改革方向。知识产权领域信用惩戒在适用上引发的问题及其相应解决方案的探索是该书研究的重点，包括传统诚信道德的现代化转型、知识产权失信行为的日常规范化管理、条分缕析的信用惩戒的方案等。

72.《网络版权交易商事规则研究》，史辉、段丰乐著，北京：知识产权出版社，2022年12月。

该书针对我国目前有关网络版权交易规则研究的缺失现状，探讨了完善网络版权财产权交易制度的具体对策，对建立和完善我国网络版权交易市场，推动我国版权财产权交易活动，实现作品及网络版权产业创新发展提供了理论依据和决策参考。

73.《中国数字版权保护与发展报告2022》，中国人民大学国家版权贸易基地编，白连永主编，北京：知识产权出版社，2022年12月。

该书分为总报告、行业篇、城市篇、专题篇四个部分，对2021年我国数字版权保护与发展状况进行了全面回顾与系统分析，对当前数字版权领域的热点与焦点问题进行了专题研究。总报告全面回顾了2021年我国数字版权相关的政策与法制进展，重点阐述了数字版权产业的市场规模、商业模式及重点行业的发展现状与发展趋势，深入分析了数字版权的司法保护、行政保护与社会协同治理情况。行业篇选取数字阅读、数字音乐、网络视频、网络新闻、网络动漫、网络游戏六大代表性行业，开展专项研究。城市篇选取北京、重庆、长沙、佛山四个数字版权保护与发展特色城市，梳理其数字版权保护与发展的社会环境、产业发展状况、2021 年版权保护工作。专题篇选取 2021 年数字版权保护与发展的热点和焦点问题，包括数字版权交易机制、NFT 在版权保护与交易中的应用、虚拟偶像"表演"《著作权法》规制的困境及其破解等热点问题进行学理研究，为理论发展与产业实践提供学术支持。

74.《著作权侵权判决的影响因素研究：理论与实证》，田燕梅著，北京：中国社会科学出版社，2022 年 12 月。

该书综合运用经济学、法学理论及研究方法，从法律经济学视角对著作权侵权判决影响因素进行理论与实证研究。首先，综合各种司法行为决策模型及理论，在法律制度、案件事实、当事人策略行为框架下提出著作权判决影响因素理论。其次，利用判决书微观数据，对著作权侵权法院判决特征进行统计分析。最后，从锚定效应、当事人诉讼定价能力、当事人策略性诉讼角度实证检验各影响因素对判决的影响。该书验证了著作权侵权法院判决存在锚定效应，并从诉讼定价能力视角将当事人资源对法院判决的影响更推进一步，提出了诉讼定价能力理论，提高了理论的解释力；探讨了当事人策略性诉讼产生的机理和行为特征，检验新闻事件冲击下策略性诉讼对法院判决的影响。

75.《知识产权法学》，孙玉荣主编，北京：知识产权出版社，2022 年 12 月。

该书吸收国内外知识产权法学界的最新研究成果，结合我国现行知识产权法律、法规和司法解释，从理论和实务角度对知识产权法律制度的基础理论和基本制度进行系统深入研究，由浅入深，详尽介绍知识产权法的基本制度、理论及相关实务问题，包括知识产权法总论、著作权法、商标法和专利法。该书内容全面、重点突出、讲述精细、深浅适中，力求做到科学性、系统性与实践性的统一。

76.《高校知识产权贯标策略及实务》，付坤、李建伟、乔冠宇等著，北京：知识产权出版社，2022 年 12 月。

该书以解决高校贯标实际问题为宗旨，对高校实施知识产权贯标的背景、意义、作用、路径、预期目的、标准条款难点把握等进行系统论述，解答了贯标费用、贯标流程、制度建设等实际操作问题；采用高校知识产权案例进行解读和诠释，方便读者理解。

77.《网络法律评论（第 24 卷）》，杨明主编，北京：知识产权出版社，2022 年 12 月。

该书由专题特稿、平台治理、知识产权 3 个部分共 8 篇文章组成。书中既有关于经济移植的理论建构的专题研究，也有针对消费者主权对竞争的价值的探索，还有关于网络著作侵权"通知—删除"机制与"避风港规则"的再平衡，以及平台规则的效力等方面的讨论，从不同角度展现了网络法律领域近期新的研究成果和发展趋势。该书可为读者了解国内外网络法律领域热点问题的研究成果提供参考。

78.《个人制造视域下 3D 打印版权侵权问题研究》，马秋芬著，北京：知识产权出版社，2022 年 12 月。

该文首先全面梳理 3D 打印生态系统，分析 3D 打印流程中各参与主体身份和版权客体特殊生成方式，突出 3D 打印中版权侵权主体多样、作品大多数具有实用性的特征。其次，研究个人制造 3D 打印版权侵权类型及其构成要件。直接侵权行为涉及行为人未经版权人许可"复制、传播和演绎"等使用作品的行为，间接侵权行为涉及"帮助、教唆"行为人实施侵权行为。鉴于 3D 打印网络服务提供平台在作品交易过程扮演的角色，其不适用安全港原则，直接按照一般侵权共同侵权规则认定即可。对于个人 3D 打印版权侵权例外，主要分析合理使用判定标准，在人人都可以成为作者的背景下，转换性使用可以作为合理使用判定标准，而不再分析作品使用行为的商业性目的。最后，在新《著作权法》正式施行之际，分析开放型版权客体类型对 CAD 文档作品资格认定的影响，为兼具艺术和实用功能作品的保护提供实体法依据，同时在整个版权法体系内对作品进行类型化规定。另外，合理使用在立法技术上采开放式列举，应对不断变化的技术可能会给版权法带来的挑战，探析应该如何把握合理使用判定标准。明晰 3D 打印版权侵权规则，既能为技术发展提供良好法律环境，又能为人们在文档共享和产品打印过程中提供行为指导。

统计资料

TONG JI ZI LIAO

2022 年中国版权统计资料

2022 年全国作品登记情况统计表

单位：份

	合计	文字	口述	音乐	曲艺	舞蹈	杂技	美术	摄影	建筑	影视	设计图	地图	模型	其他
合 计	4 531 857	350 450	1 459	33 209	659	706	52	2 145 750	1 604 703	530	128 730	44 921	1 231	1 039	218 418
中国版权保护中心	506 051	24 284	10	2 161	22	351	3	430 963	4 262	37	28 988	2 976		114	11 880
北 京	1 047 270	1 919		16 138				75 659	950 966				1	4	2 583
天 津	92 319	592		46	1	1		5 391	3 213			1 715	13	3	81 344
河 北	131 522	33 461	51	268	47	81	11	25 076	49 314	50	2 620	15 717	9	32	4 785
山 西	913	99		5				673	56		64		1		15
内蒙古	6 110	1 053		429	45	55	1	2 847	1 142	2	111	55		9	361
辽 宁	31 986	1 040		118			4	12 527	17 651		574		6	1	65
吉 林	2 605	146		64				1 455							940
黑龙江	7 146	319		70				4 489	1 490		449		2	1	326
上 海	382 000	47 399		2 724		3		245 755	49 770		22 633	139	70	15	13 492
江 苏	334 896	43 506	409	662	30	24	2	226 203	18 628	10	7 559	786	315	20	36 742
浙 江	47 825	1 521	1	172	10			38 870	5 697	1	543	22	4		984
安 徽	265 386	53 863	65	536	194	21	15	44 961	146 937	335	15 649	1 816	12	240	742
福 建	285 778	7 202		435	4		3	228 874	36 731	10	8 538	1 139	8	13	2 821
江 西	64 808	12 671		272	13	40		33 130	7 264	10	10 910	92	74	8	324
山 东	254 367	19 128	135	1 420	182	24	8	176 240	42 797	14	5 389	5 716	15	218	3 081
河 南	2 709	551	376	25		17		1 536	110		47	9	2	1	35
湖 北	86 197	4 703		173	1			65 065	328		4 821	5	6		11 095
湖 南	138 929	30 403	25	3 044	1	37		39 327	54 812		6 945	874	280	54	3 127
广 东	55 737	1 485		930	53	9		39 067	5 854	16	2 578	1 667	323	4	3 751
广 西	3 215	469		80		1		2 174	139		17	195		8	132
海 南	438	63		54				259		1	44	16			1
重 庆	170 195	4 361	1	209	5	4	1	45 577	84 970	10	1 323	447	11	29	33 247
四 川	229 022	38 048	4	1 113	46	24	4	103 329	83 938	28	2 129	176	8	107	68
贵 州	243 518	2 253		793	2	4		220 179	5 411	1	1 924	10 985	60	123	1 783
云 南	51 538	11 648		745				13 485	19 995		1 312	26			4 327
西 藏	2	2													
陕 西	37 082	3 449		93	1			21 144	9 417		2 839	3	14	3	119
甘 肃	50 321	4 392	382	146		5		40 564	3 689	5	670	213	1	25	229
青 海	33	1		1				30							1
宁 夏	1 337	131		242	2	4		782	119		43	1		12	1
新 疆	602	288		41		1		119	3		11	121	1		17

2022 年全国版权合同登记情况统计表

单位：份

	合计	图书	期刊	音像制品	电子出版物	软件	电影	电视节目	其他
合　计	16 215	13 038	48	714	53	1 527	0	0	835
中国版权保护中心	1 038			701		337			
北　京	7 182	7 129	48		4	1			
天　津	301	301							
河　北	168	168							
山　西	7	7							
内蒙古									
辽　宁	214	213				1			
吉　林	21	21							
黑龙江	71	71							
上　海	1 125	1 072		13	40				
江　苏	1 390	535				855			
浙　江	783	451				332			
安　徽	42	42							
福　建	89	89							
江　西	114	114							
山　东	139	139							
河　南	92	92							
湖　北	171	167			4				
湖　南	247	247							
广　东	1 047	207			5				835
广　西	280	280							
海　南	110	110							
重　庆	276	276							
四　川	950	949				1			
贵　州	23	23							
云　南	158	158							
西　藏									
陕　西	155	155							
甘　肃	5	5							
青　海									
宁　夏									
新　疆	17	17							

2022 年全国版权执法情况统计表

案件查处情况				收缴盗版品情况			
项目	上年度数量	本年度数量	同比增减（%）	项目	上年度数量	本年度数量	同比增减（%）
行政处罚数量（起）	2 665	2 930	9.94	合计	7 096 151	11 328 677	59.65
案件移送数量（件）	212	215	1.42	书刊（册）	5 154 128	9 376 338	81.92
检查经营单位数量（家）	293 097	299 588	2.21	软件（张）	125 606	99 972	−20.41
取缔违法经营单位数量（家）	775	841	8.52	音像制品（盒、张）	700 779	530 606	−24.28
查获地下窝点数量（个）	196	194	−1.02	电子出版物（张）	103 882	191 163	84.02
其中：地下光盘生产线（条）	35	46	31.43	其他（件）	1 011 756	1 130 598	11.75
违法经营网站服务器（个）	758	761	0.40	未分类项			
罚款金额（人民币元）	25 135 271	36 769 428	46.29				

2022 年全国引进出版物版权汇总表

原版权所在国家或地区名称	合计	图书	录音制品	录像制品	电子出版物
引进出版物版权总数（项）	10 904	10 791	39	72	2
美 国	3 411	3 397	14	0	0
英 国	2 326	2 313	10	3	0
德 国	687	685	0	2	0
法 国	610	602	1	7	0
俄 罗 斯	73	72	0	1	0
加 拿 大	112	108	0	4	0
新 加 坡	203	197	0	5	1
日 本	1 695	1 679	9	7	0
韩 国	455	428	0	27	0
香港地区	78	70	3	4	1
澳门地区	6	6	0	0	0
台湾地区	331	328	1	2	0
其 他	917	906	1	10	0

2022 年全国输出出版物版权汇总表

版权购买者所在国家或地区名称	合计	图书	录音制品	录像制品	电子出版物
输出出版物版权总数（项）	11 908	11 072	247	18	571
美　国	686	653	0	0	33
英　国	426	394	0	0	32
德　国	462	413	0	0	49
法　国	211	194	0	0	17
俄 罗 斯	816	794	6	0	16
加 拿 大	224	208	0	0	16
新 加 坡	536	468	3	12	53
日　本	352	341	0	0	11
韩　国	439	404	0	1	34
香港地区	1 326	1 083	228	0	15
澳门地区	9	9	0	0	0
台湾地区	956	880	0	0	76
其　他	5 465	5 231	10	5	219

名 录

MING LU

版权主管部门

国家版权局

地　址：北京市西城区宣武门外大街 40 号

邮　编：100052

电　话：010-83138740

传　真：010-83138737

网　址：www.ncac.gov.cn

北京市版权局

地　址：北京市通州区运河东大街 56 号院 1
号楼

邮　编：100743

电　话：010-55569229

传　真：010-55569034

天津市版权局

地　址：天津市河西区宾水道 9 号环渤海发展
中心 A 座

邮　编：300202

电　话：022-28209051

传　真：022-28209014

河北省版权局

地　址：河北省石家庄市维明南大街 46 号

邮　编：050052

电　话：0311-87907743

传　真：0311-87907759

山西省版权局

地　址：山西省太原市迎泽大街 369 号

邮　编：030001

电　话：0351-4045770

传　真：0351-4045770

邮　箱：sxsbqj@163.com

内蒙古自治区版权局

地　址：呼和浩特市如意开发区敕勒川大街
1 号

邮　编：010010

电　话：0471-48255542

传　真：0471-48255542

邮　箱：nmgbqjbqc@163.com

辽宁省版权局

地　址：沈阳市和平南大街 45 号

邮　编：110822

电　话：024-23128820

传　真：024-23128820

邮　箱：lnsbqj@163.com

吉林省版权局

地　址：长春市文化街 48 号新发大厦

邮　编：130051

电　话：0431-88905842

传　真：0431-88965400

黑龙江省版权局

地　址：哈尔滨市南岗区花园街 339 号

邮　编：150001

电　话：0451-87733029

传　真：0451-87733029

上海市版权局

地　址：上海市绍兴路 5 号

邮　编：200020

电　话：021-64370176

传　真：021-64332452

江苏省版权局

地　址：南京市鼓楼区北京西路 70-1 号

邮　编：210013

电　话：025-88802956

传　真：025-88802954

邮　箱：jsbq2010@163.com

浙江省版权局

地　址：杭州市省府路 8 号

邮　编：310025

电　话：0571-81050763

传　真：0571-81050763

安徽省版权局

地　址：合肥市中山路 1 号

邮　编：230091

电　话：0551-62607437

传　真：0551-62607437

邮　箱：anhuibanquan@126.com

福建省版权局

地　址：福州市晋安区六一北路 233 号新闻大厦

邮　编：350013

电　话：0591-87532711

传　真：0591-87532711

江西省版权局

地　址：南昌市红谷滩新区卧龙路 999 号

邮　编：330038

电　话：0791-88912724

传　真：0791-88912724

山东省版权局

地　址：济南市纬一路 482 号

邮　编：250001

电　话：0531-51775308

传　真：0531-51775308

邮　箱：sdbq8606@126.com

河南省版权局

地　址：郑州市金水区金水路 17 号

邮　编：450003

电　话：0371-65905451

传　真：0371-65905450

邮　箱：hnsbqj@163.com

湖北省版权局

地　址：武汉市武昌区黄鹂路 39 号

邮　编：430077

电　话：027-68892427

传　真：027-68892427

湖南省版权局

地　址：长沙市韶山北路 1 号

邮　编：410001

电　话：0731-81126530

传　真：0731-81128242

邮　箱：hncopyright@126.com

广东省版权局

地　址：广州市越秀区合群三马路省委大院 4 号楼

邮　编：510082

电　话：020-87197981

传　真：020-87195252

广西壮族自治区版权局

地　址：南宁市民族大道 112 号广西新闻中心 7 楼

邮　编：530028

电　话：0771-2092981

传　真：0771-2093002

海南省版权局

地　址：海口市国兴大道 69 号

邮　编：570203

电　话：0898-65396384

传　真：0898-65336134

邮　箱：wtt. tuyin@hainan. gov. cn

重庆市版权局

地　址：重庆市渝中区中山四路 36 号

邮　编：400015

电　话：023-63897692

传　真：023-63897326

四川省版权局

地　址：成都市青羊区商业后街 3 号

邮　编：610072

电　话：028-63090679

传　真：028-63090679

邮　箱：scbbanquanchu@163.com

贵州省版权局

地　址：贵阳市延安中路 5-9 号

邮　编：550001

电　话：0851-85813428

传　真：0851-85823147

云南省版权局
地　址：昆明市环城西路 609 号新闻出版大楼
邮　编：650034
电　话：0871-64192869
传　真：0871-64192869
邮　箱：xcbbqglc@email.yn.gov.cn

西藏自治区版权局
地　址：拉萨市城关区江苏路 1 号
邮　编：850012
电　话：0891-6329729
传　真：0891-6329729

陕西省版权局
地　址：西安市雁塔路 10 号
邮　编：710054
电　话：029-85223059
传　真：029-85223196
邮　箱：sxbqc@163.com

甘肃省版权局
地　址：兰州市城关区东岗西路 226 号

邮　编：730030
电　话：0931-8539537
传　真：0931-8539537
邮　箱：gsbqj@163.com

青海省版权局
地　址：西宁市城中区七一路 346 号
邮　编：810099
电　话：0971-8484165
传　真：0971-8484165
邮　箱：qhsbqc@163.com

宁夏回族自治区版权局
地　址：银川市金凤区康平路 1 号
邮　编：750066
电　话：0951-6669704
传　真：0951-6669704

新疆维吾尔自治区版权局
地　址：乌鲁木齐市北京南路 591 号
邮　编：830011
电　话：0991-3637543
传　真：0991-3637542

版权公共服务机构

中国版权保护中心
地　址：北京市西城区天桥南大街 1 号天桥艺术大厦 A 座 3 层
邮　编：100050
电　话：010-68003887
网　址：www.ccopyright.com

北京版权保护中心
地　址：北京市东城区朝阳门内大街 55 号新闻出版大厦
邮　编：100010
电　话：010-64081206

河北省版权保护中心
地　址：石家庄市和平西路新文里 8 号

邮　编：050071
电　话：0311-67561197
传　真：0311-67561112

中国（上海）自由贸易试验区版权服务中心
地　址：上海市浦东新区台中南路 138 号
邮　编：200131
电　话：021-58300613

浙江省版权服务中心
地　址：杭州市拱墅区万通中心 5 幢 303 室
邮　编：310006
电　话：0571-85062879
传　真：0571-85062879
网　址：home.zjbanquan.org

江西省版权保护中心
地　址：南昌市红谷滩区翠林路 339 号
邮　编：330038
电　话：0791-86895220
传　真：0791-86894610
邮　箱：jxcopyright@163.com
网　址：www.jxbq.gov.cn

湖北省版权保护中心
地　址：武汉市武昌区公正路 9 号
邮　编：430077
电　话：027-87329653
传　真：027-87329148
网　址：www.ccct.net.cn

重庆市版权保护中心
地　址：重庆市渝中区人民路 248 号盛迪亚商
　　　　务大厦 29 楼

邮　编：400015
电　话：023-67708230
传　真：023-67708230
邮　箱：cpc1604@yaho.com.cn
网　址：www.cqca.com.cn

山西省版权保护中心
地　址：太原市并州北路 31 号
邮　编：030001
电　话：0351-4088107
传　真：0351-4113046
邮　箱：sxbanquan@163.com

甘肃媒体版权保护中心
地　址：兰州市城关区白银路 123 号
邮　编：730030
电　话：0931-8159799
邮　箱：gsmtbqzx@163.com

版权协会

中国版权协会
地　址：北京市朝阳区化工路甲 18 号东进国际
　　　　中心 A 座 5 层
邮　编：100023
电　话：010-68003910
传　真：010-68004450
邮　箱：csc@csccn.org.cn
网　址：www.csccn.org.cn

首都版权协会
地　址：北京市朝阳区焦化路甲 18 号东进国际
　　　　中心 12 层
邮　编：100023
电　话：010-64081085
邮　箱：bjcopyright@sdbq.org
网　址：www.sdbq.org.cn

天津市版权协会
地　址：天津市南开区长实道 19 号
邮　编：300191
电　话：022-23678898
传　真：022-23678898

邮　箱：tjbqxh@126.com

河北省版权协会
地　址：石家庄市和平西路新文里 8 号
邮　编：050071
电　话：0311-67561090
传　真：0311-67561112
邮　箱：hebeicopyright@126.com

山西省版权协会
地　址：太原市建设南路 21 号
邮　编：030012
电　话：0351-4922243
传　真：0351-4922249
邮　箱：3523482@163.com

辽宁省版权保护协会
地　址：大连经济技术开发区辽河东路 9 号
邮　编：116600
电　话：024-23285966，0411-84522067
邮　箱：94210505@qq.com

吉林省版权保护协会

地　　址：长春市人民大街 4646 号出版大厦
　　　　　318 室

电　话：0431-84481809

黑龙江省版权保护协会

地　　址：哈尔滨市道里区田地街 106 号

邮　编：150010

电　话：0451-84691240

邮　箱：65340255@qq.com

上海版权协会

地　　址：上海市浦东新区盛夏路 666 号 D 栋
　　　　　703 室

邮　编：201012

电　话：021-50278103

传　真：021-50278103

江苏省版权协会

地　　址：南京市鼓楼区高云岭 56 号

邮　编：210009

电　话：025-83207838

传　真：025-83207838

邮　箱：jssbqxh@163.com

浙江省版权协会

地　　址：杭州市拱墅区万通中心 5 幢 303 室

邮　编：310006

电　话：0571-88137853

传　真：0571-88137853

安徽省版权保护协会

地　　址：合肥市包河区大圩镇花园大道 365 号
　　　　　滨湖卓越城 A2 座 301 室

邮　编：230071

电　话：0551-63352513

传　真：0551-63351057

邮　箱：ahwjsbq@163.com

福建省版权协会

地　　址：福州市东水路 76 号

邮　编：350001

电　话：0591-87535956

传　真：0591-87535956

邮　箱：fjsbqxh@163.com

山东省版权协会

地　　址：济南市纬一路 482 号

邮　编：250062

电　话：0531-51775308

传　真：0531-51775308

网　址：sdbq8606@126.com

湖北省版权保护协会

地　　址：武汉市武昌区黄鹂路 39 号

邮　编：430061

电　话：027-68892427

传　真：027-68892427

湖南省版权保护协会

地　　址：长沙市开福区鸭子铺路马栏山创智园

邮　编：410001

电　话：0731-85045985

广东省版权保护联合会（广东省版权事务所）

地　　址：广州市海珠区新港东路 1066 号国茶荟
　　　　　3 楼

邮　编：510320

电　话：020-37667333，37638239

传　真：020-37638192

邮　箱：gdcopyright@gdpg.com.cn

广西版权保护协会

地　　址：南宁市青秀区望园路 13 号

邮　编：530023

电　话：0771-5346956

传　真：0771-5346956

邮　箱：2625654003@qq.com

海南省版权协会

地　　址：海口市海南大学社科联楼 708 房

邮　编：570100

电　话：0898-66279188

传　真：0898-66259079

邮　箱：736039153@qq.com

四川省版权保护协会

地　　址：成都市大石西路 36 号 9 幢 3 单元 4 楼
　　　　　5 号

邮　编：610072

电　话：19113120715

贵州省版权保护协会
地　址：贵阳市南明区青云路 474 号
邮　编：550002
电　话：0851-82273157

云南省著作权保护协会
地　址：昆明市环城西路 609 号新闻出版大楼
邮　编：650034
电　话：0871-64110371
传　真：0871-64110371

陕西省版权协会
地　址：西安市长安南路 199 号陕西师范大学
　　　　校内出版总社编辑楼 104 室
邮　编：710062
电　话：029-85308548

深圳市版权协会
地　址：深圳市南山区沙河西路深圳湾科技生
　　　　态园 6 栋 6 楼
邮　编：518057
电　话：0755-86185519
邮　箱：szcopyright@163.com
网　址：www.scs.org.cn

宁波市版权协会
地　址：宁波市江东区兴宁路 53 号
邮　编：315000
电　话：0574-89187806
传　真：0574-89187806
邮　箱：1807614413@qq.com

苏州市版权协会
地　址：苏州市干将路 178 号苏州大学北校区
　　　　科技园 309（中）
邮　编：215004

电　话：0512-65156801
传　真：0512-65156801

青岛市版权保护协会
地　址：青岛市北区郑州路 43 号 A 栋 125 室
邮　编：266045
电　话：0532-67773267
邮　箱：gy1@rubbervaley.com
网　址：bqbh.org

大连市版权保护协会
地　址：大连市西岗区建设街 76 号
邮　编：116023
电　话：0411-84522067
传　真：0411-84522067
网　址：www.dlcopyright.org.cn

南京市版权保护协会
地　址：南京市中山东路 532-1 号中山坊科技
　　　　文创园 A 座 103 室
邮　编：210016
电　话：025-84645491
邮　箱：1148694563@q.com
网　址：www.njbq.org.cn

郑州市版权协会
地　址：郑州市西太康路 19 号郑州购书中心
　　　　820 室
邮　编：450018
电　话：0371-66280990
网　址：www.zzbq.org

厦门市版权协会
地　址：厦门市软件园二期望海路 6 号 2 楼
邮　编：361008
电　话：0592-2210461

著作权集体管理组织

中国音乐著作权协会
地　址：北京市东城区东单三条 33 号京纺大厦
　　　　五层

邮　编：100005
电　话：010-65232656
传　真：010-65232657

网　址：www.mcsc.com.cn

网　址：www.prccopyright.org.cn

中国音像著作权集体管理协会

地　址：北京市朝阳区东三环北路 38 号院 3 号
　　　　楼安联大厦 22 层 2212 号

邮　编：100020

电　话：010-66086468

传　真：010-66086475

邮　箱：cavca@cavca.org

网　址：www.cavca.org

中国文字著作权协会

地　址：北京市西城区珠市口西大街太丰惠中
　　　　大厦 1027-1036 室

邮　编：100050

电　话：010-65978926

传　真：010-65978926

邮　箱：wenzhuxie@126.com

中国摄影著作权协会

地　址：北京市东城区东四十二条 48 号

邮　编：100007

电　话：010-65978100

传　真：010-65595720

邮　箱：hyb@icschina.net

中国电影著作权协会

地　址：北京市西城区北展北街 5 号楼 F 座
　　　　5 层

邮　编：100044

电　话：010-62364675

传　真：010-62369799

邮　箱：cfcac2009@163.com

网　址：www.cfca-c.org

版权代理公司

中华版权代理总公司

地　址：北京市西城区天桥南大街一号天桥艺
　　　　术大厦 A 座 4 层

邮　编：100050

电　话：010-68003887，84195154

网　址：www.cpcccac.com

中国图书进出口（集团）有限公司版权部

地　址：北京市朝阳区工体东路 16 号

邮　编：100020

电　话：010-65856782

邮　箱：publishing@cnpiec.com.cn

网　址：www.cnpiec.com.cn

中国出版对外贸易有限公司

地　址：北京市朝阳区安定门外安华里 504 号

邮　编：100011

电　话：010-64210403

传　真：010-64214540

网　址：www.cnpitc.com.cn

中国国际电视总公司

地　址：北京市海淀区羊坊店路 9 号京门大厦

邮　编：100038

电　话：010-63950016

传　真：010-63955916

邮　箱：office@citvc.com

九洲音像出版公司版权贸易部

地　址：北京市西城区广安大厦 12 层

邮　编：100032

电　话：010-85286515

重庆市版权代理有限公司

地　址：重庆市渝中区人民路 248 号盛迪亚商
　　　　务大厦 29 楼

邮　编：400015

电　话：023-67708231

传　真：023-67708231

国家级版权交易机构

中国人民大学国家版权贸易基地
地　址：北京市海淀区中关村大街甲 59 号文化
　　　　大厦
邮　编：100872
电　话：010-62514334
传　真：010-62516959
邮　箱：copyrightyb@126.com

北京国际版权交易中心
地　址：北京市朝阳区团结湖公园南门内西侧
　　　　独栋
邮　编：100026
电　话：65978017
传　真：010-65978207
邮　箱：kf@e-bq.com
网　址：www.e-bq.com

华中国家版权交易中心
地　址：武汉市武昌区公正路 9 号
邮　编：430060
电　话：027-87329631
邮　箱：hzbq@ccct.net
网　址：www.ccct.net

台儿庄国家版权贸易基地
地　址：枣庄市台儿庄区大衙门街西首台儿庄
　　　　古城
邮　编：277499
电　话：0632-6679218
邮　箱：tezgc6679218@126.com

青岛国际版权交易中心（东区）
地　址：青岛市市北区郑州路 43 号
邮　编：266045
电　话：0532-68662151
邮　箱：rvip@rubbervalley.com

国家海峡版权交易中心
地　址：厦门市软件园二期望海路 6 号 2 层
邮　编：361008
电　话：0592-5953686

传　真：0592-5953687
邮　箱：contact@hxnce.net

广州市越秀区国家版权贸易基地
地　址：广州市越秀区流花路 117 号流花展贸
　　　　中心 13 号馆
邮　编：510014
电　话：020-83526156
邮　箱：1817698101@qq.com
网　址：www.banquanmaoyi.com

西部国家版权交易中心
地　址：西安市雁塔区雁塔南路陕西文化大厦
　　　　B 座 6 楼
邮　编：710061
电　话：029-89131692
传　真：029-89131698
邮　箱：sxslbqw@163.com
网　址：www.slbqw.com

国家版权贸易基地（上海）
地　址：中国（上海）自由贸易试验区外高桥
　　　　保税区马吉路 2 号
邮　编：200131
电　话：021-58697777
传　真：021-58698366
邮　箱：renlong@soict.com.cn
网　址：www.soict.com.cn

成都国际版权交易中心
地　址：成都市高新区世纪城南路 599 号天府
　　　　软件园 D 区 2 栋 1 层
邮　编：610213
电　话：028-61375595
邮　箱：cdbqdj@cdice.com.cn
网　址：www.cdice.com.cn

北方国家版权交易中心
地　址：大连经济技术开发区辽河东路 9 号
邮　编：116602
电　话：0411-39271006

邮　　箱：631725804@qq.com

网　　址：www.nncec.com

保利国家艺术品版权贸易基地

地　　址：北京市东城区东直门南大街 14 号保利
　　　　　剧院写字楼 963 室

邮　　编：100010

电　　话：010-65513130

传　　真：010-65513130

邮　　箱：linchenbin@polycc.cn

国家版权贸易基地（江苏）

地　　址：南京市秦淮区水西门大街 2 号锦创广
　　　　　场 3 楼

邮　　编：210004

电　　话：025-87769682

邮　　箱：service@jsbqfw.com

景德镇国家陶瓷版权交易中心

地　　址：景德镇市昌江区生态路 58 号

邮　　编：333000

电　　话：0798-8585196

邮　　箱：jdzgjtcbqjyzx@163.com

国家民族民间文化版权贸易基地（西南）

地　　址：贵阳市双龙航空港经济区兴业西路
　　　　　CCDI 工作基地

邮　　编：550000

电　　话：0851-82273157

邮　　箱：bqdj@zywhdsj.com

泰山国家图书版权交易中心

地　　址：泰安市高新区泰山新闻出版小镇（北
　　　　　区）

邮　　编：271000

电　　话：15615787987

邮　　箱：707194018@qq.com

网　　址：www.ipcentre.cn

索引

SUO YIN

索　引

0～9

2021 年度上海版权十大典型案件发布　135b
2021 年检察机关起诉侵犯知识产权犯罪 1.4 万人　103a
2021 年全国规模以上文化及相关产业企业营业收入增长 16%　165a
2021 年四川省查处侵权盗版十大典型案件公布　105b
2021 年中国版权产业的经济贡献　183
2021 年中国演出市场总体经济规模 335.85 亿元　168b
2021 年中国知识产权发展状况新闻发布会在京举行　124a
2022—2023 年度粤港知识产权合作计划正式签署　177b
2022 国际版权论坛在景德镇举行　164a
2022 马栏山版权保护与创新论坛举行　150a
2022 闽台知识产权圆桌会议在厦门举行　179b
2022 年 1 月 1 日 RCEP 生效　160a
2022 年"中国版权金奖"获奖名单　311
2022 年版权产业国际风险防控培训班在江西举办　138b
2022 年版权工作大事记　25
2022 年版权公共服务机构与社会服务组织工作　73
2022 年春节档电影票房位列春节档影史第二　165b
2022 年地方版权工作　27
2022 年地方著作权司法保护典型案件　215
2022 年第三届文创企业海外知识产权保护研讨会成功举办　142b
2022 年度第八批重点作品版权保护预警名单　267
2022 年度第二批重点作品版权保护预警名单　263
2022 年度第九批重点作品版权保护预警名单　267
2022 年度第六批重点作品版权保护预警名单　265
2022 年度第七批重点作品版权保护预警名单　266
2022 年度第三批重点作品版权保护预警名单　263
2022 年度第十批重点作品版权保护预警名单　268
2022 年度第四批重点作品版权保护预警名单　264
2022 年度第五批重点作品版权保护预警名单　265
2022 年度第一批重点作品版权保护预警名单　262
2022 年度全国版权示范单位、示范单位（软件正版化）、示范园区（基地）　309
2022 年度全国打击侵权盗版十大案件　210
2022 年度著作权图书简介　377
2022 年内地与港澳特区知识产权研讨会举行　177a
2022 年前三季度全国规模以上文化及相关产业企业营业收入增长 1.4%　174a
2022 年全国版权工作　19
2022 年全国版权合同登记情况统计表　392
2022 年全国版权示范创建评选工作启动　127b
2022 年全国版权司法保护工作　23
2022 年全国版权行政管理工作　19
2022 年全国版权执法情况统计表　393
2022 年全国出版（版权）工作会议在京召开　125b
2022 年全国输出出版物版权汇总表　394
2022 年全国引进出版物版权汇总表　393
2022 年全国著作权司法保护典型案件　203
2022 年全国作品登记情况统计表　391
2022 年全球创新指数中国排名升至第 11 位　163b
2022 年世界知识产权日主题发布　137b
2022 年知识产权南湖论坛国际研讨会在武汉开幕　162a
2022 年中国版权金奖评选表彰活动启动　138a
2022 年中国版权十件大事　91
2022 年中国版权统计资料　391
2022 年中韩版权研讨会举办　163a
2022 年著作权学术论文导览　329
2022 数字版权保护与发展论坛顺利举办　150b
2022 知识产权刑事保护论坛在京举办　147a
2022 中国元宇宙发展蓝皮书发布　174a
B 站放任 UP 主传播侵权视频被认定教唆及帮助侵权　110a
NFT 数字藏品著作权问题研讨会在京召开　143b
PPTV 侵犯央视信息网络传播权被判赔偿 400 万元　109b

"2022 网络游戏行业版权前沿问题研讨会"
　顺利举行　149b

"IP·创未来" 2022 重庆艺术版权季座谈会
　召开　146a

"剑网 2022" 专项行动十大案件　213

"借"号直播《梦幻西游》被判赔 54 万元　105a

"区块链＋图书"项目"数字藏书"上线　167b

《2021 年度掌阅数字阅读报告》发布　164b

《2022 年知识产权强国建设纲要和"十四五"
　规划实施地方工作要点》印发　123b

《2022 年中国沉浸式剧本娱乐行业版权保护
　现状报告》发布　140a

《广东省版权条例》表决通过　96b

《广东省知识产权保护条例》2022 年 5 月 1
　日起施行　95a

《好看视频》未经授权直播 2020 年央视春晚
　被判赔 50 万元　103b

《江苏省知识产权促进和保护条例》出台　95a

《马拉喀什条约》5 月 5 日对中国生效　93a

《马拉喀什条约》落地实施推进会在京举行　129a

《胖虎打疫苗》NFT 侵权案结果公布　104b

《三体》英文版权续约金高达 125 万美元　164b

《上海版权产业报告（2020—2021）》发布　174b

《深圳经济特区数字经济产业促进条例》11
　月起实施　172a

《英雄血战》游戏地图抄袭案终审宣判　114a

《浙江省知识产权保护和促进条例》2023 年
　起实施　97a

《中国版权年鉴 2021》正式出版　139b

《中国沉浸式剧本娱乐行业研究报告（2021—
　2022）》发布　170b

《中国知识产权保护与营商环境新进展报告
　（2021）》新闻发布会在京举办　124a

《重返狼群》"一书多投"侵犯专有出版权　103a

A

爱奇艺起诉虎牙直播侵权《琅琊榜》获赔 23
　万元　103b

爱奇艺诉快手侵权播放《琅琊榜》《老九门》
　获赔 218 万元　116b

爱奇艺体育获意甲联赛转播权　169a

安徽省　228b

安徽省　45a

安徽省召开 2022 年软件正版化工作联席会议
　全体会议　133b

安徽首个数字版权品交易业务在安徽文交所
　正式启动　173b

澳门文化企业首次收购内地音乐企业股权　177a

B

版权代理公司　403

版权公共服务机构　399

版权协会　400

版权主管部门　397

版权资产评估体系专家研讨会在京举办　148a

北京出台《北京市知识产权保护条例》　96a

北京大力推进版权调解工作　157b

北京高院发布知识产权民事案件适用惩罚性
　赔偿审理指南　106a

北京互联网法院发布涉短视频著作权案件审
　理情况报告　104b

北京互联网法院及时裁定停止盗播世界杯
　赛事　122a

北京互联网法院判定整合营销传播公司网站
　页面构成汇编作品　107a

北京举办 2022 年软件正版化工作培训会　140b

北京举办第二十五届京港洽谈会知识产权合
　作专题活动　180a

北京全面启动 2022 年软件正版化工作　130b

北京实现版权质押权利担保登记信息统一查询　155a

北京市　215a

北京市　27a

北京市发布数字人产业创新发展行动计划　171a

北京市软件正版化检查服务系统启动　132b

北京市知识产权保护条例　287

北京舞台剧版权交易服务平台成立　170b

北京印发《北京市知识产权强国示范城市建
　设纲要（2021—2035 年）》　131b

北京召开 2022 年首次行政司法协同机制工作会　130b

C

产业发展　164b

重庆发布 2021 年知识产权检察白皮书　100b

重庆启动惩治知识产权恶意诉讼专项监督　111a

重庆市　238a

重庆市　58b

D

迪士尼买下电视剧《人世间》海外发行权　166b

地方性法规　269

第 49 次《中国互联网络发展状况统计报告》发布　166a

第六届中国国际动漫创意产业交易会在芜湖举办　175a

第三届长三角版权产业高质量发展论坛在南京举办　145a

第四届知识产权澳门论坛举办　178b

冬奥版权保护快速反应机制全面启动　126b

动态百条　93

斗鱼因主播直播西甲侵权终审被判赔偿PPTV10 万元　101b

抖音电商举办图书版权保护开放日　141a

抖音集团与中央广播电视总台就 2022 年世界杯转播达成合作　169b

抖音因用户发布《云南虫谷》剪辑片段赔偿腾讯超 3 200 万元　116a

短视频平台算法推送侵权视频被判赔百万元　111b

多家单位联合发布呵护剧本杀行业新生态倡议书　156a

F

法院认定《谭谈交通》版权归属成都市广播电视台　108a

非法获取《新斗罗大陆》源代码架设私服构成犯罪　109a

佛山开展青少年儿童"领略版权魅力"活动　139a

福建省　230a

福建省　45b

G

甘肃省　244a

甘肃省　67a

甘肃首家媒体版权服务平台上线运行　154b

港澳台版权信息　177

工作文件　256

公安部公布打击侵犯知识产权犯罪十起典型案例　128a

关于推进实施国家文化数字化战略的意见　14

广东法院 4 年审结知识产权案 66.9 万件　107b

广东高院首次发布知识产权惩罚性赔偿典型案例　101a

广东高院终审判决迷你玩赔偿网易 5 000 万元　119a

广东省　236a

广东省　55a

广东省版权保护联合会筹建互联网产业版权工作委员会　156b

广东省版权条例　269

广东省举办 2022 年政府机关和企业软件正版化工作培训班　141a

广东省知识产权保护条例　278

广西"4·2"跨省制售盗版教材教辅系列案一审宣判　117b

广西壮族自治区　237a

广西壮族自治区　56a

广仲裁决元宇宙财产纠纷仲裁首案　117b

广州黄埔区出台大湾区首个元宇宙专项扶持政策　166b

广州南沙自贸片区签署知识产权全链条协同保护机制框架协议　131a

贵州省　241a

贵州省　61a

贵州首批版权服务工作站授牌　155b

国际交流与合作　159

国家版权局等部门：保持对院线电影盗录传播的高压态势　126a

国家版权局等六部门联合开展冬奥版权保护集中行动　126a

国家版权局等四部门启动"剑网 2022"专项行动　128b

国家版权局发布 2021 年全国著作权登记情况　152a

国家版权局关于 2021 年全国著作权登记情况的通报　259

国家版权局关于公布 2021 年度全国版权示范单位、示范单位（软件正版化）和示范园区（基地）名单的通知　257

国家版权局关于开展 2022 年全国版权示范创建评选工作的通知　258

国家版权局关于开展 2022 年中国版权金奖评选表彰工作的通知　261

国家版权局关于印发《以无障碍方式向阅读障碍者提供作品暂行规定》的通知　256

国家版权局关于做好 2022 年全国知识产权宣传周版权宣传活动的通知　260

国家版权局下发《关于做好 2022 年知识产权宣传周版权宣传活动的通知》　138a

国家版权局印发《以无障碍方式向阅读障碍者提供作品暂行规定》　94a

国家版权局约谈数字音乐相关企业　125a

国家广电总局发布《2021 年全国广播电视行业统计公报》　168a

国家级版权交易机构　404

国务院印发《知识产权强国建设纲要和"十四五"规划实施年度推进计划》 123a

H

海南省 237b
海南省 57a
夯实基础，聚焦前沿，实现知识产权中国式现代化建设新目标 315
河北省 219a
河北省 31b
河北省新增 14 个具有知识产权民事案件管辖权的基层法院 106b
河南南阳非法印制盗版书籍案宣判 122a
河南省 234b
河南省 50b
河南省检法联合出台知识产权司法保护 20 项措施 121a
河南省进一步完善知识产权刑事案件管辖机制 120b
黑龙江省 223b
黑龙江省 38b
湖北省 235a
湖北省 52a
湖北省版权保护中心推进中国知链项目落地 154b
湖北省区块链数字版权平台上线运行 154a
湖南娄底公安局成功破获一起特大侵犯著作权案 137a
湖南省 53b
湖南省版权局等四部门启动"剑网 2022"专项行动 136b
湖南省知识产权保护和促进条例 296
华为音乐与环球音乐中国达成空间音频合作 175a
华中版权综合服务平台上线运行 156b

J

吉林省 223a
吉林省 37b
计算机软件著作权民事案件当事人举证手册发布 113b
架设《天龙八部》私服获利 341 万被判刑 115a
架设游戏私服获利 400 万元获刑 121a
江苏（南京）版权贸易博览会实现版权交易签约 1.65 亿元 171a
江苏省 225b
江苏省 41b
江苏省知识产权促进和保护条例 272

江西开展打击网络侵权盗版专项行动 136a
江西省 231b
江西省 47b
交流研讨 142b
京津冀三家法院合力打造区域知识产权协同发展示范区 118b
经营《韩剧 TV》非法获利 221 万元被判刑 117a
景德镇国家陶瓷版权交易中心上线运营启动仪式举行 171b

K

可信数字资产区块链服务设施"新华链"发布 175b
快手拿下欧冠直播和短视频二创版权 165b

L

乐视视频与快手达成合作 170a
李克强对 2022 年全国打击侵权假冒工作电视电话会议作出重要批示 122b
李克强会见世界知识产权组织总干事邓鸿森 159b
李克强向世界知识产权组织《2022 年全球创新指数报告》发布会致贺信 160a
立法 93a
辽宁省 221b
辽宁省 35b

M

民间文艺版权保护与促进试点工作正式启动 129b
民间文艺版权保护与运用研讨会线上举办 149a

N

内蒙古自治区 221b
内蒙古自治区 35a
宁夏回族自治区 69b

Q

青海省 246a
青海省 68b
青海省查处首例涉冬奥"冰墩墩"侵权盗版案 130a
全国首家图书类版权交易中心落户山东 165a
全国首例微信小程序侵犯著作权案审结 121b
全国首例制售盗版"冰墩墩""雪容融"案宣判 126b
全国文化大数据交易中心上线试运行 172b
全国著作权质权登记信息实现统一查询 153b

R

人人体育非法转播 NBA 赛事被判赔 800 万元 106b

S

山东聊城侦破制售盗版教材案　135b

山东升级版权保护与服务平台　158b

山东省　234a

山东省　50a

山东省人大常委会审议通过《山东省知识产
　权保护和促进条例》　95b

山东省数字融合版权交易中心揭牌　168a

山东省知识产权保护和促进条例　283

山西省　32b

山寨版《大话西游》网络游戏侵犯著作权案
　宣判　115b

陕西发布 2021 年度侵犯版权典型案件　131a

陕西省　243a

陕西省　64a

汕头经济特区知识产权保护条例　292

擅自使用他人短视频用于商业推广被判侵权　102b

上海高院发布 23 条意见服务保障知识产权强
　市建设　108b

上海警方侦破侵犯大型游戏著作权案　135a

上海警方侦破全国首例侵犯剧本杀著作权案　137a

上海举办首届"汉服创意与汉服版权"论坛　147b

上海闵行检法签署加强惩治涉知识产权恶意
　诉讼工作合作备忘录　113a

上海浦东法院作出首例世界杯诉前禁令　120a

上海市　225a

上海市　39b

社会管理与服务　151a

十大事件　91

市场监管总局就《禁止滥用知识产权排除、
　限制竞争行为规定》公开征求意见　94b

市场监管总局依法对知网滥用市场支配地位
　行为作出行政处罚并责令整改　129b

首都数字版权交易中心在京成立　170a

首届山东省潍坊市版权博览会举办　141b

首届世界知识产权组织全球奖揭晓　162b

数字藏品发展趋势研讨会在京举办　145b

司法　97b

司法解释　251

四川省　240a

四川省　60a

T

腾讯诉《荔枝》App 侵权《三体》二审宣判　114a

腾讯未删 782 条侵权视频被判赔偿 40 万元　104a

体育赛事版权保护专家研讨会举办　148a

天津成立无障碍阅读版权服务站　159a

天津法院对《电视家》盗播冬奥会赛事节目
　发布诉前禁令　102a

天津市　216b

天津市　29b

天津市召开推进使用正版软件工作联席会议
　工作会　134b

推进使用正版软件工作部际联席会议第十一
　次全体会议在京召开　128a

W

外交部：2022 年中国将继续深度参与知识产
　权全球治理　160b

网络非法大肆贩卖图书被判 9 年　114b

网络文学产业首个诉前禁令获批　118b

网络直播使用音乐录音制品版权费标准草案
　公开　153a

文旅部：持续推进文化和旅游领域知识产权
　保护工作　146b

武汉警方破获一起重大侵犯著作权案　133a

X

西藏自治区　63b

侠之谷公司游戏"换皮"侵犯著作权被判赔
　500 万元　112b

香港举办亚洲知识产权营商论坛，探索发展
　商机　178b

香港立法会通过版权条例草案　179a

香港特区行政长官李家超与世界知识产权组
　织总干事邓鸿森会面　178a

新疆维吾尔自治区　247b

新疆维吾尔自治区　71b

行政管理　122b

宣传教育　137b

杨丽萍诉云海肴公司侵犯著作权及不正当竞
　争案终审宣判　110b

Y

音集协举办网络直播中使用音乐版权保护专
　题研讨会　144a

音集协诉贝斯特恶意侵权获惩罚性赔偿　111b

音著协举办中日音乐著作权研讨会　161b

优酷获得羽毛球国际大赛五年直播版权　169a

云南省   62a

云南省印发知识产权强省建设工作推进计划   132a

Z

浙江嘉兴成立版权服务工作站   154a

浙江警方捣毁一非法制售盗版少儿图书团伙   134a

浙江省   227b

浙江省   43b

浙江省成立版权鉴定委员会   157a

浙江省温州市版权协会成立   155b

浙江省知识产权保护和促进条例   300

浙江温州创建全国版权示范城市吹响"冲锋号"   133a

浙江新昌判决一起售卖含侵权音乐 U 盘侵权案   115a

知名话剧《窝头会馆》著作权侵权纠纷二审
宣判   101a

知识产权强国建设第一批典型案例公布   124b

知识产权强国建设纲要和"十四五"规划实
施年度推进计划   3

知识产权与青年创业者沙龙在京启动   139b

知网未经许可收录作品并提供下载侵权被判
赔 19.6 万元   109b

直播领域录音制品获酬权相关法律问题研讨
会在京召开   143b

中共中央 国务院关于加快建设全国统一大市
场的意见   9

中国版权保护中心   73a

中国版权保护中心实现作品版权登记全面线
上办理   158a

中国版权保护中心与蚂蚁链共建数字版权链   173a

中国版权链版权服务平台亮相服贸会   157b

中国版权协会   75a

中国版权协会等倡议规范北京冬奥会版权保护   151a

中国电影著作权协会   87a

中国互联网金融协会等联合发布坚决遏制
NFT 金融化证券化倾向的倡议   153a

中国加入 WIPO《海牙协定》和《马拉喀什
条约》两部重要条约   161a

中国社科院发布《2021 中国网络文学发展研
究报告》   167a

中国摄影著作权协会   86a

中国文字著作权协会   82b

中国新设知识产权专业学位类别   142a

中国音乐著作权协会   78b

中国音像著作权集体管理协会   81a

中国作家协会 2022 年"著作权保护与开发主
题月"启动   142b

中国作协权益保护办公室与上海文化产权交
易所达成战略合作   151b

中蒙签署经典著作互译出版备忘录   162b

中宣部版权管理局等六部门联合部署开展青
少年版权保护季行动   127a

中也签署经典著作互译出版备忘录   163b

著作权集体管理组织   402

最高法：2013 年以来审结一审知识产权案件
量年均增长 24.5%   100a

最高法发布 2021 年中国法院 10 大知识产权
案件和 50 件典型知识产权案例   99b

最高法发布《关于规范和加强人工智能司法
应用的意见》   93a

最高法发布《中国知识产权司法保护状况
（2021 年）》白皮书   99b

最高法发布《最高人民法院知识产权法庭年
度报告（2021）》   97b

最高法就六家 KTV 诉音集协垄断纠纷案作
出终审判决   98a

最高法举行知识产权宣传周新闻发布会   99a

最高检发布《关于全面加强新时代知识产权
检察工作的意见》   98a

最高人民法院关于第一审知识产权民事、行
政案件管辖的若干规定   251

最高人民法院关于加强中医药知识产权司法
保护的意见   254

最高人民法院关于适用《中华人民共和国反
不正当竞争法》若干问题的解释   251